2024年 国家统一法律职业资格考试 辅导用书

国际法·国际私法·国际经济法

国家统一法律职业资格考试辅导用书编辑委员会　组编

国际法　秦晓程／编著
国际私法　黄　进／主编
国际经济法　张丽英／主编

法律出版社
——北京——

图书在版编目(CIP)数据

国际法·国际私法·国际经济法 / 国家统一法律职业资格考试辅导用书编辑委员会组编；秦晓程编著；黄进，张丽英主编. -- 北京：法律出版社，2024
2024年国家统一法律职业资格考试辅导用书
ISBN 978-7-5197-9035-6

Ⅰ.①国… Ⅱ.①国… ②秦… ③黄… ④张… Ⅲ.①国际法—资格考试—自学参考资料②国际私法—资格考试—自学参考资料③国际经济法—资格考试—自学参考资料 Ⅳ.①D99

中国国家版本馆CIP数据核字(2024)第078520号

国际法·国际私法·国际经济法
GUOJIFA · GUOJISIFA · GUOJIJINGJIFA

国家统一法律职业资格考试辅导用书编辑委员会 组编
秦晓程 编著
黄 进 张丽英 主编

责任编辑 陈 睿
装帧设计 李 瞻

出版发行 法律出版社
编辑统筹 法律考试·职业教育分社
责任校对 王 丰
责任印制 胡晓雅
经 销 新华书店

开本 787毫米×1092毫米 1/16
印张 22.5 字数 595千
版本 2024年5月第1版
印次 2024年5月第1次印刷
印刷 保定市中画美凯印刷有限公司

地址：北京市丰台区莲花池西里7号(100073)
网址：www.lawpress.com.cn
投稿邮箱：info@lawpress.com.cn
举报盗版邮箱：jbwq@lawpress.com.cn

销售电话：010-83938349
客服电话：010-83938350
咨询电话：010-63939796

书号：ISBN 978-7-5197-9035-6
定价：58.00元
凡购买本社图书，如有印装错误，我社负责退换。电话：010-83938349

国家统一法律职业资格考试辅导用书

国际法·国际私法·国际经济法

编写人员

国际法
秦晓程　**编著**

国际私法
黄　进　**主编**

撰稿人
黄　进（第一、二章）
霍政欣　黄　进（第三章）
杜志华　黄　进（第四章）
肖永平（第五章）
郭玉军　杜焕芳（第六章）
宋连斌（第七章）

国际经济法
张丽英　**主编**

撰稿人
张丽英（第一至四章、第七章）
韩立余（第五、六章）

出版说明

为了适应国家统一法律职业资格考试的需要，应广大应试人员的要求，我们组织编写了《2024年国家统一法律职业资格考试辅导用书》。

本套辅导用书根据司法部制定颁布的《2024年国家统一法律职业资格考试大纲》编写，是国家统一法律职业资格考试工作的重要依据，可以作为广大应试人员系统复习及应考的必备用书。

本套用书在撰写时力求反映和体现国家统一法律职业资格考试的特点，在注意学科科学性、系统性的同时，注重法学基本理论、法律实务与考试需求的结合，对应试人员应当掌握的各学科基本理论结合实际进行了系统阐释，有较强的指导性和适用性。在内容和体例编排上，为更加方便应试人员复习考试，本套用书结合备考规律，归纳提炼重要、疑难知识点及易错易混知识点和核心法条，进一步充实完善各学科每章自助考性提示内容和主要法律规定，同时增加了有关重要、疑难知识点的案例（实例）、本章/本编/本学科重点难点与疑点辨析阐释，并将新增或调整较大部分内容在目录中加以标示，以方便应试人员对比复习。

本套用书根据国家统一法律职业资格考试的试卷内容及学科特点分为9册，包括：《习近平法治思想·法理学·宪法·中国法律史·司法制度和法律职业道德》《民法》《刑法》《行政法与行政诉讼法》《民事诉讼法与仲裁制度》《刑事诉讼法》《商法》《知识产权法·经济法·环境资源法·劳动与社会保障法》《国际法·国际私法·国际经济法》，共计18门学科。《2024年国家统一法律职业资格考试法律法规汇编》（截止日期为2024年3月31日）作为辅导用书的配套部分，与本套辅导用书同时发行。

在本书出版之际，我们向参加2024年新版辅导用书编写工作的专家学者表示衷心的感谢！向参与以上用书编写、审稿及修订工作，特别是曾经参与并为本书奠定基本框架的法学院校、专家学者表示衷心的感谢！向中共中央办公厅法规局、最高人民法院、最高人民检察院、中国法学会、司法部等有关部门及单位给予的精心指导和大力支持帮助，表示衷心的感谢！

由于时间仓促，本书疏漏或不当之处，敬请广大应试人员和读者批评指正。

国家统一法律职业资格考试辅导用书编辑委员会

2024年5月

目　　录

国际法

国际私法

国际经济法

国际法

第一章 导 论

本章主要内容提示

本章介绍国际法的基本概念和原理。

1.国际法是国家之间以协议制定、以国家间关系为主要调整对象的法律体系。

2.国际法的表现形式包括：国际条约、国际习惯和一般法律原则。此外，司法判例、国际组织通过的或在政府间会议上通过的决议、权威学说可以作为确立法律原则的辅助证据。

3.国际法与国内法关系：国家不能以国内法对抗其依国际法承担的国际义务，国际法一般不干预一国的国内法制定。国际法在一国国内法中的地位，由各国自己决定，实践多样，两种典型模式是转化和采纳。

4.国际法基本原则主要包括：主权平等原则，不干涉内政原则，不使用武力原则，和平解决国际争端原则，民族自决原则，善意履行国际义务原则。

5.“构建人类命运共同体”理念，引领国际法的前进方向。《对外关系法》为中国国际法实践提供保障。

第一节 国际法的概念、渊源与基本原则

一、国际法的概念和特征

（一）国际法的概念

国际法（International Law）是与国内法相对应的法律体系，它是国家间交往形成的，以国家间协议制定的，主要用以调整国家之间关系的，有拘束力的原则、规则和制度的总体。国际法与国内法二者共同构成了当代人类社会完整的法律秩序。

“国际法”一词准确地反映出该法律体系所涵盖的基本内容和基本特点，该词由英国法学家边沁最早运用，后被广泛采用，今天已为国际社会（包括联合国及各国际组织）所通用。有人使用“国际公法”（Public International Law）一词来称呼这一法律体系（其传入中国早期，也被称为“公法”），强调的也是其调整国家（政府）与国家（政府）间关系的这种特征。此处“公”的含义与当代有些学者在国内法研究时所使用的“公法”一词中“公”的含义或范围有所不同。从法律体系上来看，国际法体系是与整个国内法体系相对应的，而不是与“国际私法”或“国际经济法”等词所指代的内容相对立或相并列。后两者可能是被用来指代某个领域相关的国际法规则与国内法规则的集合体，且在性质、范畴等方面还存在某些分歧和争论（见后文国际私

法、国际经济法部分)。

国际法是国际关系发展的产物。它要求既有"国"(主权独立国家),又有"际"(国家间的交往),才能存在和发展。1643～1648年结束欧洲30年战争的威斯特伐利亚和会召开和《威斯特伐利亚和约》的诞生,标志着近代主权独立国家体系的出现,成为近代国际关系的起点;同时它确认了国家主权、主权平等的根本原则,也标志着近代国际法的开始。同一时期,荷兰人格劳秀斯发表了《战争与和平法》(1625年)等一系列著作,首次从理论上对国际法的规则和基本问题进行了系统全面的论述,为近代国际法学奠定了基础。格劳秀斯因而被称为"近代国际法学之父"。

近代国际法自诞生后的200余年间,主要在欧洲基督教国家之间适用,并且随着欧洲国际关系的演变而发展。在经历了西方资产阶级革命、西方殖民主义扩张、俄国十月革命和两次世界大战后,规则体系不断充实完善,方向日益文明进步,并且逐步由欧洲走向了世界。

第二次世界大战结束和联合国成立之后,国际法得到了最重要的发展。以《联合国宪章》为核心的一整套国际法规则体系,逐渐成为整个国际社会的行为规则,构成了当代国际法的核心内容。"冷战"结束后,世界多极化、经济全球化、社会信息化、文化多样化持续发展,国际法经历了快速发展时期。当今世界正经历百年未有之大变局,面对多重风险挑战。冲突动荡频发,发展差距加大,单边主义、保护主义上升,国际法面临新挑战、新问题和新发展。

当代国际法已经成为国际社会公认的、涉及国际交往各个领域的、庞大繁杂的规则体系。概括地说,其主要内容包括以下方面:国际法的基本原理和原则(性质、渊源、基本原则等);国家或国际法主体本身的制度和规则(如国家和政府、领土、居民、国家责任、国际争端的解决等),以及国际法各个相对独立的分支(如海洋法、国际航空法、空间法、条约法、外交领事关系法、国际人权法、国际经济法、国际环境法、战争与武装冲突法等)。一些新的国际法领域(国际刑法、网络空间法等)也在形成中。

中国是当今世界和平与发展的维护者,全球治理变革进程的参与者、推动者、引领者。20世纪50年代,中印缅首倡的和平共处五项原则,重申和发展了《联合国宪章》的宗旨和原则,成为当代国际法的基本原则。《中华人民共和国宪法》序言规定,中国"坚持互相尊重主权和领土完整、互不侵犯、互不干涉内政、平等互利、和平共处的五项原则","坚持和平发展道路,坚持互利共赢开放战略","推动构建人类命运共同体",阐明了中国对于国际法的基本立场。

面对百年变局加速演进带来的全球性挑战,中国领导人提出新时代法治思想和构建人类命运共同体理念,之后又相继提出了"全球发展倡议"、"全球安全倡议"和"全球文明倡议",涵盖统筹推进国内法治和涉外法治;协调推进国内治理和国际治理;强调国际法在全球治理中的地位和作用,为国际法发展指明了正确方向。2023年7月1日起《中华人民共和国对外关系法》施行,该法第19条明确规定:"中华人民共和国维护以联合国为核心的国际体系,维护以国际法为基础的国际秩序,维护以联合国宪章宗旨和原则为基础的国际关系基本准则。中华人民共和国坚持共商共建共享的全球治理观,参与国际规则制定,推动国际关系民主化,推动经济全球化朝着开放、包容、普惠、平衡、共赢方向发展。"这是中国全面依法治国和全方位国际法实践的新里程碑,必将对当代国际法发展做出新贡献。

(二)国际法的特征

1.国际法的特点。当代国际社会是由平等的主权国家组成的,这种客观现实决定了国际法与国内法相比,有如下主要特点:

(1)立法方式不同。国内法是由国家立法机关依一定的程序制定的。国际社会没有也不应有凌驾于国家之上的国际立法机构来制定规则,更不能由任何一个国家单独制定国际法。国际法的规则只能由国家之间在平等基础上以协议方式共同制定,这种协议可以是成文的,也可能以不成文习惯法的形式表现出来。

(2)法律关系的主体和调整对象不同。国内法主体主要是自然人和法人。而国际法主要是调整国家之间关系的，其主体主要是国家。此外，在某种范围和条件下，政府间国际组织和某些特定的政治实体乃至个人，也可以作为国际法的主体。

(3)强制力的依据和方式有所不同。国内法强制力的依据是上升为国家意志的国内统治者的意志。而国际法的依据一般认为是产生于国际交往和发展需要的、国家之间的意志协议或称为协议意志。相应地，国内法的强制力是由超越个体之上的有组织的国家强制机器来保障和实施的。国际社会没有超越国家之上的强制机构，虽然国际法实施的机制性和机构性日益增长。从本质上，当今的国际法的强制力还是通过国家本身单独或集体的行动来实现的。

(4)发达程度不同。与国内法相比，国际法的形成和发展时间较短。国际法无论从规则体系、国家实践还是理论研究，都不如国内法领域完善和发达。随着经济全球化和国际关系民主化，国际法在加速完善和发展中。不仅会借鉴国内法体系中的原理和法律技术，并且寻求与国内法的相互促进和有机结合。

2.国际法的法律性。国际法的上述特点不否定国际法的法律性。

首先，国际法作为法律，得到所有国家承认。国际法规则被作为法律，其效力不仅在各国的国内法中反映出来，也从国家处理国际关系问题的实践中得到印证。作为法律，国际法也具有规范性、普遍性、强制性、判断是非的标准、处理事件的依据等与国内法相似的一般法律特性。

其次，对国际法法律性的质疑，主要是基于国际法规则屡被违反的现实。应该看到，在绝大多数场合，国际法的规则被各国自觉地遵守以维持国际社会的正常秩序和国家交往的有序进行。在对违法行为的处罚上，违背国际法的行为中绝大部分都受到了法律的追究，实施不法行为的国家承担了相应的法律责任。

在国际社会，确实有一些违背国际法的行为并没有得到法律应有的追究，特别是在一些涉及战争与和平的重大问题和某些大国因素存在的情况下。这是国际社会当前的状态和性质造成的。从法学逻辑来看，某些逍遥法外事实的存在一方面不能排除该违法行为的非法性；另一方面也不能以此否认国际法本身的法律性。

最后，国际法不可能解决国际社会的所有问题。有关战争、和平、发展等根本性的问题，更不是国际法单独所能解决的。因此，应当正确把握国际法的地位，“国际法虚无论”和“国际法万能论”都失之偏颇。习近平主席指出了国际法在国际社会中不可替代的作用：数百年来列强通过战争、殖民、划分势力范围等方式争夺利益和霸权逐步向各国以制度规则协调关系和利益的方式演进。现在，世界上的事情越来越需要各国共同商量着办，建立国际机制、遵守国际规则、追求国际正义成为多数国家的共识。

二、国际法渊源

国际法的渊源一般是指国际法规则作为有效的法律规则存在和表现的方式。它的基本意义在于指明去哪里寻找国际法规则，以及如何识别一项规则是不是有效力的国际法规则。

《国际法院规约》第38条规定被普遍认为是对国际法渊源的最权威的说明。虽然该条款本身是旨在规定国际法院审理案件时所适用的法律。该条规定如下：(1)法院对于陈述各项争端，应依国际法裁判之，裁判时应适用：①无论普通或特别国际协约，确立诉讼当事国明白承认之规条者；②国际习惯，作为通例之证明而经接受为法律者；③一般法律原则为文明各国所承认者；④在第59条规定之下，司法判例及各国权威最高之公法学家学说，作为确定法律原则之补助资料者。(2)前项规定不妨碍法院经当事国同意本“公允及善良”原则裁判案件之权。

据此，国际法的渊源为国际条约、国际习惯和一般法律原则；而其他各项是确立法律原则时的辅助资料。

(一)国际条约

条约是现代国际法主要的法律渊源，是当代国际法规则的主要表现形式。条约是两个或两个以上国际法主体之间缔结的、以国际法为准的、规定当事方权利义务的协议。从渊源的角度来看，有人将条约分为“契约性条约”和“造法性条约”。前者一般是双边或少数国家参加，旨在规定缔约国之间的特定事项的权利义务的条约，如贸易交通等事项的条约。后者由多国参加、目的和内容是确立或修改某些国际法原则、规则或制度。从确立国际社会一般法律规则的角度来看，多数国家参加的“造法性条约”，无疑具有更重要和普遍的意义。但是，所谓“契约性”和“造法性”条约在实践中往往很难区分开，并且任何条约都为当事国创立法律上的权利义务，因此从对缔约国具有法律拘束力的角度看，二者没有本质区别。

（二）国际习惯

国际习惯，是指在国际交往中由各国前后一致地不断重复所形成，并被广泛接受为有法律拘束力的行为规则或制度。国际习惯是不成文的，它是国际法最古老、最原始的渊源。国际习惯的最重要的意义在于它的普遍性和基础性。虽然现在许多的国际习惯被编纂进入条约，但是从效力的普遍性上来讲，条约并不能替代被其编纂的国际习惯。同时，条约不可能包罗国家实践中所有方面的规则，新的习惯规则仍不断产生。从这些意义上，国际习惯被认为是国际法最重要的渊源。

国际习惯的构成要素有两个：一是物质要素或客观要素，即存在各国反复一致地从事某种行为的实践；二是心理要素或主观要素，它要求上述的重复一致的行为模式被各国认为具有法律拘束力，即存在所谓法律确信（opinio juris）。一项国际习惯必须同时具备这两个要素，特别是心理要素。历史上一项国际习惯的形成过程往往需要很长时间。而现代由于技术的发展和交往的迅捷，一项国际习惯可以在较短的时间迅速形成。

证明一项国际习惯是否确立和存在，必须提出相关的证据。由于无论是物质要素或法律确信，都是在实践中表现出来，因此证明一项国际习惯的存在，必须从国际法主体的实践中寻找证据。一般地应特别注意以下三个方面：第一，国家间的各种文书和外交实践；第二，国际组织和机构的各种文件，包括决议、判决等；第三，国家的国内立法、司法、行政实践和有关文件。

在一项规则出现被逐渐习惯化，即逐渐得到多数国家实践接受作为法律的过程中，若一国自始并持续一贯地明确反对该规则（成为“持续的反对者”），可以排除该规则对该反对国的拘束力，即使这项规则未来被多数国家接受为习惯法规则。但是，一般国际强行法规则不受此模式影响。

在国际法中，“习惯”（custom）一词是意义明确的法律用语，其表明具备了两个构成要素的、具有法律拘束力的规则。而“惯例”一词，目前存在几种不同的用法。一是所谓广义的用法：“惯例”一词包括了具有法律拘束力的习惯，也包括没有法律拘束力的一般通例。二是所谓狭义的用法，其下又分为不同的两种：一种是使用“惯例”一词与“习惯”同义，专指有法律拘束力的规则或制度。这种用法目前已不多见。另一种用法恰恰相反，“惯例”一词被用来专指没有强制性法律拘束力的一般实践或通例。2018年，联合国国际法委员会关于“国际习惯法的识别”二读草案文本中，就采用了这种用法。对上述用法应注意加以区分，以便正确理解和使用。

（三）一般法律原则

对于“一般法律原则”的含义以及其是否构成独立的国际法渊源，存在不同看法。较为广泛接受的观点认为，“一般法律原则”是指各国法律体系中所共有的一些原则，如善意、禁止反言等。“一般法律原则”的作用是填补法院审理案件时可能出现的由于没有相关的条约和习惯可以适用而产生的法律空白。它在国际司法实践中处于补充和辅助地位，很少被单独适用，然而其在国际法理论和规则发展上有重要意义。

（四）确立国际法原则的辅助方法

在《国际法院规约》第38条中，司法判例、国际法学说被列为确立法律原则的辅助资料。它们本身不是国际法的渊源，而是在辨认证明国际法规则时的辅助方法。

1.司法判例。司法判例首先是国际法院的判例，也包括其他国际司法机构和仲裁机构的判例，以及各国国内的司法判例。《国际法院规约》第59条规定，“法院之裁决，除对当事国及本案外，无拘束力”。所以，国际法院判例不是法律的渊源之一，而只能作为确立法律规则的辅助材料或证据。由于国际法院是当今全球性、普遍性的国际司法机构，法院的法官应是资深专业人士或法学权威，并代表世界各大法系，法院的判决在国际实践中得到相当的重视和尊重。即使其本身不是法律渊源，但对于相关国际法原则的证明和确立有重要影响。

2.各国国际法权威学者的学说。各国权威学说作为确立国际法原则的辅助资料，是国际法的一个特点。历史上，权威学者的学说，如格劳秀斯的著作，曾对确立和阐明某些国际法规则帮助很大。当今国际法材料丰富易得，对学者著作的依赖有所减少。但是，权威学说在国际法领域的影响依然存在，仍然是确证国际法原则的有力方法和证据。

3.国际组织通过的或在政府间会议上通过的决议。20世纪以来，国际组织大量出现并对国际法产生重大影响。当前的实践表明，即使那些本身对成员国没有拘束力的决议，如联合国大会的一般决议或宣言，对于有关国际法规则的认识和建立也具有重要的意义和作用。由于《国际法院规约》第38条本身并不是对国际法渊源和辅助方法的穷尽列举，因此，一般认为，政府间国际组织或政府间会议通过的决议，特别是联合国大会的决议，可以和司法判例及国际法学家著作一起，列为确立国际法原则的辅助资料，并且其作用和地位高于学者学说。联合国国际法委员会2018年关于“国际习惯法识别”草案文本表示，“在某些情况下，国际组织的惯例也有助于国际习惯法规则的形成或表述”。这里的惯例包括国际组织或政府间会议通过的决议。

三、国际法基本原则

（一）国际法基本原则的特征

国际法基本原则是国际法庞大规则体系中最核心和基础的规范。它具有以下基本特征：（1）各国公认，普遍接受。（2）适用于国际法律关系的所有领域，贯穿国际法的各个方面。（3）构成国际法体系的基础；若其被破坏，整个国际法体系会被动摇和坍塌。

国际法基本原则具有强行法性质。强行法在《维也纳条约法公约》中被称为“一般国际法强制规律”。它是指“国家之国际社会全体接受，并公认为不许损抑，且仅有以后具有同等性质之一般国际法规律始得更改之规律”。强行法，或国际法强行规则，是指在国际社会中公认为必须绝对遵守和严格执行的法律规范，它不得被任意选择、违背或更改。国际法基本原则具有强行法性质，但是，并不是所有的强行法规则都是国际法基本原则。作为国际法基本原则还必须符合上述其他要求。当代国际法的基本原则的内容集中体现在《联合国宪章》的宗旨和原则、和平共处五项原则等国际法律文件和实践中，且仍在不断发展。

中国作为联合国的创始成员国和安理会常任理事国，坚决捍卫国际法基本原则的统一性和权威性。《对外关系法》明确：“中华人民共和国坚持独立自主的和平外交政策，坚持互相尊重主权和领土完整、互不侵犯、互不干涉内政、平等互利、和平共处的五项原则”，“主张以和平方式解决国际争端，反对在国际关系中使用武力或者以武力相威胁，反对霸权主义和强权政治；坚持国家不分大小、强弱、贫富一律平等，尊重各国人民自主选择的发展道路和社会制度。”

（二）国际法基本原则的主要内容

1.国家主权平等原则。

（1）国家主权。主权是国家的根本属性，是指国家独立自主地处理其内外事务的统治权力。主权具有不可分割、不从属于外来意志和神圣不可侵犯的性质。主权不是国际法赋予国家的，而是国家固有的。国际法中的主权原则只是对国家这种最基本属性的一种宣示和确认。

主权首先体现在以下三个方面：第一，对内最高权。国家在国内行使最高统治权，包括立法、行政、司法各个方面，也包括国家的属地优越权和属人优越权。第二，对外独立权。国家在对他国的交往和国际关系中，不受任何外国意志的左右，独立自主地处理自己的内外事务，包括选择社会制度、确定国家形式和法律、制定对外政策等。第三，自保权。包括国家在遭受外来侵略和武力攻击时进行单独或集体反击的自卫权，以及为防止侵略和武装攻击而建设国防的权利。

主权是一个历史和发展的概念。由法国博丹最早提出的君主作为主权者的主权说，到卢梭从宪政的角度提出人民主权观，以及当今政治法律中的主权理论，主权的概念在国内政治和法律中都发生了很大的变化。在国际法中，国家主权的概念由格劳秀斯首先引入，强调国家从产生起就具有独立性和自主性。主权观念提出后，人类社会发生了巨大变化，主权的概念也在不断地充实发展。当今国际社会以主权国家作为基本单位的性质仍然没有根本改变，主权仍然是国家最根本的属性，是国际法的基础。因此，国际法上，对内的最高权和对外的独立权仍然是主权的最基本特征和表现，即使主权的具体内容和范围随着社会的发展而不断发展变化。

当今世界，国家之间的相互依赖日益加深，国际社会的合作成为必需。这种合作是建立在主权国家之间的，而不是对主权或主权原则的根本否定。另外，主权者对内拥有最高权的同时，也意味着义务和职责；对外享有独立权的同时，也须承担公认的国际法规定的国际义务。换句话说，主权从来就不是极端、绝对、为所欲为的，而是要受到公认的国际法制约。

（2）国家主权平等原则，也称国家主权原则，是指任何国家都拥有主权，各国都有义务相互尊重主权。在国际社会和国际关系中，各国都有平等的国际人格，在国际法面前地位平等。国家主权原则是首要的国际法基本原则，构成国际法基本原则的核心和基础，是当代国际法体系的基石。

基于主权的性质，任何国家都有权自由选择并发展其政治、社会、经济及文化制度。各国在国际关系中要相互尊重对方的主权，在行使自己主权的同时不侵害别国主权。与他国和睦相处，忠实地履行其国际义务。

习近平主席指出，主权平等是数百年来国与国规范彼此关系最重要的准则；主权平等，真谛在于国家不分大小、强弱、贫富，主权和尊严必须得到尊重，内政不容干涉。在坚持主权平等基础上，尊重文明多样性，尊重各国自主选择的发展道路，倡导国际法基本原则的统一普遍适用。

“构建人类命运共同体”的思想理念，坚持和丰富了主权平等原则的内涵，作为命运共同体的成员，各主权国家平等地拥有独立、自保、发展等固有权利，同时也负有相互尊重、互利合作、善意履约等基本义务。各主权国家共享人类文明进步的福祉，共担促进世界和平繁荣的责任。

随着互联网的出现和运用，主权的外延得到新的拓展。一般而言，主权原则首先赋予了一国对于位于其领土内的网络所涉及的物理层面（包括硬件及其他基础设施）、逻辑层面（包括保障数据在物理层面进行交换的应用、数据及协议），以及社会层面（参与网络活动的个人或团体）相关行为进行管辖的权利。同时，对于互联网公共政策的决策权也属于各国的主权范畴。虽然在网络空间国际行为准则以及网络国际治理机制等方面，国际社会正在酝酿但尚未形成普遍的全球性规范，但可以确信，以《联合国宪章》为基础的国际法的各项原则，无疑应适用于各国涉及网络空间的行为。

2.不干涉内政原则。

（1）内政。内政的实质是国家基于其管辖的领土而行使主权的表现，包括建立国家政权体制和建立社会、经济、教育、文化等制度，处理其立法、行政、司法事务，以及制定对外政策、开展对外交往等所有方面的措施和行动。内政一般以领土为基础，但内政不完全是一个地理概念。内政的范围不与领土范围完全相对应。判断某一事项是否属于内政，要看其是否本质上属于国内管辖的事项，考察其是否已经为国际法所规范和调整，以及相关行为是否违背已确立的国际法规则和其所承担的国际义务。

（2）不干涉内政原则。第一，任何国家或国际组织，在国际关系中，不得以任何借口或任何方式直接或间接地干涉本质上属于任何国家国内管辖的事件，即一国内政；也不得以任何手段强迫他国接受自己的意志，维持或改变被干涉国的社会制度和意识形态。第二，国际法允许国家在平等和自愿的基础上，根据国际条约或国际义务，对他国进行援助；也承认各国对他国违背国际法义务的行为有权采取相应的单独或集体的行动；但这些行动必须具有公认的法律根据并且应严格在国际法律框架中进行。

（3）根据“一国两制”原则，中国设立了香港和澳门两个特别行政区。依照中国宪法和特别行政区基本法对特别行政区事务进行管理，属于中国内政，他国不得干涉。

（4）2021年6月颁布的《中华人民共和国反外国制裁法》是从国内法层面，对不干涉内政原则的具体实施。该法第3条规定，中国反对任何国家以任何借口、任何方式干涉中国内政。外国国家违反国际法和国际关系基本准则，以各种借口或者依据其本国法律对我国进行遏制、打压，对我国公民、组织采取歧视性限制措施，干涉我国内政的，我国有权采取相应反制措施。该法规定：

第一，授权国务院有关部门决定采取反制裁措施，且作出的决定为最终决定。

第二，反制措施的实施对象：首先是被列入清单的直接或者间接参与制定、决定、实施上述法定的歧视性限制措施的个人或组织；其次是与上述个人或组织的相关联者，包括列入反制清单个人的配偶和直系亲属以及其个人担任高级管理人员的组织，列入反制清单组织的高级管理人员或者实际控制人，由列入反制清单个人和组织实际控制或者参与设立、运营的组织。

第三，决定采取的反制裁措施，可以包括下列一种或者几种措施：不予签发签证、不准入境、注销签证或者驱逐出境；查封、扣押、冻结在我国境内的动产、不动产和其他各类财产；禁止或者限制我国境内的组织、个人与其进行有关交易、合作等活动；以及其他必要措施。

第四，我国境内的组织和个人应当执行国务院有关部门采取的反制措施；任何组织和个人不执行、不配合实施反制措施的，依法追究法律责任。

第五，任何组织和个人均不得执行或者协助执行外国国家对我国公民、组织采取的歧视性限制措施。组织和个人违反该法规定，侵害我国公民、组织合法权益的，我国公民、组织可以依法向人民法院提起诉讼。

针对有关国家触犯该法的情况，我国已数次以发布“外交部令”的形式适用该法，将若干涉及的外国组织和个人列入反制裁清单，并与相应的反制裁措施一起予以公布执行。2021年，中国商务部也发布《阻断外国法律与措施不当域外适用办法》。这些法律法规的颁布和实施，有力地依法维护了不干涉内政原则和国家正当权益。

3.不使用武力威胁或武力原则。该原则指各国在其国际关系上不得以武力或武力威胁，侵害任何国家的政治独立和领土完整；不得以任何与联合国宪章或其他国际法原则并不符的方式使用武力。

（1）不得使用武力原则首先禁止侵略行为。虽然关于侵略的定义和范围目前还存在一些争论，但侵略行为已被当代国际法确立为国际罪行之一。它首先导致严重的国家责任；同时，侵略行为的责任人，还须承担个人刑事责任。

（2）不得使用威胁和武力不仅包括禁止非法进行武装攻击，还包括禁止从事武力威胁和进行侵略战争的宣传。

（3）不得使用威胁或武力原则并不是禁止一切武力的使用，凡是符合《联合国宪章》和国际法规则的武力使用是被允许的，包括国家对侵略行为进行的自卫行动和联合国集体安全制度下的武力使用。

4.和平解决国际争端原则。和平解决国际争端原则是指国家间在发生争端时，各国都必须采取和平方式予以解决，争端的当事国及其他国家应避免任何使争端或情势恶化的措施或行动。禁止将武力或武力威胁的方式付诸任何争端的解决过程。

和平解决国际争端原则是与废除战争作为国家政策的工具相联系的。“诉诸战争权”曾是传统国际法中国家的一项合法的权利。1928年《巴黎非战公约》和1945年《联合国宪章》后，其已被完全废止。和平解决国际争端的方法有多种，有关国家可以根据主权平等原则自主选择。

2023年2月，中国发表《全球安全倡议概念文件》，强调坚持通过对话协商以和平方式解决国家间的分歧和争端。该文件还提出：坚持共同、综合、合作、可持续的安全观，坚持重视各国合理安全关切，坚持统筹维护传统领域和非传统领域安全；重申坚持尊重各国主权、领土完整，坚持遵守《联合国宪章》宗旨和原则。

5.民族自决原则。民族自决原则是指在帝国主义殖民统治和奴役下的被压迫民族具有自主决定自己的命运，摆脱殖民统治，建立民族独立国家的权利。在这个原则的推动下，殖民主义体系已经崩溃瓦解，几乎所有殖民地的政治独立均已完成，正在努力争取实现经济文化等方面的平等权利。

民族自决是《联合国宪章》确立的现代国际法基本原则，是具有习惯国际法地位的集体人权。民族自决权仅适用于两种情形，即受殖民统治和外国占领的情形。其主要包括以下五个方面内容：一是维持领土完整的权利；二是保持民族完整的权利，即人民整体以其群体身份享有和行使民族自决权；三是自由决定政治地位的权利；四是自由追求经济、社会和文化发展的权利；五是对自然资源的永久主权。巴勒斯坦人民的民族自决权是被国际法确认的一个典型。基于民族自决权，巴勒斯坦人民于1988年宣布建国，已获得130多个国家承认。

同时，在任何情况下，一国内部任何组成部分或群体都无权以民族自决权为由主张所谓分离权。国际法规则中不存在所谓“救济性分离”或“救济性自决”。

《联合国宪章》和国际人权条约中，对于所有民族都有平等的权利作出了相关规定，包括各民族具有自由地表达自己的意志、决定自己的命运、平等参与和从事政治、经济、文化等各项事务的权利，也规定了各国均有义务尊重和促进这种平等权利的实现。必须注意，对于国内各民族的平等与自由的权利，各国须通过其国内法及各项措施来增进和实现。而对于一国国内民族的分离活动，民族自决原则没有为其提供任何国际法根据。这个问题在国际法和国际实践中被认为是一国的内部事务，是一国国内法的事项，应该尊重国家主权及该国全体人民的选择和该国法律制度的规定。国际法明确禁止任何国家假借民族自决名义，制造、煽动或支持民族分裂，破坏他国国家统一和领土完整的任何行动。

6.善意地履行国际义务原则。善意履行国际义务是指国家对于公认的国际法原则和规则产生的义务，既包括对于其作为缔约国参加的条约而产生的义务，也包括对于习惯国际法产生的义务。这种履行应真诚、善意、全面，即所谓“约定必守”。

事实上，国家对相关义务履行，也是对国际法的规则遵守和执行的核心。国际法是国家间通过平等的协议制定的。善意履行义务是国际法有效性和国际法律关系稳定性的根本基础。因此，“约定必守”是国际法最基础的规范之一。对于联合国的成员国，《联合国宪章》第103条特别规定了宪章中的义务优先于其参加的其他国际条约中的义务。

第二节　国际法与国内法的关系

一、国际法与国内法关系概述

1.目前国际法中尚没有关于国内法与国际法关系的具体、统一、完整的规则。从国际实践中看，在国际层面：国内立法不能改变国际法的原则、规则；国家不得以其国内法规定来对抗其承担的国际义务，或以国内法规定作为违背国际义务的理由来逃避其国际责任。同时，国际法不干预一国国内法制定，除非该国承担了相关的特别义务。例如，1995年《建立世界贸易组织的协议》第16条明确规定：“每一成员应当保证其法律、规则和行政程序，与所附各协议中的义务相一致。”这直接导致缔约方承担了涉及其国内立法事项的义务。

2.比较复杂的是在国内层面，主要问题是国际法在国内法律秩序中的地位问题，包括国际法规则在国内法律框架中的适用以及国际法规则与国内法冲突时的解决。从各国实践中可以概括出以下主要内容：

（1）除了牵扯由此产生的因违背国际法义务而承担国家责任的情况以外，国际法并没有在这个问题上加以具体要求。如何处理这个问题原则上是一国国内法的事务。各国法律传统和法律制度不同，在这个问题上的立法和司法实践呈现复杂多样性。

（2）国际法包括成文的条约，也包括不成文的国际习惯。各国对于国际法的两种不同的渊源形式在国内法中的地位、处理也不尽相同。

（3）条约一般只对缔约国具有拘束力，并且有不同的种类和内容。条约是当代国际法的主要渊源，这个问题在实践中无疑显得更加重要和紧迫。

一些学者基于认为国内法与国际法分属不同的法律体系的“两元论”理论模式出发，归纳出两种极端的或典型的条约在国内适用的方式：转化和采纳。所谓“转化”，是指采取这种方式的国家，要求所有条约内容都必须逐个经过相应的国内立法程序转化成为国内法，才能在国内适用；所谓“采纳”或称“并入”，是指国家在原则上认为，该国缔结的所有条约，都可以在其国内具有国内法的地位。采用“并入”方式的国家，一般是在其宪法中作出这种“一揽子”规定。

其实，“转化”和“并入”的区分只是学术上的简化模型，在国际实践中，情况要复杂得多。绝对单一地采取上述某一种方式的国家很少，许多国家是两种方式兼用。从结果上来看，国家都保留了适当选择权、解释权和适用弹性。因此，各国的具体情况和做法需要查阅和研究该国的国内法及相关实践。

（4）关于国际法与国内法冲突的解决，也包括习惯和条约两个方面。各国的做法也不一致，大体有以下一些做法：①推定为不冲突；②修改国内法；③优先适用国际法；④优先适用国内法；⑤以后法优于先法原则处理。从国际法的角度来看，如果一国在国际法与国内法发生冲突时，由于优先适用其国内法造成其对国际法的违背，该国应对此承担相应的国家责任。

二、国际法在中国国内的适用问题

1.我国《宪法》将坚持和遵守作为国际法基本原则核心的和平共处五项原则写入其中，表明从最基本的原则上，中国尊重和遵守国际法的体系，履行自己的国际义务。《对外关系法》明确规定，“国家在遵守国际法基本原则和国际关系基本准则的基础上，加强涉外领域法律法规的实施和适用”，“国家统筹推进国内法治和涉外法治，加强涉外领域立法，加强涉外法治体系建设”。可见对于处理国际法与国内法关系问题，我国在制定国内法时，会充分考虑和尊重国际法的原则和规则；我国在参与制定国际法规则时，又要根据本国国内法的规定和立场，维护国家的主权、安全和发展利益，保护中国公民和组织的合法权益，力争使二者协调互补、相得益彰。

2.对于条约和国际习惯在国内的适用和地位，《对外关系法》第30、31条同样从上述两方面做出了原则规定，其一，国家依照宪法和法律缔结或者参加条约和协定，善意履行有关条约和协定规定的义务。国家采取适当措施实施和适用条约和协定。其二，国家缔结或者参加的条约和协定不得同宪法相抵触。条约和协定的实施和适用不得损害国家主权、安全和社会公共利益。

《对外关系法》并未对条约在我国适用的具体方式作出规定。从目前我国一些涉及条约适用的国内立法和司法实践来看，条约直接适用、条约与相关国内法并行适用、条约须经国内立法转化才能适用的情况都存在。同时也有相当一部分法律对于条约事项未作出任何规定。

有些法律作出了有关条约可直接适用的规定，这种情况如《民事诉讼法》第272条规定，对享有外交特权与豁免的外国人、外国组织或者国际组织提起的民事诉讼，应当依照中华人民共和国有关法律和中华人民共和国缔结或者参加的国际条约的规定办理。第271条规定，中华人民共和国缔结或者参加的国际条约同本法有不同规定的，适用该国际条约的规定，但中华人民共和国声明保留的条款除外。

条约和相关法律同时适用的情况，如1961年《维也纳外交关系公约》（我国1975年加入），1963年《维也纳领事关系公约》（我国1979年加入）与1986年《中华人民共和国外交特权与豁免条例》，1990年《中华人民共和国领事特权与豁免条例》。

规定需要经国内法转化才能适用的情况，如《香港特别行政区基本法》第39条规定，《公民权利和政治权利国际公约》、《经济、社会及文化权利国际公约》和国际劳工公约适用于香港特别行政区的有关规定仍然有效，通过香港特别行政区的法律予以实施。

3.在民商事范围内，中国缔结的条约与国内法有不同规定的部分，在国内可以直接适用。其法律根据除了上述《民事诉讼法》第271条的规定外，其他诸如《海商法》等民商事法律中也作出了类似的规定。民商事条约的这种直接适用也得到司法实践的支持，2023年12月5日最高人民法院《关于审理涉外民商事案件适用国际条约和国际惯例若干问题的解释》延续这一模式，并进行了系统性总结和补充阐释。其一，明确了适用国际条约裁判的依据为参照上述单行法中的规定，即在国内法与中国缔结的条约有不同规定的，直接适用条约规定；其二，明确了国际惯例的明示选择适用和补缺适用，即上述国内法和条约都未作出规定的，可以适用国际惯例；其三，主权、安全和公共利益受损害时的适用排除，即适用国际条约和国际惯例损害中华人民共和国主权、安全和社会公共利益的，人民法院不予适用。

4.在民商事法律范围以外，由于缺乏法律关于条约适用方式的统一规定，同时也存在不一致的实践和不同方面的认识，所以尚不能简单笼统地认为，条约的直接适用已经或必将作为任何条约在中国适用的唯一方式。另外，注意到条约在香港特别行政区、澳门特别行政区的适用情况，乃至我国台湾地区的相关情况，则条约在中国适用的情况就更加复杂。较为稳妥的结论是，民商事以外的条约，能否在中国国内直接适用，需要根据与该条约相关的法律规定，结合条约本身的情况进行具体考察才能得出恰当的结论。

5.关于条约与国内法的冲突解决，上述《民事诉讼法》中的规定很典型，其他有些法律，包括上述司法解释中也有类似的规定。因此，在民商事范围内，条约与国内法冲突时，条约可以优先适用。与条约的适用问题相似，在整个法律范围内，条约与国内法冲突时的优先适用问题，也还没有统一全面的明确规定，司法实践也不尽相同。因此，在实际问题上也要根据有关条约和我国相关法律的具体情况来判断。应当注意，在国际法与国内法关系问题上，我国的实践仍在发展中。

【本章主要法律规定】

1.《对外关系法》
2.《缔结条约程序法》
3.《涉外民事关系法律适用法》
4.最高人民法院《关于审理涉外民商事案件适用国际条约和国际惯例若干问题的解释》
5.我国民法、刑法、诉讼法等法律规范中的涉外条款、相关规定和司法解释

第二章
国际法的主体与国际法律责任

本章主要内容提示

本章围绕国际法上关于国家的基本规则和制度展开。

1.国家构成的四个要素、国家的承认、国家的继承。

2.国家的基本权利、国家管辖权及主权豁免规则。

3.国际责任的构成、形式以及新的发展。

4.国际组织的性质、联合国组织特别是安理会的性质和职能。

第一节　国际法主体

一、国际法主体的范围

（一）国际法主体的一般条件

国际法主体是指具有享受国际法上权利和承担国际法上义务能力的国际法律关系参加者，或称为国际法律人格者。国际法主体须具备以下三个条件：

第一，具有独立参与国际关系的资格。独立是国际法主体的首要条件。作为国际法主体首先必须能够完全自主地平等参与国际关系。

第二，具有直接享有国际法上权利的能力。国际法主体必须能够以自己的名义，直接享有国际法上的权利。包括平等权、缔约权、使节权、诉讼权、求偿权等。

第三，具有直接承担国际法上义务的能力。包括履行国际法一般义务的能力、履行条约的能力、保护外国使馆和外交代表的能力等。

（二）国际法主体的范围

1.主权国家。主权国家是国际法的基本主体。在很长一段时间，国家被认为是国际法的唯一主体，至今国家仍然是国际社会最主要和基本的构成单位，也是国际法最主要的主体。国家也被称为原始和完全的国际法主体。当代国际法是以规范国家关系作为主要对象的。

2.国际组织。作为国际法主体的国际组织主要是政府间的国际组织。第二次世界大战结束以后，国际组织大量的出现和其在当代国际关系中的不可替代作用，使其被接受为国际法的主体。但国际组织作为国际法的主体是派生性的，其权利能力和行为能力是由成员国通过作为国际组织章程的国际协定赋予和限定的。它享有权利和承担义务的能力只能在此限度之内。

3.其他。某些特定的民族解放组织或民族解放运动，在殖民地民族争取民族独立的过程中，作为其未来民族国家的过渡性实体，参与某些国际关系，从而被国际社会接受为国际法的主体。但是其作为国际法主体，是有条件和不完全的。并且，随着全球非殖民化的基本完成，现在这样的实体已为数极少。

4.个人作为国际法主体。这是一个存在争论的问题，典型的观点有三种：第一种认为个人是国际法的唯一主体；第二种认为个人是国际法的主体之一；第三种认为个人不是国际法的主体。现在大多数学者持后两种观点。认为个人已经是国际法主体的根据主要在于：在现代国际法中，个人可以享有国际法上的权利或承担某些义务或责任。比如，国家元首或外交代表享有的特权与豁免、国际法对从事国际罪行个人责任的直接追究、个人在某些国际司法机构有出诉权及有些国际人权公约对个人权利的直接规定。但是，依靠这些证明个人为国际法主体的观点是不能完全成立的。首先，国际法确定的外交代表或国家元首的特权与豁免实质上是赋予国家的，上述个人是代表其国家享有这种权利。其次，在国际罪行的惩处方面，国际法规定的是国家间承担合作和惩处犯罪的义务和权利，在这层关系上，个人不能是与国家并列的主体。最后，个人在国际机构的出诉权，目前还仅存在于个别区域内并针对特定事项，不具有普遍的意义；而国际人权公约虽然有对个人权利的规定，但实质仍是国家承担保障和促进的义务，个人的权利一般是通过国家的国内法才能享有的。此时，在国际法上权利和义务的主体仍然是国家而不是个人。综上所述，就国际社会的普遍情况而言，个人尚不是国际法主体。

5.当代国际社会的活动日趋紧密和复杂，而国际社会行为者也日趋多样性和多层次化。除了上述传统的国际法主体作为行为者以外，还有非政府国际组织和个人等行为者。这些行为者或多或少联系到国际法规则所引起的权利义务，在某些领域或方面，被认为是国际法律关系的参加者。同时，在一些区域性的人权公约和国际司法机构制度的领域中，个人被作为权利义务的主体的情况在不断发展中。

二、国家的构成要素与类型

（一）国家的要素

在国际法中，国家的构成必须具备以下四个要素：

1.定居的居民。定居的居民是构成国家的基本条件。只有存在居民才能构成社会进而形成国家，而无论居民的数量成分。

2.确定的领土。领土是形成国家的物质基础，是国家行使主权的空间。构成国家必须有确实的领土，无论领土的大小及边界是否完全划定。

3.政府。即代表国家进行对内统治和对外交往的机构，无论其名称、组成和形式。

4.主权。即对内的最高权和对外的独立权。主权作为国家固有的根本属性，是国家区别于其他实体的根本标志。

（二）现代国家的主要类型

国际法上，现代国家类型主要划分为以下两类：

1.单一国。单一国是由若干行政区域组成的统一的主权国家。它拥有单一的宪法，其人民拥有单一的国籍。单一国由其中央机构统一行使最高的立法、司法和行政权力，统一处理国家的内外事务。各个行政区域都作为国家的地方单位接受中央政府的领导。单一国是一个国际法主体，由中央政府代表国家参与国际关系，各地方区域都没有国际法主体地位。

中国是单一制国家。根据中国宪法和相关法律，中国的对内对外权力由中央国家机构统一行使。中国香港特别行政区和澳门特别行政区依基本法享有某些对外交往的职权，但是它们都不是国际法的主体。另外，我国台湾地区作为中国领土不可分割的一部分，也不具有国际法主体地位。

2.复合国。复合国是两个或两个以上成员组成的国家或国家联合体，目前有联邦和邦联两种形式。

联邦国家是指由两个或两个以上的成员单位根据联邦宪法组成的国家，它是复合国中最主要、最典型的形式。联邦国家有统一的联邦宪法，并设立联邦立法、司法和行政机构。联邦政府与各组成成员之间的职权范围由宪法划定。联邦国家的对外权力主要由联邦政府行使。联邦国家的人民拥有统一的联邦国籍。联邦国家本身是国际法主体，其各成员单位没有国际法的主体地位。

邦联是两个或两个以上主权国家由于特殊的目的根据条约组成的国家联合体。邦联一般设立一个机构，负责协调各国之间在某一事项上的立场。邦联本身没有统一的立法、行政、司法机关，其人民也没有统一的国籍。邦联的各成员是独立的主权国家，分别是国际法的主体，而邦联本身不是国际法主体。

三、国家的基本权利

（一）独立权

独立权是指国家依照自己的意志处理内外事务并不受他国控制和干涉的权利。独立权是国家主权在对外关系中的集中体现，它包含自主性和排他性两重含义。独立权意味着国家可以自由选择国内制度，制定政策，采取各种措施管理国家、促进发展；在不违背其承担的国际法义务的前提下，国家根据自己的意志独立地参与国际关系，自由地决定与其他国家的建交、缔约、使节、结盟及其他往来。

（二）平等权

平等权是指国家在参与国际法律关系时，具有平等的地位和法律人格。典型地表现在以下方面：（1）国家在国际组织或国际会议中平等地享有代表权和投票权。（2）国家平等地享有缔约权，国家不受非其缔结的条约拘束。（3）国家平等地享有荣誉权，国家元首、国家代表及国家标志应受到尊重。（4）国家之间没有管辖权，除非国际法特别规定或得到国家同意。（5）外交位次或礼仪上的平等权。

（三）自保权

自保权是指国家保卫自己存在和独立的权利。它分为国防权和自卫权两方面。国防权是国家有制定国防政策，建设国防力量，防止外来侵略的权利。自卫权是当国家遭受外国武力攻击时，有权采取单独和集体的武力反击措施。根据《联合国宪章》的规定，自卫的前提必须是遭到了武装攻击，同时武力自卫还应符合必要性和相称性的要求。

（四）管辖权

管辖权是指国家基于主权的行使而采取立法、行政、司法等方式，对于特定的人、物和事件进行管理和处置的权利。管辖权是国家主权在法律方面的物化，是国家主权的重要体现。

四、国家的管辖权与国家主权豁免

（一）国家的管辖权

国家的管辖权是国家对特定的人、物和事件进行管理和处置的权利。它以国家主权为根据，又是国家主权的最直接体现。

管辖权是一国主权的具体行使。一般地，各国总是在与其利益有关的人、物、事件方面，主张行使管辖的权利以保护自身利益。由于国家间各个层面的交往和联系，国家间的利益存在日益广泛关联和重叠。一国为保护其利益行使管辖权时，往往涉及他国的利益及他国由此主张的管辖权，因此管辖权问题成为国际法关注的重要问题。

在管辖权方面，国际法尚未形成有关管辖权的详尽明确的法典。一般认为，国内法规定国家实际行使管辖权的形式和范围；而根据相互尊重主权的原则，国际法设定国家管辖权的可允许限度和彼此接受的相互协调。在国际法研究中，一般将国家实践中的管辖权原则或管辖权类型，从立法管辖权的角度，进行如下划分：

1.属地管辖权。又称属地优越权，是指国家对于其领土及其领土内的一切人、物和事件，都有进行管辖的权利，除非国际法另有规定。它有两个方面的含义：一是以领土为对象，即国家对其领土各个部分及其资源的管辖权利；二是以领土为范围，强调国家对其领土范围内的一切人、物或事件的管辖权利。

属地管辖权是现代国家行使管辖权的普遍形式和首要依据，除非另有国际法规定，属地管辖权相对于其他管辖权类型被认为具有优越权。同时，属地管辖权的行使受国际法及国家承担的相关国际义务的限制。如属地管辖权不适用于领域内依法享有特权与豁免的外国人或外国财产。

2.属人管辖权。或称国籍管辖权，是指国家对于具有其国籍的人，具有管辖的权利，无论

国际法

他们是在其领土范围内还是领土范围外。除自然人外，国家行使属人管辖权的对象在不同程度上还包括具有该国国籍的法人，以及船舶、航空器或航天器等获得国籍的特定物。

对具有国籍的人的管辖是属人管辖的最基本和主要的方面。在属人管辖的依据方面，通常又分主动属人管辖和被动属人管辖两类：前者也称为加害人国籍管辖，它主张由加害行为实施者的国籍国进行管辖；后者也称为受害人国籍管辖，它是指由加害行为受害者的国籍国进行管辖。

对于通过依法注册或登记而获得国籍的特定物的管辖，可以从两个方面理解：一是将此类特定物作为管辖的对象，那么这种管辖一般适用属人管辖权；二是将特定物的空间作为管辖范围，此时的管辖一般类比属地管辖权，但性质不同。实践中，国际法对于不同特定物的管辖权规则不尽相同。各国国内法对于属人管辖权范围和程度的规定也有所不同。

3.保护性管辖权。保护性管辖权是指国家对于在其领土范围以外从事严重侵害该国或其公民重大利益行为的外国人进行管辖的权利。

从国际实践来看，这种管辖权的行使一般基于两个条件：(1)外国人在领土外的行为所侵害的是该国或其公民的重大利益，构成该国刑法规定之罪行或规定应处一定刑罚以上的罪行；(2)该行为根据行为地的法律同样构成应处刑罚的罪行。例如，《中华人民共和国反恐怖主义法》第11条规定，对在中华人民共和国领域外对中华人民共和国国家、公民或者机构实施的恐怖活动犯罪，中华人民共和国行使刑事管辖权。

保护性管辖权可以通过两种方式实现：一是上述行为人进入该受害国境内被依法拘捕和管辖；二是通过国家间对行为人的引渡实现受害国的管辖权。

4.普遍性管辖权。它是指根据国际法的规定，对于危害国际安全与和平及全人类利益的某些国际犯罪行为，无论行为人国籍及行为发生地，各国都有进行管辖的权利。从目前联大六委关于“普遍管辖权原则的范围和适用”议题的讨论看，除海盗行为外，各国对其他情形下是否适用普遍管辖权及其适用条件等问题还存在分歧，相关国家实践和法律确信存在不同。如灭绝种族、贩卖毒品、贩卖奴隶、种族隔离、实施酷刑、航空器劫持等行为被有关的国际条约确定为缔约国合作惩治的罪行，其管辖权建立在条约的基础上，能否适用普遍管辖权各国仍然存在分歧。

除相关国家间有特别协议或国内法有特殊规定以外，国家的普遍管辖权只能在本国管辖范围内或不属于任何国家管辖的区域行使。实践中，许多国家将普遍管辖权引入国内法中，成为国家行使管辖权的一项原则和重要依据。

(二)管辖权的冲突和解决

由于各国适用的管辖权原则和规则不同，导致国家在主张和行使管辖权方面的重叠或对立。有时对一个事件会出现多个国家管辖权主张并立的情况。这种冲突不仅会在上述几种不同类型的管辖权交叉时存在，而且由于某些行为本身的复杂性，同一种类型的管辖权主张也常常出现重叠问题。如同一行为人在不同行为地或结果发生地的持续行为，导致属地管辖权主张的冲突。

对于管辖权冲突的解决，由于管辖权是国家主权的直接体现，而且其本身也非常复杂，涉及国内法的许多层面，因此，尚没有形成解决或协调管辖权冲突的全面统一的国际法规则或制度。在国家实践中，通常采用以下方法：

1.国内立法中采用多种管辖权相互配合，尽量减少冲突的可能，增加处理冲突的灵活性；同时，比较结合其他国家有关法律，制定不同范围的法律冲突适用规则，包括管辖权冲突时的适用规则。

2.通过多边国际公约划定缔约国之间某些管辖权或协调管辖权冲突，包括确立有关国家的专属管辖权(如1982年《联合国海洋法公约》第97条对公海碰船管辖的有关规定)，或规定管辖权的优先顺序(如1933年《美洲国家间引渡条约》第7条规定引渡时有管辖权国家的优先权顺序)，或协调有关管辖权规则(如1968年《国际民商事案件管辖权及判决执行的公约》)。但是，这些公约都是就某一事项或范围的某种管辖权进行规定，而且有些公约也没有得到广泛参加。迄今为止，还没有全面普遍地规范和解决一切管辖权事项的国际条约。

3.通过有关国家间的双边条约协商调整。大量的双边条约，在缔约国之间就某个事项的管辖权作出协调规定（如1991年《中华人民共和国和意大利共和国关于民事司法协助的条约》第22条），包括国家管辖权冲突出现后通过外交及其他途径的解决。

（三）国家主权豁免

国家主权豁免是指国家的行为及其财产不受或免受他国管辖。与国家的管辖权一样，国家享有的这种非经自己同意，不受他国管辖的权利，同样被认为是国家主权的体现，符合主权国家在国际关系中平等性和独立性的特征。但国际法明确规定不得豁免的情况除外，如从事某些国际罪行的情况。

实践中，国家主权豁免主要表现在司法豁免方面，其中包括：一国不对他国的国家行为和财产进行管辖；一国的国内法院非经外国同意，不受理以外国国家作为被告或外国国家行为作为诉由的诉讼，也不对外国国家的代表或国家财产采取司法执行措施。因此，在这个意义上，主权豁免又经常被称为国家的司法豁免权。

19世纪初，国家主权豁免的原则就已经在国际实践中确立。但是，20世纪以来特别是第二次世界大战结束之后，国家大量地参与跨国贸易、金融、投资等商业活动，其交易对方包括了大量的外国自然人和法人。国家享有普遍的管辖豁免权，使外国个人或法人在与国家进行交易中，处于弱势地位。这被认为有悖商事主体平等原则，影响国际商业活动的正常发展。因而，诞生于19世纪末的限制豁免主义理论逐渐得到发展。该理论主张将国家行为分为商业行为（管理权行为、非主权行为）和非商业行为（统治权行为、主权行为），认为国家的商业行为不应享有豁免权。与此相应，将传统上对国家一切行为和财产的豁免原则或主张称为绝对豁免主义。目前，限制豁免的基本观点已得到国家和学者的广泛接受。实践中，主要国家的国内立法及区域性的条约，不同程度地采取了限制豁免的规定。国际社会也致力于就此达成一项专门的多边条约，旨在保留传统主权豁免作为有效的国际习惯法一般原则的基础上，明确规定作为该原则之例外，国家及其财产限制豁免的具体范围和规则。

2004年《联合国国家及其财产管辖豁免公约》（本部分以下简称《公约》）在联大通过并开放签署，成为这一领域重要的国际法律文件。《公约》尚未生效，各国的立场和态度仍存在一些分歧和变化，但《公约》的基本内容已经对这一领域的国内立法和实践产生了重要影响。该公约主要内容包括：

1.国家豁免的一般原则。《公约》规定：一国本身及其财产遵照公约的规定在另一国法院享有管辖豁免，也即享有司法管辖豁免和财产执行豁免的权利。《公约》第6条第1款还补充强调，一国应避免在其法院对另一国提起的诉讼行使管辖，以实行第5条所规定的国家豁免，并应为此保证其法院主动地确定该另一国根据第5条享有的豁免得到尊重。

2.国家豁免的主体。《公约》第2条对公约中“国家”一词的解释，规定享有国家豁免权的主体具体有四类：（1）国家及其政府的各种机关；（2）有权行使主权权力并以该身份行事的联邦国家的组成单位或国家的政治区分单位；（3）国家机构、部门或其他实体，但须它们有权行使并且实际在行使国家的主权权力；（4）以国家代表身份行事的国家代表。

3.国家豁免的放弃。与确立国家享有豁免权这一基本原则相对应，《公约》规定，一国如以下列方式明示同意另一国法院对某一事项或案件行使管辖，就不得在该法院就该事项或案件提起的诉讼中援引管辖豁免：（1）国际协定；（2）书面合同；（3）在法院发表的声明或在特定诉讼中提出的书面函件，此即国家豁免的明示放弃形式。此外，依照《公约》第8条和第9条的规定，如果一国本身就该事项或案件在他国法院提起诉讼、介入诉讼或提起反诉，则亦不得在另一国法院中援引管辖豁免，此即国家豁免的默示放弃形式。

为避免对被诉国国家主权的任意贬损，《公

约》还就放弃的认定作了相应的限制，规定在如下几种情形下，一国之行为不应解释为同意另一国的法院对其行使管辖权：（1）一国同意适用另一国的法律；（2）一国仅为援引豁免或对诉讼中有待裁决的财产主张一项权利之目的而介入诉讼；（3）一国代表在另一国法院出庭作证；（4）一国未在另一国法院的诉讼中出庭。

4.国家司法管辖豁免的限制。虽然《公约》第5条确认了国家在他国享有司法管辖豁免权之原则，但受限制豁免主义理论和发达国家豁免实践之影响，《公约》第10条至第16条规定，一国在因下列事项而引发的诉讼中，不得向另一国原应管辖的法院援引管辖豁免：（1）商业交易；（2）雇佣合同；（3）人身伤害和财产损害；（4）财产的所有、占有和使用；（5）知识产权和工业产权；（6）参加公司或其他集体机构；（7）国家拥有和经营的船舶。不过，在第2、3、4、5项和第7项情势中，如有关国家间另有协议，被告国亦可主张管辖豁免。

5.国家财产的执行豁免。与国家援引管辖豁免存在诸多限制相比，一国在其国家财产的执行豁免方面具有更多的“绝对性”。《公约》规定，除非一国明示同意放弃执行豁免，或者该国已经拨出或专门指定某项财产用于清偿对方的请求，另一国法院不得在诉讼中对该国财产采取判决前的强制措施，如查封和扣押措施，亦不得采取判决后的强制措施，如查封、扣押和执行措施。同时，一国明示同意放弃管辖豁免，另一国亦不得基于此而认为该国已默示同意对其国家财产采取强制措施。

《公约》目前得到23个国家批准，尚未达到生效条件（30个国家批准）。我国已于2005年签署了该公约（尚未批准）。2023年《对外关系法》和《外国国家豁免法》的颁布实施，完成了我国国内法在国家豁免领域的基础构建。《对外关系法》第36条规定，“中华人民共和国依据有关法律和缔结或者参加的条约和协定，给予外国外交机构、外国国家官员、国际组织及其官员相应的特权与豁免。中华人民共和国依据有关法律和缔结或者参加的条约和协定，给予外国国家及其财产豁免”，明确了我国坚持主权豁免的一般原则。同时，《外国国家豁免法》明确了我国法院对涉及外国国家及其财产民事案件的管辖规则，是针对某些特定条件下主权豁免原则的例外情形作出的，该法的相关规定在很大程度上与上述《公约》一致，反映了国家豁免法律实践的发展趋势。该法还规定了适用于外国国家豁免案件的特殊诉讼程序，强调了对等原则，符合我国涉外法治建设和国际交往的需要。另外，该法第22条规定了“中华人民共和国缔结或者参加的国际条约同本法有不同规定的，适用该国际条约的规定”。因此，中国在该领域的缔约实践和司法活动都在发展中。

五、国际法上的承认与继承

（一）国际法上的承认

国际法上的承认一般是指既存国家对于新国家、新政府或其他事态的出现，以一定的方式表示接受或同时表明愿意与其发展正常关系的单方面行为。

1.承认的特征：（1）现代国际法中承认的主体除现存国家之外还包括现存的政府间国际组织；承认的对象除了新国家和新政府外，还可以包括交战团体和叛乱团体。（2）承认是承认者对被承认者出现这一事实作出的单方面行为。它表明对事实的接受而不改变被承认者的性质。（3）承认具有法律效果。在符合其他国际法规则的条件下，承认是承认者的自主行为，而不是一项法律义务。是否作出承认主要出于政治考虑。但承认一经作出，将产生一定的法律效果，直接影响承认者和被承认者间的某些权利义务关系。

2.承认的表示形式。国际法中并没有对承认的形式作出明确规定，国际实践中有明示和默示两种：（1）明示承认形式是指承认者以明白的语言文字直接表达承认的意思。包括通过正式通知、函电、照会、声明等单方面表述，也包括在缔结的条约或其他正式国际文件中进行明确表述。（2）默示承认形式是指承认者不是通过明白的语言文字，而是通过与承认对象有关的行为表现出承认的意思。主要包括：与承认对象建立正式外交关系；与承认对象缔结正式的政治性条约；正式接受领事或正式投票支持参加政府间国际组织的行为一般也被认为是一种默示承认。但是，除非明确表示，下列行为一般不认为构成默示承认：共同参加多边国际会议或国际条约；建立非官方或非完全外交性质的某种机构；某些级别和范围的官员接触；对于外国的某个地区或实体给予某类司法豁免权的安排等。

3.法律承认和事实承认。划分法律承认和事实承认的基本点在于，承认者作出承认时，是将承认对象作为一种法律上的存在还是一种事实上的存在。所谓“法律”或“事实”是指承认对象由承认者所认定的地位和性质而言，而不是承认本身的形式。法律承认是认定被承认者作为法律的正式人格的存在，表明承认者愿意与被承认者发展全面正常的关系，带来全面而广泛的法律效果。这种承认是正式和不可撤销的。我们通常所说的承认都是指法律承认。事实承认主要存在于英美的外交实践中，它是为了处理既需要与某个对象进行某种交往又不愿或不宜与其进行全面正式交往的情况，产生的一种权宜做法。事实承认被认为是不完全、非正式和暂时性的。它比较模糊并可以随时撤销。

4.新国家的承认和新政府的承认。

（1）新国家的承认。对新国家的承认是既存国家对新国家出现这一事实的单方面宣告和认定。这种承认本身并不是新国家成为国际法主体的条件。正式的承认一经作出，将带来一定的法律效果。

新国家产生主要有以下四种情况：①独立，指殖民地独立而建立起自己的新国家。②合并，两个或两个以上国家合并为新国家。③分立，一国分解为两个或几个新国家，原来的国家不复存在。④分离，一国的一部分从该国分离出去而成立一个新国家，母国仍然存在。

对新国家承认的法律效果主要有：①为双方建立正式外交及领事关系及发展全面正常国家关系奠定基础；②双方可以缔结政治、经济、军事等各个方面的条约或协定；③承认国尊重新国家作为国际法主体享有的一切权利，特别包括尊重其法律法令的效力及其行政和司法管辖的有效性，承认新国家及其财产享有的管辖豁免权。

（2）对新政府的承认。对新政府的承认是承认者对他国新政府出现所作出的一种单方面行为，表示愿意把该新政府作为其国家的代表，从而与其建立或保持正常关系。

与新国家一起诞生的新政府（这个问题被归于国家承认中）和各国平稳的政府更迭都不产生国际法中的政府承认问题。一般来说，只有一国由于剧烈的社会革命或政变而产生的新政府才可能带来政府的承认问题。

关于政府承认本身，国际法并没有专门的要求或明确的规定。实践中，一般认为对于新政府的承认应遵循“有效统治原则”，即新政府应有效控制本国领土并行使国家权利。因为这样其才能现实地代表其国家，贯彻和实施其国家承担的国际法上的权利和义务。新政府承认常常是国际关系中一个更加政治化的敏感问题，各国自主作出的判定和抉择有时会大相径庭。但是，各国行为都不能违背国际法的其他原则和规则，特别是不干涉内政等原则。

对新政府的承认意味着对旧政府承认的撤销。承认者必须尊重新政府拥有的作为国家合法代表的一切资格和权利，包括在国内外的其国家财产上的权利，在国际组织或国际会议中的代表权等。

对中华人民共和国政府的承认是对新政府的承认。1949年10月，国民党政府在中国的内战中被推翻，共产党领导的新政府宣告成立，并将中国的国名由中华民国更改为中华人民共和国。这涉及国际法中政府承认的问题。虽然代表国家行使权利的政府发生了更迭，但中国国家作为主权者没有变化，中国作为国际法主体的地位也没有改变。中国政府及国际社会随后的实践都确证了这一点。

5.对交战团体和叛乱团体的承认。

对交战团体的承认是在一国发生内战时，其他国家为了保护自己的利益，承认反政府一方为交战团体的单方面行为。实践中，被承认为交战团体的反政府一方应满足下列条件：（1）其与政府已发生全面武力敌对行动，内战状态已经形成；（2）其已经控制了领土的相当大的部分;(3)其对控制的领土实施有效管理;(4)遵守战争法相关规则。对反政府一方承认其为交战团体,引起承认国的中立的义务,而同时,交战团体在其控制地区有义务保障承认国国家和侨民的利益。

叛乱团体的承认,是指某一反政府的武力行动,还没有发展到内战的规模和程度,其他国家为了自身侨民、商务往来得到保护,有必要维护与该反政府团体保持一种联系,而作出的一种权宜行为。它是一种事实上的承认。

对交战团体或叛乱团体的承认,是在一国内乱达到一定程度时,其他国家为保护自身利益而作出的行为。一般地,叛乱的发生是以建立新政府或新国家为目的,多以武力方式出现。如果叛乱迅速完成或消亡,不发生对叛乱团体或交战团体的承认问题。只有在叛乱运动旷日持久,并且对某一地区实现了某种相对稳定的控制之后,其他国家为保护该国在该地区的侨民和商务利益,才会作出对这种状态的承认行为。实践中,对于叛乱团体的承认较少发生。同时,在作出上述承认时,一定按照国际法有关规则进行,特别注意符合不干涉内政原则。

(二)国际法上的继承

国际法上的继承是指在某些特定情况下,国际法上的权利义务由一个承受者转移给另一个承受者所发生的法律关系。国际法上继承包括国家继承、政府继承和国际组织的继承,其中最重要和基本的是国家继承。

国家继承是指由于领土变更的事实,导致国际法上的权利义务在相关国家之间的转移而发生的法律关系。领土变更是发生国家继承的前提。从国际实践中来看,国家领土变更情况主要有合并、分离、分立、独立以及部分领土转移五种,对于不同的领土变更情况,国家的继承情况也各不相同。

国家继承的对象是国家在国际法上的权利义务,涉及问题十分复杂,一般分为两大类:关于条约方面的继承和非条约事项的继承。

1.条约的继承。条约继承的实质是在领土发生变更时,被继承国的条约对于继承国是否继续有效的问题。一般地,与领土有关的“非人身性条约”,如有关领土边界、河流交通、水利灌溉等条约,属于继承的范围;而与国际法主体人格有关的所谓“人身性条约”以及政治性条约,如和平友好、同盟互助、共同防御等条约,一般不予继承。但这并不排除有关国家达成协议或根据《条约法公约》的规定来决定或解决条约的继承问题。

不同的领土变更情况,条约继承的情况也不尽相同:(1)国家合并时,对于任一被合并国有效的条约,对于继承国继续有效,但原则上只适用于继承发生时其有效的那部分领土范围。(2)分离或分立的情况下,无论被继承国是否存在,原来对被继承国全部领土有效的条约,对于所有继承国继续有效;原来对于被继承国部分领土有效的条约,仍只对与该部分领土有关的继承国的相应部分有效。(3)对于领土部分转移的情况,出让国的条约对该部分领土失效而受让国的条约对所涉领土发生效力。(4)由殖民地独立而成的新国家的条约继承,采取特殊的规则:其对被继承国的条约是否继承,原则上可以自主地决定。

2.对于条约以外事项的继承。

(1)国家财产的继承。国家财产是指在继承发生时,按照被继承国的国内法为该国国家所拥有的财产权利和利益。国家财产继承的效果是被继承国对该财产权利的灭失和继承国权利的产生。国家财产继承不涉及第三国的财产和利益。

国家财产继承的基本标准是被继承的财产应与领土有关联。由此引申出两项规则:一是财产一般随领土一并转移而转属或分别转属继承国;二是所涉领土的实际生存原则。前者主要是针对继承发生时位于所涉领土内的被继承国财产而言,特别是针对不动产。后者主要是针对位于所涉领土以外的财产而言,主要是针对动产。凡是与所涉领土生存或活动有关的国家动产,无论其所处地理位置,都应转属继承国。①在国家合并的情况下,继承比较简单,被继承国的国家财产都转属继承国。②在国家分离或分立的情况下,除非另有协议,位于所涉领土内的被继承国不动产应转属继承国,与所涉领土活动有关的被继承国的动产应转属或分别转属继承国；其他的国家财产应按照公平的比例转属继承国。③在国家解体时，位于被继承国领土之外的国家不动产，应按照公平比例转属继承国。此外，当事各方还应遵照公平比例和公平补偿原则解决相关问题。④对于新独立国家的财产继承，有一些特殊的规则，包括财产的继承可以不以与被继承国之间的协议为前提；关于动产和不动产的继承，除了遵循上述其他场合相同的规则外，还有下述特别规则：对位于所涉领土之外的被继承国动产或不动产，如果该财产原属所涉领土或所涉领土曾为其创造作出贡献，则应转属继承国或按照贡献比例转属继承国。

（2）国家档案的继承。这里的国家档案是指继承发生时，由被继承国作为国家档案收藏的一切文件。国家档案作为国家的重要财富，它需要保持完整性，一般不可分割。但国家档案可以复制以供使用。在国际实践中，关于国家档案的继承，除了新独立国家的情况外，通常通过有关国家间协议来解决。如没有协议，一般将所涉领土有关的档案转属继承国。对于新独立国家，原属于所涉领土的档案，在领土附属期间被作为被继承国国家档案的应转属继承国；被继承国国家档案中与所涉领土有关的部分的转属或复制，应由被继承国和继承国通过协议来解决。

（3）国家债务的继承。国家债务是指一国对他国、国际组织或其他国际法主体所负担的任何财政义务。国家实践中，国家继承的债务包括国家整体所负的债务或称国债，也包括以国家的名义承担而事实上仅用于国内某个地方的债务或称地方化债务。国家对外国法人或自然人所负之债或国家的地方当局自己承担的对他国所负之债，不在国家继承的范围。另外，所谓的“恶债”，即违反国际法基本原则或违背继承国根本利益所负之债，如征服债务或战争债务等，原则上也不予继承。

在国家合并的情况下，国家的债务应转属继承国。在分离、分立或领土转让的情况下，债务继承首先应通过协议解决；若无协议，则应按照公平的比例转属继承国，并且特别考虑到与这些债务有关的转属继承国的财产、权利和利益。新独立国家对债务可不予继承，除非另有协议，并且这种协议不能违背有关国际法原则，协议的执行也不应破坏新独立国家经济的基本均衡。

六、国际组织

（一）政府间国际组织及其一般制度

1.国际组织的概念和法律地位。

作为国际法主体的国际组织一般是指政府间的国际组织。它通过政府间协议成立，具有常设的机构。通常被赋予国际法律人格。具体国际组织的法律地位体现在其组织章程中。

一般地，国际组织的权利能力和行为能力主要表现在以下方面：（1）缔约能力；（2）派遣与接受常驻或临时的外交使团（节）；（3）作出国际承认或作为国际承认的对象；（4）构成国际法中继承或被继承的主体；（5）提出国际索赔和承担国际责任；（6）召集国际会议、组织和参加国际交往，进行国际合作、解决国际争端；（7）享有某些特权和豁免；（8）其他还包括登记与保存条约，拥有自己的旗帜标志等。

2.国际组织的一般制度。

（1）成员。国际组织的成员一般可分为正式成员和非正式成员两种：

①正式成员。正式成员有时又被分为参与创建该组织的原始成员和在组织成立后的纳入成员。正式成员通常参加组织的全部活动并拥有完全的权利。国际组织的正式成员一般是国家，但在个别情况下，经特别约定，也可以是某些特定的非主权实体或其他的国际组织。在这种特殊安排下，具有某个国际组织正式成员资格的参加者并不因此而获得国际法主体的地位。

②非正式成员包括准成员和观察员。准成员也被称为联系会员，是被接受参加组织的活动，但因某些条件或原因，部分权利受到限制的成员。准成员通常在组织的主要机构中没有选举权和被选举权，也没有表决权。观察员是有条件地被邀请或接受出席有关会议或参加某些活动者。其主要职能是了解和咨询，不享有正

式成员享有的表决权等权利。观察员有时也被称为咨询会员。有些是常设性的，但多数是每次会议时临时邀请或接受的。

（2）机构。国际组织的机构由其职能和成员国约定而设立。通常包括三个主要机构：

①权力和决策机构。通常称为大会、代表大会、全体会议等，一般由所有成员代表参加。有些组织的该种会议是由成员国元首、首脑或部长组成或参加。

②执行机构。通常称为理事会、执行局或执行委员会，它由部分成员国的代表依该组织的章程组成，负责相关事项的执行和处理。其职能范围与工作方式依其基本组织文件而各有不同。

③行政机构。一般多称为秘书处。主要从事成员国之间的联系、信息交换、内部管理等日常性事务性工作。秘书处一般根据有关章程，聘任各国公民组成。受聘人员作为国际公务员，不代表任何国家，仅以个人中立身份接受该组织指示，完成交办的工作，并从该组织获得报酬。

（3）表决制度。国际组织成员对组织文件草案的赞同或反对的表示方式即为表决，表决及其与被表决文件的最终形成或通过的关系所涉及的规则构成了表决制度。国际组织采用的表决制度由其章程决定。通过后文件的名称和拘束力，取决于不同组织及其对相关事项的具体规定。实践中，表决制度一般有以下几种：

①全体一致同意。也称一国一票一致同意制，它采取一国一票，并要求议案经所有成员一致同意方可通过。

②多数同意制。采用一国一票，要求议案经成员中多数同意票即可通过。多数通过制又分为简单多数通过、特定多数通过、多数加特定成员通过这三种。简单多数指有超过半数的同意票即可获得通过；特定多数通过要求达到一定比例的多数时议案才能通过，如2/3多数；多数加特定成员同意制，除对票数数量作出要求外，还要求包括特定成员的同意票方可通过。

③加权表决制。也称一国多票制，它具有某些股份制表决的特点，多用于金融等经济性组织。各成员国由其对组织的贡献或责任的不同，根据组织章程规定的分配标准，享有不同的投票权，在此基础上进行表决。

④协商一致通过。在成员国间进行广泛协商后，不采用投票表决方式而采取对议案达成一致或不持异议则通过。

（二）联合国体系

联合国组织根据1945年在美国旧金山签订的《联合国宪章》成立，是世界反法西斯战争胜利之后国际秩序构建的核心。之后，一批在各自领域起重要作用的专门性国际组织，通过与联合国的关系协定而成为联合国的专门机构，从而构成了联合国组织体系。70多年来，联合国已经成为当今世界最具普遍性权威性的政府间国际组织，在全球事务的各个方面具有不可替代的主导作用。习近平主席指出，世界上只有一个体系，就是以联合国为核心的国际体系。在百年变局加速演进时代，中国将坚定维护联合国权威和地位，维护联合国在国际事务中的核心作用。

1.会员国。联合国的创始会员国为包括中国在内的51个国家。以后的成员国均是纳入会员国。创始国和纳入国的权利和义务是相同的。被接纳为新会员国的条件是：（1）被接纳的是一个爱好和平的国家。（2）其接受宪章规定的义务，愿意并能够履行宪章的义务。（3）经安理会推荐。申请国首先向秘书长提出申请，秘书长将其申请交由安理会，安理会审议并通过后向大会推荐。（4）获得大会准许。经大会审议并2/3多数通过。目前，联合国会员国为193个。

2.主要机关及专门机构。

（1）联合国的主要机关。依照《联合国宪章》，联合国由六个主要机构组成。

①大会。大会由全体会员国组成，具有广泛的职权，可以讨论宪章范围内或联合国任何机关的任何问题，但安理会正在审议的除外。除特别会议和特别紧急会议外，大会从每年9月的第三个星期二到12月25日举行一届为期3个月的常会。

大会不是一个立法机关，而主要是一个审议和建议机关。大会和安理会在联合国系统中处于中心位置。大会下设政治与安全、经济与财政、社会人道与文化、非殖民化、行政与预算、法律以及特别政治7个主要委员会；还有总务、全权证书2个程序委员会，以及若干特别委员会。2006年3月15日，联合国大会通过决议，设立了人权理事会，作为大会的附属机构（见国际法部分第四章第四节“国际人权法”）。

大会表决实行会员国一国一票制。对于一般问题的决议采取简单多数通过；对于重要问题决议采取2/3多数通过。实践中也常常采取协商一致方法通过决议。上述重要问题包括：与维持国际和平与安全相关的建议，安全理事会、经社理事会和托管理事会中需经选举的理事国的选举；新会员国接纳；会员国权利中止或开除会籍；实施托管的问题；联合国预算及会员国应缴费用的分摊等。

根据《联合国宪章》，大会对于联合国组织内部事务通过的决议对于会员国具有拘束力；对于其他一般事项作出的决议属于建议性质，不具有法律拘束力。

②安全理事会。安理会是联合国在维持国际和平与安全方面负主要责任的机关，也是联合国中唯一有权采取行动的机关。安理会由15个理事国组成，其中中、法、俄、英、美五国为常任理事国。其他理事国按照地域分配名额由大会选出，任期2年，不得连任。

安理会每年召开2次由理事国特派政府要员或代表参加的定期会议。此外，随时召开常驻代表参加的常会。

根据《联合国宪章》的规定，安理会表决采取每一理事国一票。对于程序事项决议的表决采取9个同意票即可通过。对于非程序事项或称实质性事项的决议表决，要求包括全体常任理事国在内的9个同意票，此又称为“大国一致原则”，即任何一个常任理事国都享有否决权。实践中，常任理事国的弃权或缺席不被视为否决，不影响决议的通过。关于和平解决争端的决议，作为争端当事国的理事国不得投票。但有关采取执行行动的决议，其可以投票，并且常任理事国可以行使否决权。当对于一个事项是否为程序性事项发生争议，同样按照上述“大国一致”表决方式决定。常任理事国在安理会表决中的上述权利也被称为“双重否决权”，它确保了大国之间的一致。否决权制度是安理会表决制度的核心。

安理会在向大会推荐接纳新会员国或秘书长人选、建议中止会员国权利和开除会员国等问题上，也适用非程序性事项表决程序。

安理会为制止破坏和平、威胁和平和侵略行为而作出的决定，以及依《联合国宪章》规定在其他职能上作出的决定，对于当事国和所有的成员国都具有拘束力。

《对外关系法》为中国在安理会的立场原则和执行安理会决议的行动提供了国内法的依据和保障。该法第20条第2款规定：“中华人民共和国履行联合国安全理事会常任理事国责任，维护国际和平与安全，维护联合国安全理事会权威与地位。”第35条规定：“国家采取措施执行联合国安全理事会根据联合国宪章第七章作出的具有约束力的制裁决议和相关措施。对前款所述制裁决议和措施的执行，由外交部发出通知并予公告。国家有关部门和省、自治区、直辖市人民政府在各自职权范围内采取措施予以执行。在中国境内的组织和个人应当遵守外交部公告内容和各部门、各地区有关措施，不得从事违反上述制裁决议和措施的行为。”

③经济及社会理事会。经社理事会是在大会权力下，负责协调联合国及各专门机构间经济社会工作的机关。经社理事会由联合国大会选出的54个理事国组成，理事国每届任期3年，可以连任。经社理事会每年举行2次常会，会期1个月。

经社理事会的每个理事国有一个投票权，理事会决议采用简单多数表决制。

④托管理事会。托管理事会是在大会权力下负责监督托管领土行政管理的机关。它由管理托管领土的联合国会员国、未管理托管领土的安理会常任理事国、由大会选举必要数额的其他非管理托管领土的会员国三类理事国组成。

联合国成立以来置于其托管下的11块托管

领土先后都已独立或自治而结束了托管，所有的托管协定都宣告终止。目前托管理事会在联合国的地位和任务是一个有待解决的问题。国际社会提出了各种不同意见，包括1997年联合国秘书长曾建议将托管理事会改为一个论坛，对全球环境、大气层及外层空间进行讨论和集体托管。

⑤国际法院。国际法院是联合国的司法机关，有关内容在本学科第七章中介绍。

⑥秘书处。秘书处是联合国的常设行政管理机关，为联合国的其他机关提供服务，并执行这些机关制订的计划和委派的任务。秘书处由一位秘书长和若干办事人员组成。秘书长是联合国的行政首长，他由安理会推荐，并经大会简单多数票通过后委任。任期5年，可以连任。秘书处人员包括秘书长都是国际公务员，为联合国整体服务，向联合国负责，不得寻求和接受任何政府或联合国以外的任何其他机构的指示。

（2）联合国专门机构。联合国专门机构是指根据特别协定同联合国建立固定关系，或根据联合国决定成立的负责特定领域事务的政府间国际组织。专门机构与联合国具有法律联系，它们通过与经社理事会签订，并经大会核准的关系协定成为专门机构。专门机构有其独立的法律地位，不是联合国的附属机构。它们按照自己的成立章程自主活动，与联合国的合作是通过与经社理事会的协商来协调完成。目前，正式与经社理事会签订协议的联合国专门机构有17个。另外，国际原子能机构作为政府间的国际组织，与联合国建立有工作关系，通常也被视为是专门机构。源于“关贸总协定”的世界贸易组织，也与联合国有密切的渊源及合作关系，有时也被视为类似专门机构来考虑。中国是所有17个专门机构以及国际原子能机构和世贸组织的成员。

联合国的17个专门机构是：国际劳工组织（1919年成立，总部在日内瓦）；联合国粮食及农业组织（1945年，罗马）；教育、科学及文化组织（1946年，巴黎）；世界卫生组织（1948年，日内瓦）；国际复兴开发银行（1944年，华盛顿）；国际开发协会（1960年，华盛顿）；国际金融公司（1956年，华盛顿）；多边投资担保机构（1988年，华盛顿）；国际货币基金组织（1945年，华盛顿）；国际民用航空组织（1947年，蒙特利尔）；万国邮政联盟（1874年，伯尔尼）；国际电信联盟（1865年在巴黎成立，现总部在日内瓦）；世界气象组织（1950年，日内瓦）；国际海事组织（1959年，伦敦）；世界知识产权组织（1967年，日内瓦）；国际农业发展基金组织（1977年，罗马）；联合国工业发展组织（1966年，维也纳）。

（三）非政府国际组织

当前的国际社会中，除了政府间国际组织外，非政府间的国际组织（或称国际非政府组织）的作用和影响也空前增强。

1.国际非政府组织的主要特点。（1）跨国性。其成员由来自不同国家的公民或团体组成；活动超出一国范围之外。（2）非政治性和非政府性。其活动的目标为非政治性，不谋求政治权力；其性质为社会团体，不属于政府机构。（3）非营利性。其活动属于公益性或社会服务性，区别于各种追求利润的企业性组织。（4）志愿性。其会员自愿参加，自我管理。

国际非政府组织的成立及其活动，目前主要是由各相关国家的国内法加以规范。一个国际非政府组织，首先是在某个国家注册或登记的该国国内合法团体，这种注册或登记依照该国相关的国内法进行；其活动应当受到该注册国法律的规范。该组织若在其他国家进行活动，应当尊重所涉及国家的相关法律。在国际层面，这类国际非政府组织，也不是由政府间的协议创立，而是一种民间性的跨国联合。

2.联合国与一些国际非政府组织的联系机制。根据《联合国宪章》及有关决议，联合国经社理事会通过给予一些国际非政府组织“咨商地位”的方式，与一些重要的国际非政府组织建立了联系。经社理事会给予国际非政府组织的咨商地位分为三种：（1）普遍咨商地位，也称一类咨商地位。这一资格授予工作领域涵盖经社理事会管辖的大多数事务的国际非政府组织。（2）特别咨商地位，也称二类咨商地位。该类资格授予在经社理事会活动的某些领域中具有专门能力的国际非政府组织。(3)注册咨商地位，也称列入名册类。该资格授予那些对经社理事会的某一方面工作能够提供有用咨询的国际非政府组织。

在经社理事会取得咨商地位或观察员身份的国际非政府组织，在联合国系统内，拥有向联合国相关机构提供咨询意见的权利。它们可以参与各个联合国专门机构活动，出席会议，提交书面报告，就相关问题发表建议，举行国际非政府组织论坛，接受委托参与联合国某些专业项目的决策或执行等。通过上述活动，在联合国乃至国际社会的各项事务中，发挥着独特的影响和作用。

第二节 国际法律责任的构成和形式

一、国际责任的构成

(一)归责原则

法律上的归责原则一般有过错责任和无过错责任两种。传统国际法中，国家的国际责任主要限于对外国人造成损害所引起的国家赔偿责任，一般是采取过错责任原则。随着国家责任范围的扩大，各种责任制度的规定日益复杂。许多国家行为中，其故意或过失因素很难判断。并且，国家行为最终是由有关的个人来实施，行为者的主观状态与国际法判断国家的主观因素并不能完全等同。因此，现代国际法倾向于引进和采取无过错责任原则。

由于国际法中各种责任制度在形成历史、适用范围等方面的复杂性，以及责任制度涉及被违背的不同国际义务本身也有各自特点和不同规定，国际法的责任制度很难绝对地简单适用某一种归责原则。另外，对于不法行为是否已包含了主观过错要素，不同学者的认识也不相同。这些国际社会的实践和争论表明，具体问题上的责任制度还需要根据与该具体义务相关的国际法规则和所涉因素来决定，包括是适用过错原则还是无过错原则。

(二)国家不法行为的构成要件

国家不法行为是指国家违背国际法义务的行为。根据联合国国际法委员会编纂，并于2001年二读通过的《国家对国际不法行为的责任条款草案》，国家不法行为必须具备两个条件：

1.归因于国家。引起国家责任的行为必须根据国际法能够归因于国家，或说该行为是国际法上的国家行为。下列行为，包括作为和不作为，被国际法认为是可以归因于国家的行为：

(1)国家机关的行为。无论国家内部采用何种政治结构，依该国国内法具有国家机关地位者，以其资格职务从事的行为，依照国际法被视为该国的国家行为。无论该机关是立法、行政、司法或其他机关，或行使的职务是对内或是对外，也无论其在国家结构中处于上级或下级地位。

(2)经授权行使政府权力的其他实体的行为。国家地方政治实体机关的行为，或经国内法授权行使政府权力的其他实体机关的行为，在该机关职权或授权范围内，是该国的国家行为。

(3)实际上代表国家行事的人的行为。如果一个或一群人的行为经确定实际上是代表其国家行事的，这些人的行为被认为是国家行为；另外在正式当局不存在时，有理由并实际上行使政府权力的人的行为，被认为是国家行为。

(4)别国或国际组织交与一国支配的机关的行为。一国或国际组织将某个机构交与另一国支配，则在行使该支配权范围内的行为，视为该支配国的国家行为。

(5)上述可归因于国家行为的国家机关和国家授权人员的行为，一般也包括他们以此种资格执行职务内事项时的越权或不法行为。这是由于对其职务内的行为或事项，外国很难判断他是否超越其国内指示或国内法规定而越权从事；而且这种判断越权的根据是其国内法，而国内法的规定不能当然地作为免除国际责任的理由。另外，在这种情况下，虽然国家对该官员的惩罚可能是国家承担责任的一部分，但对官员的惩罚与国家的责任是两个不同范畴的问题。

（6）叛乱运动机关的行为。在一国领土上的被承认为叛乱运动的机关自身的行为，根据国际法不视为该国的国家行为。已经和正在组成新国家叛乱运动的行为，被视为已经或正在形成的新国家的行为。

（7）一个行为可以归因于几个国家时，相关国家对于其各自相关的行为承担单独或共同的责任。

（8）国家当局暂不存在时的行为。当一国发生内战、政变或被外国占领等情况下，可能出现政府当局瓦解或不能实际履行职务。此时，一个人或一群人：①在政府当局不存在或缺席；②同时需要行使政府权力要素；③事实上正在行使政府的权力要素。此时，在三者均满足的条件下，该个人或一群人的行为应视为国际法上的国家行为。

另外，非代表国家行事的人的行为不是国家行为，国家不承担责任。但是，对于某些特定人员，其中最典型的是国家元首、政府首脑、外交部长及外交使节，由于其在对外交往中的特殊地位及享有的在外国的特权与豁免，对于他们在国外私人身份的不法行为，除非特别说明，国家一般也承担相关的责任。再者，一般私人或私人团体本身对外国或外国人的不法侵害不引起国家责任，但是该行为如果由于国家的失职造成，或国家对该行为进行纵容，则可能引起国家对本身失职或放纵行为的责任。这也称为间接责任。或者说，在这种情况下，国家责任的产生不是由于私人侵害行为本身，而是由于对该私人行为，国家事先或事后的态度和行为。

2.违背国际义务。构成国家不法行为的另一个条件是，该行为是违背国际义务的行为。一国违背国际义务是指一国行为不符合对其有效的国际义务的要求，无论其所承担的该国际义务来自条约、国际习惯或国际法的其他渊源。

一国对国际义务的违背既包括主动违背有关国际法规则的积极作为，也包括对应履行的国际义务消极不作为，二者都构成对义务的违背。构成一国不法行为所违背的义务必须是对其有效的国际义务。持续性、系列性或复合性的行为，只要行为发生或持续到该义务对该国的有效期间，就构成对其有效的相关义务的违背。

如果某项义务要求国家以自己选择的行为达到某种结果，该国未达到所要求的结果为违背义务，但如果该义务允许以后再采取措施达到该结果或相同的结果，则只有当以后仍未达到该结果才构成违背义务。对于要求防止发生某一特定事件的义务，如果没有具体措施上的其他要求，则只有该被预防的行为发生时，该国才构成违背义务。

对国际义务的违背按照义务的性质又被分为对一般国际义务的违背和对于保护国际社会根本利益至关紧要的义务的违背，前者称为国际不法行为，后者称为国际罪行。因此，广义的国家不法行为包括一般的国际不法行为和国际罪行两类。

（三）不法性的排除

国家违背义务的行为构成国家不法行为。但在有些情况下，某些国家行为表面上是违背国际义务的行为，但根据国际法，其不法性可以被排除，从而不构成国家不法行为。不法性被排除一般有以下情况：

1.同意。一国不符合该国国际义务的行为，如经与该义务直接有关的权利方以正式有效的方式表示同意，然后实施，则在对该同意方的关系上和在被同意的范围内，排除了该行为的不法性。同意应是该义务的利益国正式机关以明确的方式事先自愿表示同意，且该义务不属于国际强行法规则范畴。

2.对抗与自卫。国家不符合国际义务的行为，如果是针对某项他国的国家不当行为而采取，则在符合国际法其他规则的条件下，其行为的不法性被排除。对抗的对方必须是首先有对对抗国违背义务的行为；对抗措施必须必要和适度，其结果要与对方造成的侵害成比例。除自卫外，对抗不能使用武力。自卫权的行使必须严格符合《联合国宪章》和其他自卫条件。

3.不可抗力和偶然事故。对义务的违背，如果是由于不可抗拒的力量、不能预料或无法控制的外界事件，致使国家不可能履行义务或不知道其违反义务，则其不法性可以被排除。但如果这种实际上的不可能履行是由于行为者本身引起的，则不能排除其不法性。

4.危难或紧急状态。国家违背义务的行为，如果是构成国家行为的行为人在极端危急、别无他法的情况下，为挽救其或被其监护的人生命而作出，其不法性可以被排除。紧急状态是国家遭到严重危及其生存或根本利益的紧急情况，作为消除或应付这种紧急状态的唯一办法而从事的违背国际义务的行为，其行为的不法性可以排除。对危难和紧急状态下违背义务行为的不法性的排除，除要求情况紧急别无他法之外，还要求危难或紧急状态不是该国本身或协助造成，并且所违背义务的行为不得造成比危难同样或更大的灾难或危及他国的根本利益，不得违背国际法强行性规则。否则其不法性不能排除。

二、国际责任的主要形式

国家不法行为一经确定，就会引起法律后果即国家的国际责任。在国际实践中，行为国承担的国家责任依其不当行为的程度和其他具体情况，一般有以下一些方式。这些方式既可能被单独采用，也可能同时采用。

（一）终止不法行为

当不法行为是一个持续行为时，责任国首先应当停止该不法行为。如终止非法占领、释放扣留人质等。终止不法行为不影响被终止的行为已经引起的国际责任，只是可能减轻该责任。

（二）恢复原状

恢复原状是要求把被侵害的事物恢复到不法行为发生前存在的状态。这种形式多适用于被侵害的物尚存，或受损但可以修复，或可以制作代替品的情况。如果恢复原状已成为不可能，或恢复原状的代价远远超过被损害物原来的价值，或有国际法的其他规定的情况下，则采取其他责任形式代替。

（三）赔偿

“赔偿”一词有两种理解：一种是包括恢复原状、经济赔偿、道歉等各种方式的综合承担责任的总称；另一种是指经济上的，通常是以货币表现的赔偿。这里的赔偿是指后一种用法，即指责任国对其不法行为的受害国给予相应的货币或实物，以承担国家责任。赔偿可以分为赔偿额等于实际损害的补偿性赔偿、大于实际损害的惩罚性赔偿和小于实际损害的象征性赔偿三类。在国际实践中，使用比较多的是补偿性赔偿。

作为国家责任形式的赔偿，与国家从道义或友好出发的抚恤或援助，以及国家对外国企业的合法国有化而给予投资者的适当补偿在性质上是完全不同的。

（四）道歉

国际法上的道歉是责任国对受害国造成的非物质性损害给予精神上补偿的法律责任形式。道歉包括以书面或口头方式致歉、向受害国国旗或标志敬礼等。此外，当有关的损害是由责任国官员的失职或违法造成时，对有关责任人的惩处有时也被作为一种道歉的表示。

（五）保证不再重犯

对有可能重演的不法行为，责任国作出担保或保证不再重犯，也是一种责任形式。保证不再重犯肯定了行为的性质，有道歉的作用，更重要的是这种承诺实际上明确构成了责任国与受害国之间的一种新的保证协议，防止该不当行为的再次发生。

（六）限制主权

限制主权是指限制责任国主权或主权某些方面的行使。这是国家责任中最严重的形式。这种责任形式仅适用于对他国进行武装侵略、危害全人类利益并构成国际罪行的某些特定行为。如第二次世界大战结束以后，德国和日本由于其在第二次世界大战期间的侵略行为和其他国际罪行而被全面或部分限制主权。

第三节 国际责任制度的新发展

一、国际刑事责任问题

国际刑事责任问题是与国际法中的国际罪行相联系的。传统国际法中对于国家刑事责任基本持否定态度。第二次世界大战结束以后进行的纽伦堡审判和东京审判，对于从事严重违反国际法的国际罪行的国家，在国家承担国家责任的同时，也追究了负有责任国家的领导人的个人刑事责任，即创立了“双罚原则”。

关于国际罪行的国家责任问题，在理论和实践中都有争议。主要问题一是国家能否承担刑事责任，国家刑事责任制度是否应成为有别于国家一般责任制度的新制度；除对领导人的追究外，国家还是否有新的承担其国际罪行引起的刑事责任的方式。二是追究领导人的刑事责任，究竟是对其个人罪行的追究还是对于国家罪行的追究。或者说，领导人承担责任是其本身的刑事责任，还是国家刑事责任的一部分。这些问题都还没有一致的结论。

另外，国际法中使用“国际罪行”一词，包括两方面的意义，除了上面所指的国家严重违背其国际义务的一种国家不法行为外，还常用来指由国际条约规定的、国家具有普遍管辖权或惩治义务的某些个人犯罪，如劫机、海盗、贩毒等。这种国际犯罪本身是个人罪行，不存在国家刑事责任问题，通常是由国内法院进行管辖和审判。

1998年通过的《国际刑事法院罗马规约》（以下简称《罗马规约》），旨在建立一个全球性的刑事法院，对于犯有灭绝种族罪、危害人类罪、战争罪和侵略罪四种国际社会认为最严重的国际罪行的个人行使管辖权。《罗马规约》对于法院的管辖权、可受理性和适用的法律、刑法的一般原则、审判刑罚等各方面作出了规定。《罗马规约》并未涉及国家本身刑事责任的问题，仅申明其对个人刑事责任的规定不影响国家根据国际法其他规则所应承担的责任。《罗马规约》目前已经生效。对于《罗马规约》中的一些规定和法院的相关行动，尚有不少争议（详见本学科第八章第三节有关内容）。

二、国际赔偿责任问题

一般地，国家责任是国家违背其国际义务的行为引起的。但是，由于科学技术的发展，国家从事的某些开发或试验性活动，如核能利用、航空航天、跨界河流开发等，具有以下特点：第一，这些活动对于人类具有重要的探索和利用价值，但在带来巨大利益的同时，也存在巨大的潜在危险。第二，这些活动一般是本国在其领土或其控制下进行的，但其危害具有跨国性。一旦发生事故，常常波及其他国家乃至全球。第三，这些活动本身是国际法不禁止的。第四，受害国有权要求加害国给予合理的赔偿。

鉴于这些特点，国际社会在一些领域通过有关条约建立起某些国际责任制度，如《关于核损害的民事责任的维也纳公约》《核动力船舶经营人公约》《防止船舶造成污染的国际公约》《空间物体造成损害的国际责任公约》等都规定了有关的制度。这些制度对于行为造成的损害，一般规定仅采取恢复原状和赔偿的方式，因此，它们又被称为国际赔偿责任制度，以区别一般的国家责任制度。赔偿责任产生的前提往往是损害后果的发生，但也不是所有的损害后果都引起赔偿责任，具体赔偿责任的规则，包括归责原则等，在不同条约中各有不同规定。这些问题，理论上也存在观点分歧。

目前，从赔偿责任的主体来看，现行的制度一般有三类：(1)国家责任制度，即由国家承担对外国损害的责任。如《空间物体造成损害的国际责任公约》规定，发射国对本国或在本国境内发射的空间物体对他国的损害承担责任。(2)双重责任制度，即国家与营运人共同承担对外国损害的赔偿责任。如《关于核损害的民事责任的维也纳公约》和《核动力船舶经营人公约》规定，国家保证营运人的赔偿责任，并在营运人不足赔偿的情况下，对规定的限额进行赔偿。(3)营运人赔偿。无论营运人是国家或者私人企业，都由营运人直接承担有限赔偿责任。

1998年联合国国际法委员会一致通过了《国际法不加禁止行为的损害性后果所引起的国际赔偿责任的条文草案》，2001年又通过了《预防危险活动造成的跨界损害的条款草案》。上述草案中规定了国家在相关方面进行预防、合作、实施等义务，从适用范围看，这类行为有严格限制，主要是外空活动、核能开发、矿石开采、修建水坝等一国主动从事的具有高度的跨界损害风险的活动。在这一领域有关的实践还在发展和争论中。

【本章主要法律规定】

1.《宪法》

2.《对外关系法》

3.我国刑法、民法、诉讼法、行政法等法律规范中的涉外条款、相关规定和司法解释

第三章
国际法上的空间划分

本章主要内容提示

本章的内容集中在国际法通过对空间的法律划分，设定国家在不同区域的权利义务。

1.理解国际法划分各个区域的思路是基于国家在各区域上主权或权利的不同，包括国家领土主权、不同海域上的不同权利、南北极地区的地位，以及外空的地位和制度。

2.通过比较，掌握各个区域中基本法律制度的内容及范围。

3.国际环境法的基本原则和特点、典型领域中环境保护的规则和制度。

现代国际法规则已涉及人类认识的所有自然空间。国际法对自然空间进行划分是国家对于空间支配和管辖能力以及在支配和管辖空间活动中所形成的国家关系的法律反映。通过将空间划分为不同区域，规定不同区域的不同法律地位和法律制度，从而规范国家涉及不同空间领域的活动。有关空间区域划分和相关法律制度的规定，分别体现在领土规则、海洋法、国际航空法、外层空间法等国际法分支中。

第一节　国家领土

一、领土和领土主权

（一）领土的构成

国家领土，是指国家主权支配和管辖下的地球的特定部分及附属的特定上空。它由领陆、领水、领空和底土四部分组成。

1.领陆指国家主权管辖下的地球表面的陆地部分。领陆是国家领土最基本的部分，是领土其他部分的依附。世界上不存在没有领陆的国家。

2.领水是国家主权管辖下的全部水域，包括内水和领海。内水包括国家领陆内的水域（或称内陆水）和沿海岸的内海。内水与领海的区别在于：外国船舶未经允许不得进入内水，但可以在领海中享有无害通过权（内海和领海的内容在下面海洋法中介绍）。

3.领空是领陆和领水上方一定高度的空间。领空完全受国家主权的支配。它的高度界限国际法中尚没有确定（相关问题将在外层空间法中介绍）。

4.底土是领陆和领水下面的部分，理论上

一直延伸到地心。国家对于底土及其中的资源拥有完全主权。

（二）领土主权

领土作为国家构成的要素之一，是一国主权行使的空间和对象。国家的领土主权，是指国家对领土的最高的排他的权利。包括两方面内容：（1）对领土的所有权或领有权。国家对其领土享有拥有、使用和处分的最高权。（2）国家享有排他的领土管辖权。指国家对在领土范围内的人、物及事件行使属地管辖权。

相互尊重主权及领土完整是国际法的一项基本原则。它一方面表明领土主权不可侵犯，另一方面表明一国领土主权的行使不能损害别国的领土主权。国家在行使领土主权时，应遵守有关国际法规则或条约义务的规定。这一点在国家利用边境领土以及某些特定水域上尤为重要。

（三）领土主权的限制

国家对其领土具有排他的领土主权，但是国家间可以通过国际法或国际条约对领土主权加以若干限制。领土主权的限制有两种情况：一种是适用于一切国家或者大多数国家的一般性限制。这种限制是各国相互尊重主权的要求或旨在相互和平合作而自愿承担的。如国家在其领土上行使主权时，不得损害邻国的利益；外国商船享有无害通过一国领海的权利；外交官在接受国内享有外交特权与豁免等。另一种是适用于特定国家的根据条约产生的对其领土主权施加的特殊限制，传统国际法中，属于此类特殊限制的形式主要有共管、租借、国际地役和势力范围四种形式。上述对领土主权的限制是否合法，取决于其据以产生的条约是否合法。

（四）河流制度

1.内河。从源头到入海口或终结地全部流经一国的河流是该国的内河。国家对其内河拥有主权。国家对于内河资源的开发、环境保护、航运贸易等拥有完全的管辖权。国家可以自主制定相关的法规管理其内河。外国船舶未经许可不得在内河航行。

2.界河。界河是流经两国之间并作为两国领土分界线的河流。界河沿岸分属两个国家，其水域也由沿岸国进行划分，多以主航道或河道中心线为界。界河分属沿岸国家的部分为该国的领土，处于该国的主权之下，各国在所属水域行使管辖权。有关界河的利用不得损害邻国利益，一般应由相关国家协议处理。

3.多国河流。多国河流是流经两个或两个以上国家领土的河流。多国河流流经各国的河段分别属于各国领土，各国分别对位于其领土的一段拥有主权。但多国河流的使用一般涉及流经各国的利益，因此，对多国河流的航行、使用、管理等事项，一般都应由有关国家协议解决。每一沿岸国在对该河流行使权利时，都应顾及其他沿岸国的利益。各国不得有害地利用该河流，不得使河流改道或堵塞河流。国际实践中，多国河流一般对所有沿岸国开放，而非沿岸国船舶未经许可不得航行。

4.国际河流。通过条约规定对所有国家开放航行的多国河流被称为国际河流。通常，国际河流的法律地位和制度是由国际条约规定的，不同的国际河流可能有所不同。国际河流流经各国领土的河段仍然是该国主权下的领土。国际河流一般允许所有国家的船舶特别是商船无害航行。国际河流的管理一般由条约成立的专门机构进行。

5.国际运河。运河是指人工开凿的水道。位于一国领土内的运河是一国内河，其完全处于国家主权排他的管辖下。国际实践中，有几条运河虽然位于一国领土内，但由于其两端连通海洋，构成海上交通要道，在国际航海中地位极其重要，因此被开放为国际运河。国际运河的地位和航行制度由有关的条约确立，一般对所有国家开放。

二、领土的取得方式

在国家的历史发展中，其领土疆域有所变化是经常发生的。国际法中领土变更的规则正是对这种情况的反映和规范，并随着国际法其他原则和规则的确立、发展而更新。

（一）传统国际法获取领土的五种方式

1.先占。先占是国家有意识地取得不在其他任何国家主权下土地的主权的行为。先占必须具备两个条件:(1)先占的对象必须为无主地,即不属于任何国家的土地,或被原属国家明确抛弃。(2)先占应为“有效占领”:首先,国家应具有取得该无主地主权的意思,并要公开地表现出来;其次,国家须对该地采取实际的控制,包括采取立法、司法、行政措施,建立机构,标示主权等适当的行动。18世纪以后,单纯对无主地的发现行为,一般被认为仅构成一种暂时阻止他国占领的初步权利,而上述实际或有效占领才能构成先占而获得该土地的主权。有效占领的方式和程度要求应符合各历史阶段中的人类活动水平。静态地看,现在世界上已不存在先占的对象,因而,先占原则在今天的最大作用是被用来澄清和解决某些历史遗留问题。

2.时效。这里是指取得时效。传统国际法中借用了民法中的这一概念,是指由于国家公开地、不受干扰地、长期持续地占有他国领土,从而获得该领土的主权。但是,由于这里的时效不问该占领本身是否非法,加上关于取得时效的期限未能确定这两个问题,时效的适用历来争议很大。现在基本没有普遍适用意义。

3.添附。添附是指由于自然形成或人造的新土地出现而使国家领土增加,既包括河口三角洲、涨滩等自然添附,也包括围海造田等人工添附。人工添附不能损害他国的利益。添附历来被认为是国际法中一项合法获取领土的方式。

4.征服。征服也称兼并,是指一国直接以武力占有他国领土的全部或一部,并将其纳入自己的版图从而取得该土地的主权。征服无须缔结条约,但有效征服须满足两个条件:(1)征服国有兼并战败国领土的正式表示;(2)战败国放弃收复失地的企图,或战败国及其盟国表示屈服并放弃一切抵抗。征服是以战争的合法性为基础的,它显然被现代国际法废弃。

5.割让。割让是一国根据条约将部分领土转移给另一国。割让分为强制割让和非强制割让。强制割让是一国通过武力以签订条约方式迫使他国进行领土割让,通常是战争或战争胁迫的结果。而非强制割让是国家自愿地通过条约将部分领土转移给他国,包括买卖、赠与及互换等。强制割让已随着战争在现代国际法中被废止而失去其合法性。非强制割让仍然是合法有效的。

(二)现代国际实践中的新发展

现代国际法对上述五种方式加以区别,其中符合当代国际法原则的方式仍然被继续采用。此外,实践中还产生了某些新的领土变更方式或方法,如殖民地独立和公民投票。

1.殖民地独立方式是指由于殖民地人民根据民族自决原则从前殖民国或宗主国独立出来成立新国家或加入其他国家而带来的领土变更。

2.公民投票方式是指有关国家在符合国际法原则的前提下,一般是根据有关条约或国内法规定,采取公民直接投票的方式,对某些有争议地区的归属进行表决,以各方都接受的表决的结果决定领土的变更。因此可能带来有关国家领土的变更。实践中,公民投票方式的采用及其程序、范围和结果的性质等,都取决于相关国家国内法或有关国家间具体协议的规定。这些法律文件是构成可否运用投票方式以及决定投票性质的法律依据。

三、边界和边境制度

(一)边界

边界也称国界,是确定一国领土范围的界限。一国的边界将一国领土与他国领土,或将一国领土与公海(或专属经济区),以及一国领土与外层空间分隔开来。边界是一个由空中到地下的封闭曲面。

我们通常所说的边界或边界线,其实是指这个曲面与地球表面的交线。从形态上,它又可分为诸如山脉、河流等自然地形边界和连接几何线段划定或由经纬线划定的非地形边界。

从形成来看,边界分为传统习惯边界和条约确定边界。传统习惯边界是有关国家在长期的历史演变中形成的,是双方对彼此行使管辖权所到之处的认可,是对彼此控制和占有领土范围的反映。它隐含了一种有拘束力的默示的协议。传统习惯边界在有些地方有时可能会存在比较模糊或争议的情况。条约确定边界是以条约划定的边界，相对比较清楚，有利于减少争端，是现在边界划定的一种趋势。现在通常所说的划定边界是指将边界以条约划定或确认，即形成条约确定边界。

以条约划定边界，通常包括三个步骤：(1)签订边界条约。边界条约也称为母约，它规定边界的位置和基本走向。(2)根据边界条约，联合实地勘界并树立界标。界标是指竖立在陆地国界上或者陆地国界两侧，在实地标示陆地国界走向，且其地理坐标已测定并记载于勘界条约或者联合检查条约中的标志，包括基本界标、辅助界标、导标和浮标等。(3)双方制定标界文件，包括边界地图、议定书、证书等。这些文件称为子约，经过双方核准后，边界正式划定。边界母约和子约一起构成完整的文件。

在协议划定地形边界时，如尚未形成更具体的传统习惯线，国际实践一般采取如下处理：以山脉为界时依主分水岭；以可航行河流为界的依主航道中心线，不可航行河流依河流中心线。

（二）边境制度

边境或边境地区是指边界线相邻的一定区域。由于边境地区的特殊性，各国一般通过国内法和双边协议建立特殊的管理制度，即边境制度。通常包括：边界标志的维护；边界资源的利用；边境居民的交往；边境事件的处理等。

1.界标的维护。在已设界标边界线上，相邻国家对界标的维护负有共同责任。应使界标的位置、形状、型号和颜色符合边界文件中规定的一切要求。两国可以协议确定对全部界标的维护进行分工。陆地上的界标和边界线应保持在易于辨认的状态。双方都应采取必要措施防止界标被移动、损坏或灭失。若一方发现界标出现上述情况，应尽速通知另一方，在双方代表在场的情况下修复或重建。国家有责任对移动、损坏或毁灭界标的行为给予严厉惩罚。

2.边境土地的使用。国家对本国边境地区土地的利用，不得使对方国家的利益遭受损害。国家不得在边境地区建立可能对另一国境内动植物、空气或水源造成污染的工厂或从事任何可能造成此类污染的活动；不得在靠近边界的地区设立靶场或进行任何可能危及对方居民及财产安全的武器试验或演习；如遇边境地区森林火灾，国家应尽力扑救并控制火势，不使火灾蔓延到对方境内。

3.界水的利用。以河流或湖泊为界的国家之间的界水的利用和保护问题，通常由边界文件中加以规定。一般地，沿岸国对界水有共同的使用权。一国在使用界水时，不得损害邻国的利益。包括不得采取可能使河流枯竭或泛滥的措施，更不得单方故意使河水改道。渔民一般只能在界水的本国一侧捕鱼。对捕鱼的管理以及界水中鱼类的保护与繁殖等具体问题，由沿岸国协议规定。相邻国家在界水上享有平等的航行权，船舶在航行时应该具有明显的国籍标志。除遇难或有其他特殊情况外，一方船舶未经允许不得在对方靠岸停泊。一方如欲在界水上建造工程设施，如桥梁、堤坝等，应取得另一方的同意。国家还应注意保护界水水质，对本国一侧的各种污染源进行有效的控制和治理，以免污染界水。

4.边民的往来。边境地区的两国居民，一般在历史、宗教、习惯、生活等方面会存在比较密切的联系。相邻国家一般都在从事探亲访友、朝圣、就医或小额贸易活动等方面给予双方边民一些特殊的方便。这些事项大都通过一国有关的法规及双方的协约具体规定。

5.边境事件的处理。相邻国家通常通过协议，由双方代表成立处理边境地区事项的机构，专门处理上述边境和边民有关的问题，如偷渡、违章越界、损害界标等事项。对于一些重大的或未能解决的问题，则通过双方更高级别的外交机关进行交涉和处理。

根据1992年《中华人民共和国领海及毗连区法》第2条第2款规定：我国陆地领土包括中国大陆及其沿海岛屿、台湾地区及其包括钓鱼岛在内的附属各岛、澎湖列岛、东沙群岛、西沙群岛、中沙群岛、南沙群岛以及其他一切属于中华人民共和国的岛屿。我国与朝鲜、俄罗斯、蒙古、哈萨克斯坦、吉尔吉斯斯坦、塔吉克斯坦、阿富汗、巴基斯坦、印度、尼泊尔、不丹、缅甸、老挝、越南14国有陆地边界。目前，我国已与除印度和不丹以外的其他邻国通过条约划定了陆地边界。我国的领土及边界问题主要是中印领土争议和边界划定、东海中的钓鱼岛和南海中的部分岛礁被他国侵占。实践中，中国主张，在边界问题最终解决前，争端方共同管控分歧，保持克制，反对首先诉诸武力。根据争议的具体情况和双方意愿，采取各项临时合作措施，积累创造共赢条件。

2021年10月颁布的《中华人民共和国陆地国界法》，将有关边界事务的国际法规则和中国的立场，以国内法的形式进行细化和完善。该法包括总则、陆地国界的划定和勘定、陆地国界及边境的防卫、陆地国界及边境的管理、陆地国界事务的国际合作、法律责任及附则共7章，全面系统地规范了我国的陆地边界事务。该法第14条规定："中华人民共和国遵守同外国缔结或者共同参加的有关陆地国界事务的条约。"对于边界问题和争议，该法规定：中国"坚持平等互信、友好协商的原则，通过谈判与陆地邻国处理陆地国界及相关事务，妥善解决争端和历史遗留的边界问题"。对已经双方条约确定的边界，中国"按照平等互利原则与陆地邻国开展国际合作，处理陆地国界事务，推进安全合作，深化互利共赢"。中国的实践和立场，为国际社会公正和平地解决边界问题，睦邻合作共同繁荣，树立了良好的典范。

四、两极地区的法律地位

（一）南极地区

《南极条约》界定的南极地区是指南纬60度以南的陆地、冰架和海洋的总体，包括南极洲大陆及其相关岛屿和海域，总面积约为5200万平方千米。南极洲在18世纪被发现后，一些国家先后对其某些部分提出领土主张。这些主张的依据不尽相同，包括先占原则、相邻原则、扇形原则等。这些领土主张彼此存在相互重叠，引起有关国家的冲突，并且遭到其他一些国家的反对。

为协调各国利益，1959年，当时进行南极活动的12个主要国家，签署了《南极条约》，该条约于1961年生效。此后各国就保护南极动植物、保护海豹、保护生物资源及保护环境等问题相继缔结了一系列条约。它们构成南极条约体系，规范各国在南极的活动。

根据上述条约，目前南极地区法律制度的内容主要包括：

1.南极只用于和平目的。禁止建立军事设施、进行军事演习和武器试验，禁止核爆炸和放置核废料。但是为科学研究或其他和平目的使用军事人员或设施不被禁止。

2.科学考察自由和科学合作。任何国家都有在南极进行科学考察的自由。同时各国应促进考察计划、人员和成果的交换和交流。

3.冻结对南极的领土要求。包括对南极领土不得提出新的或扩大现有要求；《南极条约》不构成对任何现有的对南极领土主张的支持或否定；条约有效期间进行的任何活动也不构成主张支持或否定对南极领土要求的基础。

4.维持南极地区水域的公海制度。任何国家在南极地区根据国际法享有的对公海的权利不受损害或影响。

5.保护南极环境与资源。在南极进行的任何活动不得破坏南极的环境或生态。

6.建立南极协商会议。南极协商会议由《南极条约》原始缔约国和其他符合条件的加入国组成，一般要求该国在南极建立了常年考察站。会议每2年召开一次，交换有关情报，专门讨论有关南极的共同利益的问题，以及向各国政府提出促进南极条约原则和宗旨的相关措施。

迄今为止，《南极条约》共有53个缔约国。以《南极条约》为基础，国际社会达成了一系列条约，构成南极法律制度。包括：《保护南极动植物议定措施》（1964年），《南极海豹保护公约》（1972年），《南极海洋生物资源养护公约》（1980年），《南极矿物资源活动管理公约》最后文件（1988年），《关于环境保护的南极条约议定书》（1991年）。目前，管控人类活动对南极环境的影响，建立南极海洋保护区是南极立法的焦点问题。

我国于1983年加入《南极条约》，1985年成为《南极条约》协商会议的协商国；1994年加入《关于环境保护的南极条约议定书》，2006年加入《南极海洋生物资源养护公约》。2017年5月在北京召开的第40届南极条约协商会议，通过了以“绿色考察”为核心的决议，明确加强南极环境保护是和平利用南极的前提。2018年2月，中国颁布了《南极活动环境保护管理规定》，从国内法规方面明确规定（第7条），除了以从事南极科学研究或文教用途为目的，并按照规定申请许可证之外，南极活动组织者及南极活动者禁止开展以下活动：（1）带入、处理放射性废物及其他有毒、有害物质或潜在污染物，带入非南极本土的动物、植物和微生物；（2）采集和带出陨石、岩石、土壤及化石；（3）猎捕或获取南极哺乳动物、鸟类、无脊椎动物及植物的整体或部分样本，以及其他可能对南极动植物造成有害干扰的活动；（4）进入南极特别保护区或其他国家海洋局基于安全和环保考虑禁止进入的区域；（5）建立人工建造物；（6）其他可能损伤南极环境和生态系统的活动。

（二）北极地区

北极地区是指北极圈以北的区域，包括与北冰洋毗邻的亚欧大陆和北美大陆的陆地部分，北冰洋中的岛屿，以及北冰洋海域。其中陆地领土分属环北冰洋8国。海域部分70%洋面常年冰冻，适用海洋法的有关原则和制度，其中大部分为公海。

除《联合国海洋法公约》之外，目前与北极地区联系最密切的多边条约是《斯瓦尔巴条约》。该条约于1920年，由英国、美国、丹麦、挪威和瑞典等18个国家，为解决各国围绕斯瓦尔巴群岛的利益争夺而签订。该条约承认挪威对斯瓦尔巴群岛拥有主权，但各缔约国公民可以自由进出，并规定该地区“永远不得为战争的目的所利用”。该条约使斯瓦尔巴群岛成为北极地区唯一的非军事区。随后，1925年，苏联、芬兰和中国等33个国家也加入了该条约。

因此，北极地区包括具有不同法律地位的组成部分：首先，北极大陆和岛屿的领土主权归属北极国家，北极国家在北极海域拥有领海、专属经济区和大陆架。其次，北极海域有公海和国际海底区域。北极域外国家依据国际法有权在北极地区开展科研、航行和开发等活动。对于这些区域，现有国际法框架是以《联合国宪章》《联合国海洋法公约》《斯瓦尔巴条约》为基础，划分出北极国家和北极域外国家相关的权利和义务。

一系列国际环境保护和船舶航行的条约（包括《气候变化框架公约》《生物多样性公约》《国际海上人命安全公约》《极地水域船舶强制性规则》等）也适用于北极地区。

同时，在当前关于北极地区的区域立法中，北极理事会具有重要的影响，近年来达成《北极海空搜救合作协议》《北极海洋油污预防与反应合作协定》《加强北极科学合作国际协定》等多项区域性条约。该理事会是由美、俄、加等8个领土处于北极圈的国家组成的政府间论坛，于1996年9月成立。对于北极圈外的国家，经理事会同意，可以给予其观察员地位，即可以参加相关的会议但不具有表决权。2013年中国获得了观察员地位。

我国作为地缘上的“近北极国家”和重要的北极利益攸关国，近年来依法积极进行了有关北极的科学考察活动，包括在斯瓦尔巴群岛修建了科考站。同时，秉承人类命运共同体的理念，我国与所有北极国家开展双边磋商交流合作：全程参与了《防治北冰洋中部公海无管制渔业活动协定》的谈判制定；中俄自2013年起持续举行北极事务对话，就加强双方在北方海航道的开发利用、联合科学考察、生态保护、极地旅游、能源资源勘探开发等领域的合作达成多项共识；中美建立了海洋法和极地事务年度对话机制（2010年）；中国与冰岛缔结了《关于北极合作的框架协议》（2012年）；中国与芬兰就北极合作领域发表联合声明（2017年）。此外，我国也与英、法、日、韩等非北极国家建立了北极事务对话合作机制。这些机制，为我国参与北极活动提供了支持，也为北极的全球治理贡献了力量。

第二节 海洋法

海洋法是确立海洋区域的法律地位，规范各国在海洋活动中有关行为的国际法分支。海洋法规则中有许多是古老的习惯法规则，是在长期的国家海洋实践中形成的。目前，1982年《联合国海洋法公约》被认为是最全面完整的海洋法编纂，截至目前，有缔约国168个。我国已批准公约，公约自1996年对我国生效。

《联合国海洋法公约》将海洋划分为内海、领海、毗连区、专属经济区、大陆架、国际航行海峡、群岛水域、公海、国际海底区域等区域，并规定了各个区域的不同法律制度。

一、内海及有关制度

（一）领海基线

领海基线是一国领陆或内水与领海的分隔线，也是海洋法中划分其他海域的起算线。领海基线的划定可以有两种：

1.正常基线，或称自然基线，是以落潮时海水退到离海岸最远的潮位线，即以低潮线作为基线。它也是领陆与海水的自然分界线。

2.直线基线是选取海岸或近海岛屿最外缘的若干适当基点，用直线连接而成的折线作为基线。

（二）内海

内海是一国领海基线以内的海域，包括内陆海、内海湾、内海峡和其他位于海岸与领海基线之间的海域。

海湾是指海洋深入陆地而形成的水曲。从国际法角度，水曲的面积不小于其封口线为直径的半圆面积时，该水曲才视为海湾。内海湾是指沿岸属于一国，且其天然湾口两端的低潮点之间的连线不大于24海里的海湾。超过24海里的则为非内海湾，其24海里直线基线应划在湾内，直线基线以内的水域才是内海。但是历史性海湾作为内海湾不受此限制。历史性海湾需要两个条件：（1）沿岸国已长期将该海湾作为内海行使主权；（2）其他国家对该项控制的事实已长期明示或默示地承认。历史性海湾无论自然形态如何都是内海湾，如我国渤海湾。此外，位于一国领海基线以内的海峡称为内海峡，如我国琼州海峡。

内海是一国的内水的一部分，沿海国对其具有同领陆一样的完全的排他的主权。国家对于内海及其资源拥有完全的支配管辖权利，一切外国船舶非经沿海国同意，不得进入其内海。外国船舶如获准进入内海从事运输或贸易，须驶入指定的开放港口，并遵守该国的有关法律和规章。

（三）港口制度

关于港口制度，有包括《国际海港制度公约》及其附则在内的一些国际条约。我国1979年《中华人民共和国对外国籍船舶管理规则》、1983年《中华人民共和国海上交通安全法》（2021年修订）的规定与有关公约的规定基本一致，主要包括：

1.航行停泊。外籍船进港及在港内的航行、移泊，需接受港监指派引航员的强制引航；船上武器弹药抵港后交由港监封存；不准在港口内从事射击、游泳、钓鱼、鸣放鞭炮烟火或其他危及港口安全秩序的行为；白天应悬挂船旗国的旗帜；遵守有关挂旗及港口信号的规定；遵守港口有关无线电使用限制的规定；除为安全外不得鸣放声号；发生海损海难等情况应及时报告港监。禁止在港内排放油污、废弃物或有害物。

2.管辖权。根据国家领土主权原则，国家对于位于其港口的外籍船舶具有管辖权，依国际法享有豁免权的军舰和政府公务船等除外。但是实践中，国家一般是在不介入船舶内部事件的基础上，采取沿岸国与船旗国管辖相结合的方法。

在刑事管辖方面，通常只有对扰乱港口安宁、受害者为沿岸国或其国民、案情重大或船旗国领事或船长提出请求时沿岸国才予以管辖。

在民事案件方面，对完全属于船舶内部管

理、工资、劳动条件、个人财产权利等事项，各国通常不行使管辖权。当案件涉及港口国公民的利益或其他船舶以外的因素，或涉及船舶本身在港口内航行、停留期间的权利义务时，港口国才予以管辖。

二、领海及毗连区

（一）领海及领海制度

领海是一国领海基线以外毗邻一国领陆或内水的一定宽度的海水带。根据1982年《联合国海洋法公约》的规定，领海的宽度不得大于12海里。内陆国没有领海。

领海是国家领土的一部分，领海水体及其上空和底土都处于沿海国的主权管辖和支配之下。与领土的其他部分唯一不同的是，外国船舶在领海中享有无害通过权。这是一项国际习惯法的规则，并被编纂在《联合国海洋法公约》中。

无害通过或无害通过权是指外国船舶在不损害沿海国和平安宁和正常秩序的条件下，拥有无须事先通知或征得沿海国许可而连续不断地通过其领海的航行权利。无害通过可以是为了驶入驶出内水的航行，也可以仅是穿越领海而不驶入内水。

无害通过是任何国家都拥有的一项权利，沿海国不应对此进行妨碍。一国不得强加实际后果等于取消或损害无害通过的要求；不应对各国船舶有所歧视；不得仅以通过领海为由向外国船舶征收费用；对航行危险的情况应妥为公布。同时，沿海国为了维护其秩序及权益，保证无害通过的顺利进行，可以制定有关无害通过的相关法规；可以规定海道包括对油轮、核动力船等船舶实行分道航行制；为国家安全，在必不可少时可在特定水域暂停无害通过。对于军用船舶是否享有无害通过权，各国的实践并不一致。无害通过要求连续不停地迅速通过，不得停泊和下锚，除非不可抗力、遇难和救助。潜水艇或其他潜水器通过领海须浮出水面并展示其船旗。

同时，通过必须是无害的。有下列行为之一的即为有害：（1）对沿海国的主权、领土完整或政治独立进行任何武力威胁或使用武力，或以任何违反《联合国宪章》所体现的国际法原则的方式进行武力威胁或使用武力；（2）以任何种类的武器进行任何操练或演习；（3）任何目的在于搜集情报使沿海国的国防或安全受损害的行为；（4）任何目的在于影响沿海国防务或安全的宣传行为；（5）在船上起落或接载任何飞机；（6）在船上发射降落或接载任何军事装置；（7）违反沿海国海关卫生财政移民的法律和规章，以及上下任何商品、货币或人员；（8）任何故意和严重的污染行为；（9）任何捕鱼活动；（10）进行研究或测量活动；（11）任何目的在于干扰沿海国通信系统或其他任何设施或设备的行为；（12）与通过没有关系的其他任何行动。

国家对领海中航行的外国船舶拥有管辖权。但国际实践中，除非特殊情形，国家此时一般不对外国船舶上人员的船上行为行使管辖权。根据《联合国海洋法公约》的规定，对于通过领海的外国船舶的管辖，沿海国应遵行以下规则：

关于刑事管辖，除以下情况以外，沿海国不对外国船舶上人员在船舶无害通过期间船上所犯行为行使管辖权：（1）罪行的后果及于沿海国；（2）罪行属于扰乱当地安宁或沿海国良好秩序的性质；（3）经船长或船旗国外交代表或领事官员请求当地政府予以协助；（4）取缔违法贩运麻醉品或精神调理物质所必要。上述各种情况下，如经船长请求，沿海国在采取任何步骤前应通知船旗国的外交代表或领事官员。以上规定不影响沿海国为在驶离内水后通过领海的外国船舶上进行逮捕或调查目的而采取其法律授权的任何步骤的权利。对于来自外国港口，仅通过领海而不进入内水的外国船舶，沿海国不得在该船上对驶入领海前所犯罪行有关的任何人进行逮捕或进行有关的调查。

关于民事管辖：（1）沿海国不应为对外国船舶上的人行使管辖权而停止该船航行或改变其航向；（2）不得为民事诉讼目的对船舶从事执行或加以逮捕，除非涉及船舶本身在通过领海的航行中，或为该航向的目的而承担的义务或负担的债务；（3）上述规定不妨碍沿海国按照其法律，为任何民事诉讼的目的而对在其领海内停泊或驶离内水后通过领海的外国船舶实施执行或逮捕的权利。

（二）毗连区及有关制度

沿海国可以在领海以外毗邻领海划定一定宽度的海水带，在此区域中，沿海国对海关、财政、移民和卫生等特定事项行使某种管制权，这个区域称为毗连区。按照《联合国海洋法公约》规定，毗连区的宽度从领海基线量起不得超过24海里。

国家可以在毗连区内行使为下列事项所必要的管制：一是防止在其领土或领海内违反其海关、财政、移民或卫生的法律或规章；二是惩处在其领土或领海内违反上述法规的行为。

毗连区不是国家领土，国家对毗连区不享有主权，只是在毗连区范围行使上述方面的管制，而且国家对于毗连区的管制不包括其上空。毗连区的其他性质取决于其所依附的海域，或为专属经济区或为公海。在国家设立专属经济区后，毗连区首先是专属经济区的一部分，但由于国家可以在毗连区实施上述方面的管制权，毗连区又是就此有别于专属经济区其他部分的特殊区域。

关于我国的领海和毗连区，1992年《中华人民共和国领海及毗连区法》作出了规定。包括采取直线基线法，12海里领海宽度，12海里毗连区宽度。之后，我国相继公布了大部分的领海基线基点。对于领海和毗连区的制度的内容，该法与《联合国海洋法公约》的规定基本一致，并在某些方面加以明确和具体化。对于外国军用船舶通过中国领海，该法要求须经中国政府批准。

三、专属经济区和大陆架

（一）专属经济区及其法律制度

专属经济区是领海以外毗邻领海的一定宽度的水域，根据《联合国海洋法公约》规定，它从领海基线量起不得超过200海里。

专属经济区是《联合国海洋法公约》确立的新区域。它的法律地位既不是领海也不是公海。沿海国对于专属经济区不拥有领土主权，只享有公约规定的某些主权权利。沿海国的权利主要体现在对该区域内以开发自然资源为目的的活动拥有排他性的主权权利和与此相关的某些管辖权，由此对其他国家在该区域的活动构成一定的限制。专属经济区不是本身自然存在权利，需要国家以某种形式宣布建立并说明其宽度。专属经济区的制度不影响其上空和底土本身的法律地位。其他国家在沿海国专属经济区的活动，必须顾及沿海国的专属权利。

沿海国和其他国家在该区域的权利义务构成专属经济区的法律制度。其主要内容为：

1.沿海国拥有以勘探、开发、养护和管理海床和底土及其上覆水域自然资源（无论为生物或非生物资源）为目的的主权权利，以及关于在该区域内从事经济性开发和勘探，如海水、风力利用等其他活动的主权权利。

2.沿海国对建造和使用人工岛屿和设施、海洋科学研究、海洋环境保护事项拥有管辖权。

3.其他国家在这个区域享有航行和飞越、铺设海底电缆和管道的自由以及与此有关的其他合法活动的权利。

4.为行使上述权利，沿海国可以制定与公约规定一致的专属经济区法规。并可采取必要的措施以确保其法规得到遵守，包括登临、检查、逮捕和进行司法程序。

5.在对于外国船舶违法行为采取措施时，还应遵行以下规则：对于被捕的船只及其船员，在其提出适当的保证书或担保后，应迅速予以释放；沿海国对于在专属经济区内仅违反渔业法规的处罚，如有关国家间无相反的协议，不得包括监禁或任何形式的体罚；在逮捕或扣留外国船只时，沿海国应通过适当途径将所采取措施和随后进行的处罚迅速通知船旗国。

（二）大陆架及其法律制度

沿海国的大陆架是指其领海以外依其陆地领土的全部自然延伸，扩展到大陆边外缘的海底区域的海床和底土。如果从领海基线量起到大陆边外缘的距离不足200海里，则扩展至200海里；如果超过200海里，则不得超出从领海基线量起350海里，或不超出2500米等深线100海里。200海里之外的大陆架如果存在，称为外大陆架。因此，国际法中大陆架概念虽然源于地理上大陆架的概念并有联系，但与地理上概念区别很大。大陆架制度是第二次世界大战以后形成的一项国际习惯法制度，并在《联合国海洋法公约》中得到编纂和发展。

沿海国对于大陆架的权利不取决于有效或象征性地占领或任何明文公告。而对于主张拥有外大陆架国家（提案国），该国需要把有关的科学信息和证据资料提交给依《联合国海洋法公约》建立、由21名委员组成的“大陆架界限委员会”。对于提案国的外大陆架主张，若其他国家提出异议，则委员会不进入审议程序，而由相关国家之间首先自行解决其争议。若其他国家没有异议，则该委员会将从科学上确定提案国外大陆架的边界，这样提案国的外大陆架才能得以承认。2009年5月，我国向联合国秘书处提交了《中华人民共和国关于确定二百海里以外大陆架外部界限的初步信息》。

大陆架不是沿海国领土，但是国家在此享有某些排他性的主权权利。《联合国海洋法公约》中有关大陆架的法律制度主要包括：

1.沿海国为勘探大陆架和开发其自然资源的目的，对大陆架行使主权权利。这种权利是专属性的，任何人未经沿海国明示同意，都不得从事勘探和开发其大陆架的活动。

2.沿海国拥有在其大陆架上建造使用人工岛屿和设施的专属权利和对这些人工设施的专属管辖权。

3.对大陆架的权利不影响其上覆水域或水域上空的法律地位。

4.沿海国权利行使不得对其他国家的航行和其他合法权利构成侵害或造成不当干扰。

5.所有国家有权在其他国家的大陆架上铺设电缆和管道，但其线路的划定须经沿海国同意，并应顾及现有电缆和管道，不得加以损害。

6.沿海国开发200海里以外大陆架的非生物资源，应通过国际海底管理局并缴纳一定的费用或实物，发展中国家在某些条件下可以免缴。

从上述定义和制度来看，沿海国的大陆架和专属经济区在权利和区域上有所重叠，但二者在规则形成、形态构成、法律依据、范围等方面都有所不同，不能相互完全取代。

目前，我国与周边国家之间相关海域及大陆架的界限大多尚未划定。另外，我国于1998年颁布了《中华人民共和国专属经济区和大陆架法》，对我国专属经济区的设立、专属经济区与大陆架的范围、相关制度等以国内法加以明确。2016年8月，我国最高人民法院公布《关于审理发生在我国管辖海域相关案件若干问题的规定（一）》《关于审理发生在我国管辖海域相关案件若干问题的规定（二）》，明确了我国管辖的海域不仅包括内水、领海，也包括毗连区、专属经济区、大陆架等其他海域。中国公民或组织在我国与有关国家缔结的协定确定的共同管理的渔区或公海从事捕捞作业的，也适用该规定。中国公民或者外国人在我国管辖海域实施非法猎捕、杀害珍贵濒危野生动物或者非法捕捞水产品等犯罪的，依照我国刑法追究刑事责任。

四、群岛水域和国际海峡

（一）群岛水域及其制度

1.群岛水域。群岛水域是群岛国的群岛基线所包围的内水之外的海域。群岛国是全部领陆由一个或多个群岛或岛屿组成的国家。群岛国可以连接群岛最外缘各岛和各干礁的最外缘各点构成直线群岛基线。群岛基线的确定需要满足《联合国海洋法公约》规定的条件：（1）基线应包括主要岛屿和一个区域；（2）基线范围内包括环礁在内的陆地面积与水域面积之比应在1∶1到1∶9；（3）基线超过100海里的线段最多不能超过基线总数的3%；（4）基线不能明显偏离群岛轮廓，不能将其他国家的领海与公海或专属经济区隔断。

群岛水域的划定不妨碍群岛国可以按照《联合国海洋法公约》划定内水，及在基线之外划定领海、毗连区、专属经济区和大陆架。

2.群岛水域制度。群岛国对其群岛水域包括其上空和底土拥有主权，同时作为《联合国海洋法公约》规定的一个特定区域，群岛国应尊重与其他国家间的现有协定，以及其他有关国家在该区域内的传统合法权益或现有情况。

群岛水域的航行分为无害通过和群岛海道通过两种情况：前一种是所有国家的船舶享有通过除群岛国内水以外的群岛水域的无害通过权；后一种是指群岛国可以指定适当的海道和其上的空中通道，以便其他国家的船舶或飞机连续不停地迅速通过或飞越其群岛水域及其邻接的领海。所有国家都享有这种群岛通道通过权。关于群岛国与其他国家在群岛通道航行中的权利义务，应比照适用国际航行海峡的过境通过制度的有关规定。

（二）国际航行海峡的通行制度

国际航行海峡，主要是指两端都是公海或专属经济区，而又用于国际航行的海峡。海峡根据其水域的地位，一般可以划分为内海峡、领海峡和非领海峡。

国际航行的海峡主要连接公海或专属经济区，构成世界航海的通道。由于地理位置、历史等方面的不同情况，不同的国际航行海峡可能适用不同的通过制度。通常有过境通行制度、公海自由航行制度、无害通过制度以及特别协定制度四种。

过境通行制度所适用的海峡比较多，也是通常所说的用于国际航行海峡的通行制度。这种制度由《联合国海洋法公约》中加以专门规定。主要内容包括：所有国家的船舶和飞机在位于公海或专属经济区一部分到公海或专属经济区另一部分之间的国际航行海峡中，都享有过境通行的权利。过境通行是专为连续不停和迅速通过目的而进行的自由航行和飞越，也包括以合法地自海峡沿岸国驶入驶出为目的的通过。过境通行应毫不迟疑地迅速通过；禁止非法使用武力或威胁；除因不可抗力或遇难外，不得从事其通过所通常附带发生活动以外的任何活动；不得进行任何研究或测量活动；并应遵守船舶、航空及无线电有关的国际规则，遵守沿岸国有关防止捕鱼、防污、航行安全、海关、财政、移民、卫生等法律和规章。海峡的过境通行制度是对有关沿岸国主权的某种限制，但它不改变海峡水域的法律地位，不影响沿岸国其他方面的任何权利。

适用公海自由通过的海峡是在该海峡中有公海或专属经济区的航道；适用无害通过的国际航行海峡，是由一国的大陆和该国的岛屿构成的海峡，且该岛向海一面的海域有一条在航行和水文特征方面同样方便地穿过公海或专属经济区的航道。特别协定制度是指某些海峡的通过制度是由专门针对该海峡缔结的国际公约规定的。如黑海海峡、麦哲伦海峡等就分别适用各自专门条约所规定的制度。

五、公海与国际海底区域

（一）公海与公海制度

公海是指内海、领海、专属经济区、群岛水域以外的全部海域。任何国家不得有效地声称将公海的任何部分置于其主权下。公海对所有国家开放，包括沿海国和内陆国。任何国家不得主张对公海本身行使管辖权。

1.公海的法律制度。作为国际习惯法规则的公海自由原则是构成公海法律制度的基础。1982年《联合国海洋法公约》规定公海自由包括6项，即航行自由、飞越自由、铺设海底电缆和管道自由、捕鱼自由、建造人工岛屿和设施自由、科学研究自由。

公海自由不意味着毫无限制或公海处于没有法律的状态。在公海自由原则基础上，国际社会形成了一套关于公海的制度，主要内容包括：

（1）航行制度。任何国家的船舶都可以悬挂其旗帜在公海中自由航行。任何国家不得对在公海中合法航行的别国船舶加以阻碍。在公海中航行的船舶必须在一国进行登记并悬挂该国国旗，登记国称为该船的国籍国或船旗国。在公海航行的船舶必须并且只能悬挂一国旗帜，悬挂两国或两国以上旗帜航行或视方便而换用旗帜的，可视为无国籍船舶。船旗国应与船舶有真正的联系，并向依其国内法进行登记因而悬挂其国旗的船舶发放船籍文件。对悬挂其国旗的船舶在公海上对其他国家公民、船舶、设施或环境造成的损害，应与有关国家合作调查；还应责成船长对碰船、海难等有关情况按照国际章程进行救助。

（2）捕鱼制度。各国都有权由其公民在公海中捕鱼，在捕鱼中应遵守本国根据有关条约和协议就鱼种、数量、方法、区域等方面承担的义务。目前这类条约除《联合国海洋法公约》外，主要是双边、区域性或就某个种群订立的条约。如《北太平洋海豹保护办法公约》《关于管理捕鲸公约》《捕鱼与养护公海资源公约》等。

（3）铺设海底电缆和管道制度。所有国家都有权在公海铺设海底电缆和管道。在铺设时，不应影响其他国家已铺设的电缆和管道，包括其正常使用和维修。如果因铺设海底电缆或管道使他国的电缆或管道受到损害，则应承担赔偿责任。

（4）建造人工岛屿及科学研究。各国有权在公海建造人工岛屿或设施。这种设施的设置应符合国际法的其他规则，包括不得设置于航道，设置物应符合有关的国际标准等。这种人工设施不具有自然岛屿的地位，但可以在其周围划定宽度不超过500米的安全地带。各国均享有在公海进行科学研究的自由。研究活动应遵守《联合国海洋法公约》或其他国际法的规则，顾及其他国家的利益。

（5）经过近20年的艰苦谈判和协商，《〈联合国海洋法公约〉下关于养护和可持续利用国家管辖外海域海洋生物多样性的协定》(也称BBNJ或公海协定)于2023年6月在联合国专门会议上通过并开放签署。目前包括我国在内有88个国家签署，该协定在60个国家批准后生效。这是《联合国海洋法公约》框架下的第三个执行协定，在海洋法发展史上具有里程碑意义。该协定共12部分76条，针对海洋遗传资源、物种和生态三个层次的海洋生物多样性作出了规范。包括四个方面内容：①海洋遗传资源的获取和惠益分享；②公海保护区的设立条件和程序；③国家主导的环境影响评价标准、程序和内容；④非强制性的能力建设和技术转让的形式和内容。此外，该协定还规定了遵约机制和争议解决程序，排除了司法机构对国家管辖海域法律地位相关争端的管辖权；同时明确了国际海洋法法庭全庭的咨询管辖权及其条件和限制。该协定限制了各国在公海和“区域”的活动，将对海洋和生态相关立法产生广泛影响。

2.公海上的管辖权。公海不属于任何国家的领土，国家不得对公海本身行使管辖权或在公海范围行使属地管辖。国家对公海上有关的船舶、人、物或事件进行管辖是基于国际法中其他管辖规则和相关连结点，其中最主要是船旗国管辖和普遍性管辖两种。同时，对某些违法行为，国家还承担了某种防止、惩罚及管辖合作的义务。

（1）船旗国管辖。船旗国管辖是指国家对于公海上悬挂其旗帜的船舶以及船舶上的人、物、事件的管辖。《联合国海洋法公约》规定，除国际条约或本公约明文规定的例外情况，在公海上的船舶受其船旗国的专属管辖。这表明船舶内部事务，一般地，应遵行船旗国国内法。

对于可能涉及两个或两个以上国家船舶的公海碰船或其他航行事故的刑事管辖，《联合国海洋法公约》作出三项规定：第一，公海上碰船或其他事故涉及船长或船员的刑事或纪律责任时，对所涉人员的刑事诉讼或纪律程序，仅可以向船旗国或人员国籍国提出。第二，在纪律事项上，船长证书或驾驶执照只有其颁发国家才有权经过正当程序予以撤销，而无论证书持有人的国籍。第三，船旗国以外的任何当局，即使作为一种调查措施，也不得命令逮捕或扣押船舶。

（2）普遍管辖。公海上的普遍管辖权是指各国对发生在公海的，被国际法认为是普遍管辖权对象的特定国际罪行或违反国际法的行为，行使管辖权。这类罪行或不法行为包括：

第一，海盗行为。海盗行为是指私人船舶或飞机的船员或机组人员或乘客，为私人目的，在公海上或任何国家管辖范围以外的地方，对另一船舶或飞机，或对另一船舶或飞机上的人或财物，从事任何非法暴力或扣留行为，或任何掠夺行为。如果居于主要控制地位的人员，意图利用船舶或飞机从事上述海盗行为，则该船舶或飞机视为海盗船或海盗飞机。军舰、政府船舶或政府飞机由于其上述人员发生叛变并控制船舶或飞机从事海盗行为的，视同私人船舶或飞机的行为。海盗是人类公敌，各国均有权将海盗拿捕，交付本国法院审判处理。对于海盗船舶或飞机及其上财产，可扣押并决定处理。

第二，非法广播。非法广播或未经许可的广播，是指船舶或设施违反无线电有关的国际章程，在公海上播送旨在使公众收听或收看的无线电信息。所有国家应进行合作，制止这种未经许可的广播。对于从事非法广播的任何人，船旗国或设施登记国或其所属国，或可以收到广播及其正常信号受到干扰的任何国家都拥有管辖权，可以对该行为人及船舶加以逮捕，并扣押广播器材。

第三，防止和禁止贩运奴隶和贩运毒品。各国应采取有效措施，防止悬挂该国旗帜的船舶或飞机贩运奴隶，并对犯有此种行为的人或为此目的利用该国旗帜的人给予严厉惩罚。任何国家如有合理根据认为悬挂其旗帜的船舶从事非法贩运麻醉品或精神调理物质，可要求其他国家合作加以制止。所有国家都应在防止和制止上述非法贩运行为方面进行合作。

3.临检权和紧追权。临检和紧追是国家某种管辖权在公海上实施或实现的两种措施。

（1）临检权。临检权又称登临权，是指一国的军舰、军用飞机或其他得到正式授权、有清楚标志可识别的政府船舶或飞机，对公海上的外国船舶（军舰等享有豁免权的除外），有合理根据认为其从事《联合国海洋法公约》所列不法情况时，拥有登船检查及采取相关措施的权利。这些不法情况为：海盗；贩奴；非法广播；船舶无国籍；虽然该船悬挂外国旗或拒不展示船旗，但事实上与该军舰属于同一国籍。

若嫌疑经证明无根据，被临检的船舶并未从事涉嫌行为，则对被临检船造成的损失或损害，临检国承担国际责任。

（2）紧追权。紧追权是沿海国拥有对违反其法规并从该国管辖范围内的海域向公海行驶的外国船舶进行追逐的权利。沿海国行使紧追权应遵循以下规则：第一，紧追行为只能由军舰、军用飞机或得到正式授权且有清楚可识别标志的政府船舶或飞机从事。第二，紧追可以开始于一国内水、领海、毗连区或专属经济区。由毗连区开始的紧追限于外国船舶对该区所管制事项有关法律的违背；由专属经济区开始的紧追限于船舶对与该区域权利或大陆架权利有关的法规的违反。紧追必须依法进行，包括不得违背其他国际法规则和该国的条约义务。第三，紧追应在被紧追船舶的视听范围内发出视觉或听觉的停止信号后，才可开始。第四，紧追可以追入公海中继续进行，直至追上并依法采取措施，但必须是连续不断的。第五，紧追权在被紧追船舶进入其本国或第三国领海时立即终止。

（二）国际海底区域及其制度

1.国际海底区域。国际海底区域是指国家管辖范围以外的海床、洋底及其底土，即国家领土、专属经济区及大陆架以外的海底及其底土。国际海底区域是《联合国海洋法公约》确立的新的国际法概念和海洋区域。“区域”不影响其上覆水域及其水域上空的法律地位。

根据《联合国海洋法公约》的规定，“区域”及其自然资源是人类共同继承财产，任何国家不得对“区域”或其任何部分主张主权或行使主权权利，任何人不能将“区域”或其资源的任何部分据为己有。“区域”对所有国家开放，各国都可以为和平的目的加以利用。“区域”内的活动应为全体人类的利益而进行。“区域”内一切资源属于全人类，由国际海底管理局代表全人类加以管理。

2.国际海底区域活动应遵循的原则：（1）区域应不加歧视地开放给所有国家，无论其为沿海国或内陆国，专为和平目的利用；（2）各国在区域的活动应符合《联合国海洋法公约》的有关规定，并符合《联合国宪章》及其他国际法规则；（3）对于在区域内未履行公约规定的义务而造成的损害，行为者应承担国际赔偿责任；（4）区域内的活动应为全人类的利益而进行，并应特别考虑发展中国家的利益，区域内的活动还应顾及沿海国的权利和合法利益；（5）区域内的科学研究应专为和平目的，并且为全人类的利益服务，区域内的活动应切实保护海洋环境；（6）区域内发现的考古和历史文物，应为全人类的利益予以保存或处置，但应特别顾及来源国，或文化上的发源国，或历史和考古上的来源国的优先权利。

3.国际海底区域的开发制度。根据1982年

《联合国海洋法公约》第十一部分（"区域"部分）和1994年《关于执行1982年〈联合国海洋法公约〉第十一部分的协定》，国际海底开发制度主要内容包括：国际海底管理局组织和控制区域内的活动，特别是区域内的资源的开发活动。海底局包括由全体缔约国组成的大会、36个国家组成的理事会、负责开发生产活动的企业部和秘书处四个主要机构。

区域内资源开发采取"平行开发制"：一方面由海底局企业部进行；另一方面由缔约国有效控制的自然人或法人与海底局以合作的方式进行。具体做法是：在区域内的一个矿区被勘探后，开发申请者向海底局提供两块价值相当的矿址，海底局选择一块作为"保留区"，另一块作为"合同区"，与申请者签订合同进行开发。上述公约和协定还就开发中的生产政策、财政政策、审查制度、技术转让等方面作出了规定。目前，国际海底管理局已制定了三项规章，包括2000年《"区域"内多金属结核探矿和勘探规章》、2010年《"区域"内多金属硫化物探矿和勘探规章》、2012年《"区域"内富钴结壳探矿和勘探规章》；正在进行《"区域"内矿产资源开发规章》的制定工作。

我国积极参加了国际海底区域资源的勘探和开发活动，经申请并获国际海底管理局核准，目前我国已经在东北太平洋（多金属结核矿区）、西太平洋（富钴结壳资源矿区）和西南印度洋（金属硫化物矿区），先后获准三块勘探矿区。中方与国际海底管理局签署勘探合同，都明确在合同期内，对上述矿区的特定资源享有专属勘探权，并在之后的资源开发中享有优先开采权。2016年2月，我国颁布了《深海海底区域资源勘探开发法》，全面规范了中国自然人、法人或其他组织在国际海底区域从事勘探和开发活动的权利义务，并将该法向国际海底管理局提交备案。

第三节　国际航空法与外层空间法

一、领空及其界限问题

领空是指一国领土上空一定高度的空间。领空作为国家领土的一部分处于国家主权之下已被现代国际法所确认。

（一）领空的水平界限

一国领空从与地球表面平行方向来看，止于其领土边界线的上方，即领土边界线向上立体延伸构成领空的水平扩展界限。与领空处于地球大气同一环层，并在各国领空水平界限以外的部分，主要包括专属经济区、公海和南极的上空，就其整体的法律地位国际法上还没有一项专门的条约来规定，如《联合国海洋法公约》仅主要规定了专属经济区和公海上空的飞越自由。一般认为，该领空外部分不属于任何国家的主权之下，对所有国家都是开放和自由的。

（二）领空的垂直界限

领空的垂直界限是指领空自地球表面向上扩展的外缘，这是领空与外层空间的界限问题。对此国际社会有多种主张，主要包括空间论和功能论两派。（1）空间论者认为应该而且也可能划定某一高度为领空和外空的界限。他们提出了包括空气空间或大气层标准、卡曼线、卫星轨道最低点、航空器飞行最高点等划定方法。（2）功能论不支持划定界限的主张，认为更为重要的是，应从功能上区分航空器或航天器两类不同性质的航行器，以及相应地区分相关的国家活动性质，从而由不同的法律进行规范。迄今为止，国际法尚未就领空与外空的具体界限作出准确的划定。

二、国际航空法体系

国际航空法通常是指国际民用航空法，它主要由一系列多边和双边的条约构成，主要包括三个部分：围绕1944年的芝加哥《国际民用航空公约》（以下简称《芝加哥公约》）形成的国际民用航空基本制度；围绕1929年《统一国际航空运输某些规章的公约》(以下简称《华沙公约》)形成的国际航空民事责任制度;围绕三个反劫机公约形成的国际民航安全制度。

(一)国际航空的基本制度

《芝加哥公约》是构成当今国际民航法律制度的基本条约。它包括空中航行、国际民航组织、国际航空运输等部分,规定了国际航空法的基本规则,构建了国际民航制度的框架。根据该公约成立的国际民用航空组织,是当今民航领域最权威和广泛的全球性组织,也是联合国的专门机构之一。《芝加哥公约》的主要原则和制度包括:

1.领空主权原则。国家对其领空拥有完全的和排他的主权。外国航空器进入国家领空需经该国许可并遵守领空国的有关法律。对于非法入境的外国民用航空器,国家可以行使主权,采取符合国际法有关规则的任何适当手段,包括要求其终止此类侵犯立即离境或要求其在指定地点降落等,但不得危及航空器内人员的生命和航空器的安全,避免使用武器。国家有权制定外国航空器入境离境和在境内飞行的规章制度,各国可以指定外国航空器降停的设关机场;国家保留国内航线专属权,一国为安全及军事需要有权在其领空中划定某些禁区。

2.航空器国籍制度。《芝加哥公约》将航空器分为国家航空器和民用航空器,《芝加哥公约》的制度仅适用于民用航空器,而不适用于国家航空器。国家航空器是指用于军队、海关和警察部门的航空器。一国的国家航空器未经特别协定或其他方式的许可,不得在其他国家的领空飞行或领土上降落。民用航空器须在一国登记并因此而取得登记国国籍。登记按照一国相关的国内法规定进行。航空器在两个或两个以上国家重复进行的登记均被认为无效,但其登记可以由一国转移到另一国。航空器的登记国对航空器上的事件或事故拥有管辖权。

3.将国际航空飞行分为定期航班飞行和不定期航班飞行,并作出了相应的一些规定。《芝加哥公约》规定定期航班飞行须经领空国许可,不定期航班飞行则可以不经领空国许可。但相当一些国家对后者作出了保留,要求所有飞行都须经过领空国的许可方能进入其领空。以后的国际实践中,国家间通常是通过双边航空协定具体规定其间民用航空有关的事项和规则。

(二)国际民航的损害赔偿责任

1929年签订的《华沙公约》,规定了国际民航活动中损害赔偿责任制度。以后1955年(海牙)、1971年(危地马拉)、1975年(蒙特利尔)对该公约进行了修改。目前的关于国际民航损害的责任采取了推定过错原则。

(三)国际民航安全制度

国际民航安全制度首先是建立在1963年《在航空器上犯罪和其他某些行为的公约》(以下简称《东京公约》)、1970年《关于制止非法劫持航空器的公约》(以下简称《海牙公约》)和1971年《关于制止危害民用航空安全的非法行为的公约》(以下简称《蒙特利尔公约》)三个公约的基础上。为了应对2000年以来恐怖活动对民航的挑战,国际民航组织2010年8月在北京举行了民航安保外交大会,通过了《制止与国际民用航空有关的非法行为的公约》(以下简称《北京公约》)和《制止非法劫持航空器公约的补充议定书》(以下简称《北京议定书》)。《北京公约》和《北京议定书》对于民航安全的法律规则进行了全面补充和系统完善,两份文件分别于2018年7月1日和2018年1月1日生效。当前国际民航安全制度主要内容如下:

1.危害民用航空安全的行为包括:(1)在飞行中的航空器内用暴力或暴力威胁或其他任何胁迫方式,非法劫持或控制该航空器;对飞行中的航空器中的人实施暴力行为并且足以危及该航空器的安全。“飞行中”是指航空器从装载完毕、其外部所有舱门都已关闭时开始,直到其任一外部舱门打开准备卸货时止。(2)实施某种行为使航空器不能飞行或危及其飞行安全,包括:对使用中的航空器的破坏或损坏、在使用中的航空器内放置某种装置或物质、破坏或损害航行设施或扰乱其工作、传递明知是虚假的情报等。“使用中”是指自地面或机组人员为某一飞行进行飞行前准备时起,到飞机降落后24小时内止。(3)《北京议定书》进行了三个方面的修正补充，第一，把“威胁劫持航空器”的“威胁”行为也纳入“劫持航空器”的定义范围中予以打击；第二，把“飞行中”统一修订为“使用中”，明确了对飞行前准备期间或着陆后的航空器的劫持或控制行为也构成本罪，扩大了罪名的时间适用范围；第三，在劫持航空器犯罪的行为类型中增设了使用“任何技术手段”的规定，前瞻性地覆盖了所有新的犯罪手段和方式。

2.根据上述前三个公约的规定，(1)下列国家均拥有对于危害民航安全罪行的管辖权：航空器登记国；航空器降落地国，当嫌疑人仍在航空器内；承租人的营业地国或常住地国，当航空器是不带机组的出租；嫌疑人所在国；嫌疑人国籍国或永久居所国；犯罪行为发生地国；罪行后果涉及国，包括受害人国籍国或永久居所国、后果涉及领土国、罪行危及其安全的国家；根据本国法行使管辖权的其他国家。(2)危害民航安全罪行是一种可引渡的罪行，但各国没有强制引渡的义务。国家可以依据引渡协议或国内法决定是否予以引渡。如果嫌疑人所在国没有相关协议引渡义务，并决定不予引渡，则应在本国作为严重的普通刑事案件进行起诉，使此种行为受到惩处。

3.《北京公约》的主要内容。(1)增设了危害民航安全的非法行为的种类，《北京公约》保留了原有的五类非法行为，新增了四类：①以使用中的航空器为武器造成死亡、严重人身伤害、或对财产或环境的严重破坏；②从使用中的航空器内释放或者排放生化核武器或者其他危险物质造成或可能造成死亡、严重人身伤害、或对财产或环境的严重破坏；③对使用中的航空器或在使用中的航空器内使用生化核武器或者其他危险物质造成死亡、严重人身伤害、或对财产或环境的严重破坏；④在航空器上运输、导致运输或便利运输炸药、放射性材料、生化核武器以及原材料、特殊裂变材料以及辅助设备、材料等物品。(2)对犯罪的具体实施方式进行了补充：①主导行为，如组织、指挥犯罪的实施；②威胁行为，如作出可信度高的恐怖威胁；③协助行为，包括协助实施本公约确定的犯罪的个人逃避调查、起诉或惩罚以及与他人共谋或者是协助团伙实施犯罪。(3)增设法人可作为非法行为的责任主体，并采取双罚制：①规定对于在当事国领土内或依该国法律设立的法人，如果负责管理或控制该法人的人以其身份实施了公约确定的犯罪，应当追究法人的刑事、民事和行政责任；②这些责任的承担不影响实施犯罪的个人的刑事责任。(4)扩大了有管辖权的国家范围。公约补充规定：①对“犯罪是由该国国民实施的”，当事国应当采取必要措施，确立对本公约规定的犯罪的管辖权。②对选择性管辖权的规定，即对“犯罪是针对该国国民实施的”或者“犯罪是由其惯常居所在该国境内的无国籍人实施的”，当事国也可以作出是否确立管辖权的决定。(5)增设包括军事豁免权在内的人道条款和公平非歧视待遇在内的人权保障条款，注意到对被引渡人的基本权利的保护。

我国1958年加入《华沙公约》，1974年加入《芝加哥公约》，并先后与许多国家订立了双边民航协定。我国也是上述关于民航安全的四个条约的缔约国，并在国内《刑法》中对有关危害民航安全行为的罪罚作出了规定。1995年我国颁布了《民用航空法》，具体规定了我国的民航制度。

三、外层空间法律体系

外层空间法律规则和制度，是随着20世纪50年代人类活动进入外空而产生并迅速发展的。国际法中的外层空间的概念来自自然科学，但与自然科学中外层空间的概念是有区别的。它不仅涵盖了自然科学中的外层空间，还涵盖了自然科学中空气空间的部分区域，虽然准确界限尚未确定；而且还特别包括外层空间中的任何天体。

外层空间法的主要法律渊源是国际条约，包括1967年《关于各国探索和利用包括月球和其他天体在内的外层空间活动的原则条约》(以下简称《外空条约》)、1968年《营救宇宙航行员、送回宇宙航行员和归还发射到外层空间的实体的协定》(以下简称《营救协定》)、1972年

《空间物体造成损害的国际责任公约》(以下简称《责任公约》)、1975年《关于登记射入外层空间物体的公约》(以下简称《登记公约》)以及1979年《指导各国在月球和其他天体上活动的协定》(以下简称《月球协定》)等。以这些条约为核心形成了外层空间法律体系。

(一)外空活动的主要原则

上述条约规定,国家从事外空活动应遵循以下基本原则:

1.共同利益原则。任何国家对外层空间,包括月球和其他天体的探索、利用和开发,都必须是为全体人类谋取福利和利益。该原则包括不得损害其他国家的权利和利益,也包括不得仅为获取自己片面私利利用外空。

2.自由探索和利用原则。外层空间对全人类开放。所有国家无论其经济或科学发展水平如何,都有权在平等不受任何歧视的基础上根据国际法自由探索和利用外层空间。

3.不得据为己有原则。任何国家不得通过主权要求、使用或占领的方法,或采取其他任何措施,将外空据为己有。这项原则包括外空不得被任何国家占有,也包括不许任何自然人或团体占有。

4.和平利用原则。包括对外空军事化的限制和禁止。《外空条约》规定:各国不得在绕地球的轨道上放置任何携带核武器或其他大规模毁灭性武器的物体,不在天体上配置这种武器,也不以任何其他方式在外层空间部署这种武器;各国必须把月球和其他天体专门用于和平目的,禁止在天体建立军事基地和设施,禁止在天体试验任何类型的武器以及进行军事演习。

5.救援宇航员原则。各国应将宇航员视为人类派往外空的使者,在宇航员发生意外、遇难或在另一国境内或公海紧急降落的情况下,各国应进行一切可能的援助,并尽快安全地将他们送回该航天器的登记国家。在外层空间活动的任何国家的宇航员应向其他国家的宇航员提供一切可能的援助。

6.外空物体登记和管辖原则。外空物体的发射国家应对该物体进行登记。该登记国对该外空物体及其所载人员保持管辖及控制权。

7.国际责任原则。对于其本国政府或非政府团体的外空活动或物体对其他国家造成的损害,国家应承担责任。国家还对其参加的国际组织的外空活动承担共同责任。

8.保护空间环境原则。国家从事外空活动时,应采取适当措施,避免使外空遭受有害污染,或使地球环境受到不利的影响。

9.国际合作原则。由于空间活动的特点,各国在外空领域的活动,应彼此合作互助。这一原则体现在外空活动和制度的各个方面。

(二)外空活动的主要法律制度

1.登记制度。

(1)发射国应对其发射的空间物体进行登记,包括将该空间物体载入其所保存的适当内容的国内登记册,同时在切实可行的范围内尽快将有关情报报告联合国秘书长,以便在其保存的总登记册里进行登记。

(2)空间物体若由两个以上发射国发射,应由其共同决定其中的一个国家进行登记。

(3)外空物体的登记国对该外空物体拥有所有权和管辖控制权。

(4)若登记国切实知道其所登记的物体已不复在轨道上存在,也应尽快通知联合国秘书长。

2.营救制度。

(1)各国在获悉或发现航天器上的人员在其管辖区域、公海或不属于国家管辖的任何地方,发生意外、遇难或紧急降落时,应立即通知其发射国及联合国秘书长。

(2)对获悉或发现在一国领土内的宇航员,领土国应立即采取一切可能的措施,营救宇航员,并给予他们一切必要的帮助。对获悉或发现宇航员在国家管辖范围以外的区域,必要时凡力所能及的缔约国,均应协助寻找和救援。对于发现的宇航员,应立即安全地交还发射国。

(3)对于发生意外的空间物体应送还其发射国。在一国管辖区域内发现的空间物体或其组成部分,应根据发射国的要求,采取切实的措施对该空间物体进行保护。同时,这种保护行动可以请求发射国的协助,并且发射国应支付他国有关保护和归还行动的费用。

（4）如果一国有理由认为在其境内发现的空间物体是具有危险和有害性质的，则可通知发射国在该国的领导和监督下，立即采取有效措施，消除这种危险。

3.责任制度。

（1）国家对其外空活动承担国际责任，并应保证本国活动的实施，符合国际法的规定。无论这种活动是其政府部门或非政府实体从事。非政府实体的外空活动，应得到其国家的批准和连续监督。

（2）《责任公约》对于空间物体造成损失的赔偿责任制度，作出了具体的规定。根据公约，损害赔偿应由该物体的发射国承担。这里的发射国包括：发射或促使发射空间物体的国家以及从其领土或设施发射空间物体的国家。“发射”包括未成功的发射在内。两个或两个以上的国家共同发射空间物体时，对所造成的损害应承担共同或单独的责任。

（3）发射国对其空间物体在地球表面或给飞行中的飞机造成的损害，应负有赔偿的绝对责任。发射国对于其空间物体在地球表面以外的其他任何地方，对于其他国家的空间物体，或所载人员或财产造成损害，负有赔偿的过错责任。

（4）发射国的空间物体在地球表面以外的地方，对另一发射国的空间物体造成损害，并因此对第三国或第三国的自然人或法人造成损害时：如果是在第三国的地球表面或对飞行中的飞机造成的，则前两国对第三国负绝对责任；如果对地球表面以外的其他地方的第三国外空物体或所载人员财产造成损害，则前两国依各自的过错承担相应的责任。

（5）发射国空间物体对于下面两种人员造成的损害不适用《责任公约》：该国的国民，以及在空间物体从发射至降落的任何阶段内参加操作的或者应发射国的邀请而留在紧接预定发射或回收区的外国公民。

此外，由于外空及相关技术的迅速发展带来的关于卫星遥感、广播电视的卫星直播、外空使用核动力、空间碎片、地球静止轨道、无线电频率分配、空间站以及空间活动商业化等各个方面的问题，国际社会都正在形成或完善相关的制度。

作为航天大国，我国先后加入了《外空条约》《营救协定》《责任公约》《登记公约》；与30多个国家和国际组织签订了100多项空间合作协定；为多国提供了卫星发射在轨交付、卫星遥感重大灾害数据、气象信息，以及搭载科研有效载荷等服务。2020年7月，北斗三号全球卫星导航系统开通，成为全球第三个成熟的卫星导航系统，开始为全球提供可靠高效的公共服务。中国空间站于2022年全面建造完成并投入运行，开展科学研究和太空实验。中国坚定支持联合国和平利用外层空间委员会在促进外层空间国际合作、维护和发展外空领域国际法及管控外空活动方面的核心地位；建设性地参与了包括外层空间活动长期可持续性、空间资源开发和利用在内的各项国际立法进程。中国一贯反对旨在谋求外空军事优势、实施外空作战的相关活动。

第四节 国际环境保护法

一、国际环境法的原则

1.国家环境主权和不损害其管辖范围以外环境的原则。这项原则包括两方面的内容：（1）各国享有按照自主的环境政策和本国的环境法律开发本国资源的权利，同时又有义务保证在其管辖和控制下的活动，不损坏别国或国家管辖范围以外的环境。（2）各国为保护全球环境进行的一切国际合作活动，都必须在尊重国家主权的基础上进行。

2.国际环境合作原则。该原则有两方面的意义：一是国际环境问题的解决有赖于国际社会成员的普遍参加与合作，而不能仅由少数国家决定；二是作为国际社会成员的所有国家都应该并且有权参与保护与改善国际环境的行动。合作包括诸如防止跨界污染、预防突发环境事件、增强保护和改善环境的能力等各个方面。

3.共同但有区别的责任原则。责任的共同性是指环境作为全人类共同利益所在，保护环境需要所有国家的合作与努力。由于环境本身的整体性，各国对保护全球环境应承担共同的责任，包括保护和改善其管辖范围内的环境，并防止损害其管辖范围外的环境；各国应广泛参与国际合作，在环境方面相互合作和支持。责任的区别性是指发达国家和发展中国家经济、科技发展水平的不同及其历史上对环境恶化成因中所起作用不同，因此，承担的责任应当有所区别。发达国家应当对发展中国家在环境保护方面给予更多的帮助，承担更大的责任。

4.可持续发展原则。这个原则包括三个方面内容：(1)以可以持续的方式利用和开发自然资源，对于可再生的资源应在保持其最佳再生能力下利用；对于不可再生资源，应在保存和不以其耗尽的前提下利用。(2)应将保护环境与经济及其他方面的发展结合起来，不能以环境否定发展，也不能以发展牺牲环境。(3)对自然环境及资源的拥有和利用，不仅是当代人类不分种族、民族平等享有的权利，还应该是后代人类同样享有的权利。

5.风险预防原则。这个原则是指“为了保护环境，各国应按照本国的能力广泛适用预防措施。遇有严重或不可逆损害威胁时，不应以缺乏科学充分证据为理由，延迟采取符合成本效益的措施防止环境恶化”(《里约环境宣言》原则15)。之后，该原则不断出现在重要的国际环境文件中，正在成为国际环境法基本原则之一。此外，联合国大会于2018年5月通过了题为“迈向《世界环境公约》”的程序性决议，授权相关机构就国际环境法存在的问题和达成一项全面的环境公约的可行性进行考察和报告。国际环境法基本原则的编纂和发展将是这个文件的主要内容。

二、国际环境保护的主要制度

(一)大气环境保护

1.防止气候变化。该领域主要包括《联合国气候变化框架公约》、《京都议定书》和《〈联合国气候变化框架公约〉巴黎协定》(以下简称《巴黎协定》)。《联合国气候变化框架公约》确定了控制温室气体的排放，延缓全球变暖效应的基本方向，重申和体现了国际环境保护的基本原则，特别是共同但有区别的责任原则。具体的义务规定在以后的《京都议定书》、《巴黎协定》和相关文件中。

公约和京都议定书把参加国分为三类，分别规定了不同的义务。(1)工业化国家。这些国家答应要以1990年的排放量为基础进行削减，承担削减排放温室气体的义务。如果不能完成削减任务，可以从其他国家购买排放指标。(2)发达国家。这些国家不承担具体削减义务，但承担为发展中国家进行资金、技术援助的义务。(3)发展中国家。不承担削减义务，以免影响经济发展，可以接受发达国家的资金、技术援助，但不得出卖排放指标。

2015年12月通过的《巴黎协定》，明确了2020年后应对气候变化致力于降低碳排放国际机制的整体框架。该协定确立了2020年后以各国定期提交“国家自主贡献”方式的“自下而上”的灵活减排机制，取代《京都议定书》确定全球减排总量然后向各国摊派指标的“自上而下”的减排模式；重申和坚持公平、共同但有区别的责任和各自能力原则；重申了2℃的全球温度升高控制目标，并且制定了具体的程序和机制。2018年12月在波兰召开的联合国气候变化大会成功通过《〈巴黎协定〉卡托维兹实施细则》，2021年11月达成了相对平衡的《格拉斯哥气候协议》及五十多项决议，为《巴黎协定》全面实施奠定了基础。中国领导人提出了人与自然生命共同体理念，倡导维护多边共识、聚焦务实行动、加速绿色转型，有力地引领了国际环境法治的方向。

我国于2016年9月交存了《巴黎协定》的批准书(该协定于2016年11月生效)，成为协定的缔约国。2017年我国正式启动全国碳排放交易体系，到2020年，我国已提前两年超额完成了应对气候变化目标。《对外关系法》第25条规定：中华人民共和国积极参与全球环境气候治理，加强绿色低碳国际合作，共谋全球生态文明建设，推动构建公平合理、合作共赢的全球环境气候治理体系。该规定为中国继续在全球环境气候治理中发挥积极引领作用，提供了坚实的国内法依据和保障。

2.臭氧层保护。目前的主要法律文件为《保护臭氧层维也纳公约》和《关于消耗臭氧层物质的蒙特利尔议定书》（包括多次修正案）。《保护臭氧层维也纳公约》采用了对消耗臭氧层物质进行限制和管制的措施，有多种物质被列入管制名单中，包括氟氯烃、氟氯化碳、哈龙、甲基溴、乙溴乙氯甲烷等，规定了有关的报告制度、消费水平限制和淘汰时间表。2016年10月通过的《关于削减氢氟碳化物的议定书修正案》明确自2019年起削减该物质的消费和生产，到2036年后将其使用量削减至其基准值（2011~2013年）的15%以内。发展中国家应自2024年起冻结该物质的消费和生产，自2029年起削减，到2045年后削减至其基准值（2020~2022年）的20%以内。

（二）海洋环境保护

1982年《联合国海洋法公约》中，规定了各国对海洋环境保护的一般义务。涉及陆源污染、船舶污染、空气污染等方面的一般原则和规则。而其他有关国际条约则建立起了各个领域的具体制度。

1.防止来自船舶的污染。以《国际防止海上油污公约》和《国际防止船舶污染公约》为基础，确立了对船舶污染海洋的责任和管辖制度。对于船舶违章污染，其船旗国应设法立即进行调查并在适当的情况下对此违章行为提起诉讼；对于发生在一国管辖区域内的外国船舶的违章行为，该国有权进行调查和管辖；对于位于一国港口或内水的外国船舶在他国领域内的违章行为，港口国则应在实际可行的范围内满足行为发生地国进行调查的请求；同时港口国在切实可行的范围内，还应满足位于其港口的外国船舶的船旗国提出的调查请求，无论该船舶的违章行为发生在何处。

2.防止海洋倾倒废物。以《防止倾倒废物及其他物质污染海洋的公约》为基础，采用了物质分类名单和许可证制度。对于从船舶、航空器、平台等向海洋倾倒的废物，分为禁止倾倒的“黑名单”所列物质、需国家颁发“特别许可证”的“灰名单”所列物质和需得到“一般许可证”的“白名单”所列物质，以此控制向海洋倾倒废物。

（三）自然生态和资源保护

1.生物资源保护。《联合国生物多样性公约》对生物资源保护作了全面广泛的规定。包括：国家生物资源主权，国家对生物保护的查明与监测、就地保护、移地保护等方面的义务。此外，还有许多针对某一生物物种或其一特定区域的生物进行保护的国际条约。其中较为突出的是《濒危野生动植物种国际贸易公约》。该公约建立了濒危物种清单基础上的许可证制度。其中，附件一所列是受贸易影响濒于灭绝的物种；附件二是如不管理可能成为濒于灭绝的物种；附件三是一般保护的物种。附件一物种的贸易受到最严格管制，只有在极其特殊情况下才被允许；附件二物种是必须加以限制贸易的物种；附件三是各国自行决定管理的物种。对于附件中所列物种标本的贸易，必须按照公约规定进行。附件一、附件二所列物种出口都必须事先取得出口许可证。附件一物种的进口还应取得进口许可证。

随着生物技术发展，生物安全、遗传资源惠益分享等前沿问题不断涌现，国际社会先后达成《卡塔赫纳生物安全议定书》、《关于遗传资源获取及公平、公正地分享其利用所产生惠益的名古屋议定书》和《卡塔赫纳生物安全议定书关于赔偿责任与补救的名古屋—吉隆坡补充议定书》，生物多样性保护国际法律体系得到逐步发展和完善。2022年12月，《联合国生物多样性公约》第十五次缔约方大会通过了《昆明—蒙特利尔全球生物多样性框架》及相关“一揽子”文件，确立了以2050年生物多样性愿景为导向的长期目标，以及23项2030年前采取的紧迫行动目标。行动目标分为三大类：（1）减少对生物多样性的威胁；（2）通过可持续利用和惠益分享满足人类需求；（3）执行工作和主流化的工具和解决方案。框架文件规定上述行动目标应与《联合国生物多样性公约》及其各项议定书和其他相关国际义务保持一致和协调，同时考虑到各国的国情、优先事项和社会经济条件。这是一次具有里程碑意义的大会，中国作为主席国，对该框架文件制定作出了积极贡献。习近平主席提出的“推进人与自然和谐共生，共建地球生命共同体”的理念，对会议的成功作出了重要指引。该框架文件将促进国际社会继续形成行动规范，携手遏止并扭转生物多样性丧失，有效推动生物多样性恢复进程。

2.世界文化和自然遗产保护。《保护世界文化和自然遗产公约》承认国家领土内的文化和自然遗产的确定、保存、保护、展出和传与后代，主要是有关国家的责任。但是，缔约国在充分尊重文化和自然遗产所在国的主权并不使所在国法律规定的财产权受到损害的同时，承认这类遗产是世界的一部分，整个国际社会有进行保护的责任。目前，列入世界文化和自然遗产名单的有几百项，其中包括我国长城、孔庙、黄山、布达拉宫等几十项。

（四）控制危险废物的越境转移

《控制危险废物的越境转移及其处置公约》（以下简称《巴塞尔公约》）对于列举在其附件中的危险废物的越境转移，规定了严格的条件，包括：（1）缔约国禁止向另一缔约国出口危险废物，除非进口国没有一般地禁止该废物的进口，并且以书面形式对某一进口向出口国表示同意。（2）出口国有理由认为拟出口的废物不会被以符合有关标准的对环境无害的方式在进口国或其他地方处理，则不得出口。（3）不得向非缔约国出口或自非缔约国进口危险废物。

关于越境转移的程序和其他事项，《巴塞尔公约》规定：（1）出口国或者危险废物的生产者或出口者，应将拟出口的废物的越境转移以书面形式通知有关国家的主管部门。进口国应作出书面的答复。（2）出口国应当证实通知人已得到进口国的书面同意，并且进口国已证实出口者和处置者之间已订立合同，详细说明对废物的无害环境的处置办法，才能开始越境转移。（3）如果越境转移的废物不能按照合同的条件完成，如无其他合法安排，应运回出口国。（4）危险废物的任何越境转移都必须有相关的保险、保证或担保。（5）公约不适用于其他国际制度管制放射性废物。

此外，在外层空间环境、河流和淡水资源、湿地、森林、防止酸雨、放射性物质等方面国际社会也都存在相应的条约和原则，已经或正在形成相关的制度。

【本章主要法律规定】

1.《领海及毗连区法》
2.《专属经济区和大陆架法》
3. 我国刑法、民法、诉讼法、民航法、环境法、生物安全法等法律规范中的涉外条款、相关规定和司法解释

第四章
国际法上的个人

本章主要内容提示

本章内容围绕国籍的概念展开。

1.国籍是国家赋予个人作为其国民的资格。国家和个人由国籍建立了法律关系。

2.以国籍为标准，将一国境内的人进行分类并赋予不同的法律地位，包括外国人待遇、出入境制度、外交保护、引渡制度等都与国籍密切相关。

3.国籍赋予或认定是国家的权利，国家实践中确立了若干典型的国籍获得及变更模式。

4.国际人权法的基本规则和制度。中国对国际人权法的实践和贡献。

第一节 国 籍

一、国籍的概念

国籍是指一个人属于某一个国家的公民或国民的法律资格。国籍在个人与国家之间建立了一种稳定的法律联系。基于这种联系，国家和个人之间存在一系列的权利义务关系。国家基于此联系对个人进行有关的管辖和保护，个人基于这种联系对国家享有特定的权利并承担相应的义务。

拥有一国国籍的人，称为该国的公民或国民，因此国籍也称为公民资格。有些国家的国内法对公民或国民作出某些区分，规定其在国内法中权利地位有所差别；但由于他们都拥有该国国籍，国际法对此并不加以区别而都将其作为该国人。

位于一国境内并拥有该国国籍的人，称为本国人；位于一国境内没有该国国籍但拥有其他国家国籍的人为外国人；在一国境内而没有任何国家国籍的人为无国籍人，一般情况下这部分人很少；因此一般国家在管理时，往往也将他们包括在广义的外国人中。

给予哪些人国籍，即认定哪些人是其公民，是国家自身的权利。国家对此一般通过有关的国内法作出规定。但是，由于各国法律规定不同，会出现国籍冲突的问题，需要国家间合作通过国际法加以调整。

有些法律文件中，出现了法人国籍、船舶国籍、航空器国籍等用语，这是一种借代用法。法人和物的国籍在其含义及取得方式上与这里所说的国籍都是不相同的，法人或物的国籍只是与自然人国籍的某个方面属性的类比或类推说法。

二、国籍的取得与丧失

（一）国籍的取得

国籍的取得是一个人获得某一特定国家的

公民或国民的资格。根据各国国籍立法及相关条约实践，国籍的取得方式可以分为两类：因出生取得和因加入取得。

1.因出生取得。因出生而取得国籍称为原始国籍，它是最基本的国籍获得方式。在因出生取得国籍方面，各国的立法中采取的原则有血统主义、出生地主义和混合制原则三种。

（1）血统主义是指一个人出生时获得国籍仅取决于其父母的国籍，而不问其出生在何地。血统主义又分为仅以父亲国籍决定的单系血统主义和双亲任一方国籍决定的双系血统主义。出于男女平等的原则，目前采用血统主义时，倾向于采用双系血统主义。

（2）出生地主义是指一个人出生时获得国籍仅取决于其出生地，而不管其父母国籍情况如何。

（3）混合制原则是指由出生获得国籍时，兼采血统主义和出生地主义。混合制又可分为血统主义为主、出生地主义为主和均衡两者三种实践。目前，世界上绝大多数国家在国籍立法中采用混合制原则。

2.因加入取得。因加入取得国籍是指由于本人意愿或某种事实，根据一国国籍法的规定而获得该国的国籍。这种国籍也称为继有国籍或转承国籍。因加入取得国籍又可以分为两种情况：自愿申请入籍和由于一些法律事实发生而引起获得国籍的法律后果。

（1）申请入籍，也称为归化，是指经过自愿申请并经过入籍国的相关程序的审查批准而获得国籍。对此，国家一般在年龄、职业、文化程度、财产状况、行为能力等方面，都规定入籍所必须具备的一定条件。

（2）由于法定事实引起获得国籍是指由于某种事实的发生，根据所涉国家的法律而获得该国国籍。包括因跨国婚姻、收养、取得住所、领土转移等各种情况。对于这些情况各国的立法相差很大。如一些国家规定，跨国婚姻或收养不必然带来当事人国籍状态的变化。一方面，当事人可以自主作出选择；另一方面，婚姻或收养可作为获得国籍的有利条件之一，但获得国籍可能还需满足其他条件。

因加入取得国籍的方法、条件及程序，取决于有关国家的国内法的规定，是一国自由决定的事项，但该国行使权利时，不得违背其根据条约或国际习惯法承担的义务。

（二）国籍的丧失

国籍的丧失是指由于某种原因一个人失去其拥有的某个国家的国籍。各国立法中对于国籍丧失有各自不同的规定，一般可以分为自愿丧失和非自愿丧失两种。

1.自愿丧失是指基于个人意愿作出申请或选择而放弃其拥有的国籍。自愿丧失包括自愿退籍和自愿选择放弃两种做法。退籍是某人依据其原国籍国立法规定主动申请退出该国国籍，如得到批准从而丧失该国籍。选择放弃是指根据某人原国籍国立法或与他国签订的有关条约的规定，允许自愿选择一种国籍并且这种选择意味着对以前国籍的放弃，即如果选择其他国籍，则丧失了其原有国籍。

2.非自愿丧失是指退籍和选择放弃以外的某种法律事实的出现，导致当事人根据有关国家立法的规定丧失其原有国籍。导致非自愿丧失国籍的事实一般有涉外婚姻、收养、已归化加入外国籍等。有些国家还规定了在符合某些法定条件时，国家可依法剥夺个人的该国国籍。对剥夺国籍的做法，在国家不违背其他国际义务的前提下，国际法尚未明确加以禁止。

三、国籍的冲突和解决

由于各国的国籍立法不同，在实践中，可能会出现两个或两个以上国家，根据各自国家的法律，同时都给予一个人其国家的国籍，则该人就会拥有双重或多重国籍；反之，也可能出现任何国家都不给予某个人国籍，则该人成为无国籍人。前一种情况称为国籍的积极冲突，后一种情况称为国籍的消极冲突。

国际法确立和承认国籍制度，是为了明确和强化国家与其国民的关系，从而有利于国家的管理和对国民权利的保障，并且有利于国际社会的秩序和各国关系的发展。为此首先要实现“一人一籍”，即通常情况下每个人都应该拥有一个并只拥有一个国籍。国籍的积极冲突和消极冲突都会给有关国家和个人带来混乱与不便，甚至造成国家间的争端。因此，国际社会一直在努力防止和消除国籍冲突。在国际实践中，一般采取的防止和消除国籍冲突的方式有两种：

第一种是通过国内立法。各国在制定国籍法时，应充分注意防止和解决可能产生的国籍冲突问题，这是目前解决国籍冲突问题中最基本的方法。第二种是通过双边或多边条约方式。通过双边条约防止和解决有关国家间的双重国籍问题，是各国广泛采取的解决双边国籍问题的方式。目前有许多这种条约。另外，为解决国籍冲突问题，各国还签订了一些多边条约或国际公约，但由于国籍问题的复杂性，目前这样的条约和参加的国家都为数不多。

四、中国国籍法实践

我国现行的国籍制度主要规定在1980年《中华人民共和国国籍法》中。该法体现了中国各族人民平等地拥有中国国籍、男女平等、因出生获得国籍采取混合制、因加入获得国籍时采取申请和审批相结合等原则。对于防止和消除国籍的冲突，该法也作出了相关规定，包括不承认双重国籍、在中国出生的无国籍人子女具有中国国籍等。我国《国籍法》第9条规定，定居外国的中国公民，自愿加入或取得外国国籍的，即自动丧失中国国籍。近年来，中国逐步加大了对已拥有外国国籍但仍然持有中国护照或身份证件人员的鉴别和管理。对于中国公民在国外定居已获得外国国籍，如已满足条件自动出籍，其中国护照将被注销或到期不再予以换发，其入境中国时须使用国籍国护照并申请中国签证。对于实际拥有两个以上外国国籍的人，其在中国境内被认为的国籍状态，通常以其被许可入境时所使用的某一国籍为准。此外，中国还与有关国家以双边条约的形式，积极妥善地解决有关国籍冲突问题。

第二节　外国人的法律地位

一、外国人及其法律地位的概念

一国所指的外国人是指不拥有该国国籍而拥有其他国家国籍的人。一般地，国家在进行管理时，将无国籍人也归于外国人的范畴。具有双重国籍的人，当处于其拥有的任一国籍的国家境内时，一般被视为本国人。在有些情况下，“外国人”一词除外国自然人外，还包括有关的外国法人。

一国境内的外国人可以分为普通外国人和享有外交特权与豁免的外国人。一般地，外国人的法律地位是对普通外国人而言。享有外交特权豁免的外国人适用专门的法律制度，有关内容参见“外交关系法与领事关系法”一章。

外国人的法律地位是通过在一国法律中，对外国人权利和义务的规定体现的，包括外国人在入境、居留、出境等各个方面的权利义务。根据国际法，给予外国人何种法律地位，是一国主权范围内的事项，不受别国干涉。国家通过其国内法对外国人的法律地位自主地作出规定。但是，对外国人法律地位的规定不得违背国家依据条约承担的国际义务或国际法的一般原则、规则，并应考虑外国人国籍国的属人管辖权。

外国人处于居住国的属地管辖权之下，必须遵守居住国的法律。他根据居住国关于外国人地位的规定，承担相应的权利和义务。同时，他还应履行对其国籍国效忠及其他义务。当其权利受到侵害并满足相关条件时，有权请求国籍国的外交保护。

二、外国人的入境、居留和出境

1.根据一般国际法，国家没有允许外国人入境的义务。由于国家间交往的需要，国家一般都在互惠的基础上允许外国人为合法目的入境，并且制定有关的法规和彼此达成协议，规定有关入境的条件程序和相关问题。实践中，外国人入境一般要经过两个步骤：

（1）持有有效护照并获得入境签证，也称为“护照签证制”。护照一般是某人的国籍国法定机关颁发的用于在国外证明其身份的证件。入境签证是指入境国对申请入境的外国人给予的允许其入境或居留的许可，它由入境国法定机关以某种认证方式作出。实践中，被入境国接受的某种证明身份的证件，如国际旅行证、国际船员证、国际公务员证等，也可起到护照作用。签证一般分为外交签证、礼遇签证、公务签证和普通签证等不同种类，分别给予不同目的的外国入境者。签证手续也可以由有关国家之间协议免去。

（2）在入境口岸接受有关安全、卫生等方面的检查。国家有权作出规定，对可能危及本国安全、社会秩序或国民健康的外国人，拒绝入境，如精神病患者、某种传染病患者、有刑事犯罪前科或犯罪嫌疑的人等。

2.对于外国人的居留，各国也有权通过国内法予以规定，包括居留条件、手续、期限及其他事项。任何国家或其国民都不得主张必然有在另一国的居住权。外国人的居留应该办理申请和批准手续，以规定的地区、期限、目的和方式居留。一般将外国人的居留根据时间长短分为短期、长期和永久三种，但期间的划定各国法律规定各异。外国人在居留国的居留期间的权利和义务由居留国的法律规定。

3.国家一般不禁止外国人的合法出境，但可以对外国人离境规定某些条件。对于外国人的出境，一般要求其办理出境手续，依法付清捐税或债务了结诉讼。外国人合法出境可以依法带走其私人合法财产。国家可以在特定情况下依法令外国人限期离境或将其驱逐出境，但此措施不得无端滥用。

4.2023年我国《对外关系法》第38条第2款规定：“国家有权准许或者拒绝外国人入境、停留居留，依法对外国组织在境内的活动进行管理。”此前，我国2012年颁布了《出境入境管理法》(2013年7月1日起施行)，2013年7月12日颁布了《外国人入境出境管理条例》(2013年9月1日起施行)。《出境入境管理法》对于外国人入出境、居留、交通工具的边检，相关调查和遣返等事项做了规范，《外国人入境出境管理条例》则进一步对外国人的入出境和居留做出了细化规定。《外国人入境出境管理条例》把我国的签证类别分为外交签证、礼遇签证、公务签证、普通签证四类。其中，大部分外国人的入境适用普通签证。普通签证从入境目的上，又分为永久居留、访问、旅游、贸易、探亲、学习、工作以及国际机组人员船员等12类，分别设定条件，发给不同入境目的的申请并满足条件的外国人。《外国人入境出境管理条例》对外国人在中国境内停留的期限准许上，分为短期（小于等于180日）和长期（超过180日）两种。

《外国人入境出境管理条例》对外国人的停留居留，也做出了具体规定。特定情况的外国人需要申请并获得中国颁发的相应种类的居留证件。居留证件分为以下几类：(1)工作类居留证件，发给在中国境内工作的人员；(2)学习类居留证件，发给在中国境内长期学习的人员；(3)记者类居留证件，发给外国常驻中国新闻机构的外国常驻记者；(4)团聚类居留证件，发给因家庭团聚需要在中国境内居留的中国公民的家庭成员和具有中国永久居留资格的外国人的家庭成员，以及因寄养等原因需要在中国境内居留的人员；(5)私人事务类居留证件，发给入境长期探亲的因工作、学习等事由在中国境内居留的外国人的配偶、父母、未满18周岁的子女、配偶的父母，以及因其他私人事务需要在中国境内居留的人员。

另外，《外国人入境出境管理条例》规定，持学习类居留证件的外国人需要在校外勤工助学或者实习的，应当经所在学校同意后，向公安机关出入境管理机构申请居留证件加注勤工助学或者实习地点、期限等信息。持学习类居留证件的外国人所持居留证件未加注前款规定信息的，不得在校外勤工助学或者实习。

三、外国人的待遇

外国人的待遇，是指国家对于外国人特别是长期或永久居留的外国人所设定的权利义务。国际法对此并没有统一完整的规定。各国通常是在互惠及不歧视的基础上，通过国内立法或有关具体条约，在不同领域分别采用不同的待遇，并且有些待遇方式被借鉴或推广适用于外国法人、船舶或产品上。在国内法或国际条约实践中，通常采用的有以下方式：

（一）国民待遇

国民待遇指在一定事项或范围内，国家给予其境内的外国人与其本国国民同等的待遇。

目前，几乎所有的国家都在国内立法或国际条约中采用了这一方式，并具体规定了它的适用范围。一般地，国民待遇限于民商事和诉讼权利方面，而不适用于政治权利方面。如外国人不享有选举权和被选举权，一般不参加政治活动或政治组织，外国人也不承担服兵役的义务。此外，出于国家安全和社会利益等方面的考虑，对外国人的民商事权利也可能作出某些限制。例如，有些国家规定外国人不得从事某些职业或担任某些职务或不得从事某些方面的经营活动；有些国家对外国人的居住和旅行有某些限制等。

（二）最惠国待遇

最惠国待遇指一国给予另一国国家或国民的待遇不低于现在或将来给予任何第三国国家或国民的待遇。

最惠国待遇是国家给予他国的一种优惠，国家有权决定给予哪些国家在什么范围的最惠国待遇。国家间一般是通过双边或多边条约对最惠国待遇的给予和范围作出规定。最惠国待遇被广泛用于国家间经贸活动领域；在一些重要的多边经贸条约中，甚至被规定作为缔约国间进行正常贸易的基础。最惠国待遇一般不适用于以下情况下给予的优惠：自由贸易区、关税同盟、经济共同体等经济组织成员国间的优惠；邻国之间方便边民的一些优惠；基于特殊历史地理等因素而给予某些国家的优惠；发达国家对发展中国家的普遍优惠及其他在条约中明确规定不适用于最惠国待遇的情况。

（三）差别待遇

差别待遇是指一国给予外国人不同于本国人的待遇，或给予不同国家的外国人不同的待遇。前者一般是指给予外国人和外国法人的权利在有些方面小于本国国民和法人，但也包括有些时候给予外国人或法人某些方面超过本国国民或法人的待遇，如某些税收的减免。后者是指基于地理、历史等因素而给予某些国家的待遇比给予其他国家的更为优惠。国际法承认上述差别待遇，但禁止基于宗教种族等原因的歧视待遇。

（四）互惠原则与普惠制

互惠原则是指一国给予外国国民某种权利、利益或优惠须以该外国给予本国国民同等的权利、利益或待遇为前提。在上述国民待遇或最惠国待遇的采用中，一般都同时遵循这项原则，以防止国家获取片面利益。但是，基于某种原因，国家自愿同意的片面优惠待遇不受此限制，普惠制就是一个典型。普惠制或称普遍优惠制，是指为减少经济发展的极端不平衡，发达国家在与发展中国家的经济交往中，单方面给予发展中国家某些特殊优惠，而不要求发展中国家给予发达国家同样的优惠。

对于外国人在我国境内的法律地位，《对外关系法》第38条第1、3款做出了原则规定：中华人民共和国依法保护在中国境内的外国人和外国组织的合法权利和利益。在中国境内的外国人和外国组织应当遵守中国法律，不得危害中国国家安全、损害社会公共利益、破坏社会公共秩序。另外，我国有关的专门法律或与外国人相关的法律条款也作出了相应的规定。据此，外国人及外国法人在中国境内必须遵守中国的法律，同时其合法利益和权利受中国法律保护。中国境内的外国人在民事权利和诉讼权利方面，原则上享有国民待遇，但某些方面法律规定了差别待遇。如对外国人进入某些职业或产业予以禁止或限制；在某些领域如贸易投资税收等方面，规定了给予外国人某些高于中国公民的优惠。外国人在中国境内不享有选举权、被选举权等政治权利，不得参加中国境内的政治党派或政治活动，也没有服兵役的义务。我国还在与许多国家订立的双边条约中，普遍采用了在特定领域和范围相互给予最惠国待遇的规定。

四、外交保护

在一国的外国人，应履行其对居住国和国籍国的双重义务，同时他的有关权利也应得到居住国及国籍国的双重保护。当在居住国其权益受到侵害时，国籍国在某些情况下，有权采取某些措施提供帮助，其中重要的措施之一就是外交保护。按照联合国国际法委员会目前正在编纂的《外交保护条款草案》，外交保护制度包括下列主要内容：

（一）外交保护的性质

外交保护或外交保护权，是指一国国民在外国受到不法侵害，且依该外国法律程序得不到救济时，其国籍国可以通过外交方式要求该外国进行救济或承担责任，以保护其国民或国家的权益。外交保护有下列性质：

1.根据国家主权原则，国家具有属人管辖权。外交保护主要是基于国家的属人管辖进行的，是国家属人管辖权的重要体现。

2.外交保护是在国家之间进行的。当一国由于其公民的权利在外国被侵害而提出外交保护时，原来一国公民与该外国之间的事件转变为两个国家之间的事件。前者主要涉及外国人的法律地位问题，而后者多涉及国际责任问题。因此，外交保护制度本质上是处理国家间关系的制度。

3.虽然国家就其国内法来说，有保护其公民利益的职责，其公民也可以向其国籍国请求保护，但是否向外国提出外交保护，是国家的权利。无论其国民是否作出请求，国家都可以根据有关情况作出行使或拒绝行使外交保护权的决定。

4.国家行使外交保护权要尊重外国的主权和属地管辖权，要符合国际法的有关规则和外交保护的相关条件。

（二）外交保护的条件和范围

1.国家行使外交保护权一般应符合三个条件：

（1）一国国民权利受到侵害是由于所在国的国家不当行为所致，也就是说，该侵害行为可以引起国家责任。如果损害仅仅涉及外国私人的行为，所在国家不存在任何直接或间接责任，则不得行使外交保护。

（2）受害人自受害行为发生起到外交保护结束的期间内，必须持续拥有保护国国籍。这称为“国籍继续原则”。此外，近来在国际实践中，还提出了“国籍实际联系原则”，要求受害人和其国籍国之间具有实际的真正联系。

（3）在提出外交保护之前，受害人必须用尽当地法律规定的一切可以利用的救济办法，包括行政和司法救济手段。在这些手段用尽之后仍未得到合理救济时，才可以提出外交保护。此为“用尽当地救济原则”。该原则适用于国民或法人权益的被侵害的一般情况，不适用于国家本身权益受侵害或国家之间有另外协议的情况。

2.外交保护的范围。外交保护原则上适用于一国的国家行为已经或必将侵害外国人合法权益的各种事项。实践中主要包括：（1）国民被非法逮捕或拘禁；（2）国民的财产或利益被非法剥夺；（3）国民受到歧视性待遇；（4）国民被“拒绝司法”等情况。

（三）法人的外交保护

鉴于目前法人的跨国经营活动的增加，其权利被外国侵害的情况增多，《外交保护条款草案》专门针对法人的外交保护作出了一些规定：

1.公司的国籍国：为对公司行使外交保护的目的，国籍国是指公司依照其法律成立的国家。然而，当公司受另一国或另外数国的国民控制，并在成立地国没有实质性商务活动，而且公司的管理总部和财务控制权均处另一国时，那么该国应视为国籍国。

2.公司的持续国籍：一国有权为从发生损害之日到正式提出求偿之日持续为该国或其被继承国国民的公司行使外交保护。如果在上述两个日期该公司都持有该国籍，则推定该国籍是持续的。

3.一国对于在提出求偿后获得被求偿国国籍的公司不再享有为其行使外交保护的权利。

4.尽管有上述的规定，一国继续有权为在发生损害之日为其国民，但由于损害的原因，按照成立地国法律终止存在的公司行使外交保护。

2023年《对外关系法》第37条第1款规定："国家依法采取必要措施，保护中国公民和组织在海外的安全和正当权益，保护国家的海外利益不受威胁和侵害。"此前我国《国家安全法》第33条作出了相似的规定。上述法律中的必要措施，包括外交保护权的运用。

第三节 引渡和庇护

一、引渡

引渡是一国将处于本国境内的被外国指控为犯罪或已经判刑的人，应该外国的请求，送交该外国审判或处罚的一种国际司法协助行为。

（一）引渡的主体

引渡的主体是国家，引渡是国家之间进行的。在国际法中，国家没有一般的引渡义务，因此引渡需要根据有关的引渡条约进行。当他国在没有引渡条约的情况下提出引渡时，一国可以自由裁量，包括根据其有关国内法或其他因素作出决定。

（二）引渡的对象

引渡的对象是被请求国指控为犯罪或被其判刑的人，可能是请求国人、被请求国人和第三国人。在国际实践中，除非有关引渡条约或国内法有特殊规定，一般各国有权拒绝引渡本国公民。

（三）可引渡的罪行

对于可引渡的罪行，一般都列举和规定在引渡条约中，有些国家的国内引渡法也有规定。"双重犯罪原则"和"政治犯罪不引渡"是被一般接受的原则。

双重犯罪原则是指被请求引渡人的行为必须是请求国和被请求国的法律都认定的犯罪，且达到一定的最低量刑限度。政治犯不引渡原则中，关键是对政治犯罪的认定问题。实践中，认定政治犯罪的决定权属于被请求国。国际法规定了一些不应视为政治犯罪的行为，包括：（1）战争罪、反和平罪和危害人类罪；（2）种族灭绝或种族隔离罪行；（3）非法劫持航空器；（4）侵害包括外交代表在内的受国际保护人员罪行等。

（四）引渡的程序

引渡的程序一般根据引渡条约及有关国家的国内法规定进行。包括引渡请求的提出和答复、负责引渡的机构、引渡文件材料的传送、移交被引渡人的条件方式等。

（五）引渡的效果

引渡的目的是克服刑法的地域性或各国刑法的差异造成的法律漏洞，防止某种犯罪行为逍遥法外。实践中，请求国只能就其请求引渡的特定犯罪行为对该被引渡人进行审判或处罚。这也称为"罪名特定原则"。如果以其他罪名进行审判或将被引渡人转引给第三国，则一般应经原引出国的同意。

二、联合国两公约中的引渡规则

《联合国反腐败公约》（共8章71条，2005年12月生效，目前189个缔约国）和《联合国打击跨国有组织犯罪公约》（共41条，2003年5月生效，目前190个缔约国）是国际社会在反腐败和打击跨国有组织犯罪领域进行合作的基本的法律依据。其中《联合国反腐败公约》确立了预防、定罪和执法、国际合作、资产追回、履约监督等五大反腐败机制，并对各机制中所涉概念和规则进行了系统的规定。《联合国打击跨国有组织犯罪公约》（包括三个附加议定书），主要针对腐败、洗钱、贩运人口、偷运移民和贩运枪支等有组织跨境严重犯罪行为，规定国际刑事司法的一般原则，协调各国法律的相关规定，建立一套有力的法律制度，提供打击上述犯罪国际合作的法律平台。

上述两个公约关于缔约国间引渡的规则基

本一致，明确和充实了多边引渡制度。主要内容包括：(1)公约可以但不必然作为缔约国之间产生引渡义务的法律依据；(2)公约所规定的可引渡犯罪应扩展普适于缔约方的其他引渡条约；(3)放宽双重犯罪的条件，即如果缔约国本国法律允许，可以就本公约所涵盖但依照本国法律不予处罚的任何犯罪准予引渡；(4)若被请求引渡者为本国人，缔约国应采取或引渡或起诉以及或引渡或执行的原则；(5)保留了政治犯不引渡原则，而对死刑犯的情况未作出规定；(6)公约在充分尊重缔约国国内法和现有引渡制度的基础上，还就引渡前的临时措施以及简化引渡程序进行了规定。

我国是上述两个公约的缔约国，还与78个国家签订了121项引渡和刑事司法协助条约，并且先后颁布了《引渡法》(2000年)和《国际刑事司法协助法》(2018年)。上述公约和条约，为我国大力进行的反腐败、反洗钱和跨国追逃等行动，提供了有力的国际合作法律支撑，取得了显著成果。

2023年《对外关系法》第39条规定，“中华人民共和国根据缔结或者参加的条约和协定，或者按照平等互惠原则，同外国、国际组织在执法、司法领域开展国际合作”，“国家加强打击跨国犯罪、反腐败等国际合作”，夯实了我国在这一领域合作的国内法基础。

三、庇护

庇护是指一国对于遭到外国追诉或迫害而前来避难的外国人，准予其入境和居留，给予保护，并拒绝将其引渡给另一国的行为。

庇护是国家基于领土主权而引申出的权利。决定给予哪些人庇护是国家的权利。国家通常没有必须给予庇护的义务。国家对庇护问题通常在有关的国内法中加以规定。

国家从属地管辖权的意义上，可以自主决定庇护的条件，只要不违背其国际义务。因政治原因而请求的庇护，即政治庇护是庇护的一种，也是当代国际实践中最为普遍的一种。根据国际法，对从事侵略战争、种族灭绝和种族隔离、劫机、侵害外交代表等罪行以及其他被条约或习惯国际法认为是国际罪行的人，不得进行庇护。21世纪以来，随着恐怖事件威胁的日益增长，恐怖主义犯罪也被列为不得或不予庇护的情形。我国《反恐怖主义法》第2条明确规定，国家不向任何恐怖活动人员提供庇护或者给予难民地位。

庇护包括允许避难者在庇护国境内居留，对其进行保护或不对其进行相关的惩罚，并拒绝将其交给其他国家或递解出境。对尚不在庇护国领土内的避难者，庇护还包括准其入境。因此，不引渡并不等于庇护。

被给予庇护的人在庇护国通常享有外国侨民的待遇，其应当遵守庇护国的法律；并且庇护国不得准许其从事可能导致庇护国违反国际法义务的活动。

庇护是基于领土的行为。关于领土以外的庇护，或称为域外庇护，最常见的是指利用国家在外国的外交或领事机构馆舍、船舶或飞机等作为场所进行的庇护。这种庇护是没有一般国际法根据的，而且常常带来对国际法其他规则的违背。虽然某些国家之间有域外庇护的实践，但它们都是基于相互的协议或同意并规定了庇护的特定范围，并且只能在不违背其他国际义务的前提下进行。因此，不存在可以进行域外庇护的一般规则。

第四节　国际人权法

一、概述

人权是一个历史和发展的概念，存在于政治、哲学、社会、文化等诸多领域，包含多方面的内容。法律上的人权，是泛指每一个人都应享有的、作为人的基本法律权利的总称。两次世界大战之前，人权的保护基本是一国的国内事务。鉴于第二次世界大战中法西斯国家对于人类的戕害,《联合国宪章》把"增进并激励对于全体人类之人权之尊重"作为联合国的宗旨之一,促进国家间通过了一系列保护人权的国际条约,确立了人权保护的国际法原则、规则和制度,逐步形成了国际法的一个新分支——国际人权法。

1.国际人权条约由国家间缔结,所规定的义务和规则由国家承担和遵守,其义务主体是国家。个人不是这些条约的立法主体,而是条约所涉及人权的权利主体,是国际人权法的受益者。国家履行其国际人权条约的义务,主要体现在其国内对人权的保护和促进措施上。个人能够直接享有的法律权利,主要是通过国内法来规定和实现的。

2.被国际人权条约所保护的人权,包括个体人权和集体人权。集体人权被认为是继个人政治权利和个人经济社会文化权利之后一个新的人权形态,如民族自决权。集体人权不同于人权法上某些特定群体(如妇女、儿童、残疾人等)的特有权利:前者权利是集体作为一个主体享有,后者权利是由构成群体的每一个个体独立享有。

3.国际人权法在发展中,一些新的权利保护主张不断被提出,如发展权、环境权等。虽然关于这些权利的属性和范围还存在争论,但核心的内涵已得到广泛接受并付诸实践。2020年1月,联合国发展权工作组发布了《发展权公约(草案)》,开启了把"发展权"相关内容编纂为一项具有拘束力条约的尝试,引起了广泛关注和讨论。

4.国际人权法保护人的基本权利,因此人权法规则具有普遍性;但由于经济社会历史文化的不同,各国在人权法的实施上存在特殊性。国际人权法也为国家的自主裁量留有空间。此外,国际人权法领域无论是理论还是实践都存在诸多分歧:一方面,增进及保护人权已成为当代国际社会的共识和国际法的重要原则之一;另一方面,人权保护的国际合作必须符合国际法的基本原则,不得将一国的政治模式或价值观强加给别国,不得将人权作为干涉他国内政的工具。

5.中国坚持把人权的普遍性原则和当代实际相结合,走符合国情的人权发展道路,奉行以人民为中心的人权理念,把生存权、发展权作为首要的基本人权,协调增进全体人民的经济、政治、社会、文化、环境权利,努力维护社会公平正义,促进人的全面发展。

二、国际人权法的主要内容

国际人权法由国际条约和相关文件(国际人权文件)以及国际习惯法构成。主要包括:

(一)1966年联合国两个人权公约

1966年联合国大会通过了《经济、社会及文化权利国际公约》和《公民权利和政治权利国际公约》,开放给各国签署和加入。这两个公约汲取了1948年《世界人权宣言》的主要内容,并加以完善和发展。两个公约的内容涉及法律上人权的基本内容和国际人权保护的主要方面,被认为是基本的关于人权的国际法律文件。

两个公约都首先规定了自决权和自然资源的永久主权。其中《经济、社会及文化权利国际公约》主要涉及一系列的经济社会权利,包括工作权、社会保障权、家庭权、健康权、受教育权等。它要求缔约国尽最大能力采取措施,以便使这些权利逐渐得到实现。《公民权利和政治权利国际公约》涉及广泛的公民权利,包括生命权、免于酷刑、人身自由、公正审判、信仰自由、和平集会、选举权和被选举权等,要求缔约国尊重和保证这些权利,并为达到此目的采取必要的立法或其他措施,以实现公约所涉及的各项权利。两个公约分别建立了各自的履约机制。

(二)专门领域或区域的人权条约

1.专门领域的人权条约主要包括:(1)消除各种歧视方面的有《防止及惩治灭绝种族罪行公约》《消除一切形式种族歧视公约》《禁止并惩治种族隔离罪行公约》《关于就业和职业歧视公约》《反对体育领域种族隔离公约》等;(2)妇女儿童权利保护方面的有《妇女政治权利公约》《消除对妇女一切形式歧视公约》《儿童权利公约》等;(3)禁止奴隶制和强迫劳动方面的有

《废止奴隶制奴隶贩卖及类似奴隶制之制度与习俗补充公约》《废止强制劳动公约》等；（4）保护被拘禁者权利方面的有《禁止酷刑和其他不人道或有辱人格的待遇或处罚公约》等。

2.区域性的人权条约主要有《欧洲人权公约》及其一系列议定书、《欧洲社会宪章》、《美洲人权公约》、《非洲人权和人民权利宪章》等。

（三）人权的国际习惯法规则

国际人权法的习惯法规则，主要体现在以《世界人权宣言》为代表的国际人权文件中。这些在联合国大会或其他国际组织通过的文件，包括国际人权机构对于国际人权公约进行解释或补充的"一般意见"或"结论意见"，本身对于国家没有法律拘束力；但其中若包含了各国普遍接受的保护人权的规则，满足国际习惯法规则形成的要素，就构成了国际习惯法。并且其中有些成为国际强行法规则，如禁止种族灭绝、禁止奴隶贩卖、禁止种族隔离、禁止种族歧视、禁止酷刑等。

我国参加了几乎所有主要的国际人权公约（包括已签署了1966年两个人权公约，并已批准了《经济、社会及文化权利国际公约》），2022年我国加入《关于为盲人、视力障碍者或其他印刷品阅读障碍者获得已出版作品提供便利的马拉喀什条约》，积极参与联合国人权领域的活动；并通过国内各项立法，大力加强对人权的保护和促进。2004年宪法修正案将"国家尊重和保障人权"写入其中，2023年修订的《立法法》，将"尊重和保障人权"作为一项明确的立法原则。2023年7月生效的《对外关系法》第22条更加明确规定：中华人民共和国尊重和保障人权，坚持人权的普遍性原则同本国实际相结合，促进人权全面协调发展，在平等和相互尊重的基础上开展人权领域国际交流与合作，推动国际人权事业健康发展。近年来，我国先后制定了《民法典》《个人信息保护法》《无障碍环境建设法》等保障人民各项权利的新法律，为健全人权法治保障机制奠定坚实法律基础。尊重和保障人权原则已贯穿立法、执法、司法、守法各个环节。

习近平主席明确提出"人民幸福生活是最大的人权"，赋予了新时代人权发展全新意涵。中国政府坚持把尊重和保障人权作为治国理政的一项重要工作，坚持中国共产党领导；坚持尊重人民主体地位；践行全过程人民民主，坚持从我国实际出发；坚持以生存权、发展权为首要的基本人权；坚持依法保障人权；坚持积极参与全球人权治理；推动人权事业取得历史性成就。中国是世界上唯一持续制定和实施四期国家人权行动计划的主要大国。中国倡导各国在人权领域坚持平等互信、包容互鉴、合作共赢、共同发展的理念，指引了国际人权法发展的正确途径。

三、国际人权保护的监督机制

（一）联合国体系内的人权机制

1.联合国人权理事会。联合国大会于2006年3月15日通过决议成立了人权理事会。该人权理事会取代了此前于1946年开始设立在经社理事会下的人权委员会。人权理事会是大会的附属机构，直接向大会负责。它由47个成员的代表组成，接替并扩展了原人权委员会的职责，是联合国系统审议人权问题的最主要机构。它根据《联合国宪章》的宗旨和原则，全面负责与人权有关的各项事务，提出建议和起草国际人权文书，协调联合国系统内的人权活动。人权理事会的设立，标志着联合国在人权保护领域的功能得到提升。

普遍定期审议制度是联合国经联大2006年第60/251号决议中与建立人权理事会同时设立的制度。该决议授权人权理事会"在尊重所有国家的基础上，采取能够确保普遍和平等对待的方式，根据客观和可靠的信息，定期普遍审议每个国家履行人权义务和承诺的情况"。经人权理事会各次会议商定和修改，以及实践的检验，逐步形成了目前的审议程序和方式。根据这种制度，人权理事会对联合国所有成员国的人权记录进行定期审议。

（1）审议由人权理事会47个成员组成的审议工作组主持进行。在对一国进行审议时，抽签选出三个国家组成"三国小组"担任报告员，协助开展该国的审议工作。与受审议国家的讨论和对话，任何联合国成员都可参与。

（2）审议对受审议国的人权义务履行情况进行评估，这些义务源于《联合国宪章》、《世界人权宣言》、该国缔结的人权条约、该国自行作出的保证和承诺（如国家人权政策或已实施的方案），以及适用于该国的国际人道法规则。

（3）审议内容所依据的文件和信息包括：受审议国家所提供的"国家报告"、独立人权专家和与该国义务相关的人权条约机构和联合国其他机构报告中的相关信息、非政府组织等其他利益相关方的信息。

（4）工作组审议并提出结果报告，该结果报告经协商修改，提交人权理事会全体会议通过。在审议的各个阶段，包括结果报告的撰写阶段，受审议国都有机会充分参与，对他国和小组报告提出的问题和建议作出评论和回应。

（5）审议报告通过后，国家须承担最终结果报告中各项建议的落实责任。对所有会员国都进行一轮审议的时间为 4 年。当下一轮 4 年审议时，一国须报告其对 4 年前上轮审议中的建议的落实情况。并且，对于这些建议的落实，国际社会与该国协商后，也将在执行能力建设和技术援助方面提供协助，合作促进人权改善和进步。

普遍定期审议从2008年开始，已经进行了四轮审议。中国参加了全部的四轮审议。2024年1月，中国提交的第四轮报告顺利通过审议，120多个国家积极评价中国人权事业进展。习近平主席倡导"以安全守护人权""以发展促进人权""以合作推进人权"，我国强调应通过建设性对话合作促进和保护人权，反对利用人权干涉内政，将人权问题政治化，这些重要思想产生了深远影响。中国基于构建人类命运共同体的大国担当，弘扬全人类共同价值，推动全球人权治理朝着更加公平、公正、合理、包容的方向发展。2023年10月，中国第六次当选人权理事会成员，是当选次数最多的国家之一。2023年7月，人权理事会再次通过中国提交的"发展对享有所有人权的贡献"决议，充分彰显中国智慧的实践可行性，为全球人权治理作出了贡献。

2.联合国人权高级专员。根据《联合国宪章》和联大相关决议，联合国人权高级专员由联合国秘书长经联大批准后任命。其主要职责是协调联合国人权教育和公共信息计划；应邀向有关国家提供人权领域的技术、咨询和财政支持；就保障人权与各国政府对话，促进人权事务的国际合作。

3.其他专门机构。其他专门机构主要包括根据联合国主要机构的决议成立的专门机关，如根据大会决议成立的"反对种族隔离特别委员会"；根据经社理事会的决议设立的"防止歧视和保护少数小组委员会"，此外还有联合国难民署、联合国儿童基金会等专门机构。

（二）国际人权条约机构

1.国际人权条约机构是指由国际人权条约设立的，旨在促进国家间合作以监督保障缔约国履行其在某项条约内的国际义务相关机构。国际人权机构的设立通常伴随相应的制度，或者本身构成制度的组成部分。目前几乎所有的人权条约都设立了相应的条约机构，如《公民权利和政治权利国际公约》设立的"人权事务委员会"（委员会由18名以个人身份被选出的人权问题专家组成）、《经济、社会及文化权利国际公约》设立的"经社文权利委员会"、《儿童权利公约》成立的"儿童权利委员会"等。还有根据区域性公约成立的区域性人权机构，如欧洲人权委员会、欧洲人权法院和美洲人权法院等。

国际人权条约机构的权限严格依照相关条约的规定，仅对条约或议定书的缔约国适用。机构由不代表国家的专家组成，具有独立性、专业性和规范性。机构作出的决定或意见，除另有特别规定外，不具有法律拘束力。

2.国际人权条约机构的典型制度。

（1）报告及审查制度。报告及审查制度是人权条约机构普遍实行的制度，且具有强制性。缔约国根据条约承担义务，将其履约情况定期或按要求向指定机构提交报告，由该机构进行审查。具体报告、审查形式和程序依不同条约有所不同。该制度要求缔约国报告全面反映其相关人权状况、义务执行情况及面临的困难。报告提交后，由条约机构公开审议，并作出结论性意见。审议过程和结论意见以建设性对话原则为基础，是机构与各缔约国进行对话合作的重要途径。

（2）缔约国之间的指控制度。一些人权公约规定了缔约国来文指控处理及和解的制度。如《公民权利和政治权利国际公约》规定，各国可以随时声明接受任择条款，承认由人权事务委员会接受并处理一缔约国对另一缔约国未履行公约义务的指控。对于接受任择条款的国家，委员会在认定用尽了当地救济之后，有权处理相关的指控，包括提供斡旋、指派专门委员会进行和解，并规定了和解的程序。其他一些条约如《禁止酷刑公约》《消除一切形式种族歧视公约》等也规定了类似的制度。

（3）个人来文申诉制度。由《消除一切形式种族歧视公约》首先建立，目前已在主要的人权公约中普及。为防止制度被滥用，个人来文可受理性标准一般比较严格。如《公民权利和政治权利国际公约任意议定书》规定，申诉应在用尽当地救济后，且不能同时向其他国际人权机构提出。对于受理的申诉，机构将就申诉事项的全部内容通知有关缔约国。该缔约国应在收到通知6个月内向委员会就相关事项进行解释或说明，包括说明已采取的救济措施。机构根据个人及国家提供的书面材料，对来文进行封闭审查。审查仅限于书面进行，之后作出包括没有法律拘束力建议的“最后意见”，促进申诉案件的解决或状况改善。

【本章主要法律规定】

1.《国籍法》

2.《出境入境管理法》

3.《引渡法》

4.我国宪法、对外关系法、国家安全法，以及各项法律中涉及人权保护、外国人待遇的相关规定

第五章
外交关系法与领事关系法

本章主要内容提示

本章主要内容是关于外交关系和领事关系的法律规则与各项制度。

1.外交关系的性质、建立、相关机构、人员组成和职务。

2.领事关系的性质、设立、人员组成和领事职务。

3.外交特权豁免和领事特权豁免。

国际法上的外交一般是指国家之间通过外交机关以诸如访问、谈判、缔约、交涉、参加国际组织和国际会议等方式进行的交往活动。外交关系广义地说就是国家间在上述活动中所形成的并通过上述行为反映出来的一种相互关系。规范这种关系的国际法规则，称为外交关系法。它主要是外交程序、形式及相关制度的规范。

在现代国际实践中，相互设立常驻外交机构、互派外交代表是国家之间外交中最通常的方式，也被作为国家间正常外交关系的必然结果和基本标志。因此，外交关系也往往特指国家之间的这种建立互派机构形成的关系。外交关系法的内容也多是集中在对这种关系的规定上。

外交关系的规则，大多是长期实践形成的习惯国际法，有相当的内容是从古老的使节制度演变而来。1961年《维也纳外交关系公约》将这些规则进行了系统的编纂和发展，包含了当今外交关系法的主要内容，包括外交关系的建立，外交代表机关派遣和接受的程序，外交代表机关的组成、等级及其职务，外交特权与豁免等。

领事关系是指根据国家间协议，互派执行领事职务的常驻机构而形成的一种国家关系。领事制度产生于中世纪后期的地中海国家，当时侨居某一外国进行商贸活动的同一国商人，往往在他们中推选出一些人，称为“商人领事”，用来解决他们之间的商业纠纷以及处理他们与居住国地方间的某些事务，保护他们的权益。以后这种做法逐渐传到世界各地，而且行使这种职务的领事人员也从由当地侨居商人中推选演变为大多由商人的本国派出。领事关系成为一种重要的官方关系，并且出现和形成了有关领事制度的一系列习惯法规则。1963年《维也纳领事关系公约》对这些规则进行了系统的编纂，构成了当今领事关系法的主要内容。

外交关系与领事关系都属于国家对外关系的范畴。驻外外交常设机构和领事常设机构之间存在紧密的联系。主要表现在：第一，二者都是根据国家协议为执行外交政策而常驻外国的机构。国家间同意建立外交关系同时包含同意建立领事关系，有时领事任务可约定由外交人员执行。在国家尚未建立或断绝外交关系时，有时可先建立或保留领事关系，这时领馆也可能执行某些外交性质的任务。第二，在派遣国的国内行政管理中，二者往往都由一国的外交部领导。在某一接受国行使职务时，领事机构通常接受同一派遣国在该国的外交代表机构的领导。

但同时，它们之间也有重要的区别：首先，外交代表机构全面代表其国家与接受国中央政府进行交往和交涉，而领事机构一般是与相关的地方政府进行交涉；其次，外交机构和领事机构的各自职务和任务虽然存在一些重叠，但其间也有相当的不同；再次，外交机构的职务范围为接受国全境而领事机构则限于其辖区；最后，二者的特权与豁免不尽相同。

第一节　外交关系法

一、外交机关

外交机关是国家用于专门管理或开展外交工作的机关，虽然在不同国家外交机关的具体名称可能有所不同。外交机关一般分为国家中央外交机关和派出外交代表机关，前者通常在一国首都，后者大都位于国外。

（一）国家中央外交机关

国际法上，一国的国内中央外交机关一般包括国家元首、政府和外交部门。它们由各国按照其国内法的规定组成和划定职权范围。这些机关是国家进行外交决策和活动的基本机关。

国家元首是国家对外关系中的最高代表，它可以是个人也可以是集体。国际法上，国家元首所作出的一切具有法律意义的行为，都被当然地视为其国家的行为。国家元首的具体职权由其国内法规定。一般包括派遣和接受外交使节；批准和废除条约；宣战和媾和；参加谈判、缔结条约等。国家元首在外国享有完全的外交特权与豁免以及最高的礼遇。

政府在这里是特指一国的最高行政机关，它一般也是国家对外关系的领导机关。一般地，政府首脑或行政首长在对外关系活动中承担首要工作，享有广泛的职权，包括：领导和制定对外政策；进行对外谈判；签订条约；派出有关的对外代表；协调和管理包括外交部门与政府其他部门的对外工作等。政府首脑在外国享有完全的外交特权与豁免和相应的礼遇。

外交部门是在政府中专门具体执行国家对外政策，处理日常对外事务的部门，一般称为外交部。它的对外职权一般包括：代表本国与外国进行联系和交涉；领导和监督驻外外交代表机关的工作；与外国的代表机构进行联系谈判；归口管理协调日常的国家对外事务等。外交部部长为外交部的首长，其在外国的活动享有完全的外交特权与豁免。

不同国家，其国家元首、政府和外交机关可能有不同的名称。如国家元首可能称国王、总统、最高主席团、最高委员会等；政府可能称为内阁、政务院、国务院等；政府首脑相应地称为首相、总理等。外交部门也可能有多种名称，如外务省、国务院等。有些国家体制中，国家元首和行政首脑可能为同一机构。

国家元首、政府首脑和外交部部长在对外交往中当然地代表其国家，除非有特别约定或例外，他们不需出示和提交全权证书，其作出的有法律意义的行为视为其国家的行为。

根据2023年《对外关系法》的规定，我国对外关系机关的构成和职能如下：第一，对外关系工作的领导和决策权。中华人民共和国对外工作坚持中国共产党的集中统一领导。中央外事工作领导机构负责对外工作的决策和议事协调，研究制定、指导实施国家对外战略和有关重大方针政策，负责对外工作的顶层设计、统筹协调、整体推进、督促落实。第二，在党中央的领导下，中央和国家机关按照职责分工，开展对外交流合作。行使职权机构包括全国人大及其常委会、中华人民共和国主席、国务院、中央军事委员：（1）全国人民代表大会及其常务委员会批准和废除同外国缔结的条约和重要协定，行使宪法和法律规定的对外关系职权；（2）中华人民共和国主席代表中华人民共和国，进行国事活动，行使宪法和法律规定的对外关系职权；（3）国务院管理对外事务，同外国缔结条约和协定，行使宪法和法律规定的对外关系职权；（4）中央军事委员会组织开展国际军事交流与合作，行使宪法和法律规定的对外关系职权。第三，具体日常外交事务由外交部承办处理：（1）外交部依法办理外交事务，承办党和国家领导人同外国领导人的外交往来事务；（2）外交部加强对国家机关各部门、各地区对外交流合作的指导、协调、管理、服务；（3）外交部统一领导驻外外交机构的工作。

（二）外交代表机关

一国的外交代表机关通常可以分为常驻外交代表机关和临时性外交代表机关两类。传统国际法中，常驻代表机关仅指一国派驻他国的外交机关，一般称为使馆。现代国际法中，还包括一国派驻国际组织的常驻代表机关。临时性机关又称为特别使团，根据其任务又可分为事务性使团和礼节性使团两种。

国际法上国家拥有派遣和接受外交代表的权利，历史上称为“使节权”。这是国家的一种权利能力或资格。同时，任何国家没有必须向某个国家派遣或必须接受某个外国的外交代表的一般义务。因此，外交代表机构的设立或派遣必须经过有关双方的同意。任何国家不得单方面强迫对方与自己建立或维持某种外交关系。

1.使馆和外交代表。

（1）外交关系与使馆的建立。根据《维也纳外交关系公约》，国家之间外交关系的建立应以双方协议进行。国家通过协议决定有关建交的事项，包括建立何种外交关系及如何设立使馆。建交协议的具体形式可以采取协定、公报、联合声明、换文等多种方式。

外交关系是国家间以特定的形式进行交往而表现和存在的国家关系。现代国际实践中，建立外交关系一般是与相互设立常驻外交机构、互派外交代表联系在一起的。因此，外交关系的建立也往往是由国家之间的这种互建常设外交机构的行为形成和体现的。

在外交关系建立并互设使馆之后，由于某种原因，一国也可以单方面暂时关闭使馆，甚至断绝与另一国的外交关系。如果两国关系改善或恶化，任何一方都可以提出将已有的外交关系升格或降级，经另一方同意后实现。

台湾是中国的一个地区。台湾问题是中国内战遗留的历史问题，涉及当代中国人民的核心利益。“一中原则”具有完全充分的国际法根据，得到国际社会的普遍承认，也是中国与他国建立和维持外交关系的前提和基础。《对外关系法》第34条规定，中华人民共和国在一个中国原则基础上，按照和平共处五项原则同世界各国建立和发展外交关系。中华人民共和国根据缔结或者参加的条约和协定、国际法基本原则和国际关系基本准则，有权采取变更或者终止外交、领事关系等必要外交行动。

（2）使馆的职务。根据《维也纳外交关系公约》，使馆的职务主要有以下五项：①代表。作为派遣国在接受国的代表，在处理派遣国和接受国间的交往事务中，全面代表派遣国。②保护。在国际法许可的范围内，保护派遣国及其人民的各项利益。③谈判和交涉。代表派遣国政府与接受国政府进行各项事务的谈判和交涉。④调查和报告。可以以一切合法的手段，调查接受国的各种情况，并及时向派遣国作出报告。⑤促进。促进派遣国和接受国之间的友好关系，发展两国政治、经济、文化各方面的合作。

此外，使馆经约定还可以执行国际法允许的其他职务，如领事职务；经接受国同意，还可以受托保护未在接受国派有外交代表的第三国国家及其国民在接受国的利益。当然，对这种情况，接受国有权决定是否同意。

（3）使馆的组成和等级。使馆由使馆馆长、外交人员、行政技术人员及服务人员等组成。

使馆馆长是使馆的最高首长，是一国派驻另一国的使节。根据《维也纳外交关系公约》，使馆馆长分为大使、公使、代办三级。以馆长的级别不同，使馆相应地分别称为大使馆、公使馆和代办处。

大使是派遣国元首向接受国元首派出的最高一级的使节，他代表本国及其元首与接受国办理相关外交事务。大使享有使馆馆长中的最高礼遇。

公使作为馆长是一国元首向接受国元首派出的第二级使节。享有与大使相同的职权，只是礼遇上稍逊于大使。近代派遣公使作为馆长，多是出于国家间的某种不平等。而当代国际实践中，任何国家都可以通过协议确定互派馆长的等级，其中最普遍的选择是互派大使。另外，经双方协议，在大使馆仍可以派有公使。这种公使只是一种职衔，与作为公使馆馆长的公使是不相同的。

代办作为馆长是派遣国外交部部长向接受国外交部长派遣的使节。他代表本国和外交部部长办理有关外交事务。现代实践中，相互派遣代办的情况比较少见。

我国学者将代办关系称为“半外交关系”，是指两国代办级关系通常表明，在政治上两国关系此时不是处于完全友好健康的状态；或者是说代办级关系作为一种政治运用，是两国关系中存在或出现某种问题或危机时的一种过渡手段，当问题解决后，国家关系应该升格到大使级。但是，从外交关系法来看，代办级关系在法律上仍然是外交关系的一种。

另外，当使馆馆长职位空缺或暂不能履行职务时，一般指定某位使馆外交人员作为临时馆长代行职务，这个临时馆长称为“临时代办”。因此，临时代办与代办是不同的职务概念。

按照《维也纳外交关系公约》，各级使馆馆长除位次和礼仪外，不应依所属级别不同而有任何其他差别。这意味着在位次和礼仪上，大使最先，公使次之，最后是代办。在同级馆长中，位次一般以其到任的先后排定。我国的实践是依照递交国书时间为到任时间，而递交国书或国书副本的时间依馆长到达的日期和时间先后而定。

除馆长外，使馆的一般外交人员是指具有外交职衔的使馆人员，包括参赞、武官、外交秘书和随员。参赞（政务、商务、文化等）是协助馆长处理外交事务的高级别外交人员。武官（陆、海、空）是作为武装力量的代表，专门处理有关军事合作事务的人员。并非所有的国家间都互派武官。秘书是按照馆长指示办理外交事务及文书的外交官，分为一、二、三等。随员是最低一级的外交人员。

行政技术人员包括译员、工程师、行政主管、会计等；服务人员包括司机、清洁工、修理工等。

我国《驻外外交人员法》分别规定了我国驻外外交人员的“职务和衔级”。外交职务分为：特命全权大使、代表、副代表、公使、公使衔参赞、参赞、一等秘书、二等秘书、三等秘书、随员。领事职务分为：总领事、副总领事、领事、副领事、领事随员。外交衔级设七级：大使衔、公使衔、参赞衔、一等秘书衔、二等秘书衔、三等秘书衔、随员衔。外交衔级根据其在驻外外交机构中担任的职务、公务员职务级别和外交工作需要确定。

（4）外交代表的派遣。使馆人员由派遣国任命。派遣国派遣使馆馆长和武官之前，应先将其拟派人选通知接受国，征得接受国同意后正式派遣。使馆的其他人员派遣国可直接委派，一般无须事先征求接受国同意；但如果委派接受国国籍的人或第三国国籍的人为使馆外交人员，则仍须经接受国的同意方得派遣。接受国可以拒绝接受其所不同意的任何派遣国使馆人员，并无须向派遣国说明理由。

对于派遣国的使馆馆长及外交人员，接受国可以随时不加解释地宣布其为“不受欢迎的人”。对于使馆的其他人员，接受国可以宣布其为“不能接受”。

对于被宣布为“不受欢迎的人”或“不能接受”的使馆人员，如果在其到达接受国境内以前被宣告，则接受国可以拒绝给予其签证或拒绝其入境；如果在其入境以后被宣告，则派遣国应酌情召回该人员或终止其使馆人员的职务。否则，接受国可以拒绝承认该人员为使馆人员，甚至令其限期离境。

（5）使馆和外交代表职务的开始与终止。使馆馆长到达接受国后，大使或公使将国书副本交给接受国外交部，约定正式递交国书的日期，然后按约定日期把国书正本递交接受国的国家元首。代办将其委任书递交给接受国的外交部长。递交国书是接受国确认使馆馆长身份、接受其履行职务的依据。

使馆馆长开始执行职务视为使馆职务的开始。馆长职务的开始一般按照双方协议或有关国家的国内法进行。按照我国的有关规定，使馆馆长正式递交国书的日期为其在华执行使馆职务的开始日期。除使馆馆长外，使馆的其他人员职务以其到达接受国担任使馆职务为开始。

根据《维也纳外交关系公约》的规定，外交代表的职务遇有下列情形之一即告终止：派遣国通知接受国其外交代表职务业已终止；接受国通知派遣国称该国拒绝承认该外交代表为使馆人员；派遣国与接受国断绝外交关系或暂时中断外交关系；派遣国或接受国主体资格灭失；此外，因革命产生新政府等原因也会带来外交代表职务的终止。

2.特别使团。特别使团是一国经另一国的同意或邀请，派往该另一国，代表派遣国进行谈判或完成某项特定外交任务的临时机构。特别使团由派遣国的一名或几名代表组成，其中一名为团长。特别使团也可以包括外交人员、行政与技术人员和服务人员。派遣国的代表和外交人员原则上应具有派遣国的国籍。任命接受国的国民或第三国国民为代表或外交人员时，应征得接受国同意，并且接受国可随时撤销此项同意。

特别使团制度长期以来表现为习惯规则。1969年联合国大会通过的《特别使团公约》，把这一制度作了系统的编纂和发展，对特别使团的派遣、组成、职务、外交特权与豁免等作了规定。

（1）特别使团的派遣。派遣国需在事先通过外交途径或者其他双方同意或共同接受的途径取得接受国的同意。派遣同一特别使团前往两个或两个以上国家，应在分别征得每一个接受国的同意时说明此事。两个或两个以上国家派遣联合特别使团，应在征求该接受国的同意时说明此事。

（2）特别使团的职务。特别使团的职务由派遣国与接受国协议约定。通常是进行谈判或完成某项特定的任务，如参加接受国的重要庆典，进行某项谈判、议定某项条约等。一般地，特别使团到达后，一经与接受国的外交部或经商定的其他机构正式接触，即开始执行职务。当关系国协议终止、任务完成、为其指定的期限届满、派遣国通知结束或召回特别使团等情况出现，特别使团的职务应即停止。特别使团也适用接受国对使馆人员的“不受欢迎的人”和“不能接受”的制度。

（3）特别使团的外交特权与豁免。特别使团及其各类人员大体上分别享有《维也纳外交关系公约》中规定的使馆及其相应的各类人员的外交特权与豁免，但也有些不同。例如，特别使团的房舍不可侵犯，但在遇到火灾或其他严重的灾难而无法获得使团团长明确答复的情况下，接受国可以推定获得同意而进入房舍；使团外交人员的司法及行政豁免的例外中，比照使馆外交人员，又增加了有关人员公务以外使用车辆的交通肇事引起的诉讼，接受国可以管辖。

特别使团及其人员对接受国的义务也与使馆及其人员的相应义务基本相同。

二、外交特权与豁免

外交特权与豁免是指根据一般国际法或国家间的协议，接受国给予派遣国的使馆及其人员的某些特权和优遇。

外交特权豁免的内容主要是习惯国际法规则。1961年《维也纳外交关系公约》对这些内容进行了系统的编纂，内容包括使馆和外交人员两方面。

（一）使馆的特权与豁免

根据《维也纳外交关系公约》的规定，使馆

的特权与豁免包括：

1.使馆馆舍不得侵犯。使馆馆舍是指供使馆使用及供使馆馆长寓所之用的建筑物或建筑物的各部分及其所附属的土地，无论其所有权属谁。同时，使馆馆舍的确定，应经接受国同意，通常是双方互惠商定。在接受国明确反对的情况下，派遣国无权单方面选定使馆馆舍。使馆馆舍不可侵犯表现在：(1)接受国人员非经使馆馆长许可，不得进入使馆馆舍。这表明接受国官员未经使馆馆长或其代理人同意，不得擅自进入使馆馆舍执行公务，即使是送达司法文书或遇火灾以及流行病发生，也不例外。(2)接受国对使馆馆舍负有特殊的保护责任，应采取一切适当步骤保护使馆馆舍免受侵入或损害，并防止一切扰乱使馆尊严和安宁的事情。(3)使馆馆舍及设备，以及馆舍内其他财产与使馆交通工具免受搜查、征用、扣押或强制执行。

2.使馆财产及档案不得侵犯。使馆的档案及文件无论何时何处，均不得侵犯。接受国任何时候都不得要求使馆交出其档案和文件，也不得对使馆的档案和文件采取搜查、查封、扣押、没收或销毁等措施，无论这些文件档案位于何处。这项特权即使两国断交、使馆馆长长期或暂时撤退、发生武装冲突时也不例外。

3.通讯自由。此项特权包括：(1)接受国应允许使馆为一切公务目的自由通讯，并予保护。包括其与派遣国政府及该国其他使馆及领事馆通讯。对这种通讯，接受国不得干扰或妨碍。(2)使馆为了通讯的需要可采用一切适当方法，包括外交信差、外交邮袋及明密码电信在内。但非经接受国同意不得装置使用无线电发报机。(3)使馆的来往公文不得侵犯。来往公文指有关使馆的一切来往文件。(4)接受国对外交邮袋不得予以开拆或扣留，并应提供便利以保障迅速传递。外交邮袋的包裹须附有可资识别的外部标记并以装载外交文件或公务用品为限。(5)外交信差在执行职务时应受到接受国的保护。外交信差应持有载明其身份及构成邮袋的包裹件数的官方文件。外交信差享有人身不受侵犯权，不受任何方式的逮捕或拘禁。派遣国或其使馆还可派特别外交信差。这种信差亦享有外交信差的豁免，但当其将负责携带的外交邮袋送交收件人后即不再享有此等豁免。(6)外交邮袋可托交预定在准许入境地点降落的商业飞机机长转递。机长应持有载明构成邮袋的邮包件数的官方文件，但机长不能视为外交信差。使馆可派遣馆员一人向飞机机长自由取得外交邮袋。

4.使馆免纳捐税。使馆的捐税免除的内容有：使馆馆舍免纳国家的、区域的或地方的捐税，如房地产税，但此项免除不包括为使馆提供的特定服务所收的费用，如水费、电费和清洁费等；使馆办理公务所收的规费及手续费免纳捐税；使馆的公务用品，如办公室家具、打字机、车辆等免纳关税和其他课征，但储存、运送及类似服务费不在此列。

5.使馆人员有行动和旅行自由。使馆人员在接受国应享有行动和旅行的自由权：他们不仅为执行公务享有这项自由，而且私人的活动也是自由的。接受国不得对使馆人员的行动予以妨碍或干涉，不得侵犯他们的自由权。但这种自由受国际法的原则和接受国法律规定限制，如使馆人员不得擅自进入接受国法律禁止或限制进入的区域，不得进行间谍、颠覆等违法活动。

6.使用派遣国的国家标志。使馆及其馆长有权在使馆馆舍及使馆馆长寓所以及交通工具上使用派遣国的国旗或国徽标志。

（二）外交人员的特权与豁免

1.人身不可侵犯。外交人员的人身不可侵犯包含两方面的意义：一方面，接受国对外交人员的尊严应予尊重，不得侮辱其人格，不得对外交人员的人身实施搜查、逮捕或拘留。但这并不排斥接受国对外交人员犯罪行为的防止或制止而采取措施的实施，也不排除由于外交人员本人的挑衅行为而引起的他人正当防卫的实施。另一方面，外交人员不可侵犯的意义是，接受国有责任保护外交人员人身不受侵犯。接受国应采取适当的保护措施，保障外交人员的安全，防止任何侵犯外交人员人身、自由和尊严的行为发生，并对侵犯外交人员人身自由和尊严的犯罪行为予以制裁。

2.寓所、财产和文书信件不可侵犯。(1)外交人员的私人寓所不得侵犯并应得到保护，接受国的官员、司法人员等未经外交人员的许可不得进入。接受国亦应采取适当措施保护外交人员的寓所安全，防止和制止对其寓所的侵犯。外交人员的寓所指外交人员的住所，包括临时住所，如旅馆的房间。(2)接受国不得侵犯外交人员的文书、信件以及财产。一般不得命令外交人员交出文书和信件，不得对外交人员的文书和信件采取开拆、扣留、检查或查封等措施。对外交人员的财产，包括交通工具，不得实施搜查、查封、扣押、征用或强制执行。但在外交人员不得主张豁免的民事诉讼案件中，在不侵犯外交人员的人身和寓所的情况下，不排除执行处分。

3.管辖豁免。(1)刑事管辖豁免。外交人员享有完全的对接受国刑事管辖的豁免，即接受国的司法机关不得对其进行刑事审判和处罚。(2)民事和行政管辖豁免。除下面的例外情况，接受国的法院不对外交人员进行民事管辖，包括不进行审判和处罚，也不采取强制执行措施。在行政管辖事项上，接受国对外交人员也给予一定的豁免，如免除外交人员的户籍和婚姻登记，对其违反行政法规的行为不实行行政制裁等。外交人员的民事和行政管辖豁免的例外情况有：外交人员在接受国境内私有不动产物权的诉讼，但其代表派遣国为使馆用途置有的不动产不在此列；外交人员以私人身份并不代表派遣国而作为遗嘱执行人、遗产管理人、继承人或受赠人之继承事项的诉讼；外交人员在接受国内在公务范围以外所从事的专业或商务活动的诉讼；外交人员主动起诉而引起的与该诉讼直接有关的反诉。(3)外交人员享有的上述豁免是接受国的管辖豁免，如外交人员有违法行为，其相关责任并不能因此而被豁免，有关的责任问题将通过外交途径解决。(4)外交人员免除作证义务：不仅没有被迫在法律程序中作为证人出庭作证的义务，而且没有提供证词的义务。(5)外交人员的特权和管辖豁免可以由其派遣国放弃，但这种放弃只能由派遣国明示作出，外交人员本身没有作出这种放弃的权利。并且，对诉讼程序上管辖豁免的放弃，不得视为对判决执行豁免的默示放弃，后项放弃须由派遣国单独明确作出。

4.某些方面免税和免验。(1)外交人员免除一切对人对物课征的国家的、区域的或地方的捐税。其中主要是免纳个人所得税和其他直接税。对通常计入商品或劳务价格内的间接税、在接受国境内私有不动产课征的捐税(除非该不动产是代表派遣国为使馆用途而拥有的)、遗产税、遗产取得税、继承税、自接受国境内获致的私人所得或投资课征的捐税、为提供特定服务所付的费用、不动产的登记费、法院手续费、抵押税及印花税等一般不在免除之列。(2)外交人员或与之构成同一户口的家属的私人用品，包括其定居所用的物品在内免除一切关税及类似税费。外交人员的私人行李免受查验，但接受国当局有重大理由推定其中有非免税物品或有接受国法律禁止的进出口物品或检疫条例加以管制的物品等情况时，可在外交人员或其代理人在场时查验。如查验表明接受国的理由不能成立，则由此带来的损失，由接受国承担国家责任。

5.其他特权与豁免。外交人员就其对派遣国所做的服务而言，应免于适用接受国施行的社会保险办法，免除一切个人劳务和各种公共服务，如兵役、担任陪审员、承担个人捐赠等义务，并免除关于征用、军事募捐及屯宿等军事义务。

(三)外交人员特权与豁免的适用范围

1.适用的人员范围。根据《维也纳外交关系公约》的规定，除使馆馆长及外交人员享有外交特权与豁免外，与外交人员构成同一户口的家属，如系非接受国国民，亦享有与外交人员相同的特权与豁免。使馆的行政技术人员及与其构成同一户口的家属，如非接受国国民且不在该国永久居留者，也享有外交人员享有的一般特权与豁免，但有一些限制和修改，包括：其执行职务范围以外的行为不享有民事和行政管辖的豁免；除其最初到任时所输入的物品外不能免纳关税及其他课征；其行李不免除海关查验。使馆的服务人员如非接受国国民且不在该国永久居留者，一般仅具有以下优遇：就其执行公务行为享有豁免；其受雇所得报酬免纳捐税；免于适用接受国所施行的社会保险办法。

对于使馆人员家属、使馆行政技术人员、使馆服务人员的特权豁免，各国多通过双边协议或国内法加以明确规定。

2.适用的时间范围。享有外交特权与豁免的人员，自其被接受国接受而进入接受国国境就任之时起享有此等特权与豁免；其已在该国境内者，自其委派通知接受国外交部或两国另经商定之其他时刻开始享有。

享有特权与豁免人员的职务如已终止，其上述特权与豁免通常是在该员离境之时或给予其离境的合理期间结束之时终止。即使两国有武装冲突发生，其特权与豁免也应继续有效至上述时间为止。如遇使馆人员死亡，其家属应继续享有其应享有的特权与豁免，直到给予其离境的合理期间结束时为止。

（四）使馆及享有外交特权与豁免人员的义务

1.尊重接受国的法律规章。外交代表及其他享有外交特权与豁免的人员，在不妨碍外交特权与豁免的情形下，均应尊重接受国的法律和法规。

2.不得干涉接受国的内政。外交代表及其他享有特权与豁免的人不得以任何直接的或间接的方式干涉接受国的内政。在与接受国政府的交往中应平等相待，尊重接受国的主权独立和政治制度，不得介入接受国的党派斗争，不得参加或支持旨在反对接受国政府的集会、游行示威活动等。

3.使馆馆舍不得用于与使馆职务不相符合的其他用途。如不得利用使馆馆舍庇护接受国或第三国的人员；不得利用馆舍作为关押其本国或其他国家人员的场所；不得将使馆馆舍充作进行或支持颠覆、破坏或任何危害接受国活动的场所。

4.使馆与接受国洽谈公务，应经与接受国外交部或另经商定的其他部门按照相关程序办理。

5.外交代表不应在接受国内为私人利益从事任何专业或商业活动。

接受国对违反上述义务的使馆及有关人员可根据具体情形采取适当的措施，包括对派遣国政府提出抗议并要求其承担国际责任；宣布使馆人员为不受欢迎的人；对严重危害接受国安全、违反国际法的行为可以依国际法采取对抗措施。

第二节　领事关系法

领事关系法主要是关于领事关系的建立、领事的派遣和接受、领事职务、领事的特权与豁免等原则和规则的总称。1963年《维也纳领事关系公约》对这些规则进行了系统的阐述，是当前领事关系的最基本的法律文件。

一、领事机构的建立及其职务

国家之间领事关系的建立以其双边协议确定。除另有声明外，两国间同意建立外交关系亦即同意建立领事关系。但断绝外交关系并不当然断绝领事关系。国家间达成协议建立领事关系的直接标志一般是设立领事机构，即领事馆。根据《维也纳领事关系公约》相关规则，第一，领事馆须经接受国同意始得在该国境内设立；第二，领馆的设立地点、领馆类别及其辖区由派遣国与接受国商定；第三，领馆设立的地点、领馆类别及其辖区确定后，派遣国须经接受国同意才能变更；第四，总领事馆或领事馆如欲在本身所在地以外的地点设立副领事馆或领事代理处，亦须经接受国同意；第五，在原设领馆所在地以外开设办事处作为该领馆的一部分时，也须事先征得接受国的明示同意；第六，若一方提出领事馆的撤销，应本着善意原则提前通知对方，原则上还应就相关事项进行协商，并为被撤销领馆和领馆人员留有善后工作的合理时间，在此合理期限内维持领馆及领事人员的特权豁免。

（一）领事馆组成及人员派遣

1.领馆的组成及等级。领馆人员包括领事官员、领事雇员及服务人员。领事官员是指被委任此职务承办领事事务的人员，包括领馆馆长在内。领馆馆长分为总领事、领事、副领事、领事代理人四个等级。领事官员有职业的和名誉的两类。职业领事官员是由派遣国任命的专职从事领事事务的政府公务员，其不从事其他职业。名誉领事官员是执行领事职务的非专职官员，一般是从接受国境内的本国侨民或接受国国民的商人或律师中聘任，执行某些领事职务。领事雇员是受雇担任领馆行政或技术事务的人员，如译员、速记员、办公室助理员、档案员等。服务人员是指受雇担任领馆杂务的人员，如司机、清洁工、传达人员等。

按照领馆馆长的等级，领事馆相应地称为总领事馆、领事馆、副领事馆和领事代理处。

2.领馆人员的派任与职务终止。领馆馆长由派遣国委派，并由接受国承认准予执行职务。委派及承认领馆馆长的手续分别依两国的协约和派遣国及接受国的法律规章办理。

领馆馆长每次奉派任职，应由派遣国发给委任证书。在获接受国准许并颁发领事证书后，领馆馆长方可执行职务。领事证书可以是特别颁发的专门文书，也可以是在领事委任书上予以批准确证。领馆其他人员的委派由派遣国自由决定。但若委派具有接受国国籍的人或第三国国民充任领馆馆员须经接受国明示同意。

领馆人员职务终止一般有以下情况：被派遣国召回；领事证书被撤销；接受国通知派遣国不再承认该员为领事馆人员，即被宣告为不受欢迎的人或不能接受的人；领馆关闭或领事关系断绝等。

接受国可以随时通知派遣国，宣告某一领事官员为不受欢迎人员或任何其他领馆馆员为不能接受人员。遇此事情，派遣国应视情况召回该员或终止其在领馆中的职务。如派遣国拒绝或不在合理期间内召回有关人员，接受国可以撤销有关人员的领事证书或不再承认该人为领馆馆员。

（二）领事职务

领事职务主要包括以下各项：

1.在国际法允许的范围内，在接受国内保护派遣国及其国民个人与法人的利益。

2.增进派遣国与接受国间的商业、经济、文化及科学关系的发展，并促进两国间的友好关系。

3.以一切合法手段调查接受国商业、经济、文化及科学活动及发展情况，向派遣国政府报告，并向相关人士提供有关资料。

4.处理派遣国国民的护照及旅行证件事项，并向拟赴派遣国旅行的外国人士发给签证及其他适当文件。

5.向派遣国的国民与法人提供帮助和协助。

6.担任公证人、民事登记员及类似的职务，并办理某些行政事务，但这种职务以接受国法律规章没有禁止的规定为限。

7.依接受国法律规章在接受国境内的死亡继承事件中，保护派遣国国民的利益。

8.在接受国法律规章所规定的限度内，保护为派遣国国民的未成年人及其他无完全行为能力人的利益，包括进行监护等有关事项。

9.根据派遣国与接受国的有关法律，如遇派遣国国民因不在当地或由于其他原因不能于适当期间自行辩护其权利与利益时，在接受国法院及其他机关的面前担任其代表或为其安排适当之代表，依照接受国法律规章取得保全该国民权利的临时措施。

10.依现行协定的规定或以符合接受国法律规章的任何其他方式，转送司法文书、执行嘱托调查书、派遣国法院调查证据委托书或其他文件。

11.对具有派遣国国籍的船舶飞机以及船员或机组人员，行使派遣国法律规章所规定的监督与检查权。

12.对派遣国国籍的船舶与航空器及其航行人员给予协助，包括听取关于船舶航程的陈述，查验船舶文书并加盖印章，在不妨害接受国当局权力的情况下调查航行期间发生的事故及在派遣国法律规章所许可的范围内处理船长、船员与水手间的纠纷。

13.执行派遣国责成领馆办理而不为接受国法律规章所禁止或不为接受国所反对，或派遣国与接受国间现行国际协定所规定的其他职务。

领事官员执行上述职务应限于领馆辖区范围内，在领馆辖区外执行职务须经接受国同意。在第三国执行领事职务，或代表第三国在接受国内执行领事职务，应当通知有关国家或接受国，并以有关国家或接受国不反对为限。

二、领事特权与豁免

根据《维也纳领事关系公约》，接受国为了领事职务的工作需要而给予派遣国以领事特权与豁免。这种特权与豁免分为领馆和领事官员两类。

（一）领馆的特权与豁免

1.领馆馆舍不受侵犯。领馆馆舍的不受侵犯表现为：（1）接受国人员非经领馆馆长或其指定人员或派遣国使馆馆长同意，不得进入领馆馆舍中专供领馆工作之用的部分。但遇火灾或其他灾害须迅速采取保护行动时，可以推定馆长已同意。（2）接受国负有特殊责任，采取一切适当步骤保护领馆馆舍免受侵入或损害，并防止任何扰乱领馆安宁或有损领馆尊严的情事。（3）领馆馆舍、馆舍设备以及领馆的财产与交通工具一般地应免受任何方式的征用。如接受国确有征用的必要时，应采取一切可能步骤以免妨碍领馆执行职务，并应向派遣国作出迅速、充分及有效的补偿。

2.领馆档案及文件不得侵犯。领馆的档案包括一切文书、文件、函电、簿籍、胶片、胶带及登记册，以及明密电码、记录卡及供保护或保管这些文卷之用的任何器具，以及单行的文件。领馆的档案和文件无论何时，亦无论位于何处，均不得侵犯。

3.通讯自由。接受国应允许并保护领馆为一切公务目的的自由通讯，包括：（1）领馆有权与派遣国政府及无论何处的该国使馆及其他领馆自由通讯，接受国对此不得干扰或阻碍。领馆为通讯可使用外交或领馆信差、外交或领馆邮袋及明密码电信。但装置及使用无线电发报机须经接受国许可。（2）领馆的来往公文不受侵犯。领馆的邮袋不得予以开拆或扣留，但如有重大理由可在派遣国授权代表在场下开拆邮袋。若派遣国拒绝开拆，邮袋应退回原发送地。（3）领事信差在执行职务时，应受接受国保护，其人身不受侵犯，不受任何方式的逮捕或拘禁。

4.行动自由。领馆人员在接受国境内有行动自由及旅行自由。但接受国为国家安全而禁止或限制进入的区域除外。

5.免纳关税和捐税。领馆馆舍免纳国家、区域或地方性捐税；领馆执行职务所收的规费和手续费免除捐税；领馆的公务用品免除关税及其他课税，但储存、运送等服务费，以及因提供特定服务而应缴纳的费用不在免除之列。

6.与派遣国国民通讯及联络的权利。领馆可以自由地与其侨民会见和通讯，并有权探视受羁押的其国民。具体的程序及有关事项一般规定在有关的领事协定中。此外，领馆还有使用派遣国的国旗、国徽等国家标志的特权。

（二）领事官员的特权与豁免

职业领事的特权与豁免包括以下主要内容：

1.人身不得侵犯。领事官员人身自由受到一定程度的保护。包括接受国对领事官员不得予以逮捕候审或羁押候审，不得监禁或以其他方式拘束领事官员的人身自由，但犯有严重罪行，经司法机关已裁判执行的除外。接受国有关当局对领事官员应予尊重，并采取适当的步骤防止其自由或尊严受到侵犯。

2.管辖豁免。领事官员执行职务行为，不受接受国的司法和行政管辖。但有以下例外：（1）因领事官员并未明示或默示以派遣国代表身份而订立契约所发生的诉讼。（2）第三者因车辆船舶或航空器在接受国内所造成的意外事故而要求损害赔偿的诉讼。此外，领事官员主动起诉引起的与本诉直接有关的反诉不享受豁免。（3）在与管辖相关的作证义务方面，领事享有一定的豁免。领事官员对其执行职务所涉及的事项没有作证或提供有关公文或文件的义务。除此之外，领事官员不得拒绝作证。但即使领事拒绝作证，也不得对其施以强制或处罚。另外，要求领事作证的机关应避免妨碍领事执行职务，在可能情况下可以在领事寓所或领馆录取证言或证词。（4）上述特权和管辖豁免的放弃必须由派遣国明示作出，并以书面通知接受国。对民事或行政诉讼程序的管辖豁免的放弃，不得视为对司法判决执行的豁免的默示放弃。执行豁免的放弃也必须明确作出。

3.某些方面的免税和免验。领事免纳一切对个人和物的课税，包括国家的、区域的和地方的捐税，但间接税、遗产税、服务费等不在免除之列。领事及其同户家属初到任所需物品和消费品免纳关税。领事行李免受查验；如有重大理由需要查验，应于领事或其家属在场时进行。

4.其他。除上述特权外，领事还被免除外侨登记、居留证、工作证及社会保险办法的适用；免除个人劳务及捐献义务等。

（三）领事特权与豁免的适用范围

领事特权与豁免适用的范围也包括适用的人员范围和适用的时间范围。

1.人员范围。为了执行领事职务工作的需要，职业领事任馆长的领馆的雇员及服务人员及其家属也享有一定的特权与豁免。根据《维也纳领事关系公约》的规定，领事雇员的职务行为享有与领事官员相同的司法和行政管辖的豁免。领馆雇员和服务人员就其执行职务所涉及的事项无作证或提供有关来往公文或文件的义务，并有权拒绝以特定人身份就派遣国的法律提供证言。领馆雇员免纳初到任时的安家物品及个人消费品的关税以及储存、运送等类似服务费之外的课征。领事官员和雇员及他们的同户家属免除外侨登记和社会保险办法的适用；领事官员家属和领馆雇员及其家属免纳国家、区域或地方性捐税，但间接税和服务费不免除。服务人员就其服务的工资免纳捐税。领事官员的同户家属、领事雇员和服务人员及他们的同户家属免除个人劳务、公共服务和捐献等。

2.时间范围。领馆人员自进入接受国国境前往就任之时起享有特权与豁免；其已在该国国境内者，自其就任领馆职务之时起开始享有。领馆人员的同户家属依其进入接受国国境时起，或自其成为领馆人员的家属之日起享有特权与豁免。领馆人员的职务如已终止，其本人的特权与豁免以及其同户家属的特权与豁免通常应于各该人员离开接受国国境时或其离境之合理期间终了时停止。即使有武装冲突发生，此特权与豁免也应继续有效至该时为止。领馆人员的同户家属于其不为家属时终止其特权与豁免。但如其想在稍后合理期间内离开接受国国境，其特权与豁免应继续有效，至其离境之时为止。如领馆人员死亡，其同户家属应继续享有其原有的特权与豁免至其离开接受国国境时或离境的合理期间终了时为止。

3.领馆及享有特权与豁免的人员的义务。领馆和享有特权与豁免的人员对接受国负有下列义务：

（1）尊重接受国的法律规章。

（2）不得干涉接受国的内政。

（3）不得将领馆馆舍充作任何与执行领事职务不相符合的用途。

（4）职业领事不应在接受国内为私人利益从事任何专业或商业活动。

我国是《维也纳外交关系公约》和《维也纳领事关系公约》的缔约国。《对外关系法》第36条第1款也对外交豁免作出了原则规定："中华人民共和国依据有关法律和缔结或者参加的条约和协定，给予外国外交机构、外国国家官员、国际组织及其官员相应的特权与豁免。"此前，我国于1986年和1990年分别颁布了《中华人民共和国外交特权与豁免条例》《中华人民共和国领事特权与豁免条例》。两个条例的规定与两个公约的规定基本相同；但根据我国的实践，在不违背公约规定的情况下，在某些方面对特权豁免的规定，稍宽于公约的相关规定。如《外交特权与豁免条例》中规定，持我外交签证或与中国互免签证的国家的外交护照的人，也享有相应的外交特权与豁免。《领事特权与豁免条例》规定，未经允许不得进入的领馆范围为整个领馆而不限于领事公约规定的工作区域部分；领事官员的寓所、文书和信件以及财产有不受侵犯的特权，而《维也纳领事关系公约》对此未作规定；对于领事和行政技术人员的职务行为享有司法和行政管辖豁免的规定与公约一致，但同时还规定了领事官员执行职务以外的行为的管辖豁免，按照中国与外国签订的双边条约、协定或者根据对等原则办理。另外，两个条例根据我国现行法律和实践，对有些问题进行了澄清细化，并规定了某些限制，如把享有特权与豁免的人员家属明确限定为“共同生活的配偶及未成年子女”；规定使领馆和其成员携带自用的枪支、子弹入出境，必须经中国政府批准，并且按照中国政府的有关规定办理。

【本章主要法律规定】

1.《对外关系法》

2. 我国刑法、民法、诉讼法等法律规范中的涉及外交领事事务和人员的条款、相关规定和司法解释

第六章 条约法

本章主要内容提示

本章内容集中在条约事项的国际法规则。

1.条约的性质是把握条约法律制度的基础。条约是国际法主体之间依国际法缔结的意思一致的协议。

2.条约成立的三个实质要件：缔约资格和缔约权，自由意志，符合国际法。

3.条约缔结的一般程序中，表示接受拘束是最为关键的步骤。

4.条约保留、条约效力、条约解释、条约修改和终止的相关规则。

第一节 概 述

一、条约的定义和特征

条约，按照1969年《维也纳条约法公约》的定义，是指“国家间所缔结而以国际法为准之国际书面协定，不论其载于一项单独文书或两项以上相互有关之文书内，亦不论其特定名称为何”。1986年《国家与国际组织间以及国际组织间的维也纳条约法公约》，把条约主体和相关规则扩展到了政府间的国际组织。

关于条约的规则许多是国际习惯法规则。《维也纳条约法公约》对条约规则的主要内容进行了编纂和发展，成为有关条约规则的基本的成文法律依据。对于《维也纳条约法公约》未予规定的问题，仍继续适用国际习惯法规则。

条约具有以下主要特征：

1.条约在国际法主体间缔结。条约必须是国际法主体之间缔结的，即缔约者必须具备国际法主体资格。一方不是国际法主体所签订的协议，或非国际法主体间签订的协议，都不是条约。目前，条约主要是国家间缔结的。正在争取独立的民族以及政府间国际组织，在一定的范围内是国际法的主体，它们之间以及它们与国家之间缔结的协议现在也被作为条约。自然人和法人与国家或其他国际法主体之间签订的协议，无论内容或性质多么重要都不是国际条约。同时条约是国际法主体间签订的，条约的缔约主体至少有两个；一个国家的单方面行为不能构成条约，如一国发表的声明、宣告等不是条约。

2.条约具有法律拘束力。条约规定了国际法主体间相互关系中国际法上的权利义务，具有法律拘束力。有些国际法主体间的国际文件，是对它们共同关心的国际问题表示共同的态度或政策，并无意就具体事项规定相互的国际法上的权利义务，或者在制定文件时即表示不认为该文件具有法律拘束力，这样的国际文书不是国际条约，尽管这类文件在国际关系上可能具有重大的政治意义，或具有道义上的力量。

3.条约以国际法为准。条约的缔结程序和内容必须符合国际法的规则并且以国际法加以规范。同时条约中所规定的权利义务，应是国际法上的权利义务。

4.条约的形式主要是书面的。虽然《维也纳条约法公约》以规范书面条约为出发点，将适用于该公约的条约定义为书面形式，但其并不排除其他形式条约的存在和有效性。实践中，口头条约在历史上和现代都有，并不因其非书面的形式而影响其法律效力。但是，由于口头条约不易证明，容易引起国际争端，因此，现代的绝大多数条约均采用书面的形式。基于这个现实，《维也纳条约法公约》仅对书面条约作出了规范。

5.条约的名称在国际法上没有统一的用法。条约名称取决于缔约国的选择。因此，“条约”一词有广义和狭义两种用法：广义的条约泛指国际法主体间缔结的一切规定它们相互间国际法上权利义务的国际文书。狭义的条约仅指以条约为名称的那种国际协定。条约法中的条约是指广义的条约。常用的条约名称包括：公约、盟约、条约、宪章、专约、协约、议定书、最后文件、宣言、联合声明、换文、备忘录等。

条约虽有不同的名称，但是各种名称的条约在国际法的法律拘束力上没有本质不同。不同名称的条约在缔结的方式、程序和生效的形式上可能有所差别。至于条约的效力、执行和解释等方面，都适用同样的条约法规则。

二、条约成立的实质要件

一项书面条约，除必须具备条约文本以及对条约的拘束力的接受等形式条件外，其有效性还须具备三个实质性条件：具有缔约能力和缔约权；自由同意；符合强行法规则。

（一）具有缔约能力和缔约权

1.缔约能力。缔约能力或称为缔约资格，是指国家和其他国际法主体拥有的合法缔结条约的能力。

一般地，非国际法主体没有普遍地合法缔结条约的资格，因此，主权国家拥有完整、全面的缔约能力。国家内部的行政单位、地方政府一般不能与外国缔结条约，除非得到国家的授权。个别条约可能出现某个非国际法主体实体的参加，这是在某些特定情况下，根据国际法的其他规则，特别是经有关国家的同意，作出特别的安排，使该实体成为该条约的缔约方。这种个例下，该非国际法主体的实体不得由此而具有普遍的缔约资格。

2.缔约权。缔约权是指拥有缔约能力的主体，根据其内部的规则赋予某个机关或个人对外缔结条约的权限。

对于国家来说，就是指国家国内法规定哪些个人和机构有权代表国家对外缔结条约，及在对外缔约方面的权限。在一国内部哪些政权机关行使缔约权，各国法律规定并不相同。例如，美国的缔约权由总统和国会共同行使，日本的缔约权由政府内阁、国会及天皇共同行使。

3.缔约方必须具备完全的缔约权。首先，缔约机关不得超越其国内法关于缔约权的一般限制。其次，被授权缔约的代表不得超越对其权限的特殊限制。

对于缔约机关超越其国内法关于缔约权的限制所缔结的条约是否有效的问题，《维也纳条约法公约》规定，一国不能以本国机关违反国内法关于缔约权限的规定而主张其所缔结的条约无效，除非这种违反国内法关于缔约权限规定的行为非常明显，涉及根本重要的国内法规则。对于被授权缔约的代表超越对其权限的特殊限制所缔结的条约，除非事先已将对这位谈判代表的权限的特殊限制通知其他谈判国，其本国不得以此作为其所缔结的条约无效的根据。

（二）自由同意

缔约国自由地表示同意构成条约有效的基本条件之一。根据《维也纳条约法公约》，以下情况下所表示的同意都不能被认为是自由同意：

1.错误。这里所指的条约中错误，不是指条约的文字错误，而是指与缔约时假定存在并构成一国受条约拘束的必要根据的事实或情势有关的错误。在这种情况下，该国可援引错误，主张其表示受条约拘束的同意不是真正的同意，因而所缔结的条约无效。但是如果错误是由有关国家本身的行为造成，或在缔约时知晓或应当知晓该错误，则不能援引该错误主张条约无效。

2.诈欺和贿赂。在谈判条约时，一方对另一方进行诈欺或对谈判代表进行贿赂，从而违反缔约国的自由同意，受诈欺或代表受贿赂的国家可以主张所缔结的条约无效。

3.强迫。强迫包括对一国谈判代表的强迫和对国家的强迫。前者指通过行为或威胁对一国代表实施强迫而获得的其同意受条约拘束的表示。后者指违反《联合国宪章》的原则以武力或威胁对一国施行强迫而获得的条约缔结。以强迫而缔结的条约自始无效。

（三）符合强行法规则

强行法和任意法是相对的概念。任意法是指各国可以用个别的彼此约定选择或排除适用的法律规则。强行法则是国际社会全体公认为不能违背，并且以后只能以同等性质的规则才能变更的规则，它不能以个别国家间的条约排除适用。

《维也纳条约法公约》规定，条约必须符合国际法强行规则。首先，条约在缔结时与一般国际法强行规则相抵触者无效。其次，条约缔结后如遇新的强行规则产生时，与该规则相抵触者失效并终止。前者是自始无效，后者则是自与新的强行规则发生抵触时起失效。

第二节　条约的缔结

一、条约的缔结程序和方式

条约的缔结程序是指缔结条约经过的过程和履行的一定手续。条约的缔结程序一般包括：约文的议定、约文的认证和表示同意受条约拘束。具体所采用的缔约方式和程序取决于缔约方的约定和选择。

（一）约文的议定

约文的议定包括缔约方为达成条约而进行的谈判、约文起草和草案的商定。

条约文本的议定一般首先经过谈判。条约谈判是有关缔约方为在条约的内容和有关事项上达成一致意见而进行的协商、交涉的过程。谈判可以由有缔约权的国家机关进行，如由国家元首、政府首脑或外交部长亲自谈判条约，而多数情况是由国家主管当局授权的全权代表代为进行。全权代表进行谈判缔结条约须具备全权证书。国家元首、政府首脑和外交部长谈判缔约，或使馆馆长议定派遣国和接受国之间的条约约文，或国家向国际会议或国际组织或其机关之一派遣的代表，议定在该会议、组织或机关中的一个条约约文，由于他们所任职务，无须出具全权证书，仍被认为代表其国家。

双边条约的起草，可由一方提出草案或双方共同起草。多边条约可由参加谈判的各国代表共同起草，也可通过设立专门机构起草，然后交各国代表会议讨论商定。

（二）约文的认证

约文拟定后须要予以认证。约文的认证是指谈判方确认共同同意该约文是正确的和作准的，应作为当事方之间拟缔结的条约约文。

认证方式可以按照条约约文所规定的程序，或按照参加起草条约约文的各国所约定的程序。一般采用的方式有：

1.草签。由谈判代表将其姓氏或姓名的首字母签于条约约文下面，表示该约文不再更改。草签通常用于在约文议定后须经过一段时间才举行条约签署的情况。

2.待核准的签署或暂签。此种签署是等待

政府确认的签署，表示一种特殊的待定状态。在签署人所代表的本国确认以前，它只有认证条约约文的效力；如待核准的签署经该国确认，即发生正式签署的效力。

3.签署。签署是指有权签署的人将其姓名签于条约约文之下。签署首先具有对约文认证的作用，是约文认证的一种方式。

此外，根据条约本身的规定或有关各方的约定，签署在不同情况下可以有不同的法律意义：(1)如经条约规定或各有关方约定，签署意味着签字国同意受条约的拘束，那么此时的签署就具有了认证和接受拘束的双重意义。(2)对规定或约定需要批准的条约，签署除对约文的认证外，还含有签署者代表的国家初步同意缔结该条约的意思，虽然该条约对于该国尚无法律拘束力，但该国签署之后不应作出有损条约目的宗旨的行动。若签署国嗣后明确表示不予批准，则该签署只具有认证的作用。

4.通过。当前国际实践中，多边公约的认证有时采取经有关各方代表会议通过的方式进行。即在公约草案拟定后，召开各国代表会议对草案进行讨论和修改，然后以表决或协商一致来通过约文。约文如获通过，一般不再被更改。

(三)同意接受条约拘束的表示

表示同意受条约的拘束是缔约程序中最关键的环节；任何缔约主体只有作出同意受某一条约拘束的表示，才能成为条约的当事方。表示同意受条约拘束的方式可由该条约规定或由有关各方约定。实践中采用的主要方式有签署、批准、加入和接受等。

1.签署。一国通过签署表示同意受条约的拘束，发生于下列情况：(1)该条约规定签署有这种效果；(2)各谈判国约定签署有这种效果；(3)该国在其代表的全权证书中或在谈判过程中表示该国赋予签署这种效果。此外，在以上三种情况下，待核准的签署经其本国核准确认后也表示该国同意受条约的拘束。

2.批准。批准有国内法和国际法上的两种含义。国内法上的批准是一国的权力机关依据该国国内法对条约的认可。国际法上批准是指一国同意受条约的拘束。国际法上的批准一般是通过交换或交存批准书来完成，即通知对方或其他各方其同意受条约拘束。一国的权力机关批准某项条约后，并须作出批准书，对于双边条约，须与对方进行该批准书的互换；对于多边条约，一般是将批准书交条约规定的国家或机构保存。

《维也纳条约法公约》列举了以批准表示同意受条约拘束的四种情况：(1)条约中规定须经批准；(2)各谈判国约定条约需要批准；(3)该国的代表对该条约作须经批准的签署；(4)在谈判代表的全权证书中或在谈判中有须批准的意思表示。

是否批准及何时批准一项条约，由各国自行决定。国家没有必须批准其所签署的条约的义务。

3.加入。加入是指未对条约进行签署的国家表示同意受条约的拘束，成为条约当事方的一种方式。加入多用于开放性多边条约，可以加入的条约由条约本身规定或相关国家约定。加入是国家确定同意受条约拘束的表示，因而加入一般不须再经批准。

实践中，一些国际公约规定同时开放给有关国家签署或加入，这时国家可以选择采用哪种方式表示同意接受条约拘束。签署通常只能在条约规定的开放签署的期限内进行，而加入一般没有期限的限制，因此加入得在条约生效之前或生效之后进行。

4.接受和赞同。通过接受和赞同表示同意条约拘束的情况实践中有两种：(1)没有在条约上签署的国家，用接受和赞同来表示同意受条约拘束，成为条约的缔约国。其效果类似于加入。(2)国家在条约上签署以后，用接受和赞同表示最终同意受条约的拘束。其效果类似于批准，实际上是一种简化了的批准手续。国家选择接受方式而不是加入或批准方式缔结条约的原因多是基于其国内法。

二、条约的保留

(一)保留的概念与范围

条约的保留是指一国在签署、批准、接受、

赞司或加入一个条约时所作的单方声明，无论措辞或名称如何，其目的在于排除或更改条约中某些规定对该国适用时的法律效果。保留是以国家主权平等原则和缔约自由同意要件为根据的，是在条约得以缔结或其广泛性与条约的严格性、完整性之间的一种平衡和妥协的工具或手段。

根据《维也纳条约法公约》的规定，下列情况不得提出保留：(1)条约规定禁止保留。(2)条约准许特定的保留，而有关保留不在条约准许的保留范围内。(3)保留与条约的目的和宗旨不符。

(二)保留的接受

保留是一国单方面作出的。对于保留，其他缔约国可以作出同意或反对，即有权决定本国是否接受该保留造成的对有关权利义务排除或变更的拘束。《维也纳条约法公约》规定：

1.条约明文准许保留的，一般不需要其他缔约国事后予以接受。

2.如果从谈判国有限数目以及条约的目的和宗旨可知该条约在全体当事国的全部适用是每一当事国同意受该条约拘束的必要条件时，保留须经全体当事国接受。

3.条约若是一个国际组织的组织约章，保留一般须经该组织的有权机关接受。

4.不属于上述情况的，由缔约国决定是否接受一项保留。保留经另一缔约国接受时，就该国而言，保留国即成为该条约的当事国；保留经另一缔约国反对时，不妨碍条约在保留国和反对保留国之间生效，除非反对保留国明确表示反对条约在两国间生效；一国表示同意受该条约拘束而附有保留的行为，只要至少有一缔约国接受该项保留，就成为有效。

(三)保留的法律效果

1.在保留国与接受保留国之间，按保留的范围，修改了该保留所涉及的一些条款所规定的权利义务关系。

2.在保留国与反对保留国之间，若反对保留国并不反对该条约在保留国与反对保留国之间生效，则保留所涉及的规定，在保留的范围内，不在该两国之间适用。

3.在未提出保留的国家之间，按照原来条约的规定，无论未提出保留的国家是否接受另一缔约国的保留。

我国是《维也纳条约法公约》的缔约国，并于1990年颁布了《中华人民共和国缔结条约程序法》。该法对缔约权、条约的起草、全权代表的委派、双边条约的签署、批准、核准、多边条约的加入和接受、条约的文字、保存、登记公布等，都作出了相关的规定。2023年起，国务院颁布的《缔结条约管理办法》生效实施。该办法共36条，对《缔结条约程序法》规定进行了细化：(1)规定了党中央对条约工作的集中统一领导；(2)加强了对缔结条约的法律审查要求；(3)细化了国务院及其有关部门缔约职权和分工流程；(4)明确了报请全国人大常委会批准的条约和国务院核准的条约种类；(5)明确了条约适用于港澳特别行政区的具体程序。另外，2023年《对外关系法》也对条约事项作出了原则规定。迄今，我国缔结了28000多项双边条约，缔结或加入了600余项多边公约或公约修正案。这些条约在我国对外交往和现代化进程中发挥着不可替代的作用。

第三节 条约的效力、适用和解释

一、条约的生效

条约的生效指一个条约在法律上成立，各当事国受该条约的拘束。条约生效的日期和方式一般依照条约的规定，或依照各谈判国的约定。通常规定条约生效的日期和方式有：

1.条约经签署后生效。有些条约规定条约自签署之日起生效；如果缔约各方在不同日期签署，则一般以后一签署日生效。有些条约规定签署后经过一定的时间生效。也有的条约规定签署后须经缔约双方相互通知已完成各自使条约生效的法律程序后生效。

2.经批准通知或交换批准书后生效。条约经批准后，一般在互相作出已经批准的通知或交换批准书后生效，或在作出批准的通知或交换批准书后经过一定的时间才生效。

3.交存批准书或加入书后生效。多边条约经常规定一定数目的国家交存批准书或在交存一定数目的批准书和加入书后经一定时间生效；也有些多边条约要求在所规定的一定数目的国家中必须包括若干具备一定条件的国家，才能生效。

4.条约规定于一定的日期生效。有些条约明确规定了某一特定具体日期作为生效的日期。在条约无规定、谈判国也无约定的情况下，条约在经确定所有谈判国都已同意受该条约拘束时才生效。

5.条约的暂时适用。在个别情况下，某个需要批准才能生效的条约，由于某种原因急需付诸执行，此时当事国可以一致约定，采取暂时适用的方式，使尚未生效的条约整体或部分临时予以执行。

二、条约的适用

（一）条约必须遵守原则

条约必须遵守原则，是指对于在主权平等、充分表达自己意愿基础上的各项有效条约，各当事方必须按照条约的规定，善意地解释条约，忠实地履行条约义务。任何当事方都不得以任何借口违反条约的规定，不得从事违反条约目的和宗旨的任何活动；除情势发生变迁等特殊情况外，不得废弃条约规定的义务。

《维也纳条约法公约》规定，凡有效的条约对其各当事国有拘束力，必须由其善意履行。一当事国不得援引其国内法规定为理由而不履行条约。按照国际法，如果违反条约必须遵守原则，不履行有关的条约义务，就构成国际不当行为，违约者应承担国际责任。

条约当事方必须遵守的应是有效条约。无效条约的规定对当事国无法律效力。按照《维也纳条约法公约》的规定，如果因依无效条约实施了一些行为，每一当事国都可以要求任何其他当事国在相互关系上尽可能恢复这些行为未实施前应存在的状况。在条约失效前善意履行的一些行为，并不因条约失效而成为非法。与强行法相抵触的条约若已履行，应尽可能消除履行行为产生的后果。

（二）条约适用范围

1.时间范围。条约一般都自生效之日起开始适用。条约法规定，对在条约有效期中发生的并在条约规定范围内的一切事实都适用。原则上，条约没有追溯力，即不能适用于在该条约生效之前已完成的事实，除非缔约国有特别的规定或用其他方法确定该条约有追溯力。

2.空间范围。一项条约适用的空间范围可以依据各缔约国的协议及有关当事国的意思决定。如果当事国没有相反的意思，则一般认为条约适用于各该当事国的全部领土。在实践中，有些国家在签订某项条约时，将通过某种方式明确该条约对其领土的适用范围。

（三）条约的冲突

条约的冲突，是指一国就同一事项先后参加的两个或几个条约的规定相互冲突。解决条约的冲突一般采取以下几种方法：

1.先后就同一事项签订的两个条约的当事国完全相同时，无论是双边还是多边条约，一般适用后约取代前约的原则，即适用后约，先约失效。

2.先后就同一事项签订的两个条约的当事国部分相同，部分不同时，在同为两条约当事国之间，适用后约优于先约的原则。在同为两条约当事国与仅为其中一条约的当事国之间，适用两国均为当事国的条约。

3.适用条约本身关于解决条约冲突的规定。有些条约本身有关于解决条约冲突的规定。例如，《联合国宪章》规定，宪章规定的会员国的义务和会员国根据其他条约所负的义务有冲突时，宪章规定的义务居优先地位。而1963年《维也纳领事关系公约》规定，公约不损害其他条约在当事国之间的关系。若该公约的规定与缔约国缔结的其他条约的规定相冲突，应适用其他条约。

三、条约对第三国的效力

某个条约的第三国是指不是这个条约当事国的国家。根据《维也纳条约法公约》的规定，条约未经第三国同意对第三国既不创设义务，亦不创设权利。

1.如果一个条约有意为第三国创设一项义务，必须经第三国以书面形式明示接受，才能对第三国产生义务。按照这一规则，第三国承担的条约义务实际上不是由条约直接产生的，而是第三国书面接受了这个条约所规定的义务的结果；如果第三国不以书面形式明示接受，第三国就可以不承担这项义务。国际实践中，曾有个别特殊条约为第三国创设了义务，例如，《联合国宪章》规定，在维持国际和平及安全的必要范围内，非联合国的会员有遵守宪章相关原则的义务。

2.当一个条约有意为第三国创设一项权利时，原则上仍应得到第三国的同意。但是，如果第三国没有相反的表示，应推断其同意接受这项权利，不必须以书面形式明示接受。《联合国宪章》中有些条款也为第三国创设了权利。如规定非会员国为争端当事国时，在一定条件下，可以将争端提请大会或安理会注意。另外，开放性多边条约都为非缔约国创设了加入该条约的权利。

3.条约使第三国担负义务时，该项义务一般必须经条约各当事国与该第三国的同意方得取消或变更。条约使第三国享有权利时，如果经确定原意为非经该第三国同意不得取消或变更该项权利，当事国不得随意取消或变更。

四、条约的解释

条约的解释是指对条约条文和规定的真实含义予以说明和澄清。《维也纳条约法公约》规定了条约解释应遵循的主要方法和规则。

（一）条约解释的一般规则

1.根据通常含义和上下文。条约解释应按照条约用语在其上下文中的通常意义来解释。条约的用语应给予其通常的含义。一个词语有时可能有几个含义，因而不能孤立地予以解释，必须结合条约的上下文，解释该词语在条约中的实际含义。条约的上下文除约文外，还包括条约全体当事国之间就该条约的缔结所订立的与该条约有关的任何协定，或个别缔约国间缔结或作出的并经其他当事国接受的与该条约有关的任何文书。与条约上下文一并考虑的因素还有该条约当事国之间嗣后订立的关于条约的解释或其规定的适用的任何规定；确证该条约各当事国对条约的解释意见一致的在该条约适用上的任何嗣后惯例；适用于该条约各当事国之间的关系的任何有关国际法规则。

2.符合条约的目的和宗旨。条约是为一定目的缔结的，条约的目的和宗旨贯穿于整个条约之中。解释条约要选择最符合其目的和宗旨意义，而不能相反。

3.善意解释，是指条约的解释应以诚实信用履行条约为出发点进行，解释不能使一方不公正或不公平地优于另一方，也不能试图阻挠或破坏条约的履行。善意原则直接源于“条约必须遵守”的规则，在条约的解释中有重要作用。

（二）条约解释的辅助规则

1.条约解释的补充资料。如果以上述规则解释条约，意义仍不明确或难以解释，或所得结果显属荒谬或不合理时，可以使用解释条约的补充资料，包括条约的准备工作及缔约的情况在内，如谈判记录、历次草案、讨论纪要等。但这些材料仅仅是作为上述解释方法的辅助和补充，本身不具有决定性。

2.两种以上文字的条约的解释：（1）经两种以上文字认证作准的条约，除条约中规定或当事国协议当遇到意义分歧时应以某种约文为根据外，每种文字的约文应同样作准。（2）作准文本以外的条约译本，不能作为作准文本，仅可以在解释条约时作为参考。（3）在各种文字的作准约文中，条约的用语应被推定为有相同的意义。（4）除按规定应以某一约文为准外，在几个作准约文中发现意义有分歧，而适用以上解释规则不能消除分歧时，应采用顾及条约目的及宗旨的最能调和各约文的意义。

第四节　条约的修订和终止

一、条约的修订

条约的修订是指条约在缔结之后，缔约国在条约有效期内改变条约规定的行为。因为双边条约的修订在程序上与缔结条约的程序相同，因此条约的修订主要涉及多边条约。多边条约的修订可分为两种：修正和修改。前者是指在多边条约的全体当事国之间修订条约；后者是指在多边条约的部分当事国之间修订条约。但在实践中，两词并无严格的区别，往往是混用的。

（一）多边条约的修正

根据《维也纳条约法公约》，条约的修正应按照各自条约本身规定的程序进行。一般的规则是：修正多边条约的提议必须通知一切缔约国。缔约国与当事国不同：当事国是指同意受一个条约的拘束，并且该条约已对其生效的国家；缔约国则指无论条约是否对其生效，已同意受该条约拘束的国家。每一缔约国都有权参加对该提议采取何种行动的决定，以及参加修正该条约的任何协定的谈判和缔结。

条约修正后，凡有权成为条约当事国的国家，也应有权成为修正后的该条约的当事国。修正条约的协定对于是条约当事国而非该协定当事国的国家无拘束力。对于修正条约的协定生效后成为条约当事国的国家，如果该国没有相反的表示，应视为修正后条约的当事国；在该国与不受修正条约协定拘束的当事国之间，适用未修正的条约。

（二）多边条约的修改

条约的修改是在部分当事国之间进行的，只有在条约本身允许修改的情况下才能修改条约。《维也纳条约法公约》规定了允许多边条约修改的情况是：

1.条约内规定可作此种修改。

2.有关修改非为条约所禁止，并且不影响其他当事国享有条约上的权利或履行义务，也不涉及对有效实行该整个条约的目的和宗旨至关重要的规定，即如果背离这些规定，就与有效实行整个条约的目的和宗旨不符。

二、条约的终止和暂停施行

条约的终止是指一个有效的条约由于条约法规定的原因的出现，不再继续对当事方具有拘束力。条约的暂停施行是指由于法定原因的出现，一个有效条约所规定的权利和义务在一定时期内暂时对于当事方不具有拘束力。

（一）条约终止和暂停施行的原因

1.条约本身规定。实践中缔约方通过条约本身规定所引起的条约终止的情况主要有：条约规定的期满并且没有延期；条约规定的其他解除条约的条件成立，如某一特定事件的发生。

2.条约当事方共同的同意。条约可因当事方在缔约后明示或默示的共同同意而终止或暂停施行。一项条约某当事方与条约缔约国咨商后，经全体当事国同意，条约可以终止或暂停施行。

3.单方解约和退约。条约是经过全体缔约国一致同意才缔结的，在条约有效期内，各缔约国负有忠实履行条约的义务。除条约明文规定允许一方退约或解约外，一般不经其他缔约国的同意，不得单方面终止或退出条约。根据《维也纳条约法公约》的规定，只有经确定某一条约的当事国原意为容许有废止或退出的可能，或由条约的性质可认为含有废止或退出的权利，当事国才可以单方废止或退出该条约。在这种情况下，当事国必须提前12个月通知其废止或退出条约的意思。

4.条约履行完毕。条约规定的事项已履行完毕，条约即告终止。条约因缔约各方分别将条约规定的权利义务完全履行完毕而终止是条约终止的最常见情况。

5.条约因被代替而终止。条约的全体当事国就同一事项缔结后订条约，如果以后订条约为准，或先后订立的两条约内容不合，使两条约不能同时适用，则先订条约终止。

6.条约履行不可能。条约缔结后，如果实

施条约所必不可少的标的物永久消失或毁坏，以致不可能履行条约时，当事国可以此为理由终止或退出条约。如果不能履行属于暂时性的，则当事国只能暂停条约的实施。并且，如果这种履行的不可能是由于当事国本身违反国际法而造成，则当事国须承担相应的国际责任。

7.条约当事方丧失国际人格。当一国分裂为数国或并入其他国家而丧失其国际人格时，它所缔结的双边条约即行终止，除非有一个新国家继承该国的对该条约的权利和义务。

8.断绝外交关系或领事关系。断绝外交关系或领事关系使以此种关系为适用条约必不可少的条件的条约终止。其他条约不受断绝外交关系或领事关系的影响。

9.战争。战争发生使交战的缔约国间的政治条约、双边的商务条约终止。其他双边条约暂停施行。但关于战争法规方面的双边条约或多边条约不得终止。

10.一方违约。条约当事国一方违约时，他方可以终止该条约或暂停条约的施行。这是作为对对方不法行为的一种对抗，但应满足必要和比例原则。《维也纳条约法公约》规定，因一方违约，缔约他方有权终止或暂停施行该条约，但条约当事国一方的违约必须是重大的违约，包括：(1)条约当事国一方非法片面终止条约；(2)违反条约规定，且这项规定是实现条约的目的和宗旨所必要的。一方并不严重的违约不能导致另一方的废约。

双边条约当事方之一重大违约时，他方有权终止该条约，或全部或部分停止其施行；多边条约当事国一方有重大违约时，其他当事方有权以一致同意的方式，在这些当事方与违约方的关系上，或在全体条约当事方之间，全部或部分停止施行或终止该条约。

11.情势变迁。情势变迁是指条约缔结后，出现了在缔结条约时不能预见的根本性变化的情况，则缔约国可以终止或退出该条约。

"情势变迁"是"条约必守"的一个特殊例外。为了防止滥用情势变迁原则，保持较稳定的条约关系，《维也纳条约法公约》对情势变迁原则的适用规定了严格的条件限制：(1)缔约时的情势必须发生了不可预见的根本性变化；(2)缔约时的情势构成当事国同意受条约拘束的必要根据；(3)情势变迁的效果将根本改变依条约尚待履行的义务范围；(4)确定边界的条约不适用情势变迁原则；(5)如果情势的改变是由于一个缔约国违反条约义务或其他国际义务造成的，这个国家就不能援引情势变迁终止或废除有关条约。

(二)条约终止和暂停施行的程序及后果

1.条约终止和暂停施行的程序。《维也纳条约法公约》规定，条约当事方之一在终止、退出或暂停施行条约时，必须将其主张书面通知该条约的其他当事方，通知中应说明拟对条约采取的措施及其理由。如果其他当事方在接到通知满3个月后未提出反对，作出通知的当事国就可以实行其所拟采取的措施。如果其他当事国提出反对，则该条约各当事国应通过和平解决争端的方法予以解决。如果在提出反对之日以后12个月内不能依上述方法解决，任何一方可提请国际法院解决，或双方提交仲裁，或请求联合国秘书长开始强制和解程序。但对于《维也纳条约法公约》的此项规定，特别是争端解决方法的规定，包括中国在内的一些国家作出了保留。

2.条约终止和暂停施行的后果。如果条约中含有关于条约终止的后果的规定则按照条约本身的规定执行。在条约并无规定且条约当事国也没有约定条约终止或暂停施行的后果的情况下，一般根据以下规则进行：(1)解除各当事国继续履行条约的义务；(2)不影响各当事国在该条约终止前由于实施该条约所产生的任何权利、义务或法律情况；(3)在暂停施行期间，各当事国应避免足以阻挠条约恢复施行的行为。

【本章主要法律规定】

1.《缔结条约程序法》

2.《缔结条约管理办法》

3.我国宪法、对外关系法、刑法、民法、诉讼法等法律规范中涉及条约的条款、相关规定和司法解释

第七章
国际争端的和平解决

本章主要内容提示

本章主要内容围绕和平解决国际争端的原则和方式展开。

1.和平解决国际争端原则和各种政治方法，包括谈判、协商、斡旋、调停、调查（和解）委员会等。

2.国际争端解决的法律方法，包括仲裁和司法方式。

3.国际法院的相关制度，包括性质、组成、管辖权、程序和执行规则。

第一节　国际争端与解决方法

一、国际争端的特点和类型

国际法上的国际争端或国际纠纷，主要是指国家之间在国际关系或交往中产生的利益矛盾、权利对立或行为冲突。它的特点是：第一，争端的主体主要是国家，争端涉及的利益或权利往往重大。第二，争端往往包括多种因素，情况复杂。国际社会不存在超国家的裁决机构，国家在解决争端中仍起决定作用。第三，争端解决受各种政治力量的制约和影响。

一般地，将国际争端分为三种典型：

1.政治性争端，是指直接涉及当事国主权独立等重大政治利益的争端。对这类争端，国际法不能或尚未形成确切或具体的权利义务规则，很难用法律方法解决。这种争端也称为“不可法律裁判”的争端。比如，富国与穷国间的经济矛盾、不同政治制度之间的矛盾、宗教间的矛盾，都是较典型的政治性或不可裁判性争端。

2.法律性争端，是指所涉事项上当事国的要求是以国际法作为依据提出，这种争端也称为“可法律裁判”的争端。

3.事实性争端，是指国家间对某种情况或事项的事实真相发生争执的争端。需要的是对事实本身的澄清，而不是对其是非曲直作出判定。

上述分类只具有相对意义，主要作用在于采取不同的解决方法。实践中，许多争端往往是这三种典型的混合。

二、解决国际争端的传统方式

传统国际法将解决国际争端的方法分为强制性和非强制性两种。

（一）强制方法

强制方法是指争端一方为使他方同意其所要求的对争端的解决和处理，而单方面采用的带有某些强制性的措施和方法。这些措施包括战争与非战争的武装行为，平时封锁、干涉、反报和报复等。

1.现代国际法确立了和平解决国际争端的基本原则，使用战争或武力解决争端是被禁止的。武力只能在符合《联合国宪章》的条件下才能运用。因此，战争不再成为解决争端的合法方式。

2.平时封锁是指和平时期一国的海军对另一国的海岸进行封锁，禁止有关船只的出入。现在，平时封锁只能作为由安理会决定的，维持或恢复国际和平与安全所必要时采取的一种措施，而不能是一种国家解决争端采用的合法方式。

3.干涉是指第三方擅自或片面介入其他国家间的争端，并强迫按照干涉国的方式解决争端。这种方式在现代国际法中，也不能被认为是合法的。

4.反报是指一国对于他国的不礼貌、不友好但不违法的行为，采取相同或相似的不礼貌、不友好但不违法的行为予以回报。如一国对于本国公民或侨民在他国受到的不公平或歧视性待遇进行反报，一国在贸易、航运、关税等问题上在他国遭到不平等待遇的反报，一国对其外交官被驻在国驱逐的反报等。

5.报复是一国对于他国的国际不法行为，采取与之相应的措施作为回应。报复以前主要被认为是一种迫使对方接受对其国际不法行为引起争端的解决，现在更多地被认为是一种对于不法行为的对抗，因而在符合必要和成比例以及其他国际法规则的前提下，仍然可以使用。报复可以采用多种方式，包括停止执行某些条约，扣押对方船只和财产，实行贸易禁运等。

从对不法行为对抗的意义上，有人把自卫也作为一种报复，但自卫行为必须严格满足其要件及符合《联合国宪章》。反报和报复针对的是不友好或非法的行为，一旦行为国停止了其受对抗的行为，则反报或报复应立即停止。根据和平解决国际争端的国际法基本原则，反报和报复带有某种强制性，在作为争端解决方式上，是不被提倡或限制采用的。但这两种方法，在国际实践中仍经常可以看到，在不违背国际法原则和相关规则的条件下，国际法并未禁止其作为对抗措施。

（二）非强制方法

非强制方法是指在争端各方自愿的基础上，解决国际争端的方法。它分为政治解决方法和法律解决方法。政治解决方法包括谈判、协商、斡旋、调停、调查、和解等。法律解决方法包括仲裁和法院解决。这类方法在现代国际法中又称为和平解决方法，是现代国际法所要求的解决国际争端的方法。

三、政治方法和国际组织解决国际争端

（一）解决国际争端的政治（外交）方法

国际争端的政治解决方法是由有关国家通过外交途径进行的，因而也称为外交方法。这类方法充分尊重了当事各方意愿，当事国始终拥有自由选择和裁量的权利。它适用于任何类型的争端解决，并且不影响当事国同时或今后采取其他解决争端的方法。

1.谈判与协商。谈判是争端当事国就其争端直接进行交涉，交换意见以求解决的方式。谈判是解决国际争端的最基本方式。谈判形式多样，可以公开也可以秘密，可以口头也可以书面。协商曾被作为谈判的一个部分和步骤，但当代也常常被作为一个独立的方法使用。谈判一般仅限于当事国之间，协商有时也可以邀请中立国参加。

实践中，谈判和协商往往是密切相连的，如在协商基础上开始或继续谈判、在谈判中不断进行协商、以协商一致的方式产生谈判结果等，它们往往很难严格区别开。谈判和协商可能达成协议，也可能破裂或无限期进行或延期。除非特别约定，一般地，谈判或协商的当事国没有达成有拘束力协议的义务。

2.斡旋与调停。斡旋是争端以外的第三方为促成当事国进行谈判或争端解决，采取和提供某些协助活动。第三国本身不参加谈判，也不提出任何解决争端的方案。调停是指第三方以调停人的身份，就争端的解决提出方案，并直接参加或主持谈判，以协助争端解决。调停国提出的方案本身没有拘束力，调停国对于进行调停或调停成败也不承担任何法律义务或后果。

斡旋和调停一般是第三方出于善意主动进行的，也可以是应当事国一方或各方邀请进行的。争端当事方或第三方可以对有关的行动加以拒绝，但不应将这种行为视为不友好。斡旋或调停者可以是国家、组织或个人。

3.调查与和解。调查是指在涉及事实性问题的争端中，有关当事方同意将有关事实真相的调查交由第三方进行，以解决争端。调查需要争端当事方对采用调查方式订立专门协议，成立调查委员会，并就委员会的调查内容、组成、期限、权限等方面作出约定。调查委员会的任务限于查明事实，向各当事国提交调查结果报告，不对争端的是非曲直作出判定。报告的拘束力性质由当事国所订的协议决定，一般地，各国不必然承担对报告承认的义务。

和解又称调解，是指争端当事国通过协议或其他商定的方式，将争端提交一个委员会；该委员会在对争端进行调查和评价，包括与当事国间的不断讨论后，提出包括事实澄清、解决建议在内的报告；并在此基础上促成争端当事国达成进一步的协议，最后解决其争端。委员会可以是临时的，也可以是常设的。一般地，提交和解、接受和解报告及在委员会促成下达成最后解决协议，都是当事国自愿的行为，除非有特别规定或约定，对每个过程各国都没有必须进行的义务。

上述和平解决争端的方法，实践中通常是相互联系的，往往不是截然独立地采取某种方式，各种方式之间出现了越来越多的交叉重叠趋势。

(二)国际组织与国际争端的解决

运用国际组织解决国际争端，是20世纪特别是联合国成立以后发展起来的一种方法。至于国际组织对争端的解决是否导致有拘束力或强制性的解决方案，要根据争端国家与该国际组织的关系、争端本身的性质，以及有关国际组织的章程或争端国家与国际组织达成的一般或特别协议来判定。

传统上运用国际组织所解决的国际争端一般被认为是政治性的，因而也有人将此方式列为政治解决方式的一种特殊形式。但是应该看到，由于国际组织已渗透到国际社会的各个方面，因此被运用来处理的也可能是政治性以外的争端；同时，根据其章程某些国际组织完全有可能具有某种类似法律方式解决特定国家或特定问题的权限，并可能导致对争端国有拘束力的决定或决议。

因此，将国际组织方法作为解决争端的一类方法集中讨论，是鉴于国际组织在当今处理国际争端中的作用非常广泛、经常甚至制度化的趋势。实质上，从国际组织本身来说，它往往是不同程度和范围的政治方法和法律方法兼备。或者说，国际组织解决国际争端方法与传统上政治或法律解决方法是有交叉和重叠的。

当前最重要的解决国家间争端的国际组织是联合国。联合国在解决国际争端中的作用和方式，是根据《联合国宪章》的原则和有关规定进行的。除联合国国际法院外，解决争端的主要机构是联合国大会和联合国安理会。

第二节　国际争端的法律解决方法

国际争端的法律解决方法是指用仲裁和司法判决解决国家间的争端。

一、仲裁

(一)仲裁的一般规则

仲裁或称公断，是指根据争端当事国之间的协议，将争端交与它们选定的仲裁人作出对争端当事方具有拘束力的裁决，从而解决争端的方法。

仲裁是一种古老的解决争端的方法，1899年和1907年《和平解决国际争端公约》、1928年《和平解决国际争端总议定书》，都将其作为解决争端的方法加以规定。1958年联合国国际法委员会拟定的《仲裁程序示范规则》，对国际仲裁的仲裁协议、仲裁庭、仲裁适用法律、仲裁程序和仲裁裁决效力等的内容作了系统阐述。其中，仲裁协议是当事方之间在争端交付仲裁及相关事项上达成的协议，是进行国际仲裁的基础和法律依据。仲裁协议中包括仲裁庭的组成、仲裁程序、裁决的效力、仲裁地点和费用以及其他当事方认为需要约定的内容。仲裁裁决对于当事国具有法律拘束力，并为终局性决定。当事国应在裁决规定的期限内执行裁决中的义务。

（二）国际常设仲裁法院

目前，有许多的国际仲裁机构，其中多为解决贸易投资方面争端设立。这些仲裁机构通常不是专门以国家作为当事主体，其当事人可以包括国家、法人和自然人。

国际常设仲裁法院是专门受理国家间仲裁案件的常设仲裁机构。它是根据1899年《和平解决国际争端的公约》于1900年在海牙设立，由从事行政事务性工作的常设行政理事会和国际事务局以及一份“仲裁员名单”构成。

常设理事会由荷兰外交大臣任主席，成员还包括缔约各国驻荷兰的外交代表。理事会负责监督和指导事务局的工作，制定有关的规则和章程。国际事务局是常设仲裁法院的书记处，负责日常的工作和法院仲裁文件的登记、转运、档案管理。“仲裁员名单”，由缔约的每个国家各自遴选的4名精通国际法并享有崇高道德声誉的法学专家组成。各国提名不限于本国国籍的人。仲裁员可以连选连任，任期6年。

法院的仲裁程序。当事国将争端仲裁协议提交仲裁法院时，可以在仲裁员名单中各自选定1～2名仲裁员，再由这些选定的仲裁员选定首席仲裁员。仲裁一般经过书面程序和口头程序两个阶段。然后仲裁庭进行秘密评议并以多数票作出裁决。裁决为终局性的，但如果争端方对裁决的意义和范围不明，可以在裁决作出3个月内，请求仲裁庭作出解释。

自1900年成立以来，常设国际仲裁法院共裁定了约50起案件，其中有20起是近10年完成的。近年来，国际社会司法方式解决争端的需求日益增强，常设仲裁法院工作有了很大加强，1993年召开了第一次全体仲裁员大会，1994年被接纳为联合国大会观察员。法院并制定了一系列有关文件，对国际仲裁和有关的国际法规则的发展产生很大影响。这些文件包括：《两国间争端任择仲裁规则》（1992年）、《当事人双方仅有一方是国家的任择仲裁规则》（1993年）、《国际组织与国家之间纠纷的任择仲裁规则》（1996年）、《和解任择规则》（1996年）、《调查委员会查明事实程序任择规则》（1997年）等。

二、司法方式

目前，国家之间已建立了一些国际司法机构。这些机构的性质、目的和审理案件的管辖范围各有不同，旨在解决国家间争端的国际性司法机关，目前典型的有联合国国际法院和国际海洋法法庭。另外，颇具影响的世界贸易组织的争端解决机制和机构（详见本书国际经济法部分），常常也被认为是一种准司法方式。

（一）国际法院

国际法院即联合国国际法院，根据作为《联合国宪章》一部分的《国际法院规约》，于1946年成立。国际法院是联合国的司法机关，也是当今最普遍、最重要的国际司法机构，是用法律方法解决国家间争端的主要机构。

1.国际法院的组成：

（1）法院由15名法官组成。15人中不得有两人为同一国家的国民。法官不代表任何国家，不能担任任何政治或行政职务，也不得从事任何其他职业性活动。法官不受任何政府的制约，也不受联合国机构的制约。法官在联合国大会和安理会中分别独立进行选举，只有在这两个机关同时都获得绝对多数票方可当选。安理会常任理事国对法官选举没有否决权。法官任期9年，可以连选连任。法院的院长和副院长从法官中选举产生。

（2）专案法官。法官对于涉及其国籍国的案件，不适用回避制度，除非其就任法官前曾参与该案件。在法院受理案件中，如果一个当事国有本国籍的法官，他方当事人也可以选派一人作为“专案法官”，参加本案的审理。如果当事双方都没有本国籍的法官，则双方都可各选派一名“专案法官”参与该案件的审理。这种临时的专案法官在该案审理中与正式法官具有完全平等的权利。

（3）书记处。书记处设书记官长、副书记官长和工作人员。正副书记官长由法官提名并选举产生。书记处负责处理法院的文书、档案，日常工作和对外联系等。

2.国际法院的管辖权。国际法院有诉讼管辖和咨询管辖两项职权。其中，诉讼管辖是其最主要的职权。

（1）诉讼管辖权。法院在行使诉讼管辖权时，涉及“对人管辖”和“对事管辖”两个方面：

第一，对人管辖。国际法院的对人管辖是指谁可以作为国际法院的诉讼当事方。根据《国际法院规约》，有三类国家可以作为国际法院的诉讼当事国：①联合国的会员国；②非联合国的会员国但为《国际法院规约》的当事国；③既非联合国的会员国也非《国际法院规约》的当事国，但根据安理会决定的条件，预先向国际法院书记处交存一份声明，表示愿意接受国际法院管辖、保证执行法院判决及履行相关其他义务的国家。作为诉讼当事国，这三类国家的地位是相同的。国际组织、法人或个人都不能成为国际法院的诉讼当事国。

第二，对事管辖。国际法院的对事管辖是指什么事项能够成为国际法院的管辖对象。根据《国际法院规约》，国际法院管辖案件的范围有三个方面，或者说国际法院的对事管辖权可由以下方式建立：

第一种是自愿管辖。对于任何争端，当事国都可以在争端发生后，达成协议，将争端提交国际法院。法院根据当事国各方的同意进行管辖。

第二种是协定管辖。在现行条约或协定中，规定各方同意将有关的争端提交国际法院解决。提交法院的争端及范围等可以通过在条约中设立专门条款，也可以在订立条约的同时，再订立专门的协定加以规定。

第三种是任择强制管辖。《国际法院规约》的当事国，可以通过发表声明，就具有下列性质之一的争端，对于接受同样义务的任何其他当事国，接受法院的管辖为当然具有强制性，而不需要再有特别的协定。这些争端是：对于条约的解释、违反国际义务的任何事实、违反国际义务而产生的赔偿的性质和范围等。这里“任择”是指当事国自愿选择是否作出声明；一旦作出声明，在声明接受的范围内，国际法院就具有了强制的管辖权，而不需其他协定。目前，世界上约有70个国家作出这类声明，但大多附有各种保留。中国政府于1972年撤回了国民党政府1946年作出的接受国际法院的强制管辖的声明。

（2）咨询管辖权。根据《联合国宪章》和《国际法院规约》，国际法院除诉讼活动外，还有提供法律咨询的重要职能，称为法院的咨询管辖权。联合国大会及大会临时委员会、安理会、经社理事会、托管理事会、要求复核行政法庭所作判决的申请委员会以及经大会授权的联合国专门机构或其他机构，可以就执行其职务中的任何法律问题请求国际法院发表咨询意见。其他任何国家、团体、个人包括联合国秘书长，都无权请求法院提供咨询意见。法院作出的咨询意见虽然没有法律拘束力，但对于有关问题的解决以及国际法的发展都具有重要的影响。近年来，国际法院根据联大相关提交决议，先后就“以色列在被占领土上修建隔离墙合法性”（2004年）、“科索沃单方面宣布独立的合法性”（2010年），以及“查戈斯群岛问题”（2019年）等案件行使咨询管辖权并作出咨询意见，引发了各国对国际法院及相关法律影响的密切关注。

3.国际法院的诉讼程序：

（1）起诉。当事国向法院提交案件的方式依管辖依据的不同而异。自愿管辖时，当事国双方协商后提交特别协议；也有经当事国一方将案件提交法院后，得到他方认可形成协议，称为“法院延期”。协定管辖和任择强制性管辖时，当事国一方以包括阐明管辖权依据的申请书方式提交案件，由法院通知争端对方。

（2）书面程序和口头程序。法院确定管辖权后，将命令争端各方限期提出诉状、辩护状或证据及其他文件资料。法院在审理中，还可命令争端方限期提交答辩状或复辩状等法律文书。

书面程序结束后，进行口头程序。法院可讯问代理人、证人、鉴定人、律师及其他有关人员。除法院另有决定或争端当事方另有要求外，口头程序应公开进行。

（3）附带程序。或称特别程序，由法院在特定情况下采用。包括初步反对主张、临时保全、参加或共同诉讼、中止诉讼等。

初步反对主张是指当事国对于法院的管辖权或对请求方提请或参加诉讼权利的反对。反对是否成立由法院裁定。

临时保全是指诉讼过程中，经当事国请求法院批准采取的必要和紧急措施，以保护争端方利益。包括对某些行为的禁止、财产的冻结或扣押等。

参加或共同诉讼是指第三国参加诉讼。这又包括两种情况：①第三国认为案件诉讼可能影响其法律性质的利益可以提出请求参加诉讼，由法院决定是否准许；②诉讼涉及条约解释时，诉讼当事国以外该条约其他缔约国有参加诉讼的权利。如果参加了诉讼，法院判决中对于该条约的解释同样对于该参加国具有拘束力。

中止诉讼是指在判决最后宣告前，争端各方已达成不再继续诉讼的协议，法院停止该诉讼。

4.国际法院的判决。国际法院对所审理案件，除中止诉讼的情况外，都作出判决。在书面程序和口头程序后，法院法官进行秘密评议并起草判决书，通过三读后进行表决。表决时法官不得弃权。判决书以多数法官同意票通过。任何法官不论是否同意多数意见，都可以将其个人意见附于判决之后。个人意见实际上有两种：一种是同意判决的结论，但不同意判决所依据的理由，此称为“个别意见”；另一种是既不同意判决结果也不同意判决所依据的理由，此称为“反对意见”。

判决书在法院开庭宣读，并自宣布之日起对各当事国发生拘束力。

国际法院的判决是终局性的。判决一经作出，即对本案及本案当事国产生拘束力，当事国必须履行。如有一方拒不履行判决，他方得向安理会提出申诉，安理会可以作出有关建议或决定采取措施执行判决。1946年以来，除极个别的情况外，各国都服从了国际法院的判决，并忠实地执行了判决的内容。

当事国对判决的意义或范围发生争执时，可以请求国际法院作出解释。当事国在判决作出后，如发现能够影响判决的、决定性的且在诉讼过程中不可能获知的新事实，可申请法院复核判决，复核程序与诉讼程序相同。申请复核至迟应于新事实发现后的6个月内，并在自判决之日起不超过10年内提出。

自1946年成立以来，国际法院作出了140余项判决，目前在审案件近20项。法院通过这些案件的审理和判决，不仅成功地解决了一些国家间的争端，也对国际法许多原则和规则的确立产生了很大的影响。当今世界变局加速演进，国际政治分歧加剧。从近年的实践看，一方面，政治外交问题司法化博弈日益激烈，2022年乌克兰援引《防止及惩治灭绝种族罪公约》诉俄罗斯案，32个国家申请作为参加国，数量之多前所未有。2022年12月，巴勒斯坦推动联大通过决议，再次请求国际法院就巴以问题发表咨询意见，包括中国在内的54个国家和3个国际组织向法院提交书面意见。此外，人权条约诉讼比例增加，一些国家通过人权条约的诉讼将政治外交争端诉诸法院，如2023年根据《禁止酷刑公约》提出的指控（加拿大、荷兰诉叙利亚）。另一方面，包括国际法院在内的国际司法机构有积极行使管辖权的倾向，气候变化等涉及缔约国共同利益的争议也被法院管辖受理，法院司法活动更趋繁重复杂。

（二）《海洋法公约》的争端解决机制和国际海洋法法庭

1.《联合国海洋法公约》的争端解决机制。《联合国海洋法公约》通过其第15部分（争端的解决）的条款以及相关四个附件：附件五（调解）、附件六（国际海洋法法庭规约）、附件七（仲裁）、附件八（特别仲裁）强调了和平解决争端的原则，并设定了两个层次的机制。第一，争端方可以采取自行选择的任何和平方式，首先寻求通过达成一般性、区域性或双边协定解决其争端。第二，强制程序。如采用自行选择的和平方法解决争端失败，经任何一方请求，应提交以下导致有拘束力裁判的强制程序解决。有4个处于平等并列地位的机构可供当事方选择，分别是海洋法法庭、国际法院、依附件七组成的仲裁法庭和依附件八组成的特别仲裁法庭。其中，如果双方就选择的机构达成合意，由合意机构解决争端；如果双方无法达成一致，则由依附件七组成的仲裁法庭审理。此外，《联合国海洋法公约》规定了不适用强制程序的两项例外（第297、298条）：（1）沿海国在专属经济区或大陆架上行使主权权利的一些争端可以不适用强制程序。（2）对于像海洋划界、领土争端、军事活动、涉及历史性海湾所有权的争端以及联合国安理会正在行使其管辖权的争端，缔约国可以通过书面声明来排除强制程序的适用。2006年8月25日，中国据此向联合国秘书长提交声明："关于《公约》第二百九十八条第1款（a）、（b）和（c）项所述的任何争端、中华人民共和国政府不接受《公约》第十五部分第二节规定的任何程序。"将涉及上述事项的争端排除适用仲裁等强制争端解决程序。

2.国际海洋法法庭。法庭由21名法官组成。每个缔约国可以提出不超过两个法官候选人，在全体缔约国会议上，用无记名投票方式选举产生。获得最多票者依次当选。法庭设在德国汉堡。

《联合国海洋法公约》及其附件六（国际海洋法法庭规约）中未涉及法庭的咨询管辖事项，只规定了法庭就诉讼事务的各项规则。但目前法庭受理的32起案件中，除诉讼案件29起外，出现了3起咨询案件。并且待审的两起案件中，也包括一起咨询案件请求。

其一，关于法庭诉讼事项。对人管辖的范围，根据《联合国海洋法公约》规定，海洋法法庭的诉讼当事人可以是：（1）公约所有缔约国；（2）管理局和作为勘探和开发海底矿物资源合同人的自然人或法人；（3）规定将管辖权授予海洋法法庭的任何其他协定的当事者。《联合国海洋法公约》把自然人和法人作为诉讼当事方是因为根据其规定的"平行开发制"，与管理局签订合同开发国际海底矿产的各国自然人和法人可能成为有关海底开发争端的主体。但同时，《联合国海洋法公约》对当事人一方为自然人或法人的争端，在将争端提交海洋法法庭时，也作出了两项补充或限制：一是规定"须用尽当地救济"；二是规定自然人和法人的担保国或国籍国应邀参加司法程序。

关于法庭管辖权的任择强制管辖性质，《联合国海洋法公约》规定，一国在签署、批准或加入本公约时，或在其后任何时间，可以自由用书面声明方式选择海洋法法庭的管辖。只有争端各方都选择了法庭程序，法庭才有管辖权。这与国际法院的任择强制管辖权是相似的。在承认法庭的管辖权的国家之间，争端各方可以用特别协定或以申请书方式提起诉讼。如果当事一方不出庭或对其案件不进行辩护，争端他方可请求法庭继续进行审理并作出判决。法庭判案适用《联合国海洋法公约》和其他与该公约不相抵触的国际法原则规则。

2013年1月22日，菲律宾政府单方面就中菲在南海的有关争议提起仲裁。2013年2月19日，中国政府郑重宣布不接受、不参与菲律宾提起仲裁的立场。2014年12月7日，中国政府发表《中华人民共和国政府关于菲律宾共和国所提南海仲裁案管辖权问题的立场文件》，指出菲律宾提起仲裁违背中菲协议，违背《联合国海洋法公约》，违背国际仲裁一般实践，仲裁庭不具有管辖权。2015年10月29日，中国政府针对仲裁庭作出管辖权和可受理性问题的裁决，当即声明该裁决是无效的，没有拘束力。2016年7月12日，对于应菲律宾政府单方面请求建立的南海仲裁案仲裁庭作出的裁决，中国政府郑重声明，该裁决是无效的，没有拘束力，中国不接受、不承认。中国上述明确一贯的立场，有充分的国际法根据。主要包括：首先，菲律宾提请仲裁事项的实质是南海部分岛礁的领土主权问题，超出《联合国海洋法公约》的调整范围；其次，以谈判方式解决有关争端是中菲两国通过诸多双边和多边文件所达成的协议，菲律宾单方面将争端提交强制仲裁违反其承担的义务和《联合国海洋法公约》的规定；最后，即使菲律宾提出的仲裁事项涉及有关《联合国海洋法公约》解释或适用的问题，也构成中菲两国海域划界不可分割的组成部分，而中国已根据《联合国海洋法公约》的规定于2006年作出声明，将涉及海域划界等事项的争端排除适用仲裁等强制争端解决程序。因此，仲裁庭对菲律宾提起的仲裁明显没有管辖权。国际海洋法法庭是《联合国海洋法公约》创设的国际司法机构，法庭及其相关机构应当准确地解释和适用公约，充分尊重当事国自主选择争端解决方式的权利，维护公约的完整性和严肃性，才能真正促进争端的最终和长久解决。

其二，关于法庭的咨询管辖事项。根据《联合国海洋法公约》及其附件六，海洋法法庭全庭未被授予作出咨询意见的职权；但其海底争端分庭对有关“区域”内活动的争端具有管辖权，并可发表咨询意见。对其已经作出的咨询意见，不少缔约国认为是违反国家同意原则的扩权行为。

2022年12月12日，安提瓜和巴布达、图瓦卢代表“小岛屿国家气候变化和国际法委员会”请求法庭就气候变化引发的公约缔约国海洋环保义务提供咨询意见。法庭就此先后启动书面程序和口头程序。中国提交了书面意见后，于2023年9月出庭发表口头陈述，指出法庭的权力源于国家同意，体现为其组织文件的授权，强调法庭全庭没有咨询管辖权。

【本章主要法律规定】

我国宪法、行政法、诉讼法等法律规范中的涉及或可以适用于涉外争端解决的条款和相关规定

第八章 战争与武装冲突法

本章主要内容提示

本章内容集中在与战争或武装冲突相关的国际法规则：

1.战争法律状态的确定，战争开始和结束；战争引起的法律关系变化。

2.国际法对作战手段的限制和对战时平民及战争受难者的保护（国际人道法）。

3.战争犯罪的概念、规则适用与相关实践；国际刑事法院的性质和运作。

第一节 概　　述

一、国际法上战争的概念

国际法上的战争，主要是指两个或两个以上的国家，使用武力引起的敌对或武装冲突及由此引起的法律状态。国际法意义上的战争具有以下一些特定的含义：

1.战争主要是国家之间进行的行为和状态，也包括国际法其他主体之间所进行的武装冲突和相关状态。特别是第二次世界大战以后，战争法的多数规则被认为应当适用于反对殖民主义的武装斗争中。另外，被国际法承认为叛乱团体或交战团体的组织从事的武装斗争行为，也被认为适用战争法的某些相关规则。

2.战争一般以存在武装冲突的事实为突出的表现，但并非所有的武装冲突都是国际法上的战争，也不是所有国际法上的战争都必然以存在实际的武装冲突的事实为前提。

（1）作为战争的武装冲突，通常是具有一定规模、持续一定时间、波及范围较广的武装冲突。但作为国际法上的战争，不仅是这种敌对行为的事实，更主要的是一种法律状态。它依一定的程序开始，并产生相应的法律后果。

（2）确定国际法上战争状态的存在，交战各方是否存在“交战意思”是决定性因素。所谓“交战意思”，是指敌对的双方或一方认定已经或将要发生的敌对或冲突为战争状态。同时，当这种敌对或冲突影响第三国的权益时，第三国的判断或态度，如宣布战时中立等，也是认定这种冲突是否构成战争的重要因素。

（3）作为一种法律状态的战争，可能并没有实际的武装争斗发生。例如，在第一次和第二次世界大战中，都有一些国家虽已宣战但始终没有参加实际武装敌对行为。它们也被承认为交战国，其处于国际法中的战争状态。

二、战争与武装冲突法体系

战争法是调整交战国之间，交战国与中立国和其他非交战国之间的关系以及规范战争中交战方行为的规则和制度的总体。战争法是国际法的一个独特而重要的部分。可以认为，整个国际法体系是由战争法与平时法两部分组成的。战争法规则中许多是古老的国际习惯法规则。国际社会对战争法进行的官方大规模编纂开始于18世纪中叶，目前已编纂完成了几十个条约。这些条约和习惯规则，构成了当代战争法体系的框架。

战争法的目的和作用在于保护中立国、非交战国和交战国的合法权益，保护平民，并使交战人员和战争受难者免遭不必要的和非法的伤害。虽然当代国际法已宣布使用武力推行国家政策为非法，即废除了国家的所谓“战争权”。但由于迄今为止，在人类社会中，战争现象仍然客观存在，所以，战争法仍具有其重要的实际意义和作用。

1.传统的战争法可以分为两个部分：第一部分是关于战争的开始和结束，以及在此期间交战国之间、交战国与中立国或非交战国之间法律关系的原则、规则和规章制度；第二部分是关于作战中的规则，即关于武器、其他作战手段和作战方法以及保护平民、交战人员和战争受难者的原则、规则和规章制度。这些内容是战争法基本的和主要的内容。

另外，由于禁止侵略战争和禁止非法使用武力，已成为当代国际法的基本原则中的内容，第二次世界大战后还制定了一些有关制裁和惩处发动侵略战争和违反战争法规责任者的条约、原则和规则。这些都是对传统战争法的重要发展。因此，也有人认为，广义的战争法还应包括武力的合法使用、维护国际和平与安全、战争犯罪及惩罚规则等方面的国际法原则和规则等内容。

2.上述传统战争法第二部分的内容，通常又被分为两类：一类是以1907年的海牙公约为代表的和开端的、关于规范作战手段和方法的条约和习惯，也称为海牙体系；另一类是以1949年日内瓦四个公约为代表和基础的、关于保护平民和战争受难者的条约和习惯规则，也被称为日内瓦体系。这两个体系在历史发源、规则脉络和侧重点等方面是不同的，其发展也是相对独立的。当然由于二者间内在的深刻联系，所以在具体规则上，往往存在相互的渗透和重叠，有时很难截然限定或分开。如1977年的《关于1949年8月12日日内瓦公约的两项附加议定书》，不但包括保护平民和战争受难者的原则和规则，而且包括限制作战手段和方法的原则和规则。

对于目前出现的“国际人道主义法”一词，不同的学者对其指代的内容和范围有不同的理解。其中典型用法有两种：一种用法认为，国际人道主义法是指国际红十字会推动的、以上述日内瓦体系为主要内容的原则和规则；而另一种用法则认为，国际人道主义法的范围覆盖了海牙体系和日内瓦体系二者的内容。

3.鉴于在第二次世界大战后出现的国际武装冲突中，大多数都没有被宣布或被认为是法律上的战争状态，并且基于减少残酷性和人道的考虑，为了尽可能地减轻军事行动对各方造成的破坏，国际实践中已将许多的传统战争法规和规则也适用于这种非战争的武装冲突中。为此，一些国际文件和学者著作中，越来越多地出现了“武装冲突法”一词，并一般倾向于将战争法扩展称为“战争与武装冲突法”。

需要注意：(1)由于非战争的武装冲突没有法律上战争状态的存在，传统战争法规的第一部分内容，即关于宣战、媾和、中立等规则和制度，一般不能适用其中。(2)传统战争法的第二部分内容，是对作战手段的限制规则以及对人员的保护规则。这部分内容不但在法律上的战争状态中适用，而且一般也被适用于非战争的武装冲突中，其中有些内容甚至被适用于非国际性武装冲突中。

三、战争状态与战时中立

(一)战争的开始及其后果

1.战争的开始。战争的开始意味着交战国之间的关系从和平状态进入敌对的战争状态。战争的开始可以交战双方或一方的宣战为标志，也可因一方使用武力的行为被另一方、第三方或国际社会认为已构成战争行为而开始。

宣战的方式通常有两种：一种是说明理由的宣战声明，另一种是附有条件的最后通牒，当对方在限定期限没有接受通牒中的条件，即开始采取战争手段。同时，敌对的任一方如果认为战争状态已经存在，必须立即通知其他各非交战国。

传统国际法认为，战争的开始必须通过宣战。但是国际实践中，特别是在1928年《巴黎非战公约》规定废弃将战争作为推行国家政策的工具之后，越来越多地出现了不宣而战的情况。1945年《联合国宪章》禁止武力的非法使用以后，国家间所发生的武力争斗，绝大多数是以非战争的武装冲突来代替正式的战争状态。

关于战争开始的具体时间。凡是经过宣战开始的战争，宣战之时或宣战文件上指明的时间即为战争开始的时间。未经宣战的战争，对其开始时间的认定，国际法尚无明确具体的规定。这种情况下应综合各个相关因素进行考察，其中确证交战国的“交战意思”所表现出的时间，对于确定战争开始的时间通常应具有决定性的意义。

2.战争开始的法律后果。战争开始使交战国之间的法律关系发生重大变化，产生的法律后果主要有以下几方面：

（1）外交和领事关系的断绝。战争开始后，交战国间的外交关系和领事关系一般自动断绝。交战国关闭其在敌国的使、领馆。接受国有一般的义务尊重馆舍财产和档案安全。对于派遣国的馆舍，以及侨民的利益，可以委托接受国认可的第三国予以照料。交战国的外交代表和领事官员以及使馆、领馆的有关人员有返回其派遣国的权利。这些人员在离境前的合理期限内，一般仍享有外交特权与豁免。

（2）条约关系发生变化。国际实践中，战争开始引起的条约关系的变化主要有以下三种情况：

①仅以交战国为当事国的条约效力根据以下情况决定：第一，凡以维持共同政治行动或友好关系为前提的条约，如同盟条约、互助条约或和平友好条约立即废止。第二，一般的政治和经济类条约，如引渡条约、商务条约等，除条约另有规定外，也停止效力。这类条约战后的效力如何，一般由缔约方在这类条约中或在和约中明确。第三，关于规定缔约国间固定或永久状态的条约，如边界条约、割让条约等一般应继续维持，除非这类条约另有规定，或缔约方另有协议。

②交战国与非交战国为当事国的多边条约的效力有两种情况：一种情况是条约本身明文规定，该条约在战时中止其效力，如1944年芝加哥《国际民用航空公约》就作出了这种规定。另一种情况是普遍性的多边条约或有关卫生、医药的条约不因战争开始而终止，但其中与交战行为相冲突的条款，可中止执行，待到战争结束后再恢复执行。

③关于涉及战争规范的条约效力。凡规定战争行为规范的条约于战争开始后不仅有效，而且恰恰必须适用。当事国应严格遵守。

（3）经贸往来的禁止。战争开始后，交战国间的政治、经济、军事等诸方面都处于敌对状态。断绝经贸往来是战争开始后敌国之间通常采取的措施。一般地，交战国人民之间的贸易和商务往来是被禁止的，但对已履行的契约或已结算的债务则并不废除。

（4）对敌产和敌国公民的影响。

①对敌产的影响。交战国在战争中对敌产的处理应区分公产和私产：第一，交战国对于其境内的敌国国家财产，除属于使馆的财产档案等外，可予以没收；第二，对占领区内属军事性的敌国动产可以征用；对不动产可以使用，但不得拥有、变卖或作其他改变物权所有者的处置；第三，具有军事性的不动产，如桥梁、要塞等可于必要时予以破坏；第四，交战国对于其境内的敌国人民的私产可予以限制，如禁止转移、冻结或征用，但不得没收；第五，对占领区内的敌国人民之私产不应以任何方式干涉或没收，但对可供军事需要的财产可征用。

另外，交战国对在海上遇到敌国公、私船舶及货物，可予以拿捕没收，但对从事探险、科学、宗教或慈善以及执行医院任务的船舶除外；对中立国商船上的敌国私产，除可用于战争目的的之外，一般不应拿捕没收；对敌国的公、私航空器及其所载货物均可拿捕没收。

②对敌国公民的影响。交战国对其境内的敌国公民可实行各种限制，如进行敌侨登记，强

制集中居住等。但就战争许可范围内，应尽可能地减免对敌国公民人身、财产和尊荣上的限制和强制。

3.非战争武装冲突的开始及其后果。非战争的武装冲突没有正式开始的宣告程序。只要实际武力行为存在，就视为开始了非战争武装冲突。第二次世界大战以后发生的许多重大国际武装冲突大都不是战争，因为武装冲突各方不承认有战争状态的存在。这时，该武装争斗的后果与战争开始的后果不同，在这种武装冲突爆发时，武装冲突各方一般继续保持外交关系和领事关系，同时一般也不发生战争所引起的其他法律效果。

（二）战争的结束

从国际实践来看，战争的结束一般分两步，停止敌对行动和结束战争状态。敌对行动的停止不同于战争状态的结束。前者只是一种临时的、为实现最终和平所作出的过渡性安排；而后者则意味着交战问题的最终解决和恢复彼此间的和平状态。

1.敌对行动的停止。

（1）停战。停战是根据交战方之间签订的协议而停止军事行动。停战可以是全面的，也可以是局部的。停战可以有确定的期限，也可以不定期限。如果不定期限，交战国可以随时再行开战，但应按停战条件的规定对对方提出警告。交战一方如果有严重破坏停战条件的行为，另一方有权废除停战协定，情况紧急时可立即恢复战争行动。但是，如果违反停战协定的是个人，且是出于个人动机，则受害一方可只要求惩处违约者。

（2）无条件投降。投降是战败国向战胜国降服。无条件投降是指战败国只能按照战胜国规定的条件而自己不得附加任何其他条件的投降。第二次世界大战期间，联合国家方面为了彻底粉碎德、日法西斯侵略势力，对它们宣布了无条件投降的命令。1945年5月8日，德国统帅部的代表在柏林签署了无条件投降书；同年9月2日，日本也签署了无条件投降书。

（3）停火与休战。停火与休战是目前经常使用的停止军事行动的方式，特别是联合国安理会在武装冲突发生后，常常会作出要求各方停火的决定。停火的效力一般要求在规定的期限内，在被要求的地区内绝对停止敌对的武装行动；而休战也是停止敌对武装冲突行动的一种方式，但具体的内容和形式更少限定性，存在一些不同的具体实践。

2.战争状态的结束。战争状态的结束是交战各方停止战争行动，并全面解决了相关的政治、经济、领土和其他问题，从法律上结束战争状态，恢复彼此间的和平关系。实践中，结束战争状态的方式通常有以下三种：

（1）缔结和平条约。缔结和平条约是结束战争状态的最通常的方式。和平条约一般都规定了与交战国相关的全部未决事项。和平条约的缔结和生效，意味着战争状态的结束，从而一切基于战争状态而采取的作战行为不再被允许，双方不得再行攻击、征用或没收等行为。第二次世界大战后，中国与意大利间战争状态的结束，就是以中、美、苏、英、法等国家为一方，与意大利、罗马尼亚等国家为交战的另一方，通过缔结和平条约完成的。

（2）联合声明。交战国双方以发表联合声明的方式结束战争状态。第二次世界大战后，中国与日本之间战争状态的结束采用了这种方式。1972年9月29日，中日两国发表联合声明宣布结束两国间的战争状态，恢复正常的和平关系。

（3）单方面宣布结束战争。指由战胜国单方面宣布结束战争状态。中国与德国间战争状态的结束，是通过这种方式来实现的。1955年4月7日，时任中华人民共和国主席发布《关于结束中华人民共和国同德国之间的战争状态的命令》，标志着中国与德国之间的战争状态的结束。

3.战争结束的法律后果。交战国之间的战争状态结束后，两国的关系恢复为正常的和平关系。相应的战争法的规则终止适用，在其国家关系中，恢复适用国际法中的平时法部分。恢复外交和领事关系；恢复经济贸易通商活动；因战争中止实施的条约恢复效力；取消对原交战国家或国民的财产及其他权利的限制等。

现代国际实践对于战争的结束和后果有了

某些新发展。停战协定由原来只是临时性的安排，现在趋向于成为长期、全面停止敌对行动的一种方式。有些停战协定以后通过其他的国际法律文件予以确认和保证，从而成为结束战争状态的一种方式。1973年巴黎会议签订的关于越南停止战争和恢复和平的协议是一个典型的例子。

另外，以前国际法上的战争结束及其法律后果问题，基本上都集中于国家之间的战争；而在现代国际实践中，则针对个别国家非法使用武力的行为。联合国根据《联合国宪章》所采取的军事行动的结束和法律后果问题，也在不断地实践和发展之中。如针对伊拉克对科威特非法使用武力的行动，联合国安理会通过决议，多国部队对伊拉克发动了代号为“沙漠风暴”的军事行动。在此行动结束以后，联合国安理会又于1991年4月通过第687号决议，重申按照国际法，伊拉克应负责赔偿因其非法入侵和占领科威特而对外国政府、国民和公司造成的任何直接损失、损害和伤害。

（三）战时中立

战时中立，是指在战争时期，非交战国选择不参与战争、保持对交战双方不偏不倚的法律地位。

1.一个国家在其他国家之间发生战争时，除事先负有条约义务，是否选择中立地位，是政治抉择，不是法律问题。但其如果选择了中立地位，则产生相应的法律权利和义务。选择中立地位可以通过发表声明表示，也可以不发表声明而采取事实上遵守中立义务的方式。

2.战时中立不同于政治意义上中立和中立主义。作为外交政策上的中立或中立主义，是指一国对其他国家间的争端或对立所采取的一种超脱的政治态度，不参加军事联盟，拒绝在本国领土上设置外国军事基地或驻扎外国军队，以及不偏袒任何国家等。这种政治中立不带来国际法上中立的法律后果。“不结盟运动”就是一种典型的政治中立做法，它是在“冷战”期间，选择不参加和不卷入当时美苏两个对立军事集团之间的纠纷和冲突的一种做法。

3.战时中立也不同于“永久中立”。战时中立是临时和特定的，其开始于非交战国声明其选择中立地位，或其事实上已经开始的中立行为；战时中立结束于战争的结束，或中立国宣布结束中立地位开始参加战争。永久中立的地位是根据国际条约确立的，它在平时和战时都必须履行其永久中立国的义务，不得任意选择或放弃其地位。战时中立也不同于领土某些部分的“中立化”。所谓领土中立化，一般是根据国际条约使某一部分领土永久非军事化。

4.战争法上的战时中立是国家的一种战时地位，而不是个人或团体的地位。有关中立的法律规则是规范和调整战时有关国家间的行为和关系的，而不直接以个人或团体间的关系作为调整对象。

5.在未构成法律上战争状态的武装冲突中，由于不存在法律上的战争状态，因而也无严格法律意义上的中立。这种情况下，不参加冲突的国家的地位以及相关的权利义务，国际法尚无明确具体的规则。从国际社会实践来看，一般地说，在这种武装冲突中，未卷入冲突的国家有权保护其在冲突各方境内的侨民的生命和财产，必要时有权撤退其侨民，同时也应尊重和保护冲突各方在其境内的侨民及财产。冲突方无权对未参加冲突的国家采取封锁、临检、禁止禁制品等传统战争法所允许的措施。

6.现代国际法中，不符合《联合国宪章》规定而使用武力的行为已被禁止，侵略战争已被确定为严重的国际罪行。联合国成员国已事先在法律上承担了义务，区别对待从事战争或非法使用武力的国家与被侵略国家。这在很大程度上动摇了以不偏不倚为基础的中立。传统国际法上的中立规则，受到《联合国宪章》所确立的集体安全制度的制约和影响。根据宪章，联合国成员国在维护国际和平与安全方面，承担了根据安理会决定（包括使用武力决定），采取集体协助行动的义务，且该宪章的义务与其他协定义务相比具有优先的地位。此时，国家选择中立的权利受到了制约。

然而，从国际实践来看，《联合国宪章》规定并没有使得国际法上的中立制度完全被取消。在联合国作出采取行动的情况下，各国仍可能自由地选择是否保持中立。另外，即使联合国安理会作出了使用武力的决定，如果一个国家不参加实际战斗，它就在实际上保留中立地位，这种地位也被称为一种"有限中立"或"准中立"。因此，中立制度在一定程度上，仍然具有继续存在的必要性和发展的意义。

7.中立国在国际法上的权利义务主要包括以下一些内容：

（1）中立国的权利：①中立国的领土主权应得到交战国的尊重。交战国不得在中立国领土或其管辖区域从事战争行为，不得将中立国领土作为其作战基地、通讯设施基地，或在中立国领土或领水内将商船改装为军舰。②中立国人员的权益应得到保护。交战国有义务采取措施，防止其境内或其管辖区域内的中立国使节及国民遭受虐待；防止其境内或其管辖区内的中立国人民的合法权益受到侵犯。③中立国与交战国关系中的某些特殊权利。中立国有权与交战国的任一方保持正常的外交和商务关系。

（2）中立国的义务。一般可以分为不作为的义务、防止的义务和容忍的义务三个方面：①不作为的义务，是指中立国不得直接或间接地向任何交战国提供军事支持或帮助。包括不得提供军队、武器、给养、贷款或向交战国军队提供庇护场所等。②防止的义务，是指中立国有义务采取一切可能的措施，防止交战国在其领土或其管辖范围内的区域从事战争，或利用其资源准备从事战争敌对行动以及战争相关的行动，包括在该区域中征兵、备战、建立军事设施或捕获法庭、军队及军用装备过境等。③容忍的义务，是指中立国须容忍交战国根据战争法对其国家和人民采取的有关措施，包括对其有关船舶的临检、对其从事非中立义务的船舶的拿捕审判、处罚或非常征用。

国际法

第二节　对作战手段的限制和对战时平民及战争受难者的保护

一、对作战手段和方法的限制

作战的"手段"是指所使用的武器，而"方法"则包括如何使用武器及其他作战方法。战争与武装冲突法从人道的角度出发，对作战的手段和方法规定了若干的限制。目的是在不能完全消灭战争与武装冲突之前，尽量减轻其给人类带来的残酷性。

限制作战手段和方法的国际法规则，也被称作战争法中的"海牙体系规则"。它主要是以发轫于1907年的一系列海牙公约为基础，并在以后不断发展而形成的。目前，针对新技术产生的武器或手段，如"致命性自主武器系统"、网络攻击等，国际社会也正在讨论制定相应的规则加以规制。

（一）限制作战手段和方法的基本原则

1."条约无规定"不解除当事国义务。战争与武装冲突法的原则、规则和制度，不仅存在于条约之中，而且还大量地表现为习惯国际法的形式。作战手段和武器技术的发展非常迅速，战争法的某些具体规则可能不足以及时全面地覆盖这些新的武器系统或作战方式。但是，在战争与武装冲突法尚无具体规则的情况下，有关各方也不能为所欲为。根据战争法中著名的"马耳顿条款"，在国际协定未规定的情况下，平民和战斗员仍然受来源于既定习惯、人道原则和公众良心要求的国际法原则的保护。

2."军事必要"不解除当事国义务。交战各方必须遵守战争法规所加诸它的义务，不得以"军事必要"来对抗和破坏战争法规定的义务。因为战争法规的制定本身是以考虑了军事必要为前提的，因此在战争法规的执行中，不得再以"军事必要"为由，对抗当事国根据战争法所承担的义务。对在一些规则中提到的"军事情况许可时"的条件，应从严解释，并将其限定在具有明文规定的情况和范围内。

3.区分对象原则。在战时，必须对不同性

质的目标和人员进行区分，并在战争或武装冲突中分别给予不同的对待。这种区分包括，区分平民与军事人员；区分武装部队中的战斗员与非战斗员；区分有战斗能力的战斗员与丧失战斗能力的战争受难者；区分军用物体与民用物体，以及区分民用目标与军事目标等。

4.限制作战手段和方法原则。

（1）在战争与武装冲突中应对一些作战手段和方法加以限制。原则上，各交战国和冲突各方对作战方法和手段的选择都应受到法律的限制，例如，禁止使用不分青红皂白的作战手段和方法；禁止使用大规模屠杀和毁灭人类的作战方法和手段；禁止使用滥杀滥伤、造成极度痛苦的作战方法和手段。

（2）方法和手段的使用应与预期的、具体的和直接的军事利益成比例。禁止损害过分的攻击，以及使用引起过分伤害和不必要痛苦的作战方法和手段。

（二）对作战手段和方法限制的主要内容

1.禁止具有过分伤害力和滥杀滥伤作用的武器使用。具有过分伤害力和滥杀滥伤作用的武器，有时又被称为“野蛮或残酷的方法和手段”。这类武器有毒气、化学和生物武器。

（1）极度残酷的武器。极度残酷的武器一般是指在给战斗员造成极度痛苦后使之死亡的武器。这类武器的名单随着技术的发展而不断被增加。目前主要包括达姆弹（一类射入人体后爆炸或破裂的子弹）；能够射出大量碎片、小箭、小针之类的集束炸弹或此类地雷；某些能使人致残或陷入长期痛苦的常规武器，如能产生进入人体后无法用X光线检测的碎片的武器、地雷（水雷）和饵雷；以及燃烧武器等。

（2）有毒、化学和生物武器。在1899年《海牙陆战法规和惯例章程》就对禁止使用毒物或有毒武器作出了规定。1925年《禁止在战争中使用窒息性、毒性或其他气体和细菌作战方法的议定书》增加了禁止使用细菌武器的规定。1972年《禁止细菌（生物）及毒素武器的发展、生产及储存以及销毁这类武器的公约》除规定禁止使用细菌和毒素武器外，还规定永远禁止在任何情况下发展、生产、贮存、取得和保留这类武器。1992年《禁止研制、生产、贮存和使用化学武器以及销毁此种武器公约》规定，在世界范围内禁止研制、生产、获得、拥有、转让和使用化学武器。各缔约国存有的化学武器及其生产设施必须在公约规定的期限内予以销毁；对缔约国可能的违约，公约规定了严格的投诉程序、核查机制和制裁措施。国际组织将派官员进行不定期的现场视察，并定期使用检测仪器进行核查。

（3）核武器。除极度残酷的武器，有毒、化学和生物武器以外，核武器所具有的大规模杀伤性、长期的毒害及辐射效用以及难以对人员及目标区分打击等特性，使其从理论上来讲，无疑应该属于被禁止的武器和方法之列。国际法院在1996年针对“使用核武器是否合法”的问题，所作出的咨询意见中认为，一般地，使用或威胁使用核武器是违反关于战争和武装冲突的国际法规则的，特别是违反国际人道主义法的原则和规则的；但是就国际法目前的状况和法院所掌握的事实情况而言，对于在危及一国生死存亡时进行自卫的极端情况下，威胁或使用核武器是否合法，法院不能作出确定的结论。法院认为：①习惯国际法和条约都没有任何具体规定，授权使用或威胁使用核武器；同时也没有任何规定，全面普遍地禁止核武器的使用或威胁使用。②任何违反《联合国宪章》规定的使用武力条件的情况下，使用或威胁使用核武器是非法的。③使用核武器在任何情况下，都不得违背战争和武装冲突中有关的国际法规则的要求，不得违背国际人道主义法的规则以及明确涉及核武器的条约义务或其他承诺。2017年7月7日，联合国大会以122票赞成通过了《禁止核武器条约》，该条约要求世界各国立刻停止几乎所有与核武器相关的活动。安理会五个常任理事国均拒绝参与投票。2018年10月29日，中俄美法英五国发表共同声明，反对《禁止核武器条约》。声明强调，五国一直在按照1968年《不扩散核武器条约》对核武器进行削减。该条约在防止核武器的威胁扩散到全球方面发挥了重要作用，极大控制了核战争的风险，还给民用核技术提供了重要的框架，造福了人类。《禁止核武器条约》已于2021年1月22日生效，但安理会五个常任理事国持续对该条约表示拒绝和反对，不受该条约的拘束。并且，即使未来条约内容可能演变为习惯规则，对于这五个“持续反对者”国家，其拘束力亦被阻却。2022年1月，中俄美英法五国领导人发表《关于防止核战争与避免军备竞赛的联合声明》确认：避免核武器国家间爆发战争和减少战略风险是五国的首要责任；只要核武器继续存在，就应该服务于防御目的、慑止侵略和防止战争；将继续遵守《不扩散核武器条约》各项义务；重申不将核武器瞄准彼此或其他任何国家；并愿与各国一道努力，创造更有利于促进裁军的安全环境，最终目标是以各国安全不受减损的原则建立一个无核武器世界。2022年，中国领导人多次指出“核战争打不赢也打不得”，呼吁上述签署国遵循该声明理念，避免核武器国家间爆发任何武装冲突；强调《不扩散核武器条约》是国际核裁军与核不扩散体系的基石；主张所有核武器国家都不应在境外部署核武器并应撤出在境外部署的核武器，以维护世界和地区和平。

（4）地雷和武器贸易。《关于禁止使用、储存、生产和转让杀伤人员地雷及销毁此种地雷的公约》1999年生效。该公约禁止使用、储存、生产、发展、获取和转让杀伤人员地雷，并要求将储存中或地面中的此种地雷予以销毁。公约并未禁止设计成在车辆出现、接近或接触时爆炸的地雷，也并未禁止可遥控的爆炸装置。上述公约由于尚未得到几个武器大国的签署或批准，其作用和效果有待观察，中国尚不是公约的缔约国。《联合国武器贸易条约》2014年生效。该条约为监管八类常规武器的国际贸易制定了国际标准，其对象包括坦克、装甲战车、大口径大炮、战斗机、攻击直升机、战舰、导弹与导弹发射器，以及小型军火。缔约国须设立管制武器出口的机构和机制，以确保所输出的武器不违背国际禁运的规则和措施，不被用于种族灭绝、战争罪行，或落入恐怖分子和犯罪团伙手中。中国已加入该公约成为缔约国。2020年10月中国颁布《出口管制法》后，对于军品出口管理更加严格有效。2021年，中国在缔约国第七次会议上提出三项主张：第一，不断提升《联合国武器贸易条约》普遍性和有效性。第二，秉持多边主义，积极支持联合国在常规军控领域主渠道作用。第三，强化负责任的武器贸易理念。中方呼吁各国不向非国家行为体出售武器，不得借此干涉主权国家内政。各国应本着构建人类命运共同体理念，树立共同、综合、合作、可持续的新安全观。

2.禁止不分皂白的战争手段和作战方法。1977年《日内瓦四公约第一附加议定书》列举了“不分皂白”的攻击所包括的主要内容，它们是：不以特定军事目标为对象的攻击；使用不能以特定军事目标为对象的作战方法和手段；使用任何将平民或民用物体集中的城镇、乡村或其他地区内许多分散而独立的军事目标视为单一的军事目标的方法或手段进行轰击或攻击；可能附带使平民生命受损失、平民受伤害、平民物体受损害，或三种情况均有而且与预期的具体和直接军事利益相比损害过分的攻击。此外对不分皂白的作战手段和方法的禁止还包括：不得以任何方式攻击或炮击不设防的城镇、乡村或住宅；对于宗教、技艺、学术及慈善事业之建筑物、历史纪念物、医院及病伤者收容所等，在当时不供军事上使用者，必须尽力保全。不得攻击医院和安全地带，并在战时可以设立中立化地带。

3.禁止改变环境的作战手段和方法。改变环境的作战手段和作战方法，是指使用旨在可能改变自然环境的技术使环境发生广泛、长期而严重损害，从而妨害居民的健康和生存的作战手段或方法。改变环境的技术是指通过蓄意操纵自然过程改变地球（包括其生物群、岩石圈、地下层和大气层）或外层空间的动态、组成或结构的技术。包括使用某种方法改变气候，引起地震、海啸，破坏自然界的生态平衡、破坏臭氧层等。

4.禁止背信弃义的战争手段和作战方法。所谓背信弃义的作战方法或行为，是指以背弃敌人的信任为目的而诱取敌人的信任，使敌人相信其有权享受或有义务给予适用于武装冲突的国际法规则所规定的保护，以此造成杀死、伤害或俘获敌人的行为。根据1977年《日内瓦四公约第一附加议定书》，以下行为构成背信弃义的情况：(1)假装有在休战旗下谈判或投降的意图；(2)假装因伤或因病而无能力；(3)假装具有平民、非战斗员的身份；(4)使用联合国或中立国家或其他非冲突各方的国家的记号、标志或制服而假装享有被保护的地位。

这里需要将背信弃义行为与战争中使用诈术区别开来。战争中的诈术是重要的制胜方式之一，是指在迷惑对方或诱使对方作出轻率行为，同时又不违反任何适用于战争与武装冲突的国际法规则的行为，如使用伪装、假目标、假情报等。

5.海战和空战中的某些特别规则。所有陆战法规和惯例如果能够适用于海战和空战的，都应该适用。因此，海战和空战中上述战争法的规则都应适用。除此之外，由于海战或空战有某些陆战所不具有的特点，因此国际法中还有一些专门针对海战和空战的法律规则。

(1)海战中的规则主要包括：关于战斗员、军舰和商船的规则；海军轰击的规则；潜艇攻击的规则；使用水雷和鱼雷的规则四个方面。空战规则的主要问题是如何限制和减少空中轰炸的残酷伤害。虽然迄今为止尚没有关于空战规则任何专门的国际条约和协定，但其有关规则除了以习惯法规则的形式出现外，还存在于陆战或海战的条约中。其中，1977年《日内瓦四公约第一附加议定书》规定，战时平民、民用物体、文物和礼拜场所、自然环境、不设防地的保护，以及对含有危险力量的工程和装置的保护的规定，均适用于空战。关于陆地的其他作战方法和手段的限制也适用于空战。例如，空中轰炸只能针对军事部队、军事工程；要避免轰炸宗教、艺术、科学和慈善事业的建筑物、历史纪念碑、医院船、医院及收容伤病员的其他场所。

(2)商船的地位。根据1907年《关于战争开始时敌国商船地位公约》及其他相关的习惯国际法规则，战争状态下，敌国的商船一般地可以成为被拿捕对象，但下列情况下除外：①在敌对行动开始时停泊于敌国港口的交战国的商船，应准其立即或在合理的期限自由离去，并随带通行证直接开往其目的地港或指定的其他港口。此规定也适用于在战争开始之前已离开最后出发港的，并在不知道战争已开始的情况下进入敌国港口的商船。商船由于不可抗力的情况未能在前所指的期限内离开敌国港口，或未获得驶离许可证明，不得予以没收。交战国只能在战后归还的条件下无偿扣留，或有偿征用之。②对在海上相遇的于战争开始前就已离开最后出发港并对战争毫无所知的敌国商船不得没收，只能在战后予以归还的条件下才能无偿扣留，或在给予补偿的前提下征用或击毁。在征用或击毁的情况下必须对船上人员的安全和船舶文件的保护作出适当安排。此类船舶经抵达本国港口或中立国港口后，这种临时的地位即告丧失。③上述情况所及的船上的敌货具有与船舶相似的地位，一般可连同商船一起或单独地予以扣留并在战后无偿归还，或予以有偿征用。

二、对战时平民和战争受难者的保护

(一)保护战时平民和战争受难者法律规则的特点

战时平民是指处于战争状态下的和平居民；"战争受难者"包括战时的伤病员及战俘。关于保护的法律规则，主要在1949年的四个《日内瓦公约》和1977年关于日内瓦四公约的两个《附加议定书》中得到编纂和发展，并形成了独特的体系。其主要有以下特点：

1.公约的适用不仅限于国际法传统意义上的战争，而且包括任何其他武装冲突，即便其中一方不承认有战争状态。这是基于国际实践中，非战争的武装冲突大量存在，为了避免任何一方以未经宣战和战争状态不存在为借口拒绝遵守公约规定的情况出现。

2.公约的规定不仅对于发生在缔约国之间的战争或武装冲突中，对于缔约国具有拘束力，而且在交战国中有非缔约国的情况下，对于缔约国也具有拘束力。《日内瓦四公约》共同第2条规定："冲突之一方虽非缔约国，其他曾签订本公约之国家于其相互关系上，仍应受本公约之拘束。"这就最大限度地避免了当任一交战者不是公约的缔约国时，公约的规则在其他所有国家与该非缔约国之间关系中不能适用的问题，尽力扩大对战争受难者的保护范围。

3.公约在一定条件下可以对非缔约国适用。严格地说，条约只拘束缔约国，对第三国没有拘束力。在原则上，一个国家接受和适用某项条约规定的前提，应是按照条约法的有关程序缔结或加入该条约。然而，鉴于战争法适用情况的特殊性和急迫性，《日内瓦公约》共同第2条允许非缔约国在接受并援用公约规定的条件下，可以与缔约国在武装冲突期间同等地受公约的约束，而不必须以通过有关程序加入该条约为适用条件。

（二）对战时平民和战争受难者保护的主要内容

1.战时平民的保护。根据1949年《关于战时保护平民的日内瓦公约》，落入敌国管辖或支配下的平民的保护有两种情况：一种是战争或武装冲突发生时对交战国或武装冲突国境内的敌国平民的保护；另一种是对占领区平民的保护。

（1）对于在战争或武装冲突发生时，位于交战国境内的敌国平民一般应允许离境。对继续居留者应给予以下人道主义的待遇：①平民居民本身及平民个人不得成为攻击的对象。禁止在平民中散布以恐怖为主要目的的暴力行为或暴力威胁；②禁止对平民的攻击实施报复；③保障平民的合法权益，不得把他们安置在某一地点或地区，以使该地点或地区免受军事攻击；④不得在身体上和精神上对平民施加压力，强迫提供情报；⑤禁止对平民施以体刑和酷刑，特别禁止非为医疗的医学和科学实验；⑥禁止实行集体刑罚和扣为人质；⑦应给予平民以维持生活的机会，但不得强迫他们从事与军事行动直接相关的工作；⑧只有在安全的绝对必要的情况下，才可把有关敌国平民拘禁或安置于指定居所；⑨对妇女和儿童的特殊保护。

（2）军事占领是指交战国一方击败或驱走敌方军队后临时控制敌国领土的行为。军事占领从在一国领土事实上已置于敌军权力之下时开始，至交战国的问题获得解决而终止。军事占领的性质只是对敌国领土的暂时占领，因此这种占领不能取代或转移占领区的主权。占领区的敌国平民亦不因此改变国籍，不承担对占领者效忠的义务，占领国的管辖权也是临时性质的。它与战后占领不同，后者是以专门的国际协议为基础的，可作为追究侵略责任的措施。在军事占领下，占领当局只能在国际法许可的范围内行使军事管辖权，并对平民应给予以下人道主义的待遇：①不得剥夺平民的生存权。占领当局在行使权利的同时，有义务维持社会秩序和居民生活。②对平民的人格、尊严、家庭、宗教信仰应给予尊重。③不得对平民施以暴行、恐吓和侮辱，不得把平民扣为人质或进行集体惩罚，或谋杀、残害及用作实验。④不得用武力驱逐平民。⑤不得为获取情报对平民采取强制手段。⑥不得强迫平民为其武装部队或辅助部队服务或加入其军队。⑦不得侵犯平民正常需要的粮食和医药供应。⑧不得废除被占领国的现行法律，必须维持当地原有法院和法官的地位并尊重现行法律。

2.伤病员待遇。日内瓦公约中，关于伤病员待遇的主要内容包括：（1）敌我伤病员在一切情况下应无区别地予以人道的待遇和照顾，不得基于性别、种族、国籍、宗教、政治意见或其他类似标准而有所歧视。对其生命的任何危害或对其人身的暴行均应严格禁止。尤其不得加以谋杀或消灭、施以酷刑或供生物学的试验；不得故意不给予医疗救助及照顾；也不得造成使其冒传染病危险的情况。只有医疗上的紧急理由，才可以予以提前诊治。当冲突之一方被迫委弃伤者、病者于敌人时，在军事考虑许可范围内，应留下一部分医疗人员与器材。（2）冲突各方的伤者、病者如落于敌手，应为战俘，国际法上有关战俘之规定应适用于他们。（3）每次战斗后，冲突各方应立即采取一切可能的措施搜寻伤者、病者，予以适当的照顾和保护；环境许可时，应商定停战或停火办法，以便搬移、交换或运送战场上遗落之受伤者。（4）冲突各方应尽速登记落于其手中之每一敌方伤者、病者，或死者之任何可以证明其身份之事项，并应尽速转送情报局，该局转达上述人员之所属国。（5）冲突各方应保证在情况许可下将死者分别埋葬和焚化之前，详细检查尸体，如可能时，应经医生检查，以确定死亡，证明身份并便于作成报告。(6)军事当局，即使在入侵或占领地区，也应准许居民或救济团体自动收集和照顾任何国籍之伤者、病者。任何人不得因看护伤者、病者而被侵扰或定罪。(7)海战中伤病员的待遇，如适用范围、保护对象、基本原则等方面与陆战的制度完全相同。并且由于海战特点还特别补充了一些诸如船难、军用医院船等方面的相关规定。

3.战俘待遇。根据《日内瓦第三公约》，战俘自其被俘至其丧失战俘身份前应享受规定的合法待遇和相关权利。禁止战俘在任何情况下加以放弃公约规定的这些待遇和权利。其中主要包括:(1)交战方应将战俘拘留所设在比较安全的地带。无论何时都不得把战俘送往或拘留在战斗地带或炮火所及的地方，也不得为使某地点或某地区免受军事攻击而在这些地区安置战俘。(2)不得将战俘扣为人质，禁止对战俘施以暴行或恫吓及公众好奇的烦扰；不得对战俘实行报复，进行人身残害或肢体残伤，或供任何医学或科学实验；不得侮辱战俘的人格和尊严。(3)战俘应保有其被俘时所享有的民事权利。战俘的个人财物除武器、马匹、军事装备和军事文件以外的自用物品一律归其个人所有；战俘的金钱和贵重物品可由拘留国保存，但不得没收。(4)对战俘的衣、食、住要能维持其健康水平，不得以生活上的苛求作为处罚措施；保障战俘的医疗和医药卫生。(5)尊重战俘的风俗习惯和宗教信仰，允许他们从事宗教、文化和体育活动。(6)准许战俘与其家庭通讯和收寄邮件。(7)战俘享有司法保障，受审时享有辩护权，还享有上诉权。拘留国对战俘的刑罚不得超过对其本国武装部队人员同样行为所规定的刑罚。禁止因个人行为而对战俘实行集体处罚、体刑和酷刑。对战俘判处死刑应特别慎重。(8)讯问战俘应使用其了解的语言。(9)不得歧视。战俘除因其军职等级、性别、健康、年龄及职业资格外，一律享有平等待遇。不得因种族、民族、宗教、国籍或政治观点不同加以歧视。(10)战事停止后，战俘应即予以释放并遣返，不得迟延。

第三节　战争犯罪

一、战争犯罪的概念

(一)概念

传统国际法中的战争犯罪，仅指交战国军队违反战争法规和惯例的行为，包括使用有毒或其他被禁止的武器，杀害或虐待战俘，攻击、掠劫和屠杀平民等行为。因为在传统国际法中，国家有战争权，因此发动或从事战争的行为本身并不构成对国际法的违背或国际罪行。1928年《巴黎非战公约》废弃以战争作为推行国家政策的手段，特别是《联合国宪章》规定，不得以与宪章不符的方式非法使用武力，从而任何非法从事战争或使用武力的行为都是违背国际法的，并可能涉嫌构成战争犯罪。这种发展扩大了战争犯罪的范畴。基于此，也有人将传统国际法中的战争犯罪的概念称为狭义用法，而扩大了范畴的战争犯罪的概念称为广义的用法。

(二)对于战争犯罪的审判和惩罚的实现

在国际法中对于战争犯罪的审判和惩罚的实现，开始于第二次世界大战结束后的纽伦堡审判和东京审判。在此之前，第一次世界大战结束时，对于战争期间德国野蛮暴行，受害国人民曾经强烈要求审判和惩处作为罪魁祸首的德皇威廉二世。协约国根据《凡尔赛和约》的规定，组织了特别军事法庭。但审判由于荷兰拒绝引渡德皇而未果。纽伦堡审判和东京审判的进行，开创了追究个人战争刑事责任实践，确立和证实了一系列有关战争责任、战争犯罪和惩罚的国际法原则。其中，1945年《伦敦协定》及《欧洲国际军事法庭宪章》《远东国际军事法庭宪章》等文件，对于国际法特别是战争法的发展具有重要意义。

（三）纽伦堡原则

纽伦堡原则是指纽伦堡审判和东京审判相关的一系列文件和审判实践所确立和形成的关于追究战争责任、惩治战争犯罪的原则。它构成了现代国际法中有关战争犯罪和惩罚规则框架的基础。该原则包括：（1）从事构成违反国际法的犯罪行为的人应承担个人责任，并受惩罚；（2）不违反所在国的国内法不能作为免除国际法责任的理由；（3）被告的官职地位，不能作为免除国际法责任的理由；（4）政府或上级命令，不能作为免除国际法责任的理由；（5）被控有违反国际法罪行的人，有权得到公平审判；（6）违反国际法的罪行包括危害和平罪、战争罪和违反人道罪；（7）参与上述罪行的共谋是违反国际法的罪行。

在纽伦堡原则的基础上，国际法对于战争犯罪进行追究的规则和原则又有一些新的发展，如确立了战争罪行和危害人类罪不适用法定时效，战争罪犯不得予以庇护，各国应在引渡战争罪犯和危害人类罪犯的问题上进行合作等原则。

（四）战争犯罪的罪名

根据《欧洲国际军事法庭宪章》和《远东国际军事法庭宪章》的规定，战争犯罪包括以下三类：

1.危害和平罪。该罪是指计划、准备、发动或实施侵略战争或违反国际条约、协定或保证之战争，或参与为实现任何上述行为的共同计划或同谋。

2.战争罪。该罪是指违反战争法规与习惯的行为，此种违犯应包括但并不限于对在所占领土内的平民之谋杀、虐待，为使其从事奴隶劳役或任何其他目的的放逐，对战俘或海上人员之谋杀或虐待，杀害人质，劫掠公私财产，任意破坏城市、集镇或乡村，或从事非根据军事需要之破坏。

3.违反人道罪。该罪是指在战争发生前或战争进行中，对任何居民之谋杀、灭绝、奴化、放逐及其他非人道行为；或基于任何政治、种族或信仰的原因所进行的迫害。

战后国际法的发展，不断确认了纽伦堡审判和东京审判原则和确立的罪名，并且对罪名下所包含的内容和范围加以明确和细化。在此领域中，迄今最为重要的发展是1998年《国际刑事法院罗马规约》，其对上述各项罪名的具体范围都作出了进一步的详细规定。例如，仅上述罪名中的战争罪一项，就包含了严重破坏1949年日内瓦公约的行为、严重违反国际法已确定的适用于国际武装冲突的法规和习惯行为等四大类共40个子类的行为。

二、惩罚战争犯罪的主要国际司法实践

（一）纽伦堡审判和东京审判

纽伦堡审判是根据1945年《控诉和惩处欧洲轴心国主要战犯的协定》（伦敦协定）及其附件《欧洲国际军事法庭宪章》（纽伦堡宪章）成立的欧洲军事法庭（纽伦堡法庭），对第二次世界大战中的德国主要战犯所进行的审判。法庭于1945年11月至1946年10月在纽伦堡先后对24名被告（在审理过程中，2人死亡或丧失行为能力）中的22人进行了审理和宣判。

东京审判是由1946年远东盟军最高统帅部根据《远东国际军事法庭宪章》设置的远东国际军事法庭，对第二次世界大战中的日本战犯进行的审判。法庭自1946年5月至1948年11月，先后对28名被告（3人在审理过程中死亡或丧失行为能力）中的25人进行了审理和判决。法庭最后判处了东条英机等7人绞刑，荒木贞夫等16人无期徒刑，东乡茂德等2人有期徒刑。

纽伦堡审判和东京审判开创了对战争犯罪通过国际司法机构进行追究的先例，其所确立的有关原则对于以后战争法乃至整个国际法的发展产生了深远的影响。

（二）联合国前南国际法庭和联合国卢旺达国际法庭

前南国际法庭全称是“起诉应对1991年以来前南斯拉夫境内所犯的严重违反国际人道主义法行为负责的人的国际法庭”。它是根据联合国安理会的有关决议，于1993年6月在海牙成立的。1991年以后，在前南斯拉夫境内发生的

武装冲突中，发生了某些严重违反国际人道主义法情事，包括蓄意杀人、“种族清洗”、大规模屠杀、严刑拷打、强奸、破坏文化和宗教财产以及任意逮捕等行为。国际社会反应强烈，要求对此类行为进行控制、追究和惩罚。在此背景下，安理会通过了附有《前南国际法庭规约》的第827号决议，成立了联合国前南国际法庭。安理会成立该法庭的法律根据是《联合国宪章》第7章和第29条。成立前南国际法庭，作为安理会的一个具有司法性质的附属机关，是安理会根据宪章而采取的一项强制性执行措施。与此相似，针对1994年4月之后在卢旺达国内武装冲突中犯有严重违反国际人道主义法行为的人，联合国安理会于1994年11月通过955号决议设立了“联合国卢旺达国际法庭”，其性质与前南国际法庭相同。

前南国际法庭于1994年11月首次开庭，2017年12月31日终止工作关闭，期间总计起诉了161人，其中90人被判有罪。被判刑人在14个欧洲国家执行刑罚。卢旺达国际法庭1995年审理首个案件，到2015年年底法庭关闭，共起诉了93人，作出了55项一审判决、40项上诉判决。前南国际法庭和卢旺达国际法庭的设立和运行，是人类法治进程中的重要实践。对其作用利弊多方面的总结反思，将促进国际刑法和国际社会的法治化的发展。

（三）国际刑事法院

根据1998年7月通过并于2002年7月生效的《国际刑事法院罗马规约》（以下简称《罗马规约》）。国际刑事法院已于2002年7月成立，法院所在地为荷兰海牙。

根据《罗马规约》及其相关文件，国际刑事法院是一个常设的国际刑事司法机构，设有18位法官、1个检察官办事处、1个预审庭、1个审判庭和1个上诉庭。2003年3月，法院的第一任法官就任，法院开始运作。

国际刑事法院作为对各国国内司法制度的补充，其管辖范围限于灭绝种族罪、战争罪、危害人类罪、侵略罪等几大类最严重的国际罪行；所管辖的犯罪行为限于发生在规约生效后。法院只追究个人的刑事责任，其最高刑罚为无期徒刑。

根据《罗马规约》的规定，国际刑事法院可在符合下列条件之一的情况下行使管辖权：所涉的一方或多方是缔约国；被告人是缔约国国民；犯罪是在缔约国国境内实施的；一个国家虽然不是规约缔约国，但决定接受国际刑事法院对在其境内实施的或由其国民实施的一项具体犯罪的管辖权。法院于2005年10月公开首批通缉令，根据法院所发通缉令逮捕的第一个人于2006年3月移送法院羁押。预审、上诉和审判程序已经进行。

2017年12月15日，《罗马规约》第16届缔约国大会通过决议，决定“自2018年7月17日起，启动国际刑事法院对侵略罪的管辖权”。此前，由于侵略罪问题比其他三类罪行更为复杂敏感，各国围绕侵略罪定义及管辖条件存在严重分歧，各方决定在《罗马规约》中只将侵略罪列入管辖范围，具体定义和启动事项，交由之后缔约各方谈判决定。2017年决议同时规定，“在一国将情势提交到国际刑事法院或检察官自主调查的情况下，国际刑事法院不能对未签署/接受修正案的缔约国的国民实施的侵略罪或发生于其领土上的侵略罪行使管辖权”。目前，仅有43个国家签署或接受了《侵略罪修正案》，法院的管辖权范围相对有限。此外，法院对侵略罪的管辖还应当充分考虑到在当代国际法体系中，联合国安理会对于侵略行为的认定权力和标准。

国际刑事法院的设立和运作，是国际法历史上的一个重大尝试。截至目前，《罗马规约》缔约国有123个（另有31国签署但尚未批准该规约），相关规则和制度逐步完善，法院管辖的情势和案件所产生的国际影响也引起更多关注。同时，法院对一些重要规则的解释和适用仍不时引发争议，其初步审查、调查、起诉和审判的管辖权和公正性屡遭质疑。美国作为非缔约国一直拒绝与法院合作，强硬反对法院的涉美调查。俄罗斯于2016年宣布终止其缔结《罗马规约》一切程序，并拒绝法院的相关调查。此外，布隆迪（2017年）和菲律宾（2019年）相继退出了《罗马规约》。2019年国际刑事法院预审分庭在授权检察官调查时提出，只要其“管辖范围内的犯罪至少有一个要素或犯罪的一部分发生在《罗马规约》缔约国领土上，法院就可行使管辖权”。这一结论引发很大争议。2023年3月，国际刑事法院再次介入热点事件，并再次发出对一国元首的逮捕令，遭到当事国的强烈反对和反制。这都表明国际刑事法院在避免管辖权扩大、平衡处理政治因素、司法正义和推进和平进程等诸多方面，面临着巨大的困难和考验。实践表明，在当前复杂的国际政治形势下，国际刑事法院更应秉持客观公正立场，尊重国家元首依据国际法享有的管辖豁免，严格依法审慎行使职权，善意解释和适用国际法，避免政治化和双重标准。中国参加了国际刑事法院《罗马规约》的谈判过程，并作为观察员参加历届《罗马规约》缔约国大会，但尚未签署该规约。

【本章主要法律规定】

我国宪法、刑法、民法、诉讼法等法律规范中的涉及战争或武装冲突的条款和相关规定

本学科重点、难点与疑点辨析

国际法是人类法律现象和法律思想的组成部分，对于法律人的职业思维培养具有重要意义。全球化和法治化不断发展，国际法的重要性日益增加。根据法律职业资格考试的目标要求，国际法学科的内容相对其他学科，其重点掌握和难点解决从三个方面把握：一是国际法本身特点和结构性方面，二是国际法具体规则理解和运用方面，三是国际法与中国立场和实践的结合，习近平法治思想对国际法和中国实践的引领。

一、法律规则和法条

1.国际法相对国内法，发达程度比较低，其法律渊源主要是条约和国际习惯。条约和国际习惯的内容非常庞杂，由于条约的拘束力仅限于当事国，而具有普遍拘束力的国际习惯法有时比较笼统，因此，国际法规则的范围和适用常存在分歧。本辅导用书尽力选择范围确定和规范具体的内容。

2.国际条约文本，由于篇幅所限无法收录在考试法规汇编中。法条和规则的呈现只能通过辅导用书转述，因此认真阅读理解辅导用书非常必要。

二、规则运用和实践

国际法实践案例主要集中在国家之间，往往涉及利益巨大，法律关系多样复杂。辅导用书内容的选取也考虑到两个方面：(1)尽量选择简单案件，或者在复杂案件中选取某个比较简单而独立的法律关系，以培养和考察对国际法基本知识和方法的掌握。(2)重点选取与国内法联系密切、有国内法律补充和衔接的内容。

上述重点的具体安排，已体现在大纲和辅导用书提示中。关于疑难点分析，由于篇幅所限，采取分章选取典型示例进行释析，阐释其中思路和方法，达到举一反三的效果。示例选取具有指导性和方法性，远不可能覆盖所有重点和疑难点。

第一章　导　　论

本章重点难点：一是从渊源的角度，掌握国际法规则确立的方法和限制；二是掌握国际法与国内法关系及其中国的实践；三是掌握以主权概念为核心的国际法各项基本原则的准确内涵和运用范围；四是体会习近平法治思想和人类命运共同体理念对中国实践和国际法发展的指引。

示例　国际法渊源。理解条约和习惯作为国际法的渊源，是运用国际法的开始。

2017年7月7日，联合国大会以122票赞成通过了《禁止核武器条约》，该条约要求世界各国立刻停止几乎所有与核武器相关的活动。安理会五个常任理事国均拒绝参与投票。2018年10月29日，五国发表共同声明，反对《禁止核武器条约》。声明强调，五国一直在按照1968年《不扩散核武器条约》对核武器进行削减，该条约在防止核武器的威胁扩散到全球方面发挥了重要作用，极大控制了核战争的风险，还给民用核技术提供了重要的框架，造福了人类。声明强调："我们不会支持、签署或批准《禁止核武器条约》，该条约不会对我们的国家产生任何法律强制效力。"此后，五国又以多种方式，明确表达了这一立场。

2021年1月22日，《禁止核武器条约》达到条约本身规定的生效条件（50个国家表示接受拘束）。据此，对下列判断进行辨析。

A.《禁止核武器条约》已生效，对于该条约的当事国具有拘束力

B.《禁止核武器条约》由于安理会常任理事国的一致反对，应自始无效

C.由于禁止核武器成为世界多数国家的主张，《禁止核武器条约》构成重要的国际立法行为。

一旦得到绝大多数国家实践支持并被接受为习惯法规则，则产生广泛的拘束力，包括对于五大国

D.即使《禁止核武器条约》的内容被多数国家广泛接受为习惯国际法规则，但对于持续反对立场的上述五大国，不产生法律拘束力

【疑难点释析】该案例涉及对国际法渊源的准确全面理解。首先，条约的缔结出于当事国的意思自治和意思一致，在条约法下，条约的生效和效力取决于当事国的约定。当《禁止核武器条约》满足其规定的生效条件时，即可生效并对当事国产生拘束力。当然，该条约对于非缔约国没有拘束力。其次，该条约的内容未来可以因得到各国的广泛实践支持（包括成为缔约国，也包括非缔约国但以其他一贯的重复实践表达支持）以及法律确信而成为习惯国际法规则。此时，一般地说，该习惯规则对上述缔约国和非缔约国都将产生法律拘束力。但是，根据国际法委员会"国际法习惯法的识别"案文结论：在一项规则被逐渐习惯化，即逐渐得到多数国家实践接受作为法律的过程中，若一国自始并持续一贯地明确反对该规则（成为"持续的反对者"），可以排除该规则对该反对国的拘束力，即使这项规则未来被多数国家接受为习惯法规则。最后，《禁止核武器条约》的相关内容，并非国际强行法规则。鉴于安理会五个常任理事国持续对《禁止核武器条约》表示拒绝和反对，即使未来条约内容可能演变为习惯规则，对于这五个"持续反对者"国家，其拘束力亦被阻却。因此，AD两项判断正确。

第二章　国际法的主体与国际法律责任

本章重点难点：一是国家各项权利之间和各项制度间的联系、国家间各项管辖权的冲突，以及主权豁免规则的运用；二是联合国体系的基本框架和规则；三是国际法律责任的构成、归责原则、形式，以及适用规则进行责任判断；四是目前国家责任制度新发展所引起的典型问题。

示例　联合国组织。联合国在当今的国际体系中具有核心地位，《联合国宪章》构成当代国际秩序的基础。应准确理解《联合国宪章》的宗旨及原则的内容和法律性质，了解其各机构特别是安理会相关的主要规则。

甲、乙、丙分别是"南罗地"地区的三个陆地邻国，也都是"南罗地组织"的成员，该组织由10个国家根据1979年的《南罗地资源开发和安全互助条约》成立。2017年在三国交界处发现新油田，甲、乙因新油田开采产生分歧，进而引发两国间激烈的武装冲突，并波及相邻的丙国。甲、乙、丙三国也均为联合国成员国。此事态引发了国际社会的强烈关注。"南罗地组织"根据上述《南罗地资源开发和安全互助条约》，就该事态通过了对成员国有法律拘束力的"南罗地组织决议"。联合国安理会也对事态进行了紧急讨论并通过决议，要求双方立即停火，其他国家不得卷入冲突或向任一方提供武器援助。根据《联合国宪章》规定和有关国际法规则，分析下列判断。

A.在安理会就该事态开始讨论时，甲国要求安理会终止讨论并在安理会决议通过后明确表示反对。根据《联合国宪章》，安理会仍有权继续进行讨论，且其后通过的决议对于甲国同样具有拘束力

B.根据"特别法优于一般法"的原则，若"南罗地组织决议"与安理会的决议在内容方面存在冲突，应优先执行"南罗地组织决议"

C.安理会决议通过后，乙国与丙国缔结了一项新条约，该条约规定丙国立即向乙国提供武器并共同打击甲国。根据"后法优于先法"的原则，该新条约的规定可以排除安理会决议对乙、丙两国的效力

D.安理会要求停火的决议通过后，"南罗地组织"可以合法地以其名义组织武装力量，对甲国采取武力行动。根据条约的相对性原则，该组织非《联合国宪章》缔约方，因此不受安理会停火决议的拘束

【疑难点释析】联合国的会员国之间发生武装冲突，并且危及了国际和平与安全，涉及《联合国宪章》有关规定的适用，也涉及《宪章》宗旨原则的习惯法和强行法性质。本题考查四个方面的相关规则运用：(1)安理会的职权；(2)安理会决议的法律拘束力；(3)成员国《联合国宪章》义务优先；(4)《联合国宪章》原则的强行法性质。

首先，根据《联合国宪章》，安理会是联合国在维持国际和平与安全方面负主要责任的机关，其职权之一即为促使争端和平解决、调查任何争端或情势，以确定其继续存在是否足以危及国际和平与安全；对于上述性质的争端，可以在任何阶段提出适当的调整程序或方法，促请当事国遵行安理会认为必要或适当的临时措施以防止事态恶化。安理会有权自觉地对上述甲、乙两国间的冲突事态进行审议和讨论，以找出适当措施。甲国的要求不能构成对安理会对事态讨论的限制。其次，安理会在其职权内通过的决议，对于所有成员国具有法律效力，包括对决议提出质疑或反对的成员国。再次，根据《联合国宪章》第103条，联合国成员国由《宪章》所负之义务优先于其他条约的义务，因此，《南罗地资源开发和安全互助条约》的区域性或专业性，都不能对抗其成员国的《联合国宪章》义务，包括遵守和执行安理会决议的义务。同理，乙、丙两国之间嗣后订立的条约，也不得对抗其《联合国宪章》的义务和安理会有效力的决议。最后，《联合国宪章》在维护国际和平与安全、禁止法外使用武力方面的原则和规则，已经国际实践接受为习惯法和强行法，对于非成员国和其他国际法主体具有拘束力。"南罗地组织"若违反不得非法使用武力原则和安理会上述停火和禁止卷入冲突的决议，对甲国使用武力，该行为同样具有非法性，应当被禁止。综上，选项A正确。

第三章　国际法上的空间划分

本章的重点难点：一是领土涉及的各项规则以及之间的联系；二是国家在海洋各个区域上的权利差别；三是航空法、外空法和国际环境法基本规则和制度。

示例1　国家领土。领土是构成国家的要素之一。在国家间存在领土争端时，国际法中关于领土变更的有关规则，是解决问题的重要依据。

依当代国际法，对下列情况进行分析判断。

A.甲国在未对他国法律权益造成影响情况下，可以实施围海造田以增加领陆

B.对于甲、乙两国间存在主权争议的某个边境地区，其居民可以自主举行公民投票，确定该地区的主权归属。对此结果甲乙两国政府须予以接受

C.丙国与其邻国经平等协商订立条约，将各自边界的部分领土相互交换

D.丁国最近五十年派兵持续控制其邻国部分领土，并对外宣称拥有主权，可以因时效而获得被占领土主权

【疑难点释析】示例涉及国际法上领土的获得方式的掌握。添附是国际法上一项合法取得领土的方式。甲国在无损他国的利益的情况下，围海造田，属于人工添附的领土取得方式。若以公民投票方式作为领土变更的方式，是有条件的。其必须依有关国家间具体协议规定或相关国家国内法规定为前提，包括公民投票方式的选择及其程序、范围和结果的性质等，都必须得到相关国家的同意和接受。该地区居民擅自进行公民投票不能决定其领土归属。丙国与其邻国订立条约，自愿互换部分领域，属于非强制性割让，依据国际法，这是合法有效的。丁国派兵持续控制邻国部分领土，其本身非法，加之国际法上的取得时效的期限并无明确规定，时效概念在领土法上没有普遍适用意义。综上，A、C选项正确。

示例2　海域划分及其制度。海洋法体系的基本思路是通过海域划分设定不同制度，以规范国家相关行为。掌握辨析各个区域中的基本规则，是分析判断问题的基础。

"合力号"是甲国的核动力破冰船，"克伦号"是甲国的客轮，"俊健号"是乙国的军舰、"科达

号”是丙国的科考船。甲、乙、丙、丁四国为《联合国海洋法公约》的缔约国。据此分析下列判断。

A.“合力号”在丁国领海航行时，丁国有权要求其按照丁国法律的规定，分道航行

B.“俊健号”在实施一项连续合法的紧追权时，可以追入丁国的专属经济区，无须得到丁国的许可

C.“科达号”在丁国的专属经济区内发现一艘本国20年前的沉船，可以自主进行水中探测和打捞

D.“克伦号”乘客中有一名被丁国通缉的重罪越狱犯人詹某，当“克伦号”由甲国驶向乙国途中，航行穿过丁国领海时，丁国公务船有权要求“克伦号”停船并登临缉拿詹某

【疑难点释析】示例分析要求对《联合国海洋法公约》中关于领海和专属经济区的制度规则有准确把握。首先，外国船舶在沿海国领海中，拥有无害通过权。即外国船舶（军舰除外）在不损害沿海国安全和良好秩序的前提下，迅速地和连续不停地通过沿海国的领海而无须事先通知或取得沿海国的许可。无害通过是任何国家都拥有的权利，沿海国不应对此进行妨碍。同时，沿海国为了维护其秩序及权益，可以制定有关无害通过的相关法规，包括对油轮、核动力船等船舶实行分道航行制度。而对于来自外国港口，仅通过领海而不进入内水的外国船舶，沿海国不得在该船上对驶入领海前所犯罪行有关的任何人进行逮捕或进行有关的调查，包括造成对航行本身的干扰。其次，对于专属经济区，沿海国拥有以勘探、开发、养护和管理海床和底土及其上覆水域自然资源为目的的主权权利，对于海洋科学研究、海洋环境保护事项拥有专属管辖权。因此，专属经济区中的沉船勘察和打捞，须得到沿海国的许可。在顾及沿海国上述权利的基础上，外国船舶包括军舰，在专属经济区拥有航行自由。一项合法开始的紧追权一般地可以延续到他国的专属经济区，而不需得到专属经济区国家的特别许可。综上，AB选项为正确。

示例3　国际环境法。生物多样性保护，包括物种和生态的保护，是当前国际环境法中的重要内容。

2019年1月，甲国的“甲优”野生公园，拟向乙国的“乙美”动物园，转让K种动物活体2只；向乙国的“乙强”生物研究机构转让L种动物标本1具和M种植物标本1株。经查，K种动物和M种植物已被列入《濒危野生动植物种国际贸易公约》附件一，L种动物被列入公约附件二。甲乙两国均是上述公约的当事国。根据相关的国际法规则，分析以下判断。

A.“甲优”公园和“乙美”动物园关于K种动物的上述转让，需要同时办理甲国的出口许可证和乙国的进口许可证，才能合法进行

B.“甲优”公园与“乙强”研究机构的上述关于L种动物标本的转让，由于出于科学研究目的，无须甲国的出口许可证

C.“甲优”公园与“乙强”研究机构上述关于M种植物标本的转让，尚没有国际法相关规则的限制

D.上述各类动植物，根据国际法相关规则，都已被严格禁止跨境转让活动

【疑难点释析】国际环境法中，生物资源和生态保护是其中的重要部分。《联合国生物多样性公约》对生物资源保护作了全面广泛的规定。还有一些公约针对某些物种、某些区域的生物环境进行保护，其中重要的一项为《濒危野生动植物种国际贸易公约》。该公约建立了濒危物种清单基础上的许可证制度。附件一所列是受贸易影响濒于灭绝的物种，只有在极其特殊情况下才被允许贸易；附件二是如不管理可能成为濒于灭绝的物种，必须加以限制贸易。对于附件中所列物种标本的贸易，必须按照公约规定进行。附件一、附件二所列物种出口都必须事先取得出口许可证。附件一物种的进口还应取得进口许可证。列入附件被限制贸易的物种包括动植物的活体和标本。因此，A项判断正确。

第四章　国际法上的个人

本章重点难点：一是适用我国《国籍法》、《出境入境管理法》和《引渡法》中有关规定分析案件；二是根据外交保护制度的条件和范围对外交保护权的正确运用；三是掌握庇护和引渡制度。

示例　外交保护。外交保护是国际法上一项制度，它不同于“领事保护”（领事法中的领事职务之一）。外交保护的启动需要满足国际法上的相关条件。

2015年，甲国公民廖某在乙国投资一家服装商店，生意兴隆，引起一些从事服装经营的当地商人不满。一日，这些商人煽动纠集一批当地人，涌入廖某商店哄抢物品。廖某向当地警方报案。警察赶到后并未采取措施控制事态，而是袖手旁观。最终廖某商店被洗劫一空。根据国际法的有关规则，对下列判断进行分析。

A.该哄抢行为可以直接视为乙国的国家行为

B.甲国可以立即行使外交保护权

C.乙国中央政府有义务调查处理肇事者，纠正当地警方的行为

D.廖某应首先诉诸乙国行政当局和司法机构，寻求救济

【疑难点释析】本案涉及外交保护制度以及国家行为的规则原则。首先，判断哄抢行为和警察的不作为行为在国际法上的性质，进而才能判断乙国国家是否应承担责任，以及甲国是否可以提起外交保护。在国际法中，引起国家责任的行为必须根据国际法能够归因于国家。私人或私人团体本身对外国或外国人的不法侵害一般不引起国家责任，但是该行为如果由于国家的失职造成，或国家对该行为进行纵容，则可能引起国家对本身失职或放纵行为的责任。这也称为间接责任。或者说，在这种情况下，国家责任的产生不是由于私人侵害行为本身，而是由于对该私人行为，国家事先或事后的态度和行为。哄抢行为不是乙国的国家行为；而警察的不作为，要进一步调查和澄清究竟是得到国家的命令，还是纯属个人的懈怠。前者属于受国家指示而违背义务，引起国家责任；后者国家应调查督促纠正警方行为，并采取相应措施，否则也会因不作为而引起国家责任。其次，国际法上，国家行使外交保护权一般应符合三个条件:（1）一国国民权利受到侵害是由于所在国的国家不当行为所致，也就是说，该侵害行为可以引起国家责任。（2）受害人自受害行为发生起到外交保护结束的期间内，必须持续拥有保护国国籍。（3）在提出外交保护之前，受害人必须用尽当地法律规定的一切可以利用的救济办法，包括行政和司法救济手段。因此，CD项判断正确。

第五章　外交关系法与领事关系法

本章重点难点：一是区分外交机构和领事机构在组成、职务等方面的区别；二是掌握外交或领事机构中不同身份人员的权利义务的具体规定；三是区分外交特权豁免与领事特权豁免规则的不同之处，并能够在案件中正确适用。

示例　使馆与外交人员的特权与豁免。

1995年，甲乙两国建立大使级外交关系。双方根据协议，互为对方在本国首都提供了使馆馆舍用地。2014年，甲国使馆鉴于工作发展需要，向乙国提出增加使馆馆舍用地的要求，未得到乙国回应。2015年，甲国使馆与乙国“那波公寓”的业主订立合同，租用两层的“那波公寓”，租期10年。之后该公寓二层作为甲国外交人员的住所，一层用于储存甲国使馆办公用品的库房。2019年，乙国政府通过新城市规划，“那波公寓”拟被拆除。根据国际法相关规则，对下列各项作出判断。

A.“那波公寓”已构成甲国使馆馆舍的组成部分，乙国若实施拆除该公寓，必须得到甲国的同意

B.甲国外交人员克某在“那波公寓”居住期间，乙国警察未经其本人或使馆允许，不得进入其房间执行公务

C.对于“那波公寓”一层用于使馆储存物品而产生的水电费用，乙国应免于收缴

D.“那波公寓”业主，以使馆未及时履行2019年租金给付义务为由，在乙国当地法院以使馆为被告提起诉讼，法院应不予受理

【疑难点释析】本题考查对于外交特权豁免的准确适用。根据《维也纳外交关系公约》，首先，使馆馆舍是指供使馆使用及供使馆馆长寓所之用的建筑物或建筑物的各部分及其所附属的土地。使馆馆舍及设备以及馆舍内其他财产与使馆交通工具免受搜查、征用、扣押或强制执行。但使馆馆舍的确定，应经接受国明确同意，派遣国无权单方面选定使馆馆舍。因此，“那波公寓”不具有使馆馆舍的法律地位。其次，“那波公寓”可以认定为外交人员的寓所，根据《维也纳外交关系公约》，外交人员的寓所指外交人员的住所，包括临时住所。外交人员的私人寓所不得侵犯并应得到保护，接受国的官员、司法人员等未经外交人员的许可不得进入。再次，使馆有某些捐税免除的特权，如使馆馆舍的房地产税，但为使馆提供的特定服务所收的费用，如水费、电费和清洁费等，不在免除范围。最后，无论根据外交关系法，还是国家主权豁免原则，使馆以公务为目的租用公寓的行为，在接受国应享有司法管辖豁免。综上，B、D为正确选项。

第六章　条 约 法

本章重点难点：一是条约的缔结、效力、保留、解释、终止等各个方面规则和对规则的综合运用；二是中国缔结条约程序法的相关规定；三是注意条约法与国内合同法中的相同和不同之处，避免干扰。

示例　条约保留和违约责任。

M河是一条依次流经甲乙丙丁四国的多国河流。1986年，甲乙丙丁四国就该河流的航行事项缔结条约，规定缔约国船舶可以在四国境内的该河流中通航。同时规定，各国可以对于航道标志的维护费用条款作出保留。条约于1988年经四国批准后生效，只有甲国在批准时对上述航道标志维护费用条款作出了保留。2003年，乙国新当选政府宣布，当年甲国提出保留时，乙国并未明确表示接受，因此，乙国也要求采取与甲国保留内容同等的待遇。2004年之后，乙国以未得到与甲国同等待遇为由停止了对其境内航道标志的维护。2005年年底，甲国宣布：因乙国政府未能按照条约的规定按时维护其境内航道标志，所以甲国不再受上述条约的拘束，任何外国船舶进入甲国境内的M河段，均须得到甲国政府的专门批准。自2006年起，甲国开始拦截和驱逐未经其批准而驶入甲国河段的乙丙丁国船舶，并发生多起扣船事件。对此，根据国际法的有关规则，分析下列判断。

A.甲国在1988年批准该条约时作出的保留有效，无须其他国家明示接受

B.乙国2003年提出与甲国保留内容同等待遇的要求，亦可构成对条约的保留

C.由于乙国未能履行条约义务，因此，甲国有权终止该条约

D.甲乙两国应分别就其上述未履行义务的行为，承担相应的国家责任

【疑难点释析】示例涉及条约保留和违约后果两个方面的规则：首先，对于条约保留，根据《维也纳条约法公约》的规定，条约明文准许保留的，一国的保留不需要其他缔约国再行表示予以接受，即可成立。条约的保留只能在一国表示接受条约拘束时做出，而乙国要求同等待遇的行为，不能作为保留成立，只能作为条约修改的请求，在没有得到其他缔约国同意并进行条约修改前，不能产生法律效力。故乙国的停止航标维护的行为构成违背义务的不法行为。其次，关于违约后果：(1)《维也纳条约法公约》规定，凡有效的条约对其各当事国有拘束力，必须由其善意履行。一当事国不得援引其国内法规定为理由而不履行条约。乙国政府的更迭，不应作为影响其条约义务的辩白。(2)违背条约义务的行为是否严重符合条约终止的条件。(3)退出一项条约应依照条约所规定的程序，并在该退出成立后才能够不再受拘束。(4)条约的修改或终止的条件与范围。《维也纳条约法公约》规定，条约当事国一方违约时，他方可以终止条约或暂停条约作为对对方不法行为的一

种对抗，必须满足必要和成比例原则，一方并不严重的违约不能导致另一方的废约。对于乙国未能及时维护航道的行为，不能构成终止条约的必要和成比例理由。甲国首先应敦促乙国履行义务，而不能借口废除条约。甲国以此理由提出终止条约，并单方面采取强制行动的行为，没有条约法的根据。甲国政府片面实施强制行动，并扩展至其他缔约国，构成国际不法行为。因此，甲乙两国应分别就其不法行为承担相应的法律责任。故AD项判断正确。

第七章　国际争端的和平解决

本章重点难点：一是各主要国际司法机构管辖权规则和在案件中的正确适用；二是解决国际争端强制措施启动的条件和限制；三是国际法院这一典型的国际司法机构特征和司法程序。

示例　国际法院。联合国国际法院作为典型的国际司法机构，其管辖权类型和建立、程序证据规则以及执行方式都与国内法院具有很多不同，学习中应注意比较区分。

2013年，甲乙丙三国缔结一项航运条约。其中规定：若就该条约事项产生纠纷，提交联合国国际法院解决。2018年，甲乙两国在该条约履行中产生纠纷。甲乙丙三国均为联合国成员国。根据《国际法院规约》，分析下列判断。

A.若甲国就该纠纷单独向国际法院提起诉讼，法院无管辖权

B.若甲乙两国共同就该纠纷向国际法院提起咨询意见请求，法院应当作出咨询意见

C.若国际法院受理该案，丙国可以作为第三方参加诉讼，而无须得到法院特别准许

D.若国际法院受理该案并作出判决，当甲乙两国任一国拒不执行判决时，另一国可向联合国安理会提出申诉，由安理会作出有关建议或决定采取措施执行判决

【疑难点释析】根据《国际法院规约》(《联合国宪章》组成部分)，国际法院的职能包括诉讼职能和咨询职能。首先，国际法院咨询管辖权的主体仅限于特定的联合国机构及专门组织。任何国家、团体或个人，都无权请求法院提供咨询意见。其次，国际法院的诉讼管辖权须建立在争端各方同意的基础上，包括在条约中设立争议解决条款而将争端提交国际法院。在案件受理后，其他国家在下列两种情况下可以提出作为第三国参加诉讼：(1)第三国认为案件诉讼可能影响其法律性质的利益可以提出请求参加诉讼；(2)诉讼涉及条约解释时，诉讼当事国以外该条约其他缔约国有参加诉讼的权利。是否准许第三方参加诉讼由法院决定。如果参加诉讼被准许，法院判决的相关内容对于该参加国具有拘束力。国际法院的判决须在法院开庭宣读，并自宣布之日起对各当事国发生拘束力。国际法院的判决是终局性的，判决一经作出，即对本案及本案当事国产生拘束力，当事国必须履行。如有一方拒不履行判决，他方得向安理会提出申诉，安理会可以作出有关建议或决定采取措施执行判决。因此，D项判断正确。

第八章　战争与武装冲突法

本章重点难点：一是理解战争作为一种法律状态而引起的法律关系的产生和改变；二是对国际人道法基本内容的掌握。

示例 战争和武装冲突法、战争法基本原则。

甲乙两国是陆地邻国，对于位于其间的“凯特里地区”存在领土纠纷，该地区现由甲国实际控制。2001年，“凯里特地区”议会通过法案拟在该地区扩建机场，乙国提出反对未果。2002年，乙国派军队进入该地区与甲国军队发生武装冲突。2003年，乙国军队扩大军事行动，进入到无争议的甲国领土内，引发了大规模武装冲突。其间两国并未相互宣战，也未断绝外交关系。甲国是1949年日内瓦四个公约的缔约国，乙国不是。根据国际法的有关规则，分析下列判断。

A.由于两国之间尚未处于国际法上的战争状态，甲国军队对乙国军队的作战不受日内瓦公约

的拘束

B.由于甲国作战是行使自卫权，甲国军队对乙国军队的作战不受战争法规则的拘束

C.虽然乙国非日内瓦四公约的缔约国，但甲国军队对乙国军队的作战中仍须受到日内瓦四个公约中战争法规则的约束

D.虽然乙国不是日内瓦四公约的缔约国，但乙国也有遵守战争法规则的法律义务

【疑难点释析】战争法是调整交战国之间，交战国与中立国和其他非交战国之间的关系以及规范战争中交战方行为的规则和制度的总体。战争法规则中多数是国际习惯法规则，并经过了国际社会官方的大规模编纂。特别是对作战手段的限制规则以及对人员的保护规则。这部分内容不但在法律上的战争状态中适用，而且一般也被适用于非战争的武装冲突中。对于国家间的战争或武装冲突，战争法的一般规则对有关各方同等适用，不存在由于战争性质或作战区域的不同而排除战争法规则的适用。因此，本题中甲国不能免受战争法规则的拘束。具体到作为战争法组成部分的日内瓦四公约，首先，为了最大限度地保护战争受难者，公约对本身的适用作出了明确的规定，规定不仅对发生在缔约国之间的战争或武装冲突中，对于缔约国具有拘束力，而且在交战国中有非缔约国的情况下，对于缔约国也具有拘束力。其次，日内瓦公约仅仅是战争法规则的一部分，并且其中许多是对国际习惯法的编纂，战争法的一般规则对各国都具有拘束力。因此，C、D项判断正确。

国际私法

第一章 国际私法概述

本章主要内容提示

本章的重点为国际私法的定义、调整对象、渊源，国际私法的规范范围，国际私法调整国际民商事法律关系的方法。

1.国际私法的调整对象是广义的国际民商事法律关系。

2.国际私法有国内法渊源（国内立法、国内判例、司法解释）和国际法渊源（国际条约、国际惯例）。

3.国际私法规范包括外国人的民商事法律地位规范、冲突规范、国际统一实体私法规范和国际民商事争议解决规范。

4.国际私法调整国际民商事法律关系的方法有两种：一种是通过冲突规范来实现的间接调整方法，另一种是通过国际统一实体私法规范来实现的直接调整方法。

第一节 国际私法的概念

国际私法作为法律的一个重要分支，是人类社会发展到一定阶段的产物。人类社会出现国家以后，国际社会逐渐形成。在国际社会中，不同国家的人民必然会进行交往，建立各种社会关系，国际民商事法律关系就是其中一种。为了调整和规范这种关系，合理解决国际民商事争议，维护当事人的合法权益，国际私法应运而生。国际私法学作为一门法律学科，是随着国际私法的产生和发展而产生和发展起来的。它是以国际私法规范及其实施为研究对象的学问。

一、国际私法的名称

国际私法可以说是从名称开始就有争议的法律部门和法律学科。截至目前，不同的国家和地区及其学者，对国际私法有不同的称谓。过去和现在较为普遍使用的名称有：

其一，法则区别说（theory of statutes）。这是国际私法最初的学名。这一名称从十三四世纪开始为意大利著名学者巴托鲁斯（Bartolus）等使用，以后被意大利、法国和荷兰等国的学者延续使用到十七八世纪。

其二，私国际法（private international law）。这一名称是曾任美国最高法院法官的斯托里（J.Story）于1834年在其名著《法律冲突论》中首先提出来的。1843年，法国学者福利克斯（Foelix）在其著作《私国际法或冲突法论》中开始正式采用这一名称，其法文为droit international privé 。但福利克斯与斯托里的立意大不相同，因为他是一个把国际私法视为国际法的人。后来，私国际法这个名称也传到了其他国家，为其他国家所采用，如其意大利文为diritto internazionale privato，其西班牙文为derecho internacional privato，其葡萄牙文为direito internacional privado。现在，这个名称在法国和其他拉丁语系的国家很流行，在英、美等普通法系国家也有学者采用。

其三，国际私法（international private law）。1841年，德国学者谢夫纳（W.Schaeffner）在其著作《国际私法的发展》中首先使用这一概念。其德文为Internationales Privatrecht，直译为英文应该是international private law。这一名称在中国、德国、日本、俄罗斯以及东欧其他国家得到普遍采用。

其四，冲突法（conflicts law）、法律冲突法（the law of the conflict of laws）或法律冲突（the conflict of laws）。荷兰学者罗登伯格（Rodenburg）于1653年首先使用de coflictu legum（冲突法）来称呼国际私法。以后，荷兰另一著名国际私法学者胡伯（U.Huber）也于1684年使用过这一名称。有趣的是，现在，这个由大陆法系国家的学者首先提出来的名称，已广泛流传于英、美等普通法系国家。

除上述名称外，1949年前中国曾把国际私法法规称为“法律适用条例”、日本称其为“法例”；另外，还有使用“涉外民事法律适用法”“国际民法”“国际民商法”“国际民事诉讼法”等名称的。

尽管国际私法的名称五花八门，但一般来说，大陆法系国家及其学者比较普遍地使用“国际私法”（international private law）或“私国际法”（private international law），而英、美等普通法系国家及其学者则更多地使用“冲突法”（the conflict of laws 或 conflicts law）。国际私法的名称之所以五花八门，是因为各国立法者和学者对国际私法的对象和范围存在不同的见解。这些不同的名称，或是强调它所调整的法律关系仍属民商事法律关系性质，只不过这种民商事法律关系已超出一国的范围，或是强调它要解决的是本国及外国的民商事法律适用的问题，或是强调它所要解决的法律冲突及其解决法律冲突的手段。无论在理论上还是在实践中，对国际私法究竟用什么名称来表示较为恰当，尚无定论。但笔者认为，使用“国际私法”这一名称相对来说还是比较合适的，这是因为：（1）国际私法虽然不是调整国家与国家之间关系的法律，但国际私法调整的国际民商事法律关系超越一国范围，是一种跨国法律关系，具有国际性，完全可以冠之“国际”二字。（2）虽然一些国家和学者否定“公法”和“私法”的划分，但是，比较法是国际私法之母，要研究国际私法，不得不对各国的民商事法律进行比较研究，因而也不得不考虑西方法学关于公法和私法的划分，而西方法学通常把民商事法律归入私法一类。因此，将调整国际民商事法律关系的国际私法称为“私法”也未尝不可。（3）在中国，用“国际私法”这一名称来称呼这一法律部门或法律学科已约定俗成。（4）许多国家，如瑞士、土耳其、奥地利等，使用“国际私法”这一名称来给关于国际私法的立法命名。（5）国际上最重要的专门从事国际私法统一活动的政府间国际组织——海牙国际私法会议（The Hague Conference on Private International Law），亦在其活动中广泛使用“国际私法”这一名称。

二、国际私法的调整对象

（一）国际民商事法律关系是国际私法的调整对象

任何法律部门都有自己的调整对象。而法律的调整对象就是法律所调整的社会关系。国际私法也有自己的调整对象。一般认为，国际私法的调整对象就是具有国际因素的民商事法律关系，或称国际民商事法律关系，或称跨国民商事法律关系，或称国际私法关系。就一国而言，国际民商事法律关系可称为涉外民商事法律关系，也可简称为涉外民事关系，即具有涉外因素或外国因素的民商事法律关系。

那么，何为国际民商事法律关系呢？法律关系是根据法律规定而结成的各种权利和义务关系，由主体、客体和内容（权利与义务）这三个因素组成。而国际民商事法律关系就是指该三个因素中至少有一个因素与国外有联系的民商事法律关系。这一分析框架因着眼于法律关系的三个要素，因而被称为“三要素说”。在主体具有国际因素时，作为民商事法律关系的主体一方或双方当事人是外国自然人或法人（有时也可能是外国国家、国际组织或无国籍人），或者在国外有住所、居所或营业所的自然人或法人。在客体具有国际因素时，作为民商事法律关系的标的物位于国外。在内容具有国际因素时，产生、变更或消灭民商事权利与义务关系的法律事实发生在国外。比如，一个中国人同一个外国人在外国缔结一个合同，对中国来说，在这一合同关系中有两个国际因素，即有一个外国人以及缔结合同的事实发生在国外。在实际生活中，国际民商事法律关系往往不只有一个因素与国外有联系，而可能有两个或两个以上的因素与国外发生联系。国际民商事法律关系的国际性质并不因其中国际因素的多寡而受到影响。2010年10月28日第十一届全国人民代表大会常务委员会第十七次会议通过的《中华人民共和国涉外民事关系法律适用法》（以下简称《涉外民事关系法律适用法》）对什么是“涉外民事关系”没有界定。最高人民法院《关于适用〈中华人民共和国涉外民事关系法律适用法〉若干问题的解释（一）》[以下简称《涉外民事关系法律适用法司法解释（一）》]第1条则明确规定：“民事关系具有下列情形之一的，人民法院可以认定为涉外民事关系：（一）当事人一方或双方是外国公民、外国法人或者其他组织、无国籍人；（二）当事人一方或双方的经常居所地在中华人民共和国领域外；（三）标的物在中华人民共和国领域外；（四）产生、变更或者消灭民事关系的法律事实发生在中华人民共和国领域外；（五）可以认定为涉外民事关系的其他情形。”最高人民法院《关于适用〈中华人民共和国民事诉讼法〉的解释》（以下简称《民诉解释》）第520条关于涉外民事案件的认定，也作了类似的规定。

与我国之前的司法实践相比，《涉外民事关系法律适用法司法解释（一）》保持了“三要素说”的基本构架，但有两点明显改变：一是关于主体涉外的标准，在国籍以外，又增加了经常居所地。这是因为《涉外民事关系法律适用法》已将经常居所确立为非常重要的连结点。二是《涉外民事关系法律适用法司法解释（一）》增加了一个灵活的兜底条款，即“可以认定为涉外民事关系的其他情形”。这两个规定克服了传统“三要素说”过于僵化的缺陷。

应该指出的是，国际私法上讲的国际民商事法律关系是广义上的民商事法律关系。民事法律关系是指平等主体相互之间的财产关系和人身关系，包括物权关系、知识产权关系、债权关系、婚姻家庭关系、继承关系等。而在有些国家，公司法关系、票据法关系、海商法关系、保险法关系和破产法关系等属商事法律关系，不属于一般的民事法律关系。但国际私法所指的国际民商事法律关系，既包括物权关系、债权关系、知识产权关系、婚姻家庭关系和继承关系，也包括公司法关系、票据法关系、海商法关系、保险法关系和破产法关系等。

总之，国际民商事法律关系是一种国际的或跨国的民商事法律关系。也就是说，是一种超越一国范围的民商事法律关系。它的国际性，使它同纯国内民商事法律关系区别开来。它的私法性，又使它同其他具有国际性的法律关系，如国际公法所调整的国家与国家之间的关系区别开来。

（二）国际私法调整国际民商事法律关系的方法

国际私法不同于其他法律部门，不仅在于它调整的社会关系为国际民商事法律关系，而且在于它调整这种关系的方法有独特之处。国际私法调整国际民商事法律关系的方法有两种：一种是间接调整方法；另一种是直接调整方法。

所谓间接调整方法，就是在有关的国内法或国际条约中规定某类国际民商事法律关系受何种法律调整或支配，而不直接规定如何调整国际民商事法律关系当事人之间的实体权利与义务关系的一种方法。例如，我国《涉外民事关系法律适用法》第36条规定：“不动产物权，适用不动产所在地法律。”这一规定只指明，涉及不动产物权时，由不动产所在地法来确定当事人的权利和义务，并没有直接规定当事人的权利和义务。这种指明某种国际民商事法律关系应适用何种法律的规范被称为“冲突规范”（conflict rules）。国际私法的间接调整方法就是借助冲突规范来实现的。冲突规范是国际私法的特有规范，因而间接调整方法是国际私法调整国际民商事法律关系的独特方法。

所谓直接调整方法，就是用直接规定当事人的权利与义务的“实体规范”（substantive rules）来调整国际民商事法律关系当事人之间的权利与义务关系的一种方法。国内法、国际条约和国际惯例中均存在这种直接调整国际民商事法律关系的规范。例如，1980年《联合国国际货物销售合同公约》，就是一个直接规定国际货物销售合同当事人的权利与义务的实体法公约。用这个公约的实体规范来直接调整国际货物销售合同当事人的权利与义务关系，就是采用国际私法上所讲的直接调整方法。

间接调整方法和直接调整方法都是国际私法调整国际民商事法律关系的手段，两者相辅相成，互为补充。这是因为：一方面，由于国际民商事法律关系含有国际因素，同两个或更多的国家有联系，而各国法律制度千差万别，难以统一，不可能对一切社会关系都用实体规范直接加以调整，而需要冲突规范来缓和矛盾、调和冲突，从而间接调整国际民商事法律关系。另一方面，由于冲突规范不直接规定国际民商事法律关系当事人的权利与义务，同实体规范比较起来缺乏法律应具有的预见性和明确性。随着国际民商事交往的发展，仅用冲突规范间接调整国际民商事法律关系难以满足实际需要。于是，直接调整国际民商事法律关系的实体规范应运而生。由此可见，国际私法这两种调整国际民商事法律关系的方法同时并存，是由国际民商事交往的实际情况决定的。

三、国际私法的定义

各国学者对国际私法下过许多不同的定义。有的根据国际私法所调整的法律关系的性质来下定义。例如，韩德培教授主编的高等学校法学教材《国际私法》给国际私法所下的定义是这样的：“国际私法是调整涉外民事法律关系的法的部门。”[①]有的从解决国际民商事法律关系中民商事法律冲突的角度来下定义。例如，李浩培教授给国际私法下的定义是这样的：国际私法“指在世界各国民法和商法互相歧义的情况下，对含有涉外因素的民法关系，解决应当适用哪国法律的法律”。[②]有的从法律适用的角度来下定义。例如，德国学者沃尔夫（M.Wolff）认为，国际私法是决定几种同时有效的法律制度中的哪一种可以适用于一组特定的事实的法律。[③]有的通过列举国际私法的内容或范围或规范来给国际私法下定义。例如，英国学者戚希尔（G.C.Cheshire）和诺思（P.M.North）在其所著的《国际私法》一书中就指出，英国法所理解的国际私法是在处理含有涉外因素的案件时判定以下问题的法律：第一，法院在什么条件下对案件有管辖权；第二，不同种类的案件应适用哪一国法律来确定当事人的权利与义务关系；第三，在什么条件下可以承认外国的判决，以及在什么条件下外国判决赋予的权利可以在英国执行。

众所周知，国际私法是一个不断发展的法律部门，国际私法的定义也应该随着国际私法本身的发展而发展。本书对国际私法作如下定义：国际私法是以直接规范和间接规范相结合来调整平等主体之间的国际民商事法律关系并解决国际民商事法律冲突的法律部门。本书之所以使用这个定义，是因为定义无非揭示概念所反映的事物的本质属性，而根据事物的本质属性就可以把这一类事物与其他事物区别开来，给国际私法下定义就应该揭示国际私法的本质属性。而国际私法作为一个独立法律部门，和其他法律部门区别开来的客观基础就是

① 韩德培主编：《国际私法》，武汉大学出版社1989年版，第8页。

② 《中国大百科全书·法学》，中国大百科全书出版社1984年版，第228页。

③ 参见［德］马丁·沃尔夫：《国际私法》，李浩培等译，法律出版社1988年版，第22页。

国际私法调整的社会关系是国际民商事法律关系，而且在调整国际民商事法律关系中解决国际民商事法律冲突，并同时使用直接规范和间接规范来实现这一点。

第二节　国际私法的范围

国际私法的范围问题，就是国际私法包括哪些规范、包括什么内容的问题。对这个问题，在国内外都存在争论，学者们有各种不同的观点，各国在立法和司法实践中亦有不同的主张。

一、在国际私法范围上的不同主张

首先，英、美普通法系国家的学者大多主张国际私法就是冲突法，因此，他们认为，国际私法的范围是由三种规范组成的：对涉外案件的管辖权规范、冲突规范（法律适用规范或法律选择规范）以及承认和执行外国法院判决的规范。大陆法系国家的学者也有持这种观点的。

其次，法国的国际私法学者多数认为国际私法包括这样几种规范：国籍法规范（这是因为法国以当事人的本国法作为属人法，以国籍作为属人法的连结点。应该注意的是，法国的国际私法学者讲国籍问题不仅仅是从解决国籍冲突的角度去讲的，而是一般地讨论国籍问题）、外国人的法律地位规范、法律适用规范以及有关涉外民商事案件的管辖权规范。受法国法影响的其他国家的学者也有持这种观点的。

再次，德国和日本的多数学者以及受德国法影响的其他国家的学者认为，国际私法的全部任务或主要目的是解决在国际民商事法律关系中适用何种法律的问题。换言之，国际私法只解决法律冲突问题，国际私法仅包括调整国际民商事法律关系的冲突规范或法律适用规范。

最后，东欧各国国际私法学者对国际私法的范围虽有多种不同的看法，但在理论与实践中，比较普遍的观点是主张把关于外国人的民事地位规范、冲突规范、国际统一实体规范和国际民事诉讼程序与国际商事仲裁规范都包括在国际私法范围之内。韩德培教授主编的高等学校法学教材《国际私法》也持这种观点。另外，这里应该介绍一下和上述观点相近的一种观点。姚壮教授和任继圣教授在其合著的《国际私法基础》一书中认为，国际私法除了包括外国人民事法律地位规范、冲突规范、国际统一实体规范和国际民事诉讼程序与仲裁程序规范外，还包括国内法中专门调整涉外民事法律关系的实体规范（以下简称专用实体规范）。

从上述关于国际私法范围方面的不同主张可以看出两点：第一，冲突规范，或称为法律适用规范，或称为法律选择规范，无论在哪一种观点中，都被视为国际私法的规范，因此，可以说，冲突规范是国际私法最基本的规范。第二，大多数学者，包括一些把国际私法和冲突法两个概念完全等同起来的学者，都认为应该把冲突规范以外的但与调整国际民商事法律关系和解决国际民商事法律冲突有关的一些规范纳入国际私法范围。因此，在国际私法的范围问题上，不宜采取过于绝对化的观点。要正确地认识这个问题，必须从法律发展的观点出发。为了解决国际民商事法律关系中法律适用上的冲突现象，历史上最早采取的办法是用冲突规范来进行准据法的选择。但是，由于这种冲突规范并不直接规定当事人的权利义务关系，因而这种办法只是一种间接调整国际民商事法律关系的方法，运用起来有时不免缺乏明确性、预见性和针对性，而且带来不少复杂的法律问题。随着国际民商事关系日趋发达，为了便于国际民商事交往，在19世纪末20世纪初，国际社会便开始制定直接调整某些国际民商事关系的统一实体规范。这种统一实体规范在某些方面以及一定程度上起到避免和消除国际民商事法律冲突的作用。因此，它们也是在解决国际民商事法律冲突的基础上发展起来的，是与冲突规范并行的调整国际民商事法律关系的法律规范。冲突规范用间接的方式调整国际民商事法律关系，统一实体规范用直接的方式调整国际民商事法律关系。而且，把这两种方式放在同一个法律部门来考量，有助于解决哪一种方式调整某种国际民商事法律关系更好的问题。在某些领域，如在国际贸易领域，采取可以避免和消除法律冲突问题的统一实体规范来调整国际民商事法律关系，意味着有关国家之间能够更密切地合作，有更多共同的利益。但在有些领域，如继承、婚姻和家庭等方面的问题，采取冲突规范加以调整更具有现实意义，因为各国在这些方面的历史和文化传统存在差异，各国很难达成一致，制定有关国际条约。

综上所述，国际私法应包括外国人的民商事法律地位规范、冲突规范、国际统一实体私法规范和国际民商事争议解决规范。

二、国际私法的规范

（一）外国人的民商事法律地位规范

这种规范是确定外国的自然人、法人甚至外国国家和国际组织在内国民商事领域享有权利与承担义务的资格和状况的规范。这种规范既可以规定在国内法中，也可以规定在国际条约之中。就国内法而言，它们既可规定在一国宪法、民法、商法等法律中，也可用单行的外国人法律地位法的形式加以规定。就国际条约而言，它们既可规定在双边国际条约之中，也可规定在多边国际条约之中。由于这种规范规定外国人在内国有权从事某种民商事活动，享有某种民商事权利，取得某种民商事地位，或者限制外国人在内国从事某种民商事活动，不得享有某种民商事权利或待遇，故这种规范为直接规范和实体规范。

外国人的民商事法律地位规范之所以成为国际私法的规范，是因为这种规范实际上是国际私法产生的一个前提。在国际民商事交往中，只有承认外国人在内国取得了民商事主体的资格，能够享有民商事权利且其权利能够得到保护，并能够承担相应的民商事义务，国际民商事交往才能顺利进行，国际私法的其他规范才能得到适用。由于这种规范的出现比国际私法的其他任何规范都早，如在罗马法中的万民法中就已出现，故有的学者认为这种规范是国际私法中最古老的规范。

（二）冲突规范

冲突规范，又称为法律适用规范或法律选择规范。有时，在一些国际法律文件中，冲突规范又被称为国际私法规范（rules of private international law）。这种规范是指明某种国际民商事法律关系应适用何种法律的规范。例如，我国《涉外民事关系法律适用法》第35条规定：“无人继承遗产的归属，适用被继承人死亡时遗产所在地法律。”从这一规定不难看出，冲突规范是一种间接规范，其并未规定涉外无人继承纠纷如何处理，只指明应该适用的法律。冲突规范是国际私法特有的规范，是国际私法的重要组成部分。国际私法学就是从研究冲突规范开始的。

（三）国际统一实体私法规范

国际统一实体私法规范，通常称为国际统一实体规范。这种规范是国际条约和国际惯例中具体规定国际民商事法律关系当事人的实体权利与义务的规范。从整体上来讲，国际统一实体私法规范的出现晚于冲突规范。最早的国际统一实体私法规范出现在19世纪末，如1883年签订的《保护工业产权巴黎公约》、1886年签订的《保护文学和艺术作品伯尔尼公约》、1891年签订的《商标国际注册马德里协定》等。在今天，随着国际民商事交往的日益频繁，调整国际民商事法律关系的国际条约和国际惯例也在逐渐增多。可以肯定地说，作为一种直接规范和实体规范，国际统一实体私法规范在国际商事领域发挥的作用越来越重要，并在某些方面明显地优于冲突规范。

（四）国际民商事争议解决规范

国际民商事争议解决规范主要指国际民事诉讼程序规范和国际商事仲裁规范，也包括解决国际民商事争议的其他规范，如和解和调解规范等。从性质上来说，它们是一种程序规范或间接规范，而不是直接调整国际民商事法律关系当事人的实体权利义务关系的规范。因此，有人说它们不是国际私法的规范。但是，这些规范与冲突规范和国际私法的其他规范有密切的联系，是调整国际民商事法律关系、解决国际民商事法律冲突不可缺少的法律规范，是解决国际私法争议的方法和手段。而且，鉴于这种规范在国内法和国际法上尚未形成一个独立的法律部门，因此，对这种规范目前仍应在国际私法中加以研究。

国际民事诉讼程序规范是指司法机关在审理国际民商事案件时专门适用的特别程序规范。一国法院在审理国际民商事案件时，当然要适用国内法中关于审理一般民商事案件的诉讼程序，但是，由于国际民商事案件的特殊性，仅仅适用这些诉讼程序是不够的，因而还要适用一些专门用于审理国际民商事案件的特别程序规范，其中包括关于国际民商事案件的管辖权规范、司法协助规范、外国判决的承认与执行规范等。

国际商事仲裁规范是指仲裁机构或仲裁员、仲裁当事人以及仲裁参与人运用仲裁方式解决各种国际商事争议时所遵循的规范。这种规范涉及仲裁范围、仲裁协议、仲裁员和仲裁机构、仲裁程序、仲裁裁决、仲裁费用、仲裁裁决的撤销、仲裁裁决的承认与执行等方面的内容。由于国际商事仲裁是替代司法诉讼的最为重要的解决国际商事争议的方式之一，国际商事仲裁法日益受到人们的重视，在国际私法中的地位越来越重要。

总之，国际私法集外国人的民商事法律地位规范、冲突规范、国际统一实体私法规范、国际民商事争议解决规范于一体，集直接规范和间接规范于一体，集实体规范、法律适用规范和程序规范于一体，是最早的跨越传统的国内法和国际法界限的法律部门或法律分支。作为一门法律学科，国际私法学则是最早的一门跨越传统的国内法学和国际法学的交叉学科。

第三节　国际私法的渊源

简言之，法的渊源就是法的表现形式。法在这种意义上的渊源是多种多样的，并且随着经济社会的发展而不断演变和发展，不同的国家在这方面也有所不同。国际私法的渊源是指国际私法的表现形式，它主要包括国内法渊源和国际法渊源两个方面。

一、国内法渊源

任何国家都在不同程度上把调整国际民商事法律关系的规范规定在国内法中，因此，国内法成为国际私法的一个主要渊源。国内法渊源主要包括国内立法、国内判例等。

（一）国内立法

在成文法国家，国际私法规范大多规定在国内立法中。即使在普通法系国家，国际私法规范在其国内立法中也多有反映。国际私法所包括的外国人的民商事法律地位规范、冲突规范、国际民事诉讼程序规范和国际商事仲裁规范，均可见于国内立法中。

关于外国人的民商事法律地位规范，有的国家集中规定在外国人法律地位法中，有的国家分别在宪法、民法、商法、民事诉讼法、仲裁法以及其他单行法规中加以规定。迄今为止，世界上大多数国家主要以如下四种不同的立法方式在国内法中规定冲突规范：(1)在民法典的不同编章中分别列入相关的冲突规范，如《法国民法典》；(2)在民法典中列入专章或专编比较系统地对冲突规范加以规定，如1966年《葡萄牙民法典》；(3)在单行法规中就该法规所涉问题规定冲突规范，英国《1882年汇票法》；(4)以专门法典或单行法规的形式制定系统的冲突规范，如1978年《奥地利联邦国际私法法规》。关于国际民事诉讼程序规范，大多见于各国民事诉讼法中，如《日本民事诉讼法典》第

51、200、514、515条；也有将之与国际私法的其他规范规定在一起的，如1982年和2007年《土耳其国际私法和国际诉讼程序法》。关于国际商事仲裁的规范，一般在各国的仲裁法、民事诉讼法或者国际私法典或法规中加以规定，如英国《1996年仲裁法》、1994年《意大利民事诉讼法典》第四卷第八编、1987年《瑞士关于国际私法的联邦法》第十二章等。

在我国现行国际私法的国内立法中，关于外国人的民商事法律地位规范主要规定在《宪法》《对外贸易法》《对外关系法》《外国国家豁免法》《公司法》《商标法》《专利法》《著作权法》《外商投资法》《国家科学技术奖励条例》等法律法规中。

我国含有冲突规范的国内立法有：《民法典》《海商法》《票据法》《民用航空法》《外国人在中华人民共和国收养子女登记办法》等。特别要提到的是，2010年通过的《涉外民事关系法律适用法》是一部单行的、统一的、比较全面的关于涉外民事关系法律适用方面的立法，共有8章52条，已于2011年4月1日起施行。《涉外民事关系法律适用法》第2条规定了它与其他法律的关系，有三层意思：一是涉外民事关系适用的法律，原则上依照新法确定；二是其他法律对涉外民事关系法律适用另有特别规定的，比如《海商法》《票据法》《民用航空法》等，依照其规定；三是新法和其他法律对涉外民事关系法律适用没有规定的，适用与该涉外民事关系有最密切联系的法律。第三点表明该法实际上是把最密切联系原则作为"兜底原则"，用来解决那些法律未作规定的涉外民事关系的法律适用问题，避免了在涉外民事关系法律适用方面留下漏洞。

在国际民事诉讼方面，我国《民事诉讼法》第四编对涉外民事诉讼程序作了特别规定。需要指出的是，2023年9月1日，全国人大常委会通过《关于修改〈民事诉讼法〉的决定》，其中对该法第四编进行了修订，较为系统地完善了我国涉外民事诉讼程序规则。《海事诉讼特别程序法》对涉外海事诉讼也作了相应的规定。

在国际商事仲裁方面，比较重要的国内立法有：1954年《中央人民政府政务院关于在中国国际贸易促进委员会内设立对外贸易仲裁委员会的决定》，1958年《中华人民共和国国务院关于在中国国际贸易促进委员会内设立海事仲裁委员会的决定》，1980年《国务院关于将对外贸易仲裁委员会改称为对外经济贸易仲裁委员会的通知》，1988年《国务院关于将对外经济贸易仲裁委员会改名为中国国际贸易仲裁委员会和修订仲裁规则的批复》和《国务院关于将海事仲裁委员会改名为中国海事仲裁委员会和修订仲裁规则的批复》，以及1994年《仲裁法》（2009年8月27日、2017年9月1日两次修正）。我国《民事诉讼法》也对涉外仲裁问题作了规定。

（二）国内判例

一般而言，普通法系国家为判例法国家，大陆法系国家为成文法国家。然而，在国际私法上，判例作为一种法律渊源，无论是对普通法系国家来说还是对大陆法系国家来说，都具有重要的意义。在普通法系国家，权威的法院判决作为先例，对下级法院具有拘束力，起着法律的作用。判例作为国际私法的一种渊源，自不待言。在这些国家，除少数单行法中有一些成文的冲突规范之外，大部分冲突规范的表现形式为法院判例。由于冲突规范散见于法院判例之中，内容零散，系统的汇集和整理工作一般都由学者或学术机构来完成。例如，在美国，美国法学会（American Law Institute）这个非官方的机构承担了冲突法的编纂工作。1934年由比尔（J.H.Beale）任报告员出版了《冲突法重述》，1971年又以里斯（W.L.M.Reese）为报告员出版了《冲突法重述（第二次）》。在不少大陆法系国家，判例也是国际私法的一种渊源，即使在有系统成文国际私法立法的国家亦然。例如，在法国，其最高法院的不少著名判例成为法国国际私法的先例。在许多大陆法系国家，成文国际私法立法对国际私法问题的规定并不是很充分，故法院判例在调整国际民商事法律关系和解决国际民商事法律冲突方面发挥着重要作用。所以，要真正了解大陆法系国家的国际私法，不能不研究其判例。

在我国，判例不是法律的渊源，当然也不是

国际私法的渊源。不过,《最高人民法院公报》上刊载的国际私法案例是了解我国国际私法实践的一个重要途径。

(三)司法解释

在我国,司法解释是指国家最高司法机关根据法律的授权,就司法实践中具体应用法律的问题所作的解释。1981年全国人民代表大会常务委员会《关于加强法律解释工作的决议》规定:“凡属于法院审判工作中具体应用法律、法令的问题,由最高人民法院进行解释。”作为针对应用法律并对司法实践加以总结和升华的最高人民法院的司法解释,由于其对法院的审判活动具有约束力,实际上已成为我国法律的一种渊源。虽然我国许多立法都含有国际私法的规定,但不少规定不够全面、系统、具体和明确。因此,最高人民法院在对有关法律进行解释的同时,对其中的国际私法规定也作了大量的解释。比较重要的涉及国际私法规定的最高人民法院的司法解释有:1986年8月14日最高人民法院、外交部、司法部《关于我国法院和外国法院通过外交途径相互委托送达法律文书若干问题的通知》,1987年4月10日最高人民法院《关于执行我国加入的〈承认及执行外国仲裁裁决公约〉的通知》,1992年3月4日最高人民法院、外交部、司法部《关于执行〈关于向国外送达民事或商事司法文书和司法外文书公约〉有关程序的通知》,1992年9月19日司法部、最高人民法院、外交部《关于印发〈关于执行海牙送达公约的实施办法〉的通知》,2005年12月26日最高人民法院《关于适用〈中华人民共和国仲裁法〉若干问题的解释》(2008年调整),2007年5月22日最高人民法院《关于人民法院受理涉及特权与豁免的民事案件有关问题的通知》,2009年2月16日最高人民法院《关于涉港澳民商事案件司法文书送达问题若干规定》,2010年4月26日最高人民法院《关于审理涉台民商事案件法律适用问题的规定》(2020年修正),2012年12月10日最高人民法院《关于适用〈中华人民共和国涉外民事关系法律适用法〉若干问题的解释(一)》(2020年修正),2015年6月29日最高人民法院同时发布的《关于认可和执行台湾地区法院民事判决的规定》与《关于认可和执行台湾地区仲裁裁决的规定》,2017年2月27日最高人民法院公布的《关于内地与香港特别行政区法院就民商事案件相互委托提取证据的安排》,以及2017年11月20日最高人民法院《关于仲裁司法审查案件报核问题的有关规定》(2021年修正),2017年12月4日最高人民法院《关于审理仲裁司法审查案件若干问题的规定》,2018年6月25日最高人民法院《关于设立国际商事法庭若干问题的规定》(2023年修正),2020年11月9日最高人民法院《关于内地与香港特别行政区相互执行仲裁裁决的补充安排》,2022年8月16日最高人民法院《关于涉外民商事案件管辖若干问题的规定》,2023年8月30日最高人民法院《关于适用〈中华人民共和国涉外民事关系法律适用法〉若干问题的解释(二)》(以下简称《涉外民事关系法律适用法司法解释(二)》),2023年12月5日最高人民法院《关于审理涉外民商事案件适用国际条约和国际惯例若干问题的解释》。

另外,根据2020年12月23日最高人民法院审判委员会第1823次会议通过的《关于修改〈最高人民法院关于人民法院民事调解工作若干问题的规定〉等十九件民事诉讼类司法解释的决定》,被修改的涉及国际私法的司法解释有:《关于中国公民申请承认外国法院离婚判决程序问题的规定》、《关于涉外民商事案件诉讼管辖若干问题的规定》、《关于涉外民事或商事案件司法文书送达问题若干规定》、《关于依据国际公约和双边司法协助条约办理民商事案件司法文书送达和调查取证司法协助请求的规定》、《关于适用〈中华人民共和国民事诉讼法〉的解释》(2022年第二次修正)。

在我国,大量的司法解释表明,要了解和掌握我国的国际私法实践,必须了解和掌握最高人民法院的有关司法解释;否则,就不可能知道我国国际私法实践的全貌。

二、国际法渊源

国际私法的国际法渊源包括国际条约和国际惯例两方面。无论在中国还是在外国,国际法都是国际私法的一个重要渊源。这是由国际私法的调整对象——国际民商事法律关系的国际性决定的。

（一）国际条约

国际条约系指国际法主体之间所缔结并受国际法支配的国际书面协定，无论其载于一项单独文书或两项以上相互有关的文书内，也不论其特定的名称是什么。国际条约有多边国际条约和双边国际条约之分。国际条约，尤其是多边国际公约在国际私法的统一化过程中发挥着日益重要的作用。在世界各国以及海牙国际私法会议、国际统一私法协会、联合国国际贸易法委员会、美洲国家组织等国际组织的共同努力下，在私法领域，大量的国际条约被制定，私法的国际统一正在迅速发展，一个被称为“国际统一私法”或“统一国际私法”或“私法国际统一法”的法律分支正在形成。特别值得一提的是，在国际私法领域，一些重要的多边国际公约不仅对缔约国有约束力，而且对非缔约国也产生了一定的影响。可以这样说，要了解现代国际私法，不去了解有关的国际统一私法条约是不行的。

我国在国际私法领域缔结或参加的国际条约，无论是多边国际条约还是双边国际条约，只要依法定程序缔结或参加，均对我国有拘束力。《涉外民事关系法律适用法司法解释（一）》第7条明确规定：“当事人在合同中援引尚未对中华人民共和国生效的国际条约的，人民法院可以根据该国际条约的内容确定当事人之间的权利义务，但违反中华人民共和国社会公共利益或中华人民共和国法律、行政法规强制性规定的除外。”不难看出，我国缔结或参加的统一国际私法公约和同外国缔结的有关国际私法的双边条约，是我国国际私法的重要组成部分。

我国《民法通则》第142条第2款曾规定：“中华人民共和国缔结或者参加的国际条约同中华人民共和国的民事法律有不同规定的，适用国际条约的规定，但中华人民共和国声明保留的条款除外。”这表明国际条约是我国国际私法的渊源，且如国际条约与我国国内民事法律有冲突，优先适用前者，中国保留的除外。不过，对于国际条约的适用及其效力位阶问题，我国《民法典》和《涉外民事关系法律适用法》未作出明确规定。

2023年6月28日，全国人大常委会通过的《对外关系法》中有两个条款对国际条约事项进行了规定。该法第30条规定，国家依照宪法和法律缔结或者参加条约和协定，善意履行有关条约和协定规定的义务。国家缔结或者参加的条约和协定不得同宪法相抵触。第31条规定，国家采取适当措施实施和适用条约和协定。条约和协定的实施和适用不得损害国家主权、安全和社会公共利益。

需要强调的是，在民商事审判领域，最高人民法院通过制定司法解释的方式较为系统地解决了国际条约和国际惯例的适用问题。2023年12月5日，最高人民法院审判委员会通过了《关于审理涉外民商事案件适用国际条约和国际惯例若干问题的解释》（以下简称《适用国际条约和国际惯例解释》），自2024年1月1日起施行。在继承《民法通则》第142条的基础上，该司法解释依据《对外关系法》《涉外民事关系法律适用法》等法律，结合司法实践经验，共作出9条规定，体现了涉外民商事审判中适用国际条约和国际惯例遵循的三项原则：善意履行条约义务原则，尊重国际惯例原则，维护国家主权、安全和社会公共利益原则。其主要内容包括以下六个方面：

一是明确适用国际条约的裁判依据。《对外关系法》第30条明确规定了善意履约原则，根据民商事领域国际条约调整平等主体之间的人身关系和财产关系这一特点，该司法解释第1条第2款明确《海商法》《票据法》《民用航空法》《海上交通安全法》等单行法调整范围以外的涉外民商事案件以“参照单行法规定”的方式适用国际条约，有效破解了涉外民商事领域适用国际条约裁判依据不足的问题，同时承继原《民法通则》精神，明确我国缔结或参加的国际条约与我国法律有不同规定的，适用国际条约的规定，但中国声明保留的条款除外。

二是明确涉多项国际条约时的适用原则。针对司法实践中存在的同一争议涉及两个或者两个以上国际条约的情况，该司法解释第2条规定，人民法院应当根据国际条约中的适用关系条款确定应当适用的国际条约。

三是明确国际条约适用与当事人意思自治之间的关系。在涉外民商事关系应予适用的国际条约中，有部分国际条约允许当事人通过约定排除公约的适用或者改变公约条款的适用效果，但也有部分国际条约具有适用上的强制性，不允许当事人通过约定排除适用。该司法解释第3条明确，只有在国际条约允许的范围内，当事人才可以通过约定排除或部分排除国际条约的适用。

四是明确当事人援引尚未对我国生效的国际条约的，可以作为确定合同权利义务的依据。尚未对我国生效的国际条约不能作为人民法院作出裁判的法律依据。但是，如果当事人在合同中一致援引民商事国际条约确定的相关权利义务条款，此时国际条约的相关条款内容即成为当事人约定的合同条款，该司法解释第4条明确人民法院可以此作为确定当事人权利义务的合同依据，前提是不违反我国法律、行政法规的强制性规定，不损害我国主权、安全和社会公共利益。

五是明确国际惯例的明示选择适用和补缺适用问题。

六是坚持维护国家主权、安全和社会公共利益的原则。该司法解释贯彻《对外关系法》第31条关于条约和协定的实施和适用不得损害国家主权、安全和社会公共利益的规定，在第7条明确“适用国际条约和国际惯例损害中华人民共和国主权、安全和社会公共利益的，人民法院不予适用”，充分彰显人民法院坚定维护国家主权、安全和社会公共利益的鲜明司法立场。

迄今为止，我国缔结或参加的有关国际私法的国际公约主要有：1929年《统一国际航空运输某些规则的公约》（1958年7月20日签署）、1955年《修改1929年10月12日统一国际航空运输某些规则的华沙公约的议定书》（1975年8月20日签署）、1969年《国际油污损害民事责任公约》（1980年1月30日签署）、1967年《建立世界知识产权组织公约》（1980年3月4日签署）、1980年《联合国国际货物销售合同公约》（1981年9月30日签署）、1967年《关于难民地位的议定书》（1982年1月24日签署）、1951年《关于难民地位的公约》（1982年9月24日签署）、1973年《国际纺织品贸易协议》（1984年1月18日签署）、1925年《本国工人与外国工人关于事故赔偿的同等待遇公约》（1984年6月11日签署）、1883年《保护工业产权巴黎公约》（1967年斯德哥尔摩修订文本）（1984年12月19日签署）、1984年《修正1969年国际油污损害民事责任公约的议定书》（1985年11月22日签署）、1940年《国际统一私法协会章程》（1986年1月1日签署）、1976年《1969年国际油污损害民事责任公约的议定书》（1986年9月29日签署）、1958年《承认及执行外国仲裁裁决公约》（1987年1月22日签署）、1951年《海牙国际私法会议章程》（1987年7月3日签署）、1984年《多边投资担保机构公约》（1988年4月28日签署）、1891年《商标国际注册马德里协定》（1967年斯德哥尔摩修订文本）（1989年7月1日签署）、1965年《关于解决国家与他国国民之间的投资争端的公约》（1990年2月9日签署）、1989年《关于集成电路的知识产权条约》（1990年5月1日签署）、1989年《联合国儿童权利公约》（1990年8月29日签署）、1951年《男女同工同酬公约》（1990年9月7日签署）、1886年《保护文学和艺术作品伯尔尼公约》（1992年7月1日签署）、1971年修订的《世界版权公约》（1992年7月1日签署）、1970年《专利合作条约》（1993年8月2日签署）、1975年《关于商标注册用商品和服务国际分类的尼斯协定》（1995年5月5日签署）、1965年《便利国际海上运输公约》（1994年12月29日签署）、1989年《关于商标国际注册马德里协定的议定书》（1995年9月1日签署）、1980年《联合国国际货物买卖合同公约》以及1993年《船舶优先权和抵押权国际公约》（1994年8月18日签署）。另外，我国还参加了海牙国际私法会议制定的有关公约，包括1965年《关于向国外送达民事或商事司法文书和司法外文书公约》（1991年5月3日加入）；1970年《关于从国外调取民事或商事证据的公约》（1997年7月3日加入）；1993年《跨国收养方面保护儿童及合作公约》（2005年4月

27日加入）；2005年《选择法院协议公约》也于2017年9月12日签署，其中共有12项海牙公约适用于我国港澳地区。由上述可见，截至目前，我国加入的国际公约比较多的是涉及外国人的法律地位、国际统一实体私法、国际民事诉讼程序和国际商事仲裁的国际公约，加入的专门的冲突法国际公约还为数不多。

自1949年以来，我国与其他国家缔结了大量的双边条约和协定，涉及许多领域和问题。在民商事方面，有商务条约、通商航海条约、贸易协定、支付协定和贸易支付协定、交货共同条件议定书、货款协定、经济援助协定、领事条约与协定、关于相互赋予最惠国待遇的协定、关于商标注册的换文和议定书、关于保护知识产权的协定、关于投资保护的协定以及民商事司法协助协定等。在这些双边条约或协定中，既含有关于外国人的民商事法律地位规范和调整国际民商事法律关系的实体规范，也含有冲突规范和有关国际诉讼程序与国际商事仲裁的规范。特别值得一提的是，自1987年我国同法国签订司法协助协定以来，截至目前，我国先后与外国签订的民（商）事司法协助条约（包括含民商事司法协助的民商事刑事司法协助条约）多达几十项，极大地便利了我国同其他缔约国在民商事领域开展司法协助。

（二）国际惯例

国际惯例，又被称为国际习惯，它也是一种国际行为规范。国际惯例可分为两类：一类属于法律范畴的国际惯例，另一类属于非法律范畴的国际惯例。前者具有法律效力，而后者不具有法律效力。从法律意义上来讲，《国际法院规约》第38条给国际习惯下过一个权威定义，即“作为通例之证明而经接受为法律者”。也就是说，国际习惯是在国际交往中逐渐形成的具有法律效力的规范。上述定义表明，构成国际习惯必须具备两个条件，或者说国际习惯包括两个构成因素：一是客观因素或物质因素，即各国共同实践，重复类似行为，形成“通例”；二是主观因素或心理因素，即被“接受为法律”，或者说被公认具有法律约束力。

属于法律范畴的国际惯例依法律规范的性质可划分为强制性的国际惯例和任意性的国际惯例。前者具有直接的、普遍的约束力，当事人必须遵守；而后者不具有直接的、普遍的约束力，不能自动地适用，一般只有在当事人约定或选择适用时才具有约束力。属于法律范畴的国际惯例也可以划分为国际私法上的国际惯例和国际公法上的国际惯例。

在国际私法范围内，也有两种不同的国际惯例：一种是不需要当事人选择都必须遵守的国际惯例，即强制性的国际惯例。例如，通过长期国际实践形成的“国家及其财产豁免”原则就属于这种惯例。另一种是只有经过当事人选择，才对其有约束力的国际惯例，即任意性的国际惯例。比如，在国际贸易中存在的“离岸价格”FOB、“到岸价格”CIF等常见的贸易条件。任意性的国际惯例一般只有经过国家认可才有法律约束力。

在国际私法中，国际惯例大量存在。在外国人的民商事法律地位方面，如“国民待遇”原则等。在冲突法方面，如“不动产物权依物之所在地法”原则、“公共秩序”原则、“意思自治”原则、“既得权的尊重与保护”原则、“场所支配行为”原则等。在国际民事诉讼程序方面，如“程序问题依法院地法”原则等。但较多的是在长期商业实践基础上发展起来并用于解决国际商事问题的任意性的实体法惯例，也就是通常所说的国际商事惯例、国际商业惯例或者国际贸易惯例。例如，在贸易方面，主要有国际统一私法协会制定的《国际商事合同通则》（2010年修订本），国际商会制定的《国际贸易术语解释通则》（2020年修订版），国际法协会制定的《1932年华沙—牛津规则》和美国商会、美国进口商协会及美国全国对外贸易协会所组成的联合委员会通过的《1941年美国对外贸易定义修订本》等。在支付方面，主要有国际商会制定的《ICC跟单信用证统一惯例》（2006年修订本）和《托收统一规则》（1995年修订本）等。在担保方面，主要有国际商会制定的《合同担保统一规则》（1978年）和《见索即付担保统一规则》（2010年修订本）等。在运输和保险方面，主要有国际商会制定的《联合运输单证统一规则》(1975年修订本),国际海事委员会制定的《1974年约克—安特卫普规则》(2004年5月第38届大会修订后的规则被称为《2004年约克—安特卫普规则》)以及英国伦敦保险协会制定的《伦敦保险协会货物保险条款》(1982年修订本)等。

我国在调整国际民商事法律关系、解决国际民商事法律冲突、处理国际民商事法律争议时,也依法适用国际惯例或习惯。对于国际惯例的适用问题,我国《民法典》《涉外民事关系法律适用法》未作出明确规定。《适用国际条约和国际惯例解释》第5条和第6条规定了国际惯例的两种适用情形。一方面,在当事人明确选择适用国际惯例的情况下,可以根据国际惯例直接确定合同当事人之间的权利义务。另一方面,在当事人没有明确作出选择,且我国法律和我国缔结或者参加的国际条约均没有相应规定的情况下,人民法院可以适用国际惯例。

【本章主要法律规定】

1.《涉外民事关系法律适用法》第一、八章
2.最高人民法院《关于适用〈中华人民共和国涉外民事关系法律适用法〉若干问题的解释(一)》
3.最高人民法院《关于适用〈中华人民共和国民事诉讼法〉的解释》第520~549条
4.最高人民法院《关于审理涉外民商事案件适用国际条约和国际惯例若干问题的解释》

第二章 国际私法的主体

本章主要内容提示

本章主要讨论自然人、法人、国家、国际组织的国际私法主体资格，外国人的民商事法律地位，自然人的国籍、住所、居所、经常居所，法人的国籍、住所、经常居所、营业所在国际私法上的意义，国家及其财产豁免问题的产生与发展。

应掌握自然人国籍的积极冲突、消极冲突及其解决，自然人、法人的国籍、住所、经常居所的确定，外国法人的认可规则，外国人的民商事法律地位等。

1.外国法人的认可，即内国对外国法人的法律人格的认许。这种认许是对已存在的外国法人的法律人格的认定，而不是重新赋予其法律人格。主要涉及的问题有：一是外国法人在有关外国法律上是否已有效成立的问题，这是内国对外国法人的法律人格存在与否在事实上的认定；二是已依有关外国法有效成立的外国法人在内国法律上是否被允许在内国从事民商事活动的问题，它是外国法人进入内国从事民商事活动的前提。

2.国家及其财产豁免权是国家固有的权利，是指在国际交往中，一个国家及其财产未经其同意免受其他国家的管辖与执行措施的权利。关于国家及其财产豁免的理论主要有绝对豁免论和限制豁免论。应掌握中国在国家及其财产豁免问题上的立场。

3.关于外国人的民商事法律地位的制度主要有国民待遇、最惠国待遇和优惠待遇制度。

所谓国际私法的主体，是指国际民商事法律关系中享有权利和承担义务的法律人格者。国际私法的主体包括自然人、法人、国家和国际组织，但主要为自然人和法人，国家和国际组织只是国际私法的特殊主体。国际私法的主体实际上是指国际民商事法律关系的主体。

第一节 自然人

一、自然人的国际私法主体资格

自然人是国际私法的基本主体。自然人作为国际民商事法律关系的主体资格取决于其所具有的权利能力和行为能力。一般来说，一国的自然人只要按照其本国法律规定具有民事权利能力和民事行为能力，就可以在内国作为国际民商事法律关系的主体，从事国际民商事活动。各国对本国自然人在内国作为国际民商事法律关系的主体资格一般都不加限制，或只在某些特殊问题上有所限制。

至于外国自然人在内国作为国际民商事法律关系的主体问题，情况比较复杂。一般来说，只有在各国肯定外国人在内国具有一定的民商事法律地位时，外国人才可能在内国成为国际民商事法律关系的主体。在历史上，曾有外国人在内国毫无法律地位的情形，也曾有外国人在内国处于特权地位的情形，这两种情形都极大地阻碍了国际民商事法律关系的建立和发展。当今世界各国都承认外国人在内国具有一定的民商事法律地位，享受国民待遇，既强调外国人与内国人在民商事法律地位上的平等，也强调不同国家的外国人在内国具有平等的民商事法律地位。因此，外国自然人在内国作为国际民商事法律关系的主体是毫无疑问的。但是，各国对外国人在内国的民商事法律地位的具体规定并不完全一样，一些国家为了维护本国的利益，并不主张外国人与内国人在民商事法律地位上绝对平等。有时外国人在内国并不能参加某种民商事活动，因而也就不可能作为这种民商事法律关系的主体。

二、自然人的国籍

自然人的国籍是区别一个人是内国人还是外国人或无国籍人的标志，也是判断某一民商事法律关系是否为国际民商事法律关系的重要标志之一。因此，自然人的国籍在国际私法上具有重要的意义。有的国家，如法国，甚至把国籍法视为国际私法的重要组成部分。此外，在国际私法上，各国的立法和司法实践以及学者们对自然人的属人法有不同的理解，有的把自然人的属人法理解为自然人的住所地法，有的把自然人的属人法理解为自然人本国法（国籍国法），因而国籍问题对于确定当事人的属人法具有重要意义，自然人的国籍冲突及其解决是国际私法需要加以研究的问题。

（一）自然人国籍的概念

所谓国籍（nationality），是指一个人属于某一个国家的国民或公民的法律资格。一个人依据什么条件取得一国国籍或者依据什么条件丧失一国国籍，都是国家主权范围内的事，由各国有关国籍的立法加以规定。例如，我国1980年《国籍法》便是这种立法。然而，由于各国立法关于国籍的取得和丧失的规定并不是一致的，常常造成这样两种情况：有的人同时具有两个或两个以上的国籍，而有的人则无任何国家的国籍。从国际私法上来讲，前一种情况被称为国籍的积极冲突，后一种情况则被称为国籍的消极冲突。假设在一个国际民商事案件中，法院根据本国的冲突规范确定依一方当事人的本国法处理有关争议，而该当事人有甲、乙两个国家的国籍，那么到底是适用甲国法还是适用乙国法呢？或者该当事人因无国籍而无本国法，那么又依什么法呢？因此，解决自然人国籍冲突是国际私法的任务之一。

（二）自然人国籍的积极冲突的解决

对于自然人国籍的积极冲突，各国在实践中主要采取如下方法加以解决：

其一，当事人所具有的两个或两个以上的国籍中有一个是内国国籍时，国际上通行的做法是以内国国籍为准，也就是把该当事人优先视为内国人，以内国法作为其本国法。例如，1978年《奥地利联邦国际私法法规》第9条第1款规定，自然人的属人法应是该人所属国家的法律。如一人除具有外国国籍外，又具有内国国籍，应以奥地利国籍为准。

其二，当事人所具有的两个或两个以上的国籍均为外国国籍时，各国实践不一致，归纳起来，有如下几种做法：

1.以当事人最后取得的国籍为准。例如，1898年《日本法例》第27条第1款规定，如当事人有两个以上国籍，依最后取得的国籍国的法律为其本国法。但在实际生活中，有时一个人有两个或两个以上的国籍并不是先后取得的，而是同时取得的。针对这种情况，1939年《泰国国际私法》第6条第2款规定，如当事人同时取得两个以上国籍，则适用其住所所在地的本国法。

2.以当事人住所或惯常居所所在国国籍为准。如2001年《俄罗斯联邦民法典》第1195条规定，自然人的国籍国法视为其属人法；如一个非俄罗斯联邦公民有多个国籍，则该人的住所地国法为其属人法。一般来说，具有两个或两个以上国籍的人与其住所或惯常居所所在国有更密切的联系，这也是采取这种做法的国家的立法依据。但如双重或多国籍的人的住所或惯常居所在其非国籍所属国，这种做法就会陷入困境。

3.以与当事人有最密切联系的国籍为准。这种方法既为许多学者所倡导，也为一些国家的立法所采纳。例如，1966年《波兰国际私法》第2条第2款规定，具有两个以上国籍的外国人，以同他关系最密切的国家的法律为其本国法。

其三，对当事人所具有的两个或两个以上的国籍不作内国国籍和外国国籍的区分，为确定应适用的法律，只以与当事人有最密切联系的国籍为准。例如，1987年《瑞士关于国际私法的联邦法》第23条第2款规定，除本法另有规定外，如果一个人具有几个国籍，为确定应适用的法律，只以与之有最密切联系的那个国家的法律为准。这一规定抛弃了传统的在出现内国国籍和外国国籍冲突时以内国国籍优先、在出现外国国籍之间冲突时以后取得的国籍优先的做法，而采取了“实际国籍原则”，即以与当事人有最密切联系的国籍为准。

我国《涉外民事关系法律适用法》第19条就解决国籍积极冲突规定：“依照本法适用国籍国法律，自然人具有两个以上国籍的，适用有经常居所的国籍国法律；在所有国籍国均无经常居所的，适用与其有最密切联系的国籍国法律。……”上述规定没有涉及双重或多重国籍时有一国籍为中国国籍的情形，这是因为我国《国籍法》不承认中国公民拥有外国国籍，一个中国公民取得外国国籍即自动丧失了中国国籍。

（三）自然人国籍的消极冲突的解决

在当事人无国籍或其国籍不明确的情况下，如何确定当事人的本国法呢？一般主张以当事人住所所在国的法律为其本国法，如当事人无住所或其住所不能确定时，以其居所所在国的法律为其本国法。例如，2001年《韩国国际私法》第3条第2款规定，当事人的国籍不能确定或当事人没有国籍时，适用其经常居所地所在国的法律，没有经常居所地的，适用其居所所在国的法律。如其居所亦不能确定：有的国家规定适用法院地法；有的国家则要求当事人归化法院地国国籍，这实际上也是要求适用法院地法。此外，有的国家法律直接规定以当事人惯常居所所在国的法律为其属人法，1978年《奥地利联邦国际私法法规》第9条第2款就是这样规定的。

我国《涉外民事关系法律适用法》第19条就解决国籍消极冲突规定：“……自然人无国籍或者国籍不明的，适用其经常居所地法律。”这意味着在当事人无国籍或国籍不明的情况下，在确定其民事行为能力方面，以其经常居所地法为其属人法。

三、自然人的住所和居所

（一）自然人的住所

所谓住所（domicile），即一个人以久住的意思而居住的某一处所。这个定义反映了住所的主观和客观两方面的内容：从主观上讲，当事人在某一地有久住的意思；从客观上来讲，当事人在某一地有居住的事实。只有这两方面的内容结合起来，才能构成当事人的住所。1907年《瑞士民法典》第23条第1款是这样规定的：以有永久居住的意思的居住地为其住所。它也强调了构成住所的主客观条件。住所可以分为如下几类：（1）原始住所（domicile of origin），即自然人出生时所取得的住所。世界各国公认以自然人的父和母之住所为原始住所。（2）选择住所（domicile of choice），即自然人出生后依久住意思和居住事实而选择取得的住所。（3）法定住所（statutory domicile），即自然人依法律规定而取得的住所。

各国法律对住所的规定是不相同的。虽然各国一般规定一个人只能有一处住所，但有的国家法律承认一个人可以有两个或两个以上的住所。例如，英国判例法关于住所的一般原则是这样的：(1)任何人都有一个住所；(2)一个人不得为了相同的目的同时有一个以上的住所；(3)一个人既有的住所被推定持续到证明其新的住所已经获得为止；(4)英国冲突法中的住所意味着英国法意义上的住所。我国《民法典》第25条规定："自然人以户籍登记或者其他有效身份登记记载的居所为住所；经常居所与住所不一致的，经常居所视为住所。"

正由于各国关于住所的法律规定不同或对事实认定各异，自然人的住所也和自然人的国籍一样，会发生积极冲突和消极冲突。而在确定国际民商事法律关系的法律适用时，有些国家以当事人的住所地法为其属人法。因此，适当处理住所的积极冲突和消极冲突就成为国际私法需要解决的一个问题。

不过，《涉外民事关系法律适用法》和《涉外民事关系法律适用法司法解释（一）》并无专门用于解决自然人住所冲突的条款，这是因为《涉外民事关系法律适用法》将"经常居所"作为确定自然人属人法的主要连结点，住所在中国国际私法上的重要性因而显著降低。

（二）自然人的居所

所谓居所（residence），是指一个人在一定时间内居住的处所。在法律意义上，居所和住所有所不同，住所是一个人以永久居住的意图而居住的处所，而居所的成立不要求当事人具有永久居住的意图。居所有临时居所和惯常居所（habitual residence）之分：前者是一个人偶然或暂时居住的处所；后者又叫经常居所、习惯居所，是一个人在某一段时间内生活的中心和居住的处所。在国际私法上，由于在属人法问题上存在国籍国法主义和住所地法主义两大对立的学派和两种不同的实践，为了调和两者的矛盾和冲突，居所特别是惯常居所作为属人法的连结点或补充连结点受到广泛重视，已成为同住所、国籍并列的一种连结点。例如，在我国澳门特别行政区施行的1999年《澳门民法典》第30条规定，属人法即个人之常居地法。可见，惯常居所是澳门居民属人法的连结点。

特别需要指出的是，我国《涉外民事关系法律适用法》已把"经常居所"作为主要的属人法连结点。《涉外民事关系法律适用法司法解释（一）》第13条更明确规定："自然人在涉外民事关系产生或者变更、终止时已经连续居住一年以上且作为其生活中心的地方，人民法院可以认定为涉外民事关系法律适用法规定的自然人的经常居所地，但就医、劳务派遣、公务等情形除外。"由此可见，在我国国际私法语境下，自然人经常居所地的判断主要有两个标准：一是时间标准，即连续居住1年以上；二是生活中心标准，即除时间要求之外，自然人经常居所地应该是自然人生活的中心。此外，该司法解释还设置了例外情形，即自然人有就医、公务、劳务派遣等居住情形，即使符合上述两个标准，也不构成该自然人的经常居所。

第二节　法　　人

一、法人的国际私法主体资格

法人是拥有自主经营的财产，具有民事权利能力和民事行为能力，依法独立享有民事权利和承担民事义务的社会组织。法人作为相对自然人而言的另一种民商事法律关系的主体，具有以下三个特征：(1)法人是一种社会组织，这是法人与自然人的区别所在；(2)法人拥有自主经营的财产，这是法人进行民商事活动的物质基础；(3)法人能独立地享有民事权利和承担民事义务，这是法人以自己的名义从事民商事活动的法律保证。

法人的出现以及法人制度为法律所确认并不断得到发展，是经济社会发展的必然结果。法人作为民商事法律关系的主体不仅在国内的民商事交往中发挥着重要作用，而且在国际民商事交往中扮演着重要角色。它不仅积极参与国际民商事法律关系，而且有力推动着国际民商事关系的发展，成为发展国际合作的必要组织形式。在国际民商事交往日益密切以及越来越复杂的今天，大量的交易都是由具有法人资格的公司、企业或其他商业组织进行的，今天已很难想象，没有法人这种组织形式如何去开展国际民商事交往。因此，可以这样说，同自然人一样，法人也是国际私法的基本主体。

任何法人都是依一定国家的法律成立的，并依法具有民事权利能力和民事行为能力。但在国际民商事交往中，一国法人要参加国际民商事活动，作为国际民商事法律关系的主体，除了受本国法律限制外，其民事权利能力和民事行为能力还必须得到有关外国的认可。反过来说，未经认可的外国法人在内国不能作为国际民商事法律关系的主体有效地进行民商事活动。不过，各国为了扩大自己同其他国家之间的交往与合作，一般对依法成立的外国营利性法人在国际民商事法律关系中的主体资格都加以认可，并赋予国民待遇。

二、法人的国籍

在国际民商事活动中，依据何种标准区分内国法人与外国法人呢？这个标准就是法人的国籍。虽然曾有学者认为法人无国籍。或者说，法人不具有严格意义上的国籍，但法人国籍的存在已得到许多国家的立法与司法实践的肯定。“国籍”一词原本的确是针对自然人而言的，不适用于法人。但是，随着国际民商事交往的发展，法人逐渐进入国际社会，参加国际民商事活动，成为国际民商事法律关系的主体，“国籍”一词便自然而然用于法人了。不然，如何在国际民商事活动中区分本国公司和外国公司呢？同时，既然各国法律一般视法人如自然人一样的法律人格，且认为内国法人应服从内国法律管辖，那么，讲法人的国籍自不失“国籍”一词在法律术语上的意义。当今，法人的国籍已是判断某一民商事法律关系是否为国际民商事法律关系的重要标志之一。而且，按照大多数国家的立法和司法实践，法人的民事权利能力和民事行为能力受法人属人法支配，而法人的国籍也是确定法人属人法的依据之一。因此，法人的国籍问题在国际私法上有着重要意义。

（一）法人国籍的确定

法人国籍的确定是一个非常复杂的问题，因为在现实生活中：既有在内国设立而在外国从事经营活动的法人，也有在外国设立而在内国从事经营活动的法人；既有集许多不同国籍的人的资本而设立的法人，又有其营业范围及于数国的法人。特别是跨国公司出现并急剧膨胀以后，这个问题变得更为复杂。而且，各国在确定法人国籍问题上总是自行其是，这也增加了问题解决的难度。

对于如何确定一个法人的国籍，国际上并无一致的做法。各国及其学者主要有如下几种不同的主张：

1.成员国籍主义，或称资本控制主义。这种主张认为，法人是由其设立人建立起来的组织，法人的权利实际上属于设立法人的自然人，因而法人不能脱离其设立人而独立，法人只能与其设立人同一国籍。也就是说，法人国籍的确定，要看法人的资本控制在哪一国公民手中，然后根据资本控制者的国籍来确定法人的国籍。不过，这种主张实行起来有一些难处：一是弄清法人的资本真正为何国人控制并非易事；二是控制法人资本的股东经常变动，股东的国籍也随之变化；三是股东国籍相异时，究竟应依人数多少而定其国籍还是依出资额多寡而定其国籍，无法协调；四是法人如是发行无记名股票之股份有限公司，其国籍就更难确定了。

2.设立地主义，或称成立地主义或登记地主义。这种主张认为，法人的国籍应依其设立地而定，凡在内国设立的法人即为内国法人，凡在外国设立的法人即为外国法人。其理由是，一个组织之所以能成为法人，具有民商事法律关系的主体资格，是因为一国依法对该组织的章程的批准或给予核准登记。换言之，由于一国批准或给予登记的行为创设了法人，因而法人应具有设立地国国籍。赞同这种主张的人认为，法人设立地或成立地确定不移，易于用来确定法人国籍，并且以此确定法人的国籍使法人的国籍不易改变。但也有人认为，采用这种主张，在有些场合看不出法人实际为何国人所控制；另外，有时当事人会到设立限制较少的国家去成立法人，以达到其规避法律的目的。

3.住所地主义。这种主张认为，法人的住所是法人的经营管理和经济活动中心，因而法人的国籍应依其住所所在地而定。凡在内国有住所的法人为内国法人，凡在外国有住所的法人为外国法人。但是，对于究竟应以何处为法人的住所，学者见解和各国实践尚不一致。反对住所地主义的人认为，由于法人可以随意选定住所，就难以防止它们随意改变其国籍和规避法律的行为。

4.准据法主义。这种主张认为，法人都是依一定法律的规定并基于该国家的明示或默示认许而成立的，故法人的国籍应依法人设立时所依据的法律确定之。如果法人的实际活动处所不在其成立国而在另一国，并按另一国法律具有其国籍，应视为该国的法人。

5.法人设立地和法人住所地并用主义。由于国际民商事交往的日益发展以及法人在其中发挥的作用越来越大，法人国籍的确定越来越复杂，又由于根据法人的某一因素确定法人的国籍很难圆满地解决问题，于是，有的学者主张并用法人的设立地和法人的住所地来确定法人的国籍。这种主张在国际和国内立法实践中已经得到支持。

总之，如何确定法人的国籍，国际上尚无统一的标准，各国在实践中总是根据自己的利益和需要来确定标准，并随着情势的变化而变化。因此，在确定某一法人的国籍时，有必要考察相关国家的法律规定和司法实践。

（二）中国确定法人国籍的实践

我国在一些单行法规和司法解释中已对法人国籍的确定作过若干规定。从这些规定不难看出，在今天正常的国际民商事交往中，我国主张依据法人的设立登记地来确定法人的国籍。例如，在我国境内设立的企业如果是经过我国主管部门批准并在我国市场监督管理机关登记而设立的，我国法律确定这种企业为中国法人。我国《公司法》第243条规定，本法所称外国公司，是指依照外国法律在中国境外设立的公司。由此可见，我国《公司法》是以登记成立地来确定外国公司的国籍的。

三、法人的住所

许多国家主张以法人的住所地法作为法人的属人法。因此，在这些国家处理国际民商事案件时，如需要适用法人的属人法，就应适用法人的住所地法。由此可见，法人住所的确定，在国际私法上有重要意义。

不过，这些国家以及一些学者对法人的住所的理解并不是一致的，主要有如下主张：

1.主事务所所在地说，或称管理中心所在地说。这种主张认为，法人的住所为主事务所所在地或管理中心所在地，也就是法人的董事会或监事会所在地。其理由是，既然法人的主事务所是法人的首脑机构，它决定该法人活动的大政方针并监督施行，那么，就应该以法人的主事务所所在地为法人的住所。有的国家的立法采取这种主张。例如，《日本民法》第50条规定：法人以其主事务所所在地为住所。但应注意的是，法人主事务所设于何处是法人自行决定的事情。如果采取这种主张确定法人的住所，那么，可能出现法人本在内国从事经营活动，却将主事务所设在国外，取得外国住所，借以规避内国法律适用的情况。

2.营业中心所在地说。这种主张认为，法人的住所为法人实际从事营业活动的所在地。其理由是：一个法人运用自己的资本进行营业活动的地方是该法人实现其营业目的的地方，与该法人的生存有重要的关系；另外，法人的营业中心所在地相对来说比较稳定，不可能因当事人意欲规避法律而由其任意变更。但是，依照此说也有不便之处。例如，从事保险、运输或银行业的法人，其营业范围往往跨越数国，因而有时难以确定其营业中心地。又如，从事港建等行业的法人的营业中心地时常随地而转移。所以，对于此等法人，以营业中心地确定其住所显然有困难。

3.章程指定住所说。这种主张认为，法人特别是公司法人的住所以法人章程指定的住所为住所。在章程未指定时，才以其他标准如主事务所来确定法人的住所。一些大陆法系国家，如葡萄牙等国，采取这种主张。

4.主要办事机构所在地说。这种主张认为，法人的住所为法人的主要办事机构所在地。这是兼采管理中心所在地说和营业中心所在地说的一种主张，因为主要办事机构所在地既可能是管理中心所在地，也可能是营业中心所在地。我国立法采此说。例如，我国《民法典》第63条规定："法人以其主要办事机构所在地为住所。依法需要办理法人登记的，应当将主要办事机构所在地登记为住所。"《公司法》第8条规定："公司以其主要办事机构所在地为住所。"

四、法人的营业所

法人的营业所，即法人从事经营活动的场所(place of business)。法人的营业所所在地可能同法人的住所所在地是一致的，但也可能是不一致的。本来，在商业活动中，自然人同法人一样也可能有营业所，营业所也可以作为与自然人有关的冲突规范的连结点。但由于法人在现代商业活动中是最为普遍的组织形式，而任何从事商业活动的法人都有其营业所，故营业所通常是和法人联系在一起的。在国际私法上，营业所作为连结点在与法人有关的冲突规范中已被广泛运用，因而法人营业所的确定日显重要。

在实际生活中，一个法人可能有两个或两个以上的营业所，从而导致营业所的积极冲突；它也可能没有营业所，从而导致营业所的消极冲突。我国《涉外民事关系法律适用法》避开使用法人国籍和法人住所概念，采用"登记地""主营业地""经常居所地"等连结点取而代之。该法第14条规定："法人及其分支机构的民事权利能力、民事行为能力、组织机构、股东权利义务等事项，适用登记地法律。法人的主营业地与登记地不一致的，可以适用主营业地法律。法人的经常居所地，为其主营业地。"《涉外民事关系法律适用法司法解释(一)》第14条则明确规定："人民法院应当将法人的设立登记地认定为涉外民事关系法律适用法规定的法人的登记地。"

五、外国法人的认可

(一)外国法人认可的概念

外国法人的认可，即内国对外国法人的法律人格的认许。这种认许是对已存在的外国法人的法律人格的认定，而不是重新赋予其法律人格。内国对外国法人的认可涉及两个方面的问题：一是外国法人在有关外国法律上是否已有效成立的问题，即根据外国法人的属人法关于法人成立的规定判定外国法人是否有效成立。这是内国对外国法人的法律人格存在与否在事实上的认定。对依有关外国法未有效成立的外国法人，内国不予认可。二是已依有关外国法有效成立的外国法人在内国法律上是否被允许在内国从事民商事活动的问题，也即依内国法判定外国法人在内国是否具有民事权利能力和民事行为能力，是否能独立享有民事权利和承担民事义务的问题。这是内国对外国法人的法律人格存在与否在内国法律上的认定。一般来说，外国法人在内国法律上是否被认可是各国自行决定的事情。外国法人的认可在国际民商事交往中具有重要意义，它是外国法人进入内国从事民商事活动的前提。

(二)外国法人认可的方式

外国法人认可的方式分为两种：

1.国际立法认可，即有关国家通过制定国际条约保证相互认可各自的法人。1956年6月1日订于海牙的《承认外国公司、社团和财团法律人格公约》和1968年2月29日订于布鲁塞尔的《关于相互承认公司和法人团体的公约》即属采取这种方式。

2.国内立法认可，即一国通过国内立法确定一些具体的方式认可外国法人。国内立法认可又有如下三种方式：(1)一般认可，即内国对于外国法人，不问其属于何国，一般都加以认可。(2)概括认可，即内国对属于某一外国之特定的法人概括地加以认可。例如，法国于1957年5月30日制定了一项法律，承认凡经比利时政府认可而成立的法人，均可在法国行使其权利。(3)特别认可，即内国对外国法人通过特别登记或批准程序加以认可。如《日本民法》第49条规定，外国法人在日本设置事务所必须登记，在登记前他人可以否认该外国法人的存在。

外国法人一经内国认可，即表明该外国法人所具有的权利能力和行为能力在该内国得到确认，有资格并可以有效地在该内国从事民商事活动。至于外国法人在内国可以在多大的范围内从事民商事活动，或者说外国法人在内国可以从事哪些民商事活动，不能从事哪些民商事活动，应受制于内国法的规定。

（三）外国法人在中国的认可

外国法人到我国从事民商事活动应得到我国主管机关的认可。我国《公司法》第244条第1款规定，外国公司在中国境内设立分支机构，必须向中国主管机关提出申请，并提交其公司章程、所属国的公司登记证书等有关文件，经批准后，向公司登记机关依法办理登记，领取营业执照。该法第246条第1款还要求，外国公司的分支机构应当在其名称中标明该外国公司的国籍及责任形式。上述规定表明，在对外国法人认可的问题上，我国采取了特别认可程序。

第三节　国家和国际组织

一、国家和国际组织的国际私法主体资格

在国际社会中，国家和国际组织同自然人、法人一样，可以依据民商事法律，参加国际民商事活动，与自然人、法人、其他国家和国际组织发生国际民商事法律关系，行使民商事权利和承担民商事义务。也就是说，国家和国际组织也可以成为国际民商事法律关系的主体或国际私法的主体。

（一）国家的国际私法主体资格

在国内生活中，国家可以作为民商事法律关系的主体参加民商事活动。例如，以国家名义发行国库券，接收无主财产等。不过，在国内民法中，一般将国家视为特殊主体。也有学者认为，国家是以公法人身份参与国内民商事活动的。同样，国家在参加国际民商事活动时，与自然人和法人参加国际民商事活动有所不同，其作为国际民商事法律关系主体有其特殊性。这种特殊性表现在：

其一，国家首先是主权者，这种身份决定了国家参加国际民商事活动的场合和范围十分有限，国家只是国际民商事法律关系的特殊主体，或者说国际私法的特殊主体。

其二，尽管国家参与国际民商事活动仍然是主权者，但一旦它直接参与之，就意味着它同时具有了国际民商事法律关系的当事者的身份，也就是说，它是以国际民商事法律关系的当事者和主权者的双重身份出现的。根据当事人在民商事活动中地位平等原则，在国际民商事法律关系中，国家首先是民商事法律关系的当事者，应限制其主权者的地位，以免背离这一基本原则。

其三，国家参加国际民商事活动是以国家本身的名义并由其授权的机关或负责人进行的。以独立法人身份出现并以自己的名义参加国际民商事活动的国有公司和企业不能代表国家。

其四，国家作为特殊主体参加国际民商事活动总是以国库财产作为后盾，以国库财产为基础承担民商事法律责任，一般来讲，国家所负的责任是无限责任。

其五，国家及其财产享有豁免。国家作为国际民商事法律关系的当事者，根据民商事法律关系的特点，理应与对方当事人享有同等的民事权利和承担同等的民事义务，但国家毕竟又是主权者，当国家参加的国际民商事法律关系涉及另一个国家行使国家权力时，根据国家主权平等原则，除非国家同意，国家免受外国的行政管辖、司法管辖和强制执行措施。

（二）国际组织的国际私法主体资格

为了实现自己的目的，国际组织除需维持其组织内部的工作机能外，还需对外开展活动。国际组织对外开展活动的前提是它必须具有一

定的法律人格。它不仅在成员国领域内（在国内法上），而且在国际范围内（在国际法上），都需要具有这种法律人格。所谓国际组织的法律人格，就是国际组织成为法律关系的主体，并独立享有权利和承担义务的一种资格。没有这种资格，国际组织就不可能成为法律关系的主体，从而无法在其成员国领域内及国际范围内开展有效的活动。作为法律人格者，国际组织或由于履行其职能的需要或由于其生存的需要，不可避免地会同有关国家的自然人或法人、国家或其他国际组织进行民商事交往，发生特别的民商事法律关系。因此，国际组织是国际民商事法律关系的特殊主体或国际私法的特殊主体。一些国际公约对国际组织独立地参加民商事活动的权利能力和行为能力有所规定。例如，1946年《联合国特权和豁免公约》和1947年《联合国各专门机构特权及豁免公约》确定了联合国及其专门机构的法律人格，规定它们有“缔结契约”“取得并处置动产和不动产”“从事法律诉讼”的法律行为能力。

国际组织作为国际民商事法律关系的主体有如下特点：（1）国际组织参加国际民商事活动是以其本身的名义进行的。由于国际组织本身具有独立的法律人格，因而它参加民商事活动是以自己的名义进行的，而不牵涉组成国际组织的各个成员。国际组织的成员对国际组织的债务不负连带责任。（2）国际组织所从事的民商事活动是执行其职务及实现其宗旨所必需的民商事活动。也就是说，国际组织所从事的民商事活动一般应与其职能和宗旨有关。《联合国宪章》第104条规定，本组织于每一会员国之领土内，应享受于执行其职务及达成其宗旨所必需之法律行为能力。这条规定所指的“法律行为能力”的范围当然应理解为包括联合国从事民商事活动的法律行为能力。但这条规定讲得很清楚，联合国的法律行为能力是执行其职务及达成其宗旨所必需的法律行为能力，而不是从事一切活动的法律行为能力。（3）国际组织与国家不同，它是若干成员特别是国家为了达到一定的共同目标而创立的国际性组织，它作为国际民商事法律关系的主体资格是由成员之间缔结条约、协议或共同制定组织章程而确立的。因此，国际组织的职能和活动范围必须严格遵守有关条约和组织章程的规定。（4）上述特点决定了国际组织所能参与的国际民商事活动的范围极其有限，不可能如同自然人和法人一样可以广泛参与国际民商事活动，只是国际私法的特殊主体。（5）政府间国际组织由于行使职能的需要，在国际上享有一定的特权与豁免。这种特权与豁免也适用于参与国际民商事活动的国际组织。

二、国家及其财产豁免

（一）国家及其财产豁免的概念

所谓国家及其财产豁免（immunities of states and their property），简称国家豁免（state immunity），是指在国际交往中，一个国家及其财产未经其同意免受其他国家的管辖与执行措施的权利。就司法范围而言，一个国家及其财产未经其同意，其他国家的法院不得对该国进行管辖，或者对其财产采取扣押、强制执行或其他强制措施。国家及其财产豁免是习惯国际法上的一项重要原则。长期以来，国家及其财产豁免原则已得到国际法学者、各国司法实践、有关法律文件、政府意见以及联合国国际法委员会的充分肯定。从1978年开始，联合国国际法委员会一直致力于全球性的《联合国国家及其财产管辖豁免公约》的法律编纂工作。经长期磋商，2004年12月2日第59届联合国大会第59/38号决议通过公约草案并开放签署。

国家及其财产豁免权和国家的属地管辖权（或领土管辖权）一样，是国家主权派生出来的一项国家权利。因此也可以说，国家及其财产豁免原则是国家主权原则派生出来的一项独立的国际法原则。主权是国家具有的独立自主地处理自己的对内和对外事务的最高权力。国家主权具有两方面的特性，即在国内是最高的，对外是独立和平等的。国家主权在本国领土内享有最高权力这一特性派生出属地管辖权，而国家主权在国际关系中的独立和平等性则派生出国家及其财产豁免权。由此可见，国家及其财产豁免权是国家固有的权利，国家及其财产豁免原则来源于国际法的基础——国家主权原则。在国际关系中，国家及其财产豁免原则既来自国家主权原则，同时又维护和巩固了国家主权原则。

（二）国家及其财产豁免问题的产生

国家及其财产豁免问题是在国际民商事交往中产生的。在国家参加的国际民商事活动发生争议时，就必然要提出国家在诉讼中的法律地位问题，亦即一个国家能否在外国法院被诉的问题以及国家财产能否在外国法院作为诉讼标的的问题。国家及其财产豁免问题可能在下列情况下被提出来：（1）一国在外国法院直接被诉。（2）一国虽然在外国法院没有直接被诉，但在某民事诉讼中涉及该国，该国为了维护其权利而主张豁免。（3）在有的案件中，一国通过明示或默示的方法放弃了管辖豁免，但在判决作出以前或以后，如果牵涉对其财产采取诉讼保全或强制执行措施，也会提出国家及其财产豁免问题。因为依照惯例，放弃管辖豁免并非意味着同时放弃诉讼程序豁免和执行豁免。（4）一国在他国法院提起民事诉讼时，由于对方当事人提出反诉，便提出该国是否对反诉享有豁免的问题。

（三）国家及其财产豁免权的内容

一般认为，国家及其财产豁免权主要包括司法豁免、行政豁免、税收豁免等。就国际民商事法律关系而言，它主要是指司法豁免问题。关于国家及其财产豁免权的内容，有不同的主张。有的将国家及其财产豁免权的内容一分为二，即管辖豁免和执行豁免。前者是指未经一国同意，不得在另一国法院对该国提起民事诉讼或将该国财产作为诉讼标的；后者是指即使一国同意在他国法院作为被告或主动作为原告参加民事诉讼，在未经前者同意时，仍不得根据法院决定对其采取强制性的执行措施。此外，有的将国家及其财产豁免权的内容一分为三，即管辖豁免、诉讼程序豁免和执行豁免。这里讲的诉讼程序豁免，主要是指即使一国放弃管辖豁免，未经其同意，也不得对其财产采取诉讼保全措施，不得强制它出庭作证或提供证据以及为其他诉讼行为。

（四）关于国家及其财产豁免的理论

在国家及其财产豁免问题上，传统的理论有绝对豁免理论和限制豁免理论。第二次世界大战后，在国际法理论界又出现了废除豁免理论。前两种理论均在一些国家的实践中得到贯彻和执行，而后一种理论一般来说还限于理论上的探讨。这里只介绍前两种理论。

1.绝对豁免论。绝对豁免论（doctrine of absolute immunity）是最古老的关于国家豁免的理论。它认为：一个国家，无论其行为的性质如何，在他国享有绝对的豁免，除非该国放弃其豁免权；享有国家豁免的主体包括国家元首、国家本身、中央政府及各部、其他国家机构、国有公司或企业等；国家不仅在直接被诉的情况下享有豁免，而且在涉及国家的间接诉讼中也享有豁免；另外，它主张在国家未自愿接受管辖的情况下，一律通过外交途径解决有关国家为当事人的民商事争议。在19世纪，绝对豁免论几乎得到所有西方国家的国家实践支持。目前，不少发展中国家仍坚持绝对豁免论。绝对豁免论对国家豁免原则在国际法上的确立发挥了巨大的作用，它是一些社会主义国家和发展中国家在国际民商事交往中用来保护自己、反对强权和维护国家主权的武器。但绝对豁免论在提法上欠科学；而且，把国家本身同国有公司或企业在豁免问题上混同起来也是不当的；此外，过分强调通过外交途径解决涉及国家的民商事争议的主张也不便于国际民商事纠纷的及时解决。

2.限制豁免论。限制豁免论（doctrine of restrictive immunity），又称有限豁免论或相对豁免论（doctrine of relative immunity）。限制豁免论把国家的活动划分为主权行为和非主权行为，或统治权行为和事务权行为，或公法行为和私法行为。按照这种理论，在国际交往中，一个国家的主权行为在他国享有豁免，而其非主权行为在他国则不享有豁免。抽象地说，它仍然承认国家豁免是国际法上的一般原则，但却将国家不享有豁免的情况作为各种例外，并规定得非常具体。限制豁免论区分主权行为和非主权行为的标准有三种，即目的标准、行为性质标准和混合标准，赞同行为性质标准的人居多。限制豁免论还主张以法院地法来识别外国国家的所谓主权行为和非主权行为。一国单方面采取限制豁免措施与国家主权原则是不相容的，限制豁免论把国家行为划分为主权行为和非主权行为也不科学，因而它无论在理论上还是在实践中都是有疑问的。

（五）国家及其财产豁免与国家的民商事法律责任

有人认为，国家及其财产豁免意味着参加国际民商事活动的国家在任何情况下可以免除其被追究的民商事法律责任。这种认识是错误的。其实，在国际民商事交往中，坚持国家及其财产豁免这一国际法原则，只不过是使一个国家及其财产免受另一个国家法院的管辖和执行，防止一个国家对其他国家滥用自己的司法权来干涉和侵犯后者的主权和利益，而并非表明国家在从事国际民商事活动时可以不受法律约束，也并非实质上消灭国家在国际民商事法律关系中理应承担的法律义务和责任。当然，国家及其财产豁免更不意味着国家依一般国际法应承担的国际责任的豁免。可以肯定地说，国家参加国际民商事活动时可以享有他国的司法管辖和执行豁免，但仍应履行其民商事法律义务和承担其民商事法律责任。

（六）中国的实践

在国家及其财产豁免问题上，我国始终不渝地坚持国家及其财产豁免这一公认的国际法原则。目前，我国尚无关于国家及其财产豁免的专门立法。《民事诉讼法》对享有司法豁免权的外国人、外国组织或国际组织提起的民事诉讼，只作了原则性的规定。第268条规定，对享有外交特权与豁免的外国人、外国组织或国际组织提起的民事诉讼，应当依照中华人民共和国有关法律和中华人民共和国缔结或参加的国际条约的规定办理。1986年《外交特权与豁免条例》虽然就与国家豁免相重叠的外交豁免问题作了规定，但国家豁免与外交豁免毕竟是国际法上两个不同的问题。因此，我国有待加强这方面的立法。

在条约实践方面，我国曾经缔结或参加的一些双边或多边国际条约涉及国家及其财产豁免问题，如我国1980年参加的1969年《国际油污损害民事责任公约》第11条规定，缔约国就油污损害赔偿案件放弃对油污损害所在缔约国法院的管辖豁免。我国十分赞成各国在相互尊重主权和平等互利的基础上，通过协商达成协议来消除各国在国家及其财产豁免问题上的分歧和矛盾。

截至目前，我国法院尚未审理过涉及外国国家及其财产豁免的案件，因此，还不能从这方面来考察我国的实践。但是，自中华人民共和国成立以来，中国在其他一些国家或地区的法院遭到被诉的情况时有发生。比较著名的有“贝克曼诉中华人民共和国案”“湖广铁路债券案”等。在这种情况下，我国鲜明地表明了自己在国家及其财产豁免问题上的立场和态度。此外，值得注意的是，第十一届全国人民代表大会常务委员会第二十二次会议2011年8月26日通过了《关于〈中华人民共和国香港特别行政区基本法〉第十三条第一款和第十九条的解释》，明确指出：香港特别行政区，包括香港特别行政区法院，有责任适用或实施中央人民政府决定采取的国家豁免规则或政策。据此，香港终审法院在“刚果（金）欠债案”中给予刚果（金）绝对的豁免权，宣布香港法院对于刚果（金）没有司法管辖权。此次释法意义重大，不仅是香港终审法院首次主动提请全国人大常委会释法，而且是中国国家立法机关首次在国家豁免问题上阐明立场。

2023年9月1日，全国人大常委会第五次会议通过《外国国家豁免法》，自2024年1月1日起施行。《外国国家豁免法》实施后，意味着我国从以往的绝对国家豁免政策正式调整为限制国家豁免制度，这是我国加强涉外领域立法、统筹推进国内法治和涉外法治的重要立法进展，具有重大现实意义。

《外国国家豁免法》立足我国国情和现实需要，并参考国际条约、其他国家豁免立法和实践，对外国国家管辖豁免原则及其例外、执行豁免原则及其例外、特别程序等问题较为系统地进行了规定，建立健全了我国的外国国家豁免制度。该法共23条，主要内容如下：

一是确立外国国家管辖豁免的原则与例外。在规定维护国家主权平等的基础上，该法明确外国国家原则上在我国法院享有管辖豁免（第3条），但在以下例外情形下不享有管辖豁免，包括外国明示和默示接受管辖（第4~6条），以及商业活动争议（第7条）、劳动和劳务相关合同争议（第8条）、相关人身和财产损害争议（第9条）、财产性争议（第10条）、知识产权争议（第11条）、仲裁争议（第12条）等外国国家非主权行为引发的诉讼。

二是确立外国国家财产免于司法强制措施的原则和例外。该法规定外国国家财产原则上免于司法强制措施，放弃管辖豁免不视为放弃司法强制措施豁免（第13条），但在以下三类例外情形下不享有司法强制措施豁免（第14、15条）：一是外国国家明示放弃豁免，二是外国国家指定财产用于执行，三是为执行我国法院的生效裁判，且外国国家的财产位于中华人民共和国领域内、用于商业活动并与诉讼有联系的情形，其中，以下六类外国国家财产不应视为商业活动财产：包括外交财产、军事财产、央行财产、文化遗产或档案、科学文化或历史价值物品、非用于商业活动的其他财产。

三是确立《外国国家豁免法》的适用范围。一方面，该法规定了适用该法的外国国家的定义，包括外国国家本身、外国国家的国家机关和组成部分以及代表外国国家行使主权权力的组织或个人（第2条）。另一方面，该法规定了国际法上的其他几类豁免制度不适用该法，包括高级官员的个人豁免、外交人员豁免、领事人员豁免、特别使团人员豁免、驻国际组织代表团豁免、国际会议代表团豁免等（第20条）。上述豁免由我国其他法律及国际条约和习惯国际法予以保障。

四是确立适用于外国国家豁免案件的特殊诉讼程序。该法规定，法院审理涉及外国国家的案件原则上适用我国《民事诉讼法》及相关法律（第16条）。同时，鉴于外国国家作为案件当事方的特殊性，该法对国家豁免案件中的送达、缺席判决等特殊程序作了专门规定（第17、18条）。

五是明确外交部在处理外国国家豁免案件中的作用。该法规定，外交部就案件中相关国家是否构成外国主权国家、外交照会是否送达及何时送达等有关国家行为的事实问题向法院出具的证明文件，法院应当采信；该法还规定，外交部可就涉及外交事务等重大国家利益的问题向法院出具意见（第19条）。由于国家豁免问题既涉及法院处理的法律解释适用问题，也涉及外交部门处理的外交事务等重大国家利益，上述规定有利于确保国家外交政策的统一，维护国家间关系稳定。

六是确立对等原则。国际法是国家间的相互关系法，对等互惠是国际法的必然要求。在立法中规定对等原则符合国际惯例，也符合我国立法实践，我国《民事诉讼法》《外交特权与豁免条例》《领事特权与豁免条例》等也有相关规定。该法结合我国相关立法和各国立法，规定外国给予我国国家及财产的豁免待遇低于该法规定的，我国实行对等原则（第21条）。

《外国国家豁免法》的制定和实施表明我国处理外国国家豁免问题的两个转变，即从绝对豁免向相对豁免的立场转变、从外交处理为主转向司法为主、外交为辅的工作方法转变。

第四节　外国人的民商事法律地位

一、外国人的民商事法律地位概述

外国人的民商事法律地位是指外国人在内国法律上享有民商事权利和承担民商事义务的资格和状况。一般认为，一国赋予外国人在内国一定的民商事法律地位，是国际民商事法律关系即国际私法的调整对象赖以产生和发展的基础。因此，确定外国人的民商事法律地位的法律规范是国际私法规范。外国人的民商事法律地位，既可通过一国的国内法加以规定，也可通过国家之间缔结条约加以规定。

在历史上，外国人在内国的民商事法律地位曾几经变迁，在不同的历史时期或阶段有所不同。在奴隶制时期，外国人被视为敌人，被捉拿的外国人在内国仅具有奴隶身份，不具有任何民商事法律地位，因而他们不可能参加任何民商事活动，成为民商事法律关系的主体。例如，在古希腊，法律不保护外国人的婚姻和财产，甚至海盗抢劫外国人的财产的行为也不认为是违法行为。这种情况到奴隶社会后期才有所改变。在封建制时期，外国人在内国经封建主或国王的恩准或特许享有一定的民商事法律地位，如可以从事商业活动等。但是，在封建社会，外国人在内国的民商事法律地位总体上是低于内国人的。到了资本主义社会，由于商品生产和市场经济的发展，资产阶级迫切要求通商自由，不仅要求国内的通商自由，而且特别要求国际的通商自由。出于这种需要，各国开始承认外国人在内国享有与内国人平等的民商事法律地位。例如，1804年《法国民法典》第11条规定，外国人，如其本国和法国订有条约允许法国人在其国内享有某些民事权利者，在法国亦得享有同样的民事权利。第13条又规定，外国人经政府许可设立住所于法国者，在其继续居住期间，享有一切民事权利。但在近代，西方国家曾将领事裁判权（consular jurisdiction）制度推行于近东、中东和远东的非基督教国家。领事裁判权具体表现为外国人在这些国家的领土范围内不受所在国的法院的管辖，不受所在国法律的约束，而由其本国领事根据其本国法律对他们行使管辖权。这实际上是把外国人置于高于内国人的特权地位，同样妨碍了国际民商事交往的正常发展。不过，在第二次世界大战后，随着国家独立和民族解放运动的发展，西方国家在发展中国家的特权逐渐被取消，领事裁判权已经绝迹；同时，各国在尊重国家主权和平等互利原则基础上解决外国人的民商事法律地位问题成为时尚。

在当今国际社会，一个国家赋予外国人什么样的民商事法律地位，是其主权范围内的事，别国无权干涉。但是，由于国家在国际社会中是独立和平等的，一个国家为了在互相尊重主权和平等互利的基础上进行国际交往，在确定外国人的民商事法律地位时必须考虑三个因素：一是不能与本国所承担的国际条约义务相违背，如1928年美洲国家间所签订的《关于外国人地位的公约》第2条规定，外国人一如本国公民，应受当地法院管辖并服从当地法律，同时要考虑到在各项公约与条约中所规定的各种限制。二是应该考虑遵守国际法的基本原则和有关国际惯例。三是不能不考虑当时的国际关系以及本国的国家利益和国民利益。事实上，在民商事方面，现在世界各国通常都基于国内法、国际条约以及互惠或对等原则肯定外国人在内国享受同本国人一样的待遇，外国人大体有与本国人同等的民商事权利和民商事义务，也即外国人在内国享受国民待遇。当然，也有一些国家对外国人在内国的民商事法律地位作一些限制。例如，一些国家不允许外国人取得土地所有权。不过，一般来说，如果一国对某一外国的国民在内国的民商事法律地位加以限制的，该外国基于对等原则，会对该国国民的民商事法律地位实行对等的限制。

根据国际法的一般原则和国际通例，外国人中的国家元首、外交官员、领事官员、国际组织官员等享有相应的特权与豁免。例如，外交官员对接受国的民商事管辖与判决执行，一般享有豁免权。这表明，他们具有与一般外国人不同的特殊民商事法律地位。

二、关于外国人的民商事法律地位的制度

自19世纪以来，在各国的实践中逐渐形成了一些关于外国人的民商事法律地位的制度。下面分别述之：

（一）国民待遇

国民待遇（national treatment），又叫平等待遇，是指内国给予外国人的待遇和给予本国人的待遇相同。也就是说，在同样的条件下外国人和内国人所享有的权利和承担的义务相同。国民待遇制度既可以通过国内立法加以规定，

也可以通过国际条约加以规定。其中，这种规定既可以是概括性的规定，也可以是就具体事项或问题作出的规定。

虽然国民待遇意味着内国给予外国人以本国国民所享有的民商事权利，但这种待遇是一种符合国际法要求的适当待遇，一般不包括政治上的权利和法律上不允许外国人享有的特定权利。在国民待遇下，外国人来到一国境内，应服从所在国的法律的管辖，享有所在国国民所享有的民商事权利，不能要求优于该国国民所享有的待遇。在处理涉及外国人的事件上，只要内国当局没有"拒绝司法"（denial of justice）或不正当地延迟审判，外国人就不能认为遭受不公平待遇，而他们的本国政府也就没有出来为他们说话或干涉的理由。当然，如果外国人在内国遭受到显然恶意的、歧视性的和不公平的待遇，并因此受到损害，则另当别论。

国民待遇这一制度提出后，先后有三种表现形式：（1）无条件国民待遇，即不附带任何条件把内国法律赋予内国人的各种权利同样给予在本国境内的外国人。在资产阶级取得政权的最初年代里，曾实行过这种无条件的国民待遇制度。（2）互惠国民待遇，也被称为有条件的国民待遇，即内国给予外国人以国民待遇要以该外国人所属国也给予该内国的国民以国民待遇为条件，也就是说，内外国约定相互把给予本国人的民商事权利也同样给予对方国家的人。现代的国民待遇都是以互惠为基础的国民待遇。（3）特定国民待遇，即一国在立法中规定在某种或某几种权利上给予外国人国民待遇。这种方式通常用于有利于本国经济、科学技术和文化发展的民商事权利方面，如发明和专利的申请，也可以不要求互惠。

应该注意的是，从目前实践来看，无条件的国民待遇已不复存在，互惠的国民待遇则为各国所推崇。此外，各国为了维护本国自然人和法人的利益，给予外国人以国民待遇总是有一定范围的，而不是在一切方面都给予外国人与本国人完全相同的待遇。因此，从严格意义上讲，当今的国民待遇都是互惠并有所限制的国民待遇。

（二）最惠国待遇

最惠国待遇（most favored nation treatment），指授予国给予某外国的待遇，不低于或不少于授予国已给予或将给予任何第三国的待遇。联合国国际法委员会于1978年拟定的《关于最惠国条款的规定（草案）》第5条规定，最惠国待遇是授予国给予受惠国或与之有确定关系的人或事的待遇不低于授予国给予第三国或与之有同于上述关系的人或事的待遇。最惠国待遇一般都是通过签订双边或多边条约来加以规定的，条约中的有关条款被称为最惠国待遇条款。如1982年签订的《中华人民共和国政府和瑞典王国政府关于相互保护投资的协定》第2条第2款规定，缔约任何一方的投资者在缔约另一方境内的投资所享受的待遇，不应低于第三国投资者的投资所享受的待遇。

最惠国待遇与国民待遇不同。最惠国待遇是以给予一个外国的待遇为标准来给予另一个外国相同的待遇，其结果是使不同的外国国家在内国享受相同的优惠和处于相同的地位。而国民待遇是以给予本国人的待遇为标准确定外国人的待遇，其结果是使外国人与本国人的待遇处于相同的地位。

实行最惠国待遇的目的在于，防止本国人在国际民商事交往中处于不利地位，也就是避免本国人在外国的地位低于第三国人在该外国的地位。最惠国待遇一般都是互惠的。可是，在19世纪，帝国主义列强在与中国和东方其他一些国家所订的不平等条约中规定了概括性的、无条件的、单方面的最惠国待遇，使最惠国待遇成为帝国主义列强在当时中国和东方其他国家享受的一种特权。如1844年中美《望厦条约》规定，清朝政府如有利益及于各国时，"合众国人民应一体均沾"。这种片面的、不平等的最惠国待遇条款是违反国家主权原则和平等互利原则的。

对于最惠国待遇，根据不同的标准，可作不同的分类。以其是否互惠为标准，最惠国待遇可以分为互惠的最惠国待遇和非互惠的最惠国待遇。以其是否有条件为标准，最惠国待遇可以分为有条件的最惠国待遇和无条件的最惠国待遇。以授予国和受惠国数量为标准，最惠国待遇可以分为双边的最惠国待遇和多边的最惠国待遇。从当今世界的实践来看，当事国互相赋予互惠的、无条件的最惠国待遇是发展的趋势。随着世界多边贸易体制的建立和加强，多边的、互惠的和无条件的最惠国待遇成为多边贸易体制的一部分，越来越广为适用。这一点在世界贸易组织新体制的建立过程中表现得尤为明显。例如，《与贸易有关的知识产权协议》第4条明确规定，在知识产权保护上，某一成员提供给其他国家国民的任何利益、优惠、特权或豁免，均应立即无条件地适用于全体其他成员之国民。

最惠国待遇的适用范围，一般由最惠国待遇条款加以规定。在规定最惠国待遇的条款中，往往在规定最惠国待遇的适用范围时，也规定最惠国待遇的例外，即指出不属于最惠国待遇范围的例外情况。例外事项一般有：(1)一国给予邻国的特权与优惠；(2)边境贸易和运输方面的特权与优惠；(3)有特殊的历史、政治、经济关系的国家之间形成的特定的特权与优惠；(4)经济集团内部各成员互相给予对方的特权与优惠。即使最惠国待遇条款中没有明文规定这些例外，缔约国之间一般也不得以这些特殊情况作标准来要求最惠国待遇。

我国为了促进对外经济贸易关系的顺利发展，早在1955年8月22日订立的《中华人民共和国政府和阿拉伯埃及共和国政府贸易协定》中便开始采用互惠平等的最惠国待遇制度，随后，又在与许多国家缔结的条约中列有最惠国待遇条款。

(三)优惠待遇

优惠待遇(preferential treatment)，是指一国为了某种目的给予外国及其自然人和法人以特定的优惠的一种待遇。优惠待遇和国民待遇不一样：前者是就特定事项或方面给予外国和外国人的优惠，而后者是概括性地给予外国人同本国人相同的待遇；另外，依前者，外国人所享有的某种优惠待遇甚至可能优于本国人所享有的待遇。优惠待遇与最惠国待遇也不一样：前者是内国通过立法或缔结国际条约直接给予外国人的，外国人可以直接享有；而外国人享有最惠国待遇必须借助最惠国待遇条款，也必须有内国已给予第三国的待遇高于该外国所享有的待遇的事实存在。不过，优惠待遇的存在常常是最惠国待遇借以发生效果的事实根据。

一国给予外国及其自然人和法人以优惠待遇，一般通过两种方式加以规定：一是通过国内立法加以规定，这是最通常的方式；二是通过缔结国际条约加以规定。

三、外国人在中国的民商事法律地位

1949年中华人民共和国成立后，我国对此前与外国所订立的条约，按其内容，分别作出承认、废除、修改或重订的不同处理，从而取消了帝国主义国家在中国的一切特权，维护了我国主权和独立。同时，我国也明确宣布，愿意在平等互利的基础上发展与各国的关系。《中国人民政治协商会议共同纲领》第57条规定："中华人民共和国可在平等和互利的基础上，与各外国的政府和人民恢复并发展通商贸易关系。"第59条又规定："中华人民共和国人民政府保护守法的外国侨民。"这表明，我国承认外国人在我国应有的民商事法律地位。我国当时的有关立法也明确规定在某些方面赋予外国人以国民待遇。

自改革开放以来，我国通过《宪法》和一系列法律法规进一步明确规定了外国人在我国的民商事法律地位。《宪法》第18条规定："中华人民共和国允许外国的企业和其他经济组织或者个人依照中华人民共和国法律的规定在中国投资，同中国的企业或者其他经济组织进行各种形式的经济合作。在中国境内的外国企业和其他外国经济组织以及中外合资经营的企业，都必须遵守中华人民共和国的法律。它们的合法的权利和利益受中华人民共和国法律的保护。"《宪法》第32条第1款规定："中华人民共和国保护在中国境内的外国人的合法权利和利益，在中国境内的外国人必须遵守中华人民共和国的法律。"除《宪法》的规定外，我国的许多其他法律法规也就外国人在中国的民商事法律地位作了规定。例如，《对外贸易法》第

6条规定："中华人民共和国在对外贸易方面根据所缔结或者参加的国际条约、协定，给予其他缔约方、参加方最惠国待遇、国民待遇等待遇，或者根据互惠、对等原则给予对方最惠国待遇、国民待遇等待遇。"第7条同时规定："任何国家或者地区在贸易方面对中华人民共和国采取歧视性的禁止、限制或者其他类似措施的，中华人民共和国可以根据实际情况对该国家或者该地区采取相应的措施。"《民事诉讼法》第5条则对外国人的民事诉讼地位作了规定："外国人、无国籍人、外国企业和组织在人民法院起诉、应诉，同中华人民共和国公民、法人和其他组织有同等的诉讼权利义务。外国法院对中华人民共和国公民、法人和其他组织的民事诉讼权利加以限制的，中华人民共和国人民法院对该国公民、企业和组织的民事诉讼权利，实行对等原则。"第272条进一步规定："对享有外交特权与豁免的外国人、外国组织或者国际组织提起的民事诉讼，应当依照中华人民共和国有关法律和中华人民共和国缔结或者参加的国际条约的规定办理。"由上述可见，在民商事领域，外国人基于我国国内法、我国缔结或者参加的国际条约以及互惠或对等原则，在我国享有国民待遇、最惠国待遇或优惠待遇。也就是说，他们在我国具有应有的民商事法律地位。

【本章主要法律规定】

1.《涉外民事关系法律适用法》第二章
2.《外国国家豁免法》
3.最高人民法院《关于适用〈中华人民共和国涉外民事关系法律适用法〉若干问题的解释（一）》
4.《民事诉讼法》第四编
5.《最高人民法院关于适用〈中华人民共和国民事诉讼法〉的解释》第520~549条

第三章
国际民商事法律冲突、冲突规范和准据法

本章主要内容提示

本章分析了国际民商事法律冲突的概念及其产生，冲突规范的概念、结构和类型，准据法的概念和确定。注意理解国际民商事法律冲突的产生和特点、冲突规范的特性、准据法的特点。结合我国的立法及司法解释掌握国际民商事法律冲突的解决方法，准据法的选择方法以及准据法的确定。

1.国际民商事法律冲突是同一民商事关系因所涉各国民商事法律规定不同而发生的法律适用上的冲突。它是在各国民商事法律各异、各国民商事法律关系主体之间有正常的民商事交往、各国在一定条件下承认外国人在内国的民商事法律地位以及承认外国法律在内国的域外效力的条件下发生的。

2.冲突规范，又被称为法律适用规范或法律选择规范，是指明某种国际民商事法律关系应适用何种法律的规范。在一些国际法律文件中，其又被称为国际私法规范。这种规范并不直接规定当事人的实体权利义务，因而被称为间接规范。冲突规范是国际私法的特有规范。

3.准据法是指经冲突规范指定援用来具体确定民商事法律关系当事人的权利与义务的特定的实体法律。需要了解根据国际私法上的各种不同学说以及各国的实践概括出的准据法的选择方法。

4.国际民商事法律冲突是外国法律的域外效力与本国法律的域内效力的冲突，或者本国法律的域外效力与外国法律的域内效力之间的冲突。其解决方法包括冲突法解决方法和实体法解决方法。

第一节　国际民商事法律冲突

一、国际民商事法律冲突的概念和类型

法律冲突是一种普遍存在的现象。从广义上来讲，它是指调整同一社会关系或者解决同一问题的不同法律制度由于各自内容的差异和位阶的高低而导致相互在效力上的抵触。一般来说，只要各国法律对同一问题作了不同的规定，而当某种法律事实又将不同的法律规定联系在一起时，法律冲突便会发生。国际民商事法律冲突就是不同国家的民商事法律在法律适用上的冲突，国际私法正是在解决国际民商事法律冲突的基础上产生和发展起来的。

法律冲突既可能发生在法律的各个领域或各个法律部门里，也可能发生在法律的不同层次和结构中。因此，法律冲突的表现形式是多种多样的。研究国际民商事法律冲突，要对法律冲突的主要类型有所了解：

1.公法冲突和私法冲突。以法律的性质或法律冲突的发生领域为标准，可以把法律冲突区分为公法冲突和私法冲突。在民商法领域内，内国法在外国的域外效力或外国法在内国的域外效力在一定条件下得到承认，各国之间的民商法律冲突成为一种实在的冲突，即外国法律的域外效力与内国法律的域内效力之间的冲突或外国法律的域内效力与内国法律的域外效力之间的冲突。在解决这种冲突时，不仅会涉及内国法的适用，而且更重要的是会涉及外国法的适用；也就是说，会涉及内外国法律的选择。也正是这一点决定了国际私法研究国际法律冲突或区际法律冲突时并不研究行政法、刑法或税法等公法冲突，而只限于研究民商事法律冲突。

2.空间法律冲突、时际法律冲突和人际法律冲突。以法律冲突的性质为标准，可以把法律冲突分为空间法律冲突、时际法律冲突和人际法律冲突。空间法律冲突（interspatial conflict of laws），是不同地区之间的法律冲突，它包括国际法律冲突和区际法律冲突。时际法律冲突（intertemporal conflict of laws），是指可能影响同一社会关系的新法和旧法，前法和后法之间的冲突。人际法律冲突（interpersonal conflict of laws）是指适用于不同种族、民族、宗教、部落以及不同阶级的人的法律之间的冲突。

国际私法上所讲的法律冲突，是国际民商事法律冲突，即同一民商事关系因所涉各国民商事法律规定不同而发生的法律适用上的冲突。国际私法所调整的国际民商事法律关系和纯国内民商事法律关系之所以不同，是因为前者含有国际因素。正由于国际民商事法律关系含有国际因素，它既可以受内国法调整，也可以受外国法调整。在这种情况下，如果内外国法的有关规定是完全一致的，适用其中任何一国的法律都会导致相同的结果，那么，法律适用上的冲突便不会发生，自然也无法律选择的必要。但是，实际上，由于各国民商事法律千差万别，对同一国际民商事法律关系适用不同国家的法律，必然会产生不同的结果。在国际私法上，这种现象被称为国际民商事法律冲突。可以说，解决国际民商事法律冲突是国际私法的中心任务。

二、国际民商事法律冲突的产生和特点

（一）国际民商事法律冲突的产生

历史上，从国际民商事法律关系的出现到国际民商事法律冲突的产生，经历了一个演变发展的过程。国际民商事法律冲突的产生主要是以下几个因素相互作用的结果：

一是各国民商事法律制度互不相同。这里讲的“民商事法律制度”是广义的。由于社会制度、经济发展状况、历史文化传统以及自然环境的不同，世界各国法律制度千差万别。在民商事法律制度方面，这种差别表现得就更为突出。例如，关于结婚最低年龄，各国规定就很不相同。《日本民法》第731条规定，男18岁、女16岁；《瑞士民法典》第96条规定，男20岁、女18岁；而我国《民法典》第1047条则规定，男22岁、女20岁。正由于各国民商事法律规定互不相同，对同一国际民商事法律关系，往往因适用不同国家的法律而产生不同的结果，这样便提出应适用何国法来确定当事人的权利和义务的问题。由此可见，各国民商事法律制度的不同是国际民商事法律冲突产生的前提条件。

二是各国民商事法律关系主体之间存在正常的民商事交往，并结成国际民商事法律关系。尽管各国民商事法律制度互不相同，但如果各国民商事法律关系主体没有民商事交往，民商事法律冲突也无从产生。因为各国民商事法律关系主体之间如不存在民商事交往：一方面，内国人及其财产不会到外国，并不会产生与外国有联系的法律事实；另一方面，外国人及其财产也不会出现在内国，也不会在内国产生与外国有联系的法律事实。这样，各国民商事法律仅在本国范围内实施，民商事法律冲突自然不会发生。一旦各国民商事法律关系主体进行正常的民商事交往，必然会提出依哪个国家的法律结成民商事法律关系的问题，以及在国际民商事交往中发生争议时应适用哪个国家的法律加以解决的问题。可以说，各国民商事法律关系主体之间正常的民商事交往是国际民商事法律

冲突产生的客观基础。

三是各国承认外国人在内国享有平等的民商事法律地位。国际私法的历史表明，它的产生和发展是与外国人在内国民商事法律地位的变迁和提高密切相关的。许多学者认为，赋予外国人平等的民商事法律地位是国际民商事交往得以正常进行的重要条件，因而也是导致国际民商事法律冲突产生的一个重要条件。并且，也正是基于这种观点，他们才把直接调整外国人民商事法律地位的实体规范纳入国际私法范围之内。在实际生活中，一方面，凡在内国法不允许外国人享有某项民商事权利时，外国人就不能参加有关民商事活动，也就不会出现外国人作为主体的民商事法律关系，当然也就不会产生涉及外国法适用的民商事法律冲突。另一方面，如果外国人在内国居于凌驾于内国人之上的特权地位，也无民商事法律冲突可言。例如，过去在一些亚、非国家，西方列强通过不平等条约享有治外法权，或被称为“领事裁判权”，外国人在这些国家的领土内不受所在国法律的约束，不受所在国法院的管辖，而由外国人本国领事根据他们本国的法律对他们行使管辖权。外国人在内国拥有这种特权地位，是对有关国家主权的侵害，使外国人与内国人之间不可能建立平等的民商事法律关系，因而国际民商事法律冲突也无从产生。

四是各国在一定条件下承认外国民商事法律在内国的域外效力。任何法律都有一定的效力范围，或只有域内效力，或既有域内效力又有域外效力。所谓法律的域内效力，是指一国的法律所具有的及于其管辖领土内一切人、物和行为的效力，它主要表现了国家的属地优越权。而所谓法律的域外效力，则是指一国法律在制定者管辖领土以外尚能发生的效力，它常常体现了国家的属人优越权，即一国制定的法律不仅适用于本国境内的一切人，而且适用于居住在国外的本国人。有些国家的法律明确规定了法律的域内效力和域外效力。各国在制定法律时都可依国家主权原则确定自己的法律具有域内效力或域外效力，但是，这种域外效力只是一种自设的或虚拟的域外效力。如果这种法律要在国际社会得到贯彻执行，也就是说，其自设的或虚拟的域外效力要变成现实的域外效力，需要国际社会中的各国根据主权原则和平等互利原则彼此协调，互相承认。一般来说，各国出于公正合理地处理相互间民商事关系的实际需要，都在一定的条件下或在一定的程度上承认外国民商事法律在内国的效力，如承认某人根据外国法律而取得的对物的所有权，承认依外国法建立的合同关系、婚姻关系等。正是由于各国在一定的条件下相互承认对方的民商事法律同时具有域内效力和域外效力，所以才会产生法律冲突，即外国法律的域外效力与本国法律的域内效力的冲突，或者本国法律的域外效力与外国法律的域内效力之间的冲突。如果各国不承认外国民商事法律在内国的域外效力，国际私法中的冲突规范也就失去了存在的基础。正是各国对彼此民商事法律的域外效力的相互承认，才使国际民商事法律冲突成为现实。

总之，国际民商事法律冲突是在各国民商事法律各异、各国民商事法律关系主体之间有正常的民商事交往、各国在一定条件下承认外国人在内国的民商事法律地位以及承认外国法律在内国的域外效力的条件下发生的。

（二）国际民商事法律冲突的特点

与其他法律冲突比较起来，国际民商事法律冲突具有如下特点：

1.国际民商事法律冲突是一种跨国法律冲突。国际民商事法律冲突产生于国际社会，是不同主权国家之间的法律冲突。

2.国际民商事法律冲突是一种法律在空间上的冲突。国际民商事法律冲突是适用于不同国家领域的法律之间的冲突，是同一定的地域相联系的。它同适用于不同种族、民族、部落、阶级以及宗教信仰的人的法律之间的冲突，即人际法律冲突，以及先后施行于同一地区并涉及同一问题的新旧法律之间在时间效力上的冲突，即时际法律冲突，有着本质的差别。

3.国际民商事法律冲突是一种私法冲突。国际民商事法律冲突是不同国家的民商事法律之间的冲突，由于传统上一般将民事法律和商事法律视为私法，故国际民商事法律冲突，亦即国际私法冲突，与属于公法性质的法律冲突是完全不同的。

三、国际民商事法律冲突的解决方法

在国际民商事交往中，民商事法律冲突是大量存在的。为了促进各国人民之间的友好往来，对民商事法律冲突加以适当的解决是十分必要的。国际上的实践，主要有如下两种方法：

（一）冲突法解决方法

综观各国的立法与实践，对于国际民商事法律冲突的解决，最早便开始采用而且一直沿袭至今的方法，是运用冲突规范来指定应适用的法律的方法，即通过制定国内或国际的冲突规范来确定各种不同性质的国际民商事法律关系应适用何种法律，从而解决国际民商事法律冲突。国际民商事法律冲突实质上是不同国家的民商事法律在适用上的冲突。换言之，国际民商事法律冲突讲的是某种国际民商事法律关系应适用何种法律的问题，而冲突规范恰恰是指定某种国际民商事法律关系应适用何种法律的规范，因此，就解决国际民商事法律冲突而言，冲突规范不失为解决国际民商事法律冲突的有效方法。可以说，冲突规范是国际私法的特有规范，冲突法解决方法是国际私法解决国际民商事法律冲突的传统方法。

根据冲突法的渊源，冲突法解决方法可分为国内冲突法解决方法和国际冲突法解决方法。前者是各国通过制定自己的冲突法解决与本国有关的国际民商事法律冲突，后者是有关国家以双边或多边的国际条约的形式制定统一的冲突法来解决国际民商事法律冲突。在用国内冲突法解决国际民商事法律冲突的情况下，由于各国的冲突规范本身并不相同，有关国家冲突规范之间便会产生冲突，这样，同一个国际民商事案件在不同国家的法院审理就会得出不同的结果。这种冲突规范之间的冲突的存在，大大增加了国际民商事争议的复杂性，常常导致当事人“挑选法院”，即当事人选择于己有利的法院起诉，从而使对方蒙受不利。通过国际统一冲突法解决国际民商事法律冲突，不仅可以避免各国冲突规范之间的冲突，防止当事人“挑选法院”现象的发生，而且还可以为各国实体法的统一奠定基础。

冲突法解决方法就调整国际民商事法律关系而言，只指定有关国际民商事法律关系应适用何种法律，而没有明确地直接规定当事人的权利与义务，因而它对国际民商事法律关系只起“间接调整”的作用。由于这种方法只就有关国际民商事法律关系指定一个立法管辖权，而不问该管辖国家调整这种民商事关系的立法之有无以及内容如何，因而缺乏应有的针对性，所以也有人称其为“间接调整方法”。由此看来，用冲突规范解决国际民商事法律冲突并不能从根本上避免和消除冲突，只能对有关具体的国际民商事法律关系的法律适用问题加以解决。从这个意义上来讲，这种方法只是一种消极的解决办法。

尽管如此，冲突规范在解决国际民商事法律冲突中的地位和作用是不容忽视的。应该注意的是，随着国际上直接确定当事人权利和义务的国际统一实体私法规范逐渐增多，有的学者认为，冲突规范在解决国际民商事法律冲突中的地位和作用正在削弱，甚至认为在国际民商事交往日益频繁和国际民商事法律关系日益复杂的情况下，本身存在种种缺陷的冲突法制度已难以适应并促进它们的发展了。我们认为，这种看法是片面的，国际统一实体私法规范的出现并不能代替冲突法规范在解决国际民商事法律冲突方面的作用。首先，以目前的情况来看，国际统一实体私法规范多出现在国际经济、贸易和知识产权领域，在国际民商事法律关系的许多方面，还没有也难以制定国际统一实体私法规范。在无国际统一实体私法规范领域，用冲突规范解决国际民商事法律冲突仍有重要意义。其次，尽管在一些领域已出现了国际统一实体私法公约，但缔约国与非缔约国之间以及非缔约国相互之间的民商事法律冲突仍要靠冲突规范来解决。再次，在缔约国对条约中的统一实体私法规定声明保留时，在保留问题上，声明保留的缔约国和非声明保留的缔约国之间的法律冲突仍应适用冲突规范进行解决。最后，国际统一实体私法公约通常只适用于某种法律关系的某些方面，因而在其他方面借用冲突规范加以解决仍是可能和可行的。例如，1980年《联合国国际货物销售合同公约》第7条第2款就有这样的规定：凡本公约未明确解决的属于本公约范围的问题，应按照本公约所依据的一般原则来解决，在没有一般原则的情况下，则应按照国际私法规定适用的法律来解决。这里讲的“国际私法规定”就是指冲突规范。

（二）实体法解决方法

实体法解决方法是指通过制定国内或国际的民商事实体规范来直接确定当事人的权利与义务，调整国际民商事法律关系，因而避免或消除国际民商事法律冲突的方法。

为了克服冲突规范解决民商事法律冲突的不彻底性，更有效地解决国际民商事法律冲突，自19世纪末20世纪初起，国际实践中出现了另一种解决民商事法律冲突的方法，即有关国家通过制定国际条约或借助在实践中形成的国际惯例，把彼此在某些方面的民商事法律统一起来，直接适用于有关当事人之间的国际民商事法律关系，从而在所涉问题上避免和消除有关民商事法律冲突。正因为这种国际统一实体私法把有关国家的实体民商法统一起来，明确地规定了当事人的权利与义务，故它对国际民商事法律关系起到了直接的调整作用。就解决国际民商事法律冲突而言，国际统一实体私法解决方法由于从根本上起到了避免和消除民商事法律冲突的作用，因而它优于冲突法解决方法，是一种积极的国际民商事法律冲突解决方法。国际统一实体私法的出现应该被视为解决国际民商事法律冲突的自然进程，是解决国际民商事法律冲突的手段日趋完善的一个合乎逻辑的结果。

根据国际统一实体私法的渊源，国际统一实体私法解决方法可分为国际条约解决方法和国际惯例解决方法，而前者又有双边条约解决方法和多边条约解决方法之分。目前，国际上已有不少解决国际民商事法律冲突的实体法公约，但规定有国际统一实体私法规范的双边条约在解决国际民商事法律冲突中的作用也不容忽视。在国际民商事交往中，各国在长期实践的过程中逐渐形成了一些国际惯例。由于这些以国际惯例形式出现的统一实体私法规范，有的不及国际条约中的统一实体私法规范明确、具体，并且大多为需要当事人选择才能适用的任意性规范，所以，国际惯例中的统一实体私法规范在解决国际民商事法律冲突中的作用和效果不及国际条约中的实体规定。

国际统一实体私法的出现和发展，虽然增加了一种解决国际民商事法律冲突的新方法，但是，从目前的情况来看，已有的国际统一实体私法规范十分有限。从适用范围方面来讲，其只适用于部分国家；从内容范围方面讲，其也只涉及不多的民商法领域。加之各国法制差异如此之大，以致至少在目前还看不到实现全球法制统一的曙光。因此，在现阶段，国际统一实体私法并不能取代冲突法在解决国际民商事法律冲突方面的地位和作用。

第二节　冲突规范

一、冲突规范的概念

（一）冲突规范的名称和定义

冲突规范是由国内法或国际条约规定的、指明某种国际民商事法律关系应适用何种法律的规范。例如，“不动产继承依不动产所在地法”就是一条冲突规范，它指明涉及不动产继承的法律关系应受不动产所在地的法律支配。冲突规范又称法律适用规范或法律选择规范，有的国内立法、国际条约把冲突规范称为“国际私法规范”。运用冲突规范解决国际民商事法律冲突，是国际私法调整国际民商事法律关系的传统方法。

（二）冲突规范的特性

冲突规范是一种特殊的法律规范，同一般的法律规范相比，它具有以下特性：

1.冲突规范是法律适用规范。冲突规范仅指明某种国际民商事法律关系应适用何种法律，并不直接规定当事人的实体权利和义务，因而它既非实体规范，也非程序规范，而是法律适用规范。

2.冲突规范是间接规范。冲突规范虽然不是实体规范，但它仍然是调整国际民商事法律关系的一种法律规范。不过，就调整国际民商事法律关系而言，冲突规范需要借助它所援用的实体规范来调整国际民商事法律关系，只能起间接调整作用。这就决定了冲突规范是一种间接规范。

3.冲突规范是结构独特的法律规范。一般法律规范由假定、处理和制裁三部分构成。有人主张，法律规范由假定条件、行为模式和法律后果三要素构成。作为法律规范的一种，冲突规范理应包括这三部分，但事实上，冲突规范一般都没有将假定部分和处理部分明确分开，假定部分隐含在处理部分之中。例如，在“离婚依法院地法”这样一条冲突规范中，假定部分和处理部分就没有明确分开。该冲突规范也可以这样来表述：如果确定离婚的法律适用问题（假定），应适用法院地法来解决（处理）。如此表述假定和处理两个部分就明确分开了。不过，几乎所有的冲突规范都没有将假定和处理明确分开，而是将两者有机结合在一起，也没有就制裁（法律后果）部分作出规定，从而形成一种由范围、系属等元素构成的独特结构。

二、冲突规范的结构

（一）冲突规范的构成

冲突规范由三部分构成：一部分被称为“范围”或“连接对象”（object of connection），是指冲突规范所要调整的民商事法律关系或所要解决的法律问题。通过冲突规范的“范围”可以判断该规范适用于调整哪一类民商事法律关系。另一部分被称为“系属”或“冲突原则”，它规定冲突规范中“范围”所应适用的法律。它指令法院在处理某一具体国际民商事法律问题时应如何适用法律，或者允许法院在冲突规范确定的范围内选择应适用的法律。还有一部分为“关联词”，它从语法结构上把“范围”和“系属”联系起来。在英文中，关联词一般用“to be governed by”或“to be subject to”表示。如在“合同缔结方式依合同缔结地法”这条冲突规范中，“合同缔结方式”是它的“范围”，“合同缔结地法”是它的“系属”，而“依”是关联词。

（二）连结点

在冲突规范的系属中，有一个很重要的组成部分，被称为连结点（point of contact），也被称为连结因素（connecting factor）或连结根据（connecting ground）。它是指冲突规范借以确定某一法律关系应适用什么法律的根据。例如，在“遗产的法定继承适用被继承人死亡时的住所地法”这一冲突规范中，“住所地”就是该冲突规范的连结点，该冲突规范以住所地作为确定遗产的法定继承关系应适用法律的根据。

连结点有客观的连结点和主观的连结点之分。客观的连结点主要有住所、国籍、惯常居所、物之所在地、行为地、履行地、法院地等，这种连结点是一种客观实在的标志。主观的连结点即当事人的意思，这个连结点主要用于确定合同关系的法律适用。

连结点还可分为静态的连结点和动态的连结点。静态的连结点就是固定不变的连结点，主要指不动产所在地以及涉及过去的行为或事件的连结点，如婚姻举行地、合同缔结地、法人登记地、侵权发生地。动态的连结点就是可变的连结点，主要有国籍、住所、居所、动产所在地等。动态的连结点的存在一方面加强了冲突规范的灵活性，另一方面也为当事人规避法律提供了可能。

从形式上来看，连结点起着把冲突规范中“范围”所指的法律关系与一定地域的法律联系起来的“纽带”或“媒介”的作用；从实质上来看，这种纽带或媒介又反映了该法律关系与一定地域的法律之间存在的内在的、实质的联系。正因如此，在冲突规范的表述中，连结点的选择既不是任意的，更不是虚构的，连结点必须在客观上确实能体现此种内在的联系。根据冲突规范对法律的选择，实际上也是一种对连结点的确定。确定了连结点也就确定了应适用的法律。

（三）系属公式

冲突规范的一些系属在长期的实践过程中逐渐固定化，形成系属公式。所谓系属公式，又称冲突原则，即指公式化和固定化的系属，它适用于解决同类性质的民商事法律冲突问题。但是，系属公式本身并不是冲突规范，仅是冲突规范的系属部分，只有与冲突规范的范围部分结合起来才能构成完整的冲突规范。

最常见的系属公式有属人法、物之所在地法、行为地法、当事人合意选择的法律、法院地法、旗国法、最密切联系地法，等等。

三、冲突规范的类型

根据冲突规范对应适用的法律的规定的不同，可以把冲突规范划分成四种基本的类型，即单边冲突规范、双边冲突规范、重叠适用的冲突规范和选择适用的冲突规范。

（一）单边冲突规范

所谓单边冲突规范，是指直接规定适用某国法律的冲突规范。它既可以明确指出适用内国法，也可以直接规定只适用外国法。单边冲突规范只规定了一个明确的连结点，即它指向适用内国法时就不可能再指向适用外国法，或者在指向适用外国法时就不可能再指向适用内国法。

（二）双边冲突规范

所谓双边冲突规范，是指冲突规范的系属并不直接规定适用内国法还是外国法，而只是规定一个可推定的系属，再根据这个系属并结合民商事法律关系的具体情况去推定应适用某法律的冲突规范。例如，“合同方式依合同缔结地法”就是一条双边冲突规范，其中的“合同缔结地法”就是一个需要推定的系属。如果合同在内国缔结，就适用内国法；如果合同在外国缔结，就适用外国法。可见，双边冲突规范所指定的准据法既可能是内国法，也可能是外国法。在法律适用上，它体现了对内外国法律的平等对待。双边冲突规范是现代各国国际私法立法中最常用的一种冲突规范。

（三）重叠适用的冲突规范

所谓重叠适用的冲突规范，是指其系属有两个或两个以上，并且同时适用于某种民商事法律关系的冲突规范。例如，1902年订立于海牙的《离婚及分居的法律冲突与管辖权冲突公约》第2条规定：“离婚之请求，若非依夫妇之本国法及法院地法均有离婚之原因者，不得为之。”这表明，离婚问题必须同时适用夫妇之本国法和法院地法，只有两者均认为有离婚原因时，才准许当事人离婚。重叠适用的冲突规范所规定的必须重叠适用的两个准据法中，常常有一个是法院地法。之所以如此，无非出于法院地的公共秩序不致被破坏的考虑。

（四）选择适用的冲突规范

所谓选择适用的冲突规范，是指其系属有两个或两个以上，但只选择其中之一来调整民商事法律关系的冲突规范。由于允许选择的方式和条件的不同，这种规范又可以被分为以下两类：

一是无条件选择适用的冲突规范。在这种规范中，各系属所提供的可供选择的法律具有同等价值，并无主次轻重之分。例如，我国《涉外民事关系法律适用法》第32条规定：“遗嘱方式，符合遗嘱人立遗嘱时或者死亡时经常居所地法律、国籍国法律或者遗嘱行为地法律的，遗嘱均为成立。”它表明，根据我国法律，遗嘱的方式，只要符合上述法律之一对行为方式所作的规定，均属有效。

二是有条件选择适用的冲突规范。该类冲突规范虽然允许根据多种系属进行法律选择，但可供选择的法律有主次轻重之分，只允许依次序或有条件地选择其一作为国际民商事法律关系的准据法。例如，我国《涉外民事关系法律适用法》第41条规定：“当事人可以协议选择合同适用的法律。当事人没有选择的，适用履行义务最能体现该合同特征的一方当事人经常居所地法律或者其他与该合同有最密切联系的法律。”这就是一条有条件地选择适用准据法的冲突规范。它要求法院在处理合同争议时，首先应该适用当事人选择的法律作为合同的准据法，只有在当事人无选择时，才能适用履行义务最能体现该合同特征的一方当事人经常居所地法律或者其他与该合同有最密切联系的法律。近年来，一些新的国际私法立法还允许用“利益分析”或“政策导向”作为选择的根据。例如，我国《涉外民事关系法律适用法》第29条规定：“扶养，适用一方当事人经常居所地法律、国籍国法律或者主要财产所在地法律中有利于保护被扶养人权益的法律。”该条规定即体现了保护弱方当事人利益的政策导向。

一国究竟采用何种类型的冲突规范来确定有关的国际民商事法律关系应该适用的法律，取决于该国处理国际民商事法律关系的政策。如果国家认为对某些国际民商事法律关系特别需要依自己的实体法处理时，就常采用单边冲突规范；如果一国认为对某些国际民商事法律关系需要从严掌握时，可采用重叠性冲突规范，而且常常要求重叠适用法院地法；如果国家认为对某些国际民商事法律关系可以从宽掌握，便可以采用双边冲突规范或选择性冲突规范。因此，切不可把冲突规范理解成一种脱离一国的政治、经济生活的抽象的公式。

近年来，冲突规范的制定方面出现了一些新的趋势。从冲突规范的类型来看，新的国际私法立法大多采用双边冲突规范。1896年的《德国民法典施行法》中的冲突规范大多为单边冲突规范，而1986年修订的《德国民法典施行法》则大量采用了双边冲突规范。选择性冲突规范在许多新的国际私法立法中所占的比重也明显增大。这就在法律适用方面提供了较大的灵活性，适应了当今世界频繁而复杂的国际民商事交往的实际需要。

第三节　准据法

一、准据法的概念和特点

（一）准据法的概念

所谓准据法（lex causae，applicable law），是指经冲突规范指定援用来具体确定民商事法律关系当事人的权利与义务的特定的实体法律。由于冲突规范的直接作用只是确定法律选择，或者说援引准据法，故它并不能直接调整民商事法律关系，它只有和它所指定的准据法结合起来才能发挥作用。因此，冲突规范间接调整国际民商事法律关系的作用的发挥离不开准据法，准据法的选择与确定在国际私法中具有重要意义。

准据法是经冲突规范援用的实体法律，它本身并不属于冲突规范的范畴。可成为准据法的法律大多为国内实体私法和国际统一实体私法。国际统一实体私法包括国际条约和国际惯例。目前，以国际惯例形式出现的统一实体私法规范大多为任意性惯例，只有当合同当事人按“意思自治”原则选择它们作为准据法时，它们才对合同当事人有拘束力。因此，在国际民商事领域，任意性的国际惯例常常被合同当事人选择为合同的准据法。至于以国际条约形式出现的统一实体私法，本来是不经冲突规范援用而直接适用于缔约国及其自然人和法人的，但在特殊情况下，如果冲突规范援用某一国际条约缔约国的法律为准据法，该缔约国参加的这一国际条约可被视同该国国内法作为准据法来适用。这一点在1980年《联合国国际货物销售合同公约》第1条第1款中得到肯定。它是这样规定的：如果国际私法规则导致适用某一缔约国的法律，该公约也可以适用于营业地在不同国家的当事人之间所订立的国际货物销售合同。另外，对于当事人能否直接根据意思自治原则选择某一国际统一实体私法公约作为其交易的准据法问题，学者间尚有不同的主张。有的学者主张，既然在某些民商事领域当事人可以根据意思自治原则在内外国法律之间进行选择，那么，也应该允许当事人在相同的领域基于自愿协商选择某一国际统一实体私法公约作为准据法。但也有学者对此持反对态度。

（二）准据法的特点

准据法作为国际私法上的一个特有概念，具有以下特点：

1.准据法必须是通过冲突规范指定的法律。准据法的本质特征是它必须经冲突规范指引。一般来说，不经冲突规范的指定或援用，直接适用于国际民商事法律关系的法律，无论是国际统一实体私法规范还是国内法中的实体私法规范，都不能被称为准据法，只能被叫作“直接适用的法律”。

2.准据法是能够具体确定国际民商事法律关系的当事人的权利与义务的实体法。冲突规范之所以援用准据法，是因为准据法为具体确定当事人的权利与义务的实体法，可以通过它来调整国际民商事法律关系。虽经冲突规范的指定，但不能用来直接确定当事人的权利与义务的法律，譬如，在反致情况下，内国冲突规范所援用的外国冲突规范并不是准据法。

3.准据法是依据冲突规范中的系属，并结合有关国际民商事案件的具体情况而确定的法律。例如，在“婚姻方式依婚姻举行地法”这样一条冲突规范中，“婚姻举行地法”是系属，为了确定某一婚姻方式的准据法，法院需要将该系属中的“婚姻举行地”与该案件中的具体情况结合起来考虑。如果婚姻举行地在中国境内，那么中国法就是规范该婚姻方式的准据法。因此，不能把冲突规范结构中的“系属”这一概念同“准据法”这一概念等同起来。

二、准据法的选择方法

冲突法的作用在于就不同法律关系应该适用的准据法，在内外国法律间作出选择。研究准据法的选择方法，对指导我国国际私法的立法和司法实践都具有重要意义。根据国际私法上的各种不同学说以及各国的实践，可以将准据法的选择方法概括为以下八种：

一是根据法律的性质确定准据法。这种方法在不同程度上为国际私法的立法和实践所肯定。比如，从法律的强制性和任意性来看：对具有强制性的法律，要求当事人绝对适用，不得由当事人双方协议和任何一方任意加以改变；而对于任意性的法律，可以在法定范围内允许当事人自己确定相互间的权利和义务关系，允许其选择可适用的法律。

二是根据法律关系的性质确定准据法。这是德国著名国际私法学家萨维尼（F.C.Von Savigny）的“法律关系本座说”所采用的方法，即从分析法律关系的性质入手，去寻找适用于该法律关系的准据法。这种方法的产生被称为法律选择领域内的“哥白尼革命”，对后来的国际私法理论和立法有很大影响。

三是根据最密切联系原则确定准据法。这种方法主张选择与民商事法律关系有最密切联系的地方的法律作为准据法。这种方法可以说是对“法律关系本座说”的继承和发展。这种方法主张保留冲突规范的形式，但同时主张采用“最密切联系地”这一开放性的连结点，让法官通过对案情和有关法律关系的综合分析，找出法律关系的最密切联系地，确定其准据法。

四是根据利益分析确定准据法。这种选择方法是美国国际私法学者柯里（B.Currie）提出来的。他认为，不同国家和州之间的法律冲突实质上是政府利益的冲突。因此，他主张通过法律冲突的表象，去分析有关法律所体现的政府利益。法院在审理案件时：如果其中一个国家或州有政府利益，便适用那一有政府利益的国家或州的法律；如果两个国家或州都有政府利益，则应适用具有较大利益的国家或州的法律；如果法院地有利益，则无论如何应适用法院所属国家或州的法律。

五是根据规则选择确定准据法。规则选择方法也被称为结果选择方法。这种方法是美国学者卡弗斯（D.F.Cavers）提出来的。卡弗斯主张抛弃管辖权选择方法，而直接就有关国家的实体法规则进行比较，并选择那个更适合案件公正解决的“更好的”实体法作为准据法。这种选择方法在复杂的国际民商事交往中实际意义并不大，因为一个法官不可能熟悉各个国家的民商事法律制度，而且，任何国家的法官总会站在自己的立场上去衡量什么是“公正”，什么是“更好的”法律，不可能有超阶级的“公正”，也不会有统一的衡量“更好的”法律的普遍标准。

六是根据当事人的协议确定准据法。这种方法就是当事人的“意思自治”，即允许当事人基于协议选择他们之间的法律关系所应适用的法律。它产生于合同领域，并已经成为选择合同准据法的首要原则。目前，它已经扩展适用于侵权、婚姻家庭、继承等众多领域。

七是根据分割方法来确定准据法。它指的是在一个国际民商事案件涉及多个法律冲突问题时，应该将该案件中的各个具体问题加以区分，分别选择适用不同的法律来解决不同的具体问题。例如，对同一跨国婚姻，往往把婚姻形式要件和实质要件加以区分，前者依婚姻举行地法，后者依当事人属人法。

八是根据有利于判决在国外的承认和执行来确定准据法。一国法院对国际民商事案件的判决常常需要在外国得到承认和执行。因此，在选择准据法时，依是否有利于判决在外国得到承认和执行作出准据法的选择。这种方法对国际私法所追求的判决结果的一致和维护国际民商事法律关系的稳定性均有好处。

准据法的选择方法是多种多样的，上述种种方法都是在选择国际民商事法律关系的准据法时可供利用的方法；而且，这些选择方法之间不是彼此孤立、互不相干的，常常是互相重叠运用的。可以肯定的是，随着国际民商事法律关系日益复杂化和多样化，任何一种法律选择方法均不能解决国际私法所有领域的法律适用问题。因此，无论是立法者在制定冲突规范时，还是法院在处理国际民商事案件时，都不得不综合考虑多种法律选择方法。

三、准据法的确定

在选择准据法的过程中，还可能会遇到一些特殊的问题，这就会进一步提出准据法的确定问题。

（一）区际法律冲突与准据法的确定

一般来说，一个国家内部具有独特法律制度的地区被称为法域。区际法律冲突，就是在一个国家内部不同地区的法律制度之间的冲突。或者说，是一个国家内部不同法域之间的法律冲突。区际私法（又被称为区际冲突法或者准国际私法）则为解决区际法律冲突的法律。

国际私法同区际法律冲突和区际私法有着较密切的联系，当国际私法中的冲突规范指定应适用某一外国的法律作准据法，而该外国的法制不统一、具有多个法域、存在区际法律冲突时，就会提出究竟是适用该外国的哪一法域的法律作为准据法的问题。在实践中，对这个问题有如下几种不同的解决办法：

一是按照该外国的“区际私法”来确定准据法。许多国家在立法中都明确规定采用这种间接指定的做法。例如，1966年《波兰国际私法》第5条规定：应适用的外国法有数个法律体系时，应适用何种法律体系由该外国法确定。这里讲的“该外国法”就是指该外国的区际私法。这是最普遍的做法，其他做法多为这种做法的补充。

二是法院直接依据冲突规范中的连结点，如住所地、居住地、所在地、行为地等来确定适用该具体地点的法律。这种直接指定的方法比较方便，而且与冲突规范的旨意不相违背。

三是依据最密切联系原则确定准据法。例如，1978年《奥地利联邦国际私法法规》第5条第3款规定：如外国法由几部分法域组成，则适用该外国法规则所指定的那一法域的法律。如无此种规则，则适用与之有最强联系的那一法域的法律。这是目前多数国家的国际私法立法所采取的在无区际私法的情况下使用的补充方法。

四是以当事人的住所地法、居所地法或所属地方的法律代替其本国法。如1898年《日本法例》第27条第3款规定：当事人本国内各地法律不同时，依其所属地方的法律。

五是采用国际私法的规定确定准据法。例如，1966年《葡萄牙民法典》第20条第2款规定：在外国无区际私法规范时，采用该外国的国际私法。

我国《涉外民事关系法律适用法》第6条对这个问题有明确的规定：“涉外民事关系适用外国法律，该国不同区域实施不同法律的，适用与该涉外民事关系有最密切联系区域的法律。”这一规定表明，我国法官依据冲突规范应适用某外国法时，如该国为多法域国家，应直接适用最密切联系原则作出法律选择的判断，而无须适用该国的区际私法。这一规定与该法第9条相契合。第9条规定：“涉外民事关系适用的外国法律，不包括该国的法律适用法。”区际私法在性质上属于法律适用法，因而不在应适用的外国法的范围内。

（二）人际法律冲突与准据法的确定

一国法制不统一的另一种情况是在该国内部存在两个或两个以上的适用不同法律制度的人员集团，即不同民族、种族、宗教（甚至包括不同教派）、部落或阶级成员适用各自不同的法律。这种情况在亚洲和非洲的一些国家可以见到。人际法律冲突即指这种同一国家中适用于不同民族、种族、宗教（甚至不同教派）、部落或阶级成员的民商事法律之间在效力上的冲突，或者说是适用于不同成员集团的民商事法律之间的冲突。而人际冲突法或人际私法便是解决同一国家内适用于不同的民族、种族、宗教、部落或阶级成员的民商事法律之间的冲突的法律。

国际私法同人际法律冲突和人际私法也有一定的联系。当国际私法中的冲突规范指定适用某一外国法律，但该外国法制不统一，存在人际法律冲突时，就会提出究竟应该以该外国哪一类人适用的法律为准据法的问题。在理论和实践中，通常的做法是由该外国的人际冲突法或人际私法确定。如果该外国没有人际冲突法，则适用与案件或当事人有最密切联系的法律。有的国家的有关规定既适用于区际法律冲突的情形，也适用于人际法律冲突的情形。例如，1986年修改后的《德国民法典施行法》第4条第3款规定：若需适用多种法制并存国家的法律，除非适用本身已有的规定，否则依该国法律确定适用何种法制的法律；如果该国法律并无适用何种法制的规定，适用与案件有最密切联系的法制的法律。

（三）时际法律冲突与准据法的确定

在法律领域，时际法律冲突是一种普遍存在的现象。时际法律冲突是指先后于同一地区施行并涉及相同问题的新旧法律或前后法律规定之间在时间效力上的冲突。解决时际法律冲突的法律就是时际冲突法，有时又被称为时际私法或过渡法。国际私法上的时际法律冲突的发生主要有以下三种情况：

第一种情况是法院地的冲突规范在国际民商事法律关系发生后发生了变更，这有可能是连结点发生了变化，也有可能是限定连结点的时间因素发生了变化，还有可能是上述两方面都发生了变化。这时需要确定适用什么时候的冲突规范去指定准据法。

第二种情况是法院地的冲突规范未变，但其所指定的实体法发生了改变，这时需要确定是适用某一法律关系成立时的旧法还是适用已改变了的新法。

第三种情况是法院地的冲突规范及其所指定的实体法均未发生改变，但有关当事人的国籍或住所，或动产的所在地等连结点发生了改变，这时需要确定是适用依原来的连结点所指引的法律还是适用依新的连结点所指引的法律。

在第一、第二种情况下，准据法的确定应根据时际冲突法的一般原则加以解决。时际冲突法主要有两大原则：一是法律不溯及既往，即法律只适用于其施行后的事项，对于其施行前的事项不具有追溯力。不过，法律明确规定有溯及力的，应从其规定。二是新法优于旧法或后法优于前法，即对于新法或后法施行后的事项以及施行时的未决事项，依新法或后法，不依旧法或前法。有些国家的立法对法律的溯及力问题作了专门的规定。例如，《涉外民事关系法律适用法司法解释（一）》第18条规定：“涉外民事关系法律适用法施行后发生的涉外民事纠纷案件，本解释施行后尚未终审的，适用本解释；本解释施行前已经终审，当事人申请再审或者按照审判监督程序决定再审的，不适用本解释。”

第三种情况在法国国际私法理论上被称作动态冲突（conflicts mobiles）。对这种情况，各国国际私法一般都根据国际民商事法律关系的不同性质，而分别采取可变和不可变两种做法。

为了避免这种冲突，在实践中最为可取的做法是在立法时对冲突规范中的连结点加以时间上的限制。例如，1982年《土耳其国际私法和国际诉讼程序法》第3条规定：除法律另有规定外，当需要依据国籍、住所或居所来确定法律适用时则以审理案件时的国籍、住所或居所为准。又如，我国《涉外民事关系法律适用法》第35条规定："无人继承遗产的归属，适用被继承人死亡时遗产所在地法律。"这一规定限定了"遗产所在地"为被继承人死亡时的遗产所在地，适用该条就不会发生动态冲突。

【本章主要法律规定】

1.《涉外民事关系法律适用法》第6、29、32、35、41条

2.最高人民法院《关于适用〈中华人民共和国涉外民事关系法律适用法〉若干问题的解释（一）》

第四章 适用冲突规范的制度

本章主要内容提示

通过本章的学习，不仅要掌握适用冲突规范有关制度的相关内容，更要注重对我国相关立法以及司法解释的理解和掌握。

1.反致、间接反致最终都导致法院国的实体法的适用，而转致则导致第三国的实体法得以适用。我国立法明确规定不采用反致制度。

2.人民法院、仲裁机构或者行政机关应当依职权查明涉外民事关系应适用的外国法律；当事人根据意思自治原则选择适用外国法，该外国法应当由当事人提供，法院不必依职权查明；不能查明外国法律或者该国法律没有规定的，适用中国法律。

3.外国法律的适用将损害中华人民共和国社会公共利益的，适用中华人民共和国法律。

4.我国法律对涉外民事关系有强制性规定的，直接适用该强制性规定。

5.我国目前尚无有关法律规避的立法规定。在司法实践中主张：法律规避是指规避我国的强制性或禁止性的法律，而非任何法律；一方当事人故意制造涉外民事关系的连结点，规避中华人民共和国法律、行政法规的强制性规定的，人民法院应认定不发生适用外国法律的效力，同时，以适用中国法律取而代之。

第一节 定　　性

一、定性的概念及其法律意义

定性（qualification），又叫识别（characterization）或归类（classification），是指在适用冲突规范时，依照某一法律观念对有关的事实或问题进行分析，将其归入一定的法律范畴，并对有关的冲突规范的范围或对象进行解释，从而确定何种冲突规范适用何种事实或问题的过程。定性作为国际私法上的一个基本问题，是由德国法学家卡恩（F.Kahn）和法国法学家巴丹（Bartin）在19世纪末分别又几乎是同时发现的。

从上述定义可以看出：一方面，定性是对有关的事实或问题进行的识别，即对国际民商事案件所涉及的事实或问题加以分类，纳入特定的法律范畴。有的普通法系国家的学者称其为“诉因的归类”（classification of the cause of action），因为在对国际民商事案件适用冲突规范时，首先要明确案件所涉及的有关事实或问题属于什么法律范畴。比如，是属于合同问题还是属于侵权问题，是属于结婚能力问题还是属于婚姻形式问题，是实体问题还是程序问题，等等。只有先明确了这一点，才能根据有关的冲突规范进行法律选择。另一方面，定性也是对冲突规范本身的识别，即对冲突规范的范围或对象所使用的法律术语进行解释。任何一条冲突规范的范围或系属，虽然都是用一些法律名词或概念表示出来的，但由于各国的社会经济制度和历史文化传统不同，各国的冲突规范所使用的法律名词或概念并不一定相同。有时即使表面上一样，但各国对它们的理解并不完全一致。例如，在各国法律中均有动产和不动产的划分，但它们对什么是动产、什么是不动产却有不同的理解。正由于各国在这方面存在不一致的地方，法院在处理国际民商事案件时，有必要对案件所涉及的问题依据一定的法律进行定性，看它们属于什么法律范畴，然后根据对有关冲突规范的解释去确定准据法。

二、定性的依据

对同一事实或问题，对同一冲突规范，用不同国家的法律观念进行识别或定性，就会得出不同的结论，而这种不同的结论又会直接影响冲突规范的适用，影响准据法的选择，影响到案件的解决，从而影响当事人的权利与义务。因此，依据什么法律进行定性关系重大。在国际私法的理论和实践中，对依据什么法律进行定性的问题有不同的主张，主要有如下几种：

（一）依法院地法定性说

此说由德国学者卡恩和法国学者巴丹倡导，得到许多国际私法学者和许多国家的实践的肯定。其主要理由是：冲突规范是国内法，因而冲突规范所使用的概念只能依据其所属国家的国内法（法院地法）来解释。立法者对其所立的冲突法有权进行解释。

（二）依准据法定性说

此说为法国学者德帕涅（F.C.R.Despagnet）和德国学者沃尔夫所倡导，主张完全依照法律关系本身的准据法来解决该法律关系的定性问题。追随该学说的学者和判例并不多，因为解决定性问题，旨在适用冲突规范选择准据法，而该说主张依据准据法来定性，不免使自己陷入逻辑上的恶性循环，很难自圆其说。

（三）分析法学与比较法说

分析法学与比较法说是由德国的拉贝尔（E.Rabel）和英国的贝克特（Beckett）提出来的。他们认为：（1）冲突规范中所使用的概念与实体法中所使用的概念时常是互相独立的，而不是必然同一的。（2）从实体法的束缚下解放出来的冲突法，可以在分析和比较研究的基础上形成普遍性的概念，从而用普遍性的概念来进行定性，使定性逐渐达到统一。这种主张虽然很具有吸引力，但截至目前，根据比较法的研究，各国法律中所有的普遍性的共同概念，虽有一些，但毕竟还不多。而且，要真正消除各国法律在认识上的分歧，只有彻底改变各国的法律本身才能办到，这自然是不可能的。因此，依据这种学说进行定性并不现实。

（四）个案定性说

德国的克格尔（G.Kegel）等学者主张此说。这种学说对于定性问题不主张采取统一的解决办法，而主张对不同的案件分别依据不同的法律进行定性。持这种主张的人认为：除非在国际条约中制定了统一的定性原则，不存在什么统一的定性原则，定性问题归根结底只是一个冲突规范的解释问题；在适用冲突规范时，由于涉及内外国法律的适用问题，对于定性的依据问题，应该根据冲突规范的目的去考虑是依据法院地法还是依据法律关系本身的准据法。

综上，定性或识别过程是根据冲突规范选择准据法的步骤之一，对于究竟依什么法律进行定性不能一概而论。一国法院在处理国际民商事案件时，从有利于促进国际民商事交往出发，主要依据法院地法对有关的事实或问题进行定性，对自己的冲突规范加以解释；同时，也应适当考虑依据与有关案件有最密切联系的法律进行定性，因为有时仅依据法院地法进行定性是行不通的，如关于不动产的定性，对法院地法并没有作出任何规定的有关事实的识别等。我国《涉外民事关系法律适用法》第8条明确规定："涉外民事关系的定性，适用法院地法律。"

第二节 反　　致

一、反致的概念和类型

反致有广义和狭义之分。一般讲的反致是广义的反致，是一个总括性概念，包括直接反致、转致和间接反致等。

（一）直接反致

直接反致，即狭义的反致，它通常被简称为“反致”（renvoi或remission），在法文中被称为“一级反致”（renvoi au premier degr é ）。在英、美冲突法理论中，这种反致又被称为“部分反致”（partial renvoi）或“单一反致”（single renvoi）。直接反致是指对某一案件，法院按照自己的冲突规范本应适用外国法或外域法，而该外国法或外域法的冲突规范却指定此种法律关系应适用法院地法，结果该法院适用了法院地法。例如，一位住所在葡萄牙的巴西人，死于葡萄牙，在葡萄牙留有遗产，葡萄牙法院对于其遗产的继承问题进行处理。按葡萄牙国际私法的规定，继承应适用其死亡时的属人法（国籍国法），即巴西法，而按巴西国际私法的规定，继承应适用其死亡时的住所地法，即葡萄牙法。结果葡萄牙法院适用了葡萄牙法。由上述可见，这种反致最后导致法院地实体法的适用。它的运用不需要了解有关外国法关于反致的态度，但需要了解该外国有关冲突规范的内容。

（二）转致

转致（transmission）在法文中被称为“二级反致”（renvoi au second degr é ）。转致是指对某一案件，甲国或甲地区法院根据本国或本地区的冲突规范指定应适用乙国或乙地区的法律，而乙国或乙地区的冲突规范指定应适用丙国或丙地区的法律，结果是甲国或甲地区的法院适用了丙国或丙地区的法律。例如，一位住所设在意大利的丹麦公民，在葡萄牙去世并在葡萄牙留有遗产。根据法院地葡萄牙的国际私法的规定，继承适用被继承人死亡时的属人法，在这个案件中即丹麦法；而丹麦国际私法规定，继承应由被继承人死亡时的住所地法支配，在这个案件中即意大利法。结果，葡萄牙法院在处理这个案件时适用了意大利法。与上述直接反致不同，转致最后导致某一外国或外地区的实体法的适用，而不是导致法院地实体法的适用。

（三）间接反致

间接反致是指对某一案件，甲国或甲地区的法院根据本国或本地区的冲突规范指定应适用乙国或乙地区的法律，但依乙国或乙地区的冲突规范的指定应适用丙国或丙地区的法律，而依丙国或丙地区的冲突规范的指定却应适用甲国或甲地区的法律，结果甲国或甲地区的法院适用了自己的实体法。例如，一位阿根廷公民在英国设有住所，死于英国，在日本遗留有不动产，后因该项不动产继承问题在日本法院涉诉。根据日本国际私法关于继承适用被继承人死亡时的属人法的规定，本应适用阿根廷法；但阿根廷国际私法规定，无论遗产的种类和场所，继承适用死者最后住所地法，又指向英国法而英国的冲突规范却规定不动产继承应适用不动产所在地法即日本法。于是，日本法院接受这种间接反致，在处理该案时适用了自己的实体法。间接反致同直接反致一样，最后导致法院地实体法的适用。

（四）包含直接反致的转致

这种情形是指对某一案件，甲国或甲地区法院根据本国或本地区的冲突规范指定应适用乙国或乙地区的法律，而乙国或乙地区的冲突规范指定应适用丙国或丙地区的法律，但丙国或丙地区的冲突规范反向指定应适用乙国或乙地区的法律，最后甲国或甲地区的法院适用乙国或乙地区的实体法律处理了案件。这种情形是转致的一种特殊情形。1978年《奥地利联邦国际私法法规》第5条第2款对这种情形作了明确的规定：如外国法转致时，则对转致亦应予以尊重，但当某国内国法未指定任何别的法律，或在被别的法律首次反致时，则应当适用该外国的内国法。

（五）完全反致

完全反致（total renvoi），又被叫作双重反致

国际私法

（double renvoi）。完全反致或双重反致是相对部分反致或单一反致而言的。完全反致是英国冲突法中的一种独特做法，故又被叫作“英国反致学说”（English doctrine of renvoi）。完全反致是指英国法院的法官在处理某一案件时，如果依英国法而应适用某外国法（包括苏格兰法和北爱尔兰法等），应假定将自己置身于该外国法律体系，像该外国法官依据自己的法律来裁断案件一样，再依该外国对反致所持态度，决定最后应适用的法律。由于完全反致或双重反致强调像外国法院那样处理反致问题，故又被称为“外国法院理论”（foreign court theory）。完全反致是英国法院于1926年在审理安妮斯勒案（Re Annesley）中确立的。

二、反致问题的产生

在国际私法中，反致问题是在适用冲突规范选择准据法的过程中产生的。同识别问题一样，它也是冲突规范本身之冲突的一种表现形式。

反致概念最初是在19世纪出现的。反致问题引起法学界重视，始于1878年福尔果案（Forgo Case）。在该案中，福尔果是一个非婚生子，具有巴伐利亚国籍。他从5岁至去世一直生活在法国，在法国设有巴伐利亚法所认为的事实上的住所。按照当时的法国法，外国人在法国取得住所须获得法国法所要求的“住所准许”（autorisation de domicile），而福尔果从来没有取得这种准许。福尔果本人无子女，在法国去世前未留遗嘱，但留有动产在法国。谁来继承其财产呢？法国国际私法本来指引巴伐利亚法，并且，根据巴伐利亚法的规定，非婚生子的旁系亲属可以继承该非婚生子的遗产。但是，巴伐利亚国际私法有一条“动产继承依死者住所地法”的冲突规范，并且由于巴伐利亚法承认“事实住所”，这就反过来把可适用的法律指向了法国法。1878年，法国最高法院在审理该案时，接受了巴伐利亚国际私法对法国法的反致，适用法国内国法作出判决，否定了福尔果的那些旁系亲属的继承权，其全部财产作为无人继承财产收归法国国家所有。从上述福尔果案可以看出，当一国法院根据冲突规范指定适用外国法时，如果它所指定的外国法是指包括冲突法在内的该外国的全部法律，就可能出现依该外国冲突法的指定适用法院地法或第三国法的问题，这就发生了国际私法上的反致问题。

在实践中，反致问题产生与否完全取决于各国国际私法立法的政策取向。如果立法者坚持冲突规范的“实质指定”，即冲突规范指定的外国法为该外国的实体法，不包括该外国的冲突法，那么，就没有反致可言。如果立法者选择冲突规范的“全部指定”，即冲突规范指定的外国法既包括该外国的实体法，也包括该外国的冲突法，那么，反致问题就随之产生。如果立法者主张在某些领域“实质指定”，在某些领域“全部指定”，即采取“混合指定”的办法，那么，就会出现在某些领域产生反致问题，在某些领域不产生反致问题。

反致问题的产生必须具备如下三个条件：（1）不同国家或不同地区的冲突规范对同一民商事法律关系或民商事法律问题的法律适用作出了不同的规定或不同的解释。实际上也就是不同国家或不同地区就同一民商事法律关系或民商事法律问题所制定的冲突规范中的连结点不同，或在冲突规范相同情况下而各自对连结点有不同的解释。故有学者称反致问题为“系属冲突”。（2）审理案件的法院将本国或本地区的冲突规范所指定的外国法或外域法视为包括冲突规范在内的全部法律。如果它主张本国或本地区的冲突规范所指定的外国法或外域法只是后者的实体法，而不包括冲突规范，自然不可能出现反致。（3）法院地法律接受反致制度。在上述三个条件中，第一个条件是反致产生的客观基础。归根结底，反致是冲突规范的冲突的一种表现形式。

三、关于反致的实践

各国在立法和司法实践中对反致持不同的态度。有的国家既采用反致制度，也采用转致制度；有的国家只采用反致制度，而不采用转致制度；有的国家只在特定的国际私法关系上采用反致制度；有的国家则完全拒绝采用反致制度。而且，即使采用反致制度的国家，在具体做法上还有这样或那样的不同。

应该注意的是，有不少国际公约不同程度地采用了反致制度。例如，1930年《解决汇票及本票若干法律冲突公约》第2条和1931年《解决支票若干法律冲突公约》第2条在人的能力方面规定了反致制度。又如，1955年《解决本国法和住所地法冲突公约》第1条规定，如果当事人的住所地国规定适用当事人本国法，而其本国规定适用住所地法时，凡缔约国均应适用住所地国的国内法规定。这一规定肯定了在当事人的住所地法指定其本国法时，本国法对住所地法的反致可以接受，其目的在于通过采用反致制度解决本国法和住所地法之间的冲突。此外，1965年《关于解决各国和其他国家的国民之间的投资争端的公约》第42条第1款也采用了反致制度，它规定：仲裁法庭应依照双方可能同意的法律规则对争端作出裁决。如无此种协议，仲裁庭应适用作为争端一方的缔约国的法律（包括其冲突法规则）以及可能适用的国际法规则。这表明，在当事人没有就仲裁适用的法律进行选择时，应适用作为争端一方的缔约国的冲突规范所指定的法律。不过值得一提的是，1951年后，海牙国际私法会议只在上述1955年《解决本国法和住所地法冲突公约》第1条中采用了反致，而在它主持制定的其他30多个国际私法公约中则没有关于反致的规定。

四、中国对反致的态度

《涉外民事关系法律适用法》第9条规定："涉外民事关系适用的外国法律，不包括该国的法律适用法。"该法这一规定则明确表明我国拒绝采用反致制度。

第三节　外国法的查明和解释

一、外国法的查明的概念

所谓外国法的查明（ascertainment of foreign law），又被称为外国法内容的确定，在英、美等普通法系国家则被称为外国法的证明（proof of foreign law）。它是指一国法院根据本国冲突规范指定应适用外国法时，如何查明该外国法的存在和内容。"法官谙知法律"（jura novit curia）是一个古老而美好的格言，但事实上，由于世界各国的法律千差万别，纷繁复杂，任何法官都不可能通晓世界各国的法律。因此，当一国法官在审理国际民商事案件时，如依本国冲突规范的指定应适用外国法，就必须通过一定的方法来确定该外国法中有关规定的存在并了解其内容。

二、外国法的查明方法

各国对外国法究竟属于"事实"还是"法律"有不同的主张。按照一些国家诉讼法的观点，"法律"和"事实"是相对立的，法官应当知道法律，而且仅限于知道法律。至于事实，则应由当事人举证，法院只根据当事人所证明的事实加以认定并适用法律来作出判决。因此，在依冲突规范的指定适用外国法时，就提出这样一个问题，即究竟把外国法视为"法律"还是视为"事实"。如果把外国法视为"法律"，那么就应当用确定本国法内容的那种程序来查明其内容；如果把外国法视为"事实"，则应当用确定事实的程序来确定其内容。也就是说，如果把外国法看作"法律"，就不需要当事人举证，而应由法院依职权去主动查明，因为法院应该知道法律；反之，如果把外国法看作"事实"，则当事人必须负举证之责。当然，也有国家采取折中的主张，不将法律和事实对立起来，在它们看来，外国法既非单纯之事实，亦非绝对之法律，而是根据本国冲突规范的指定应适用的外国法律。因此，外国法的查明也必须采取既有别于确定事实的程序，也不同于确定内国法律的程序。

正由于上述主张的不同，外国法的查明方法大致分为三类：

其一，当事人举证证明。英、美等普通法系国家和拉丁美洲部分国家采用这种办法。它们不是把外国法看作法院主动适用的法律，而是视为当事人引用来主张自己权利的事实。外国法中有无相关规定及其内容如何，须由当事人举证证明，法官无依职权查明的义务。证明的方法可以是当事人在诉状中引证该外国法，或者请有关专家提供证言。双方当事人对该外国法的内容有争议时，由法院断定哪一方的主张是正确的。

其二，法官依职权查明，无须当事人举证。欧洲大陆一些国家，如意大利、奥地利等，把外国法看作法律，认为法官应该知道法律，主张法官负责调查认定，无须当事人举证证明。例如，1978年《奥地利联邦国际私法法规》第4条第1款规定：外国法应由法官依职权查明。可以允许的辅助方法有：有关的人的参加、联邦司法部提供的资料以及专家的意见。

其三，法官依职权查明，但当事人亦负有协助的义务。采取这种做法的国家，如德国、瑞士、土耳其和秘鲁等，主张对外国法内容的查明，既不同于查明内国法律的程序，又不同于查明“事实”的程序，原则上应由法官负责调查，当事人也应负协助的责任。这种做法更重视法官的调查，对当事人提供的证据既可以确认，也可以限制或拒绝之。例如，1987年《瑞士联邦国际私法法规》第16条规定：法官负责查明外国法的内容。法官可以要求当事人予以合作。

三、无法查明外国法的解决办法

在一国法院依本国的冲突规范的指定应适用外国法的情况下，如法官无法查明该外国法，当事人也不能举证该外国法时，各国的理论和实践基本上采取如下解决办法：

第一，以内国法取而代之。这是大多数国家所采取的办法。例如，1978年《奥地利联邦国际私法法规》第4条第2款规定：如经充分努力，在适当时期内外国法仍不能查明时，应适用奥地利法。至于以内国法取而代之的理由，则有种种不同的解释。有的认为在外国法无法证明的情况下，可以推定外国法与内国法相同。例如，美国法院在实践中主张，当事人不能证明外国法时，推定外国法与美国法相同，但这种推定仅限于普通法系国家的法律，诸如英国、加拿大和澳大利亚等国家的法律。除此之外，有的认为在外国法无法证明时，当事人就放弃了适用外国法的权利，对适用内国法表示了默认。有的认为在外国法无法确定时，内国法是唯一可以适用的法律，也是法官最为熟悉的法律。还有的认为，除非在某种情况下取而代之适用内国法并非妥当，适用内国法是比单纯驳回当事人请求更好的一种解决办法。

第二，驳回当事人的诉讼请求或抗辩。例如，《德国民事诉讼法典》第293条规定：德国法院依职权确定外国法的内容，但也有权要求当事人双方提供有关外国法的证据，如果负责提供有关外国法证据的一方提供不出证据，法院则以证据不足驳回其诉讼请求或抗辩。在美国的司法实践中，如前所述，在外国法为普通法系国家的法律且不能被当事人证明时，法院推定外国法与美国法相同并适用美国法。但是，在外国法为非普通法系国家的法律且不能被当事人证明时，法院就会认为其诉讼请求或抗辩无根据而予以驳回或不加采纳。采取这种做法的理由是：适用某一外国法是内国冲突规范的指定，这意味着不允许适用其他法律来代替；此外，若外国法的内容无从知悉，如同当事人不能证明其请求原因事实或其抗辩事实的情形一样，法院得认为原告的诉讼请求或被告的抗辩无根据，而予以驳回。

第三，适用同本应适用的外国法相近似或类似的法律。德国曾有判例采取这种做法。在该案例中，一个厄瓜多尔人依其父亲的遗嘱被剥夺了他对其父亲遗产的保留份的权利，为此而发生争议。当时，第一次世界大战刚刚结束，无法查到《厄瓜多尔民法典》。但是，法院知道，《厄瓜多尔民法典》是以《智利民法典》为模本的，认为适用同《厄瓜多尔民法典》相似的《智利民法典》比适用法院地法（德国法）似乎更接近于正确的解决方法。从立法上明确规定外国法无法查明时适用与其相近似的法律的尚不多见。1978年《瑞士联邦国际私法法规草案》

第15条第3款曾规定：外国法内容无法查明时，法官可以考虑适用最相近的法律，没有最相近的法律，则适用瑞士法律。这表明瑞士试图在立法上采用这种做法。但是1987年正式颁布的《瑞士联邦国际私法法规》第16条则去除了法官可以考虑适用最相近的法律的规定。

第四，适用一般法理。这种主张认为，外国法无法查明或欠缺规定时，应依据法理进行裁判。日本的学说和判例大多有此主张。

四、外国法的错误适用

在处理国际民商事案件时，可能发生的外国法的错误适用有两种情况：一种是适用内国冲突规范的错误造成外国法的错误适用，另一种是适用外国法本身的错误。讨论外国法的错误适用问题主要是为了解决如何处理这两种错误。

（一）适用内国冲突规范的错误

适用内国冲突规范的错误，是指法官在适用内国冲突规范进行法律选择时，本应适用某一外国法，却适用了另一外国或内国法，或者本应适用内国法，却适用外国法而发生的错误。这种错误虽然也导致外国法的错误适用，但本质上是适用内国冲突规范的错误，属于错误适用内国法的性质。在国际私法的理论与实践中，对于这种错误，一般都认为和违反内国其他法律具有相同的性质，允许当事人依法上诉，以便纠正错误。

（二）适用外国法本身的错误

适用外国法本身的错误，是指法官在依内国冲突规范适用某一外国法时，对该外国法的内容作了错误的解释，或者本应适用该外国法的甲法而适用了该外国法的乙法，并据此作出错误判决的情形。对于这种外国法的错误适用，是否允许当事人上诉的问题，在各国国际私法的实践中，有两种截然不同的主张：其一，不允许当事人上诉，如法国、西班牙、瑞士、希腊、比利时和荷兰等国采取这种主张；其二，允许当事人提起上诉，如意大利、奥地利、波兰、葡萄牙和芬兰等国采取这种主张。至于英、美等普通法系国家，尽管在传统上把外国法看作事实，但它们的上诉法院却可以对下级法院关于外国法的认定进行审查，所以，对外国法的错误适用问题，它们是允许当事人提起上诉的。

五、外国法的解释

在对外国法加以查明的过程中，有时还会提出一个外国法的解释问题，即对冲突规范所指定的外国法的性质和内容作出解释的问题。这个问题的产生主要是因为各国法官对外国法的认识和了解毕竟有限，而且外国法本身亦难免有模糊和不清楚之处。

在国际私法上，有的学者将这个问题视为所谓“二级识别”问题，即对准据法的解释，但也有学者反对这种主张。无论如何，学者大多主张依外国法所属法律体系来解释外国准据法的有关规定。一些国家的国际私法立法对这个问题作了专门规定。例如，1995年《意大利国际私法制度改革法》第15条“外国法的解释与适用”规定，外国法律应依据其本身的解释标准和时间上的适用规则加以适用。值得注意的是：这些规定都肯定解释外国法依其本身的解释规则为之；并且，这些规定没有将外国法的解释问题放在识别项目下加以规定，而是将之同外国法的查明问题放在一起加以规定的。

六、中国关于外国法的查明的规定

我国人民法院在审理国际民商事案件时遵循“以事实为根据，以法律为准绳”的原则。当依据我国冲突规范的指定，应当适用的法律为外国法时，人民法院有责任查明外国法的内容，当事人也有举证的责任。目前我国涉及外国法查明的法律、司法解释主要包括《涉外民事关系法律适用法》、《涉外民事关系法律适用法司法解释（一）》以及《涉外民事关系法律适用法司法解释（二）》。《涉外民事关系法律适用法司法解释（二）》已于2023年8月30日由最高人民法院审判委员会第1898次会议通过，自2024年1月1日起施行，该解释对我国有关外国法的查明责任、查明途径、查明程序和提供方式，审查认定外国法律的标准以及查明费用的负担等方面进行了系统完善。

（一）外国法的查明责任

我国《涉外民事关系法律适用法》第10条规定："涉外民事关系适用的外国法律，由人民法院、仲裁机构或者行政机关查明。当事人选择适用外国法律的，应当提供该国法律。不能查明外国法律或者该国法律没有规定的，适用中华人民共和国法律。"这条规定明确了三点：一是人民法院、仲裁机构或者行政机关查明应当依职权查明的涉外民事关系应适用的外国法律；二是当事人根据意思自治原则选择适用外国法，该外国法应当由当事人提供，法院不必依职权查明；三是不能查明外国法律或者该国法律没有规定的，适用中国法律。

《涉外民事关系法律适用法司法解释（二）》第1条规定，人民法院审理涉外民商事案件适用外国法律的，应当根据《涉外民事关系法律适用法》第10条第1款的规定查明该国法律。当事人选择适用外国法律的，应当提供该国法律。当事人未选择适用外国法律的，由人民法院查明该国法律，《涉外民事关系法律适用法司法解释（二）》第2条进一步规定，人民法院查明外国法律法时可以要求当事人协助提供外国法律，这意味着在当事人没有选择适用外国法律的情况下，人民法院查明应当适用的外国法律，也可以要求当事人提供协助。但第2条第3款规定"人民法院依据本条第1款第1项的规定要求当事人协助提供外国法律的，不得仅以当事人未予协助提供为由认定外国法律不能查明"。显然，我国在外国法查明责任方面秉持以法院查明为主、当事人提供为辅的规则。

（二）外国法的查明途径

《涉外民事关系法律适用法司法解释（二）》在总结原有司法解释规定的基础上，于第2条第1款规定了人民法院查明外国法律的七种途径。一是由当事人提供，这是最常见的途径；二是通过司法协助渠道由对方的中央机关或者主管机关提供；三是通过最高人民法院请求我国驻该国使领馆或者该国驻我国使领馆提供；四是由最高人民法院建立或者参与的法律查明合作机制参与方提供；五是由最高人民法院国际商事专家委员会专家提供；六是由法律查明服务机构或者中外法律专家提供；七是其他适当途径。该条款的规定拓展了查明外国法律的途径，与《最高人民法院关于设立国际商事法庭若干问题的规定》（2023年修正）第8条第1款规定的外国法律查明途径保持一致，体现司法解释之间的统一性和协调性。

（三）查明外国法律的程序和提供形式

《涉外民事关系法律适用法司法解释（二）》第3条首先对当事人提供外国法律的范围作了规定，包括具体规定、获得途径、效力情况、与案件争议的关联性等内容。如果外国法律为判例法时，还应当提供判例全文。第4条规定，法律查明服务机构、法律专家提供外国法律的，除提交上述材料外，还应当提交法律查明服务机构的资质证明、法律专家的身份及资历证明，并附与案件无利害关系的书面声明。为减少无效劳动，提高查明外国法律的效率和准确性，第6条规定，在查明外国法律之前，人民法院可以召集庭前会议或者以其他适当方式，确定需要查明的外国法律的范围。当然，前述规定的应当提交的内容，并不限制当事人继续提交有关外国法律的学术著作、学理阐述等参考辅助资料，或者其他对外国法律的理解与适用的意见等。

（四）审查认定外国法律的程序

外国法律是决定当事人权利义务如何分配的准据法，人民法院应当充分保障当事人发表意见的权利。《涉外民事关系法律适用法司法解释（二）》第5条规定，查明的外国法律的相关材料均应在法庭上出示，法院应当听取各方当事人对外国法律的内容及理解与适用。在此基础上，第7条规定，法律查明服务机构、法律专家可以出庭协助查明外国法律。一方面，人民法院认为有必要时可以通知法律查明服务机构或法律专家出庭接受询问；另一方面，当事人可以申请法律查明服务机构或法律专家出庭作出说明，人民法院认为有必要的可以准许。

（五）审查认定外国法律的标准

对于在法庭上出示的外国法律，如何确认其真实性并予以准确理解和适用，历来是涉外民商事审判的难题。《涉外民事关系法律适用法司法解释（二）》第8条分三种情形作出规定。一是对当事人无异议时如何处理作出规定，即“当事人对外国法律的内容及其理解与适用均无异议的，人民法院可以予以确认”。二是对当事人有异议时如何处理作出规定。一方面，为防止当事人以对外国法律有异议为由拖延诉讼，规定当事人提出异议需要说明理由；另一方面，理由成立的，人民法院可以通过补充查明或补充提供材料的方式解决异议。三是基于诉讼经济原则和方便当事人诉讼原则，对于生效裁判已经查明认定的外国法律，规定人民法院“应当予以确认”，同时考虑外国法律有可能被修订、废止，因此规定“但有相反证据足以推翻的除外”。

（六）裁判文书必须记载查明外国法律的过程

《涉外民事关系法律适用法司法解释（二）》第10条要求，裁判文书中应当载明外国法律的查明过程及外国法律的内容，如果认定外国法律不能查明的，则应当载明不能查明的理由。

（七）查明费用的处理原则

我国法律和《诉讼费用交纳办法》并未明确查明外国法律的费用为诉讼费用。鉴于此，《涉外民事关系法律适用法司法解释（二）》第11条就当事人将查明费用作为诉讼请求提出时如何处理进行了规定。当事人约定法律查明费用负担的，应充分尊重当事人的意思自治，按照其约定处理；没有约定的，人民法院需要根据当事人主张，结合外国法律查明情况和案件具体情况酌情支持合理的查明费用。

（八）港澳法律查明的参照适用规则

在涉港澳民商事审判实践中，人民法院经常需要查明港澳法律。《涉外民事关系法律适用法司法解释（二）》第12条对查明香港特别行政区、澳门特别行政区法律参照适用本解释作了规定。同时规定“有关法律和司法解释对查明香港特别行政区、澳门特别行政区的法律另有规定的，从其规定”，为内地与香港特别行政区、澳门特别行政区进一步建立各类新型的法律查明途径及合作机制预留充分空间。

（九）外国法不能查明的处理

关于外国法不能查明问题的处理，《涉外民事关系法律适用法司法解释（一）》作出了详细规定。第15条规定：“人民法院通过由当事人提供、已对中华人民共和国生效的国际条约规定的途径、中外法律专家提供等合理途径仍不能获得外国法律的，可以认定为不能查明外国法律。”根据《涉外民事关系法律适用法》第10条第1款和《涉外民事关系法律适用法司法解释（二）》第9条第2款的规定，当事人应当提供外国法律，其在人民法院指定的合理期限内无正当理由未提供该外国法律的，可以认定为不能查明外国法律。

另外，根据我国民事诉讼法，民事案件实行两审终审制，无法律审与事实审的区别。根据“有错必纠”的原则，对我国法院在审理国际民商事案件时发生的适用外国法的错误，无论是适用内国冲突规范的错误，还是适用外国法本身的错误，当事人均可对之提起上诉，要求加以纠正。

第四节 公共秩序保留与强制性规定的直接适用

一、公共秩序保留的概念及其法律意义

所谓公共秩序（public order），又被称为公共政策（public policy），系指一国国家和社会的重大利益，或法律和道德的基本原则。根据各国普遍的实践和许多国际私法公约的规定，一国在依内国冲突规范的指定应对某一国际民商事法律关系适用外国法时，如其适用将与自己的公共秩序相抵触，便可排除该外国法的适用。此外，凡基于公共秩序，认为自己的某些法律具有直接适用于国际民商事法律关系的效力者也可以排除外国法的适用。国际私法中把这种对外国法适用的限制或排除称为公共秩序保留或

公共秩序制度。

“公共秩序保留”这种观念早在十三四世纪的意大利“法则区别说”中已有萌芽。当时，“法则区别说”的集大成者巴托鲁斯针对意大利各城市的法则之间的冲突主张，一个城市在适用另一个城市的法则时，前者对后者的“令人厌恶的法则”，如对女子歧视的继承法则，应不予适用。这一思想尽管在当时没有得到充分的发挥和发展，但至少表明公共秩序制度最初是在意大利各城市之间的法律冲突的解决中逐渐发展起来的。到17世纪，荷兰的法学家胡伯，作为“法则区别说”的继承者，提出了“礼让说”。他主张，根据礼让原则，国家主权者可以承认有效的外国法的域外效力，但以该外国法不损害其适用国国家及其人民的权力或权利为限。可以说，胡伯的主张一方面从理论上完善了公共秩序制度，另一方面将公共秩序制度引进国际法律冲突的解决之中。随后，1804年《法国民法典》首先以法律形式将公共秩序制度确定下来。后来，1856年《意大利民法典》则明确规定了对外国法律可援用公共秩序制度而排除其适用。自《法国民法典》以后，许多国家的立法和许多国际条约都把公共秩序制度作为一项基本制度规定下来，尽管措辞并不相同。可以肯定，现在世界各国及其学者都承认公共秩序保留为国际私法上的一项制度。

在国际私法上，公共秩序是一个笼统的、含糊的概念，公共秩序制度是一个具有弹性的制度。抽象地讲，公共秩序是一国在特定时间内、特定条件下和特定问题上的重大或根本利益之所在。英国著名国际私法学者格雷夫森（R.H.Graveson）也有类似看法，他认为，公共秩序是一个不确定的概念，它指的是对国家和社会整体来说明显具有根本意义的那些事情。因此，各国在什么情况下运用公共秩序制度，是随着时间、所涉及的问题和其他条件的不同而变化着的，没有必要也不可能要求在政治制度、社会结构和历史文化传统等方面都不相同的各个国家对公共秩序有一个共同、统一的理解。公共秩序制度的直接作用就是排除本应适用的外国法在内国的适用，而其实质在于维护本国国家及其人民的利益。因此，人们称公共秩序制度是国际私法中的“安全阀”。

二、关于公共秩序保留的实践

公共秩序保留作为国际私法上的一项制度，已为各国立法或司法实践所肯定。总体说来，在使用公共秩序制度排除外国法的适用方面，欧洲大陆法系国家使用得广泛而频繁。至于在英、美等普通法系国家，公共秩序制度则不具有那样重要的地位。在这里，着重介绍德国、英国的实践。

德国在萨维尼的影响下把排除外国法的适用视为一种例外。1896年《德国民法典施行法》第30条规定：外国法之适用，如违背善良风俗或德国法之目的时，则不予适用。这一规定把如下两种外国法律规则区别开来：一种外国法律规则是，如果予以适用将产生违背德国善良风俗的结果；另一种是外国法律规则虽然本身无可反对，但如果予以适用，将同“德国法之目的”相矛盾。前者把重点放在外国法律规则的有害性上，后者则把着重点放在德国法律规则的强行性上。对于这两种外国法律规则，德国法院都不予适用。1986年修改后的《德国民法典施行法》第6条对公共秩序问题作了如下规定：如果适用某一外国法律将导致违背德国法律的基本原则，尤其是与基本法发生冲突时，则不适用该外国的法律，而适用德国的法律。这一规定实际上是强调德国法律的基本原则和德国基本法为公共秩序性法律，外国法律的适用不得与之相抵触。

英国以“公共政策”这一概念代替欧洲大陆法系国家所用的“公共秩序”概念，其法院在实践中对于违反英国公共政策的外国法也是拒绝适用的。但公共政策在英国国际私法中的作用和重要性比在欧洲大陆法系国家小得多。这主要是英国法院不太情愿宣布一个已经承认的独立主权国家的法律规则违反了英国的正义和道德的基本原则，甚至认为这样做“是严重地违反国际礼让的”。同时，英国冲突规范在很多情形中足以取得欧洲大陆法系国家用含糊的公共秩序概念所能取得的结果。例如，英国法院把一些欧洲大陆法系国家认为是实体法上的制度当作程序问题看待，而程序问题依法院地法是通例，自然就不会发生适用外国法的问题，也不会有运用公共政策排除外国法适用的机会了。而且，在某些情况下，英国法中的管辖权规则也造成不适用外国实体法的结果。例如，英国对离婚、别居、监护、保佐、未成年人的收养以及妻子儿女的抚养等案件，是视有关当事人在英国有无住所来确定管辖权的，一旦英国法院确定对此类案件有管辖权，就只适用英国法解决，当然不需要借助公共政策去排除外国法的适用。根据英国国际私法学者对英国判例的分析，英国法院主要在两类案件中援用公共政策排除外国法的适用：一类是合同案件，另一类是身份案件。在合同案件中，英国法院以公共政策为由拒绝执行帮诉合同、限制贸易合同、胁迫订立的合同、阴谋勾结伤风败俗的离婚合同、对敌贸易合同和违反友好国家法律的合同，即使这些合同按其准据法是有效合同。在身份案件中，英国法院以公共政策为由不承认根据外国刑法而产生的任何身份有效，对基于奴隶身分、宗教或宗教使命、外国国籍、种族、离婚、体残和浪费等原因使某人无能力也不加承认。

第二次世界大战后，许多统一国际私法公约载有公共秩序条款已引起人们广泛注意，越来越多的统一冲突法公约订立了公共秩序条款，允许缔约国在依公约的冲突规范指定适用外国法时，如发现其适用明显地违背本国公共秩序，可拒绝适用之。因此，有人认为，在统一冲突法公约中出现公共秩序条款，意味着统一冲突法公约的作用和效力已经削弱。不过，需要注意的是，这种趋势的出现并不意味着公共秩序这一制度的作用可以随意扩大，而是由于在保障各缔约国国内强行法效力的条件下，可以推动缔约国之间较快达成协议，在较为广泛的范围内签订各项有关的法律适用公约。正因如此，载有公共秩序条款的公约都对这种条款采取了较为严格的限制性措辞。例如，1980年订于罗马的《关于合同义务法律适用的公约》第16条规定：凡依本公约规定所适用的任何国家的法律，只有其适用明显地违背法院地国的公共秩序时，方可予以拒绝适用。

三、中国关于公共秩序保留的规定

我国在立法上已有比较完备的关于公共秩序保留的规定，并在司法实践中开始以公共秩序为由排除外国法或国际惯例的适用。早在1950年11月，当时的中央人民政府法律委员会在《关于中国人与外侨、外侨与外侨婚姻问题的意见》中指出：中国人与外侨、外侨与外侨在中国结婚或离婚，不仅适用中国的婚姻法，且宜于适当限度内照顾当事人本国的婚姻法，但“适用当事人的本国的婚姻法以不违背中国的公共秩序、公共利益和目前的基本政策为限度”。这里使用了“公共秩序”“公共利益”“基本政策”等措辞。我国《涉外民事关系法律适用法》第5条明确规定：“外国法律的适用将损害中华人民共和国社会公共利益的，适用中华人民共和国法律。”

四、强制性规定的直接适用

尽管公共秩序保留与“直接适用的法”或者说强制性规定的直接适用有联系，但它们是国际私法上两个不同的问题。“直接适用的法”是晚近在欧洲发展起来的一种理论，在这种理论看来，“直接适用的法”是那些在国际民商事交往中，为了维护其国家和社会的重大利益，无须借助法律选择规范的指引而直接适用于国际民商事关系的强制性法律规范。虽然有人认为这种观念在某种程度上是传统国际私法中所谓“积极的公共秩序”观念的发展和延伸，但“直接适用的法”不同于公共秩序保留之处在于：在法律适用领域，公共秩序保留发生在某一涉外民事关系根据法院地冲突规范的指引应受某一外国法支配，但该外国法的适用将损害法院地公序良俗，从而排除该外国法的适用，转而适用法院地法的情形；而“直接适用的法”抛开法院地冲突规范的指引，直接适用于涉外民事关系。《涉外民事关系法律适用法》第4条规定：“中华人民共和国法律对涉外民事关系有强制性规定的，直接适用该强制性规定。”它第一次规定了国家对涉外民事关系所作的强制性规定的直接适用，这是我国根据改革开放实际对国际上“直接适用的法”理论的吸纳和扬弃。《涉外民事关系法律适用法司法解释（一）》第8条规定：“有下列情形之一，涉及中华人民共和国社会公共利益、当事人不能通过约定排除适用、无需通过冲突规范指引而直接适用于涉外民事关系的法律、行政法规的规定，人民法院应当认定为涉外民事关系法律适用法第四条规定的强制性规定：（一）涉及劳动者权益保护的；（二）涉及食品或公共卫生安全的；（三）涉及环境安全的；（四）涉及外汇管制等金融安全的；（五）涉及反垄断、反倾销的；（六）应当认定为强制性规定的其他情形。”

第五节 法律规避

一、法律规避的概念

所谓法律规避（evasion of law），是指国际民商事法律关系的当事人故意制造某种连结点，以避开本应适用的对其不利的法律，从而使对其有利的法律得以适用的一种行为。国际私法上的法律规避有四个构成要件：（1）从主观上讲，当事人规避某法律必须是出于故意；（2）从规避的对象上来讲，当事人规避的法律是当事人本应适用的法律；（3）从行为方式上来讲，当事人是通过人为地制造或改变一个或几个连结因素来实现法律规避的；（4）从客观结果上来讲，当事人的规避行为已经完成。

在国际私法中，法律规避究竟是一个独立的问题，还是公共秩序问题的一部分？对于这个问题，学者中有两种不同的意见。一派学者认为，法律规避是一个独立的问题，不应与公共秩序问题混为一谈。虽然两者在结果上常常都是对外国法不予适用，但它们在性质上并不相同，因公共秩序而不适用外国法是着眼于外国法的适用与内国公共秩序相抵触，因法律规避而不适用外国法则是着眼于当事人的虚假行为。另一派学者认为，法律规避属于公共秩序问题，是后者的一部分，其理由是在不适用外国法而适用内国法方面，两者同样都是为了维护内国法的权威。

在上述两种主张中，前一种主张占优势地位。其理由如下：（1）法律规避和公共秩序问题产生的原因不同，前者是当事人故意制造或改变连结点的行为造成的，而后者则是由于冲突规范所指向的外国法的内容及其适用与该冲突规范所属国的公共秩序有抵触而引起的。（2）法律规避是一种个人行为，而运用公共秩序保留制度则是一种国家机关的行为。（3）对当事人来讲，两者的后果也是不一样的：因公共秩序保留而不适用冲突规范所援用的外国法，当事人不需负任何法律上的责任；但由于否认法律规避的效力而不适用某一外国法时，不仅当事人企图适用某一外国法的目的未能达到，而且可能还要对其法律规避的行为负法律上的责任。

二、法律规避的效力

对于这个问题，在理论上也有分歧。欧洲大陆的学者大多认为，法律规避是一种欺诈行为，因而在发生法律规避的情况下，就应排除当事人所希望援用的法律的适用，而适用本应适用的法律。所谓“欺诈使一切归于无效”（fraus omnia corrumpit）这一法律格言，便是这一主张的理论根据。但也有另一种看法认为，既然冲突规范给予当事人以选择法律的可能，那么，当事人为了达到自己的某种目的而选择某一法律时，即不应归咎于当事人；如果要防止冲突规范被人利用，就应该由立法者在冲突规范中有所规定。

一般来说，在实践中，大多数国家都认为法律规避是非法的，不承认其效力。如法国、意大利、瑞士和荷兰等国，或在立法中，或在司法实践中，采取禁止或限制法律规避的立场。

三、法律规避的对象

关于法律规避是只限于规避内国法还是包

括规避外国法的问题，在各国立法和司法实践中，有两种不同的主张：

一种主张认为，规避法律仅指规避本国（法院地国）的法律。例如，1972年《塞内加尔家庭法》第851条规定：当事人利用冲突规范故意使塞内加尔法不适用时，塞内加尔法取代应适用的外国法。法国法院早年的判例也确定，规避法国法才构成法律规避，而规避外国法则不属此类问题。

另一种主张认为，法律规避既包括规避本国法律，也包括规避外国法律。例如，《阿根廷民法典》第1207条规定：在国外缔结的以规避阿根廷法律为目的的契约是无效的，虽然该契约依缔结地法是有效的。这是指规避本国法无效。同时，该法典第1208条又规定：在阿根廷缔结的以规避外国法为目的的契约是无效的。这是指规避外国法无效。

四、中国关于法律规避的规定

《涉外民事关系法律适用法司法解释（一）》第9条规定："一方当事人故意制造涉外民事关系的连结点，规避中华人民共和国法律、行政法规的强制性规定的，人民法院应认定为不发生适用外国法律的效力。"从该规定可以看出，我国在司法实践中主张：法律规避是指规避我国的强制性或禁止性的法律，而非任何法律；而且，当事人规避我国的强制性或禁止性的法律的行为无效，不发生适用外国法的效力，同时，以适用中国法律取而代之。

【本章主要法律规定】

1.《涉外民事关系法律适用法》第4、5、8～10、44条
2.最高人民法院《关于适用〈中华人民共和国涉外民事关系法律适用法〉若干问题的解释（一）》
3.最高人民法院《关于适用〈中华人民共和国涉外民事关系法律适用法〉若干问题的解释（二）》

第五章
国际民商事关系的法律适用

本章主要内容提示

本章主要学习我国在权利能力与行为能力、物权、债权、商事关系、婚姻与家庭、继承、知识产权等领域的法律适用规则，涉及《民法典》《海商法》《票据法》《民用航空法》《涉外民事关系法律适用法》等多部法律以及相关司法解释和会谈纪要，内容广泛、条文众多，不少条文还存在相互交叉、重复或者不一致的现象。需要特别注意《涉外民事关系法律适用法》《涉外民事关系法律适用法司法解释（一）》《适用国际条约和国际惯例解释》对以前法律规定的修订和完善。重点掌握如何在上述领域正确适用这些法律适用规则。

1.对于权利能力与行为能力的法律适用，重点掌握经常居住地的确定。

2.对于物权的法律适用，重点掌握物之所在地法的例外以及有价证券和权利质权的法律适用规则。

3.对于债权的法律适用，重点掌握当事人意思自治和最密切联系原则的适用规则。

4.对于商事关系的法律适用，重点掌握和熟练运用我国《票据法》《海商法》《民用航空法》关于相关问题的冲突规则。

5.对于婚姻家庭关系的法律适用，能够正确运用我国法律关于解决结婚、离婚、收养、抚养和监护的冲突规则。

6.对于继承的法律适用，重点掌握遗嘱和法定继承的法律适用规则。

7.对于知识产权的法律适用，重点掌握被请求保护地的确定与适用。

第一节　权利能力和行为能力

一、自然人权利能力的法律适用

国际私法所讲的权利能力分为一般权利能力和特别权利能力。一般权利能力是各国民法规定的享受权利和承担义务的能力或资格，涉及自然人的生命权、身体权、健康权、姓名权、肖像权、名誉权、荣誉权、隐私权、婚姻自主权等。自然人的民事权利能力一律平等，不因其跨越国界而受影响，应受当事人属人法的支配和保护。特别权利能力是在一般权利能力之外，外国人在内国享有的民事权利能力或资格，这种权利与所在国的政治、经济、公共秩序等重大利益密切相关。在什么限度内和在什么条件下允许外国人享有这些权利，是国家主权范围内的事情，各国大多以特别法形式规定外国人在这方面的权利范围。因此，外国人的特别权利能力一般重叠适用其属人法和法院地法。

尽管各国法律均规定自然人的权利能力始于出生，终于死亡，但由于不同国家关于“出生”标准、“死亡”标准、推定存活制度、宣告死亡制度的规定常常不同，有时需要解决自然人权利能力的法律适用问题。在实践中，各国都适用当事人属人法。其中，大陆法系国家多采国籍国法，英美法系常采住所地法，近年来越来越多的国家采取经常居所地法律。我国《涉外民事关系法律适用法》第11条规定：“自然人的民事权利能力，适用经常居所地法律。”第13条规定：“宣告失踪或者宣告死亡，适用自然人经常居所地法律。”关于自然人经常居所地的确定，《涉外民事关系法律适用法司法解释（一）》第13条规定：“自然人在涉外民事关系产生或者变更、终止时已经连续居住一年以上且作为其生活中心的地方，人民法院可以认定为涉外民事关系法律适用法规定的自然人的经常居所地，但就医、劳务派遣、公务等情形除外。”

二、自然人行为能力的法律适用

各国法律都根据自然人是否达到法定年龄且心智健全来决定其是否具有行为能力，是否能够承担自己行为的法律后果。由于不同国家对成年年龄、构成限制民事行为能力的条件以及禁治产制度的规定不同，导致一个自然人可能在甲国是完全行为能力人，在乙国却是限制行为能力人或无行为能力人。

关于自然人行为能力的法律适用，主要有本国法和住所地法两种做法。各国通行做法是，原则上适用当事人的属人法（本国法或住所地法），但有两个例外或限制：（1）处理不动产的行为能力适用不动产所在地法；（2）商务活动当事人的行为能力可以适用行为地法，即只要其属人法或行为地法认为自然人有行为能力，就应认为其有行为能力。

我国《涉外民事关系法律适用法》第12条规定：“自然人的民事行为能力，适用经常居所地法律。自然人从事民事活动，依照经常居所地法律为无民事行为能力，依照行为地法律为有民事行为能力的，适用行为地法律，但涉及婚姻家庭、继承的除外。”

例如，荷兰青年甲，21岁，在中国旅游时看中某风景区一户少数民族农家的民族服装。经协商，以随身携带的照相机与之互易。甲打电话给好友乙，告知此事。乙称这笔交易不合算，劝甲把照相机换回来，甲回到农家商谈返还之事，农家不同意。甲以自己时年不满23岁，按其本国法（荷兰法律规定23岁为成年年龄）尚未成年，不具有完全民事行为能力，主张所为民事行为无效。该案根据《涉外民事关系法律适用法》第12条的规定，应适用中国法，当事人之间的互易行为有效。

《票据法》第96条规定：“票据债务人的民事行为能力，适用其本国法律。票据债务人的民事行为能力，依照其本国法律为无民事行为能力或者为限制民事行为能力而依照行为地法律为完全民事行为能力的，适用行为地法律。”

三、法人权利能力和行为能力的法律适用

与自然人相比，法人的权利能力和行为能力在时间上是一致的，均始于法人成立，终于法人终止，在法人存续期间始终存在；在范围上是一致的，法人以自己的行为取得权利和承担义务的能力，不能超出其民事权利能力限定的范围；法人的民事行为能力以团体意思为前提，是通过其法定代表人或者指定代理人来实现的。因此，法人的民事权利能力和行为能力的法律冲突及其解决是完全一样的。由于不同国家关于法人权利能力和行为能力的规定不尽相同，其权利能力和行为能力也常发生法律冲突。

关于法人权利能力和行为能力的法律适用，国际通行做法是适用法人的属人法，即法人的国籍所属国法或住所地法。实际上，外国法人在内国的活动范围，必须重叠适用其本国法和法院地法，受到本国法和法院地法的双重制约。

《涉外民事关系法律适用法》第14条规定：

“法人及其分支机构的民事权利能力、民事行为能力、组织机构、股东权利义务等事项，适用登记地法律。法人的主营业地与登记地不一致的，可以适用主营业地法律……”《民法典》第63条规定：“法人以其主要办事机构所在地为住所。依法需要办理法人登记的，应当将主要办事机构所在地登记为住所。”《涉外民事关系法律适用法司法解释（一）》第14条规定：“人民法院应当将法人的设立登记地认定为涉外民事关系法律适用法规定的法人的登记地。”例如，2021年《全国法院涉外商事海事审判工作座谈会会议纪要》（以下简称2021年《座谈会纪要》）第27点规定：“在中华人民共和国领域外登记设立的公司作出的内部决议的效力，人民法院应当适用登记地国的法律并结合公司章程的相关规定予以审查认定。”

第二节　物　　权

一、不动产物权的法律适用

物权分为不动产物权与动产物权。不动产物权适用物之所在地法是各国普遍采用的规则。不同国家对动产与不动产的区分标准并不完全一致，可能导致不同的法律适用结果，各国一般依物之所在地法进行识别。我国《涉外民事关系法律适用法》第36条规定：“不动产物权，适用不动产所在地法律。”

二、动产物权的法律适用

动产可以移动，其所在地具有偶然性与短暂性，各国通常在冲突规则中对所在地加以时间限定。对运送中的物，多适用送达地法或发送地法；对船舶、飞行器等运输工具，多适用登记注册地法或旗国法；对无主土地上的物，适用有关国际条约，没有国际条约的，适用占有者的属人法；对无体动产，可以适用当事人选择的法律。

《涉外民事关系法律适用法》第37条规定：“当事人可以协议选择动产物权适用的法律。当事人没有选择的，适用法律事实发生时动产所在地法律。”第38条规定：“当事人可以协议选择运输中动产物权发生变更适用的法律。当事人没有选择的，适用运输目的地法律。”第39条规定：“有价证券，适用有价证券权利实现地法律或者其他与该有价证券有最密切联系的法律。”该法第40条还规定：“权利质权，适用质权设立地法律。”《民法典》第440条规定：“债务人或者第三人有权处分的下列权利可以出质：（一）汇票、本票、支票；（二）债券、存款单；（三）仓单、提单；（四）可以转让的基金份额、股权；（五）可以转让的注册商标专用权、专利权、著作权等知识产权中的财产权；（六）现有的以及将有的应收账款；（七）法律、行政法规规定可以出质的其他财产权利。”从《民法典》第441~445条可推知：需要办理出质登记的，权利登记地是质权设立地；不需要办理登记的，质权设立地是指权利成立地，如质押合同订立地、设质权利证书交付地等。

我国《海商法》就船舶物权的法律适用作了如下规定。（1）关于船舶所有权，第270条规定：“船舶所有权的取得、转让和消灭，适用船旗国法律。”（2）关于船舶抵押权，第271条第1款规定，船舶抵押权适用船旗国法。该条第2款同时规定，船舶在光船租赁以前或者光船租赁期间，设立船舶抵押权的，适用原船舶登记国的法律。（3）关于船舶优先权，第272条规定：“船舶优先权，适用受理案件的法院所在地法律。”

例如，2021年《座谈会纪要》第76点明确：“承运人履行海上货物运输合同过程中，造成货物灭失或者损坏的，船载货物权利人对本船提起的财产赔偿请求不具有船舶优先权。碰撞船舶互有过失造成船载货物灭失或者损坏的，船载货物权利人可以根据海商法第二十二条第一款第五项的规定向对方船舶主张船舶优先权。”第77点规定：“承运人履行海上旅客运输合同过程中，造成旅客行李灭失或者损坏的，旅客对本船提起的财产赔偿请求不具有船舶优先权。碰撞船舶互有过失造成旅客行李灭失或者损坏的，旅客可以根据海商法第二十二条第一款第五项的规定向对方船舶主张船舶优先权。”

我国《民用航空法》就民用航空器物权的法律适用作了如下规定。（1）关于民用航空器的所有权，第185条规定：“民用航空器所有权的取得、转让和消灭，适用民用航空器国籍登记国法律。”（2）关于民用航空器的抵押权，第186条规定：“民用航空器抵押权适用民用航空器国籍登记国法律。”（3）关于民用航空器的优先权，第187条规定：“民用航空器优先权适用受理案件的法院所在地法律。”

在一起加拿大公司甲与一家位于苏州的外商独资企业乙的所有权纠纷中，乙公司向甲公司购买一批机器。在甲公司的账单和乙公司的订购单中均明确约定：在甲公司收到全部货款前，机器设备的所有权由甲公司保留。在合同约定期满时，甲公司没有收到上述设备的货款及相应的融资安排，遂向苏州中级人民法院起诉，请求法院判决位于苏州乙公司所在地的机器设备的所有权归甲公司所有。苏州中级人民法院首先基于卖方是加拿大公司，机器从加拿大进口，根据《涉外民事关系法律适用法司法解释（一）》第1条的规定，确定为涉外案件。再根据原告的诉求，将该案的争诉点识别为所有权之诉。然后根据《涉外民事关系法律适用法》第37条的规定，结合法律纠纷发生时涉案设备位于中国苏州，适用中国法解决本案的争诉问题。最后在《民法典》中寻找适当的实体法规则，根据《民法典》第641条的规定，当事人可在买卖合同中约定买受人未履行支付价款或者其他义务的，标的物所有权属于出卖人，裁判甲公司是合同项下机器设备的所有权人，支持原告的主张。当然，如果双方当事人在审理过程中选择适用中国法律，法院可根据《涉外民事关系法律适用法》第37条第1款的规定，适用中国法律。

第三节　债　　权

一、合同的法律适用

合同是产生债的最主要原因之一。尽管国际统一合同法不断发展，但合同冲突法并没有消亡。现代各国一般综合利用当事人意思自治原则和最密切联系原则解决合同的法律适用问题。

（一）当事人意思自治原则

当事人意思自治是指合同当事人可以通过协商一致的意思表示自由选择支配合同准据法的一项法律选择原则。它自16世纪法国学者杜摩兰倡导后已得到国际社会的普遍接受。我国《涉外民事关系法律适用法》《海商法》《民用航空法》等法律法规和《适用国际条约和国际惯例解释》从不同方面对合同当事人选择适用的法律作了专门规定。《涉外民事关系法律适用法》第41条规定：“当事人可以协议选择合同适用的法律……”结合相关司法解释的规定，我国关于合同当事人意思自治的规定是：

1.基本规则。

（1）选择法律应以明示方式进行；

（2）应在一审法庭辩论终结前作出法律选择；

（3）被选择的法律与系争的涉外民事关系不必存在实际联系；

（4）当事人在合同中援引尚未对中华人民共和国生效的国际条约的，人民法院可以根据该国际条约的内容确定当事人之间的权利义务；

（5）涉外民商事合同当事人明示选择适用国际惯例，当事人主张根据国际惯例确定合同当事人之间的权利义务的，人民法院应予支持；

（6）各方当事人援引相同国家的法律且未提出法律适用异议，构成有效的法律选择。

2.限制规则。

（1）当事人规避中华人民共和国法律、行政法规的强制性规定，不发生适用外国法律的效力，应适用中国法。

（2）在中国领域内履行的下列合同，适用中国法律：第一，中外合资经营企业合同；第二，中外合作经营企业合同；第三，中外合作勘探、开发自然资源合同。

（3）消费者合同适用消费者经常居所地法律；消费者选择适用商品、服务提供地法律或者经营者在消费者经常居所地没有从事相关经营活动的，适用商品、服务提供地法律。

2021年《座谈会纪要》第3点规定："网络电商平台使用格式条款与消费者订立跨境网购合同，未采取合理方式提示消费者注意合同中包含的管辖条款，消费者根据民法典第四百九十六条的规定主张该管辖条款不成为合同内容的，人民法院应予支持。网络电商平台虽已尽到合理提示消费者注意的义务，但该管辖条款约定在消费者住所地国以外的国家法院诉讼，不合理加重消费者寻求救济的成本，消费者根据民法典第四百九十七条的规定主张该管辖条款无效的，人民法院应予支持。"

（4）劳动合同适用劳动者工作地法律；难以确定劳动者工作地的，适用用人单位主营业地法律。劳务派遣，可以适用劳务派出地法律。

（5）当事人选择的法律不得违背我国的社会公共利益。

（二）最密切联系原则

最密切联系原则既是国际私法中的基本理论和重要制度，又是合同当事人意思自治的补充。它主张合同准据法应为合同在经济意义或其他社会意义上集中定位于某一地的法律，注重的是法律关系与地域的联系。由于该原则赋予法官较大的自由裁量权，容易导致主观随意性，许多国家，包括我国，采用特征性履行方法作为确定最密切联系的客观依据。《涉外民事关系法律适用法》第41条规定："……当事人没有选择的，适用履行义务最能体现该合同特征的一方当事人经常居所地法律或者其他与该合同有最密切联系的法律。"

这种特征性履行方法是国际合同的当事人未选择合同准据法时，通过考察合同的功能，尤其是合同意图实现的社会目的，确定各种合同的特殊性质，即它的特征性履行，如买卖合同中卖方交付物品的给付行为、雇佣合同中受雇人提供劳务的履行行为反映了这两种合同的本质特征，因而是特征性履行，最终适用与特征性履行人联系最密切的法律，如住所地法、惯常居所地法、营业所所在地法等。

总结我国司法实践，不同合同的最密切联系地如下表所示：

合同类型	适用的法律
买卖合同	适用合同订立时卖方住所地法。如果合同是在买方住所地谈判并订立的，或者合同明确规定卖方须在买方住所地履行交货义务的，适用买方住所地法
加工承揽合同	适用加工承揽人住所地法
成套设备供应合同	适用设备安装地法
不动产买卖、租赁或者抵押合同	适用不动产所在地法
动产租赁合同	适用出租人住所地法
动产质押合同	适用质押人住所地法
借款合同	适用贷款人住所地法
保险合同	适用保险人住所地法

续表

合同类型	适用的法律
融资租赁合同	适用承租人住所地法
建设工程合同	适用建设工程所在地法
仓储、保管合同	适用仓储、保管人住所地法
保证合同	适用保证人住所地法
委托合同	适用受托人住所地法
债券的发行、销售和转让合同	分别适用债券发行地法、债券销售地法和债券转让地法
拍卖合同	适用拍卖举行地法
行纪合同	适用行纪人住所地法
居间合同	适用居间人住所地法

（三）国际惯例补缺规则

中国法律和中国缔结或者参加的国际条约没有规定的，人民法院可以适用国际惯例。当事人仅以未明示选择为由主张排除适用国际惯例的，人民法院不予支持。

二、侵权行为的法律适用

各国一般将侵权行为分为一般侵权行为和特殊侵权行为，分别解决它们的法律适用问题。《涉外民事关系法律适用法》除对一般侵权行为规定了冲突规范以外，还对网络侵权、知识产权侵权的法律适用作了特别规定。《海商法》《民用航空法》对各自领域的侵权作了具体规定。

（一）一般侵权行为的法律适用

《涉外民事关系法律适用法》第44条规定："侵权责任，适用侵权行为地法律，但当事人有共同经常居所地的，适用共同经常居所地法律。侵权行为发生后，当事人协议选择适用法律的，按照其协议。"我国将侵权行为地法作为一般规则，同时将共同经常居所地法和当事人选择的法律作为例外。因此，对于一般侵权行为，如果当事人选择了法律，则以其选择的法律为准；如果当事人有共同经常居所地，则适用该地法律。上述两种情况都不存在时，则适用侵权行为地法。如果侵权行为发生地与损害结果发生地不一致，其中任何一地可以被认定为侵权行为地。

例如，中国公民杨某被广州泛海公司聘为外派船员，双方在2010年8月签订外派船员合同书。当月，泛海公司与广州远达航运公司签署船员雇佣合同，随后，杨某被外派受雇于远达航运公司所属的巴拿马籍"威洋"号货轮，期限3年。2011年4月11日，该货轮在德国汉堡港卸货作业过程中，因机械故障致杨某左腿受重伤。杨某与远达航运公司就赔偿事宜发生纠纷，于是在广州海事法院起诉远达航运公司。

广州海事法院首先要确定该案属于涉外案件。然后要正确识别这到底是一般侵权行为还是劳动关系中的工伤事故。如果泛海公司没有劳务派遣资质，可以认定杨某与远达航运公司之间具有劳动关系；如果泛海公司具有劳务派遣资质，也可以把泛海公司与远达航运公司视为共同雇主。对于原告提出的工伤赔偿问题，应适用《涉外民事关系法律适用法》第43条的规定："劳动合同，适用劳动者工作地法律；难以确定劳动者工作地的，适用用人单位主营业地法律。劳务派遣，可以适用劳务派出地法律。"本案属于劳务派遣，因此可以适用中国法律界定工伤赔偿问题。

如果原告同时提出侵权损害赔偿之诉，对此争议要适用《涉外民事关系法律适用法》第

44条的规定。由于本案原被告的经常居所地在中国，故应适用中国法律裁判本案的侵权责任问题。

(二)特殊侵权行为的法律适用

1.产品责任的法律适用。

对于产品责任的法律适用问题，各国越来越重视保护受害人的利益，通过采用最密切联系原则和选择性或复合性冲突规范，允许受害人在一定范围内选择准据法，使产品责任的法律适用规则趋向灵活和实用。《涉外民事关系法律适用法》第45条规定："产品责任，适用被侵权人经常居所地法律；被侵权人选择适用侵权人主营业地法律、损害发生地法律的，或者侵权人在被侵权人经常居所地没有从事相关经营活动的，适用侵权人主营业地法律或者损害发生地法律。"

2.网络侵权的法律适用。

基于网络侵权的普遍性、国际性特点，我国《涉外民事关系法律适用法》第46条规定："通过网络或者采用其他方式侵害姓名权、肖像权、名誉权、隐私权等人格权的，适用被侵权人经常居所地法律。"用被侵权人经常居所地法取代侵权行为地法有利于司法任务的简化和被侵权人权益的保护。

最高人民法院在(2020)最高法知民终746号判决中指出：涉信息网络侵害专利权纠纷案件中，被诉侵权行为的部分实质环节或者部分侵权结果发生在中国领域内的，即可以认定侵权行为地在中国领域内。被诉侵权网站服务器所在地并非判断侵权行为实施地的唯一因素，被诉侵权人仅以该服务器位于中国域外为由，抗辩其行为不侵害中国专利权的，一般不予支持。

3.海事与民用航空侵权的法律适用。

《涉外民事关系法律适用法》第2条第1款规定："涉外民事关系适用的法律，依照本法确定。其他法律对涉外民事关系法律适用另有特别规定的，依照其规定。"由于《涉外民事关系法律适用法》未规定海上和空中侵权，《海商法》和《民用航空法》的相关规定继续有效。《海商法》第273条规定："船舶碰撞的损害赔偿，适用侵权行为地法。船舶在公海上发生碰撞的损害赔偿，适用受理案件的法院所在地法律。同一国籍的船舶，不论碰撞发生于何地，碰撞船舶之间的损害赔偿适用船旗国法律。"第274条规定："共同海损理算，适用理算地法律。"第275条规定："海事赔偿责任限制，适用受理案件的法院所在地法律。"2021年《座谈会纪要》第81点规定："因船舶碰撞或者触碰、环境污染造成海上及通海可航水域养殖设施、养殖物受到损害的，被侵权人可以请求侵权人赔偿其由此造成的养殖设施损失、养殖物损失、恢复生产期间减少的收入损失，以及为排除妨害、消除危险、确定损失支出的合理费用。养殖设施损失和收入损失的计算标准可以依照或者参照《最高人民法院关于审理船舶油污损害赔偿纠纷案件若干问题的规定》的相关规定……"《民用航空法》第189条规定："民用航空器对地面第三人的损害赔偿，适用侵权行为地法律。民用航空器在公海上空对水面第三人的损害赔偿，适用受理案件的法院所在地法律。"

例如，一艘俄罗斯货船"希望号"停泊在我国渤海海域，等候进入天津港卸货，海上突然刮起八级大风，另一艘俄罗斯"星火号"货船恰好驶过，两船相撞。两艘货船及所载货物都受到不同程度的损失，双方就此引起的损害赔偿问题发生争议。"希望号"所属轮船公司向天津海事法院起诉，要求法院判决"星火号赔偿"由于操作不当给"希望号"造成的经济损失。天津海事法院应首先认定本案是涉外船舶碰撞；然后决定适用《涉外民事关系法律适用法》第44条还是《海商法》第273条，按照特别法优于一般法，并根据《涉外民事关系法律适用法司法解释(一)》第3条的规定，适用《海商法》第273条规定，同一国籍的船舶，不论碰撞发生于何地，碰撞船舶之间的损害赔偿适用船旗国法律，确定适用俄罗斯法律。

第四节　商事关系

商事关系是平等的商事主体基于持续的营业活动建立起来的社会经济关系。这种特殊的社会经济关系需要特殊的法律规则来调整。这些特殊规则，无论从形式还是从实质上讲，不可能完全规定在民法框架内，它们需要以特别法的形式来规定。随着国际经济贸易交往日益频繁，国际商事法律问题日益增多。由于不同种类的国际商事关系有不同特点，其法律适用规则也各不相同，合理解决这些国际商事关系的法律适用问题是现代国际私法面临的新课题。根据我国现有法律的规定，考虑到海事关系和民用航空关系的法律适用在其他章节相关内容已有介绍，本节仅讨论票据、代理和信托关系的法律适用问题。

一、票据关系的法律适用

票据是出票人依票据法发行的、无条件支付一定金额或委托他人无条件支付一定金额给收款人或持票人的一种有价证券。由于不同国家的票据法对同一问题的规定不同，票据法律冲突在所难免。各国一般对票据采取分割方法解决其法律适用问题。

1.票据当事人的行为能力一般适用当事人的属人法。我国《票据法》第96条规定：“票据债务人的民事行为能力，适用其本国法律。票据债务人的民事行为能力，依照其本国法律为无民事行为能力或者为限制民事行为能力而依照行为地法律为完全民事行为能力的，适用行为地法律。”

2.票据行为方式一般适用行为地法。我国《票据法》第97条规定：“汇票、本票出票时的记载事项，适用出票地法律。支票出票时的记载事项，适用出票地法律，经当事人协议，也可以适用付款地法律。”第98条规定：“票据的背书、承兑、付款和保证行为，适用行为地法律。”

3.票据追索权行使期限一般适用出票地法。我国《票据法》第99条规定：“票据追索权的行使期限，适用出票地法律。”

4.持票人责任一般适用付款地法。我国《票据法》第100条规定：“票据的提示期限、有关拒绝证明的方式、出具拒绝证明的期限，适用付款地法律。”

5.票据丧失时权利保全程序一般适用付款地法。我国《票据法》第101条规定：“票据丧失时，失票人请求保全票据权利的程序，适用付款地法律。”

二、代理的法律适用

代理是代理人以被代理人的名义在代理权限内与第三人为法律行为，而此种行为的后果直接归被代理人承担。代理关系一般涉及被代理人、代理人和第三人。由于不同国家关于代理的理论基础、立法模式、种类和具体内容并不相同，国际代理关系同样需要解决法律适用问题。绝大多数国家区分代理内部关系、代理外部关系和代理权分别确定其法律适用规则，但做法并不完全一致。我国《涉外民事关系法律适用法》第16条规定：“代理适用代理行为地法律，但被代理人与代理人的民事关系，适用代理关系发生地法律。当事人可以协议选择委托代理适用的法律。”这表明：我国对于委托代理首先适用当事人选择的法律；对于代理内部关系，适用代理关系发生地法律；对于其他代理问题，或者当事人没有选择法律的委托代理，适用代理行为地法律。

三、信托的法律适用

信托是指委托人将财产权转移于受托人，受托人根据信托文件，为受益人利益或特定目的管理或处分信托财产的法律关系。信托关系一般涉及委托人、受托人和受益人三方主体。由于不同国家关于信托的含义和种类、信托财产权的性质与构成、信托的生效要件和具体内容有很大差别，涉外信托关系也需要解决法律适用问题。当前，在立法上明确规定信托的法律适用的国家并不多，多数国家的理论和判例普遍支持灵活性、开放性的冲突规则。我国《涉外民事关系法律适用法》第17条规定："当事人可以协议选择信托适用的法律。当事人没有选择的，适用信托财产所在地法律或者信托关系发生地法律。"

2021年《座谈会纪要》第29点规定："因外商投资企业隐名投资协议产生的纠纷，实际投资者请求确认其在外商投资企业中的股东身份或者请求变更股东身份，并提供证据证明其已实际投资且名义股东以外的其他股东认可实际投资者的股东身份的，对其诉讼请求按照以下方式处理：(1)外商投资企业属于外商投资准入负面清单禁止投资领域的，人民法院不予支持；(2)外商投资企业属于外商投资准入负面清单以外投资领域的，人民法院应当判决由名义股东履行将所持股权转移登记至实际投资者名下的义务，外商投资企业负有协助办理股权转移登记手续的义务；(3)外商投资企业属于外商投资准入负面清单限制投资领域的，人民法院应当判决由名义股东履行将所持股权转移登记至实际投资者名下的义务，并协助外商投资企业办理报批手续。判决可以同时载明，不履行报批手续的，实际投资者可自行报批。因相对人已从名义股东处善意取得外商投资企业股权，或者实际投资者依据前款第3项报批后未获外商投资企业主管机关批准，导致股权变更事实上无法实现的，实际投资者可就隐名投资协议另行提起合同损害赔偿之诉。"

第五节　婚姻家庭

家庭是社会的细胞，维系着社会稳定与国家安宁。随着人员国际流动的频繁，大量国际婚姻家庭关系应运而生。由于没有统一实体法，各国在婚姻家庭领域的立法与实践非常丰富，婚姻自由、男女平等、儿童利益最大化和保护弱者权益等理念得到了彰显与重视。本节根据我国立法现状介绍结婚、夫妻关系、离婚、父母子女关系、收养、抚养、监护的法律适用规则。

一、结婚的法律适用

结婚必须符合法律规定的实质要件和形式要件，由于不同国家对结婚要件的规定不同，国际私法一般区分实质要件和形式要件解决其法律适用问题。

（一）结婚实质要件的法律适用

结婚的实质要件包括结婚必须具备的条件和必须排除的条件，有的国家采婚姻举行地法，有的国家适用当事人的属人法，越来越多的国家综合采取以上两种做法。我国《涉外民事关系法律适用法》第21条规定："结婚条件，适用当事人共同经常居所地法律；没有共同经常居所地的，适用共同国籍国法律；没有共同国籍，在一方当事人经常居所地或者国籍国缔结婚姻的，适用婚姻缔结地法律。"我国对于结婚实质要件，要依次适用共同经常居所地法、共同国籍国法和婚姻缔结地法。

例如，哈密勒是某国来中国的留学生，来中国之前在本国娶有妻子。在中国留学期间，哈密勒认识了中国公民柳某，双方交往频繁且产生了感情，希望结婚。因哈密勒已在本国娶有妻子，柳某父母和单位同事强烈反对柳某同哈密勒结婚，柳某却愿意同哈密勒结婚。哈密勒以其本国法律允许一夫多妻且柳某自愿同其结婚为由，向柳某户籍所在市民政局提出与柳某结婚的申请，请求发给双方结婚证。根据我国《涉外民事关系法律适用法》第21条的规定，应适用中国法。如果发给双方结婚证，哈密勒就会违反我国法律一夫一妻制的原则，民政局应拒绝他们的结婚申请。

（二）结婚形式要件的法律适用

缔结婚姻的形式主要有民事登记方式和宗教方式。对于结婚形式要件的法律适用，许多国家长期以来都适用婚姻举行地法。但单纯适用婚姻举行地法，有时会出现“跛脚婚姻”，有些国家就以婚姻举行地法为主、兼采属人法的方式来决定婚姻的形式要件。我国《涉外民事关系法律适用法》第22条规定：“结婚手续，符合婚姻缔结地法律、一方当事人经常居所地法律或者国籍国法律的，均为有效。”我国对结婚形式要件，是在婚姻缔结地法、一方的经常居所地法或国籍国法中任选其一。

例如，一对在外国留学的中国青年在外国的婚姻登记机关登记结婚，后因感情不和在中国法院提起离婚诉讼。男方以该婚姻未在中国婚姻登记机关登记为由，主张该婚姻在形式上无效，请求法院宣告解除非法同居关系（目的是在财产处理上获得好处）。女方主张该婚姻关系无论是按照结婚地的外国法还是双方的本国法都不存在禁止结婚的情形，并且按照婚姻缔结地法履行了婚姻登记手续，因而应该是合法婚姻关系。根据我国《涉外民事关系法律适用法》第22条的规定，当事人之间的婚姻关系应该有效。

此外，在条约或互惠的基础上，我国也承认具有相同国籍的外国人在其本国驻华使领馆成立的婚姻为有效，禁止现役军人、外交人员、公安人员、国家机关机要人员以及其他掌握重大机密的人员、正在被采取强制性教育措施和服刑人员同外国人结婚。

二、夫妻关系的法律适用

多数国家一般区分夫妻人身关系和夫妻财产关系，分别确定其准据法。

（一）夫妻人身关系的法律适用

夫妻人身关系包括姓氏权、同居义务、忠贞及扶助义务、住所决定权、从事职业和社会活动的权利、夫妻之间的代理权等内容。由于不同国家政治、经济、社会风俗、历史传统和宗教信仰的不同，它们对这些问题的规定多有差异。解决其法律适用问题主要有当事人的属人法和兼采属人法与行为地法两种做法。我国《涉外民事关系法律适用法》第23条规定：“夫妻人身关系，适用共同经常居所地法律；没有共同经常居所地的，适用共同国籍国法律。”

（二）夫妻财产关系的法律适用

夫妻财产关系又称夫妻财产制，主要包括婚姻对夫妻婚前财产产生什么效力，婚姻存续期间的财产归属，以及夫妻对财产的管理、处分和债务承担等方面的制度。各国解决夫妻财产关系的法律冲突主要有当事人意思自治和属人法两项原则。我国《涉外民事关系法律适用法》第24条规定：“夫妻财产关系，当事人可以协议选择适用一方当事人经常居所地法律、国籍国法律或者主要财产所在地法律。当事人没有选择的，适用共同经常居所地法律；没有共同经常居所地的，适用共同国籍国法律。”

三、离婚的法律适用

（一）离婚案件的管辖权

由于离婚关涉社会风俗、公序良俗等社会公共利益，许多国家对离婚案件的管辖权作了特别规定。根据我国《民事诉讼法》第22、23条的相关规定，只要被告在我国有住所或居所，我国法院就有管辖权；同时，对于被告不在我国境内居住的离婚案件，如果原告在我国境内有住所或居所，原告住所地或居所地法院也有管辖权。

根据我国《民诉解释》的规定，我国法院在以下情况下具有管辖权：(1)在国内结婚并定居国外的华侨，如定居国法院以离婚诉讼须由婚姻缔结地法院管辖为由不予受理，当事人向人民法院提出离婚诉讼的，由婚姻缔结地或一方在国内的最后居住地人民法院管辖。(2)在国外结婚并定居国外的华侨，如定居国法院以离婚诉讼须由国籍所属国法院管辖为由不予受理，当事人向人民法院提出离婚诉讼的，由一方原住所地或在国内的最后居住地人民法院管辖。(3)中国公民一方居住在国外，一方居住在国内，无论哪一方向人民法院提起离婚诉讼，国内一方住所地人民法院都有管辖权。国外一方在居住国法院起诉，国内一方向人民法院起诉的，受诉人民法院有权管辖。(4)中国公民双方在国外但未定居，一方向人民法院起诉离婚的，应由原告或者被告原住所地人民法院管辖。(5)已经离婚的中国公民，双方均定居国外，仅就国内财产分割提起诉讼的，由主要财产所在地人民法院管辖。

（二）离婚的法律适用

关于离婚的法律适用，各国主要采取法院地法、当事人属人法，或者兼采属人法与法院地法等不同做法。我国《涉外民事关系法律适用法》区分协议离婚和诉讼离婚分别规定冲突规则。第26条规定："协议离婚，当事人可以协议选择适用一方当事人经常居所地法律或者国籍国法律。当事人没有选择的，适用共同经常居所地法律；没有共同经常居所地的，适用共同国籍国法律；没有共同国籍的，适用办理离婚手续机构所在地法律。"第27条规定："诉讼离婚，适用法院地法律。"

四、家庭关系的法律适用

现代国际私法一般将家庭关系分为父母子女关系、收养、扶养、监护等，分别解决它们的法律适用问题。

1.对于父母子女关系，有的适用父母属人法，有的适用子女属人法，有的适用父母和子女的共同属人法。我国《涉外民事关系法律适用法》第25条规定："父母子女人身、财产关系，适用共同经常居所地法律；没有共同经常居所地的，适用一方当事人经常居所地法律或者国籍国法律中有利于保护弱者权益的法律。"

2.对于收养问题，大多分为成立、效力和解除分别规定冲突规范。我国《涉外民事关系法律适用法》第28条规定："收养的条件和手续，适用收养人和被收养人经常居所地法律。收养的效力，适用收养时收养人经常居所地法律。收养关系的解除，适用收养时被收养人经常居所地法律或者法院地法律。"

3.对于扶养问题，有的国家分别对配偶之间的扶养、亲子之间的扶养和其他亲属之间的扶养作了规定，但多数国家只对扶养作了笼统规定，有的规定适用扶养人的属人法，有的规定适用被扶养人的属人法。我国《涉外民事关系法律适用法》第29条规定："扶养，适用一方当事人经常居所地法律、国籍国法律或者主要财产所在地法律中有利于保护被扶养人权益的法律。"参照我国的司法实践，此处的扶养包括父母对子女的抚养、夫妻之间的扶养和子女对父母的赡养。

4.对于监护问题，多数国家规定适用被监护人的属人法，也有少数国家适用法院地法。我国《涉外民事关系法律适用法》第30条规定："监护，适用一方当事人经常居所地法律或者国籍国法律中有利于保护被监护人权益的法律。"

第六节　继　　承

继承问题与物权法、身份法和合同法都有关联。其法律适用规则需要分别考量这些不同领域的特殊性。本节分别介绍法定继承、遗嘱、遗产管理和无人继承财产的法律适用问题。

一、法定继承的法律适用

法定继承是继承人的范围、继承顺序和遗产的分配均由法律规定的继承方式。由于不同国家在继承人的范围、顺序、代位继承、应继承份额、继承权的丧失和继承权的放弃等方面的规定不同，法定继承的法律冲突问题比较突出。各国关于法定继承的冲突规则不外乎被继承人的本国法、被继承人的住所地法和遗产所在地法。有的国家采用其中之一，有的国家采用其中两个。根据是否区分遗产中的动产和不动产分别确定准据法，人们将法定继承的法律适用分为区别制和同一制。

（一）区别制

这种做法将遗产分为动产和不动产，分别确定继承的准据法，即动产适用被继承人的属人法，不动产适用物之所在地法。这种制度在19世纪就占据了主导地位，现在仍有不少国家采用这种制度。我国《涉外民事关系法律适用法》第31条规定："法定继承，适用被继承人死亡时经常居所地法律，但不动产法定继承，适用不动产所在地法律。"

（二）同一制

这种做法不分动产和不动产，继承关系作为一个整体适用同一冲突规范所指定的准据法，通常是被继承人的属人法（本国法或住所地法）。该制度以罗马法中的总括继承为理论基础，为不少国家的立法所采用。

二、遗嘱的法律适用

关于遗嘱的法律适用问题，一般分为以下问题分别解决。

1.立遗嘱人能力一般适用立遗嘱人的属人法。有的国家适用立遗嘱人的本国法，有的国家适用立遗嘱人的惯常居所或住所地法，还有的国家规定对在本国境内的不动产的立遗嘱人能力适用不动产所在地法。

2.遗嘱方式的法律适用比较灵活，只要符合遗嘱人立遗嘱地法、遗嘱人立遗嘱时或死亡时的国籍国法、遗嘱人立遗嘱时或死亡时的住所地法或者遗嘱人立遗嘱时或死亡时的惯常居所地法的，即有效。我国《涉外民事关系法律适用法》第32条规定："遗嘱方式，符合遗嘱人立遗嘱时或者死亡时经常居所地法律、国籍国法律或者遗嘱行为地法律的，遗嘱均为成立。"

3.遗嘱内容和效力的法律适用非常多元，存在五种做法：（1）适用立遗嘱人立遗嘱时或死亡时的本国法；（2）适用立遗嘱人立遗嘱时或死亡时的住所地法；（3）动产遗嘱适用被继承人的属人法，不动产遗嘱适用物之所在地法；（4）适用遗产所在地法；（5）适用被继承人选择的法律。我国《涉外民事关系法律适用法》第33条规定："遗嘱效力，适用遗嘱人立遗嘱时或者死亡时经常居所地法律或者国籍国法律。"

例如，甲某系已取得美国国籍且在纽约有住所的华人。2016年2月，甲回中国探亲期间病故于上海，未留遗嘱。甲在上海遗有一栋别墅和200万元存款，在纽约留下一栋住房、两家商店及若干存款和汽车、珠宝等。甲在美国没有亲属，其在上海的亲属向中国法院提起继承之诉。

我国法院第一步是将此案定性为涉外继承案件。第二步是根据我国《民事诉讼法》第34条第3项关于专属管辖的规定"因继承遗产纠纷提起的诉讼，由被继承人死亡时住所地或者主要遗产所在地人民法院管辖"确定管辖权；也可以本案主要遗产位于上海为由行使管辖权；还可以原告和被告的住所都位于中国为由，按照"原告就被告"的一般原则行使管辖权。第三步因本案没有遗嘱，应该适用《涉外民事关系法律适用法》第31条关于法定继承的规定。第四步是确定被继承人死亡时的经常居所地。由于甲某只是来上海探亲，病故于上海，应该认定其死亡时的经常居所地位于纽约。第五步是确定遗产的范围。由于死者在美国没有亲属，法院处理的遗产包括位于中国和美国的所有财产。第六步是确定在上海的别墅适用中国继承法，在纽约的住房适用纽约州法。第七步是确定本案中的动产，包括在上海的200万元存款，在纽约的若干存款和汽车、珠宝等，适用纽约州法。

三、遗产管理的法律适用

为了便于对死者遗产的清理、分配，许多国家规定了遗产管理人制度，对遗产管理人的资格、产生、职责等问题作了规定，但不同国家的规定并不完全一致。由于遗产管理常常涉及不同继承人、相关债权人、债务人以及社会公共利益（如遗产税），遗产所在地法发挥着重要作用。我国《涉外民事关系法律适用法》第34条规定："遗产管理等事项，适用遗产所在地法律。"

四、无人继承财产归属的法律适用

无人继承财产，是指继承已经开始，但在法定期限内，没有人接受继承或受领遗赠。对于无人继承财产，各国法律均规定归属国库或其他公共团体，但国家或其他公共团体以什么资格取得无人继承财产，有的国家主张先占取得，有的国家认为是继承取得。我国《民法典》

第1160条规定：无人继承又无人受遗赠的遗产，归国家所有，用于公益事业；死者生前是集体所有制组织成员的，归所在集体所有制组织所有。

解决无人继承财产归属问题的冲突规则有两种：主张继承取得的国家适用被继承人的属人法，主张先占取得的国家适用财产所在地法。我国《涉外民事关系法律适用法》第35条规定："无人继承遗产的归属，适用被继承人死亡时遗产所在地法律。"

第七节　知识产权

传统观点认为，由于知识产权具有地域性，知识产权法原则上没有域外效力。但20世纪中叶以来，随着一系列知识产权公约的签订，越来越多的国家承担着保护其他国家知识产权的国际义务，而不同国家关于知识产权的范围、取得条件、内容和保护方式等并不一致，知识产权的法律适用问题受到学者和一些国家立法的关注。

以前，多数国家根据专利权、商标权和著作权的不同特点，分别确定其法律适用规则。现在，越来越多的人主张采用分割方法，分别对知识产权的权属、转让和侵权等问题设立法律适用规则。我国《涉外民事关系法律适用法》就采取了这种方法，其第48条规定："知识产权的归属和内容，适用被请求保护地法律。"第49条规定："当事人可以协议选择知识产权转让和许可使用适用的法律。当事人没有选择的，适用本法对合同的有关规定。"第50条规定："知识产权的侵权责任，适用被请求保护地法律，当事人也可以在侵权行为发生后协议选择适用法院地法律。"

【本章主要法律规定】

1.《涉外民事关系法律适用法》第二至七章

2.《票据法》第五章

3.《海商法》第十四章

4.《民用航空法》第十四章

5.最高人民法院《关于适用〈中华人民共和国涉外民事关系法律适用法〉若干问题的解释（一）》

6.最高人民法院《关于审理涉外民商事案件适用国际条约和国际惯例若干问题的解释》

第六章
国际民商事争议的解决

本章主要内容提示

本章的重点为仲裁协议无效的认定、承认与执行外国仲裁裁决的条件、涉外民商事案件管辖权规则、外国法院判决承认与执行的条件等。

1.仲裁协议无效：在我国，认定仲裁协议效力的准据法为：当事人协议选择的仲裁协议适用的法律；当事人没有选择的，适用仲裁机构所在地法律或者仲裁地法律。

仲裁协议存在以下情形之一时无效：(1)约定的仲裁事项超出法律规定的仲裁范围；(2)无民事行为能力人或限制民事行为能力人订立的仲裁协议；(3)一方采取胁迫手段，迫使对方订立的仲裁协议；(4)如果仲裁协议内容不明确，也可能导致仲裁协议无效。认定仲裁协议无效实行报核制度。

2.承认与执行外国仲裁裁决的条件：我国已加入1958年《承认及执行外国仲裁裁决公约》(以下简称《纽约公约》)，对于在另一缔约国领土内作出的仲裁裁决的承认与执行适用该公约第5条的规定。我国加入《纽约公约》时提出互惠保留和商事保留。对于非缔约国领土内作出的仲裁裁决，按照互惠原则办理。如果仲裁地所在国与我国既没有缔结也没有共同参加有关国际条约，当事人向我国法院提出承认与执行裁决的申请时，当事人应该以该裁决为依据向有管辖权的人民法院起诉，由法院作出判决，予以执行。

3.涉外民商事案件管辖权规则：(1)普通地域管辖，采用原告就被告的原则；(2)特别地域管辖；(3)专属管辖；(4)协议管辖；(5)应诉管辖；(6)级别管辖，基层人民法院管辖第一审涉外民事案件，中级人民法院管辖第一审重大涉外案件，2018年1月1日实施的最高人民法院《关于明确第一审涉外民商事案件级别管辖标准以及归口办理有关问题的通知》，进一步规范了第一审涉外民商事案件级别管辖标准；(7)非方便法院，在一定情形下，人民法院可以裁定驳回原告的起诉，告知其向更方便的外国法院提起诉讼；(8)平行诉讼，我国允许平行诉讼，同时采取一事不再理原则、判决在先原则，以及受理在先可申请中止诉讼；(9)国际条约的规定优先适用；(10)对于涉外民商事案件实行集中管辖；(11)国际商事法庭管辖受理五类案件。

4.外国法院判决承认与执行的条件：(1)在条约机制下，外国法院判决承认与执行的条件包括：请求承认与执行的缔约国法院判决或裁定必须已经发生法律效力，原判决国法院必须有管辖权，审判程序公正，不与正在我国国内进行或已经终结的诉讼相冲突，承认与执行不违反执行地国公共政策。(2)在互惠机制下，承认与执行外国法院判决须满足若干的条件。

第一节　国际民商事争议概述

一、国际民商事争议的概念和特点

（一）国际民商事争议的概念

国际民商事争议，是指国际民商事交往中各方当事人之间在权利义务方面所发生的各种纠纷。

（二）国际民商事争议的特点

1.国际民商事争议含有国际因素或涉外因素，即它是一种国际性争议。这种国际性是指国际民商事争议的主体、客体或内容至少含有一个国际因素或涉外因素，如在不同国家的自然人或法人之间发生的争议、争议的标的物位于国外，等等。国际民商事争议的这一特点使其同纯粹的国内民商事争议区别开来。

2.国际民商事争议为国际私法争议，如在婚姻、继承、合同、知识产权、保险、海事等领域发生的争议。这一特点使其与国家之间的政治、军事、外交和领土等争端区分开来。

3.国际民商事争议解决方式多元化，既可以通过国内民商事争议解决机制也可以通过国际民商事争议解决机制来解决。协商、调解、仲裁和诉讼等多种争议解决方式被广泛用于解决国际民商事争议。此外，在线国际民商事仲裁机制已经建立起来，并开始运作。

二、国际民商事争议的解决方式

国际民商事争议解决方式是多种多样的。根据争议是否裁判解决，国际民商事争议解决方式可分为非裁判性的解决方式（包括和解或协商、调解）和裁判性的解决方式（包括仲裁和诉讼）。根据争议的解决是否有第三人介入，国际民商事争议解决方式可分为当事人自行解决争议的方式（如和解或协商）和第三人参与解决争议的方式（包括调解、仲裁和诉讼等）。通常使用的争议解决方式主要有和解、调解、仲裁和诉讼等。

目前，在争议解决方式方面，所谓的“替代争议解决方式”（alternative dispute resolution，ADR）越来越受到重视。替代争议解决方式，是指诉讼以外的解决争议的各种方式的总称。替代争议解决方式主要包括：和解、协商、调解、仲裁、无约束力仲裁、调解仲裁、小型审判、借用法官、私人法官、附属法院的仲裁以及简易陪审团审判等。替代争议解决方式一般是以当事人自愿为基础的，当事人意思自治原则在替代争议解决方式中非常重要。由于替代争议解决方式具有形式多样、程序灵活和快捷、费用低廉等优点，越来越受到国际民商事争议当事人的青睐，是非常流行的争议解决方式。

2018年12月20日，联合国大会通过了《联合国关于调解所产生的国际和解协议公约》（以下简称《新加坡调解公约》），该公约于2019年8月7日在新加坡举行的签约仪式上开放供各国签署，并于2020年9月12日正式生效。《新加坡调解公约》确保当事各方达成的和解协议能够依据简洁规范的程序具有约束力和执行力，为调解提供了一个统一有效的框架，公约旨在成为促进国际贸易和推广调解作为一种有效的替代性争议解决方式的重要工具。

为公正高效便利地解决“一带一路”建设过程中产生的跨境商事纠纷，中国最高人民法院于2018年6月设立国际商事法庭，牵头组建国际商事专家委员会，推动建立诉讼与调解、仲裁有效衔接的多元化纠纷解决机制，以形成便利、快捷、低成本的“一站式”国际商事纠纷多元化解决平台。

第二节　国际商事仲裁

一、国际商事仲裁概述

（一）仲裁的概念、特点

仲裁，是指双方当事人在争议发生前或发生后达成协议，自愿将他们之间的争议交给他们共同选定的第三者居中评判是非，由该第三者依据法律或公平原则作出对双方当事人均有约束力的裁决的一种解决争议的方式。以仲裁的方式处理争议具有悠久的历史，目前，仲裁已成为各国普遍接受或采用的一种解决争议的方式。

仲裁同调解和司法诉讼虽然都属于有第三者介入解决争议的方法，但仲裁又有其自己的特点。

仲裁与调解相比，相同之处在于两者都是以双方当事人的协议或同意为基础进行的。不同之处在于：（1）调解的进行，自始至终都需要双方当事人的同意。而仲裁只要双方当事人合意达成仲裁协议，就产生法律约束力。争议发生后，即使一方当事人不同意仲裁，他方仍可以根据仲裁协议提起仲裁程序，仲裁庭也有权受理案件并进行仲裁。（2）在调解程序中，调解人只能对当事人进行说服劝导，无权自己作出决定，经调解达成的协议完全基于双方当事人的合意；而在仲裁程序中，仲裁员以裁判者的身份出现，可以独立自主地对争议的问题作出裁决，裁决无须征得双方当事人的同意，并且对双方当事人具有约束力。

仲裁与诉讼相比，相同之处在于两者的处理决定都是由第三者独立自主地作出，都对当事人具有约束力。不同之处在于：（1）法院是国家机器的重要组成部分，具有法定的管辖权，当事人一方向法院起诉，一般无须依靠双方事先的同意，有管辖权的法院就有权发出传票，传唤对方出庭（双方订有仲裁协议的情况除外）；而仲裁机构尤其是国际商事仲裁机构一般都是民间组织，没有法定的管辖权，只能根据双方当事人事先的仲裁协议受理提交给它处理的案件，如果双方当事人之间没有仲裁协议，任何一方以及仲裁机构都不能迫使另一方进行仲裁。（2）法院受理案件的范围是由法律规定的，法院可以审判法定范围内的任何事项，而仲裁审理的事项与范围都是由双方当事人事先约定的，仲裁员不得对当事人约定范围以外的事项进行仲裁。（3）在诉讼程序中，负责审理案件的法官由法院任命，诉讼当事人没有任意指派或选择法官的权利。法院开庭的程序、时间、地点也都由法院规定，当事人无权变更。而仲裁员，仲裁的程序、时间、地点都可以由双方当事人协商选定。

（二）国际商事仲裁的概念和特性

1.国际商事仲裁的概念。国际商事仲裁是含有国际因素或涉外因素的仲裁，是解决国际、跨国或涉外商事争议的仲裁，有时也被称为国际经济贸易仲裁、涉外仲裁、国际仲裁或跨国仲裁（transnational arbitration）。

在理论和实践中，国际上对何为“国际”和何为“商事”尚无普遍接受的概念，各国的规定也有所不同。不过，一般认为应该对“国际”和“商事”两词作广义解释。

最高人民法院《关于审理仲裁司法审查案件若干问题的规定》（以下简称《仲裁司法审查规定》）第12条明确规定，按照最高人民法院《涉外民事关系法律适用法解释（一）》第1条认定何为涉外仲裁协议或者涉外仲裁裁决。据此，仲裁当事人一方或双方是外国公民、外国法人或者其他组织、无国籍人，仲裁当事人一方或双方的经常居所地在中华人民共和国领域外，仲裁标的物在中华人民共和国领域外，产生、变更或者消灭民事关系的法律事实发生在中华人民共和国领域外，仲裁涉及可以认定为涉外民事关系的其他情形等，可以认定为涉外仲裁。此外，在仲裁实践中，中国仲裁机构对涉及香港特别行政区、澳门特别行政区和台湾地区的仲裁案件，比照涉外案件处理。根据最高人民法院的相关判例，不具有涉外因素的案件当事人约定发生争议由境外仲裁机构仲裁的，仲裁协议无效。以此仲裁协议为基础作出的仲裁裁决，中国法院不予执行。

至于“商事”的含义，我国最高人民法院《关于执行我国加入的〈承认及执行外国仲裁裁决公约〉的通知》第2条作了解释：“根据我国加入该公约时所作的商事保留声明，我国仅对按照我国法律属于契约性和非契约性商事法律关系所引起的争议适用该公约。所谓‘契约性和非契约性商事法律关系’，具体的是指由于合同、侵权或者根据有关法律规定而产生的经济上的权利义务关系，例如货物买卖、财产租赁、工程承包、加工承揽、技术转让、合资经营、合作经营、勘探开发自然资源、保险、信贷、劳务、代理、咨询服务和海上、民用航空、铁路、公路的客货运输以及产品责任、环境污染、海上事故和所有权争议等，但不包括外国投资者与东道国政府之间的争端。”

2.国际商事仲裁的特性。（1）国际性或涉外性。这是它同国内仲裁的主要区别所在。其国际性决定了它比国内仲裁更加灵活，并受到国际协议规范。（2）自治性。国际商事仲裁是以当事人的自愿和协议为基础的，在国际商事仲裁中，当事人可以自由地选择仲裁事项、仲裁地点、仲裁机构、仲裁员、仲裁程序以及仲裁庭进行裁决时所适用的法律，等等。仲裁员处理仲裁案件的权利也来自当事人的同意。（3）民间性。国际商事仲裁的仲裁员，特别是仲裁机构，一般都是非国家机关或非官方机构。（4）中立性。在国际民商事交往中，不同国家的当事人都力图将其争议提交本国法院依照本国法律解决，因为他们互不信任对方国家法院的公正性。而在国际商事仲裁中，尽管仲裁员或仲裁机构是当事人选定的，但前者并不代表后者，而是居中评判是非，具有中立性。尤其是在国际上有一些仲裁机构本身不隶属于任何国家，仲裁案件可以中立于当事人所属国之外，不受任何一方当事人所属国司法制度和公共政策的影响。（5）专业性。国际商事争议有时会涉及一些专门性或技术性的问题，需要具备专门知识的人去解决。在国际商事仲裁中，当事人可以自主选择有关争议问题专家充当仲裁员，从而有利于仲裁案件准确和迅速地解决。（6）保密性。法院审理案件一般应公开进行，而仲裁案件的审理是不公开的，这有利于争议当事人双方不将其工商业秘密和分歧公布于众。（7）准司法性。国际商事仲裁虽然是以当事人的自愿和协议为基础的，但当事人一旦达成仲裁协议，即对当事人产生法律约束力，当事人必须将争议提交仲裁；同时，仲裁员作为裁判者无须经当事人同意而作出对双方当事人有约束力的裁决；而且裁决作出后，一方当事人不履行裁决的，他方当事人可以向法院申请强制执行。（8）终局性。仲裁一般是“一锤定音”，仲裁裁决是终局的，不像诉讼那样采用两审终审甚至三审终审。

当然，与诉讼相比，仲裁也有一些局限性，主要是缺乏诉讼的强制性、严密性和统一性。比如，由于仲裁以当事人的自愿和协议为基础，故缺少第三人程序，仲裁员无权强迫那些可以最终对裁决的执行承担全部或部分责任的第三人加入仲裁程序，从而影响争议最终有效的解决。

二、仲裁协议

在国际商事仲裁实践中，仲裁协议被认为是仲裁的基石，因为它既是任何一方当事人将争议提交仲裁的依据，又是仲裁机构和仲裁员受理争议案件的依据。

（一）仲裁协议的概念和类型

仲裁协议，是指双方当事人愿意将他们之间将来可能发生的争议或者已经发生的争议交付仲裁解决的一种协议。

仲裁协议有如下几种类型：

1.仲裁条款（arbitration clause）。它是当事人双方在签订合同时，在合同中订立的约定将可能发生的合同争议提交仲裁解决的条款，是现代民商事合同中经常采用的解决合同争议的条款，目前是仲裁协议最重要的表现形式。

在主合同中订立的仲裁条款，不因主合同的变更、解除、终止或无效而当然失去效力。这种主张被称为仲裁条款自治说。我国《仲裁法》第19条第1款明确承认了仲裁条款具有相对的独立性，其规定：“仲裁协议独立存在，合同的变更、解除、终止或者无效，不影响仲裁协议的效力。”

最高人民法院《关于适用〈中华人民共和国仲裁法〉若干问题的解释》（以下简称《仲裁法解释》）第8～10条进一步规定：当事人订立仲裁协议后合并、分立的，仲裁协议对其权利义务的继受人有效，当事人订立仲裁协议后死亡的，仲裁协议对承继其仲裁事项中的权利义务的继承人有效，当事人另有约定的除外；债权债务全部或者部分转让的，仲裁协议对受让人有效，但当事人另有约定、在受让债权债务时受让人明确反对或者不知有单独仲裁协议的除外；当事人在订立合同时就争议达成仲裁协议的，不影响仲裁协议的效力。

2.仲裁协议书（submission to arbitration agreement）。它是争议当事人订立的将其争议提交仲裁解决的一种专门协议。这是一种传统的仲裁协议，现在在实践中当事人已较少采用这种形式的仲裁协议，因为大多数国际合同中已规定有仲裁条款。另外，在争议发生后，当事人往往因立场的不同和利益的冲突很难再达成一致的意见。

3.其他类型的仲裁协议。它是指双方当事人在相互往来的函电包括信件、电报、电传、传真、电子数据交换和电子邮件等中，共同约定将他们之间已经发生或将来可能发生的争议提交仲裁而达成的协议。

（二）仲裁协议的基本内容

仲裁协议的内容应尽可能明确和具体，以确保仲裁程序的顺利进行。

1.提交仲裁的争议事项。《仲裁法解释》第2条规定，当事人概括约定仲裁事项为合同争议的，基于合同成立、效力、变更、转让、履行、违约责任、解释、解除等产生的纠纷都可以认定为仲裁事项。

2.仲裁地点。仲裁地点的选择对仲裁程序的进行至关重要。双方当事人选择在哪一个国家或地区仲裁就要受该国或地区法律的制约，特别是该国或地区强制性法律的制约。我国当事人在涉外合同中订立仲裁条款时，在仲裁地点的选择上可考虑：（1）在中国仲裁。对于中国当事人来说，这是最理想的仲裁地点。（2）在第三国或地区仲裁。如果当事人不愿意到对方所在国家或地区仲裁时，可以共同选择在第三国或地区的仲裁机构仲裁。另外，在以前的实践中也有些当事人喜欢采用在被诉人所在国家或地区仲裁的条款，即如果双方不能就在中国进行仲裁达成协议，仲裁条款规定在被诉人一方所在国家或地区的仲裁机构仲裁。但特别应注意的是，由于《仲裁法》颁布实施后，我国境内已设立了为数众多的地方仲裁委员会，如果再如此规定，事后如需在中国仲裁就很容易因仲裁地点或仲裁机构不明而发生争执，最后有可能导致根本无法执行原来的仲裁协议。如果双方当事人就仲裁机构达不成补充协议的，依据《仲裁法》第18条的规定，所涉仲裁协议将会被认定为无效，所以就目前我国的状况而言，不宜再作此种规定。

3.仲裁庭的组成或仲裁机构。如双方同意由临时仲裁庭进行仲裁，应在仲裁协议中写明仲裁庭的组成；如同意提交某一常设仲裁机构进行仲裁，应写明仲裁机构的名称。

4.仲裁程序规则。除上述内容外，当事人在仲裁协议中还可以约定其他与仲裁有关的事项，如仲裁裁决的效力、仲裁费用的分摊、放弃对裁决的上诉、仲裁适用的法律、仲裁使用的语言等项内容。当然，如果是选择在常设仲裁机构进行仲裁，这些内容可省略，因为常设仲裁机构的仲裁规则中对这些内容一般都有明确规定，当事人只需要在合同中写明仲裁机构的名称与仲裁适用的规则就可以了。我国《仲裁法》第16条第2款规定："仲裁协议应当具有下列内容：（一）请求仲裁的意思表示；（二）仲裁事项；（三）选定的仲裁委员会。"

（三）仲裁协议的法律效力

一项有效的仲裁协议，除了对有关当事人、仲裁员和仲裁机构、法院具有法律效力外，也使仲裁裁决具有强制执行的法律效力，是强制执行仲裁裁决的依据。国际公约和许多国家的国内立法都规定，如果一方当事人拒不履行仲裁裁决；另一方当事人可凭有效的仲裁协议和仲裁裁决向有关法院申请强制执行该裁决。而无效的仲裁协议是构成有关国家拒绝承认与执行仲裁裁决的理由之一。

（四）仲裁协议的有效性及其认定

一项仲裁协议欲产生法律上的效力，其本身必须有效。

1.仲裁协议无效的情形。根据我国《仲裁法》第17条的规定，仲裁协议有下列情形之一的无效：（1）约定的仲裁事项超出法律规定的仲裁范围；（2）无民事行为能力人或限制民事行为能力人订立的仲裁协议；（3）一方采取胁迫手段，迫使对方订立仲裁协议的。

在我国，如果仲裁协议内容不明确，也可能导致仲裁协议无效。根据我国《仲裁法》第18条的规定：如果仲裁协议对仲裁事项和仲裁委员会的约定不明确，当事人可以补充协议；如果不能达成补充协议的，该仲裁协议也是无效的。《仲裁法解释》也重点规定了确定仲裁协议效力的判断标准。在确定仲裁协议效力的问题上，司法解释坚持尊重当事人意思自治原则。据其规定，凡当事人自愿达成的仲裁协议，且能够执行的，一般应当确认该仲裁协议的效力。《仲裁法解释》第3～7条针对实践中因仲裁协议约定不明确而经常发生争议的几种情形作了明确的规定：(1)仲裁协议约定的仲裁机构名称不准确，但能够确定具体的仲裁机构的，应当认定选定了仲裁机构。(2)仲裁协议仅约定纠纷适用的仲裁规则的，视为未约定仲裁机构，但当事人达成补充协议或者按照约定的仲裁规则能够确定仲裁机构的除外。(3)仲裁协议约定两个以上仲裁机构的，当事人可以协议选择其中的一个仲裁机构申请仲裁；当事人不能就仲裁机构选择达成一致的，仲裁协议无效。(4)仲裁协议约定由某地的仲裁机构仲裁且该地仅有一个仲裁机构的，该仲裁机构视为约定的仲裁机构。该地有两个以上仲裁机构的，当事人可以协议选择其中的一个仲裁机构申请仲裁；当事人不能就仲裁机构选择达成一致的，仲裁协议无效。(5)当事人约定争议可以向仲裁机构申请仲裁也可以向人民法院起诉的，仲裁协议无效。但一方向仲裁机构申请仲裁，另一方未在《仲裁法》第20条第2款规定期间内提出异议的除外。

根据最高人民法院《关于仲裁司法审查案件报核问题的有关规定》第2条的相关规定：认定仲裁协议无效实行报核制度，各中级人民法院或者专门人民法院办理涉外涉港澳台仲裁司法审查案件，经审查拟认定仲裁协议无效，应当向本辖区所属高级人民法院报核；高级人民法院经审查拟同意的，应当向最高人民法院报核。待最高人民法院审核后，方可依最高人民法院的审核意见作出裁定。

2.仲裁协议的法律适用。决定一项国际性仲裁协议的效力，法律适用至关重要。我国《仲裁法》对这个问题未作明文规定。《仲裁法解释》第16条对此作了明确规定：对涉外仲裁协议的效力审查，适用当事人约定的法律；当事人没有约定适用的法律但约定了仲裁地的，适用仲裁地法律；没有约定适用的法律也没有约定仲裁地或者仲裁地约定不明的，适用法院地法律。《涉外民事关系法律适用法》第18条首次以立法形式对仲裁协议的法律适用进行规定：当事人可以协议选择仲裁协议适用的法律；当事人没有选择的，适用仲裁机构所在地法律或者仲裁地法律。《涉外民事关系法律适用法司法解释(一)》第12条进一步明确规定：当事人没有选择涉外仲裁协议适用的法律，也没有约定仲裁机构或者仲裁地，或者约定不明的，人民法院可以适用中华人民共和国法律认定该仲裁协议的效力。《仲裁司法审查规定》第13~16条进一步明确：当事人协议选择确认涉外仲裁协议效力适用的法律，应当作出明确的意思表示，仅约定合同适用的法律，不能作为确认合同中仲裁条款效力适用的法律；当事人没有选择适用的法律，适用仲裁机构所在地的法律与适用仲裁地的法律将对仲裁协议的效力作出不同认定的，人民法院应当适用确认仲裁协议有效的法律；仲裁协议未约定仲裁机构和仲裁地，但根据仲裁协议约定适用的仲裁规则可以确定仲裁机构或者仲裁地的，应当认定其为《涉外民事关系法律适用法》第18条中规定的仲裁机构或者仲裁地；人民法院适用《纽约公约》审查当事人申请承认和执行外国仲裁裁决案件时，被申请人以仲裁协议无效为由提出抗辩的，人民法院应当依照该公约第5条第1款(甲)项的规定，确定确认仲裁协议效力应当适用的法律。

3.管辖法院。当事人请求人民法院裁定仲裁协议的效力，应由哪一级法院管辖，《仲裁法》没有明文规定。根据《仲裁司法审查规定》第2条：申请确认仲裁协议效力的案件，由仲裁协议约定的仲裁机构所在地、仲裁协议签订地、申请人住所地、被申请人住所地的中级人民法院或者专门人民法院管辖。涉及海事海商纠纷仲裁协议效力的案件，由仲裁协议约定的仲裁机构所在地、仲裁协议签订地、申请人住所地、被申请人住所地的海事法院管辖；上述地点没有海事法院的，由就近的海事法院管辖。根据第10条的规定，被申请人对管辖权有异议的，可以提出，人民法院应当对此审查作出裁定。当事人对裁定不服的可以提起上诉。

三、仲裁程序中的财产保全与证据保全

根据我国《民事诉讼法》第289条的规定，当事人申请采取保全的，中华人民共和国的涉外仲裁机构应当将当事人的申请提交被申请人住所地或其财产所在地的中级人民法院作出裁定。根据《民事诉讼法》第104条的规定，利害关系人因情况紧急，不立即申请保全将会使其合法权益受到难以弥补的损害的，可以在申请仲裁前向被保全财产所在地、被申请人住所地或者对案件有管辖权的人民法院申请采取保全措施。申请人应当提供担保，不提供担保的，裁定驳回申请。人民法院接受申请后，必须在48小时内作出裁定；裁定采取保全措施的，应当立即开始执行。申请人在人民法院采取保全措施后30日内不依法提起诉讼或者申请仲裁的，人民法院应当解除保全。《仲裁法》第68条规定，涉外仲裁的当事人申请证据保全的，涉外仲裁委员会应当将当事人的申请提交证据所在地的中级人民法院。《民诉解释》第540条第2款进一步规定，当事人申请证据保全，人民法院经审查认为无须提供担保的，申请人可以不提供担保。

四、国际商事仲裁的法律适用

国际商事仲裁适用的实体法一般由当事人选择确定，如果当事人未作选择，则适用仲裁庭认为合适的冲突规范所确定的实体法，或者仲裁地的冲突规范所确定的实体法，或者与案件有最密切联系的实体法。

对国际商事仲裁适用的程序规则，即仲裁规则，一般来说，当事人也可以自主选择，但是有些常设仲裁机构要求在其机构仲裁的案件中适用自己的仲裁规则。

五、申请撤销仲裁裁决

对于中国的涉外仲裁裁决，当事人可以按照《仲裁法》第58、59条，在收到裁决书之日起6个月内，向仲裁机构所在地的中级人民法院申请撤销。根据《仲裁法》第70条，当事人提出证据证明涉外仲裁裁决有下列情形之一的，经人民法院组成合议庭审查核实，裁定撤销：（1）当事人在合同中没有订有仲裁条款或者事后没有达成书面仲裁协议的；（2）被申请人没有得到指定仲裁员或者进行仲裁程序的通知，或者由于其他不属于被申请人负责的原因未能陈述意见的；（3）仲裁庭的组成或者仲裁程序与仲裁规则不符的；（4）裁决的事项不属于仲裁协议的范围或者仲裁机构无权仲裁的。换言之，如果当事人能够证明涉外仲裁裁决存在前述任何一种情况，法院应裁定撤销该裁决；反之，法院应驳回当事人的申请。《仲裁法解释》第18～20条还进一步规定："没有仲裁协议"是指当事人没有达成仲裁协议。仲裁协议被认定无效或者被撤销的，视为没有仲裁协议。当事人以仲裁裁决事项超出仲裁协议范围为由申请撤销仲裁裁决，经审查属实的，人民法院应当撤销仲裁裁决中的超裁部分。但超裁部分与其他裁决事项不可分的，人民法院应当撤销仲裁裁决。"违反法定程序"，是指违反仲裁法规定的仲裁程序和当事人选择的仲裁规则可能影响案件正确裁决的情形。另根据《仲裁法解释》第24条的规定，对于当事人申请撤销仲裁裁决的案件，人民法院应当组成合议庭审理，并询问当事人。

值得注意的是：（1）中国法院只能撤销本国的仲裁裁决，不能撤销外国的仲裁裁决。（2）申请撤销仲裁裁决，是胜诉方和败诉方都可行使的权利。这一点，和国际通行的实践是一致的。（3）在决定撤销涉外仲裁裁决之前，人民法院认为可以由仲裁庭重新裁决的，通知仲裁庭在一定期限内重新仲裁，并裁定中止撤销程序。如果仲裁庭拒绝重新仲裁，人民法院应当恢复撤销程序。（4）对于人民法院撤销仲裁裁决或驳回当事人申请的裁定，依照最高人民法院的有关司法解释，当事人无权提出上诉及申

诉，人民检察院也不能提起抗诉。(5)人民法院受理当事人撤销仲裁裁决的申请后，另一方当事人申请执行同一仲裁裁决的，受理执行申请的人民法院应当在受理后裁定中止执行。(6)当事人在仲裁程序中未对仲裁协议的效力提出异议，在仲裁裁决作出后以仲裁协议无效为由主张撤销仲裁裁决或者提出不予执行抗辩的，人民法院不予支持。当事人在仲裁程序中对仲裁协议的效力提出异议，在仲裁裁决作出后又以此为由主张撤销仲裁裁决或者提出不予执行抗辩，经审查符合《仲裁法》第58条或者《民事诉讼法》有关规定的，人民法院应予支持。

一项涉外仲裁裁决被人民法院撤销后，当事人可以依据重新达成的仲裁协议申请仲裁，也可以直接向有管辖权的法院起诉。

六、仲裁裁决的承认与执行

在仲裁裁决作出后，当事人最关心的是裁决的执行问题。一般情况下，败诉方能自动履行裁决。在败诉方不履行裁决的情况下，胜诉方可主要通过两种方法使裁决得到执行：一是从商事或其他方面对败诉方施加压力，使其认识到不履行裁决将对其自己不利，迫使败诉方为了以后的利益而履行裁决。二是向法院提出强制执行仲裁裁决的申请。这是因为仲裁庭本身没有强制执行裁决的权力，胜诉方只能通过法院强制执行裁决。一般是在被执行人住所或财产所在地国申请承认与执行。

(一)承认与执行外国仲裁裁决的国际公约

目前，国际上关于承认与执行外国仲裁裁决的最主要的公约是在联合国主持下于1958年在纽约订立的《纽约公约》。该公约已于1987年4月22日对我国生效。

1958年《纽约公约》主要有如下规定：

1.缔约国相互承认仲裁裁决具有约束力，并应依照承认与执行地的程序规则予以执行，承认或执行时不应在实质上比承认与执行本国的仲裁裁决规定更烦琐的条件或更高昂的费用。

2.承认与执行外国仲裁裁决的条件。按照《纽约公约》第5条第1款的规定，凡外国仲裁裁决有下列情形之一时，被请求承认与执行的国家的主管机关可拒绝承认与执行：(1)签订仲裁协议的当事人，根据对他们适用的法律，当时是处于某种无行为能力的情况下；或者根据仲裁协议所选定的准据法，或在未选定准据法时依据裁决地法，该仲裁协议无效。(2)当事人未接到关于指派仲裁员或关于仲裁程序的适当通知，或者由于其他情况未能在案件中进行申辩。(3)裁决所处理的事项不是当事人交付仲裁的事项，或者不被包括在仲裁协议规定之内，或者超出了仲裁协议的范围。(4)仲裁庭的组成或仲裁程序与当事人之间的协议不符，或者当事人之间没有这种协议时，与仲裁地所在国法律不符。(5)裁决尚未发生法律效力，或者裁决已经由作出裁决的国家或根据其法律作出裁决的国家的主管机关撤销或停止执行。按照《纽约公约》第5条第2款的规定，如果被请求承认与执行地国的主管机关依职权主动查明有下列情形之一时，也可以拒绝承认与执行：(1)依照执行地国的法律，争议事项不可以用仲裁的方式加以解决。例如，我国《仲裁法》第3条规定，婚姻、收养、监护、扶养、继承纠纷以及依法应当由行政机关处理的行政争议不能用仲裁的方式加以解决。(2)承认与执行该裁决违反承认与执行地国的公共政策。

(二)中国关于承认与执行仲裁裁决的规定

1.中国仲裁机构涉外仲裁裁决在中国的执行。根据《民事诉讼法》第290~292条、《仲裁法》第71条以及《仲裁法解释》的有关规定，凡被执行人不能自动履行裁决，胜诉方可以向被执行人住所地或财产所在地的中级人民法院申请强制执行。当被执行人提出证据证明涉外仲裁裁决有下列情形之一的，人民法院组成合议庭审查核实后裁定不予执行：(1)当事人在合同中没有订有仲裁条款或者事后没有达成书面仲裁协议的；(2)被申请人没有得到指定仲裁员或者进行仲裁程序的通知，或者由于其他不属于被申请人负责的原因未能陈述意见的；(3)仲裁庭的组成或者仲裁程序与仲裁规则不符的；(4)裁决的事项不属于仲裁协议的范围或者仲裁机构无权仲裁的。另外，人民法院认定执行该裁决违背社会公共利益的，也得裁定不予执行。一方当事人申请执行裁决，另一方当事人申请撤销裁决，人民法院应当裁定中止执行。在这种情况下，被执行人应该提供财产担保。人民法院裁定撤销裁决的，应当裁定终止执行。人民法院驳回撤销裁决申请的，应当裁定恢复执行。如果人民法院裁定撤销或裁定不予执行的，当事人可以根据双方达成的书面协议重新申请仲裁，也可以向人民法院起诉。

2.中国仲裁机构仲裁裁决在外国的承认与执行。我国仲裁机构的仲裁裁决需要在外国承认与执行的，可分为两种情况：(1)如果该外国为1958年《纽约公约》成员，则当事人应根据公约规定的程序和条件，直接向该外国有管辖权的法院提出请求承认与执行的申请，然后由该国法院对裁决进行审查，作出是否承认与执行的裁定。《纽约公约》现有172个成员，我国仲裁机构作出的涉外仲裁裁决在这些地域可依公约的规定比较方便地得到承认与执行。(2)如果该外国非《纽约公约》的成员，则当事人可以直接向有管辖权的外国法院申请承认与执行，由该国法院根据有关司法协助条约或其本国法律裁定是否承认与执行。

3.外国仲裁裁决在中国的承认与执行。根据《民事诉讼法》第304条的规定，在我国领域外作出的发生法律效力的仲裁裁决，需要我国法院承认与执行的，当事人可以直接向被执行人住所地或者财产所在地的中级人民法院申请。被执行人住所地或者其财产不在我国领域内的，当事人可以向申请人住所地或者与裁决的纠纷有适当联系的地点的中级人民法院申请。人民法院应当依照我国缔结或者参加的国际条约，或者按照互惠原则办理。根据《民诉解释》第543条的规定，境外仲裁庭作出的临时仲裁裁决的承认与执行也适用《民事诉讼法》第304条的规定。

《仲裁司法审查规定》第3条对申请承认与执行外国仲裁裁决案件的管辖权进一步规定：外国仲裁裁决与人民法院审理的案件存在关联，被申请人住所地、被申请人财产所在地均不在我国内地，申请人申请承认外国仲裁裁决的，由受理关联案件的人民法院管辖。受理关联案件的人民法院为基层人民法院的，申请承认外国仲裁裁决的案件应当由该基层人民法院的上一级人民法院管辖。受理关联案件的人民法院是高级人民法院或者最高人民法院的，由上述法院决定自行审查或者指定中级人民法院审查。外国仲裁裁决与我国内地仲裁机构审理的案件存在关联，被申请人住所地、被申请人财产所在地均不在我国内地，申请人申请承认外国仲裁裁决的，由受理关联案件的仲裁机构所在地的中级人民法院管辖。

由于我国已加入1958年《纽约公约》，因此对于在另一缔约国领土内作出的仲裁裁决应适用公约的有关规定。在适用公约的规定时，应注意我国作了两项保留：(1)互惠保留，即我国只对在另一缔约国领土内作出的裁决适用该公约。我国《民事诉讼法》与公约有不同规定的，按公约的规定办理。(2)商事保留，即我国仅对那些按照我国法律属于契约性或非契约性商事法律关系所引起的争议所作的裁决适用公约的规定。对于符合上述两个条件的外国仲裁裁决，当事人可直接向我国有管辖权的法院申请承认与执行。对于非缔约国领土内作出的仲裁裁决，需要我国法院承认与执行的，按照互惠原则办理。我国有管辖权的法院收到当事人的申请后，应按照我国缔结或参加的国际条约或《民事诉讼法》的有关规定进行审查，裁定是否承认与执行该裁决，如果认为符合承认与执行的条件，应当裁定承认其效力，并按照《民事诉讼法》规定的程序执行。如果仲裁地所在国与我国既没有缔结也没有共同参加有关国际条约，当事人向我国法院提出承认与执行裁决的申请时，当事人应该以该裁决为依据向有管辖权的人民法院起诉，由法院作出判决，予以执行。

当事人依照1958年《纽约公约》规定的条件申请承认与执行外国仲裁裁决的，受理申请的人民法院决定予以承认与执行的，应在受理申请之日起2个月内作出裁定，如无特殊情况，应在裁定后6个月内执行完毕。决定不予承认和执行的，实行报核制度，根据最高人民法院《关于仲裁司法审查案件报核问题的有关规定》第2条的规定：有关中级人民法院或者专门人民法院经审查认定拟不予承认与执行外国仲裁裁决，应当向本辖区所属高级人民法院报核；高级人民法院经审查拟同意的，应当向最高人民法院报核。待最高人民法院审核后，方可依最高人民法院的审核意见作出裁定。

当事人应当在《民事诉讼法》规定的申请执行的期限内提出申请。我国《民事诉讼法》第250条规定，申请执行的期限为2年。

第三节　国际民事诉讼

一、国际民事诉讼和国际民事诉讼法

（一）国际民事诉讼的概念和特点

国际民事诉讼，就一国而言，又称为涉外民事诉讼，系指一国法院在双方当事人和其他诉讼参与人参加下，审理国际或涉外民事案件的活动以及在这些活动中产生的诉讼关系。《民诉解释》第520条明确规定了涉外民事案件的定义，即有下列情形之一，人民法院可以认定为涉外民事案件：（1）当事人一方或者双方是外国人、无国籍人、外国企业或者组织的；（2）当事人一方或者双方的经常居所地在中华人民共和国领域外的；（3）标的物在中华人民共和国领域外的；（4）产生、变更或者消灭民事关系的法律事实发生在中华人民共和国领域外的；（5）可以认定为涉外民事案件的其他情形。

国际民事诉讼具有如下特点：（1）国际民事诉讼是含有国际或涉外因素的诉讼。具体说来，诉讼中的涉外因素主要有：诉讼当事人中有居住在国外或具有外国国籍的法人或自然人；有关诉讼的客体是发生于国外的行为，或者有关的诉讼标的物位于国外。这些涉外因素的存在常常使一个诉讼的某些环节或行为需要在国外进行，如有关诉讼或非诉讼文书需要送达到国外，或者需要在国外获取某些与案件有关的证据，或者需要到国外申请承认与执行法院的判决。（2）国际民事诉讼程序中的问题，一般适用法院地法解决，而不适用外国法。（3）调整国际民事诉讼的程序法既包括一国法院审理国内民事案件所适用的一般程序规范，也包括专门处理国际民事案件所适用的特殊程序规范。

（二）国际民事诉讼法的概念和特点

所谓国际民事诉讼法，系指调整法院和诉讼参与人在审理国际民事案件中所进行的各种活动以及由这些诉讼活动所产生的各种诉讼关系的特别程序规范的总称。

国际民事诉讼法具有如下特点：（1）国际民事诉讼法的调整对象为国际民事诉讼关系或涉外民事诉讼关系（含有国际或涉外因素的民事诉讼关系）。（2）国际民事诉讼法只是法院处理国际民事案件中的特殊问题时所适用的特别程序规范，而不是指法院审理国际民事案件时所适用的一切程序规范。法院在审理国际民事案件时也会适用审理国内民事案件的一般民事诉讼程序规范。我国《民事诉讼法》在第四编涉外民事诉讼程序的特别规定中明确规定了"本编没有规定的，适用本法其他有关规定"。（3）国际民事诉讼法的渊源既包括各国国内法中的相关规定，也包括国际上有关国际民事诉讼程序的双边或多边国际条约。

国际民事诉讼法主要包括以下几个方面的内容：（1）外国人的民事诉讼地位；（2）国际民事案件的管辖权；（3）司法协助（含外国法院判决和外国仲裁裁决的承认与执行）。

二、外国人的民事诉讼地位

外国人的民事诉讼地位，是指根据内国法和国际条约的规定，外国人在内国领域内享有什么诉讼权利，承担什么诉讼义务。国际民事诉讼中的外国人包括外国自然人和外国法人。

外国人在内国的诉讼地位是国际民事诉讼法首先要解决的一个问题。

(一)有关外国人民事诉讼地位的一般原则

外国人的民事诉讼地位经历了从排外到合理待遇等几个发展时期。目前,国际社会的普遍实践是给予外国人同内国人同等的民事诉讼地位,即在民事诉讼方面赋予外国人国民待遇。因此,国民待遇原则(也称平等待遇原则)是有关外国人民事诉讼地位的一般原则。但为了保证本国国民在国外也能得到所在国的国民待遇,各国一般都规定在赋予在内国的外国人国民待遇时,以互惠或对等为条件,即该外国人本国对内国人也应在民事诉讼地位上给予国民待遇。

(二)外国人在中国的民事诉讼地位

1.以对等为条件的国民待遇原则。根据我国《民事诉讼法》第5条第1款的规定,外国人、无国籍人、外国企业和组织在我国法院起诉、应诉,同中华人民共和国公民、法人和其他组织有同等的诉讼权利义务。这表明,依照我国法律,外国当事人在我国进行民事诉讼活动和我国当事人有同等的起诉和应诉的权利能力和行为能力,并享有进行民事诉讼活动的各项权利。同时,他们也必须像我国当事人一样承担诉讼义务。在我国进行民事诉讼的外国当事人不能只承担诉讼义务而不享有诉讼权利,也不能只享有诉讼权利而不承担诉讼义务,尤其不能享有特权。我国《民事诉讼法》第5条第2款进一步明确规定,外国法院对我国公民、法人和其他组织的民事诉讼权利加以限制的,我国法院对该国公民、企业和组织的民事诉讼权利,实行对等原则。因此,我国采取的是以对等为条件的国民待遇原则。

2.当事人的民事诉讼权利能力与诉讼行为能力。当今世界各国和相关的国际公约都保证外国人可自由地向内国法院起诉的权利,而且即使没有国际条约的规定,根据国际习惯,也应该给予外国人在内国法院起诉的权利。我国对此无明文规定,我国学者一般认为,当事人的民事诉讼权利能力应依法院地法,即当事人是否有民事诉讼权利能力的问题应由法院地所在国的法律决定。至于当事人是否具有民事诉讼行为能力的问题,则应由当事人的属人法决定,但即使根据其属人法无民事诉讼行为能力,如果依法院地所在国的法律有民事诉讼行为能力,应当认定有民事诉讼行为能力,即此时应依法院地法。

3.诉讼费用担保。诉讼费用担保,是指审理国际民事案件的法院依据本国诉讼法的规定,为防止原告滥用其诉讼权利或防止其败诉后不支付诉讼费用,要求作为原告的外国人或者在内国无住所的人,在起诉时提供以后可能由他负担的诉讼费用的担保。需要指出的是,此处的诉讼费用不包括案件的受理费,而是指当事人、证人、鉴定人、翻译人员的差旅费、出庭费及其他诉讼费用。

目前,如无条约义务,许多国家的法院在国际民事诉讼中都在不同程度上要求外国原告提供诉讼费用担保,只有少数国家不要求原告提供担保。对于诉讼费用担保,我国经历了从要求外国人提供担保到实行在互惠前提下免除诉讼费用担保的过程。另外,我国与一些国家签订的双边司法协助条约一般都包括互相免除缔约对方国民诉讼费用保证金的条款。

4.诉讼代理。在国际民事诉讼程序中,各国立法都允许外国当事人委托诉讼代理人代为诉讼行为。但一般都规定,外国当事人如果想要委托律师代为诉讼行为,只能委托在法院地国执业的律师。

此外,在国际社会的司法实践中还存在一种领事代理制度,即一个国家的驻外领事,可以依据驻在国的立法和有关国际条约的规定,在其管辖范围内的驻在国法院依职权代表其本国国民参与有关的诉讼程序,以保护有关自然人或法人在驻在国的合法权益。1963年《维也纳领事关系公约》中肯定了领事代理制度,该制度已得到国际社会的普遍承认。

根据我国《民事诉讼法》及有关司法解释,外国人在我国法院参与诉讼时,可以亲自进行,也有权通过一定程序委托我国的律师或其他公民代为进行。但需要委托律师代理诉讼的,必须委托我国的律师代为诉讼。涉外民事诉讼中的当事人，还可以委托其本国人为诉讼代理人，也可以委托本国律师以非律师身份担任诉讼代理人。另外，外国当事人还可以委托其本国驻华使领馆官员以个人名义担任诉讼代理人，但诉讼程序中不享有外交或者领事特权与豁免。我国立法对领事代理制度也采取肯定态度。此外，《民诉解释》第527条规定：涉外民事诉讼中，外国驻华使领馆授权其本馆官员，在作为当事人的本国国民不在中华人民共和国领域内的情况下，可以以外交代表身份为其本国国民在中华人民共和国聘请中华人民共和国律师或者中华人民共和国公民代理民事诉讼。

5.身份证明。《民诉解释》第521~524条区分几种不同情形加以详细规定：(1)外国人参加诉讼，应当向人民法院提交护照等用以证明自己身份的证件。(2)外国企业或者组织参加诉讼，向人民法院提交的身份证明文件，应当经所在国公证机关公证，并经中华人民共和国驻该国使领馆认证，或者履行中华人民共和国与该所在国订立的有关条约中规定的证明手续。(3)代表外国企业或者组织参加诉讼的人，应当向人民法院提交其有权作为代表人参加诉讼的证明，该证明应当经所在国公证机关公证，并经中华人民共和国驻该国使领馆认证，或者履行中华人民共和国与该所在国订立的有关条约中规定的证明手续。而本条所称的“所在国”，是指外国企业或者组织的设立登记地国，或者是办理了营业登记手续的第三国。(4)需要办理公证、认证手续，而外国当事人所在国与中华人民共和国没有建立外交关系的，可以经该国公证机关公证，经与中华人民共和国有外交关系的第三国驻该国使领馆认证，再转由中华人民共和国驻该第三国使领馆认证。(5)外国人、外国企业或者组织的代表人在人民法院法官的见证下签署授权委托书，委托代理人进行民事诉讼的，人民法院应予认可。(6)外国人、外国企业或者组织的代表人在中华人民共和国境内签署授权委托书，委托代理人进行民事诉讼，经中华人民共和国公证机构公证的，人民法院应予认可。

6.司法豁免。依据《民事诉讼法》第272条的规定，对享有外交特权与豁免的外国人、外国组织或者国际组织提起的民事诉讼，应当依照我国有关法律和我国缔结或参加的国际条约的规定办理。这一规定涉及国家豁免、外交特权与豁免和国际组织豁免。《民事诉讼法》第305条规定，涉及外国国家的民事诉讼，适用中国有关外国国家豁免的法律规定；有关法律没有规定的，适用本法。《外交特权与豁免条例》明确规定了外交代表享有民事管辖豁免，我国1975年加入的1961年《维也纳外交关系公约》对外交代表进行民事诉讼的司法豁免和例外作了规定。

为保障正确受理涉及特权与豁免的民事案件，最高人民法院于2007年5月22日发布的《关于人民法院受理涉及特权与豁免的民事案件有关问题的通知》，决定对人民法院受理的涉及特权与豁免的案件建立报告制度：凡以下列在中国享有特权与豁免的主体为被告、第三人向人民法院起诉的民事案件，人民法院应在决定受理之前，报请本辖区高级人民法院审查；高级人民法院同意受理的，应当将其审查意见报最高人民法院。在最高人民法院答复前，一律暂不受理。(1)外国国家；(2)外国驻中国使馆和使馆人员；(3)外国驻中国领馆和领馆成员；(4)途经中国的外国驻第三国的外交代表和与其共同生活的配偶及未成年子女；(5)途经中国的外国驻第三国的领事官员和与其共同生活的配偶及未成年子女；(6)持有中国外交签证或者持有外交护照（仅限互免签证的国家）来中国的外国官员；(7)持有中国外交签证或者持有与中国互免签证国家外交护照的领事官员；(8)来中国访问的外国国家元首、政府首脑、外交部部长及其他具有同等身份的官员；(9)来中国参加联合国及其专门机构召开的国际会议的外国代表；(10)临时来中国的联合国及其专门机构的官员和专家；(11)联合国系统组织驻中国的代表机构和人员；(12)其他在中国享有特权与豁免的主体。

7.诉讼语言文字。我国法院在审理国际民事案件时，将使用我国通用的语言文字，当事人要求翻译的可以提供，但费用由当事人自己负担。《民诉解释》第525条进一步规定：当事人向人民法院提交的书面材料是外文的，应当同时向人民法院提交中文翻译件。当事人对中文翻译件有异议的，应当共同委托翻译机构提供翻译文本；当事人对翻译机构的选择不能达成一致的，由人民法院确定。

三、国际民事案件管辖权

（一）国际民事案件管辖权的概念

国际民事案件管辖权，是指一国法院根据本国缔结或参加的国际条约和国内法对特定的国际民事案件行使审判权的资格。

国际民事案件管辖权在解决国际民事诉讼中具有重要意义：首先，确定管辖权是处理国际民事案件的前提条件。一国法院如欲审理某一案件，首先要确定自己对该案是否有管辖权，然后才能开始其他的程序，如诉讼文书域外送达、域外取证以及判决的域外承认与执行等。其次，管辖权的确定直接影响到国际民事案件的审理结果。在国际民事诉讼中，国际民事案件的处理以哪一个国家的法律作为准据法，是根据受诉法院的冲突规则选择的，而各国对同一问题规定的冲突规则有时又不相同，因此由不同国家的法院受诉，就可能会选择不同国家的法律作准据法，最终使案件的判决结果也各不相同。这也是在国际民事诉讼中，当事人挑选对自己有利的国家的法院进行诉讼的动因。最后，一国法院对某一案件具有管辖权，是该国法院作出的判决能够得到有关外国承认与执行的基础。

（二）确定国际民事案件管辖权的原则

国际民事案件的管辖原则主要有属地管辖原则、属人管辖原则、协议管辖原则、专属管辖原则、平行管辖原则（又称选择管辖原则）。在实践中，各国对于管辖权的确定并不是仅仅依据其中某一个原则。一般来说，各国主要是依据属地或属人原则，同时采用平行管辖、专属管辖和协议管辖等原则。

（三）一事再理与一事两诉

一事再理、一事两诉又称诉讼竞合。国际民事诉讼法上的一事再理是指已由一国法院审判过的案件又被另一国法院受理加以审判。一事两诉是指相同的诉讼当事人就同一诉由或诉讼标的在两个法院或两个以上国家的法院同时诉讼。一事再理与一事两诉是国际民事案件管辖权冲突的具体表现。

许多国家的民事诉讼法都明文规定，对于经终局判决裁判过的诉讼标的或诉由，当事人不得就同一诉讼标的或诉由再行起诉，也不得就已经起诉并正在审理的案件再行起诉。但在国际民事诉讼中，一些国家并不禁止一事再理与一事两诉。也就是说，一些国家对依据本国法律有管辖权的案件会加以受理，而不会因另一国法院已经受理或者正在审理相同当事人就同一诉讼标的或诉由提起的案件而自己拒绝行使管辖权。解决国际民事诉讼中的一事再理和一事两诉的最好方法是制定解决国际民事案件管辖权的公约；同时，各国在立法和司法实践中也应该尽量自我抑制，于适当和必要时限制本国法院的管辖权，如采用“非方便法院”原则自己主动拒绝管辖。

（四）诉讼管辖权和仲裁管辖权

诉讼和仲裁是两种并行的解决国际民商事争议的方式。一般来说，如果国际民商事争议的当事人在合同中订有仲裁条款或事后达成仲裁协议，只要该仲裁条款或仲裁协议是有效的，该仲裁条款或仲裁协议便排除了法院的管辖，包括法院的专属管辖，当事人必须将争议提交仲裁机构仲裁解决，而不得向法院提起诉讼。我国《民事诉讼法》第288条规定：“涉外经济贸易、运输和海事中发生的纠纷，当事人在合同中订有仲裁条款或者事后达成书面仲裁协议，提交中华人民共和国涉外仲裁机构或者其他仲裁机构仲裁的，当事人不得向人民法院起诉。当事人在合同中没有订有仲裁条款或者事后没有达成书面仲裁协议的，可以向人民法院起诉。”根据我国《仲裁法》第26条的规定：当事人达成仲裁协议，一方向人民法院起诉未声明有仲裁协议，人民法院受理后，另一方在首次开庭前提交仲裁协议的，人民法院应当驳回起诉，但仲裁协议无效的除外；另一方在首次开庭前未对人民法院受理该案提出异议的，视为放弃仲裁协议，人民法院应当继续审理。

（五）中国关于国际民事案件管辖权的规定

1.普通地域管辖。我国以被告住所地为普通管辖的依据，采用原告就被告的原则，凡是涉外民事案件中的被告住所地在我国，我国法院就有管辖权。如果被告的住所地与经常居住地不一致，只要其经常居住地在我国领域内，我国法院也有管辖权。以上被告包括自然人、法人和其他组织。自然人的住所地指户籍所在地，经常居住地指公民离开其住所至起诉时连续居住1年以上的地方。法人或者其他组织的住所地是指法人或者其他组织的主要办事机构所在地。但对于不在我国领域内居住的人提起的有关身份关系的诉讼，则可以由原告住所地或经常居住地的我国法院管辖。

2.特别地域管辖。《民事诉讼法》第276条规定，因涉外民事纠纷，对在我国领域内没有住所的被告提起的除身份关系以外的诉讼，如果合同签订地、合同履行地、诉讼标的物所在地可供扣押财产所在地、侵权行为地、代表机构所在地位于我国领域内的，可以由合同签订地、合同履行地、诉讼标的物所在地、可供扣押的财产所在地、侵权行为地、代表机构住所地人民法院管辖。除前述规定外，涉外民事纠纷与我国存在其他适当联系的，可以由人民法院管辖。另外，《民事诉讼法》第22条至第33条有关国内特别地域管辖的规定可类推适用于涉外民事案件。

3.专属管辖。（1）因不动产纠纷提起的诉讼，由不动产所在地人民法院管辖；（2）因港口作业中发生纠纷提起的诉讼，由港口所在地人民法院管辖；（3）因继承遗产纠纷提起的诉讼，由被继承人死亡时的住所地或者主要遗产所在地人民法院管辖；（4）因在我国领域内设立的法人或者其他组织的设立、解散、清算，以及该法人或者其他组织作出的决议的效力等纠纷提起的诉讼，因与在我国领域内审查授予的知识产权的有效性有关的纠纷提起的诉讼，因在我国履行的中外合资经营企业合同、中外合作经营企业合同、中外合作勘探开发自然资源合同发生的纠纷提起的诉讼，我国人民法院有专属管辖权。

《民诉解释》第529条第2款规定，属于我国人民法院专属管辖的案件，当事人不得用书面协议选择其他国家法院管辖，但协议选择仲裁裁决的除外。因此，在我国，如果当事人选择以诉讼的方式解决争议，则当事人不得以书面协议排除我国法院的专属管辖权；如果当事人选择以仲裁的方式解决争议，则其仲裁协议具有排除我国法院专属管辖权的法律效力。

4.协议管辖。《民事诉讼法》第277条明确规定，涉外民事纠纷的当事人书面协议选择人民法院管辖的，可以由人民法院管辖，但协议管辖不得违反我国《民事诉讼法》对级别管辖和专属管辖的规定。2017年9月12日，中国政府签署了2005年海牙《选择法院协议公约》。

5.应诉管辖。《民事诉讼法》第278条明确规定，当事人未提出管辖异议，并应诉答辩或者提出反诉的，视为人民法院有管辖权。

6.级别管辖。我国《民事诉讼法》规定基层人民法院管辖第一审涉外民事案件，中级人民法院管辖第一审重大涉外案件。重大涉外案件包括争议标的额大的案件、案情复杂的案件，或者一方当事人人数众多等具有重大影响的案件。2018年1月1日起施行的最高人民法院《关于明确第一审涉外民商事案件级别管辖标准以及归口办理有关问题的通知》明确了第一审涉外民商事案件级别管辖标准以及十类案件归口涉外审判庭或专门合议庭办理。

7.非方便法院。《民事诉讼法》第282条明确规定，人民法院受理的涉外民事案件，被告提出管辖异议，且同时有下列情形的，可以裁定驳回起诉，告知原告向更方便的外国法院提起诉讼：（1）案件争议的基本事实不是发生在中国领域内，人民法院审理案件和当事人参加诉讼均明显不方便；（2）当事人之间不存在选择人民法院管辖的协议；（3）案件不属于人民法院专属管辖；（4）案件不涉及中国主权、安全或者社会公共利益；（5）外国法院审理案件更为方便。裁定驳回起诉后，外国法院对纠纷拒绝行使管辖权，或者未采取必要措施审理案件，或者未在合理期限内审结，当事人又向人民法院起诉的，人民法院应当受理。

8.平行诉讼。《民事诉讼法》第280条规定，当事人之间的同一纠纷，一方当事人向外国法院起诉，另一方当事人向人民法院起诉，或者一方当事人既向外国法院起诉，又向人民法院起诉，人民法院依照本法有管辖权的，可以受理。当事人订立排他性管辖协议选择外国法院管辖且不违反本法对专属管辖的规定，不涉及中国主权、安全或者社会公共利益的，人民法院可以裁定不予受理；已经受理的，裁定驳回起诉。第281条规定，人民法院依据前条规定受理案件后，当事人以外国法院已经先于人民法院受理为由，书面申请人民法院中止诉讼的，人民法院可以裁定中止诉讼，但是存在下列情形之一的除外：（1）当事人协议选择人民法院管辖，或者纠纷属于人民法院专属管辖；（2）由人民法院审理明显更为方便。外国法院未采取必要措施审理案件，或者未在合理期限内审结的，依当事人的书面申请，人民法院应当恢复诉讼。外国法院作出的发生法律效力的判决、裁定，已经被人民法院全部或者部分承认，当事人对已经获得承认的部分又向人民法院起诉的，裁定不予受理；已经受理的，裁定驳回起诉。

9.遵守国际条约的规定。目前，我国参加的涉及管辖权的条约主要有：《统一国际航空运输某些规则的公约》和《国际油污损害民事责任公约》等。如果我国法律规定与公约的规定有不同的，除我国声明保留的条款外，应优先适用公约的规定。

10.集中管辖。以下沉管辖权为原则，集中管辖为例外。2022年8月16日，最高人民法院通过了《关于涉外民商事案件管辖若干问题的规定》，自2023年1月1日起施行。该规定主要内容如下：（1）对涉外民商事案件的集中管辖机制进行了重大改革，以管辖权下沉为原则，集中管辖为例外，下沉第一审涉外民商事案件的管辖权。改变了以往由极少数基层人民法院和少量中级人民法院集中管辖第一审涉外民商事案件的规定，以《民事诉讼法》第18~20条关于级别管辖的规定为一般原则，即基层人民法院管辖第一审涉外民商事案件；中级人民法院管辖辖区内争议标的额大、案情复杂或者一方当事人人数众多的以及其他在本辖区有重大影响的涉外民商事案件；高级人民法院管辖诉讼标的额人民币50亿元以上（含本数）或者其他在本辖区内有重大影响第一审涉外民商事案件。以确有必要高级人民法院根据实际情况报批最高人民法院后指定的一个或数个基层或中级人民法院实行区域集中管辖和法律、司法解释另有规定的为例外。（2）优化以往复杂的标的额管辖标准，根据实际，统一规定高级人民法院管辖案件的标的额为50亿元以上，中级人民法院管辖案件的标的额划分为2000万元以上和4000万元以上两个梯度，适用的标准更加清晰明确。（3）明确了适用的纠纷类别，原则上基层人民法院与中级人民法院拥有所有类型涉外民商事纠纷案件的第一审管辖权，但海事海商、涉外知识产权、涉外生态环境损害赔偿以及涉外环境民事公益诉讼案件除外。（4）涉及香港、澳门特别行政区和台湾地区的民商事案件参照适用本规定。

11.国际商事法庭的管辖权。根据最高人民法院《关于设立国际商事法庭若干问题的规定》（2023年修正），国际商事法庭受理下列案件：（1）当事人依照《民事诉讼法》第277条的规定协议选择最高人民法院管辖且标的额为人民币3亿元以上的第一审国际商事案件；（2）高级人民法院对其所管辖的第一审国际商事案件，认为需要由最高人民法院审理并获准许的；（3）在全国有重大影响的第一审国际商事案件；（4）依照本规定第14条申请仲裁保全、申请撤销或者执行国际商事仲裁裁决的；（5）最高人民法院认为应当由国际商事法庭审理的其他国际商事案件。

中国关于国际民事案件管辖权规则

管辖类型	内容
普通地域管辖	采用原告就被告的原则
特别地域管辖	(1)对在我国领域内没有住所的被告提起除身份关系以外的涉外民事纠纷，如果合同签订地、合同履行地、诉讼标的物所在地可供扣押财产所在地、侵权行为地、代表机构所在地位于我国领域内的，可以由合同签订地、合同履行地、诉讼标的物所在地、可供扣押的财产所在地、侵权行为地、代表机构住所地人民法院均可以行使管辖权； (2)涉外民事纠纷与我国存在其他适当联系的，可以由人民法院管辖； (3)《民事诉讼法》第22条至第33条有关国内特别地域管辖的规定可类推适用于涉外民事案件
专属管辖	(1)因不动产纠纷提起的诉讼，由不动产所在地人民法院管辖； (2)因港口作业中发生纠纷提起的诉讼，由港口所在地人民法院管辖； (3)因继承遗产纠纷提起的诉讼，由被继承人死亡时的住所地或者主要遗产所在地人民法院管辖； (4)因在我国领域内设立的法人或者其他组织的设立、解散、清算，以及该法人或者其他组织作出的决议的效力等纠纷提起的诉讼，我国法院有专属管辖权； (5)因与在我国领域内审查授予的知识产权的有效性有关的纠纷提起的诉讼，我国法院有专属管辖权； (6)因在我国履行的中外合资经营企业合同、中外合作经营企业合同、中外合作勘探开发自然资源合同发生的纠纷提起的诉讼，我国法院有专属管辖权； (7)属于我国法院专属管辖的案件，当事人不得用书面协议选择其他国家法院管辖，但协议选择仲裁裁决的除外
协议管辖	(1)涉外民事纠纷的当事人可以协议选择解决争议的法院，不限于涉外合同或其他财产权益纠纷； (2)选择必须是书面的； (3)不要求争议必须与我国有实际联系； (4)不得违反专属管辖和级别管辖
应诉管辖	当事人未提出管辖异议，并应诉答辩或提出反诉的，视为人民法院有管辖权
级别管辖	(1)基层人民法院管辖第一审涉外民事案件； (2)中级人民法院管辖第一审重大涉外案件； (3)高级人民法院管辖在本辖区有重大影响的第一审涉外民事案件； (4)最高人民法院管辖在全国有重大影响的第一审涉外民事案件
非方便法院	被告提出管辖异议，且同时符合下列情形： (1)案件争议的基本事实不是发生在中国领域内，人民法院审理案件和当事人参加诉讼均明显不方便； (2)当事人之间不存在选择人民法院管辖的协议； (3)案件不属于人民法院专属管辖； (4)案件不涉及中国主权、安全或者社会公共利益； (5)外国法院审理案件更为方便
平行诉讼	我国允许平行诉讼，同时采取一事不再理原则、判决在先原则，以及受理在先可申请中止诉讼

续表

管辖类型	内容
国际条约优先	国际条约的规定优先适用
集中管辖	以下沉管辖权为原则，集中管辖为例外
国际商事法庭管辖权	受理五类案件

四、国际民事诉讼的期间、诉讼保全、诉讼时效和审理程序

（一）期间

在国际民事诉讼中，由于涉及国外的当事人或需要在国外完成一定的诉讼行为，诉讼一般需要较长时间，各国民事诉讼法规定的国际民事诉讼期间通常比国内民事诉讼期间要长。我国《民事诉讼法》第285～287条规定，被告在我国领域内没有住所的，法院应当将起诉状副本送达被告，并通知被告在收到起诉状副本后30日内提出答辩状。被告申请延期的，是否准许，由法院决定。在我国领域内没有住所的当事人的上诉期、被上诉人的答辩期也都是30日，并且经法院准许还可以延长。而且，法院审理涉外案件的期间不受国内案件审理期间的限制。

根据《民诉解释》第536条的规定，不服第一审人民法院判决、裁定的上诉期，对在中华人民共和国领域内有住所的当事人，在判决书、裁定书送达之日起15日内向上一级人民法院提起上诉；对在中华人民共和国领域内没有住所的当事人，在判决书、裁定书送达之日起30日内提起上诉。当事人的上诉期均已届满没有上诉的，第一审人民法院的判决、裁定即发生法律效力。根据《民诉解释》第537条的规定，人民法院对涉外民事案件的当事人申请再审进行审查的期间，不受国内案件再审审查期间的限制。

（二）诉讼保全

诉讼保全是指法院在作出判决之前，为保证将来判决的执行对有关当事人的财产所采取的一种强制措施，如采取查封、扣押、冻结及要求当事人提供担保等方法。在国际民事诉讼中，特别是涉及贸易、运输和海事纠纷的案件，通常争议金额较大，诉讼时间长，所以更有必要通过诉讼保全制度确保将来的判决能得到承认与执行。各国民事诉讼法对诉讼保全制度均有规定。诉讼保全可分为诉前保全和诉讼中的保全。对于保全问题，我国法院应当根据我国《民事诉讼法》第103～108条的规定加以处理。在涉外民事诉讼中，人民法院基于一方当事人的申请，可以裁定对另一方当事人的财产进行保全、责令其作出一定行为或者禁止其作出一定行为；当事人没有提出申请的，人民法院在必要时也可以裁定采取保全措施。人民法院采取保全措施，可以责令申请人提供担保，申请人不提供担保的，裁定驳回申请。人民法院接受申请后，对情况紧急的，必须在48小时内作出裁定；裁定采取保全措施的，应当立即开始执行。利害关系人可以在提起诉讼前向被保全财产所在地、被申请人住所地或者对案件有管辖权的人民法院申请采取保全措施。申请人应当提供担保，不提供担保的，裁定驳回申请。人民法院接受申请后，必须在48小时内作出裁定；裁定采取保全措施的，应当立即开始执行。申请人在人民法院采取保全措施后30日内不依法提起诉讼的，人民法院应当解除保全。

（三）诉讼时效

对于诉讼时效的准据法，目前各国的趋势是规定诉讼时效适用该诉讼请求的准据法。我国《涉外民事关系法律适用法》第7条规定："诉讼时效，适用相关涉外民事关系应当适用的法律。"

（四）审理程序

涉外案件的审理程序可以是普通程序或简易程序，但根据《民事诉讼法》第166条规定，涉外案件不适用小额诉讼的程序。

五、国际司法协助

（一）司法协助概说

1.司法协助的概念。司法协助是指一国法院或其他主管机关，根据另一国法院或其他主管机关或有关当事人的请求，代为实施或者协助实施一定的司法行为。从当前各国的司法实践来看，司法协助涉及民事诉讼、刑事诉讼和行政诉讼。本学科则专指民事司法协助。关于司法协助的内容有狭义和广义的观点，狭义的司法协助只包括送达文书和调查取证。我国民事诉讼法采用广义的观点，即认为司法协助的内容包括：送达诉讼文书、代为询问证人、调查取证以及外国法院判决和外国仲裁裁决的承认与执行。

2.司法协助的途径和履行。司法协助请求的提出一般通过以下几个途径：（1）外交途径，即请求国司法机关将请求文件交给本国的外交部，由本国的外交部转交给被请求国的外交代表，再由该国外交代表转交给该国国内主管司法机关，由该主管司法机关提供司法协助。这是比较普遍采用的一种方式，特别是在两国之间不存在司法协助条约的情况下，这一办法几乎是唯一可行的途径。（2）使领馆途径，即请求国司法机关把请求文件交给本国驻在被请求国的使领馆，再由使领馆直接将有关文件交给驻在国有关主管司法机关，由该主管司法机关提供司法协助。这种方式在国际条约中采用得比较多，而且有的国际条约和国内立法还规定，使领馆有权把有关文书直接交给派遣国国民。（3）法院途径，即由请求国法院直接委托被请求国法院进行司法协助。不过采用这种方式必须以条约为基础，实践中采用这种做法的比较少。（4）中心机关途径，又被称为中央机关途径。许多有关司法协助的国际条约都规定了中央机关的途径。它是请求国主管机关将请求事项直接或通过本国的中心机关提交给被请求国的中心机关，再由该被请求国的中心机关转交给其所属国的主管司法机关提供司法协助。我国缔结或参加的司法协助条约多指定我国司法部为传递司法协助请求的中央机关。

一般而言，被请求国提供司法协助的程序和方式是依照本国的法律进行的，不适用外国法中关于程序问题的规定。如果请求国要求按特殊方式进行协助，而这种方式又不与被请求国的法律或公共秩序相抵触时，被请求国可以满足请求国的请求。

被请求国如果发现请求国的请求事项存在下列情况之一时，可以拒绝提供司法协助：（1）对有关文件的真实性有怀疑；（2）根据被请求国法律，被请求协助的事项不属于该国司法机关的职权范围；（3）请求事项与被请求国的主权、安全、公共秩序或基本利益不相容；（4）被请求代行的行为是被请求国法律所禁止的行为。

3.中国关于司法协助的规定。我国十分重视国际民事司法协助。除了《民事诉讼法》对司法协助问题作了专门规定外，我国加入了联合国《纽约公约》、海牙《关于向国外送达民事或商事司法文书和司法外文书公约》（以下简称《海牙送达公约》）、海牙《关于从国外调取民事或商事证据的公约》（以下简称《海牙取证公约》）。此外，最高人民法院还先后发布了一系列司法解释，特别是《关于依据国际公约和双边司法协助条约办理民商事案件司法文书送达和调查取证司法协助请求的规定》（以下简称《办理司法协助请求的规定》）。

根据《民事诉讼法》的规定，我国有关司法协助的规定主要有以下几个方面：

（1）关于司法协助的范围。我国法院和外国法院可以在我国缔结或参加的国际条约或互惠的基础上，相互请求进行司法协助，包括送达文书、调查取证、承认与执行外国法院判决和外国仲裁裁决以及进行其他诉讼行为。但外国法院请求协助的事项有损我国的主权、安全或社会公共利益的，我国法院不予执行。

（2）关于司法协助请求提出的途径。应当根据我国缔结或参加的国际条约所规定的途径进行；没有条约关系的，通过外交途径进行。对于与我国既无条约关系又无互惠关系的国家的法院提出的司法协助请求,《民诉解释》第547条规定,与中华人民共和国没有司法协助条约又无互惠关系的国家的法院,未通过外交途径,直接请求人民法院提供司法协助的,人民法院应予退回,并说明理由。此外,外国驻我国使领馆可以向其本国公民送达文书和调查取证,但不得违反我国法律,并不得采取强制措施。未经我国主管机关的准许,任何其他外国机关或个人不得在我国领域内送达文书和调查取证。

(3)关于司法协助请求书的文本要求。外国法院请求人民法院提供司法协助的请求书及其所附文件,应当附有中文译本或者国际条约规定的其他文字文本。人民法院请求外国法院提供司法协助的请求书及其所附文件,应当附有该国文字译本或者国际条约规定的其他文字文本。

(4)关于提供司法协助的程序。我国法院提供司法协助,依我国法律规定的程序进行,外国法院请求采用特殊方式进行的,也可以按照其请求的特殊方式进行,但请求采用的方式不得违反我国的法律。

(5)涉公约或条约的送达规定。《办理司法协助请求的规定》在总结经验的基础上,对域外送达与域外取证的原则、管理机制和相关制度建设等作出了进一步的规定。该规定适用于我国法院与外国法院或者其他主管机构依据《海牙送达公约》《海牙取证公约》和双边民事司法协助条约相互委托办理民商事案件司法文书送达和民商事案件调查取证请求。此处的双边民事司法协助条约,包括双边民事、民商事、民刑事和民商刑事司法协助条约、协定。通过外交途径办理民商事案件司法文书送达和调查取证,不适用该规定。

《办理司法协助请求的规定》明确了以下几方面的内容:一是司法协助的原则,即人民法院提出、办理民商事案件司法文书送达、调查取证国际司法协助请求时应当遵循便捷高效原则(第1条)、对等原则(第2条)和依法审查原则(第3条)。二是人民法院国际司法协助工作的管理机制,即统一管理和专人负责相结合的管理机制(第6条)。三是人民法院国际司法协助工作的制度建设,包括登记制度和档案制度(第7、8条)。此外,委托外国送达民商事案件司法文书和进行民商事案件调查取证,需要提供译文的,应当委托我国领域内的翻译机构进行翻译。翻译件不加盖人民法院印章,但应由翻译机构或翻译人员签名或盖章证明译文与原文一致(第5条)。经最高人民法院授权的高级人民法院,可以依据《海牙送达公约》《海牙取证公约》直接对外发出本辖区各级人民法院提出的民商事案件司法文书送达和调查取证请求(第9条)。

(二)域外送达

1.域外送达的概念。域外送达是指一国法院根据国际条约或本国法律或按照互惠原则将诉讼文书和非诉讼文书送交给居住在国外的当事人或其他诉讼参与人的行为。诉讼文书的送达是一种很重要的司法行为,具有严格的属地性。一方面,一国的司法机关在未征得有关国家同意的情况下,不得在该国境内向任何人实施送达行为;另一方面,内国也不承认外国司法机关在没有法律规定和条约依据的情况下在内国所实施的送达。因此,域外送达必须通过国际条约和国内法允许的途径进行。

2.域外送达的方式。域外送达的方式主要包括:按照国际司法协助条约规定的方式送达、通过外交途径送达、委托本国使领馆代为送达、邮寄送达、委托当事人的诉讼代理人或亲属送达、公告送达。其中外交代表或领事送达,即内国法院将需要在国外送达的诉讼文书委托给内国驻该国的外交代表或领事代为送达,是国际社会所普遍承认和采用的一种方式。不过,采用这种方式进行域外送达的对象一般只能是本国国民,不能是驻在国或第三国的国民,并不得采取强制措施。另值得注意的是,并不是所有国家都采用上述各种送达方式,如有不少国家反对外国法院以邮寄方式向本国境内的当事人进行送达。法院进行域外送达时应当采用受送达人所在国接受的方式。

3.中国关于域外送达文书的规定。我国《民事诉讼法》第283条规定,人民法院对在中国领域内没有住所的当事人送达诉讼文书,可以采用下列方式:(1)依照受送达人所在国与中国缔结或者共同参加的国际条约中规定的方式送达；(2)通过外交途径送达；(3)对具有中国国籍的受送达人，可以委托中国驻受送达人所在国的使领馆代为送达；(4)向受送达人在本案中委托的有权代其接受送达的诉讼代理人送达；(5)向受送达人在中国领域内设立的独资企业、代表机构、分支机构或者有权接受送达的业务代办人送达；(6)受送达人为外国人、无国籍人，其在中国领域内设立的法人或者其他组织担任法定代表人或者主要负责人，且与该法人或者其他组织为共同被告的，向该法人或者其他组织送达；(7)受送达人为外国法人或者其他组织，其法定代表人或者主要负责人在中国领域内的，向其法定代表人或者主要负责人送达；(8)受送达人所在国的法律允许邮寄送达的，可以邮寄送达，自邮寄之日起满3个月，送达回证没有退回，但根据各种情况足以认定已经送达的，期间届满之日视为送达；(9)采用能够确认受送达人收悉的电子方式送达，但是受送达人所在国法律禁止的除外；(10)以受送达人同意的其他方式送达，但是受送达人所在国法律禁止的除外；(11)不能用上述方式送达的，公告送达，自发出公告之日起，经过60日，即视为送达。至于外国法院向在我国的受送达人送达，应当根据该国与我国缔结或共同参加的条约所规定的途径送达；没有条约关系的，按外交途径送达；外国驻我国使领馆可以向其本国公民送达文书，但不得违反我国法律，并不得采取强制措施。

《海牙送达公约》自1992年1月1日起对我国生效。为此，我国又分别于1992年3月4日和1992年9月19日联合发布了《关于执行〈关于向国外送达民事或商事司法文书和司法外文书公约〉有关程序的通知》和《关于执行海牙送达公约的实施办法》，具体规定了运用该公约设立的协助机制进行文书域外送达的程序。另外，我国就司法协助问题，其中包括司法文书送达问题，已经同许多国家签订了双边司法协助协定。

最高人民法院《涉外民事或商事案件司法文书送达问题若干规定》(以下简称《涉外送达规定》)对涉外民事或商事案件司法文书送达中带有普遍性又亟待解决的一些问题作出进一步详细规定。

(1)适用范围。该规定适用于人民法院受理的涉外民事或商事案件需向在我国领域内没有住所的受送达人送达司法文书的情形。《涉外送达规定》适用的案件范围包括人民法院审理的涉外民事或商事案件，既包括传统的涉外民事案件，如涉外的婚姻家庭、劳动争议、不当得利、无因管理等案件，也包括当事人在经济贸易活动中发生的涉外合同、侵权等商事纠纷案件。另外，该规定采用“司法文书”的概念，因这一概念从外延上讲比“诉讼文书”更为广泛，且与我国加入的国际公约或所签订的双边司法协助协定所使用的概念保持一致。

(2)送达方式。第一，对于在我国领域内没有住所的受送达人在我国领域内出现时可否向其直接送达，法律没有明确规定，《涉外送达规定》第3条则明确规定，作为受送达人的外国自然人或者企业、其他组织的法定代表人、主要负责人在我国领域内出现时，人民法院可以向其直接送达。《民诉解释》第533条第2款进一步明确，外国企业、组织的主要负责人包括该企业、组织的董事、监事、高级管理人员等。第二，《涉外送达规定》第4条明确了“有权接受送达的诉讼代理人”的含义，即除受送达人在授权委托书中明确表明其诉讼代理人无权代为接收有关司法文书外，其委托的诉讼代理人为《民事诉讼法》规定的有权代其接受送达的诉讼代理人，人民法院可以向该诉讼代理人送达。第三，《涉外送达规定》第5条，规定受送达人在我国领域内设立有代表机构的，人民法院向受送达人送达司法文书，可以送达给其代表机构。第四，《涉外送达规定》第6条规定：人民法院向在中华人民共和国领域内没有住所的受送达人送达司法文书时，若该受送达人所在国与中华人民共和国签订有司法协助协定，可以依照司法协助协定规定的方式送达；若该受送达人所在国是《海牙送达公约》的成员国，可以依照该公约规定的方式送达。依照受送达人所在国与中华人民共和国缔结或者共同参加的国际条约中规定的方式送达的，根据最高人民法院《办理司法协助请求的规定》办理。根据《办理司法协助请求的规定》第1条的规定，不再坚持双边条约优先适用的原则，人民法院应当根据便捷、高效的原则确定依据《海牙送达公约》或者双边民事司法协助条约，对外提出民商事案件司法文书送达和调查取证请求。第五，《涉外送达规定》第8条规定，判断不能以邮寄方式送达的期间为3个月。第六，《涉外送达规定》第10条还规定，除本规定上述送达方式外，人民法院可以通过传真、电子邮件等能够确认收悉的其他适当方式向受送达人送达。在适用本条时应注意两点：一是必须是“适当”的送达方式，该送达方式不能违反受送达人所在国的禁止性规定；二是如果适用其他方式送达，必须确认受送达人已经收悉有关司法文书。

（3）是否送达的认定。关于不能送达的认定，《涉外送达规定》第7条对不能适用公约、协定、外交途径以及邮寄方式送达作出了规定：自我国有关机关将司法文书转递受送达人所在国有关机关之日起满6个月，如果未能收到送达与否的证明文件，且根据各种情况不足以认定已经送达的，视为不能用该种方式送达。该规定可以使人民法院在一个相对确定的时间内对能否适用该种方式送达作出判断，以便于在这种方式不能送达的情况下及时采取其他送达方式，避免使案件因为送达问题长时间地搁置而处于久拖不决的状态。为缩短送达时间，《民诉解释》第534条规定，自邮寄之日起满3个月，如果未收到送达的证明文件，且根据各种情况不足以认定已经送达的，视为不能用邮寄方式送达。

关于合法送达的认定，《涉外送达规定》第13条主要规定了在受送达人未对人民法院送达的司法文书履行签收手续时，如何认定是否已经合法送达。该条规定了在两种具体的情形下可以视为送达：一是受送达人书面向人民法院提及了所送达司法文书的内容，二是受送达人已经按照所送达司法文书的内容履行。该条第3项所规定的“其他可以视为送达的情形”是一项兜底性的规定，人民法院可以根据该项规定，在具体案件中具体把握。

（三）域外取证

1.域外取证的概念。域外取证，是指基于国际条约或互惠原则，被请求国协助请求国调查案情，获得或收集证据的活动。域外取证和域外送达一样，是行使国家司法主权的一种行为。与域外送达相比，域外取证具有更严格的属地性，如果没有证据所在地国的准许，是不能在该外国境内实施取证行为的。为了协调各国的取证制度，便于域外取证，国际社会为此缔结了大量的双边和多边条约。我国不仅在《民事诉讼法》双边司法协助条约中对域外取证问题作了规定，而且还加入了具有广泛影响的《海牙取证公约》。

2.域外取证的方式。域外取证方式主要包括：（1）代为取证，是指一国受理案件的司法机关向证据所在地国的司法机关提出请求，由后者代为取证。（2）领事取证，即通过本国驻他国领事或外交人员在驻在国直接调查取证，一般是向本国国民调查取证。这种取证方式为大多数国家所接受。但采取这种取证方式不得违反当地的法律，也不得采取强制措施。（3）特派员取证，即受诉法院委派专门的官员在外国调查取证。这一取证方式主要为英美法系国家所采用，大陆法系国家对此一般持谨慎态度。根据我国有关规定，我国原则上不允许外国特派员在我国境内取证，但在特殊情况下可特许外国特派员在我国境内取证。（4）当事人或诉讼代理人自行取证，这种方式主要存在于一些普通法系国家，尤其是美国。大多数国家对此种取证方式采取反对态度。根据我国有关规定，未经我国主管机关准许，任何外国当事人或其诉讼代理人都不得在我国境内自行取证。

我国《民事诉讼法》第284条规定，当事人申请人民法院调查收集的证据位于中国领域外，人民法院可以依照证据所在国与中国缔结或者共同参加的国际条约中规定的方式，或者通过外交途径调查收集。在所在国法律不禁止的情况下，人民法院可以采用下列方式调查收集：（1）对具有中华人民共和国国籍的当事人、证人，可以委托中华人民共和国驻当事人、证人所在国的使领馆代为取证；（2）经双方当事人同意，通过即时通讯工具取证；（3）以双方当事人同意的其他方式取证。

对于在我国领域外形成的证据的效力，根据最高人民法院《关于民事诉讼证据的若干规定》第16条的规定：“当事人提供的公文书证系在中华人民共和国领域外形成的，该证据应当经所在国公证机关证明，或者履行中华人民共和国与该所在国订立的有关条约中规定的证明手续。中华人民共和国领域外形成的涉及身份关系的证据，应当经所在国公证机关证明并经中华人民共和国驻该国使领馆认证，或者履行中华人民共和国与该所在国订立的有关条约中规定的证明手续。当事人向人民法院提供的证据是在香港、澳门、台湾地区形成的，应当履行相关的证明手续。”其第17条还规定，当事人向人民法院提供外文书证或者外文说明资料，应当附有中文译本。

（四）外国法院判决的承认与执行

一国法院判决是一国司法主权的具体体现，一国法院判决要发生域外效力，必须经过他国对其既判力和执行力的认可。承认外国法院判决和执行外国法院判决是两个既有联系又有区别的概念：一方面，承认外国法院判决是执行的前提条件；另一方面，承认外国法院判决并不一定意味着要执行外国法院判决，有些判决只需要承认而不必执行。

1.承认与执行外国法院判决的程序。各国在实践中主要有三种不同的做法：（1）经形式上的审查发给执行令的程序。（2）经实质性审查后发给执行令的程序。（3）重新起诉程序，即胜诉方需以外国法院判决为依据，重新向执行地国法院提起诉讼，如执行地国法院认为外国判决与本国法律不相抵触，则由执行地国法院作出一个与外国判决内容相同的判决，然后予以执行。我国采取上述第一种程序。

2.承认与执行外国法院判决的条件。综观各国国内立法和有关的国际条约的规定，外国法院判决要获得承认与执行一般应具备以下条件：（1）原判决国法院必须具有合格的管辖权；（2）外国法院判决已经发生法律效力；（3）外国法院进行的诉讼程序是公正的；（4）外国法院的判决必须是合法取得的；（5）不存在“诉讼竞合”，如果外国法院判决与内国法院就同一当事人之间的同一争议所作的判决或内国法院已经承认的第三国法院就同一当事人之间的同一争议所作的判决相冲突，内国法院可拒绝承认与执行；（6）承认与执行外国法院判决不违背内国的公共政策；（7）判决地国和执行地国之间存在条约关系或互惠关系。

3.中国关于外国法院判决承认与执行的规定。关于申请承认与执行外国法院判决需要提交的文件，《民诉解释》第541条规定：申请人向人民法院申请承认和执行外国法院作出的发生法律效力的判决、裁定，应当提交申请书，并附外国法院作出的发生法律效力的判决、裁定正本或者经证明无误的副本以及中文译本。外国法院判决、裁定为缺席判决、裁定的，申请人应当同时提交该外国法院已经合法传唤的证明文件，但判决、裁定已经对此予以明确说明的除外。中华人民共和国缔结或者参加的国际条约对提交文件有规定的，按照规定办理。

关于承认与执行的法院，根据《民事诉讼法》第297~298条的规定，我国人民法院和外国法院作出的判决、裁定，要在对方国家得到承认与执行，既可以由当事人直接向有管辖权的法院提出（在我国为被执行人住所地或财产所在地的中级人民法院），也可以由法院按照条约的规定或者互惠原则请求对方国家的法院承认与执行。

关于承认与执行外国法院判决的一般规定。《民事诉讼法》第299条规定，人民法院对申请或者请求承认和执行的外国法院作出的发生法律效力的判决、裁定，依照中国缔结或者参加的国际条约，或者按照互惠原则进行审查后，认为不违反中国法律的基本原则且不损害国家主权、安全、社会公共利益的，裁定承认其效力；需要执行的，发出执行令，依照本法的有关规定执行。如果某国与我国既无条约关系也不存在互惠关系时，我国法院将裁定驳回承认与执行申请，对该外国法院的判决不予以承认与执行。在此种情形下，当事人可以向我国法院起诉，由有管辖权的法院作出判决并予以执行。

关于拒绝承认和执行外国法院判决的情形。《民事诉讼法》第300条规定，对申请或者请求承认和执行的外国法院作出的发生法律效力的判决、裁定，人民法院经审查，有下列情形之一的，裁定不予承认和执行：（1）依据本法第301条的规定，外国法院对案件无管辖权；（2）被申请人未得到合法传唤或者虽经合法传唤但未获得合理的陈述、辩论机会，或者无诉讼行为能力的当事人未得到适当代理；（3）判决、裁定是通过欺诈方式取得；（4）人民法院已对同一纠纷作出判决、裁定，或者已经承认第三国法院对同一纠纷作出的判决、裁定；（5）违反中国法律的基本原则或者损害国家主权、安全、社会公共利益。

关于对外国法院间接管辖权的认定。《民事诉讼法》第301条明确规定，有下列情形之一的，人民法院应当认定该外国法院对案件无管辖权：（1）外国法院依照其法律对案件没有管辖权，或者虽然依照其法律有管辖权但与案件所涉纠纷无适当联系；（2）违反本法对专属管辖的规定；（3）违反当事人排他性选择法院管辖的协议。

关于承认外国判决中的中止诉讼，《民事诉讼法》第302条规定，当事人向人民法院申请承认和执行外国法院作出的发生法律效力的判决、裁定，该判决、裁定涉及的纠纷与人民法院正在审理的纠纷属于同一纠纷的，人民法院可以裁定中止诉讼。外国法院作出的发生法律效力的判决、裁定不符合本法规定的承认条件的，人民法院裁定不予承认和执行，并恢复已经中止的诉讼；符合本法规定的承认条件的，人民法院裁定承认其效力；需要执行的，发出执行令，依照本法的有关规定执行；对已经中止的诉讼，裁定驳回起诉。

关于不服裁定的复议救济。《民事诉讼法》第303条规定，当事人对承认和执行或者不予承认和执行的裁定不服的，可以自裁定送达之日起10日内向上一级人民法院申请复议。

关于申请承认与执行的期间。当事人申请承认和执行外国法院作出的发生法律效力的判决、裁定或者外国仲裁裁决的期间，适用《民事诉讼法》第250条的规定，即申请执行的期间为2年。申请执行时效的中止、中断，适用法律有关诉讼时效中止、中断的规定。当事人仅申请承认而未同时申请执行的，申请执行的期间自人民法院对承认申请作出的裁定生效之日起重新计算。

2018年8月，《中华人民共和国最高人民法院和新加坡最高法院关于承认与执行商事案件金钱判决的指导备忘录》签订，这是我国最高人民法院签订的首个关于外国法院判决承认与执行的指导备忘录。该备忘录虽然不具有法律约束力，但标志着中国和新加坡在民事司法领域的合作进入了更加务实阶段。

4.中国关于承认与执行外国法院离婚判决的规定。最高人民法院《关于人民法院受理申请承认外国法院离婚判决案件有关问题的规定》（2020年修正）对有关问题作了如下规定：（1）中国公民向人民法院申请承认外国法院离婚判决，人民法院不应以其未在国内缔结婚姻关系而拒绝受理；中国公民申请承认外国法院在其缺席情况下作出的离婚判决，应同时向人民法院提交作出该判决的外国法院已合法传唤其出庭的有关证明文件。（2）外国公民向人民法院申请承认外国法院离婚判决，如果其离婚的原配偶是中国公民的，人民法院应予受理；如果其离婚的原配偶是外国公民的，人民法院不予受理，但可告知其直接向婚姻登记机关申请结婚登记。（3）当事人向人民法院申请承认外国法院离婚调解书效力的，人民法院应予受理，并根据《关于中国公民申请承认外国法院离婚判决程序问题的规定》进行审查，作出承认或不予承认的裁定。

关于申请承认外国法院离婚判决中的程序问题，最高人民法院《关于中国公民申请承认外国法院离婚判决程序问题的规定》作出了比较详细的规定，主要有：（1）适用范围。对与我国没有订立司法协助协议的外国法院作出的离婚判决，中国籍当事人可以根据本规定向人民法院申请承认该外国法院的离婚判决，对与我国有司法协助协议的外国法院作出的离婚判决，按照协议的规定申请承认；外国法院离婚判决中的夫妻财产分割、生活费负担、子女抚养方面判决的承认执行，不适用本规定。（2）受理申请的法院。申请由申请人住所地中级人民法院受理。申请人住所地与经常居住地不一致的，由经常居住地中级人民法院受理。申请人不在国内的，由申请人原国内住所地中级人民法院受理。（3）拒绝承认的理由。外国法院的离婚判决具有下列情形之一的，不予承认：①判决尚未发生法律效力；②作出判决的外国法院对案件没有管辖权；③判决是在被告缺席且未得到合法传唤的情况下作出的；④该当事人之间的离婚案件，我国法院正在审理或已作出判决，或者第三国法院对该当事人之间作出的离婚案件判决已为我国法院所承认；⑤判决违反我国法律的基本原则或者危害我国国家主权、安全和社会公共利益。

《民诉解释》第542条专门明确规定，承认外国法院作出的发生法律效力的离婚判决不以作出判决的外国国家与我国存在共同参加的国际条约或互惠关系为前提条件。

六、外资非正常撤离中国相关利益方跨国追究与诉讼的问题

2008年11月19日，商务部、外交部、公安部、司法部联合印发《外资非正常撤离中国相关利益方跨国追究与诉讼工作指引》，以便做好跨国追究与诉讼的相关工作，为中方相关利益人提供切实可行的司法救济与协助，追究逃逸者的法律责任，最大限度地挽回当事人的经济损失，消除各种消极影响，预防此类事件的再度发生。该指引主要包括以下几个方面的内容：

1.外资非正常撤离事件发生后，中方当事人要及时向有关司法主管部门（法院或侦查机关）申请民商事或刑事案件立案。根据案件具体情况，各主管部门可根据各自系统内工作程序及我国和相应国家签订的民商事司法协助条约或刑事司法协助条约，通过条约规定的中央机关在本国向外方提出司法协助请求。请求外方向位于该国的诉讼当事人送达传票、起诉书等司法文书，调取相关证据，协助调查涉案人员和资金的下落，搜查扣押相关物品等。

2.不履行正常清算义务给债权人造成损失的，根据最高人民法院《关于适用〈中华人民共和国公司法〉若干问题的规定（二）》规定，作为有限责任公司的股东、股份有限公司的控股股东和董事以及公司实际控制人的外国企业或个人仍应承担相应的民事责任，对公司债务承担连带清偿责任。

3.中方当事人提起的民事诉讼在我国法院胜诉后，如败诉的外国当事人在中国无可供执行的财产，胜诉方可依据中国和相应国家签订的民商事司法协助条约的相关规定或依据败诉方在国外的财产所在地的法律，请求外国有管辖权的法院承认和执行中国法院的生效判决、裁定。

4.我国与外国缔结的民商事司法协助条约相互赋予了对方国民与本国国民同等的诉讼权利。中方债权人可据此在已缔结条约的国家进行民事诉讼，有经济困难的我国公民在外诉讼，可根据所在国法律申请相应法律援助。

5.对于极少数恶意逃避欠缴、税额巨大、涉嫌犯罪的嫌疑人员，国家有关主管部门在立案后，可视具体案情通过条约规定的中心机关或外交渠道向犯罪嫌疑人逃往国提出引渡请求或刑事诉讼移转请求，以最大限度地确保犯罪嫌疑人受到法律追究。

【本章主要法律规定】

1.《民事诉讼法》第5、18～34、103～108、130、166、250、270～305条
2.最高人民法院《关于适用〈中华人民共和国民事诉讼法〉的解释》第520～549条
3.《仲裁法》第16～20、58～61、70～72条
4.最高人民法院《关于适用〈中华人民共和国仲裁法〉若干问题的解释》第1～13、16～21条
5.《涉外民事关系法律适用法》第7、18条
6.《海牙送达公约》第2、5、8～10、13条
7.《海牙取证公约》第1、2、11、12、15、16条
8.最高人民法院《关于适用〈中华人民共和国涉外民事关系法律适用法〉若干问题的解释（一）》第1、12条
9.最高人民法院《关于审理仲裁司法审查案件若干问题的规定》第2、3、13～15条
10.最高人民法院《关于仲裁司法审查案件报核问题的有关规定》第2条
11.最高人民法院《关于设立国际商事法庭若干问题的规定》（2023年修正）第2条
12.最高人民法院《关于涉外民商事案件管辖若干问题的规定》

第七章
区际法律问题

本章主要内容提示

本章的重点为区际冲突法的作用，区际冲突法的产生、特征及其解决，区际司法协助的实践等。

1.区际法律冲突：一个国家内部不同地区的法律制度之间的冲突，或者说是一个国家内部不同法域之间的法律冲突。

2.区际冲突法：用于解决一个主权国家内部具有独特法律制度的不同地区之间的民商事法律冲突的法律适用法。

3.区际法律冲突的解决途径有两种：一是冲突法解决途径，二是统一实体法解决途径。

4.区际司法协助：包括区际文书送达、调查取证、保全、法院判决的认可与执行、仲裁裁决的认可与执行。

5.中国区际司法协助实践：涉及内地（大陆）与香港特别行政区、澳门特别行政区以及台湾地区之间的送达和取证，内地与香港、澳门特别行政区法院就仲裁程序相互协助保全以及内地（大陆）与香港特别行政区、澳门特别行政区、台湾地区之间相互认可与执行法院判决和仲裁裁决等问题。内地（大陆）主要通过司法解释处理这些问题。

第一节　区际法律冲突与区际冲突法①

一、区际法律冲突与区际冲突法的概念

所谓区际冲突法，或称区际私法、准国际私法，是指用于解决一个主权国家内部具有独特法律制度的不同地区之间的民商事法律冲突的法律适用法。区际冲突法是以区际法律冲突的解决为对象，因此，了解区际冲突法有必要先探讨区际法律冲突。

一般来说，一个具有独特法律制度的地区即是一个法域。如果一国内部存在两个以上具有不同法律制度的地区，这个国家就是“复合法域国家”或“多法域国家”。区际法律冲突正是多法域国家的产物。所谓区际法律冲突，就是一个国家内部不同地区的法律制度之间的冲突，或者说是一个国家内部不同法域之间的法律冲突。

区际法律冲突的主要特征如下：

1.区际法律冲突是在一个主权国家领土范

① 本节改写自韩德培主编：《国际私法》（第2版），高等教育出版社、北京大学出版社2007年版，第19章，作者为黄进教授。

围内发生的法律冲突。如果某一法律冲突是一种跨越国界的法律冲突，那么它就不是区际法律冲突，而是国际法律冲突了。

2.区际法律冲突是在一个主权国家领土范围内具有独特的法律制度的不同地区之间的法律冲突。也就是说，一国内部如无两个以上的法域，则不存在区际法律冲突。

3.区际法律冲突是一个主权国家领土范围内不同地区之间的民商事法律冲突。也就是说，区际法律冲突是一种私法方面的冲突。

4.区际法律冲突是在一个主权国家领土范围内不同地区的法律制度之间的横向法律冲突。既然在一国内部各法域是平等的，各法域法律制度是平等的，那么，各法域法律制度之间的区际法律冲突必然是横向的冲突。

区际法律冲突的特点决定了区际冲突法与国际私法（冲突法是其核心内容）的关系。对此，理论上有区别说、相似说或同一说、折中说三种不同的观点。与这三种理论相适应，也存在三种类型的实践：(1)区别实践。一些多法域国家在立法和司法实践中严格将国际私法和区际冲突法区别开来，把两者视为不同的法律部门。(2)等同实践。英美普通法系国家在立法和司法实践中，对区际冲突法和国际冲突法不加区分，都称为冲突法，同时适用于解决国际法律冲突和区际法律冲突。(3)折中实践。一些多法域国家在立法实践中，或者将区际冲突法规范和国际私法规范规定在同一法律之中，并且以区际冲突法规定为主，对于含有国际因素的某些民事法律关系的法律适用未作规定的，可以适用区际冲突法的规定；或者对于区际法律冲突的解决类推适用国际私法原则，但同时对于区际法律冲突解决中的特殊问题作一些例外规定。

值得说明的是，区际冲突法与国际私法中的冲突法虽然相似，但其区别也不容忽视：(1)两者的调整对象有所不同。区际冲突法调整的民商事法律关系是一国内部不同地区之间的民商事法律关系，而国际私法调整的民商事法律关系是涉及外国因素的民商事法律关系，亦即国际民商事法律关系或跨国民商事法律关系。(2)两者解决的民商事法律冲突有所不同。区际冲突法的任务是解决一国内部具有不同民商事法律制度的地区之间的民商事法律冲突，而国际私法所解决的民商事法律冲突，则是不同主权国家之间的民商事法律冲突。(3)两者的法律渊源有所不同。区际冲突法的渊源为国内法，而国际私法的渊源除了国内法外，还有国际条约和国际惯例。(4)两者体现的政策有所不同。用于解决区际法律冲突的区际冲突法主要体现多法域国家处理其国家内部不同地区之间的政治、经济、民事等关系的政策，而用于解决国际法律冲突的国际私法，则更多地体现国家的对外政策。(5)两者的性质有所不同。国际私法的制定和施行必须考虑到国际因素，必须受制于国际公法的一般原则、规则和制度。但是，区际冲突法的制定和实施则不必，而只会受制于其所属多法域国家国内的具体情况，并更多地受到所属国家宪法或宪法性法律的制约。(6)两者在一些具体的规则及制度上有所不同，主要表现在以下几个方面：第一，在连结点方面，国籍是国际私法中的一个非常重要的连结点，常常用作确定当事人属人法的依据；而在区际冲突法中，除了在少数联邦制国家，由于它们承认本国公民既有联邦国籍又有所属成员国国籍，国籍作为连结点仍有一定意义外，在其他多法域国家的区际冲突法中，国籍这个连结点完全不起作用。第二，公共秩序保留制度在区际冲突法和国际私法上的适用也有所不同。一般来说，公共秩序保留制度在解决区际法律冲突时不适用或适用范围小些，而在解决国际法律冲突时，其适用范围更广些。第三，在识别、反致、准据法的查明等问题上，区际冲突法和国际私法也有所不同。如英国最高法院在处理涉及区际法律冲突的案件时，无须当事人举证来查明英格兰或苏格兰的法律。而对于国际性案件，当事人则有义务证明外国法。第四，在意思自治原则的运用方面，合同当事人选择合同应适用法律的自由受到一定的限制。如按照1926年《波兰区际私法》第9条，当事人选择适用于合同的法律只限于在波兰有效的法律。第五，在判决的承认和执行方面，一般来说，在多法域国家内，各法域都会认可和执行其他法域法院所作出的判决。而外国法院判决的承认与执行，则情况比较复杂。

二、区际法律冲突的解决

从各多法域国家的立法和司法实践来看，解决区际法律冲突的途径有两种：一是冲突法解决途径，二是统一实体法解决途径。由于区际法律冲突毕竟是一个主权国家内部不同法域之间的法律冲突，与国家之间的法律冲突有很大的差别，因而多法域国家及其各法域在通过这两个途径解决区际法律冲突时，表现出自己的特点。

（一）区际冲突法解决途径

各多法域国家及其法域通过区际冲突法途径来解决区际法律冲突的具体方式并不相同，考察有关国家的立法和司法实践，主要有如下几种方式：

1.制定全国统一的区际冲突法来解决区际法律冲突。

2.各法域分别制定各自的区际冲突法，用来解决自己的法律与其他法域的法律之间的冲突。

3.类推适用国际私法解决区际法律冲突。

4.对区际法律冲突和国际法律冲突不加区分，适用与解决国际法律冲突基本相同的规则解决区际法律冲突。

在上述各种通过区际冲突法途径解决区际法律冲突的方式中，最佳方式是多法域国家制定全国统一的区际冲突法来解决区际法律冲突。

（二）统一实体法解决途径

区际冲突法虽然能解决区际法律冲突，但它并不能最终避免和消除区际法律冲突。多法域国家及其法域通常会尝试统一实体法途径来达到避免和消除区际法律冲突的目的。通过统一实体法途径解决区际法律冲突，就是由多法域国家制定或由多法域国家内的法域共同采用统一的民商事实体法，直接适用于有关跨地区的民商事法律关系，从而避免不同法域之间的法律冲突，最终消除区际法律冲突。这是一种彻底解决区际法律冲突的方式。

各多法域国家对本国内的区际法律冲突采取何种方式加以解决，具体做法各不相同，但从宏观的角度来看，无一不是同时通过区际冲突法途径和统一实体法途径来解决区际法律冲突的。一般而言，多法域国家及其法域一开始总是用冲突规范来解决区际法律冲突，但冲突规范只能解决法律适用上的冲突，并不能根除区际法律冲突，显然有其局限性。于是，统一实体法途径就受到人们关注。然而，统一实体法虽然克服了冲突法的缺陷，但要在一个多法域国家实现全国实体法的统一，也不是一件容易的事，甚至根据一些多法域国家的体制，在其国内要统一实体法完全是不可能的事。即使在那些实现全国实体法统一的多法域国家，一般在此之前也须经过一个用区际冲突法解决区际法律冲突的阶段。在有些多法域国家，通过统一区际冲突法来解决区际法律冲突，常常是它们实现通过统一实体法来解决区际法律冲突的前奏。从一些多法域国家解决区际法律冲突的实践来看，区际冲突法的集中统一化和不同法域的实体法律不断统一化已成为一种趋势。

三、中国区际法律冲突的解决

随着“一国两制”构想的提出及香港特别行政区、澳门特别行政区的回归，我国的区际法律冲突问题越来越引人注意。如何解决内地（大陆）与港澳台地区之间的法律冲突，理论与实务界提出了种种方案。

从区际冲突法途径来看，首先，各法域分别制定自己的区际冲突法是可行而不可取的，因为采用这样的方式，会引起各法域的区际冲突法本身的冲突。这种冲突的存在大大增加了区际法律冲突的复杂性。其次，由于区际冲突法是用以解决一国内部不同法域之间的法律冲突的，它毕竟与解决国际法律冲突的国际私法有很大的差别，因此，在解决我国区际法律冲突时，也不宜完全适用国际私法来解决，至多作为权宜之计，在短时期内参照适用国际私法来解决区际法律冲突。最后，制定全国统一的区际冲突法解决我国的区际法律冲突可取而难行。

从统一实体法途径来看，应当说，解决区际法律冲突最好的方法是制定全国统一的实体法来避免和消除区际法律冲突。不过，因为内地（大陆）与香港特别行政区、澳门特别行政区和台湾地区的法律相互差异很大，故要实现全国实体法的统一不是轻而易举的事情，而且，实行“一国两制”，就意味着要在一定时期内肯定各地区法律制度存在的差异，急于统一实体法也是与“一国两制”的精神相违背的。统一全国实体法，最终实现在我国消除区际法律冲突，是我们的理想和目的，不过其实现只能是渐进的。

根据以上分析，中国区际法律冲突的解决步骤应该是这样的：

首先，内地（大陆）、香港特别行政区、澳门特别行政区和台湾地区分别制定自己的区际冲突法或参照适用各自的国际私法来解决区际法律冲突。目前在内地（大陆），对于涉港澳民商事案件，均参照国际私法来处理。[①]最高人民法院《关于审理涉台民商事案件法律适用问题的规定》（2020年修正）亦规定，根据法律和司法解释中的法律适用规则，确定涉台案件的准据法。

其次，在充分协商和协调的基础上，制定全国统一的区际冲突法，用以解决区际法律冲突。

最后，仍然在充分协商和协调的基础上，通过在某些问题上制定全国统一的实体法或分别采用相同或类似的实体法，以便在所涉问题上避免和消除区际法律冲突。这一步骤可以在条件具备时与上一个步骤同步发展。

第二节　区际司法协助

一、内地（大陆）与港澳台地区之间的送达

内地（大陆）并无专门立法解决其与港澳台地区之间的送达问题。1999年3月29日，最高人民法院根据与香港特别行政区协商达成的一致意见，以司法解释的形式发布了最高人民法院《关于内地与香港特别行政区法院相互委托送达民商事司法文书的安排》（以下简称《内地与香港送达安排》），并于次日开始施行。2001年8月，最高人民法院发布了《关于内地与澳门特别行政区法院就民商事案件相互委托送达司法文书和调取证据的安排》（以下简称《内地与澳门安排》），该安排于2019年12月经双方协商进行修正，2020年3月1日开始生效。这两份安排，是我国在区际司法协助领域的早期成果。2008年4月17日，最高人民法院发布了《涉台民事诉讼文书送达的若干规定》，该规定于当年4月23日开始实施，是大陆在涉台司法互助方面的举措。2009年3月9日，最高人民法院又发布了《关于涉港澳民商事案件司法文书送达问题若干规定》，对此前的相关规定予以补充。

（一）内地与香港特别行政区之间的送达

按照《内地与香港送达安排》，内地法院和香港特别行政区法院可以相互委托送达民商事司法文书。双方委托送达司法文书，均须通过内地各高级人民法院和香港特别行政区高等法院进行。最高人民法院的司法文书可以直接委托香港特别行政区高等法院送达。这里，司法文书在内地是指：起诉状副本、上诉状副本、授权委托书、传票、判决书、调解书、裁定书、决定书、通知书、证明书、送达回证；在香港特别行政区是指：起诉状副本、上诉状副本、传票、状词、誓章、判案书、判决书、裁决书、通知书、法庭命令、送达证明。前述委托送达的司法文书以互换司法文书样本为准。

委托方请求送达司法文书，须出具盖有其印章的委托书，并须在委托书中说明委托机关的名称、受送达人的姓名或者名称、详细地址及案件的性质。委托书应当以中文文本提出。所

① 最高人民法院《关于适用〈中华人民共和国涉外民事关系法律适用法〉若干问题的解释（一）》第17条再次肯定了这一做法。

附司法文书没有中文文本的，应当提供中文译本。前指文件均须一式两份。受送达人为两人以上的，每人一式两份。受委托方如果认为委托书与本安排的规定不符，应当通知委托方，并说明对委托书的异议，必要时可以要求委托方补充材料。

送达司法文书，应当依照受委托方所在地法律规定的程序进行。无论司法文书中确定的出庭日期或者期限是否已过，受委托方均应送达。委托方应当尽量在合理期限内提出委托请求。受委托方接到委托书后，应当及时完成送达，最迟不得超过自收到委托书之日起2个月。送达司法文书后，内地人民法院应当出具送达回证；香港特别行政区法院应当出具送达证明书。出具送达回证和证明书，应当加盖法院印章。受委托方无法送达的，应当在送达回证或者证明书上注明妨碍送达的原因、拒收事由和日期，并及时退回委托书及所附全部文书。

受委托方对委托方委托送达的司法文书的内容和后果不负法律责任。委托送达司法文书费用互免。但委托方在委托书中请求以特定方式送达所产生的费用，由委托方负担。

（二）内地与澳门特别行政区之间的送达

内地人民法院与澳门特别行政区法院就民商事案件（在内地包括劳动争议案件，在澳门特别行政区包括民事劳工案件）相互委托送达司法文书，依据《内地与澳门安排》进行。双方相互委托送达司法文书，通过内地各高级人民法院和澳门特别行政区终审法院进行。最高人民法院与澳门特别行政区终审法院可以直接相互委托送达。最高人民法院可以授权部分中级人民法院、基层人民法院与澳门特别行政区终审法院相互委托送达。这里，司法文书在内地是指：起诉状副本、上诉状副本、反诉状副本、答辩状副本、授权委托书、传票、判决书、调解书、裁定书、支付令、决定书、通知书、证明书、送达回证以及其他司法文书和所附相关文件；在澳门特别行政区是指：起诉状复本、答辩状复本、反诉状复本、上诉状复本、陈述书、申辩书、声明异议书、反驳书、申请书、撤诉书、认诺书、和解书、财产目录、财产分割表、和解建议书、债权人协议书、传唤书、通知书、法官批示、命令状、法庭许可令状、判决书、合议庭裁判书、送达证明书以及其他司法文书和所附相关文件。

委托方法院请求送达司法文书，须出具盖有其印章或者法官签名的委托书，并在委托书中说明委托机关的名称、受送达人的姓名或者名称、详细地址及案件性质。委托方法院请求按特殊方式送达或者有特别注意的事项的，应当在委托书中注明。委托书应当以中文文本提出。所附司法文书及其他相关文件没有中文文本的，应当提供中文译本。采取邮寄方式委托的，委托书及所附司法文书和其他相关文件均须一式两份，受送达人为两人以上的，每人一式两份。内地各高级人民法院和澳门特别行政区终审法院相互收到对方法院的委托书后，应当立即将委托书及所附司法文书和相关文件转送根据其本辖区法律规定有权完成该受托事项的法院。无论委托方法院司法文书中确定的出庭日期或者期限是否已过，受委托方法院均应送达。

委托方法院应当在合理的期限内提出委托请求，以保证受委托方法院收到委托书后，及时完成受托事项。受委托方法院应优先处理受托事项，送达文书最迟不得超过自收到委托书之日起2个月。受委托方法院收到委托书后，不得以其本辖区法律规定对委托方法院审理的该民商事案件享有专属管辖权或不承认对该请求事项提起诉讼的权利为由，不予执行受托事项。经授权的中级人民法院、基层人民法院收到澳门特别行政区终审法院委托书后，认为不属于本院管辖的，应当报请高级人民法院处理。完成司法文书送达事项后，内地人民法院应当出具送达回证；澳门特别行政区法院应当出具送达证明书。出具送达回证和送达证明书，应当注明送达的方法、地点和日期及司法文书接收人的身份，并加盖法院印章。受委托方法院无法送达的，应当在送达回证或者送达证明书上注明妨碍送达的原因、拒收事由和日期，并及时书面回复委托方法院。

受委托方法院对委托方法院委托送达的司法文书和所附相关文件的内容和后果不负法律

责任。而且，受委托方法院应当根据本辖区法律规定执行受托事项。委托方法院请求按照特殊方式执行委托事项的，如果受委托方法院认为不违反本辖区的法律规定，可以按照其特殊方式执行。委托方法院无须支付受委托方法院在送达司法文书时发生的费用或税项。但受委托方法院根据其本辖区法律规定，有权要求委托方法院预付因采用委托方法院在委托书中请求以特殊方式送达司法文书所产生的费用。

《关于涉港澳民商事案件司法文书送达问题若干规定》主要补充了如下内容：(1)对受送达人作了进一步的界定。作为受送达人的自然人或者企业、其他组织的法定代表人、主要负责人在内地的，法院可以直接向该自然人或者法定代表人、主要负责人送达；除受送达人有明文的相反表示，其委托的诉讼代理人为有权代其接受送达的诉讼代理人，法院可以向该诉讼代理人送达；受送达人在内地设立有代表机构的，法院可以直接向该代表机构送达；受送达人在内地设立有分支机构或者业务代办人并授权其接受送达的，法院可以直接向该分支机构或者业务代办人送达。(2)丰富了送达方式。法院可以采取邮寄、传真、电子邮件等能够确认收悉的其他适当方式向受送达人送达。如果这些方式均不能送达，法院还可以采取公告送达，公告内容应当在内地和受送达人住所地公开发行的报刊上刊登，自公告之日起满3个月即视为送达。除公告送达方式外，法院可以同时采取多种送达方式，依最先实现送达的方式确定送达日期。此外，法院向在内地的受送达人或者受送达人的法定代表人、主要负责人、诉讼代理人、代表机构以及有权接受送达的分支机构、业务代办人送达司法文书，可以适用留置送达的方式。(3)明确规定了推定送达的情形。受送达人未对法院送达的司法文书履行签收手续，但存在以下情形之一的，视为送达：向法院提及了所送达司法文书的内容；已经按照所送达司法文书的内容履行；其他可确认为已经送达的情形。

关于送达方式，《内地与澳门安排》规定：双方相互委托送达司法文书(和调查取证)，通过内地与澳门特别行政区司法协助网络平台以电子方式转递；不能通过司法协助网络平台以电子方式转递的，采用邮寄方式。通过司法协助网络平台以电子方式转递的司法文书、证据材料等文件，应当确保其完整性、真实性和不可修改性。通过司法协助网络平台以电子方式转递的司法文书、证据材料等文件与原件具有同等效力。

(三)大陆与台湾地区之间的送达

大陆人民法院审理涉台民事案件向住所地在台湾地区的当事人送达民事诉讼文书，以及人民法院接受台湾地区有关法院的委托代为向住所地在大陆的当事人送达民事诉讼文书，适用《涉台民事诉讼文书送达的若干规定》、最高人民法院《关于人民法院办理海峡两岸送达文书和调查取证司法互助案件的规定》。涉台民事诉讼文书送达事务的处理，应当遵守一个中国原则和法律的基本原则，不违反社会公共利益。这也是大陆处理涉台事务的基本原则。

按照前述规定，涉台送达分两种情形：

1.人民法院向住所地在台湾地区的当事人送达民事诉讼文书，可以采用下列方式：

(1)受送达人居住在大陆的，或者受送达人不在大陆居住，但送达时在大陆的，可以直接送达。受送达人是自然人，本人不在的，可以交其同住成年家属签收；受送达人是法人或者其他组织的，应当由法人的法定代表人、其他组织的主要负责人或者该法人、组织负责收件的人签收。

(2)受送达人在大陆有诉讼代理人的，向诉讼代理人送达。但受送达人在授权委托书中明确表明其诉讼代理人无权代为接收的除外。

(3)受送达人有指定代收人的，向代收人送达。

(4)受送达人在大陆有代表机构、分支机构、业务代办人的，向其代表机构或者经受送达人明确授权接受送达的分支机构、业务代办人送达。

采用上述四种方式送达的，由受送达人、诉讼代理人或者有权接受送达的人在送达回证上签收或者盖章，即为送达；拒绝签收或者盖章的，可依法留置送达。

（5）受送达人在台湾地区的地址明确的，可以邮寄送达。邮寄送达应附有送达回证。受送达人未在送达回证上签收但在邮件回执上签收的，视为送达，签收日期为送达日期。自邮寄之日起满3个月，如果未能收到送达与否的证明文件，且根据各种情况不足以认定已经送达的，视为未送达。

（6）有明确的传真号码、电子信箱地址的，可以通过传真、电子邮件方式向受送达人送达。采用此种方式送达，应注明人民法院的传真号码或者电子信箱地址，并要求受送达人在收到传真件或者电子邮件后及时予以回复，并以能够确认受送达人收悉的日期为送达日期。

（7）按照两岸认可的其他途径送达。此种情形下的送达，应当由有关的高级人民法院出具盖有本院印章的委托函。委托函应当写明案件各方当事人的姓名或者名称、案由、案号，受送达人姓名或者名称、受送达人的详细地址以及需送达的文书种类。

（8）采用上述方式不能送达或者台湾地区的当事人下落不明的，公告送达。公告内容应当在境内外公开发行的报刊或者权威网站上刊登，自公告之日起满3个月，即视为送达。

2.人民法院按照两岸认可的途径代为送达台湾地区法院的民事诉讼文书，按照下列办法处理：

首先，人民法院代为送达台湾地区法院的民事诉讼文书应当有后者的委托函。在收到台湾地区有关法院的委托函后，经审查符合条件的，应在收到委托函之日起2个月内完成送达。完成送达的送达回证按照原途径退回。

其次，民事诉讼文书中确定的出庭日期或者其他期限逾期的，受委托的人民法院亦应予送达。

再次，人民法院按照委托函中的受送达人姓名或者名称、地址不能送达的，应当附函写明情况，将未完成送达的委托材料依原途径退回。

最后，受委托的人民法院对台湾地区有关法院委托送达的民事诉讼文书的内容和后果不负法律责任。

二、内地（大陆）与港澳台地区之间的调查取证

同送达问题类似，内地（大陆）并无专门立法解决其与港澳台地区之间的取证问题。目前所遇问题，主要参照最高人民法院的司法解释来加以解决。前述《内地与澳门安排》，是中国区际取证方面最早的成果。最高人民法院《关于人民法院办理海峡两岸送达文书和调查取证司法互助案件的规定》对海峡两岸通过司法互助调查取证作了原则规定。最高人民法院与香港特别行政区达成的《关于内地与香港特别行政区法院就民商事案件相互委托提取证据的安排》（以下简称《内地与香港取证安排》）自2017年3月1日起生效。以下扼要介绍两个安排的相关内容。

（一）内地与澳门特别行政区之间的相互取证

内地人民法院与澳门特别行政区法院可按照《内地与澳门安排》，就民商事案件（在内地包括劳动争议案件，在澳门特别行政区包括民事劳工案件）相互委托调取证据。双方相互委托调取证据，须通过内地各高级人民法院和澳门特别行政区终审法院进行。最高人民法院与澳门特别行政区终审法院可以直接相互委托调取证据。内地各高级人民法院和澳门特别行政区终审法院收到对方法院的委托书后，应当立即将委托书及所附司法文书和相关文件转送根据其本辖区法律规定有权完成该受托事项的法院。受委托方法院发现委托事项存在材料不齐全、信息不完整等问题，影响其完成受托事项的，应当及时通知委托方法院补充材料或作出说明。委托书应当以中文文本提出。所附司法文书及其他相关文件没有中文文本的，应当提供中文译本。代为调取证据的委托书应当写明：（1）委托法院的名称；（2）当事人及其诉讼代理人的姓名、地址，以及其他一切有助于辨别其身份的情况；（3）委托调取证据的原因，以及委托调取证据的具体事项；（4）被调查人的姓名、地址及其他一切有助于辨别其身份的情况，以及需要向其提出的问题；（5）调取证据需采用的特殊方式；（6）有助于执行该委托的其他一切情况。

委托方法院请求调取的证据只能是用于与诉讼有关的证据。代为调取证据的范围包括：

代为询问当事人、证人和鉴定人，代为进行鉴定和司法勘验，调取其他与诉讼有关的证据。如委托方法院提出要求，受委托方法院应当将取证的时间、地点通知委托方法院，以便有关当事人及其诉讼代理人能够出席。受委托方法院在执行委托调取证据时，根据委托方法院的请求，可以允许委托方法院派司法人员出席。必要时，经受委托方允许，委托方法院的司法人员可以向证人、鉴定人等发问。

委托方法院应当在合理的期限内提出委托请求，以保证受委托方法院收到委托书后，及时完成受托事项。受委托方法院应优先处理受托事项。完成受托事项的期限，调取证据最迟不得超过自收到委托书之日起3个月。受委托方法院收到委托书后，不得以其本辖区法律规定对委托方法院审理的该民商事案件享有专属管辖权或不承认对该请求事项提起诉讼的权利为由，不予执行受托事项。受委托方法院在执行受托事项时，如果该事项不属于法院职权范围，或者内地人民法院认为在内地执行该受托事项将违反其基本法律原则或社会公共利益，或者澳门特别行政区法院认为在澳门特别行政区执行该受托事项将违反其基本法律原则或公共秩序的，可以不予执行，但应当及时向委托方法院书面说明不予执行的原因。受委托方法院完成委托调取证据的事项后，应当向委托方法院书面说明。如果未能按委托方法院的请求全部或部分完成调取证据事项的，受委托方法院应当向委托方法院书面说明妨碍调取证据的原因，采取邮寄方式委托的，应及时退回委托书及所附文件。如果当事人、证人根据受委托方的法律规定，拒绝作证或推辞提供证言时，受委托方法院应当以书面方式通知委托方法院，采取邮寄方式委托的，应及时退回委托书及所附文件。

受委托方法院应当根据本辖区法律规定执行受托事项。委托方法院请求按照特殊方式执行委托事项的，如果受委托方法院认为不违反本辖区的法律规定，可以按照其特殊方式执行。委托方法院无须支付受委托方法院在调取证据时发生的费用或税项，但受委托方法院根据其本辖区法律规定，有权在调取证据时，要求委托方法院预付鉴定人、证人、翻译人员的费用，以及因采用委托方法院在委托书中请求以特殊方式调取证据所产生的费用。

受委托方法院可以根据委托方法院的请求，并经证人、鉴定人同意，协助安排其辖区的证人、鉴定人到对方辖区出庭作证。受委托方法院也可以根据委托方法院的请求，并经证人、鉴定人同意，协助安排其辖区的证人、鉴定人通过视频、音频作证。证人、鉴定人在委托方地域内逗留期间，不得因在其离开受委托方地域之前，在委托方境内所实施的行为或针对他所作的裁决而被刑事起诉、羁押，不得为履行刑罚或者其他处罚而被剥夺财产或者扣留身份证件，不得以任何方式对其人身自由加以限制。证人、鉴定人完成所需诉讼行为，且可自由离开委托方地域后，在委托方境内逗留超过7日，或者已离开委托方地域又自行返回时，前述所指的豁免即行终止。证人、鉴定人到委托方法院出庭而导致的费用及补偿，由委托方法院预付。这里所指出庭作证人员，在澳门特别行政区还包括当事人。受委托方法院取证时，被调查的当事人、证人、鉴定人等的代理人可以出席。

（二）内地与香港特别行政区之间的相互取证

内地人民法院与香港特别行政区法院就民商事案件相互委托提取证据，须通过各自指定的联络机关进行。内地指定各高级人民法院为联络机关，香港特别行政区指定香港特别行政区政府政务司司长办公室辖下行政署为联络机关。最高人民法院可以直接通过香港特别行政区指定的联络机关委托提取证据。

内地人民法院委托香港特别行政区法院提取证据的，请求协助的范围包括：（1）讯问证人；（2）取得文件；（3）检查、拍摄、保存、保管或扣留财产；（4）取得财产样品或对财产进行试验；（5）对人进行身体检验。香港特别行政区法院委托内地人民法院提取证据的，请求协助的范围包括：（1）取得当事人的陈述及证人证言；（2）提供书证、物证、视听资料及电子数据；（3）勘验、鉴定。受委托方应当根据本辖区法律规定安排取证。委托方请求按照特殊方式提取证据的，如果受委托方认为不违反本辖区的法律规定，可以按照委托方请求的方式执行。

内地人民法院委托香港特别行政区法院提取证据，应当提供加盖最高人民法院或者高级人民法院印章的委托书。香港特别行政区法院委托内地人民法院提取证据，应当提供加盖香港特别行政区高等法院印章的委托书。委托书或者所附相关材料应当写明：(1)出具委托书的法院名称和审理相关案件的法院名称。(2)与委托事项有关的当事人或者证人的姓名或者名称、地址及其他一切有助于联络及辨别其身份的信息。(3)要求提供的协助详情，包括但不限于：与委托事项有关的案件基本情况(包括案情摘要、涉及诉讼的性质及正在进行的审理程序等)；需向当事人或者证人取得的指明文件、物品及询(讯)问的事项或问题清单；需要委托提取有关证据的原因等；必要时，需说明有关证据对诉讼的重要性及用来证实的事实及论点等。(4)是否需要采用特殊方式提取证据以及具体要求。(5)委托方的联络人及其联络信息。(6)有助执行委托事项的其他一切信息。

受委托方的联络机关收到对方的委托书后，应当及时将委托书及所附相关材料转送相关法院或者其他机关办理，或者自行办理。如果受委托方认为委托材料不符合本辖区相关法律规定，影响其完成受托事项，应当及时通知委托方修改、补充；如受托事项不属于本安排规定的范围，可以予以退回并说明原因。委托书及所附相关材料应当以中文文本提出。没有中文文本的，应当提供中文译本。委托方获得的证据材料只能用于委托书所述的相关诉讼。受委托方应当尽量自收到委托书之日起6个月内完成受托事项。如果受委托方未能按委托方的请求完成受托事项，或者只能部分完成受托事项，应当向委托方书面说明原因，并按委托方指示及时退回委托书所附全部或者部分材料。如果证人根据受委托方的法律规定，拒绝提供证言，受委托方应当以书面通知委托方，并按委托方指示退回委托书所附全部材料。

受委托方因执行受托事项产生的一般性开支，由受委托方承担。受委托方因执行受托事项产生的翻译费用、专家费用、鉴定费用、应委托方要求的特殊方式取证所产生的额外费用等非一般性开支，由委托方承担。这里的非一般性开支，应先与委托方协商，以决定是否继续执行受托事项。

三、内地与香港、澳门特别行政区法院就仲裁程序相互协助保全

2019年3月25日，最高人民法院审判委员会讨论并通过《关于内地与香港特别行政区法院就仲裁程序相互协助保全的安排》(以下简称《香港仲裁保全安排》)，经协商，该安排于2019年10月1日在两地同时生效，内地以司法解释形式予以发布。这是内地与其他法域签订的第一份仲裁保全协助的文件，弥补了我国区际司法协助中财产保全方面的空白。《香港仲裁保全安排》共11条，对两地相互协助保全的途径、可申请保全的范围、申请保全的程序以及保全申请审查处理等问题作了规定。[①]

关于保全类型，在内地包括财产保全、证据保全、行为保全；在香港特别行政区包括强制令以及其他临时措施，以在争议得以裁决之前维持现状或者恢复原状、采取行动防止目前或者即将对仲裁程序发生的危害或者损害，或者不采取可能造成这种危害或者损害的行动、保全资产或者保全对解决争议可能具有相关性和重要性的证据。

何为香港仲裁程序，《香港仲裁保全安排》也予以界定，即应以香港特别行政区为仲裁地，并且由以下机构或者常设办事处管理：(1)在香港特别行政区设立或者总部设于香港特别行政区，并以香港特别行政区为主要管理地的仲裁机构；(2)中华人民共和国加入的政府间国际组织在香港特别行政区设立的争议解决机构或者常设办事处；(3)其他仲裁机构在香港特别行政区设立的争议解决机构或者常设办事处，且该

① 除了在仲裁程序中内地与港澳法院相互协助采取保全措施外，关于诉讼程序的进行，相互协助也已开始。2021年5月发布的《最高人民法院与香港特别行政区政府关于内地与香港特别行政区法院相互认可和协助破产程序的会谈纪要》表明，两地法院对相互认可破产或清盘程序、破产管理人或清盘人身份等问题达成了共识。

争议解决机构或者常设办事处满足香港特别行政区政府订立的有关仲裁案件宗数以及标的金额等标准。前述机构或者常设办事处的名单由香港特别行政区政府向最高人民法院提供，并经双方确认。

内地仲裁机构管理的仲裁程序的当事人，在仲裁裁决作出前，可以依据香港特别行政区《仲裁条例》《高等法院条例》，向香港特别行政区高等法院申请保全。

关于内地受理保全申请的法院，根据《香港仲裁保全安排》，为被申请人住所地、财产所在地或者证据所在地的内地中级人民法院。仲裁程序开始后申请保全的，由仲裁机构或者常设办事处转递保全申请至管辖法院。对于仲裁前申请保全的，安排参照《中华人民共和国民事诉讼法》规定的仲裁前申请保全程序。向内地法院申请保全应当提交：(1)保全申请书；(2)仲裁协议，此时并不判断仲裁协议的效力；(3)身份证明材料；(4)仲裁申请文件和有关证明函件；(5)内地人民法院根据具体案情认为还需要提供的其他材料。在内地之外形成的身份证明材料需要进行公证、认证。而向香港特别行政区法院申请临时措施应当提交的材料及相关内容，与内地不同，按照香港特别行政区相关法律规定办理。

法院审查保全申请，要求申请人提供何种担保或者作出承诺、保证，作出是否保全的裁定或者命令等，均依据被请求方法律尽快进行审查。当事人对裁定或者命令不服时，按被请求方有关法律规定处理：在内地，可以申请复议；在香港特别行政区，可以申请解除或者更改。

2022年2月25日，最高人民法院《关于内地与澳门特别行政区就仲裁程序相互协助保全的安排》通过，于2022年3月25日起施行（以下简称《澳门仲裁保全安排》）。该安排共12条，与前述《香港仲裁保全安排》内容相似。所谓“保全”，在内地包括财产保全、证据保全、行为保全；在澳门特别行政区包括为确保受威胁的权利得以实现而采取的保存或者预行措施。本安排的规定不减损内地和澳门特别行政区的仲裁机构、仲裁庭、仲裁员、当事人依据对方法律享有的权利。

按照澳门特别行政区仲裁法规向澳门特别行政区仲裁机构提起民商事仲裁程序的当事人，在仲裁裁决作出前，可以参照《中华人民共和国民事诉讼法》《中华人民共和国仲裁法》以及相关司法解释的规定，向被申请人住所地、财产所在地或者证据所在地的内地中级人民法院申请保全。被申请人住所地、财产所在地或者证据所在地在不同人民法院辖区的，应当选择向其中一个人民法院提出申请，不得分别向两个或者两个以上人民法院提出申请。申请仲裁前保全的，内地人民法院采取保全措施后30日内未收到仲裁机构已受理仲裁案件的证明函件的，内地人民法院应当解除保全。向内地人民法院申请保全的，应当提交如下材料：(1)保全申请书。(2)仲裁协议。(3)身份证明材料：申请人为自然人的，应当提交身份证件复印件；申请人为法人或者非法人组织的，应当提交注册登记证书的复印件以及法定代表人或者负责人的身份证件复印件。(4)在仲裁机构受理仲裁案件后申请保全的，应当提交包含主要仲裁请求和所根据的事实与理由的仲裁申请文件以及相关证据材料、仲裁机构出具的已受理有关仲裁案件的证明函件。(5)内地人民法院要求的其他材料。需要注意的是，身份证明材料系在内地以外形成的，应当依据内地相关法律规定办理证明手续。向内地人民法院提交的文件没有中文文本的，应当提交中文译本。向内地人民法院提交的保全申请书应当载明下列事项。(1)当事人的基本情况：当事人为自然人的，包括姓名、住所、身份证件信息、通讯方式等；当事人为法人或者非法人组织的，包括法人或者非法人组织的名称、住所以及法定代表人或者主要负责人的姓名、职务、住所、身份证件信息、通讯方式等。(2)请求事项，包括申请保全财产的数额、申请行为保全的内容和期限等。(3)请求所依据的事实、理由和相关证据，包括关于情况紧急，如不立即保全将会使申请人合法权益受到难以弥补的损害或者将使仲裁裁决难以执行的说明等。(4)申请保全的财产、证据的明确信息或者具体线索。(5)用于提供担保的内地财产信息或者资信证明。(6)是否已提出其他保全申请以及保全情况。(7)其他需要载明的事项。

依据《仲裁法》向内地仲裁机构提起民商事仲裁程序的当事人，在仲裁裁决作出前，可以根据澳门特别行政区法律规定，向澳门特别行政区初级法院申请保全。申请仲裁前保全的，申请人应当在澳门特别行政区法律规定的期间内，采取开展仲裁程序的必要措施，否则该保全措施失效。申请人应当将已作出必要措施及作出日期的证明送交澳门特别行政区法院。向澳门特别行政区法院申请保全的，须附同下列资料：(1)仲裁协议。(2)申请人或者被申请人为自然人的，应当载明其姓名以及住所；为法人或者非法人组织的，应当载明其名称、住所以及法定代表人或者主要负责人的姓名、职务和住所。(3)请求的详细资料，尤其包括请求所依据的事实和法律理由、申请标的的情况、财产的详细资料、须保全的金额、申请行为保全的详细内容和期限以及附同相关证据，证明权利受威胁以及解释恐防受侵害的理由。(4)在仲裁机构受理仲裁案件后申请保全的，应当提交该仲裁机构出具的已受理有关仲裁案件的证明。(5)是否已提出其他保全申请以及保全情况。(6)法院要求的其他资料。需要注意的是，如向法院提交的文件并非使用澳门特别行政区的其中一种正式语文，则申请人应当提交其中一种正式语文的译本。

被请求方法院应当尽快审查当事人的保全申请，可以按照被请求方法律规定要求申请人提供担保。当事人的保全申请符合被请求方法律规定的，被请求方法院应当作出保全裁定。当事人对被请求方法院的裁定不服的，按被请求方相关法律规定处理。此外，当事人申请保全的，应当根据被请求方法律的规定交纳费用。

四、内地（大陆）与港澳台地区相互执行法院判决

关于内地（大陆）与港澳台地区相互执行法院判决，2015年6月29日最高人民法院公布了《关于认可和执行台湾地区法院民事判决的规定》(2015年7月1日起施行)。2006年2月28日，最高人民法院与澳门特别行政区在澳门签署了《关于内地与澳门特别行政区相互认可和执行民商事判决的安排》。在这一安排的推动下，2006年7月14日最高人民法院与香港特别行政区签署了《关于内地与香港特别行政区法院相互认可和执行当事人协议管辖的民商事案件判决的安排》(2008年7月最高人民法院以司法解释的形式公布，法释〔2008〕9号)，2017年达成了《关于内地与香港特别行政区法院相互认可和执行婚姻家庭民事案件判决的安排》(以下简称《内地与香港婚姻家庭判决安排》)。2019年1月18日最高人民法院与香港特别行政区在北京签署了《关于内地与香港特别行政区法院相互认可和执行民商事案件判决的安排》，2024年1月25日最高人民法院以法释〔2024〕2号司法解释予以公布，于2024年1月29日起施行，并取代前述法释〔2008〕9号司法解释。以下分别介绍内地与港澳特别行政区达成的以上安排以及最高人民法院《关于认可和执行台湾地区法院民事判决的规定》。

（一）内地与澳门特别行政区相互认可和执行民商事判决

根据双方的一致意见，最高人民法院于2006年2月13日通过《关于内地与澳门特别行政区相互认可和执行民商事判决的安排》，该安排自2006年4月1日起生效。该安排全文共24条，涵盖的范围比较全面，主要内容如下：

1.《关于内地与澳门特别行政区相互认可和执行民商事判决的安排》适用的范围、“判决”所涵盖的文书种类。适用于内地与澳门特别行政区民商事案件(在内地包括劳动争议案件，在澳门特别行政区包括劳动民事案件)判决的相互认可和执行；亦适用于刑事案件中有关民事损害赔偿的判决、裁定，但不适用于行政案件。本安排所指“判决”，在内地包括：判决、裁定、决定、调解书、支付令；在澳门特别行政区包括：裁判、判决、确认和解的裁定、法官的决定或者批示。

2.受理认可和执行申请的管辖法院、在两地同时申请执行及其协调问题。一方法院作出的具有给付内容的生效判决，当事人可以向对方有管辖权的法院申请认可和执行；没有给付

内容，或者不需要执行，但需要通过司法程序予以认可的判决，当事人可以向对方法院单独申请认可，也可以直接以该判决作为证据在对方法院的诉讼程序中使用。内地有权受理认可和执行判决申请的法院为被申请人住所地、经常居住地或者财产所在地的中级人民法院。两个或两个以上中级人民法院均有管辖权的，申请人应当选择向其中一个中级人民法院提出申请；澳门特别行政区有权受理认可判决申请的法院为中级法院，有权执行的法院为初级法院。被申请人在内地和澳门特别行政区均有可供执行财产的，申请人可以向一地法院提出执行申请。申请人向一地法院提出执行申请的同时，可以向另一地法院申请查封、扣押或者冻结被执行人的财产。待一地法院执行完毕后，可以根据该地法院出具的执行情况证明，就不足部分向另一地法院申请采取处分财产的执行措施。两地法院执行财产的总额，不得超过依据判决和法律规定所确定的数额。

3.请求认可和执行的申请书的内容、所附相关证明文件、所附司法文书的文本及证明问题，以及上述文书所用语言问题。

请求认可和执行判决的申请书，应当载明下列事项：

（1）申请人或者被申请人为自然人的，应当载明其姓名及住所；为法人或者其他组织的，应当载明其名称及住所，以及其法定代表人或者主要负责人的姓名、职务和住所。

（2）请求认可和执行的判决的案号和判决日期。

（3）请求认可和执行判决的理由、标的，以及该判决在判决作出地法院的执行情况。

申请书应附生效判决书副本，或者经作出生效判决的法院盖章的证明书，同时应当附作出生效判决的法院或者有权限机构出具的证明下列事项的相关文件：

（1）传唤属依法作出，但判决书已经证明的除外；

（2）无诉讼行为能力人依法得到代理，但判决书已经证明的除外；

（3）根据判决作出地的法律，判决已经送达当事人，并已生效；

（4）申请人为法人的，应当提供法人营业执照副本或者法人登记证明书；

（5）判决作出地法院发出的执行情况证明。

对以上事项，如被请求方法院认为已充分了解，可以免除提交相关文件。被请求方法院对当事人提供的判决书的真实性有疑问时，可以请求作出生效判决的法院予以确认。

申请书应当用中文制作。所附司法文书及其相关文件未用中文制作的，应当提供中文译本。其中法院判决书未用中文制作的，应当提供由法院出具的中文译本。

4.认可判决的程序、拒绝认可的情形、当事人的救济途径。法院收到申请人请求认可和执行判决的申请后，应当将申请书送达被申请人，被申请人有权提出答辩。被请求方法院应当尽快审查认可和执行的请求，并作出裁定。被请求方法院经审查核实存在下列情形之一的，裁定不予认可：

（1）根据被请求方的法律，判决所确认的事项属被请求方法院专属管辖；

（2）在被请求方法院已存在相同诉讼，该诉讼先于待认可判决的诉讼提起，且被请求方法院具有管辖权；

（3）被请求方法院已认可或者执行被请求方法院以外的法院或仲裁机构就相同诉讼作出的判决或仲裁裁决；

（4）根据判决作出地的法律规定，败诉的当事人未得到合法传唤，或者无诉讼行为能力人未依法得到代理；

（5）根据判决作出地的法律规定，申请认可和执行的判决尚未发生法律效力，或者因再审被裁定中止执行；

（6）在内地认可和执行判决将违反内地法律的基本原则或者社会公共利益，在澳门特别行政区认可和执行判决将违反澳门特别行政区法律的基本原则或者公共秩序。

法院就认可和执行判决的请求作出裁定后，应当及时送达。当事人对认可与否的裁定不服的，在内地可以向上一级人民法院提请复议，在澳门特别行政区可以根据其法律规定提起上诉；对执行中作出的裁定不服的，可以根据被请求方法律的规定，向上级法院寻求救济。经裁定予以认可的判决，与被请求方法院的判决具有同等效力；判决有给付内容的，当事人可以向该方有管辖权的法院申请执行。被请求方法院不能对判决所确认的所有请求予以认可和执行时，可以认可和执行其中的部分请求。

5.受理认可和执行请求期间的财产保全、另行诉讼问题。法院受理认可和执行判决的申请之前或者之后，可以按照被请求方法律关于财产保全的规定，根据申请人的申请，对被申请人的财产采取保全措施。在被请求方法院受理认可和执行判决的申请期间，或者判决已获认可和执行，当事人再行提起相同诉讼的，被请求方法院不予受理。对于根据上述第（1）（4）（6）项不予认可的判决，申请人不得再行提起认可和执行的申请。但根据被请求方的法律，被请求方法院有管辖权的，当事人可以就相同案件事实向当地法院另行提起诉讼。本安排上述第（5）项所指的判决，在不予认可的情形消除后，申请人可以再行提起认可和执行的申请。

6.公共机构文书的免除认证、诉讼费用及其减免问题。为适用《关于内地与澳门特别行政区相互认可和执行民商事判决的安排》，由一方有权限公共机构（包括公证员）作成或者公证的文书正本、副本及译本，免除任何认证手续而可以在对方使用。申请人依据本安排申请认可和执行判决，应当根据被请求方法律规定，交纳诉讼费用、执行费用。申请人在生效判决作出地获准缓交、减交、免交诉讼费用的，在被请求方法院申请认可和执行判决时，应当享有同等待遇。

（二）内地与香港特别行政区相互认可与执行民商事判决

内地与香港特别行政区相互认可与执行民商事判决，目前已取得较为全面的成果，以下分两个方面予以介绍。

第一，《关于内地与香港特别行政区法院相互认可和执行民商事案件判决的安排》（本部分以下简称《安排》），主要规定有以下几点：

1.适用范围。内地人民法院和香港特别行政区法院在民商事案件中作出的生效判决及刑事案件中有关民事赔偿的生效判决，当事人可以根据《安排》向内地人民法院或者香港特别行政区法院申请认可和执行。这里，“民商事案件”是指依据内地和香港特别行政区法律均属于民商事性质的案件，不包括香港特别行政区法院审理的司法复核案件以及其他因行使行政权力直接引发的案件。“判决”，在内地包括判决、裁定、调解书、支付令，不包括保全裁定；在香港特别行政区包括判决、命令、判令、讼费评定证明书，不包括禁诉令、临时济助命令。“生效判决”，在内地是指第二审判决，依法不准上诉或者超过法定期限没有上诉的第一审判决，以及依照审判监督程序作出的上述判决；在香港特别行政区，是指终审法院、高等法院上诉法庭及原讼法庭、区域法院以及劳资审裁处、土地审裁处、小额钱债审裁处、竞争事务审裁处作出的已经发生法律效力的判决。

《安排》暂不适用于下列民商事判决：（1）内地人民法院审理的赡养、兄弟姐妹之间扶养、解除收养关系、成年人监护权、离婚后损害责任、同居关系析产案件，香港特别行政区法院审理的应否裁判分居的案件；（2）继承案件、遗产管理或者分配的案件；（3）内地人民法院审理的有关发明专利、实用新型专利侵权的案件，香港特别行政区法院审理的有关标准专利（包括原授专利）、短期专利侵权的案件，内地与香港特别行政区法院审理的有关确认标准必要专利许可费率的案件，以及有关《安排》第5条未规定的知识产权案件；（4）海洋环境污染、海事索赔责任限制、共同海损、紧急拖航和救助、船舶优先权、海上旅客运输案件；（5）破产（清盘）案件；（6）确定选民资格、宣告自然人失踪或者死亡、认定自然人限制或者无民事行为能力的案件；（7）确认仲裁协议效力、撤销仲裁裁决案件；（8）认可和执行其他国家和地区判决、仲裁裁决的案件。

2.管辖法院。依《安排》申请认可和执行民商事判决，在内地向申请人住所地或者被申请人住所地、财产所在地的中级人民法院提出；在香港特别行政区向香港特别行政区高等法院提出。申请人应当向符合上述其中一个人民法院提出申请。向两个以上有管辖权的人民法院提出申请的，由最先立案的人民法院管辖。

被申请人在内地和香港特别行政区均有可供执行财产的，申请人可以分别向两地法院申请执行。应对方法院要求，两地法院应当相互提供本方执行判决的情况。两地法院执行财产的总额不得超过判决确定的数额。

3.申请认可和执行应提交的文件。申请认可和执行《安排》规定的判决，应当提交下列材料：(1)申请书。(2)经作出生效判决的法院盖章的判决副本。(3)作出生效判决的法院出具的证明书，证明该判决属于生效判决，判决有执行内容的，还应当证明在原审法院地可以执行。(4)判决为缺席判决的，应当提交已经合法传唤当事人的证明文件，但判决已经对此予以明确说明或者缺席方提出认可和执行申请的除外。(5)身份证明材料：申请人为自然人的，应当提交身份证件复印件；申请人为法人或者其他组织的，应当提交注册登记证书的复印件以及法定代表人或者主要负责人的身份证件复印件。前述身份证明材料，在被请求方境外形成的，应当依据被请求方法律规定办理证明手续。

向内地人民法院提交的文件没有中文文本的，应当提交准确的中文译本。

4.申请书应当载明的事项。(1)当事人的基本情况：当事人为自然人的，包括姓名、住所、身份证件信息、通讯方式等；当事人为法人或者其他组织的，包括名称、住所及其法定代表人或者主要负责人的姓名、职务、住所、身份证件信息、通讯方式等。(2)请求事项和理由；申请执行的，还需提供被申请人的财产状况和财产所在地。(3)判决是否已在其他法院申请执行以及执行情况。

5.间接管辖权。符合下列情形之一，且依被请求方法律有关诉讼不属于被请求方法院专属管辖的，被请求方法院应当认定原审法院具有管辖权：(1)原审法院受理案件时，被告住所地在该方境内；(2)原审法院受理案件时，被告在该方境内设有代表机构、分支机构、办事处、营业所等不属于独立法人的机构，且诉讼请求是基于该机构的活动；(3)因合同纠纷提起的诉讼，合同履行地在该方境内；(4)因侵权行为提起的诉讼，侵权行为实施地在该方境内；(5)合同纠纷或者其他财产权益纠纷的当事人以书面形式约定由原审法院地管辖，但各方当事人住所地均在被请求方境内的，原审法院地应系合同履行地、合同签订地、标的物所在地等与争议有实际联系地；(6)当事人未对原审法院提出管辖权异议并应诉答辩，但各方当事人住所地均在被请求方境内的，原审法院地应系合同履行地、合同签订地、标的物所在地等与争议有实际联系地。

6.不予认可和执行的条件。申请认可和执行的判决，被申请人提供证据证明有下列情形之一的，被请求方法院审查核实后，应当不予认可和执行：(1)原审法院对有关诉讼的管辖不符合《安排》规定的；(2)依据原审法院地法律，被申请人未经合法传唤，或者虽经合法传唤但未获得合理的陈述、辩论机会的；(3)判决是以欺诈方法取得的；(4)被请求方法院受理相关诉讼后，原审法院又受理就同一争议提起的诉讼并作出判决的；(5)被请求方法院已经就同一争议作出判决，或者已经认可其他国家或地区就同一争议作出的判决的；(6)被请求方已经就同一争议作出仲裁裁决，或者已经认可其他国家或地区就同一争议作出的仲裁裁决的。

内地人民法院认为认可和执行香港特别行政区法院判决明显违反内地法律的基本原则或者社会公共利益，香港特别行政区法院认为认可和执行内地人民法院判决明显违反香港特别行政区法律的基本原则或者公共政策的，应当不予认可和执行。

被请求方法院不能认可和执行判决全部判项的，可以认可和执行其中的部分判项。

申请认可和执行的判决，被申请人提供证据证明在原审法院进行的诉讼违反了当事人就同一争议订立的有效仲裁协议或者管辖协议的，被请求方法院审查核实后，可以不予认可和执行。

被请求方法院不能仅因判决的先决问题不属于《安排》适用范围，而拒绝认可和执行该判决。

对于原审法院就知识产权有效性、是否成立或者存在作出的判项，不予认可和执行，但基于该判项作出的有关责任承担的判项符合本安排规定的，应当认可和执行。

相互认可和执行的判决内容包括金钱判项、非金钱判项。判决包括惩罚性赔偿的，不予认可和执行惩罚性赔偿部分，但知识产权侵权纠纷及内地法院审理的不正当竞争纠纷民事案件和香港特别行政区法院审理的假冒纠纷案件除外。

7.给付范围。内地与香港特别行政区法院相互认可和执行的财产给付范围，包括判决确定的给付财产和相应的利息、诉讼费、迟延履行金、迟延履行利息，不包括税收、罚款。前述“诉讼费”，在香港特别行政区是指讼费评定证明书核定或者命令支付的费用。

8.程序中止。对于香港特别行政区法院作出的判决，一方当事人已经提出上诉，内地人民法院审查核实后，中止认可和执行程序。经上诉，维持全部或者部分原判决的，恢复认可和执行程序；完全改变原判决的，终止认可和执行程序。内地人民法院就已经作出的判决裁定再审的，香港特别行政区法院审查核实后，中止认可和执行程序。经再审，维持全部或者部分原判决的，恢复认可和执行程序；完全改变原判决的，终止认可和执行程序。

9.一事不再理。在审理民商事案件期间，当事人申请认可和执行另一地法院就同一争议作出的判决的，应当受理。受理后，有关诉讼应当中止，待就认可和执行的申请作出裁定或者命令后，再视情终止或者恢复诉讼。审查认可和执行判决申请期间，当事人就同一争议提起诉讼的，不予受理；已经受理的，驳回起诉。判决全部获得认可和执行后，当事人又就同一争议提起诉讼的，不予受理。判决未获得或者未全部获得认可和执行的，申请人不得再次申请认可和执行，但可以就同一争议向被请求方法院提起诉讼。

10.临时措施。申请认可和执行判决的，被请求方法院在受理申请之前或者之后，可以依据被请求方法律规定采取保全或者强制措施。

第二，《内地与香港婚姻家庭判决安排》已于2022年2月15日生效，主要规定有：

1.适用范围。当事人向香港特别行政区法院申请认可和执行内地人民法院就婚姻家庭民事案件作出的生效判决，或者向内地人民法院申请认可和执行香港特别行政区法院就婚姻家庭民事案件作出的生效判决，适用《内地与香港婚姻家庭判决安排》；当事人向香港特别行政区法院申请认可内地民政部门所发的离婚证，或者向内地人民法院申请认可依据《婚姻制度改革条例》（香港法例第 178 章）第 Ⅴ 部、第 ⅤA 部规定解除婚姻的协议书、备忘录的，参照适用《香港家庭安排》。

《内地与香港婚姻家庭判决安排》所称生效判决，在内地是指第二审判决，依法不准上诉或者超过法定期限没有上诉的第一审判决，以及依照审判监督程序作出的上述判决；在香港特别行政区，是指终审法院、高等法院上诉法庭及原讼法庭和区域法院作出的已经发生法律效力的判决，包括依据香港法律可以在生效后作出更改的命令。这里的判决，在内地包括判决、裁定、调解书，在香港特别行政区包括判决、命令、判令、讼费评定证明书、定额讼费证明书，但不包括双方依据其法律承认的其他国家和地区法院作出的判决。

《内地与香港婚姻家庭判决安排》所称婚姻家庭民事案件，在内地是指：（1）婚内夫妻财产分割纠纷案件；（2）离婚纠纷案件；（3）离婚后财产纠纷案件；（4）婚姻无效纠纷案件；（5）撤销婚姻纠纷案件；（6）夫妻财产约定纠纷案件；（7）同居关系子女抚养纠纷案件；（8）亲子关系确认纠纷案件；（9）抚养纠纷案件；（10）扶养纠纷案件（限于夫妻之间扶养纠纷）；（11）确认收养关系纠纷案件；（12）监护权纠纷案件（限于未成年子女监护权纠纷）；（13）探望权纠纷案件；（14）申请人身安全保护令案件。在香港特别行政区是指：（1）依据香港法例第179章《婚姻诉讼条例》第Ⅲ部作出的离婚绝对判令；（2）依据香港法例第179章《婚姻诉讼条例》第Ⅳ部作出的婚姻无效绝对判令；（3）依据香港法例第192章《婚姻法律程序与财产条例》作出的在讼案待决期间提供赡养费令;(4)依据香港法例第13章《未成年人监护条例》、第16章《分居令及赡养令条例》、第 192 章《婚姻法律程序与财产条例》第 Ⅱ 部、第 ⅡA 部作出的赡养令;(5)依据香港法例第13章《未成年人监护条例》、第192章《婚姻法律程序与财产条例》第 Ⅱ 部、第 ⅡA 部作出的财产转让及出售财产令;(6)依据香港法例第182章《已婚者地位条例》作出的有关财产的命令;(7)依据香港法例第192章《婚姻法律程序与财产条例》在双方在生时作出的修改赡养协议的命令;(8)依据香港法例第290章《领养条例》作出的领养令;(9)依据香港法例第179章《婚姻诉讼条例》、第429章《父母与子女条例》作出的父母身份、婚生地位或者确立婚生地位的宣告;(10)依据香港法例第13章《未成年人监护条例》、第16章《分居令及赡养令条例》、第 192 章《婚姻法律程序与财产条例》作出的管养令;(11)就受香港法院监护的未成年子女作出的管养令;(12)依据香港法例第 189 章《家庭及同居关系暴力条例》作出的禁制骚扰令、驱逐令、重返令或者更改、暂停执行就未成年子女的管养令、探视令。

2.管辖法院。申请认可和执行上述判决，在内地向申请人住所地、经常居住地或者被申请人住所地、经常居住地、财产所在地的中级人民法院提出;在香港特别行政区向区域法院提出。申请人向两个以上有管辖权的人民法院提出申请，由最先立案的法院管辖。

3.申请认可和执行应提交的材料。

申请认可和执行判决的，应提交下列材料:(1)申请书;(2)经作出生效判决的法院盖章的判决副本;(3)作出生效判决的法院出具的证明书，证明该判决属于本安排规定的婚姻家庭民事案件生效判决;(4)判决为缺席判决的，应当提交法院已经合法传唤当事人的证明文件，但判决已经对此予以明确说明或者缺席方提出申请的除外;(5)经公证的身份证件复印件。

申请认可离婚证或者协议书、备忘录的，应提交下列材料:(1)申请书;(2)经公证的离婚证复印件，或者经公证的协议书、备忘录复印件，(3)经公证的身份证件复印件。向内地人民法院提交的文件没有中文文本的，应提交准确的中文译本。

4.不予认可和执行的条件。申请认可和执行的判决，被申请人提供证据证明有下列情形之一的，法院审查核实后，不予认可和执行:(1)根据原审法院地法律，被申请人未经合法传唤，或者虽经合法传唤但未获得合理的陈述、辩论机会的;(2)判决是以欺诈方法取得的;(3)被请求方法院受理相关诉讼后，请求方法院又受理就同一争议提起的诉讼并作出判决的;(4)被请求方法院已经就同一争议作出判决，或者已经认可和执行其他国家和地区法院就同一争议所作出的判决的。内地人民法院认为认可和执行香港特别行政区法院判决明显违反内地法律的基本原则或者社会公共利益，香港特别行政区法院认为认可和执行内地人民法院判决明显违反香港特别行政区法律的基本原则或者公共政策的，不予认可和执行。申请认可和执行的判决涉及未成年子女的，在根据前述规定审查决定是否认可和执行时，应当充分考虑未成年子女的最佳利益。被请求方法院不能对判决的全部判项予以认可和执行时，可以认可和执行其中的部分判项。

5.中止、终止认可和执行。对于香港特别行政区法院作出的判决，一方当事人已经提出上诉，内地人民法院审查核实后，可以中止认可和执行程序。经上诉，维持全部或者部分原判决的，恢复认可和执行程序;完全改变原判决的，终止认可和执行程序。内地人民法院就已经作出的判决裁定再审的，香港特别行政区法院审查核实后，可以中止认可和执行程序。经再审，维持全部或者部分原判决的，恢复认可和执行程序;完全改变原判决的，终止认可和执行程序。

6.执行范围。被申请人在内地和香港特别行政区均有可供执行财产的，申请人可以分别向两地法院申请执行，但两地法院执行财产的总额不得超过判决确定的数额。应对方法院要求，两地法院应当相互提供本院执行判决的情况。内地与香港特别行政区法院相互认可和执行的财产给付范围，包括判决确定的给付财产和相应的利息、迟延履行金、诉讼费，不包括税收、罚款。诉讼费在香港特别行政区是指讼费评定证明书、定额讼费证明书核定或者命令支付的费用。

7.一事不再理。在审理婚姻家庭民事案件期间，当事人申请认可和执行另一地法院就同一争议作出的判决的，应当受理。受理后，有关诉讼应当中止，待就认可和执行的申请作出裁定或者命令后，再视情终止或者恢复诉讼。审查认可和执行判决申请期间，当事人就同一争议提起诉讼的，不予受理；已经受理的，驳回起诉。判决获得认可和执行后，当事人又就同一争议提起诉讼的，不予受理。判决未获认可和执行的，申请人不得再次申请认可和执行，但可以就同一争议向被请求方法院提起诉讼。

8.临时措施。被请求方法院在受理认可和执行判决的申请之前或者之后，可以依据其法律规定采取保全或者强制措施。

（三）大陆与台湾地区相互认可和执行民事判决

台湾地区法院的民事判决、裁定、和解笔录、调解笔录、支付命令等，当事人可在判决生效后2年内向大陆人民法院申请认可和执行。申请由申请人或被申请人住所地、经常居住地或者被申请人财产所在地中级人民法院或者专门人民法院受理。申请认可台湾地区法院在刑事案件中作出的有关民事损害赔偿的生效判决、裁定、和解笔录的，适用《关于认可和执行台湾地区法院民事判决的规定》。申请认可由台湾地区乡镇市调解委员会等出具并经台湾地区法院核定，与台湾地区法院生效民事判决具有同等效力的调解文书的，亦参照适用该规定。

申请人应提交申请书，并须附有台湾地区有关法院民事判决文书和民事判决确定证明书的正本或者经证明无误的副本。台湾地区法院民事判决为缺席判决的，申请人应当同时提交台湾地区法院已经合法传唤当事人的证明文件，但判决已经对此予以明确说明的除外。申请书应当记明以下事项：

1.申请人和被申请人姓名、性别、年龄、职业、身份证件号码、住址（申请人或者被申请人为法人或者其他组织的，应当记明法人或者其他组织的名称、地址、法定代表人或者主要负责人姓名、职务）和通讯方式；

2.请求和理由；

3.申请认可的判决的执行情况；

4.其他需要说明的情况。

人民法院收到申请书，经审查，符合条件的，应当在7日内立案；并通知申请人和被申请人，同时将申请书送达被申请人；不符合受理条件的，应当在7日内裁定不予受理，同时说明不予受理的理由。申请人对裁定不服的，可以提起上诉。人民法院审查认可台湾地区法院民事判决的申请，组成合议庭进行。申请人应当提供相关证明文件，以证明该判决真实并且已经生效。

台湾地区法院的民事判决具有下列情形之一的，人民法院裁定不予认可：

1.申请认可的民事判决，是在被申请人缺席又未经合法传唤或者在被申请人无诉讼行为能力又未得到适当代理的情况下作出的；

2.案件系人民法院专属管辖的；

3.案件双方当事人订有有效仲裁协议，且无放弃仲裁管辖情形的；

4.案件系人民法院已作出判决或者中国大陆的仲裁庭已作出仲裁裁决的；

5.香港特别行政区、澳门特别行政区或者外国的法院已就同一争议作出判决且已为人民法院所认可或者承认的；

6.台湾地区、香港特别行政区、澳门特别行政区或者外国的仲裁庭已就同一争议作出仲裁裁决且已为人民法院所认可或者承认的。

认可台湾地区民事判决将违反一个中国原则等国家法律的基本原则或者损害社会公共利益的，人民法院应当裁定不予认可。

经人民法院审查后，能够确认台湾地区法院民事判决真实并且已经生效，而且不具有以上不予认可的情形的，裁定认可其效力；不能确认该民事判决的真实性或者已经生效的，裁定驳回申请人的申请。人民法院受理认可台湾地区法院民事判决的申请后，当事人就同一争议起诉的，不予受理。案件虽经台湾地区法院判决，但当事人未申请认可，而是就同一争议向人民法院提起诉讼的，应予受理。对人民法院裁定不予认可的民事判决，申请人再次提出申请的，人民法院不予受理，但申请人可以就同一争议向人民法院提起诉讼。

经人民法院裁定认可的台湾地区法院民事判决，与人民法院作出的生效判决具有同等效力。

五、内地（大陆）与港澳台地区相互执行仲裁裁决

所有的中国区际法律问题中，各法域相互执行仲裁裁决为目前得到较好解决的问题。在此领域，各法域不仅有自己单方的法律规定，而且内地与香港特别行政区经过协商，于1999年达成《内地与香港特别行政区相互执行仲裁裁决的安排》，最高人民法院以司法解释的形式予以公布，自2000年2月1日起施行。香港特别行政区也已将其有关内容并入其2000年修订的《仲裁（修订）条例》。2020年11月9日，最高人民法院通过《关于内地与香港特别行政区相互执行仲裁裁决的补充安排》（法释〔2020〕13号）。内地与澳门特别行政区经过协商，于2007年10月30日达成《关于内地与澳门特别行政区相互认可和执行仲裁裁决的安排》，最高人民法院以司法解释的形式予以公布，自2008年1月1日起施行。大陆与台湾地区相互执行仲裁裁决，各自依照自己的相关规定，大陆方面的主要法律依据是最高人民法院《关于认可和执行台湾地区仲裁裁决的规定》（2015年7月1日起施行，法释〔2015〕14号）。

（一）《内地与香港特别行政区相互执行仲裁裁决的安排》及其补充安排的要点

1.执行内地或者香港特别行政区仲裁裁决的程序，应解释为包括认可和执行内地或者香港特别行政区仲裁裁决的程序；内地人民法院执行按香港特别行政区《仲裁条例》作出的仲裁裁决，香港特别行政区法院执行按《中华人民共和国仲裁法》作出的仲裁裁决。有关管辖法院，在内地指被申请人住所地或其财产所在地的中级人民法院，在香港特别行政区指高等法院。被申请人住所地或财产所在地在内地不同的中级法院辖区内的，申请人可以选择其中一个法院申请执行裁决，不得分别向两个或两个以上的法院提出申请。被申请人在内地和香港特别行政区均有住所地或者可供执行财产的，申请人可以分别向两地法院申请执行。应对方法院要求，两地法院应当相互提供本方执行仲裁裁决的情况。两地法院执行财产的总额，不得超过裁决确定的数额。

2.申请人向有关法院申请执行仲裁裁决时，应提交以下文书：执行申请书、仲裁裁决书、仲裁协议。执行申请书应以中文提出，裁决书或仲裁协议没有中文文本的，申请人应提交正式证明的中文译本。执行申请书应当载明下列事项：

（1）申请人或被申请人为自然人的情况下，该人的姓名、地址；申请人或被申请人为法人或其他组织的情况下，该法人或其他组织的名称、地址及法定代表人姓名。

（2）申请人为法人或其他组织的，应当提交企业注册登记的副本。申请人是外国籍法人或其他组织的，应当提交相应的公证和认证材料。

（3）申请执行的理由与请求的内容，被申请人的财产所在地及财产状况。

3.申请人申请执行内地或香港特别行政区仲裁裁决的期限依据执行地法律有关时限的规定。有关法院接到申请人申请后，应当按照执行地法律程序处理及执行。

4.有关法院在受理执行仲裁裁决申请之前或者之后，可以依申请并按照执行地法律规定采取保全或者强制措施。

5.被申请人接到法院的执行通知后，提出证据证明内地或香港仲裁裁决具有下列情形之一的，经审查核实，有关法院可裁定不予执行：

（1）仲裁协议当事人依对其适用的法律处于某种无行为能力的情形；或者该项仲裁协议依约定的准据法无效，或者未指明应适用的法律，依裁决地的法律是无效的。

（2）被申请人未接到指派仲裁员的适当通知，或者因他故未能陈述案件的。

（3）裁决所处理的争议不是交付仲裁的标的或不在仲裁协议范围之内，或者裁决载有关于交付仲裁范围以外事项的决定的。但交付仲裁事项的决定可与未交付仲裁的事项划分时，裁决中关于交付仲裁事项的决定部分应当予以执行。

（4）仲裁庭的组成或仲裁程序与当事人之间的协议不符，或者在有关当事人没有达成这种协议时与仲裁地的法律不符。

（5）裁决对当事人尚无约束力，或者业经仲裁地法院或者按仲裁地的法律撤销或停止执行的。

（6）如执行法院认定，依执行地法律，争议事项不能以仲裁方式解决的，或者执行裁决将违背法院地社会公共利益或公共政策的，则可不予执行该裁决。

（二）《关于内地与澳门特别行政区相互认可和执行仲裁裁决的安排》的要点

与内地和香港之间的上述安排相比，内地与澳门之间的安排在标题上多了“认可”二字，但这两个安排的核心内容是相同的，差异主要在于程序性细节。具体如下：

1.适用范围。《关于内地与澳门特别行政区相互认可和执行仲裁裁决的安排》适用的仲裁裁决采用仲裁机构与仲裁地、准据法三重标准。即内地法院认可和执行澳门特别行政区仲裁机构及仲裁员按照澳门特别行政区仲裁法规在澳门作出的民商事仲裁裁决。反之，澳门特别行政区法院认可和执行内地仲裁机构依据《中华人民共和国仲裁法》在内地作出的民商事仲裁裁决。该安排没有规定的，适用认可和执行地的程序法律规定。

2.管辖法院。在内地或者澳门特别行政区作出的仲裁裁决，一方当事人不履行的，另一方当事人可以向被申请人住所地、经常居住地或者财产所在地的有关法院申请认可和执行。内地有权受理认可和执行仲裁裁决申请的法院为中级人民法院。两个或者两个以上中级人民法院均有管辖权的，当事人应当选择其一。澳门特别行政区有权受理认可仲裁裁决申请的法院为中级法院，有权执行的法院为初级法院。被申请人的住所地、经常居住地或者财产所在地分别在内地和澳门特别行政区的，申请人可以向一地法院提出认可和执行申请，也可以分别向两地法院提出申请。当事人分别向两地法院提出申请的，两地法院都应当依法进行审查。予以认可的，采取查封、扣押或者冻结被执行人财产等执行措施。仲裁地法院应当先进行执行清偿，另一地法院在收到仲裁地法院关于经执行债权未获清偿情况的证明后，可以对申请人未获清偿的部分进行执行清偿。两地法院执行财产的总额，不得超过依据裁决和法律规定所确定的数额。

3.申请的条件。申请人向有关法院申请认可和执行仲裁裁决的，应当提交以下文件或者经公证的副本。这些文件没有中文文本的，申请人应当提交经正式证明的中文译本。

（1）申请书；

（2）申请人身份证明；

（3）仲裁协议；

（4）仲裁裁决书或者仲裁调解书。

申请人向有关法院申请认可和执行内地或者澳门特别行政区仲裁裁决的期限，依据认可和执行地的法律确定。

法院在受理认可和执行仲裁裁决申请之前或者之后，可以依当事人的申请，按照法院地法律规定，对被申请人的财产采取保全措施。

4.申请书。申请书应当包括下列内容：

（1）申请人或者被申请人为自然人的，应当载明其姓名及住所；为法人或者其他组织的，应当载明其名称及住所，以及其法定代表人或者主要负责人的姓名、职务和住所；申请人是外国籍法人或者其他组织的，应当提交相应的公证和认证材料。

（2）请求认可和执行的仲裁裁决书或者仲裁调解书的案号或识别资料和生效日期。

（3）申请认可和执行仲裁裁决的理由及具体请求，以及被申请人财产所在地、财产状况及该仲裁裁决的执行情况。

5.不予认可的理由。与内地和香港特别行政区的有关安排相同，此处不再赘述。

6.其他。由一方有权公共机构（包括公证

员）作成的文书正本或者经公证的文书副本及译本，在适用《关于内地与澳门特别行政区相互认可和执行仲裁裁决的安排》时，可以免除认证手续在对方使用。为实施该安排，最高人民法院和澳门特别行政区终审法院应当相互提供相关法律资料，每年相互通报执行的情况；在执行过程中遇有问题或者需要修改的，由最高人民法院和澳门特别行政区协商解决。

（三）《关于认可和执行台湾地区仲裁裁决的规定》的要点

台湾地区有关常设仲裁机构及临时仲裁庭在台湾地区按照台湾地区仲裁规定就有关民商事争议作出的仲裁裁决，包括仲裁判断、仲裁和解和仲裁调解，当事人可在该裁决生效后2年内向大陆人民法院申请认可和执行。申请由申请人或被申请人住所地、经常居住地或者被申请人财产所在地中级人民法院或者专门人民法院受理。

申请认可台湾地区仲裁裁决，应当提交以下文件或者经证明无误的副本：

1.申请书；

2.仲裁协议；

3.仲裁判断书、仲裁和解书或者仲裁调解书。

申请书应当记明以下事项：

1.申请人和被申请人姓名、性别、年龄、职业、身份证件号码、住址（申请人或者被申请人为法人或者其他组织的，应当记明法人或者其他组织的名称、地址、法定代表人或者主要负责人姓名、职务）和通讯方式；

2.申请认可的仲裁判断书、仲裁和解书或者仲裁调解书的案号或者识别资料和生效日期；

3.请求和理由；

4.被申请人财产所在地、财产状况及申请认可的仲裁裁决的执行情况；

5.其他需要说明的情况。

人民法院收到申请书，经审查，符合条件的，应当在7日内立案，并通知申请人和被申请人，同时将申请书送达被申请人；不符合受理条件的，应当在7日内裁定不予受理，同时说明不予受理的理由。申请人对裁定不服的，可以提起上诉。人民法院审查认可台湾地区仲裁裁决的申请，组成合议庭进行。申请人申请认可台湾地区仲裁裁决，应当提供相关证明文件，以证明该仲裁裁决的真实性。人民法院经审查认可台湾地区仲裁裁决的申请，决定予以认可的，应当在立案之日起2个月内作出裁定；决定不予认可或者驳回申请的，应当在作出决定前按有关规定自立案之日起2个月内上报最高人民法院。

对申请认可和执行的仲裁裁决，被申请人提出证据证明有下列情形之一的，经审查核实，人民法院裁定不予认可：

1.仲裁协议一方当事人依对其适用的法律在订立仲裁协议时属于无行为能力的；或者依当事人约定的准据法，或当事人没有约定适用的准据法而依台湾地区仲裁规定，该仲裁协议无效的；或者当事人之间没有达成书面仲裁协议的，但申请认可台湾地区仲裁调解的除外。

2.被申请人未接到选任仲裁员或进行仲裁程序的适当通知，或者由于其他不可归责于被申请人的原因而未能陈述意见的。

3.裁决所处理的争议不是提交仲裁的争议，或者不在仲裁协议范围之内；或者裁决载有超出当事人提交仲裁范围的事项的决定，但裁决中超出提交仲裁范围的事项的决定与提交仲裁事项的决定可以分开的，裁决中关于提交仲裁事项的决定部分可以予以认可。

4.仲裁庭的组成或者仲裁程序违反当事人的约定，或者在当事人没有约定时与台湾地区仲裁规定不符的。

5.裁决对当事人尚无约束力，或者业经台湾地区法院撤销或者驳回执行申请的。

依据国家法律，该争议事项不能以仲裁解决的，或者认可该仲裁裁决将违反一个中国原则等国家法律的基本原则或损害社会公共利益的，人民法院应当裁定不予认可。

经人民法院审查申请后，能够确认台湾地区仲裁裁决真实，而且不具有上述情形的，裁定认可其效力；不能确认该仲裁裁决的真实性的，裁定驳回申请。一方当事人向人民法院申请认可或者执行台湾地区仲裁裁决，另一方当事人向台湾地区法院起诉撤销该仲裁裁决，被申请人申请中止认可或者执行并且提供充分担保的，人民法院应当中止认可或者执行程序。申请中止认可或者执行的，应当向人民法院提供台湾地区法院已经受理撤销仲裁裁决案件的法律文书。台湾地区法院撤销该仲裁裁决的，人民法院应当裁定不予认可或者裁定终结执行；台湾地区法院驳回撤销仲裁裁决请求的，人民法院应当恢复认可或者执行程序。对人民法院裁定不予认可的台湾地区仲裁裁决，申请人再次提出申请的，人民法院不予受理。但当事人可以根据双方重新达成的仲裁协议申请仲裁，也可以就同一争议向人民法院起诉。

【本章主要法律规定】

1. 最高人民法院《关于内地与香港特别行政区法院相互委托送达民商事司法文书的安排》
2. 最高人民法院《关于内地与香港特别行政区相互执行仲裁裁决的安排》
3. 最高人民法院《关于内地与香港特别行政区相互执行仲裁裁决的补充安排》
4. 最高人民法院《关于内地与香港特别行政区法院相互认可和执行民商事案件判决的安排》
5. 最高人民法院《关于涉港澳民商事案件司法文书送达问题若干规定》
6. 最高人民法院《关于内地与澳门特别行政区法院就民商事案件相互委托送达司法文书和调取证据的安排》
7. 最高人民法院《关于内地与香港特别行政区法院就民商事案件相互委托提取证据的安排》
8. 最高人民法院《关于内地与澳门特别行政区相互认可和执行民商事判决的安排》
9. 最高人民法院《关于内地与澳门特别行政区相互认可和执行仲裁裁决的安排》
10. 最高人民法院《关于认可和执行台湾地区法院民事判决的规定》
11. 最高人民法院《关于认可和执行台湾地区仲裁裁决的规定》
12. 最高人民法院《关于涉台民事诉讼文书送达的若干规定》
13. 最高人民法院《关于审理涉台民商事案件法律适用问题的规定》
14. 最高人民法院《关于内地与香港特别行政区法院相互认可和执行婚姻家庭民事案件判决的安排》
15. 最高人民法院《关于内地与香港特别行政区法院就仲裁程序相互协助保全的安排》
16. 最高人民法院《关于内地与澳门特别行政区就仲裁程序相互协助保全的安排》

本学科重点、难点与疑点辨析

国际私法学是法学的一个分支，既涉及国内法，又涉及国际法。考生在学习和掌握国际私法时，既要注意借助于民商法、民事诉讼法和国际法的基本原理和相关原则、规则、制度来理解国际私法，更要重点关注国际私法的基本原理，国际私法的原则、规则和制度，特别是我国有关国际私法的立法、司法解释和司法实践。

一、国际私法的概念、调整对象、范围和渊源

重点关注国际私法是什么，它是以直接规范和间接规范相结合来调整平等主体之间的国际民商事法律关系并解决国际民商事法律冲突的法律部门。要注意国际私法的调整对象是广义的国际民商事关系，既包括一般的民事关系，又包括商事关系。而且，国际私法调整国际民商事法律关系的方法有独特之处，不仅用直接调整方法，而且用间接调整方法。还要关注的是，国际私法集外国人的民商事法律地位规范、冲突规范、国际统一实体私法规范、国际民商事争议解决规范于一体，集直接规范和间接规范于一体，集实体规范、法律适用规范和程序规范于一体，是最早的跨越传统的国内法和国际法界限的法律部门或法律分支。此外，国际私法的渊源不仅有国内法渊源，还有国际法渊源。

二、国际私法的主体

重点要明晰国际私法的主体包括自然人、法人、国家和国际组织，但主要为自然人和法人，国家和国际组织只是国际私法的特殊主体。国际私法的主体实际上是指国际民商事法律关系的主体。要注意辨析自然人的国籍、住所、居所、经常居所，法人的国籍、住所、经常居所、营业所在国际私法上的意义，掌握如何界定和确定。要认识到国家及其财产豁免是原则，不豁免是例外，区分绝对豁免和限制豁免这两种立场和主张。要掌握国民待遇、最惠国待遇和优惠待遇的要义和区别。国民待遇与最惠国待遇不同。最惠国待遇是以给予一个外国的待遇为标准来给予另一个外国相同的待遇，其结果是使不同的外国国家在内国享受相同的优惠和处于相同的地位。而国民待遇是以给予本国人的待遇为标准确定外国人的待遇，其结果是使外国人与本国人的待遇处于相同的地位。优惠待遇则是内国赋予外国人特定优惠的待遇。

三、国际民商事法律冲突、冲突规范和准据法

重点要明确了解避免和消除国际民商事法律冲突是国际私法的任务，冲突规范是解决国际民商事法律冲突的一种专门规范，准据法就是通过冲突规范找来的解决国际民商事法律冲突的法律。要关注国际民商事法律冲突产生的四个条件，清晰区分解决国际民商事法律冲突的冲突法方法和统一实体法方法。

冲突规范是由国内法或国际条约规定的，指明某种国际民商事法律关系应适用何种法律的规范。要明白冲突规范是国际私法特有的规范，它是法律适用规范、间接规范，也是结构独特的法律规范。了解冲突规范的范围、连结点、系属结构以及类型，有利于准确适用冲突规范。

准据法，是指经冲突规范指定援用来具体确定民商事法律关系当事人的权利与义务的特定的实体法律。由于冲突规范的直接作用只是确定法律选择，或者说援引准据法，故它并不能直接调整国际民商事法律关系，它只有和它所指定的准据法结合起来才能发挥作用。因此，冲突规范间接调整国际民商事法律关系的作用的发挥离不开准据法，准据法的选择与确定在国际私法中具有重要意义。准据法是经冲突规范援用的实体法律，可成为准据法的法律大多为国内实体私法和国际统一实体私法。国际统一实体私法包括国际条约和国际惯例。

四、适用冲突规范的制度

在适用冲突规范的制度中，重点要掌握定性、反致、外国法的查明和解释、公共秩序保留、强制

性规范的直接适用、法律规避的基本原理，特别是我国有关的立法和司法实践。我国立法明确规定不采用反致制度。在我国司法实践中，定性、外国法的查明和解释、公共秩序保留问题以及强制性规范的直接适用时常碰到。通常的做法是：人民法院、仲裁机构或者行政机关受理一个涉外民商事案件或国际民商事案件后，首先碰到的是定性问题，会依法院地法定性案件所涉的法律问题。如果依本国冲突规范的指引要适用外国法处理案件，就应当依职权查明涉外民事关系应适用的外国法律，但当事人根据意思自治原则选择适用外国法，该外国法应当由当事人提供；不能查明外国法律或者该国法律没有规定的，适用中国法律。外国法律的适用将损害中国社会公共利益的，不予适用，转而适用中华人民共和国法律。特别要注意的是，我国法律对涉外民事关系有强制性规定的，直接适用该强制性规定，而涉及中国社会公共利益、当事人不能通过约定排除适用、无须通过冲突规范指引而直接适用于涉外民事关系的法律、行政法规的规定，人民法院应当认定为《涉外民事关系法律适用法》第4条规定的强制性规定。

五、国际民商事关系的法律适用

这一部分内容涉及权利能力与行为能力、物权、债权、商事关系、婚姻与家庭、继承、知识产权等领域的具体法律适用规则，重在结合我国的相关立法、司法解释和实践来掌握。

关于权利能力与行为能力的法律适用，既要区分自然人和法人，也要区分权利能力和行为能力，我国的法律规定有所不同，重点了解我国的相关立法规定、司法解释和司法实践。

关于物权的法律适用，物之所在地法原则是一般原则。各国一般将动产物权和不动产物权区分开来规定。不动产物权适用不动产所在地法是各国普遍采用、没有争议的规则。但关于动产物权，有的主张适用物之所在地法，有的主张适用当事人住所地法，有的主张适用行为地法，有的主张适用支配转让行为的自体法。重点掌握我国的相关立法规定、司法解释和司法实践。

关于合同的法律适用，一般坚持当事人意思自治原则，适用当事人选择的法律；当事人没有选择的，适用履行义务最能体现该合同特征的一方当事人经常居所地法律或者其他与该合同有最密切联系的法律。显然，适用最密切联系原则，需要采用特征性履行方法作为确定最密切联系的客观依据。要注意的是，当事人选择的法律，一般是指直接确定当事人权利与义务的法律，主要用来解决合同的成立、内容、效力以及履行和解释问题。重点掌握我国的相关立法规定、司法解释和司法实践。

关于侵权的法律适用，一般会区分一般侵权行为的法律适用和特殊侵权行为的法律适用，但适用侵权行为地法是首选。对侵权行为地，有不同的理解：(1)加害行为实施地；(2)损害结果发生地；(3)侵权行为过程中任何一个环节所涉及的地点。重点掌握我国的相关立法规定、司法解释和司法实践。

关于商事关系的法律适用，重点掌握我国《票据法》《海商法》《民用航空法》《涉外民事关系法律适用法》的相关立法规定。

关于婚姻与家庭的法律适用，要区分结婚、夫妻关系、离婚和其他家庭关系，分别确定法律适用。重点掌握我国的相关立法规定、司法解释和司法实践。

关于继承的法律适用，要区分法定继承、遗嘱继承、遗产管理和无人继承财产归属问题，分别确定法律适用。在各国实践中，法定继承的法律适用有区别制和同一制之分，我国采取区别制，即将遗产区分为动产和不动产，分别确定继承的准据法，即动产适用被继承人死亡时经常居所地法，不动产适用物之所在地法。重点掌握我国的相关立法规定、司法解释和司法实践。

关于知识产权的法律适用，要区分知识产权的归属和内容、转让和许可使用、侵权责任，分别确定法律适用。重点掌握我国的相关立法规定、司法解释和司法实践。

六、国际民商事争议的解决

国际民商事争议解决机制是国际私法的重要内容，涉及ADR、国际商事调解、国际商事仲裁和国际民事诉讼。重点在国际商事仲裁和国际民事诉讼。

关于国际商事仲裁，要准确界定什么是国际商事仲裁，重点把握仲裁协议的法律效力及其认定，划清仲裁协议有效与无效的界限。要高度关注仲裁裁决的承认与执行，特别是我国已加入的1958年《纽约公约》的规定和我国关于承认与执行外国仲裁裁决的相关规定和司法解释，注意区分中国仲裁机构涉外仲裁裁决在中国的执行、中国仲裁机构仲裁裁决在外国的承认与执行、外国仲裁裁决在中国的承认与执行。我国加入《纽约公约》时作了互惠保留和商事保留。对于在非《纽约公约》缔约国作出的仲裁裁决的承认与执行，按照互惠原则办理。

关于国际民事诉讼，主要要掌握外国人的民事诉讼地位、国际民事案件管辖权、域外送达、域外调查取证、外国法院判决的承认与执行等内容。要重点了解国际民事案件管辖规则，厘清仲裁管辖与诉讼管辖、普通地域管辖与特别地域管辖、一般管辖与专属管辖、协议管辖与非协议管辖、平行诉讼与非方便法院的区别与联系，掌握界限在什么地方。要掌握域外送达的各种方式，了解我国是1965年《海牙送达公约》参加国，依该公约和我国《民事诉讼法》的相关规定如何开展送达。要熟悉域外取证的各种方式，了解我国是1970年《海牙取证公约》参加国，依该公约和我国《民事诉讼法》的相关规定如何开展调查取证。外国法院判决的承认与执行是国际民事诉讼领域的重点，要熟悉承认与执行外国法院判决的程序和条件。要特别关注我国相关立法规定、司法解释和司法实践。

七、区际法律问题

除应了解区际法律冲突和区际冲突法的基本理论外，更要关注我国内地与香港特别行政区、澳门特别行政区的区际法律冲突问题以及大陆与台湾地区的区际法律冲突问题。重点则放在区际司法协助问题上，我国内地（大陆）与港澳台在送达、取证、仲裁保全、仲裁裁决的认可与执行、法院判决的认可与执行方面有一系列的安排和规定，要分别予以学习和掌握。要特别关注我国最高人民法院的相关司法解释的规定和司法实践。

国际经济法

第一章 导　论

本章主要内容提示

本章涉及国际经济法的概念、调整范围、主体、渊源和基本原则，另外，还介绍了国际经济法领域近年的新发展。注意国际经济法调整的是广义的国际经济关系：既有横向的民商事主体之间的关系，又有纵向的管理关系；既有国内的经济关系，也有国际的经济关系。

一、国际经济法的概念和调整范围

国际经济法是调整国际经济关系的法律规范的总称。国际经济关系有广义与狭义之分。狭义的国际经济关系仅指国家、国际组织间的经济关系，狭义国际经济关系的主体一般限于国家和国际组织。广义的国际经济关系不仅包括狭义的国际经济关系，还包括不同国家之间的个人、法人、国家、国际组织之间的经济关系，也有人称为跨国经济关系。国际经济法所调整的是广义的国际经济关系。

国际经济法调整的对象既包括国际法上的经济关系，又包括国内法上的涉外经济关系；既有纵向的关系，又有横向的关系；既有公法的关系，又有私法的关系。国际经济法是多门类、跨学科的综合独立法律学科。具体从法律关系的性质上考虑，其调整的范围包括以下几点：

1.有关国际货物贸易的法律规范与制度，包括与国际货物买卖合同、国际货物运输与保险、国际支付与结算、进出口法律管制有关的法律规范与制度。

2.有关国际服务贸易的法律制度和法律规范，包括与商业性服务、通讯服务、建筑服务、销售服务、教育服务、环境服务、金融服务、健康与社会服务、文化及体育服务、交通运输服务等有关的法律规范与制度。

3.有关国际投资的法律规范与制度，包括与资本输出、资本输入、投资保护等有关的法律规范与制度。

4.有关国际知识产权保护的法律规范与制度，包括与工业产权的国际保护、著作权的国际保护、国际许可证贸易有关的法律规范与制度。

5.有关国际货币与金融的法律规范与制度，包括与国际货币、跨国银行、国际贷款、国际证券、国际融资担保、跨国银行的管制有关的法律规范与制度。

6.有关国际税收的法律规范与制度，包括与国际税收管辖权、国际双重征税和国际重叠征税、国际逃税与避税等有关的法律规范与制度。

7.有关国际经济组织的各种法律规范与制度。

二、国际经济法的主体

国际经济法的主体，是指在国际经济关系

中能行使权利和承担义务的法律人格者。国际经济法的主体包括自然人、法人、国家和国际组织。

1.自然人。国际条约及各国法律一般均规定，自然人作为国际经济法的主体不仅应具有一般的民事权利能力和行为能力，而且还应具有能从事国际经济交往的权利能力或资格。有些国家法律对本国自然人从事某些国际经济交往活动进行限制。

2.法人。法人作为国际经济法的主体，应具有从事国际经济活动的权利能力和行为能力。法人的行为能力指法人以自己的意思，通过自身的行为取得民事权利并承担民事义务的能力。

3.国家。国家是国际经济法的主要制定者。在国际经济法中，作为主权者的国家具有独立参加国际关系的能力和直接承担国际法权利和义务的能力。一方面，国家有权同其他国家或国际组织订立国际经济条约和协定，有权参加国际经济组织的活动，有权对本国的自然资源和经济活动行使永久主权等。另一方面，国家又可以在一定范围内直接参加国际经济贸易活动，可与另一国的法人或自然人订立经济合同。例如，国家可与外国私人投资者签订特许协议等。作为国际经济法主体的国家在地位上具有特殊性，即国家及其财产享有豁免权。

4.国际经济组织。国际经济组织是第二次世界大战后大量出现的国际经济关系的新主体。国际经济组织须具有一定的法律人格才能作为国际经济法的主体行使权利和承担义务，并在其职能范围内进行活动。国际经济组织的法律人格取决于各成员国建立该经济组织的基本文件的规定。国际经济组织享有一定的特权与豁免，此种特权与豁免来自成员国的授权。

三、国际经济法的渊源

1.国际经济条约。国际经济条约是国家及国际经济组织为确定相互之间的权利义务所达成的书面协议。国际经济条约是国际经济法的重要渊源。条约分为双边条约和多边条约。多边国际经济条约是国际经济法最主要的渊源，其内容涉及国际贸易、国际投资、国际金融、知识产权的国际保护等各个领域。

2.国际商业惯例。国际商业惯例是在长期的国际经济交往中经过反复使用而形成的不成文的规则。为了使不成文的国际商业惯例更便于掌握和查找，一些民间性的国际组织或协会对不成文的惯例进行了整理和编纂，如《国际贸易术语解释通则》《跟单信用证统一惯例》等。国际商业惯例属于任意性的规范，只有在当事人明示选择适用的情况下才对当事人有约束力。当事人也可以对其选择的商业惯例进行补充和修改。

3.联合国大会的规范性决议。依传统国际法，国际组织并无立法权，国际组织通过的决议一般来说只具有建议的效力，并不对其成员国具有强制力。但是随着国际实践的发展，理论界已倾向于肯定大会决议的法律拘束力，特别是有些旨在宣告国际法原则和规范的联大决议，应具有法律效力，且有的决议在国际实践中已逐渐被接受，成为各国在国际经济交往中应遵守的准则。

4.国内立法。作为国际经济法渊源的国内立法，是指各国制定的关于调整涉外经济关系的法律规范文件，如一国的对外贸易法、外汇管制法、合同法、海商法、票据法、海关法等。各国在调整涉外经济关系的国内立法上主要采用统一制和分流制。前者指所制定的国内经济立法既适用于国内经济关系，又适用于涉外经济关系。后者指分别制定不同的法律以调整国内及涉外经济关系。

5.司法解释。司法解释指国家最高司法机关依法律的授权对司法实践中具体应用法律的问题进行的解释。此类解释由于对法院的审判活动具有约束力，因此，在我国实际上已成为一种国际经济法的渊源。例如，最高人民法院《关于审理信用证纠纷案件若干问题的规定》即是我国法院在处理涉及信用证案件时的重要依据。

此外，国内判例在普通法国家是重要的国际经济法的国内法渊源，但判例在我国不属于法律的渊源。

四、国际经济法的基本原则

国际经济法的基本原则，是指被国际社会公认的、对国际经济法的各个领域都具有普遍指导意义的原则。

1.国家经济主权原则。国家经济主权原则是国家主权原则在国际经济法领域内的具体体现，它构成了新的国际经济秩序的基础。国家经济主权表现在国家对其全部财富和资源的拥有权、使用权和处置权，以及对经济活动的支配权等。在内容上，该原则包括国家对其境内一切自然资源享有永久主权，国家对外国投资者及其活动的管理和监督权，以及国家有权决定对境内的外国资产实施国有化或征收的措施等。

2.平等互利原则。平等互利原则指所有国家在法律上一律平等，国家应以平等的资格参与经济活动，并平等分享成果。平等互利是国际经济交往中应遵守的基本原则。在国际经济交往中，各国无论大小强弱，其在法律地位上一律平等。平等是实质上的平等，而不仅仅是形式上的平等。互利指不能只谋取本方的利益，而置其他各方的利益于不顾。平等互利是不可分割的整体。

3.国际合作与发展原则。国际合作与发展原则指发展中国家应通过国家经济的发展逐步缩小并消除穷国与富国的差距，发达国家应与发展中国家在经济、社会、文化、科学和技术等领域进行合作，以促进各国特别是发展中国家的经济进步和社会发展。

五、国际经济法领域的新发展

在经济全球化背景下，国际经济法的统一趋势加强，国际经济法的立法主体日益多元化，与国内经济法的融合日趋加深。但近年在国际政治和经济多种因素的影响下，美西方出现了逆全球化的倾向。在此背景下，我国一方面继续坚持多边主义，另一方面统筹推进“一带一路”，加快构建“双循环”新发展格局。国际经济法的一些新问题，如人民币国际化、投资领域的新发展、网络安全与数据跨境流动等，已成为备受关注的新领域。

（一）“一带一路”倡议

“一带一路”分别指的是丝绸之路经济带和21世纪海上丝绸之路。“一带一路”是中国首倡和推动的。中国与“一带一路”共建国家基本都签订了双边投资协定，但保护内容有限，限于最惠国待遇和公平与公正待遇、损失或损害的补偿、担保机构的代位权、征收等问题。2014年10月，中国、印度、新加坡等21个首批意向创始成员国代表在北京正式签署了《筹建亚洲基础设施投资银行备忘录》，共同决定成立亚投行。亚投行的成立对“一带一路”共建国家基础设施的建设和风险的分散具有重要的作用。2017年1月，司法部、外交部、商务部、国务院法制办公室印发了《关于发展涉外法律服务业的意见》（本部分以下简称《意见》），对发展涉外法律服务业作出全面部署。《意见》的主要目标是：到2020年，发展涉外法律服务业的制度和机制基本健全，涉外法律服务领域有效拓展，服务质量明显提升，服务队伍发展壮大，国际竞争力显著提高，建立一支通晓国际规则、具有世界眼光和国际视野的高素质涉外法律服务队伍，建设一批规模大、实力强、服务水平高的涉外法律服务机构，更好地服务经济社会发展。《意见》提出了4个方面的任务，即为“一带一路”重大倡议提供法律服务；为中国企业和公民“走出去”提供法律服务；为我国外交工作大局提供法律服务；为打击跨国犯罪和追逃追赃工作提供法律服务。《意见》提出6项主要措施，即健全完善扶持保障政策；进一步建设涉外法律服务机构；发展壮大涉外法律服务队伍；健全涉外法律服务方式；提高涉外法律服务质量；稳步推进法律服务业开放。此外，《意见》还强调要加强组织领导，建立协调机制，加强监督管理。

（二）人民币加入特别提款权

特别提款权（Special Drawing Right，SDR）最早发行于1970年，是国际货币基金组织（IMF）根据会员国认缴的份额分配的，可用于偿还国际货币基金组织债务、弥补会员国政府之间国际收支逆差的一种账面资产。一种货币的国际化，要充分实现货币的三种功能：结算功能、投资功能与储备货币功能。在中国的努力下，国际货币基金组织于2015年11月30日宣布批准人民币加入特别提款权（SDR）货币篮子。人民币成为继美元、欧元、英镑和日元之后加入（SDR）货币篮子的第五种货币。入篮会降低我国外汇储备的规模，推动人民币资本市场、债券市场产品的国际化，改善中国金融市场环境，提高人民币国际地位。

（三）投资领域的新发展

2019年3月15日，第十三届全国人民代表大会第二次会议通过了《中华人民共和国外商投资法》，该法取代了《中外合资经营企业法》《外资企业法》《中外合作经营企业法》（以下简称“外资三法”）。作为一部新的外商投资基础性法律，《外商投资法》以完善的外商投资法律制度，促进、保障和规范外商投资活动，提高外资工作法治化水平，促进国家治理体系和治理能力现代化，推动全面依法治国战略深入实施。

《外商投资法》确立了我国新型外商投资法律制度的基本框架，确定了我国对外开放、促进外商投资的基本国策和大政方针，对外商投资的准入、促进、保护、管理等作出了统一规定，是我国外商投资领域新的基础性法律，是对我国外商投资法律制度的完善和创新。

2019年12月12日国务院总理主持召开国务院第74次常务会议，通过《中华人民共和国外商投资法实施条例》，实化促进和保护外商投资的措施，该条例已于2020年1月1日与《外商投资法》同步配套实施，标志着外商投资管理体系将开始新旧模式转换。而最高人民法院《关于适用〈中华人民共和国外商投资法〉若干问题的解释》已于2019年12月16日由最高人民法院审判委员会第1787次会议通过，于2020年1月1日起施行。

2020年11月27日国家发展和改革委员会第13次委务会议审议通过，并经国务院批准的《外商投资安全审查办法》是根据《外商投资法》《国家安全法》和相关法律制定的。为了适应推动形成全面开放新格局的需要，在积极促进外商投资的同时有效预防和化解国家安全风险，对影响或者可能影响国家安全的外商投资，依照该办法的规定进行安全审查。该办法于2021年1月18日起施行。

有关《外商投资法》的内容在本学科第七章第二节“国际投资法”部分详述。

（四）《区域全面经济伙伴关系协定》

2020年11月15日，中国、东盟十国等15个国家，正式签署了《区域全面经济伙伴关系协定》（Regional Comprehensive Economic Partnership，RCEP），这标志着当前世界上人口最多、经贸规模最大、最具发展潜力的自由贸易区正式开始建立。该协定已于2022年1月1日正式生效。RCEP由序言、20个章节、4个附件（包括：关税承诺表、服务具体承诺表、投资保留及不符措施承诺表、自然人临时流动具体承诺表）组成。

与现有的区域自贸协定相比，RCEP具有三方面的特点：第一，该协议为世界上覆盖疆域最广、惠及人口最多、经济体量最大的自贸协定。第二，RCEP秉持包容性开放原则。由于RCEP成员国既包括日本、韩国、新加坡、澳大利亚等高收入国家，也包括中国、马来西亚、印度尼西亚、泰国、菲律宾等中等收入国家以及柬埔寨、老挝和缅甸等低收入国家，因此RCEP旨在达成一个包容的、灵活的、互惠互利的自贸协定，以求达到不同经济发展水平的国家和经济体都能受益的初衷。第三，RCEP是唯一一个以发展中经济体为中心的区域贸易协定。RCEP由东盟发起，所有其他参与国都是通过先与东盟构建“东盟+1”的自贸协定，再通过东盟作为节点将这些经济体联系在一起，最大限度地实现参与各国的经济利益平衡。

RCEP是一个现代、全面、高质量、互惠的大型区域自贸协定。对于外贸企业和行业，RCEP的签署也将带来重大影响：在货物贸易方面，90%以上的货物贸易将最终实现零关税，中方承诺对86%~90%的产品实现关税开放，对于其他自贸区涵盖而RCEP未涵盖的降税产品，以及相互重叠降税的产品，企业仍可引用原有的自贸协定，选择适用对其更有利的税率。在原产地规则方面，RCEP在本地区使用区域累积原则，使产品原产地价值成分可在15个成员国构成的区域内进行累积，来自RCEP任何一方的价值成分都会被考虑在内，显著提高了协定优惠税率的利用率。在海关程序与贸易便利化方面，RCEP简化了通关手续，采取预裁定、抵达前处理、信息技术运用等高效管理手段，对快运货物、易腐货物等争取实现货物抵达后6小时内放行，促进了快递等新型跨境物流发展，推动了果蔬和肉、蛋、奶制品等快速通关，整体水平超过了世贸组织《贸易便利化协定》的水平。在服务贸易方面，15个成员国均作出了高于各自自贸协定水平的开放承诺。中方服务贸易开放承诺达到了已有自贸协定的最高水平，承诺服务部门在中国入世承诺约100个部门的基础上，新增了研发、管理咨询、制造业相关服务、空运等22个部门，并提高了金融、法律、建筑、海运等37个部门的承诺水平。其他成员在中方重点关注的建筑、医疗、房地产、金融、运输等服务部门都作出了高水平的开放承诺。在投资开放方面，15个成员国均采用负面清单方式对制造业、农业、林业、渔业、采矿业等领域作出较高水平的开放承诺，大大提高了市场准入的确定性，有利于促进区域上下游产业融合，为各国招商引资带来更大机遇。此外，进一步降低和取消区域内的非关税壁垒；全面提升了区域内知识产权整体保护水平，在充分尊重区域内不同成员发展水平的同时，为本区域知识产权的保护和促进提供了平衡、包容的方案；为各成员加强电子商务领域合作提供制度保障，并为电子商务发展提供良好环境；同时，大大降低中小企业贸易门槛，创造相对透明和公平的贸易合作环境。

（五）网络安全与数据跨境流动

网络与数字技术的发展在造福人类的同时，也带来了一些安全问题。制定网络与数据安全法是落实总体国家安全观的重要举措。从2015年《国家安全法》施行到2017年《网络安全法》生效，再到2021年《数据安全法》《个人信息保护法》公布，我国正在形成一个全面规范网络安全保护、数据安全保护、个人信息保护的法律体系。

在网络与数据安全的法律框架上，2015年《国家安全法》确立了总体国家安全观。《网络安全法》《数据安全法》《个人信息保护法》为我国网络信息安全的三大支柱法律。《网络安全法》涉及网络空间安全的整体治理，并重点关注关键信息基础设施安全保护制度、网络安全等级保护制度、网络安全审查制度以及数据跨境流动等制度；《数据安全法》规定了数据的安全保护与开发利用，明确了数据的内涵和外延，建立了数据安全保护的基本制度；《个人信息保护法》则全面、系统规定了个人信息保护的基本原则和制度规则。上述基本法律建立了网络与数据安全领域的主要制度规则，但仍需要配套行政法规、部门规章、地方法规、国家标准等予以细化，落地实施。

《网络安全法》是我国网络安全领域的基础性法律。在涉及网络运行安全、网络信息安全、监测预警与应急处置方面，《网络安全法》重点针对网络安全等级保护、关键信息基础设施保护、个人信息保护、网络信息内容管理等进行了规定。在适用范围方面，首先，该法以“属地原则”为主。第2条规定，该法适用于中国境内建设、运营、维护和使用网络，以及网络安全的监督管理。其次，附以一定的“域外”适用，第50条规定，对来源于中国境外的有害信息，应当通知有关机构采取技术措施和其他必要措施阻断传播；第75条规定，对境外的机构、组织、个人从事攻击、侵入、干扰、破坏等危害中国的关键信息基础设施的活动，造成严重后果的，依法追究法律责任。在网络安全审查制度方面，《网络安全法》第35条规定，关键信息基础设施的运营者采购网络产品和服务，可能影响国家安全的，应当通过国家网信部门会同国务院有关部门组织的国家安全审查。在数据的跨境流动监管与评估制度方面，《网络安全法》第37条要求，关键信息基础设施的运营者在中国境内运营中收集和产生的个人信息和重要数据应当在境内存储。因业务需要，确需向境外提供的，应当按照国家网信部门会同国务院有关部门制定的办法进行安全评估；法律、行政法规另有规定的，依照其规定。

《数据安全法》是中国数据安全领域的首部基础性法律，作为将数据作为独立保护对象的法律，聚焦数据安全领域的风险隐患，重点对各行业各部门各地区职责、数据分类分级保护制度、数据安全审查制度、数据跨境流动评估、数据安全风险评估、安全风险报告、信息共享、监测预警机制、数据安全应急处理机制等方面进行了规定。在适用范围方面,《数据安全法》第2条采用了“属地原则”加“保护原则”的模式,“属地原则”针对中国“境内”开展的数据处理活动,规定在中国境内开展的数据处理活动及其安全监管,适用本法。“保护原则”针对“境外”开展的数据处理活动,规定在中国“境外”开展的数据处理活动,损害中国国家安全、公共利益或者公民、组织合法权益的,依法追究法律责任。在数据安全审查制度方面,《数据安全法》第24条第1款规定,国家建立数据安全审查制度,对影响或者可能影响国家安全的数据处理活动进行国家安全审查。

关于安全审查,《网络安全法》第35条和《数据安全法》第24条都有涉及,2022年实施的《网络安全审查办法》(以下本部分简称《审查办法》)则在操作层面进行了细化。《审查办法》第2条规定了网络安全审查的对象,依该条规定,关键信息基础设施运营者采购网络产品和服务,网络平台运营者开展数据处理活动,影响或者可能影响国家安全的,应当按照本办法进行网络安全审查。第10条规定了网络安全审查的内容,重点评估相关对象或者情形的以下国家安全风险因素:(1)产品和服务使用后带来的关键信息基础设施被非法控制、遭受干扰或者破坏的风险;(2)产品和服务供应中断对关键信息基础设施业务连续性的危害;(3)产品和服务的安全性、开放性、透明性、来源的多样性,供应渠道的可靠性以及因为政治、外交、贸易等因素导致供应中断的风险;(4)产品和服务提供者遵守中国法律、行政法规、部门规章的情况;(5)核心数据、重要数据或者大量个人信息被窃取、泄露、毁损以及非法利用、非法出境的风险;(6)上市存在关键信息基础设施、核心数据、重要数据或者大量个人信息被外国政府影响、控制、恶意利用的风险,以及网络信息安全风险;(7)其他可能危害关键信息基础设施安全、网络安全和数据安全的因素。在安全审查的启动上,《审查办法》采用了当事人申报与依职权审查的双层审查启动机制,当事人申报即关键信息基础设施运营者或网络平台运营者申报审查,另一种启动机制是网络安全审查办公室依职权实施的审查。

在数据出境的方面,我国已形成了以《网络安全法》《数据安全法》《个人信息保护法》为上位法,一系列行政法规、部门规章以及国家标准为支撑的法律框架。2022年的《数据出境安全评估办法》(以下本部分简称《评估办法》)系统提出了我国数据出境安全评估的具体要求。

关于何为数据出境,依《评估办法》第2条,数据处理者向境外提供在中国境内运营中收集和产生的重要数据和个人信息的安全评估,适用该办法。根据以上规定,数据出境的情形可主要概括为:其一,境内网络运营者将数据通过网络直接传输给境外主体;其二,境外主体通过网络主动访问并读取境内的数据;其三,境内网络运营者将数据通过网络传输以外的方式(如物理携带)提供给境外主体。依《个人信息保护法》第72条第1款的规定,自然人因个人或者家庭事务处理个人信息的,不适用该法。当然,《评估办法》并未要求对所有的数据出境行为进行管理。对于非在境内运营中收集和产生的个人信息和重要数据,经由本国出境,未经任何变动或加工处理的,以及虽在境内经过存储、加工处理,但仍不涉及境内运营中收集和产生的个人信息和重要数据的,均不属于数据出境的情形。网络攻击导致向境外传输数据不属于“提供”。个人用户主动传输信息到境外不属于网络运营者“提供”。

《评估办法》第8条规定了评估的内容,主要包括:(1)数据出境的目的、范围、方式等的合法性、正当性、必要性。(2)境外接收方所在国家或者地区的数据安全保护政策法规和网络安全环境对出境数据安全的影响;境外接收方的数据保护水平是否达到中国法律、行政法规的规定和强制性国家标准的要求。(3)出境数据的规模、范围、种类、敏感程度,出境中和出境后遭到篡改、破坏、泄露、丢失、转移或者被非法获取、非法利用等风险。(4)数据安全和个人信息权益是否能够得到充分有效保障。(5)数据处理者与境外接收方拟订立的法律文件中是否充分约定了数据安全保护责任义务。(6)遵守中国法律、行政法规、部门规章情况。(7)国家网信部门认为需要评估的其他事项。

依相关规定,数据出境的途径可分为三种,即安全评估、标准合同和认证。三个途径适用的情形不同:(1)安全评估。《评估办法》第4条规定了"安全评估"的适用情形:①数据处理者向境外提供重要数据;②关键信息基础设施运营者和处理100万人以上个人信息的数据处理者向境外提供个人信息;③自上年1月1日起累计向境外提供10万人个人信息或者1万人敏感个人信息的数据处理者向境外提供个人信息;④国家网信部门规定的其他需要申报数据出境安全评估的情形。(2)标准合同。个人信息处理者依《个人信息保护法》第38条第1款第3项,与境外接收方订立合同向中国境外提供个人信息的,应依该规定签订个人信息出境"标准合同"。个人信息处理者与境外接收方签订与个人信息出境活动相关的其他合同,不得与标准合同相冲突。采取"标准合同"方式也需要开展自评估,与非"标准合同"的自评估内容相比,评估事项突出针对个人信息,不涉及国家、社会的因素。(3)认证。根据《网络安全标准实践指南——个人信息跨境处理活动安全认证规范V2.0》,跨国公司或者同一经济事业实体下属子公司或关联公司之间的个人信息跨境处理活动可由境内一方申请认证,并承担法律责任。《个人信息保护法》第3条第2款规定的境外个人信息处理者,可由其在境内设置的专门机构或指定代表申请认证,并承担法律责任。

第二章
国际货物买卖

本章主要内容提示

1.《国际贸易术语解释通则》在2019年进行了修改，自2020年1月1日起生效（以下简称《2020年通则》），当事人使用哪一版本的术语应在合同中注明。《2020年通则》将之前的DAT（Delivered at Terminal）术语更名为DPU（Delivered at Place Unloaded），并且相应的含义也发生了变化。《2020年通则》对术语的保险要求有所改变，CIF术语下的保险级别仍为平安险，CIP术语下的保险级别提高到“一切险”。两个术语均允许双方协议选择其他保险级别。适用《2020年通则》，当采用FCA、DAP、DPU和DDP术语进行贸易时，买卖双方可以根据运输义务使用自有的运输工具。

2.关于《联合国国际货物销售合同公约》（以下简称《公约》），应注意《公约》适用的任意性，当事人可以通过选择其他法律或惯例而排除《公约》的适用。例如，如当事人选择了贸易术语CIF，则风险转移应适用《国际贸易术语解释通则》有关CIF的规定，而不是《公约》有关风险转移的规定。《公约》有关要约和承诺、质量担保和权利担保、交付、违约救济、风险转移、预期违约、免责、保全等内容均是值得注意的内容。

第一节 概 述

一、国际货物买卖法的概念及相关法律

国际货物买卖法是调整跨越国界的货物贸易关系以及与货物贸易有关的各种关系的法律规范的总和。国际货物买卖法是传统的国际贸易法的中心内容，随着国际经济贸易交往规模和形式的不断扩大和增多，国际贸易法所包含的内容也越来越多，国际技术贸易、国际合作生产、国际工程承包、国际资金融通等均为国际贸易法研究的内容，作为国际贸易法一部分的国际货物买卖法则主要涉及国际货物买卖合同、国际货物运输、国际运输货物保险、国际支付与结算等方面的法律。

国际货物买卖受相关国内立法、国际公约以及商业惯例的调整。我国没有专门的货物买卖法，许多规定散见于各民事法规中。此外，我国于1986年加入了《联合国国际货物销售合同公约》（CISG），因此，在符合适用该公约的条件下，有关的国际货物买卖关系还涉及公约的适用。

在国际立法方面，1964年海牙外交会议正式通过了《关于国际货物买卖统一法公约》和《关于国际货物买卖合同成立统一法公约》，该

两公约均于1972年生效。但该两公约在统一国际货物买卖法上的作用非常有限，后联合国国际贸易法委员会组织完成了《联合国国际货物销售合同公约》的起草和制定工作。该公约于1980年在维也纳的外交会议上通过，于1988年正式生效。中国于1986年批准加入了该公约。

国际商业惯例是在国际商业交往中长期形成的，经过反复使用而被国际商业的参加者接受的习惯做法或通例。国际商业惯例具有普遍接受性、确定性和任意性的特征，国际商业惯例不是法律，对当事人不具有强制性，只有在当事人约定引用惯例时，才对当事人具有法律约束力。同时，当事人在引用惯例时可以对惯例进行相应的修改和增减。许多国际商业惯例经过有影响的国际组织或民间商业组织的制定而成了成文的惯例，如由国际商会制定的《国际贸易术语解释通则》等。

二、国际货物买卖合同概述

（一）国际货物买卖合同的概念

国际货物买卖合同，是指营业地位于不同国家的当事人之间就有关货物买卖的权利义务关系而达成的协议。国际货物买卖合同的国际性以当事人的营业地位于不同国家为准，而不考虑当事人的国籍。国际货物买卖合同强调的是合同的标的物需要进行超越国境的运输，因此，即使是不同国家的当事人在同一国境内订立的货物买卖合同，也不是国际货物买卖合同。国际货物买卖合同的标的是货物，货物指有体动产，但适用于1980年《联合国国际货物销售合同公约》的货物并非所有的有体动产，用于个人消费的合同被排除在外，船舶和飞机等虽然在物理属性上属于动产，但由于其标的巨大，且价值很高，各国对其转让一般均进行了特别的规定，因此公约也不对此类货物适用。

（二）格式合同

在国际贸易中常常使用某个国际民间组织或国际行业性协会拟定的空白的标准合同，这种空白合同并不是真正的合同，它只是根据买卖合同应具备的基本内容所拟订的详细而固定的条文，印成固定的格式，所以叫作格式合同。格式合同具有针对性和简化性的作用。格式合同可以起到简化谈判过程的作用。它可以向谈判的当事人提供建议性的条文，作为合同条件的基础，这样可以缩短当事人之间协商的时间，为争取商业机会创造条件。从性质上讲，格式合同既不是法律，在双方签字以前也不是真正的合同。格式合同只是贸易谈判的一方给另一方提供的建议性的文本，在当事人签字前不具有约束力。经双方当事人的协商，可以对格式合同中的条文内容进行修改、删节或补充，只有经过双方当事人同意，填写了空白的项目并签字后，才能成为当事人之间订立的一个有效的合同。

（三）国际货物买卖合同的当事人

1980年《联合国国际货物销售合同公约》要求适用公约的货物销售合同的当事人应为双方营业地位于不同缔约国的当事人。如双方的国籍不同，但营业地位于同一个国家，则不适用公约，如果只有一方的营业地位于缔约国也不适用公约。当然《联合国国际货物销售合同公约》第1条还对通过国际私法规则的扩大适用进行了规定，对此，我国进行了保留。

我国于2016年修正的《对外贸易法》在对外贸易经营者方面主要有下列修改：其一，外贸经营权的获得由原来的审批制改为登记制。其二，可以从事外贸的主体扩大到了自然人。依《对外贸易法》第8条的规定，对外贸易经营者是指依法办理工商登记或者其他执业手续，依照本法和其他有关法律、行政法规的规定从事对外贸易经营活动的法人、其他组织或者个人。2022年12月30日，全国人大常委会再次对《对外贸易法》进行了修改，删除原第9条关于对外贸易经营者需要办理备案登记的规定，即对外贸易经营者不再需要办理备案登记了。

（四）国际货物买卖合同的主要条款

国际货物买卖合同的条款主要包括约首、正文和约尾三部分。约首是合同的开头部分，包括合同的名称、合同的编号、订约日期、订约地点、双方当事人的名称和地址以及合同的序言等内容。正文部分是合同的主体部分，包括合同的实质性条款，即规定双方当事人权利义务的条款。约尾部分主要载明合同以何种文字作成，以及各种文字的效力，正文的份数，附件及其效力，双方当事人的签名等。下面主要阐述正文部分条款的内容。

1.品质规格条款。品质规格条款是合同的主要条款，由于国际货物买卖的双方分处不同的国家，因此，双方在合同中对货物品质的约定就更加重要。依某些国家的法律规定，买卖合同中有关货物品质的说明是合同的要件，如果卖方所交货物的品质与合同的约定不符，买方有权拒收货物，并可以要求损害赔偿。在国际货物买卖中，不同种类的货物有不同的品质的表示方法，主要有下列几种：（1）凭样品确定货物品质的买卖，指交易双方约定以样品作为交易的品质依据的买卖。（2）凭规格、等级或标准确定货物品质的买卖。（3）凭商标或牌名确定货物品质的买卖。（4）凭说明书确定货物品质的买卖。货物的品质条款一定要明确，并应依合同约定的品质履行。

2.数量条款。国际货物买卖合同中的数量通常用重量、体积、长度、面积、个数等单位来表示。但由于各国的度量衡制度不同，同一计量单位所代表的数量可能也会有差异，因此合同中必须规定明确。数量条款是确定卖方交货数量的依据。对于有些农产品货物或矿产品货物，由于货物本身的特性，或受包装和运输工具的限制，或由于蒸发的原因等，使货物的重量和数量很难与合同相同，对于此类货物，国际惯例也允许在合同规定的数量与实际交货的数量之间有一定的机动幅度。通常有两种规定机动幅度的方法：（1）在合同中规定“溢短装条款”，允许卖方按一定的机动幅度多交或少交一定数量的货物。（2）在货物的数量上规定一个约数，如规定“约1000吨”，则货物的数量可以在一定的幅度内机动。

3.包装条款。包装条款主要包括包装的种类和性质、包装材料、包装尺寸、包装费用和运输标志等内容。在国际贸易中，除一些货物因其本身特点不需要包装外，多数货物都需要有一定的包装。包装的费用计入成本之中。货物的包装主要分为两类：（1）运输包装，又称大包装或外包装，主要作用是保护货物的安全运输，便于装运和储存。（2）销售包装，又称小包装或内包装，其作用是保护商品的质量、数量，此外，还有介绍商品的作用。包装条款应依货物的性质进行协商，同时还应考虑对方国家的习惯和法律规定，如有的国家对以陶瓷作为包装材料的货物课以重税，有的国家禁用稻草等作包装材料等。

4.价格条款。价格条款主要规定货物的计价货币、计价单位、单位价格金额等。国际贸易术语常常被用来表示货物的单价，如规定“每吨500美元CIF纽约”的单价中，重量的单位是吨，计价货币是美元，单位价格金额是500美元，目的港是纽约，价格构成是货物的成本加运费加保险费。货物买卖合同的总价是以单价乘以交易商品的数量。价格条款是确定买方支付义务的主要依据。

5.商检条款。商检条款通常规定商品检验所应依据的标准、检验机构、检验期间及商检权等内容。商检条款的作用是提供一个确定卖方所交货物是否符合合同的依据，关系到合同的履行、索赔、诉讼等许多法律问题。商检条款主要包括下列内容：

（1）关于商检权问题。商检权关系买卖双方由哪方决定商品品质、数量或包装是否符合合同的问题。在国际贸易中，对商检权一般有下列三种不同的规定方法：①以离岸品质、重量为准。②以到岸品质、重量为准。③以装运港的检验证书作为收取货款的依据，但在货到目的港后允许买方有复验权。

（2）关于商检机构。在国际贸易中，进行商品检验的机构主要有以下三类：其一，由国家设立的商品检验机构，在我国就是中华人民共和国海关总署；其二，由私人或同业公会、协会开设的公证行；其三，生产、制造厂商或产品的使用部门设立的检验机构。

（3）关于商检的期限。商检的时间一般就

是品质、数量索赔的期限。在检验条款中通常都规定，买方必须于货物到达目的港后若干天内（如60天内）进行检验，或规定买方应于货物在目的港卸货后若干天内进行检验，如果超过规定的期限不进行检验，就是货物良好的初步证据。

（4）关于商检的标准和方法。各国对同一商品规定的品质标准不完全一致，而且每个国家的标准（包括各同业公会的标准）各年的版本又有可能不同，内容也有差异，因此，在签订合同时，如按标准确定商品的品质，不仅要规定是按哪个国家的标准，而且还需规定是按照哪个版本的标准。有些商品，在检验时常因所采用的检验方法不同，而出现不同的结果，所以在签订合同时，对于可能有几种检验方法检验的商品，应明确采用哪一种。

6.装运条款。装运条款主要规定装运时间、装运港或装运地、装运通知等事项。装运是指将货物装上运输工具。装运条款会涉及运输问题和支付单据中的要求，因此，将在下面的内容中阐述。

7.保险条款。合同中的保险条款是指具体规定由哪方当事人负担货物运输的保险责任，及应投保的险别等内容的条款。其目的在于把保险责任具体化。例如，货物是按FOB价格条件出售的，则保险费用应由买方支付，即使卖方经买方的请求而投保，其保险费用也应由买方承担。

8.支付条款。支付条款是合同中有关买方支付货款内容的条款，包括下列内容：（1）支付与结算使用的货币的币种；（2）支付工具，即是货币还是票据，一般是采用票据中的汇票；（3）支付方式，是指采用汇付、托收还是信用证，合同中经常采用的是跟单信用证付款方式，有些情况下也采用托收的方式；（4）支付的时间与地点。此外，还有卖方为取得货款应提供的单证等各项规定。

9.不可抗力条款。不可抗力条款是规定在合同订立后发生当事人在订合同时不能预见、不能避免、不可控制的意外事故，以致不能履行合同或不能如期履行合同时，遭受不可抗力的一方可以免除履行合同的责任的条款。构成不可抗力的条件和不可抗力的法律后果依合同适用的法律规定。依1980年《联合国国际货物销售合同公约》的规定，遭受不可抗力的一方可解除合同或延迟履行而不承担责任。只有在不可抗力因素与当事人的过失同时存在的情况下，当事人才承担相应的赔偿责任。其中，在第79条第4款规定了遭受不可抗力一方“通知”的义务，规定不履行义务的一方必须将障碍及其对他履行义务能力的影响通知另一方。如果该项通知在不履行义务的一方已知道或理应知道此一障碍后一段合理时间内仍未被另一方收到，则他对由于另一方未收到通知而造成的损害应负赔偿责任。遭受不可抗力后合同的结果主要有：（1）解除合同。一般来说，如果不可抗力事故使合同的履行成为不可能，则可解除合同。如在买卖特种粮食的交易中，该特种粮食的产地因水灾而失收，在这种情况下，可以解除合同。（2）延迟履行。如不可抗力只是暂时阻碍合同的履行，则只能延迟履行。例如，由于不可抗力使交通受阻，可能延迟履行，等通车后再履行。

10.仲裁条款。在争议的解决上，国际货物买卖合同中一般规定，如发生与本合同有关的争议，应友好协商解决，协商不能解决时，应将争议提交某仲裁机构进行仲裁。合同的仲裁条款中应订明仲裁地点、仲裁机构、仲裁规则等方面的内容。

11.法律适用条款。法律适用条款是当事人依意思自治原则经过双方的协商选择的适用于合同的法律。我国的司法解释要求当事人对法律的选择应当是明示的，当事人的选择一般应与合同有一定的联系。当事人可以选择适用某国的国内法，也可以选择适用国际公约或国际惯例。

以上是国际货物买卖合同正文部分的主要条款，其多寡繁简一般根据货物的性质、交易量的大小、当事人之间的关系、签约当事人的法律知识与水平等因素而协商决定。

第二节 《国际贸易术语解释通则》

一、《国际贸易术语解释通则》概述

（一）国际贸易术语的概念

国际贸易术语是在国际贸易中逐渐形成的，表明在不同的交货条件下，买卖双方在交易中的费用、责任及风险划分等以英文缩写表示的专门用语。贸易术语是国际惯例的一种，由当事人选择适用，国际上适用最为广泛的是国际商会于1936年编纂的《国际贸易术语解释通则》，该通则是国际商会以国际贸易中应用最广泛的国际惯例为基础的，在1936年首次公布后，分别于1953年、1967年、1976年、1980年、1990年、2000年、2010年、2019年进行了八次修改。2019年国际商会公布了2020年版本的《国际贸易术语解释通则》（Incoterms®2020，以下简称《2020年通则》）。新修订的《国际贸易术语解释通则》自2020年1月1日起生效。

（二）《2020年通则》涉及的事项范围

《2020年通则》在引言部分明确了其规定的内容和没有规定的内容。

1.《2020年通则》涉及的事项。

《2020年通则》涉及11个贸易术语，反映了企业之间货物买卖合同的实务。术语主要描述了下列内容：（1）义务：即买卖双方之间各需履行哪些义务，由哪方来组织货物的运输或保险，哪方获取装运单据和进出口许可证；（2）风险：明确风险在何地从卖方转移给买方；（3）费用：规定买卖双方各自承担哪些费用，如运输、包装或装卸费用，以及货物查验或与安全有关的费用。

2.《2020年通则》不处理的事项。

《2020年通则》不是销售合同，因此不能作为销售合同的替代，只有在被并入合同后才成为合同的一部分。《2020年通则》不处理下列事项：销售合同究竟是否存在；出售的货物的规模；价款支付的时间、地点、方式或币种；可供寻求的销售合同的违约救济；迟延或其他违反合同履行义务所导致的绝大多数后果；制裁的影响；征收关税；进出口禁令；不可抗力或艰难情形；知识产权；或违约情况下纠纷解决的方式、地点或法律。《2020年通则》也不涉及所售货物的财产、权利、所有权的转移问题。

（三）《国际贸易术语解释通则》的选用

《2020年通则》与以往版本不是替代与被替代的关系，即以往版本的《国际贸易术语解释通则》并不失效，合同当事人仍可以选用以往版本中的术语。但是由于不同版本术语的具体权利义务不同，当事人在选择适用通则应注意注明具体的修订年份。

（四）传统的四组贸易术语

2010年之前的《国际贸易术语解释通则》将术语分为四组，即E组、F组、C组和D组。虽然《国际贸易术语解释通则》在2010年之后已按运输方式进行分组，但《2020年通则》在引言中强调，以往的分组方式仍有助于理解交货地点，E组、F组和C组术语均为在卖方地点交货的术语，又称“装运合同”，而D组术语是在买方地点交货的合同，又称“到货合同”，下面将四组术语列明如下：

1.E组（内陆交货合同）。

EXW，全称Ex Works，工厂交货（指定交货地点）。

2.F组（主要运费未付）（装运合同）。

FCA，全称Free Carrier，货交承运人（指定交货地点）。

FAS，全称Free Alongside Ship，船边交货（指定装运港）。

FOB，全称Free on Board，船上交货（指定装运港）。

3.C组（主要运输已付）（装运合同）。

CFR，全称Cost and Freight，成本加运费（指定目的港）。

CIF，全称Cost Insurance and Freight，成本、运费加保险费（指定目的港）。

CPT，全称Carriage Paid to，运费付至（指定目的地）。

CIP，全称Carriage and Insurance Paid to，运费和保险费付至（指定目的地）。

4.D组（到货合同）。

DAF，全称Delivered at Frontier，边境交货（指定交货地点）。

DES，全称Delivered Ex Ship，目的港船上交货（指定目的港）。

DEQ，全称Delivered Ex Quay，目的港码头交货（指定目的港）。

DDU，全称Delivered Duty Unpaid，未完税交货（指定目的地）。

DDP，全称Delivered Duty paid，完税交货（指定目的地）。

二、《国际贸易术语解释通则®2020》的主要修改

为了适应全球经济发展趋势、新的运输模式创新和贸易环境变化，国际商会于2019年9月公布了Incoterms®2020，中文为《国际贸易术语解释通则®2020》。新修订的《国际贸易术语解释通则》自2020年1月1日起生效。当然新版本生效，旧版本并不失效，具体的适用有赖于当事人的选择。《2020年通则》变化主要包括以下内容：

（一）装船批注提单和FCA术语条款的修改

FCA术语中存在的一个主要问题是该术语下的货物交付在货物装船前就已经随货交承运人而完成，这就导致卖方无法在完成货物交付时获得已装船提单。但在一般情况下，已装船提单是银行在信用证项下的常见单据要求，为此，《2020年通则》的FCA术语提供了一个额外的选择，即虽然买方负责运输，但买方和卖方可以同意买方指定的承运人在装货开始后向卖方签发已装船提单，然后再由卖方向买方做出交单。最后，应该强调的是，即使采用了这种可选机制，卖方对买方也不承担运输合同条款的义务。

（二）CIF和CIP术语下对投保险别的规定

在《2010年通则》中，CIF和CIP术语下如果双方没有特别约定，卖方只有义务投保最低级别的海上货物运输保险即平安险。但在《2020年通则》中则有所不同，CIF术语下的保险级别仍为类似平安险的最低险，依《2020年通则》CIF术语，卖方有义务自付费用取得货物保险，该保险需至少符合《协会货物保险条款》（劳合社市场协会伦敦国际承保人协会）（C）条款或类似的最低险别的条款，C条款即类似于中国人民保险公司海洋货物运输保险中的“平安险”。而《2020年通则》CIP对卖方有义务取得保险的要求有所提高，相当于我国的“一切险”，依《2020年通则》CIP术语，卖方取得的保险应符合《协会货物保险条款》（A）条款的保险险别，A条款即类似于中国人民保险公司海洋货物运输保险中的“一切险”。当然，双方当事人当然仍可以自由商定较低的保险险别。

（三）在FCA、DAP、DPU、DDP术语下，卖方或买方可使用自己的运输工具安排运输

《2020年通则》规定，当采用FCA、DAP、DPU和DDP术语进行贸易时，买卖双方可以根据运输义务使用自有运输工具，而不再像《2010年通则》那样，推定使用第三方承运人进行运输。

（四）将DAT改为DPU

《2020年通则》将之前的DAT（Delivered at Terminal）术语更名为DPU（Delivered at Place Unloaded），并且相应的含义也发生了变化。在《2020年通则》的规定下，DPU术语的货物交付地点仍旧是目的地，但这个目的地不再限于“运输的终端”，目的地可以是任何地方，但是如果该地点不在“运输终端”，卖方应确保其准备交付货物的地点是能够卸货的地点。其余内容均和之前《2010年通则》中的DAT术语完全一致。

（五）在运输义务和费用中加入与安全有关的要求

由于《2020年通则》是安全问题受到普遍关注之后术语修订的第一个版本，在航运实务中出现了很多与安全相关的需要关注的问题，所以在《2020年通则》中，与安全相关的义务的明确分配现已添加到每个规则的A4和A7项下。而这些要求所产生的费用也被更明确地标明，放在每条规则的A9和B9项下。

三、《国际贸易术语解释通则®2020》的主要内容①

《2020年通则》保留了《2010年通则》将术语分为适用于任何运输方式或多种运输方式与适用于海运和内河水运的分类方式。

（一）适用于任何运输方式或多种运输方式的术语

第一类包括了七个术语，无论选用何种运输方式，也无论是否使用一种或多种运输方式，均可适用。当船舶用于部分运输时，也可使用此类术语。包括EXW、FCA、CIP、CPT、DPU、DAP、DDP术语。

1.EXW（工厂交货）。

EXW全称是Ex Works，意为"工厂交货（指定交货地点）"，指卖方通过以下方式向买方完成交货：在指定地点（如工厂或仓库）将货物交由买方处置时，并且该指定地点可以是卖方所在地，也可以不是卖方所在地。为完成交货，卖方不需将货物装上任何前来接收货物的运输工具，需要清关时，卖方也无须办出口清关手续。此术语为卖方义务最小的贸易术语。在此术语下，货物的风险自交货时转移。此术语更适合于国内贸易，特别注意的是，因出口的清关手续是由买方办理的，如买方预计办理出口清关会有困难时，建议买方最好选择FCA术语，在该术语下，办理出口清关的义务和费用是由卖方承担的。本术语适用于各种运输方式。

依该术语，卖方的义务主要是：（1）履行交货义务，即在指定交货地或位于该地的约定点将未装载到运输工具上的货物交买方处置；（2）承担交货前的风险和费用。买方的义务主要是：（1）买方必须承担在指定交货地受领货物的全部费用和风险；（2）办理出口及进口清关手续。

2.FCA（货交承运人）。

FCA全称是Free Carrier，意为"货交承运人（指定交货地点）"，指卖方通过以下两种方式之一向买方完成交货：首先，如指定地点是卖方所在地，则货物完成交付是当货物装上了买方的运输工具之时。其次，如指定地点是另一地点，则货物完成交付是：当货物已装上了卖方的运输工具，货物已抵达该指定的另一地点，并且已做好从卖方的运输工具上卸载的准备，并且交由买方指定的承运人或其他人处置时。建议双方清楚地指明交货点，如未指明交货点，则卖方有权选择"最适合卖方目的"的地点为交货点，风险和费用从该地点开始转移至买方。该术语适用于各种运输方式，包括多式联运。

（1）交货：交货地点的选择对在该地点装货和卸货的义务会产生影响。如在卖方所在地交货，则卖方应负责装货，如在其他地点交货，则卖方可以在自己的运输工具上完成交货，而不负责将货物从自己的运输工具上卸下。

（2）风险转移：货物的风险在交货时转移。

（3）双方义务：①卖方义务：卖方必须提供符合销售合同的货物和单据；办理出口手续；在指定的地点和约定的时间将货物交付给买方指定的承运人或其他人；承担交货以前的风险和费用。②买方义务：支付货款；办理进口手续；订立运输合同并承担运费；承担交货以后的风险和费用。关于保险，货物的风险在卖方所在国家交货时发生转移，因此，运输途中的风险均在买方，虽然买方对卖方没有订立保险合同的义务，但买方为自己的利益需要办理保险。另外，为满足卖方适用FCA术语时对已装船批注提单的可能需求，《2020年通则》首次提供了可选机制，即双方可在合同中约定，买方必须指示承运人出具已装船批注提单给卖方。即使采用该可选机制，卖方对买方也不承担运输合同条款下的义务。

3.CIP（运费和保险费付至）和CPT（运费付至）。

该两术语的特点是卖方须订立运输合同和承担运费，因此称为"主要运费已付"，尽管卖方承担了到目的地的运费，但其交货义务仍然是在卖方一边的装运地完成的，因此该两术语属于"装运合同"。两者的运输方式均为多式联运。两者的风险在货交承运人时转移。两者的区别就是对于卖方来说，CIP比CPT多了需承

① 以下涉及条文部分的内容引自国际商会编写，中国国际商会/国际商会中国国家委员会组织翻译：《国际贸易术语解释通则2020》，对外经济贸易大学出版社2020年版。

担保险费。

（1）CIP，全称Carriage and Insurance Paid to，意为“运费和保险费付至（指定目的地）”，指卖方通过以下方式向买方完成交货及风险转移：将货物交付给承运人，该承运人已与卖方签约，或者取得已经如此交付的货物。卖方为此可依所采用的运输工具之合适方式和地点让承运人实际占有货物。此术语的特点是交货在装运地，而运输和保险都是由卖方负责的。应当注意的是，《2020年通则》在卖方投保的险别上有所提高，卖方需投保符合《伦敦保险协会货物保险条款》（A）条款或其他类似条款下的险别，这相当于是“一切险”。而《2010年通则》规定的CIP术语只需投保最低险别。当然，在《2020年通则》下，双方仍然可以自行约定更低的险别。

在双方的义务上，①卖方的义务是：卖方必须提供符合销售合同的货物和单据；办理出口清关手续；办理运输的手续和承担运费，在CIP术语中，卖方还须办理投保手续和承担保险费；承担交货前货物灭失或损坏的一切风险。②买方的义务是：依销售合同约定支付货物价款；办理进口手续。承担交货后货物灭失或损坏的一切风险。

（2）CPT，全称Carriage Paid to，意为“运费付至（指定目的地）”，指卖方通过以下方式向买方完成交货及风险转移：将货物交付给承运人，该承运人已与卖方签约，或者取得已经如此交付的货物。卖方为此可依所使用的运输工具之合适方式和地点让承运人实际占有货物。如上所述，CPT与CIP的区别就是对于卖方来说，CPT的卖方不需要办理保险。在CPT术语下投保虽然不是买方的合同中的义务，但买方为了自己的利益应当办理投保并支付保险费。但应对方要求，卖方应向买方提供取得保险所需信息。

4.DPU（目的地卸货后交货）。

DPU，全称Delivered at Place Unloaded，意为“目的地卸货后交货（指定目的地）”，指卖方通过以下方式向买方完成交货及风险转移：当货物已从抵达的运输工具上卸载，已交由买方处置，在指定目的地，或者在该指定目的地内的约定交货点，如已约定该交货点。

DPU是从《2010年通则》的DAT改写而来的，DAT是在“运输终端”交付，而DPU强调目的地可以是任何地点，而不仅是“运输终端”。但如该地点不在运输终端，卖方确保其打算交付货物的地点是能够卸货的地点。该术语的具体内容如下：

（1）交货：卖方必须在约定日期或期限内，在指定目的地的约定地点（如有），以将货物从抵达的运输工具上卸下并交由买方处置，或以取得已经如此交付的货物的方式交货。

（2）风险：卖方承担交货完成前货物灭失或损坏的一切风险。

（3）手续：①卖方承担风险和费用，取得所有出口许可和其他官方授权办理出口和交货前从他国过境运输所需的一切海关手续。②买方必须承担风险和费用，取得所有进口许可或其他官方授权，办理货物进口的一切海关手续。

（4）一般义务：①卖方提供符合买卖合同约定的货物和商业发票，及合同可能要求的其他与合同相符的单证，买方应收取货物和交货凭证。②买方必须按买卖合同约定支付价款。

（5）运输：卖方自付费用签订运输合同，将货物运至指定目的地或指定目的地内的约定交货点（如有）。如未约定该具体地点，则卖方可选择最符合其目的的指定目的地内的交货点。

（6）保险：双方之间均无订立保险合同的义务，由于DPU是在买方所在国家交货，卖方需要将货物运输过去，运输途中的风险都由卖方承担，因此，虽然卖方对买方没有保险的义务，但其为了成功交货，应当办理保险。买方应对方要求，应向卖方提供取得保险所需信息。

5.DAP（目的地交货）。

DAP，全称Delivered at Place，意为“目的地交货（指定目的地）”，指当卖方通过以下方式向买方完成交货及风险转移：当货物已交由买方处置，处于抵达的运输工具上已做好卸载准备，在指定目的地，或者在该指定目的地内的约定交货点，如已约定该交货点。

卖方在该术语下需负责到目的地的运输，并承担在目的地交货前的费用和风险，负责出口清关手续。该术语适用于各种运输方式。在该术语下，卖方不需要将货物从抵达的运输工具上卸载。关于保险，由于中途的风险由卖方承担，因此，卖方需要办理保险，买方应卖方的要求须向其提供取得保险所需信息。

DAP与DPU的区别就是DAP货物运输目的地在运输工具上就可完成交货，不用卸载货物，而DPU需要卸载货物。除此之外，其他方面这两个术语基本相同。

6.DDP（完税交货）。

DDP，全称Delivered Duty Paid，意为“完税后交货（指定目的地）”，指卖方通过以下方式向买方完成交货：当货物已交由买方处置，已办理进口清关，处于抵达的运输工具上，已做好卸载准备，在指定目的地或该指定目的地内的约定交货点，如已约定该交货点。

该术语是卖方义务最大的术语，其特点是卖方须承担把货物交至目的地所需的全部费用和风险。卖方是在目的地履行交货义务的，属于“到货合同”。卖方负责办理出口和进口清关，因风险在目的地转移，中途的风险由卖方承担，投保虽然不是卖方的合同中的义务，但卖方为了自己的利益应当办理投保并支付保险费。买方应对方要求，应向卖方提供取得保险所需信息。

（二）适用于海运和内河水运的术语

该类术语主要包括《2000年通则》中的两个F组术语和两个C组术语，其特点是都适用于水运，四个术语都属于“装运合同”，即应在卖方所在地完成交货。与《2000年通则》相比，《2010年通则》中的FOB、CIF和CFR术语最大的改变就是风险不再是在船舷转移，而是卖方将“货物置于船上”时风险转移。《2020年通则》仍保持了这样的规定。关于何为“货物置于船上”，通说是指全部货物都装载到船上，不包括平仓、理仓等。

1.FAS（船边交货）。

FAS，全称Free Alongside Ship，意为“船边交货（指定装运港）”，指卖方通过以下方式向买方完成交货：当货物被交到船边（例如，置于码头或驳船上）；该船舶由买方指定；在指定的装运港；或者当卖方取得已经如此交付的货物时。该术语属于“装运合同”，主要运费应是由买方来承担的，对于卖方来说则是“主要运费未付”。

在双方的义务上，卖方的义务是：（1）履行交货义务，卖方必须在约定的日期或期限内，在买方指定的装运港内的装货点（如有），以将货物置于买方指定的船舶旁边或以购得已经如此交付的货物的方式交货；（2）办理出口清关手续；（3）向买方提交与货物有关的单证或相等的电子单证。买方义务是：（1）依销售合同约定支付货物价款；（2）办理货物的运输并为自己的利益投保；（3）办理货物的进口手续。

在风险转移上，FAS货物灭失或损坏的风险在货物交到船边时发生转移，同时，买方承担自那时起的一切费用。

2.FOB（船上交货）。

FOB，全称Free on Board，意为“船上交货（指定装运港）”，指卖方通过以下方式向买方完成交货：将货物装上船；该船舶由买方指定；在指定装运港；或者取得已经如此交付的货物。该术语属于“装运合同”，主要运费应是由买方来承担的，对于卖方来说则是“主要运费未付”。

（1）交货：卖方必须在约定的日期或期限内，在买方指定的装运港的装货点（如有），以将货物置于买方指定的船上或以取得已经如此交付的货物的方式交货。

（2）双方义务：①卖方义务：提供符合合同约定的货物及单证；办理出口手续；在装运港将货物装上买方指定的船舶并通知买方；承担货物在装运港船上交货前的风险和费用。②买方义务：支付货款并接受卖方提供的单证；办理进口手续；租船或订舱并将船名和装货地点及时间给予卖方充分通知；承担货物在装运港交货后的风险和费用。

（3）风险转移：货物灭失或损坏的风险在货物交到船上时发生转移，同时，买方承担自那时起的一切费用。

(4)适用的运输方式:本术语仅适用于海运和内河水运运输在船上完成交货的情形,而不适合于货物在交到船上之前已移交承运人的情形,如双方有意在集装箱终端将货物交给承运人,则考虑适用FCA,而非FOB。

3.CIF(成本、保险费加运费)。

CIF,全称Cost Insurance and Freight,意为"成本,保险费加运费(指定目的港)",指卖方通过以下方式向买方完成交货:将货物装上船或者取得已经如此交付的货物。此贸易术语适用于海运和内河运输。如果使用多种运输方式,常见于货物在集装箱终端交承运人的情形,应适用CPT,而不是CIF。

CIF术语后标明的是卸货港的名称,如CIF大连,表明该批货物的卸货港是大连。虽然在该术语下,卖方已承担了主要的运费,安排了到目的港的运输,但交货仍然是在装运港完成的,因此,仍然属于"装运合同"。在此术语下,卖方需办理运输中的保险,但仅需投保最低险别。

(1)交货:卖方必须在装运港,在约定日期或期限内,将货物装上船,或者以取得已经如此交付的货物的方式依该港口的习惯方式交货。

(2)风险转移:货物灭失或损坏的风险在货物交到船上时发生转移。

(3)双方义务:①卖方义务:提供符合合同约定的货物和单证;办理出口许可证及其他货物出口手续;订立运输合同,支付将货物运至指定目的港所需的运费;办理货物的保险(最低险种即可)并缴纳保险费;承担在装运港船上交货前的风险和费用。②买方义务:支付货款并接受卖方提供的单证;取得进口许可证并办理进口手续;承担在装运港船上交货后的风险和除运费和保险费以外的费用;向卖方提供其投保所需信息。

4.CFR(成本加运费)。

CFR,全称Cost and Freight,意为"成本加运费(指定目的港)",指卖方通过以下方式向买方完成交货:将货物装上船;或者取得已如此交付的货物。在此术语下,卖方须支付将货物运至指定目的港所需的运费。但货物的风险是在装运港船上交货时转移的。该术语适合于海运和内河运输。如果使用多种运输方式,常见于货物在集装箱终端交承运人的情形,应适用CPT,而不是CFR。

CFR术语与CIF术语相比,在价格构成中少了保险费,因此,除了保险是由买方办理外,其他的双方义务与CIF术语基本相同。应该注意的是,CFR术语装船是卖方而投保却是买方,卖方在装船后应给买方以充分的通知;否则,因此而造成买方漏保引起的货物损失应由卖方承担。

第三节 《联合国国际货物销售合同公约》

《联合国国际货物销售合同公约》(本节以下简称《公约》)于1980年在维也纳的外交会议上通过,于1988年正式生效。中国于1986年批准加入了《公约》。《公约》共有101条,分四个部分,第一部分是适用范围和总则,第二部分是关于合同订立的内容,第三部分货物的销售包括卖方义务、买方义务、违约的补救及风险转移的内容,第四部分为最后条款,是关于《公约》的批准、生效、保留和退出的内容。

一、《公约》的适用范围

(一)适用《公约》的货物销售合同

1.适用公约的货物销售合同。依《公约》第1条的规定:《公约》适用于营业地在不同国家的当事人订立的货物销售合同:(a)如果这些国家是缔约国;或(b)如果国际私法规则导致适用某一缔约国的法律。此条包含下列内容:

(1)《公约》只适用于国际货物销售合同,国际因素以当事人的营业地位于不同国家为标准,而不考虑当事人的国籍。如果当事人有两个以上营业地时，依《公约》第10条的规定，应以与合同及合同的履行关系最密切的营业地为其营业地，但要考虑到双方当事人在订立合同前任何时候或订立合同时所知道或所设想的情况。如果当事人没有营业地，则以其惯常居住地为准。

（2）依国际私法规则的扩大适用，依（a）项的规定，本来《公约》只适用于双方营业地所在国均为缔约国的情况，双方均不位于缔约国或只有一方位于缔约国均不适用《公约》。而依（b）项的规定，即使双方或一方的营业地不在缔约国，但只要依国际私法规则应适用缔约国的法律，则适用《公约》。考虑各国加入《公约》时的态度，《公约》允许对此项扩大适用进行保留。我国加入《公约》时即对此进行了保留。

2.不适用《公约》的合同。并非所有的国际货物销售合同都适用《公约》，《公约》在第2条和第3条对不适用《公约》的合同分别进行了规定，《公约》第 2 条是从合同的种类上排除了六种不适用《公约》的合同：（1）购买供私人、家人或家庭使用的货物销售；（2）以拍卖的方式进行的销售；（3）依法律执行令状或其他令状的销售；（4）公债、股票、投资证券、流通票据或货币的销售；（5）船舶、船只、气垫船或飞机的销售；（6）电力的销售。

上述第（1）类属于消费合同，有消费者权益保护的问题，各国的规定差异较大且多数具有强制性，因此《公约》排除适用。第（2）、（3）类通过拍卖的销售和由司法机关和行政机关为执行法律而进行的销售均属于比较特别的情况。《公约》认为应当仍然由各国的国内法来管辖这两类交易。第（4）类有价证券，有些国家认为其不是货物，它们不同于通常的国际贸易，具有明显的特殊性。《公约》考虑到这些因素，将这类交易排除在公约的适用范围之外。第（5）类船舶和飞机，在一些国家中也有特别的规定，这类货物的交易必须履行登记过户的手续。而哪些需要登记，如何登记，哪些不需要登记，各国的规定有比较大的差别。因此，对于船舶和飞机的国际交易，《公约》不予适用。第（6）类电力也是因为该标的不可触及的特殊性，电力在一些国家中不视为货物，电力的国际销售所遇到的问题与一般货物的国际销售不同，因此也被排除在《公约》的适用范围之外。

《公约》第3条还排除了对提供货物与提供服务相结合的合同的适用，依《公约》的规定，下列两种合同排除适用：其一，通过劳务合作方式进行的购买，如补偿贸易；其二，通过货物买卖方式进行的劳务合作，如技贸结合。这两项不适用反映了《公约》适用范围的一条原则，即《公约》适用于货物的国际销售，而不适用于劳务或服务合同，因为劳务或服务合同与货物销售合同有明显的差别。排除的原因是这两种方式，供方的义务主要不是提供货物，而是提供劳务或其他服务。因此会产生一些调整单纯的货物销售的《公约》无法解决的问题，从而影响《公约》作为统一法的适用。但如上述合同中提供的劳务或服务没有构成供货方的绝大部分义务的，则仍被公约视为是买卖合同。另外，如合同是由买卖和劳务两部分组成的，则公约只适用于买卖合同部分。在许多货物销售合同中都包含有卖方同时提供相应服务的内容，如卖方销售设备常常伴随有安装调试的义务。

3.《公约》未涉及的法律问题。《公约》并没有对所有涉及国际货物销售的法律问题均进行了规定，《公约》的规定仅限于因合同而产生的双方的权利义务关系问题，下列几个方面的问题，均由于各国法律的规定分歧较大，很难统一，因此，《公约》没有涉及的法律问题主要有：（1）《公约》不涉及有关销售合同的效力或惯例的效力问题。（2）《公约》不涉及销售合同对所售出的货物的所有权转移问题。（3）《公约》不涉及卖方对货物引起的人身伤亡的责任问题。

（二）《公约》适用的任意性

依《公约》第6条的规定：双方当事人可以不适用《公约》，或在第12条的条件下，可以减损《公约》的任何规定或改变其效力。本条表明《公约》的适用并不是强制性的，主要表现为下列两点：

1.当事人可以通过选择其他法律而排除《公约》的适用。也就是说，即使买卖合同的双方当事人的营业地分处两个缔约国，本应适用《公约》，但如果他们在合同中约定适用其他的法律，则排除了《公约》的适用。但案例表明如果当事人只是一般性地选择适用了某一缔约国的法律，则《公约》仍然得以适用，只有在当事人明确适用该国的什么法律时，才能排除《公约》的适用，例如，如果当事人选择适用《美国统一商法典》，则可以排除《公约》的适用。

如果双方没有排除《公约》的适用，则《公约》自动适用于他们之间的买卖合同。如果当事人在合同中选择适用了某一国际惯例，如某一国际贸易术语，则不能认为排除了《公约》的适用，因为贸易术语主要是解决买卖双方在交货方面的责任、费用及风险划分等问题，而没有涉及违约及违约救济等方面的问题，贸易术语和《公约》在内容上是相互补充的，因此，《公约》仍应对合同适用。

2.当事人可以在买卖合同中约定部分地适用《公约》，或对《公约》的内容进行改变。但当事人的此项权利是受到一定限制的，即如果当事人营业地所在国在加入《公约》时已提出保留的内容，当事人必须遵守，而不得排除或改变。

（三）中国对《公约》的保留

中国于1986年12月向联合国秘书长递交了《公约》的核准书，成为《公约》的缔约国，该《公约》于1988年1月1日对包括我国在内的各参加国生效。但中国在核准《公约》时，曾经提出了下列两项保留：合同形式保留和私法适用保留，但合同形式保留已经撤回：

1.合同形式的保留。合同形式的保留针对的是《公约》第11条。依该条的规定，销售合同无须以书面订立或书面证明，在形式方面也不受任何其他条件的限制。销售合同可以用包括人证在内的任何方法证明。我国在核准《公约》时对此进行了保留，即认为国际货物买卖合同应采用书面的方式，《公约》有关口头或书面以外的合同也有效的规定对中国不适用。我国政府已正式通知联合国秘书长，撤回对《公约》所作“不受《公约》第十一条及与第十一条内容有关的规定的约束”的声明。

2.因国际私法规则扩大适用的保留。扩大适用地保留针对的是《公约》第1条第（1）款（b）项的规定。该条允许通过国际私法的引用而使《公约》适用于非缔约国。对此，我国在核准《公约》时也提出了保留，即我国仅同意对双方的营业地所在国均为缔约国的当事人之间订立的国际货物销售合同才适用《公约》。

二、国际货物买卖合同的订立

国际货物买卖合同是当事人之间意思表示一致的结果。它是通过一方提出要约，另一方对要约表示承诺后成立的。一个合同往往不是一次意思表示就可以达成，在一方提出要约后，对方往往还会提出反要约，经过反复磋商，最后双方取得一致意见，合同才能成立。在磋商的过程中，要约与承诺是两个重要的法律步骤。1980年《联合国国际货物销售合同公约》第14～24条对此进行了规定。

（一）要约

要约是一方当事人以订立合同为目的向对方所作的意思表示。提出要约的一方称为要约人或发价人，在实践中也称为发盘人，对方则称为受要约人或被发价人或受盘人。要约可以用书面提出，也可以用口头提出。

1.构成要约的条件。依《公约》第14条的规定，符合下列三个条件，即构成要约：（1）向一个或一个以上特定的人提出订立合同的建议。要约要向特定人发出，而不是向不特定的公众发出，至于广告、报价单等由于不是向特定人发出的，因此不是要约，而是要约邀请。（2）要约的内容应十分确定，依第14条的规定，如果要约中订明了货物并且明示或暗示地规定数量和价格或规定如何确定数量和价格，即为十分确定。有确定内容要约，才能使受要约人据此决定是否接受；否则，受要约人还得还盘询问。因此，缺少确定内容和附条件的表示都不是要约，而是要约邀请。（3）要约必须送达受要约人。依《公约》第15条的规定，要约送达受要约人时生效。如果一方仅凭以往交易的经验，或通过其他途径估计对方可能向其发出要约，而于收到要约以前即向对方发出承诺通知，则即使该承诺的内容与对方发来的要约中所提出的交易条件完全相同，也不能认为双方达成了交易，订立了合同，而只能认为是两个碰头的要约，除非对方予以接受，否则不能成立合同。

2.要约的撤回与撤销。（1）要约的撤回。要约人在要约未送达受要约人时，取消要约的行为称为要约的撤回。只要撤回要约的通知先于要约到达受要约人即可撤回要约。（2）要约的撤销。要约人在要约送达受要约人后取消要约的行为称为要约的撤销。要约分为可撤销的要约和不可撤销的要约，对于不可撤销的要约，只有撤回的问题。依《公约》第16条的规定，在未订立合同之前，要约可以撤销，如果撤销通知于受要约人发出接受通知之前送达受要约人。但在下列情况下，要约不得撤销：①要约写明接受要约的期限或以其他方式表示要约是不可撤销的；②受要约人有理由信赖该项要约是不可撤销的，而且受要约人已本着对该要约的依赖行事。

3.要约的失效。在要约失效后，无论是要约人或受要约人均不再受要约的拘束。要约失效的原因主要有以下几种情况：（1）要约因期间已过而失效，即要约因受要约人没有在要约规定的期间内作出有效的承诺而失去效力。（2）要约因要约人的撤销而失效。（3）要约因受要约人的拒绝而失效。受要约人的拒绝既可以是明示的，也可以是默示的，默示的拒绝主要表现为对原要约内容的改变。对原要约内容的改变称反要约。

（二）承诺

承诺是受要约人按照要约所规定的方式，对要约的内容表示同意的一种意思表示。要约一经承诺，合同即成立。承诺又被称为“接受”。

1.有效的承诺须具备的条件。

（1）承诺须由受要约人作出。依《公约》第18条的规定，承诺的作出可以声明或行为表示，但缄默或不行为本身不等于承诺。在多数情况下，受要约人同意要约的内容时会明确地通知要约人其接受该要约。在某些情况下，受要约人也可能通过行为来表示同意。如当事人之间存在长期的贸易关系，发展到买方发出订单后，卖方不再回电确认，而是直接发货。这种发货的行为有判例认为也构成承诺。在特定的情况下，缄默和不行为和其他的因素合在一起，也可能构成承诺，如当事人事先专门做了这方面的约定。

（2）承诺须在要约规定的有效期间内作出。理论上迟到的承诺或逾期的承诺，不是有效的承诺，而是新的要约，一般须经原要约人承诺后才能成立合同。《公约》第21条并没有一概地否定逾期承诺的效力，依该条规定：①对于逾期的承诺，如果要约人毫不迟延地用口头或书面将接受的意思通知受要约人，则该逾期的承诺仍为有效的承诺；②如果载有逾期承诺的信件或其他书面文件表明，它是在传递正常、能及时送达要约人的情况下寄发的，则该项逾期承诺具有承诺的效力，除非要约人毫不迟延地用口头或书面通知受要约人，他认为其要约已经失效。

（3）承诺须与要约的内容一致。如果受要约人所表示的对要约的内容有变更即是反要约，或称为还价，反要约是对要约的拒绝，不能发生承诺的效力，它必须经原要约人承诺后才能成立合同。《公约》第19条对附条件的承诺进行了规定：①反要约的定义：对要约表示承诺但载有添加、限制或其他更改的答复，即为拒绝该项要约，并构成反要约。②含有非实质性的更改要约的答复，除非要约人在不过分迟延的期间内以口头或书面通知反对其间的差异外，仍构成承诺。如果要约人不作出此种反对，则合同的条件就以该项要约的条件以及承诺通知内所载的更改为准。该条第3款对实质上的变更进行了规定，依该条的规定，有关货物价格、付款、货物质量和数量、交货地点和时间、一方当事人对另一方当事人的赔偿责任或解决争端等的添加或不同条件，均视为在实质上变更要约的条件。

2.承诺生效的时间。承诺一旦生效，合同即告成立。对于承诺生效的时间，英美法系国家和大陆法系国家分别采用的是投邮生效主义和到达生效主义，《公约》采纳了到达生效主义。依《公约》第18条第2款的规定，对要约所作的承诺，应于表示同意的通知送达要约人时生效。如果表示同意的通知在要约人所规定的时间内没送达要约人，在要约没有规定期间的情况下，则在合理时间内未送达要约人，承诺即为无效。对于口头要约应当立即承诺，但情况表明有不同要求者除外。

3.承诺的撤回。依《公约》第22条的规定，承诺可以撤回，只要撤回的通知能在承诺生效之前或与其同时送达要约人。撤回承诺是受要约人阻止其承诺发生法律效力的一种意思表示，撤回的通知必须采用更为快捷的方式传递而先于承诺到达要约人，才能阻止承诺发生效力。

三、国际货物买卖合同双方的义务

（一）卖方的义务

在国际货物买卖合同中，虽然双方的权利义务是对等的，但提供货物的一方的义务比买方的义务要复杂，主要包括交付货物、交货必须与合同相符、移交单据、转移货物的所有权。由于各国有关货物所有权转移的规定分歧较大，因此，《公约》对此问题采取了回避的态度，未进行具体的规定。因此，本节只涉及交付货物、质量担保、权利担保、交付单据等内容。

1.交付货物。交付货物既是卖方的主要义务，也是其行使收取货款的权利的前提条件。交付货物既包括实际交货，即由卖方将货物置于买方的实际占有下，也包括象征性交货，即由卖方将控制货物的单据交给买方，由买方在指定地点凭单向承运人提货。依《联合国国际货物销售合同公约》的规定，卖方应依合同规定的地点、时间及方式完成其交货义务。

（1）交付货物的地点。关于交付货物的地点，双方当事人有约定的依约定，《公约》的规定主要针对的是当事人没有约定的情况。依《公约》第31条的规定，①当国际货物买卖合同涉及货物的运输，则交货地点即为货交第一承运人的地点；②如果合同指的是特定货物从特定存货中提取的或还在生产中未经特定化，而双方当事人在订立合同时已知道这些货物的特定地点，则卖方应在该地点交货；③在其他情况下，卖方应在其订立合同时的营业地交货。

（2）交货的时间。依《公约》第33条的规定：①如果合同规定有交货的日期，或从合同可以确定交货的日期，应在该日期交货；②如果合同规定有一段时间，或从合同可以确定一段时间，除非情况表明应由买方选定一个日期外，应在该段时间内任何时候交货；③在其他情况下，应在订立合同后一段合理时间内交货。关于提前交货的情况，依《公约》第37条的规定，如卖方在约定的时间提前交货，则可以在交货日期前交付任何缺漏部分或补足所交付的货物的不足数量，或交付用以替换所交付不符合同规定的货物，但这项权利的行使不能造成买方不合理的不便或承担不合理的开支，也不影响买方损害赔偿的权利。

2.质量担保。货物的质量担保义务指卖方必须保证其交付的货物与合同的规定相符。依《公约》第35条第1款的规定，卖方交付的货物必须与合同规定的数量、质量和规格相符，并须按照合同所规定的方式装箱或包装。在合同没有对数量、质量、规格和包装作出明确规定的情况下，则应依《公约》第35条第2款的规定：

（1）适用于通常使用目的。货物应适用于通常使用目的，即货物适用于同一规格货物通常使用的目的。这种情况是指买方订货时，是依一般的规格订货，而没有向卖方指出货物的任何用途。《公约》所指的是同一规格货物通常使用的用途，如购买商品通常是为了消费和转卖，购买机器通常是用于生产，购买粮食一般是既能用于人类消费又能喂牲畜，如卖方提供的货物只能用于喂牲畜，则没有达到适合于一般用途。

（2）适用于特定目的。货物应适用于特定目的，即货物适用于订立合同时明示或默示地通知卖方的任何特定目的。如果买方对该特定用途所需要的货物的规格不很了解，他可将购买该货物的特定用途告知卖方。如告知其需要购买的是专门用于钻碳钢板的某个尺寸的钻头，则卖方提供的钻头就应能达到钻碳钢板的硬度要求。

（3）与样品或样式相符。货物应与样品或样式相符，即货物的质量与卖方向买方提供的货物样品或样式相同。当订立的合同是以样品或样式为基础时，卖方即应保证货物符合样品或样式的质量。

（4）在包装上的要求。《公约》规定货物应按照同类货物通用的方式装箱或包装，如果没有此种通用方式，则按照足以保全和保护货物的方式装箱或包装。某些国家不认为包装属于货物相符的义务，而《公约》则将包装作为卖方保证货物相符的义务之一，因为在国际货物买卖中，货物通常要经过长距离的运输，卖方对货物的包装是否合理会对运输产生影响。一般认为，因卖方包装不符而造成的货损应由卖方承担责任。

《公约》除了规定卖方对货物质量的担保责任外，还规定了卖方对质量责任的例外。依第35条第3款的规定：如果买方在订立合同时知道或者不可能不知道货物不符合同，卖方就无须按上述四项负不符合同的责任。在国际货物买卖中，有时买方已经知道了货物在品质上有缺陷，但由于急需该货物等原因，而同意以减价为条件接受货物，在这种情况下，一旦买方知道了货物缺陷的事实而接受货物，则卖方不承担对此种缺陷的品质担保责任。

《公约》第38条对货物质量的检验分三种情况进行了规定：（1）买方应在实际可行的最短时间内检验货物或由他人检验货物；（2）如果合同涉及货物的运输，检验可推迟到货物到达目的地后进行；（3）如果货物在运输途中改运或买方须再发运货物，没有合理机会加以检验，而卖方在订立合同时已知道或理应知道这种改运或再发运的可能性，检验可推迟到货物到达新目的地后进行。

3.权利担保。

（1）权利担保的内容。权利担保可以概括为所有权担保和知识产权担保两个方面：①所有权担保：指卖方保证对其出售的货物享有完全的所有权，必须是第三方不能提出任何权利或要求的货物，如不存在任何未向买方透露的担保物权等。如前所述，《公约》并不调整国际货物买卖中的所有权转移问题，有关所有权转移的问题由国内法调整。但是，如卖方对其出售的货物不享有完全的所有权，就会对合同的履行产生影响，为此，《公约》要求卖方必须对其出售的货物拥有完全的所有权。②知识产权担保：指卖方所交付的货物，必须是第三方不能依工业产权或其他知识产权主张任何权利或要求的货物。知识产权包括工业产权，《公约》之所以将两者并列是为了避免不同国家在使用这两个概念时的分歧。如果在买方接收货物后，任何第三人通过司法程序指控买方所购的货物侵犯了其知识产权，卖方应承担代替买方辩驳第三人的指控。

（2）对知识产权担保义务的限制。由于国际贸易中，货物通常是销往卖方以外的国家，特别是还有转卖的情况，要求卖方了解所有国家有关的法律是不可能的，因此，《公约》对卖方的知识产权担保义务进行了某些限制，主要表现在：①地域限制。《公约》虽然规定了卖方的知识产权担保义务，但并未要求其出售的货物不得侵犯全世界任何一个知识产权人的权利，对此《公约》第42条规定了限制标准：第一，货物使用地或转售地国家的法律，即第三人的请求必须是依货物使用地或转售地国家的法律提出的。如果双方在订立合同时，没有规定货物的最终使用地或转卖地，则卖方对买方不承担向不知名的转卖地转卖的知识产权的担保义务。第二，依买方营业地所在国法律，即第三人的请求必须是依买方营业地所在国的法律提出的。也就是说，如果双方没有确定货物的最终使用地或转卖地，则卖方只对那些依买方营业地所在国的法律提出的请求向买方负责。如果买方有一个以上的营业地，则依《公约》的规定，以与合同及合同的履行关系最密切的营业地为其营业地。如果没有营业地，则以其惯常居住地为准。②主观限制。《公约》在确定卖方的知识产权担保上还规定了时间的标准，依《公约》第42条第2款的规定，卖方在下列两种情况下，免除其知识产权担保的义务：第一，买方在订立合同时已知道或不可能不知道此项权利或要求；第二，此项权利或要求的发生，是由于卖方遵照买方所提供的技术图样、图案、款式或其他规格的结果。

（3）买方的及时通知义务。《公约》第43条规定了买方的及时通知义务，即当买方已知道或理应知道第三方的权利或要求后一段合理时间内，应将此项权利或要求的性质通知卖方，否则就丧失了买方依《公约》本来可以得到的权利，即要求卖方承担辩驳第三方的权利。至于什么是“合理时间”，则要依个案而定，不同的案情，合理时间的长短不同。

4.交付单据。在国际贸易中，单据对买方很重要，特别是在象征性交货的情况下，单据可能影响买方是否能及时提取货物和转卖货物，也会影响买方办理相关的海关手续。《公约》第34条对卖方交付单据的义务进行了规定，依该条规定，如果卖方有义务移交与货物有关的单据，他必须按照合同规定的时间、地点和方式移交这些单据。卖方交付单据的义务，通常是在买卖合同或信用证中加以规定。

如果卖方在约定的时间以前已移交这些单据，则可在时间届满前纠正单据中任何不符合合同规定的情形，但是，此项权利的行使不得使买方遭受不合理的不便或承担不合理的开支。而且，买方可以保留《公约》规定的要求损害赔偿的权利。

（二）买方的义务

买方的义务主要有两项，即支付货款和接收货物。

1.支付货款。

（1）准备步骤。依《公约》第54条的规定，买方支付货款的义务包括依合同或任何有关法律和规章规定的步骤和手续。买方付款义务所必需的一切准备步骤是其付款义务不可分割的组成部分，与支付货款本身一起构成了买方支付货款的义务。如果买方没有依合同或有关法律的规定为使支付成为可能而完成一切必要的步骤和手续，也构成违约，将引起相应的违约赔偿。这些准备步骤包括申请信用证或银行的付款担保，在实行外汇管制的国家，获得必要的外汇及将货款汇出的政府许可等。应该指出的是，《公约》只是规定买方应依合同或有关规定的要求采取这些步骤，并没有要求买方保证其努力的结果，如保证一定能获得政府的批准，因此，买方的此项义务不是绝对的，只要买方已采取了一切合理的步骤，但由于其不能控制的障碍仍不能获得所需的批准时，依《公约》第79条的规定，买方可以免除其责任。

（2）支付的地点。由于各国在外汇管制上的规定不同，因此，支付的地点会对支付的顺利完成产生影响。国际货物买卖的双方通常也会在合同中对支付方式和地点作出约定。依《公约》的规定，支付的地点首先应以当事人在合同中的约定为准，在合同对此没有规定的情况下，《公约》对支付地点进行了下列补充规定：①卖方营业地为支付地，在卖方有一个以上营业地的情况下，买方的支付地点为卖方与合同及合同的履行关系最密切的营业地。②如凭移交货物或单据支付货款，则移交货物或单据的地点为支付地。

（3）支付的时间。依《公约》的规定，如果双方当事人未在合同中具体约定付款的时间，则买方应依《公约》规定的下列时间支付货款：①在卖方将货物或单据置于买方控制下时付款。依《公约》的规定，卖方可以买方支付货款作为移交货物或单据的条件，不付款则不交货或不交单据。②在买卖合同涉及运输时，在收到银行的付款通知时付款。在涉及运输时，卖方一般会在合同中订明交货的条件，即在买方支付货款后，才能取得代表货物所有权的装运单据，即以付款交单为支付条件，在此种情况下，买方必须在接到银行的付款通知时支付货款。③在买方没有机会检验货物前，无义务支付货款。《公约》第58条第3款的规定是将买方付款的义务与其检验货物的权利联系在一起的。但是，如果买方这种检验货物的机会与双方约定的交货或付款程序相抵触，则买方丧失其在付款前检验货物的权利。在此种情况下，买方应按上述①和②规定的时间付款。例如，在CIF贸易条件的情况下，买方只有在付款赎单后才能提货，才能对货物进行检验，此时不能以检验作为付款的条件。

2.接收货物。依《公约》的规定，买方接收货物的义务由两部分组成：一为“采取一切理应采取的行动”；二为“提取货物”。

（1）采取一切理应采取的行动。在国际货物买卖中，一方当事人应当采取与另一方当事人相适应的步骤，即双方有相互合作的义务。为了使卖方能交付货物，买方应当采取的行为包括为卖方指定准确的发货地点，委托代理人接收货物，依贸易术语的要求作出相应的运输安排等。为此，《公约》第60条（a）款规定，买方应采取一切理应采取的行动，以期卖方能交付货物。

（2）提取货物。提取货物要求买方将货物置于自己的实际控制下，买方应按时提取货物。如果买方在提取货物上不配合，即违反了接收货物的义务。应注意的是，接收不等于接受，接受表明买方认为货物的质量符合买卖合同的规定；而接收并不表明买方对货物的质量没有异议，如货物在目的港经检验与合同不符，买方也应接收货物，然后再进行索赔。依《公约》第77条的规定，声称另一方违约的一方，有义务采取合理的措施，减轻由于违约引起的损失，如不采取措施，例如，任货物弃之码头而受损，则违约一方可要求从损害赔偿中扣除原可以减轻的损失数额。

四、风险转移

货物发生损失的原因很多，因双方责任导致的损失，由责任方承担。因风险造成的损失则应由承担风险的一方当事人来承担。风险涉及双方无责任的外部事件造成的损失的分担。风险在国际货物买卖中一般指的是货物因自然原因或意外事故所致的损坏或灭失的危险。《公约》没有列出风险事件的范围，此类事件一般包括不可抗力、意外事故和第三方的不当行为造成的损失。确定风险转移的目的是明确这些损坏或灭失由谁来承担。依《公约》第66条的规定，货物在风险转移到买方承担后遗失或损坏的，买方支付货款的义务并不因此解除。除非这种损坏或遗失是由于卖方的行为或不行为造成的。

在风险转移的时间上，各国有不同的规定，一类是将风险转移与货物的所有权联系在一起；另一类是将两者分开，《公约》采用的是后者。《公约》在确定货物的风险转移上基本上采取的是以交货时间确定风险转移的原则，这样可以由向保险人或承运人求偿处于较好地位的一方当事人承担风险。

（一）《公约》确定的风险转移的时间

风险转移的时间依第67、68条的规定有下列几种情况：

1.合同中有运输条款的货物买卖的风险转移。对于合同中有运输条款的货物买卖的风险转移，依《公约》第67条的规定应依下列方式转移风险：（1）如该运输条款规定卖方有义务在某一特定地点把货物交给承运人运输，则卖方履行义务以后，货物的风险就随之转移给了买方；（2）如合同中没有指明交货地点，卖方只要按合同规定把货物交给第一承运人，货物的风险就转移给买方了。

2.对于在运输中销售的货物的风险转移。对于在运输中销售的货物的风险，依《公约》第68条的规定是自买卖合同成立时起转移给买方。运输中销售的货物，不存在交付承运人的问题，因为货物已在承运人的控制下了，所以从合同成立时就转移风险。但由于对运输中的货物的出险时间不易确定，所以《公约》又规定，如情况表明有此需要，风险自交给签发运输单据的承运人时起转移给买方，这种情况须以卖方在订立合同时不知道货物已灭失或损坏的为限。

3.其他情况下货物的风险转移。依《公约》第69条的规定，其他情况下如在卖方营业地交货，或在卖方营业地以外的地点交货，此时的风险从买方接收货物时起或货物交由买方处置时起转移给买方。

（二）风险转移与卖方违约的关系

货物的风险指的是货物因自然原因或意外事故所致的损坏或灭失的危险，如果货物的损坏或灭失是由于卖方违反合同所致，则依《公约》第70条的规定，买方仍然有权向卖方提出索赔，采取因此种违反合同而可以采取的各种补救办法。

五、违反合同的补救办法

违约补救办法，是指在一方当事人违反合同时；另一方当事人依法获得补偿的方法，也称救济方法。违约的救济方法可分为债权的救济方法和物权的救济方法。前者是对当事人行使的，如实际履行、解除合同、损害赔偿、减价等。物权的救济方法是对货物本身行使的，如停止交货等，《公约》规定的救济方法以债权救济方法为主。在国际货物买卖中，卖方的违约主要表现为不履行交货义务，不适当履行交货义务，如所交货物与合同不符，所交单据与合同不符，交付的货物违反了卖方的权利担保等情况。买方的违反则主要表现为不付款，或不依合同的约定付款，或不依合同的约定提取货物。《公约》分别对卖方违反合同的救济办法与买方违反合同的救济办法进行了规定。

（一）卖方违反合同时适用于买方的补救办法

1.要求实际履行。《公约》第46条第1款规定了卖方违反合同时，买方可以采取要求实际履行的补救办法，除非买方已采取与此一要求相抵触的某种补救办法。《公约》以实际履行作为第一种补救办法，目的是保证合同履行的稳定性。另外，《公约》第47条还规定一个合理的履约宽限期，即买方可以规定一个合理时间的额外时间，让卖方履行其义务。

2.交付替代物。《公约》第46条第2款规定了交付替代物的补救办法。交付替代物是在货物与合同不符时的一种补救办法，即要求卖方替代交付与合同相符的货物。依《公约》的规定，买方只有在货物与合同不符构成根本违反合同时，才可以要求交付替代货物，而且关于替代货物的要求，必须与说明货物与合同不符的通知同时提出，或者在该项通知发出后一段合理时间内提出。

3.修理。《公约》第46条第3款对修理的补救办法进行了规定。修理是卖方对所交付与合同不符的货物进行的修补、调整或替换有瑕疵部分等。买方请求修理的要求须与发出的货物不符的通知同时提出，或在该通知发出后一段合理时间内提出。

4.减价。依《公约》第50条的规定，如货物与合同不符，无论货款是否已付，买方都可以减低价格。减价按实际交付的货物在交货时的价值与符合的货物在当时的价值两者之间的比例计算。

5.解除合同。《公约》关于"解除合同"的英文表达直译为"宣告合同无效"，依《公约》第49条的规定，当卖方在完全不交付货物或不依合同规定交付货物构成根本违反合同时，买方可以解除合同。依《公约》第49条的规定，买方有权在下列情况下解除合同：第一，卖方根本违反合同。第二，卖方在买方规定的宽限时间内没有交货或声明不交货。根本违反合同是指因一方当事人违反合同而使另一方当事人遭受损害，实际上剥夺了其依合同规定期待取得的东西。即合同的存在对他期待的利益已没有什么意义了，此时买方可以解除合同。如卖方只交付了一部分货物或交付的货物中只有一部分相符，则前述有关实际履行、交付替代物、修理、减价等补救办法适用于未交付的部分和不符合同规定部分的货物。《公约》第五节规定了解除合同的法律效果，主要是使双方回复到原来的地位。对买方来说，这意味着他不必继续履行合同义务，如买方可撤销付款安排及接货安排等。

买方解除合同的权利由于下列情况而丧失：第一，对于迟延交货，买方没有在迟延交货后的一段合理的时间内解除合同。第二，对于其他情况的违约，在他已经知道或应当知道后的一段合理时间内没有解除合同；或者，当买方给予额外交付货物期限时，在该额外期限届满后的一段合理时间内没有解除合同；或者，当卖方对自己的不履行义务向买方声明将在额外期限内进行补救，而该期限已经超过或买方不接受卖方的补救的情况下，买方仍没有解除合同。

（二）买方违反合同时适用于卖方的补救办法

1.要求履行义务。依《公约》第61～63条的规定，如果买方不履行其在合同中和《公约》中规定的任何义务，卖方可以要求其履行义务，卖方可以要求买方支付货款、收取货物以及其他应履行的义务，只要卖方没有采取与此要求相抵触的某种补救办法。卖方可以规定一段合理时限的额外时间，让买方履行义务。除非卖方收到买方的通知，声称其将不在所规定的时间内履行义务，卖方不得在这段时间内对违反合同采取任何补救办法。当然，卖方并不因此而丧失因买方迟延履行要求损害赔偿的权利。

2.解除合同。依《公约》第64条的规定，卖方在下列情况下可以解除合同：（1）当买方没有履行合同或《公约》规定的义务构成根本违反合同时；（2）买方不在卖方规定的额外时间内履行支付价款的义务或收取货物，或买方声明他将不在所规定的时限内履行。但如买方支付了全部货款，卖方原则上就丧失了解除合同的权利。

（三）适用于买卖双方的一般规定

上述是适用于买方或卖方的特殊规定，此外《公约》还规定了适用于买卖双方的一般规定，主要有中止合同、损害赔偿、支付利息、免责、解除合同的效果、货物保全等。

1.预期违反合同和分批交货合同。预期违反合同是指在合同订立后，履行期到来前，一方明示拒绝履行合同，或通过其行为推断其将不履行。当一方出现预期违反合同的情况时，依《公约》的规定，另一方可以采取中止履行义务的措施。《公约》第71条对中止履行义务的内容进行了规定。

（1）中止履行义务的适用条件：①必须是被中止方当事人在履行合同的能力或信用方面存在严重缺陷；②被中止方当事人必须在准备履行或履行合同的行为方面表明他将不能履行合同中的大部分重要义务。如在甲合同中，货物不符是由当事人所使用的原料造成的，而情况表明乙合同和甲合同使用的原料都出自同一产地，因此，如果该当事人准备使用或已经使用了这种原料，那么，这种准备使用或已经使用了的行为，就表明该当事人不能履行合同的大部分重要义务。如不按上述条件采取中止履行义务的措施，中止履行本身就是违反合同。

（2）中止履行义务的结束：依《公约》的规定，中止可因被中止方当事人提供了履行合同义务的充分保证而结束，《公约》规定中止履行的一方当事人无论是在货物发运前还是发运后，都必须通知另一方当事人，如经另一方当事人对履行义务提供充分保证，则中止履行的一方必须继续履行义务。当然，中止除了因继续履行而结束外，也可以因中止方当事人解除合同而结束。

（3）预期违反合同与解除合同：依《公约》的规定，如果在履行合同日期之前，明显看出一方当事人将根本违反合同，另一方当事人可以解除合同。在时间许可的情况下，准备解除合同的一方应向对方发出合理的通知，使其可以为履行义务提供充分保证。

（4）分批交付的货物无效的处理：①在一方当事人不履行任何一批货物的义务构成对该批货物的根本违约时，另一方当事人可以对该批货物解除合同。②如有充分理由断定对今后各批货物将会发生根本违反合同，则可在一段合理时间内宣告合同今后无效，即解除合同对以后各批货物的效力。③当买方宣告合同对任何一批货物的交付为无效，而各批货物又是相互依存的情况下，另一方当事人可以解除整个合同。例如，当货物是一种机器的不同部件，则各批货物之间有内在的联系，一批不能履行，则前面已履行的部分也没有意义了。

2.损害赔偿。损害赔偿是《公约》违约补救制度中运用最广泛的一种补救办法，买方或卖方所进行的其他补救，并不妨碍其同时提出损害赔偿。如买方或卖方可以既宣告解除合同，又要求损害赔偿，虽已解除了买卖双方当事人在合同中的义务，但其中受损害一方当事人请求损害赔偿的权利，并不受此影响。《公约》第74～77条对损害赔偿进行了规定。

（1）损害赔偿的概念：依《公约》的规定，损害赔偿是指对由于一方当事人违反合同，而给另一方当事人造成的损害或损失，给予金钱上的补偿。

（2）赔偿金额的计算：赔偿金额的计算是损害赔偿的中心内容，依《公约》第74条的规定，赔偿金额计算的原则是：一方当事人违反合同应负的损害赔偿额，应与另一方当事人因他违反合同遭受的包括利润在内的损失额相等。依《公约》的这一原则，计算损害赔偿金的目的是要使受损害一方当事人获得合同被履行后所应有的经济地位，补偿其实际损失。另外，依《公约》第74条的规定，损害赔偿还应以违约方能够预见的损失为限。如卖方在订立合同时对于买方购买货物的正常市场利润是能预料的，但卖方对买方由于异常天气等原因造成的脱销而价格猛涨等不正常的价格变化，是不能预料的，超过正常范围的损失，卖方不承担赔偿责任。

（3）要求损害赔偿的一方减少损失的责任：依《公约》第77条的规定，声称另一方违约的当事人，必须按情况采取合理措施，以减轻由于另一方违约而引起的损失，如果他不采取这种措施，违约的一方可以要求从损害赔偿中扣除原可以减轻的损失数额。

3.支付利息。《公约》第78条是关于支付利息的补救办法的规定，支付利息是指拖欠价款或其他金额的一方当事人应向另一方当事人支付上述款项的利息。支付利息有两种：一种是货款的利息；另一种是拖欠金额的利息。采用了支付利息的补救办法后，仍然可以要求损害赔偿。

4.免责。《公约》第79～80条对免责的情况进行了规定。

（1）免责的条件：①不履行必须是由于当事人不能控制的障碍所致。例如，战争、禁运、风暴、洪水等。②这种障碍是不履行一方在订立合同时不能预见的。③这种障碍是当事人不能避免或不能克服的。《公约》所称的“不能控制的障碍”实际上就是“不可抗力”，《公约》没有采用“不可抗力”这一传统用语的原因是各国对该用语的理解有一定的差异，沿用传统用语可能会引起不必要的误解。

（2）免责的通知：依《公约》第79条第4款的规定，不履行义务的一方必须将障碍及其对他履行义务能力的影响通知另一方。如果对方在不履行义务的一方已知道或理应知道此一障碍后一段合理时间仍未收到通知，则不履行义务的一方对由于对方未收到通知而造成的损害应负赔偿责任。

（3）免责的后果：依《公约》第79条第5款的规定，免责一方所免除的是对另一方损害赔偿的责任，但受损方依《公约》采取其他补救措施的权利不受影响。

5.解除合同的效果。解除合同的效果指合同解除对买卖双方当事人基于合同产生的权利义务的影响。解除合同的效果涉及终止买卖双方当事人的哪些权利义务与不终止哪些权利义务，以及哪些权利义务因合同被解除才开始。《公约》第81～84条是关于解除合同的效果的规定，依《公约》的规定，解除合同的效果主要有以下三个：

（1）合同一经被解除，即解除了买卖双方在合同中的义务。但它并不解除违约一方损害赔偿的责任，以及合同中有关解决争议和合同中有关双方在合同解除后的权利义务的规定。

（2）解除合同，要求买方必须按实际收到货物的原状归还货物。如买方归还的货物不具有交货时的使用价值，买方就丧失了解除合同或要求卖方交付替代货物的权利。

（3）解除合同后，买卖双方必须归还因接受履行所获得的收益。即卖方应归还所收取的货款的利息，买方应归还由于使用货物或转卖货物所得的收益。

6.保全货物。《公约》第85～88条是关于保全货物的规定。

（1）保全货物的概念：保全货物是指在一方当事人违约时，另一方当事人仍持有货物或控制货物的处置权时，该当事人有义务对他所持有的或控制的货物进行保全。保全货物的目的是减少违约一方当事人因违约而给自己带来的损失。

（2）履行保全货物义务的条件：买卖双方都有保全货物的义务，但条件不同：①卖方保全货物的条件是：买方没有支付货款或接收货物，而卖方仍拥有货物或控制着货物的处置权。②买方保全货物的条件是：买方已接收了货物，但打算退货。

（3）保全货物的方式：①将货物寄放于仓库：有义务采取措施以保全货物的一方当事人，可以将货物寄放于第三方的仓库，由对方承担费用，但该费用应合理。②将易坏货物出售：对易于迅速变坏的货物保全会发生不合理费用的，可以出售货物，并应将出售货物的打算在可能的范围内通知对方。出售货物的一方可从出售货物的价款中扣除保全货物和销售货物发生的合理费用。

【本章主要法律规定】

1.《国际贸易术语解释通则®2020》FOB、CIF、CFR、DAP

2.《联合国国际货物销售合同公约》第1～5、11、14～24、31～43、45～52、57、58、61～64、66～69、74～82、85～88条

第三章
国际货物运输与保险

本章主要内容提示

1.海上货物运输部分应注意辨析提单的种类。关于最高人民法院《关于审理无正本提单交付货物案件适用法律若干问题的规定》，应注意承运人在无单放货上承担的是竞合的责任，造成损失的赔偿额相当于CIF，对因此造成的损失不能限制责任等。关于承运人的责任和免责，注意辨析《海牙规则》《维斯比规则》《汉堡规则》的规定，依《海牙规则》，承运人的责任主要是适航、管货和不得进行不合理绕航，免责包括航行过失在内的17项，而《汉堡规则》则取消了航行过失免责，但增加了迟延交付的责任。

2.保险合同的订立与保险责任的开始并非同一个时间，在货物运输保险中，保险责任期间是“仓至仓”，即使订立了保险合同，但如损失不是发生在保险责任期间内的，保险人仍不承担赔偿责任。在海洋运输货物保险上，应辨析主要险别和附加险别的区别，前者可以独立承保，而后者不能。应注意辨析三个主要险别的区别，水渍险与平安险相比，保险人多了要承担自然灾害造成的部分损失；一切险与前两者相比，保险人多了要承担一般外来原因造成的损失。还应注意辨析三个附加险的区别。

国际货物运输是国际贸易中的一个重要环节，国际货物买卖中的货物必须从卖方所在地运至买方所在地。国际货物运输的方式很多，主要包括海上运输、铁路运输、航空运输、邮政运输、管道运输及多式联运。其中，海上运输是最主要的运输方式，国际货物买卖中80%左右的运输量是通过海上运输方式完成的。近年来，随着集装箱运输的广泛运用，多式联运也迅速发展起来。

第一节　国际货物运输

国际海上货物运输是由承运人将货物从一国港口运至另一国港口并由货方支付运费的运输。如上所述，国际海上运输具有运输量大、运输成本低的优点，同时又有运输速度慢、风险较大的缺点。国际海上货物运输依船舶经营方式的不同，可分为班轮运输、租船运输和国际多式联运。

一、班轮运输

（一）班轮运输的概念

班轮运输是由航运公司以固定的航线、固定的船期、固定的运费率、固定的挂靠港口组织的将托运人的件杂货运往目的地的运输。由于班轮运输的书面内容多以提单的形式表现出来，因此此种运输方式又被称为提单运输。国际上调整提单运输的国际公约主要有三个，即1924年《统一提单的若干法律规则的国际公约》（以下简称《海牙规则》）、1968年《修改统一提单的若干法律规则的国际公约的议定书》（以下简称《维斯比规则》）和1978年《联合国海上货物运输公约》（以下简称《汉堡规则》）。

（二）班轮运输的当事人

班轮运输的当事人是承运人和托运人，承运人即承担运输工作的航运公司，托运人即与承运人订立海上货物运输合同的当事人。此外，海上运输合同还会涉及实际承运人和收货人。当订约承运人将部分的运输或全部的运输交由另一航运公司来完成的情况下，另一航运公司即为实际承运人，尽管实际承运人不是运输合同的当事人，但也须对其承运的那一段期间货物的损坏承担责任，也有运费的请求权。又由于班轮运输的书面凭证提单会转移给第三人，如收货人，收货人不是运输合同的当事人，但如货物在运输中受损，收货人也有索赔的权利，在运输合同约定运费到付的情况下，收货人有支付运费的义务。可见，合同的效力往往及于合同当事人以外的第三人是运输合同的特点之一，除了承运人和托运人外，合同的效力会及于实际承运人和收货人等。

（三）提单的概念及其法律特征

提单是班轮运输中的重要法律文件。依《汉堡规则》第1条第7款的规定，提单是指用以证明海上运输合同和由承运人接管或装载货物，以及承运人保证据以交付货物的单证。单证中关于货物应按记名人的指示或者不记名人的指示交付，或者交付给提单持有人的规定，便是这一保证。我国海商法也采用了《汉堡规则》有关提单的定义。从上述定义中可以看出，提单具有下列法律特征：

1.提单是海上运输合同的证明。提单只是运输合同的证明而非运输合同本身。首先，从理论上说，合同是以当事人双方一致为生效的主要条件，而提单只是由一方当事人签发的。其次，从时间上说，运输合同是在提单签发之前成立的。提单是运输合同的证明只是就承运人与托运人之间的关系而言，而提单的受让人没有参加运输合同的缔结，他对托运人与承运人之间在订舱时有什么约定并不知情，因此对运输合同的内容只能依提单上的记载，各国法律及学说也一般认为提单在承运人与提单的受让人之间就不仅是运输合同的证明，而且是运输合同本身。

2.提单是承运人出具的接收货物的收据。提单是在承运人收到所交运的货物后向托运人签发的，提单的正面记载了许多收据性的文字，如货物的标志、货物的包装、数量或重量及货物的表面状况等。提单的证明作用在托运人手中和托运人以外的第三方持有人手中的效力是不同的。提单在托运人手中时只是初步证据，所谓初步证据指如承运人有确实的证据证明其收到的货物与提单上的记载不符，承运人可以向托运人提出异议。但在托运人将提单背书转让给第三人的情况下，对于提单受让人来说，提单就成了终结性的证据。因为提单的受让人是根据提单上的记载事项受让提单的，他对货物的实际情况并不知情，如提单中的记载不实是由于托运人的误述引起的，承运人可以向托运人提出抗辩。但承运人不得以此对抗提单的受让人，这样可以保证提单的流通性。

3.提单是承运人交付货物的凭证。不记名提单和指示提单具有流通性。承运人在目的港应向提单持有人或合法受让人交货。提单持有人对在途货物有处分权。

（四）提单的种类

1.根据货物是否已装船可将提单分为已装

船提单和收货待运提单：已装船提单指由船长或承运人的代理人在货物装上指定的船舶后签发的提单。银行一般也只接受已装船提单。收货待运提单指船方在收到货物后，在货物装船以前签发的提单。银行通常不愿意接受收货待运提单作为付款的担保，为托运人提供资金的融通。

2.依收货人的抬头可将提单分为记名提单、不记名提单和指示提单：记名提单指提单正面载明收货人名称的提单。在这种情况下，承运人只能向该收货人交付货物。记名提单一般不能转让。不记名提单指提单正面未载明收货人名称的提单。这种提单的转让十分简便，无须背书，只要将提单交给受让人即可。指示提单指提单正面载明凭指示交付货物的提单。指示提单的转让必须经过背书。

3.根据提单有无批注可将提单分为清洁提单和不清洁提单：清洁提单指提单上未附加表明货物表面状况有缺陷的批注的提单。承运人如签发了清洁提单，就表明所接收的货物表面或包装完好，承运人不得事后以货物包装不良等为由推卸其运送责任。银行在结汇时一般只接受清洁提单。不清洁提单指在提单上批注有表明货物表面状况有缺陷的提单。银行除非在信用证规定可以接受该类提单的情况下，一般会拒绝接受不清洁提单办理结汇。

4.根据运输方式可将提单分为直达提单、转船提单和联运提单：直达提单指表明中途不经转船直接将货物运往目的地的提单。转船提单指当货物的运输不是由一条船直接运到目的港，而是在中途需转换另一船舶运往目的港时，船方签发的包括全程的提单。联运提单指货物由海运和另一种或两种以上不同方式，如海陆、海空、海陆空等方式运输签发的提单。

5.依是否已付运费可将提单分为运费预付提单和运费到付提单：运费预付提单指载明托运人在装货港已向承运人支付运费的提单。运费到付提单指载明收货人在目的港提货时向承运人支付运费的提单。

(五)提单的内容

提单分正反两面，提单正面是提单记载的事项，提单的背面为关于双方当事人权利和义务的实质性条款。

1.提单正面的记载事项。关于提单正面的记载事项，各航运公司拟制的提单大致相同，一般包括下列各项：(1)承运人的名称和主营业所；(2)托运人的名称；(3)收货人的名称；(4)通知方；(5)船舶名称；(6)装货港和卸货港；(7)货物的品名、标志、包数或者件数、重量或者体积；(8)提单的签发日期、地点和份数；(9)运费的支付；(10)承运人或者其代表的签字。

2.提单背面条款。海运提单的背面通常载有关于双方当事人权利和义务的条款。各种提单格式的条款虽不尽相同，但主要内容基本上是一致的：(1)管辖权和法律适用条款；(2)承运人责任条款；(3)承运人的免责条款；(4)承运人责任期间条款；(5)赔偿责任限额条款；(6)特殊货物条款；(7)留置权条款；(8)共同海损和新杰森条款；(9)双方有责碰撞条款。此外，提单中还有关于战争、检疫、冰冻、罢工、拥挤、转运等内容的条款。

(六)提单在跟单信用证机制中的作用和存在的问题

需要通过海上运输才能实现的国际货物买卖无法以“一手交钱、一手交货”的方式完成，因为海运的时间比较长，例如海运需要25天，如卖方先装船，可能在25天后才能收到货款，如买方先付款，在25天以后才能收到货物。在商业信用日趋危机的今天，哪一方也不愿先行动，这样一笔买卖就很难完成。对此，国际上通行的解决办法是变买卖货物为买卖单证，并由银行进行资金的融通，即通过跟单信用证便利国际贸易。在跟单信用证付款中，提单的作用是很突出的。

跟单信用证付款的流转程序如下图所示：

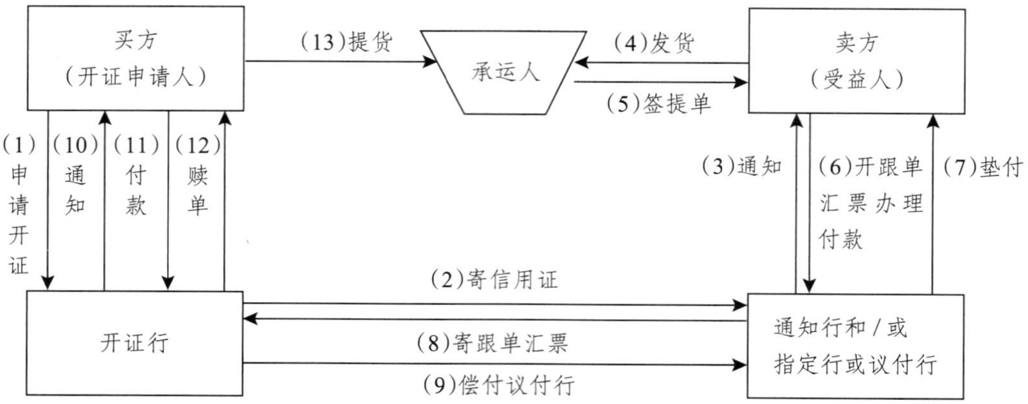

在上述流转程序中，容易产生问题的是签发提单和提货两个阶段，由于指定行在办理付款并垫付货款时坚持的是“单证相符”和“单单相符”的原则，即要求各种单据要符合信用证的规定，各单据之间要一致，而承运人签发的提单会因实际情况的原因与信用证的要求不符。例如，信用证要求8月10日前装船完毕，而由于各种原因，8月25日才装船完毕。此时，托运人为了能顺利结汇，会采用保函来换取与信用证要求一致的提单，保函的基本内容是：由托运人承担承运人因签发与信用证一致的提单而受到的一切损失。由于这种保函往往会侵害不知情的收货人的利益，因此在司法实践中，常常将其归于无效。《汉堡规则》第一次在一定范围内承认了保函的效力，依《汉堡规则》的规定，托运人为了换取清洁提单可向承运人出具保函，保函只在托运人与承运人之间有效。如保函有欺诈意图，则保函无效，承运人应赔偿第三者的损失，且不能享受责任限制。我国海商法没有关于保函的规定，司法实践中则是参照了《汉堡规则》的规定，主要可概括为三点内容：（1）善意保函有效；（2）恶意保函无效；（3）有效的保函也只在托运人与承运人之间有效，不能对抗第三人。下列为在跟单信用证机制中存在的问题：

1.清洁提单与不清洁提单的问题。如前所述，由于银行一般不愿意接受不清洁提单结汇，因此，在实践中，当承运人因对接收到的货物有异议而欲在提单上进行批注时，托运人为了防止不清洁提单的产生，会以保函换取清洁提单。有的情况下承运人接受保函签发清洁提单并不是对收货人存心欺诈，而是因为某些客观条件的限制，实践中已有认定此种情况下的保函为有效保函的案例。如缺乏识别手段或计量工具，承运人接受保函免去提单上的批注，并不是对收货人的恶意欺诈，而是因为认识上的偏差或限制造成的，在此背景下出具的保函属于有效的善意保函，承运人如果在目的港受到收货人的索赔，应先赔偿收货人，之后可以通过保函从托运人或其保证人处得到补偿。我国海事法院就曾有肯定此类善意保函效力的案例。但保函有效也只在托运人与承运人之间有效，不能对抗收货人，因此，承运人必须先赔偿收货人，然后再依保函向托运人索赔。在托运人与承运人明知货物的表面状况有瑕疵仍以保函换取清洁提单的情况下，此种保函无效，承运人应对此承担责任，也有案例判决在此种情况下承运人和托运人承担连带责任。

2.倒签提单和预借提单问题。提单中注明的装船日期早于实际装船的日期就称为倒签提单。为了保证收货人能及时收到货物，信用证中一般均规定有装船期限，托运人应在该装船日期之前或当日完成装船；否则，收货人有权拒收货物，并提出索赔。银行也不接受装船期晚于信用证规定期间的提单。基于此，在装船晚于信用证规定的期限时，托运人往往向承运人出具保函，要求承运人按信用证规定的装船期签发提单，以便向银行办理结汇。在国际贸易买卖合同中，交货日期属于合同的要件，而装船日期是一个直接关系到交货日期的因素。承运人应托运人的要求倒签了提单，实际上就隐瞒迟延交货的责任，构成了对收货人的欺诈行为，日后须对因此而引起的损失负责。

预借提单是当信用证规定的有效期即将届满，而货物还未装船时，托运人为了使提单上的装船日期与信用证规定的日期相符，要求承运人在货物装船前签发的已装船提单。预借提单在办理付款时，货物实际还未装运，使信用证对装货这一环节的制衡力丧失，无法保证货物的准时到达。预借提单与倒签提单一样，都是掩盖了货物的实际装船日期，从而避开了迟延交货的责任。在实践中，在信用证即将到期，而托运人又不能如期装船的情况下，正确的处理方法是要求修改信用证。

3.无正本提单交付货物问题。在目的港，承运人应当依正本提单向收货人交货，而在近港运输的情况下，往往货物比提单先到目的港，结果出现了副本提单加保函提货的情况，此外，还有其他导致无正本提单提货的情况，从承运人一方来说就是无正本提单交付货物。关于无正本提单交付货物的责任，实践中一直争论不休，最高人民法院《关于审理无正本提单交付货物案件适用法律若干问题的规定》（本部分以下简称《规定》）对相关问题进行了明确规定，《规定》以弱化提单在运输环节中的物权功能为原则，即在提货环节，持有提单的收货人在向承运人提货时并不涉及提单的物权问题，因为向收货人交货是承运人应当履行的运输合同的义务。《规定》对一直有争议的承运人在无单放货情况下的责任属性等问题进行了明确的解释。其主要内容如下：（1）关于责任性质，《规定》采用了“竞合责任”的观点，依第3条的规定，正本提单持有人可以要求承运人承担违约责任，或者要求承担侵权责任。这里的侵权责任不同于一般的侵权责任，属于运输合同框架内的侵权，因此，应当首先适用《海商法》，《海商法》没有规定的，才适用民法的规定。第11条又规定，正本提单持有人可要求承运人与无正本提单提货人承担连带赔偿责任。（2）在责任限制上，由于承运人无正本提单交付货物属于故意行为，不存在过失的情形，因此，依第4条的规定，承运人因无正本提单交付货物承担民事责任的，不得享受责任限制。（3）关于赔偿范围，依第6条的规定，承运人因无正本提单交付货物造成正本提单持有人损失的赔偿额，依货物装船时的价值加运费和保险费计算。（4）责任的免除，对于有些国家强制要求承运到该国港口的货物必须交付给当地海关或港口当局的，不视为无正本提单交付货物，承运人不承担赔偿责任。（5）关于实际托运人的诉权，在FOB价格下，通常由买方租船订舱，依第12条的规定，虽然在正本提单上没有载明其托运人的身份，如承运人将货物交给非正本提单持有人，实际托运人具有凭正本提单向承运人主张货物的权利。（6）关于时效，依第14条的规定，无论提单持有人是以违约之诉还是侵权之诉要求承运人承担民事责任，时效期间均为1年，时效中断均适用《海商法》第267条的规定，即时效因提起诉讼、当事人一方提出要求或同意履行义务而中断。

（七）其他运输单证

1.海运单。海运单（Sea Waybill，SWB）是证明海上运输货物由承运人接管或装船，且承运人保证将货物交给指定的收货人的一种不可流通的书面运输单证。1990年国际海事委员会第34届大会通过的《海运单统一规则》及《电子提单规则》试图确立一种不可转让的非物权凭证的海运单，这种海运单与空运单的作用相仿，主要起提货凭证的作用。海运单是20世纪70年代以来，随着集装箱运输的发展，特别是在航程较短的运输中产生出来的一种运输单证。海运单具有提单所具有的货物的收据和海上货物运输合同的书面证明的作用。但海运单不是货物的物权凭证，收货人提货时无须凭海运单，而只需证明其身份。因而，海运单具有实现快速提货的优点。海运单不具有流通性，不能转让，因此非法取得海运单的运单持有人是无法凭以提货的。海运单的不可转让性使此种单证具有了较之提单更安全的特点，从而可以减少欺诈，使第三者在非法得到海运单时不能提取货物。为了适应近年来对海运单越来越多的运用，国际商会1990年《国际贸易术语解释通则》已赋予了海运单与提单相同的法律地位，《2000年通则》保留了有关海运单地位的内容，使其同样可以作为卖方向买方履行交单义务的一种方式。

2.多式联运单据。多式联运单据是多式联运合同的证明，是多式联运经营人收到货物的收据及凭其交货的凭证。多式联运单据应记载多式联运经营人的名称和地址，发货人及收货人的名称，多式联运经营人接管货物的地点和日期，交付货物的时间和地点，单据签发的时间和地点，货物的表面状况等事项。发货人应保证其在多式联运单据中提供的有关货物资料的准确性。随着物流运输行业的发展，仅适用于传统港至港运输的海运提单的使用已呈下降的趋势，且由于出口商的不恰当使用，对海运提单的拒付率也居高不下。因此，《跟单信用证统一惯例》将多式联运单据放在所有运输单据条款之前，具有一定的希望更多使用多式联运单据的意愿。

二、调整班轮运输的国际公约

目前，调整班轮运输的国际公约主要有三个，即《海牙规则》、《维斯比规则》和《汉堡规则》。中国未参加上述三个公约，但中国的海商法在有关班轮运输的法律规定上是以海牙—维斯比体系为基础的，同时还吸收了《汉堡规则》的内容。

（一）《海牙规则》

《海牙规则》全称为1924年《统一提单的若干法律规则的国际公约》。1921年在国际法协会所属海事法委员会召开的会议上草拟了《海牙规则》草案。该草案经多方协商修改于1924年8月25日在布鲁塞尔签订。由于该公约第一次是在海牙起草的，因此又被称为《海牙规则》。《海牙规则》于1931年6月2日生效。该公约共有16条规定，其主要内容有：

1.承运人最低限度的义务。《海牙规则》规定了承运人的两项最低限度的义务，这两项义务是强制性的，在提单中解除或降低承运人的这两项义务的条款均属无效。

第一项是适航义务，《海牙规则》第3条规定：承运人在开航前与开航时必须谨慎处理，以便：（1）使船舶具有适航性；（2）适当地配备船员、设备和船舶供应品；（3）使货舱、冷藏舱和该船其他运载货物的部位适宜并能安全地收受、运送和保管货物。《海牙规则》并不要求船舶在任何时间都必须处于适航状态，仅要求在“开航前和开航时”。因为海上风险太大，船舶在航行中可能由于各种原因而变得不适航，如要求承运人在整个航程中均应适航，则使承运人所负的责任与其享受的利益产生不平衡，同时在政策上也考虑到了对海上货运业的倾斜。关于“谨慎处理”不仅包括承运人的“谨慎处理”，还应包括其雇员或代理人的“谨慎处理”。关于适航，《海牙规则》没有明确的定义。在司法实践中认为适航是指船舶的各个方面可经得起预定航线中可能遭遇的一般风险。

第二项是管货的义务，指承运人应适当和谨慎地装载、操作、积载、运送、保管、照料和卸载所承运的货物。承运人在上述七个阶段均应做到“适当和谨慎”，“谨慎”就是要认真，“适当”则带有技术性及业务水平。“积载”指承运人应适当地配载货物。对由于积载不当造成的损失，承运人应负责。“运送”指承运人应尽速、直接、安全地将货物运至目的地，不得进行不合理的绕航。

2.承运人的责任期间。承运人的货物运输责任期间为从货物装上船起至卸完船为止的期间。在实践中，多将其理解为“钩至钩”责任。在使用岸吊的情况下，以船舷为责任期间的起止点。

3.承运人的免责。《海牙规则》规定的承运人的免责共有17项，依第4条第2款的规定，对由于下列原因引起或造成的货物的灭失或损害，承运人不负责任：（1）船长、船员、引水员或承运人的雇用人在驾驶或管理船舶中的行为、疏忽或不履行职责；（2）火灾，但由于承运人实际过失或私谋所造成者除外；（3）海上或其他可航水域的风险、危险或意外事故；（4）天灾；（5）战争行为；（6）公敌行为；（7）君主、统治者或人民的扣留或拘禁或依法扣押；（8）检疫限制；(9)货物托运人或货主、其代理人或代表的行为或不行为；(10)无论由于何种原因引起的局部或全面的罢工、关厂、停工或劳动力受到限制；(11)暴乱和民变；(12)救助或企图救助海上人命或财产；(13)由于货物的固有瑕疵、性质或缺陷所造成的容积或重量的损失，或任何其他灭失或损害；(14)包装不当；(15)标志不清或不当；(16)尽适当的谨慎所不能发现的潜在缺陷；(17)不是由于承运人的实际过失或私谋，或是承运人的代理人或受雇人员的过失或疏忽所引起的任何其他原因。

4.赔偿责任限额。依第4条第5款规定，承运人对货物的灭失或损失的赔偿责任，在任何情况下每件或每单位不得超过100英镑，但托运人于装货前已申明该货物的性质和价值，并在提单上注明者不在此限。

5.托运人的义务和责任。《海牙规则》规定托运人应对其所提供的资料不正确所造成的损失负赔偿责任。对于危险品，如托运人隐瞒货物的危险性，承运人只要发现后可立即将货物抛弃而无须负责，且托运人还应赔偿船东及受害的第三方因载此货而引起的损失。如托运人已表明了货物的危险性，则承运人只有在面临危险的情况下，才可抛弃货物而无须负责。此时，托运人也无须对由运此货而引起的损失负责。

6.索赔通知与诉讼时效。《海牙规则》第3条第6款规定，收货人在提货时应检查货物，如发现短卸或残损，应立即向承运人提出索赔。如残损不明显，则在3日内提出索赔通知。如在提货时或提货后3日内没有提出索赔通知，就是交货时货物的表面状况良好的初步证据。在联合检验的情况下，无须出具索赔通知。关于诉讼时效，《海牙规则》第3条第6款规定，货方对承运人或船舶提起货物灭失或损害索赔的诉讼时效为1年，自货物交付之日起算，在货物灭失的情况下，自货物应交付之日起算。

7.《海牙规则》的适用范围。《海牙规则》第10条规定：本公约和各项规定，适用于在任何缔约国所签发的一切提单。第5条规定：本规则中的各项规定不适用于租船合同，但如果提单是在船舶出租情况下签发，便应符合本规则中的各项规定。

(二)《维斯比规则》

《维斯比规则》全称为1968年《修改统一提单的若干法律规则的国际公约的议定书》。《海牙规则》签订时，承运人的势力强大，使《海牙规则》带有偏袒承运人利益的倾向。20世纪70年代后，越来越多地参与国际事务的第三世界国家强烈要求修改《海牙规则》，以便使承运人与货方的利益达到平衡。就《海牙规则》本身而言，有一些规定比较粗糙，在适用时常常感到规定已不能适应发展的要求了。因此，海运发达国家也认为应对《海牙规则》进行修改。于是，1968年产生了《维斯比规则》，该规则于1977年生效。《维斯比规则》的内容主要是对《海牙规则》的补充和修改。该规则的主要内容有：

1.明确规定提单对于善意受让人是最终证据。依《海牙规则》的规定，提单记载的内容为该提单所载货物的初步证据。初步证据是相对于最终证据而言的，提单的记载事项如仅仅是初步证据，承运人就有提出反证否定提单记载真实性的余地。提单记载对托运人来说是所载货物的初步证据这一点一般无争议，因为提单上的记载是托运人提供的。但提单对于受让人来说，是否也是初步证据却存在分歧。以往的一些案例多判提单对于提单受让人来说也是初步证据。受让人并不知道提单记载的货物的实情，如提单中记载的内容对他来说仅仅是初步证据，就会降低受让人对提单的信任程度，减弱提单的流通性。鉴于此，《维斯比规则》第1条对《海牙规则》第3条第4款的内容进行了补充，规定提单对托运人来说是初步证据，而对善意的提单受让人来说则是最终的证据。

2.承运人的责任限制。《维斯比规则》采用了双重责任限额制，即承运人对货物的灭失或损害责任以每件或每单位1万金法郎或每公斤30金法郎为限，两者以高者计。关于成组运输工具的责任限制问题，《海牙规则》并未涉及，因为当时还没有这种方式的运输。为了适应使用集装箱等成组运输工具运输的发展，《维斯比规则》增加了关于在该类运输中件数的确定方法的规定。该规则规定，如果货物是以集装箱、托盘或类似的运输工具集装的，则提单中载明的内装件数就是计算赔偿限额的件数。如提单上未注明内装件数，则以成组运输工具的件数为计算赔偿限额的件数。由于金法郎是以金作为定值标准的，使承运人的责任限制金额可能随着黄金价格的涨落而无法保持稳定。鉴于此，1979年12月21日在布鲁塞尔的外交会议上通过了修订《海牙—维斯比规则》的议定书，该议定书于1984年4月生效。该议定书旨在将承运人的责任限制计算单位由金法郎改为特别提款权。按15金法郎等于1特别提款权计算。依议定书的规定，承运人的责任限制金额为每件或每单位666.67特别提款权，或按货物毛重每公斤2特别提款权计算，两者之中以较高者为准。

3.承运人的雇用人或代理人的责任限制。《海牙规则》未明确规定承运人的雇用人或代理人是否也能享受责任限制的保护。另外，损害赔偿的请求可以通过两个途径进行，即违约之诉和侵权之诉。货方为了避开合同中有关承运人责任限制的规定，在损失是由承运人的雇用人或代理人引起的时候，往往不是去诉承运人，而是通过侵权之诉告雇用人或代理人。对此《维斯比规则》进行了明确规定：（1）对承运人提起的货损索赔诉讼，无论是以合同为依据，还是以侵权行为为依据，均可以适用责任限制的规定。（2）承运人的雇用人或代理人也可以享受责任限制的保护。

4.诉讼时效。《维斯比规则》对《海牙规则》第6条作了两点修改：（1）诉讼时效为1年，双方协商，可以延长时效。（2）对第三者的追偿诉讼，在1年的诉讼时效期满后，仍有3个月的宽限期。

5.《维斯比规则》的适用范围。《海牙规则》仅适用于在缔约国签发的提单，《维斯比规则》将其适用范围扩大了，规定有下列情况之一，即可适用该公约：（1）提单在缔约国签发；（2）从一个缔约国的港口起运；（3）提单中列有首要条款。首要条款就是法律选择条款，即合同双方当事人合意选择适用该公约。

（三）《汉堡规则》

《汉堡规则》的全称为1978年《联合国海上货物运输公约》。第二次世界大战以后，发展中国家在国际事务中的作用逐步提高，1976年在贸易法委员会召开的第9次会议上通过了《汉堡规则》最后草案的修正案。1978年3月，该公约在联合国海上货物运输公约外交会议上正式通过。《汉堡规则》已于1992年11月生效。该公约的主要内容有：

1.承运人的责任基础。《汉堡规则》在承运人的责任基础上采用了完全的过失责任制。《海牙规则》和《汉堡规则》规定的承运人的责任均为过失责任，但由于《海牙规则》有关于承运人航行过失免责的规定，因此是一种不完全的过失责任制。《汉堡规则》取消了承运人对航行过失的免责，因而是完全的过失责任制。同时，《汉堡规则》还采用了推定过失责任制，即在货损发生后，先推定承运人有过失，如承运人主张自己无过失，则必须承担举证的责任。

2.承运人的免责。《汉堡规则》取消了承运人对船长、船员等在驾驶船舶或管理船舶及火灾中的过失免责。但在火灾的举证责任上进行了妥协。依《汉堡规则》的规定：承运人对火灾所引起的灭失、损坏或延迟交付负赔偿责任，但索赔人须证明承运人、其受雇人或代理人有过失。然而，由于货物在承运人的掌管之下，特别是当船舶在航行途中时发生的火灾，货方是很难举证的。因而，可以说承运人仍然可以间接享受到火灾的免责。

3.承运人延迟交货的责任。《海牙规则》没有规定延迟交货的责任，《汉堡规则》规定了承运人应对延迟交货负责。延迟交货指未在约定的时间内交付，或在无约定的情况下，未在合理的时间内交付。承运人对延迟交货的赔偿责任限额为迟交货物应付运费的2.5倍，但不应超过应付运费的总额。

4.承运人的责任期间。《海牙规则》规定的责任期间一般理解为“钩至钩”期间，有时承运人是在陆上收受货物，并在陆上仓库向收货人交货的，在收受货物至装船及卸下货物至交付这两个期间中，货物是在承运人的掌管之下，而依《海牙规则》，承运人对装船前和卸货后的货损又不负责任。为此，《汉堡规则》规定承运人的责任期间为货物在装货港、运送途中和卸货港在承运人掌管下的全部期间。

5.承运人的责任限额。《汉堡规则》提高了承运人的最高赔偿限额，规定承运人对货物灭失或损坏的赔偿责任限额为每件或每单位835特别提款权（SDR），或每公斤2.5特别提款权，以高者为准。为了解决货币贬值问题，《汉堡规则》采用特别提款权为计算责任限额的单位。此外，《汉堡规则》还规定，如货损是由于承运人、其雇用人或代理人故意造成的，则将丧失责任限制的权利。

6.关于承运人与实际承运人的关系。《海牙规则》只有承运人的概念，没有关于实际承运人的规定，也没有对在转船、联运和租船进行班轮运输的情况下承运人的责任作出规定，以致订约承运人常常以自由转船等条款逃避在部分航程中或全部航程中的货损责任。受委托的实际承运人也可以非订约承运人为由拒绝货方的索赔。《汉堡规则》第10条规定：即使订约承运人将全程运输或部分运输委托给实际承运人，订约承运人仍应对运输全程负责。如承运人和实际承运人都有责任，则在此责任范围内则两者应负连带责任。

7.关于保函的效力。保函是托运人为了换取清洁提单而向承运人出具保证赔偿承运人因此而造成的损失的书面文书。由于保函通常带有欺诈的意图，以往的惯例通常判保函无效。《汉堡规则》第一次在一定范围内承认了保函的效力，这主要是考虑到在托运人与承运人对货物的数量等有分歧，而又无从查验时，出具保函可以免去许多麻烦，也是商业上的一种习惯的变通做法，但为了抑制保函的作用，《汉堡规则》规定：托运人为了换取清洁提单可向承运人出具保函，但保函只在托运人与承运人之间有效。如保函有欺诈意图，则保函无效，承运人应赔偿第三者的损失，且不能享受责任限制。

8.货物的适用范围。《海牙规则》不适用于舱面货和活牲畜。关于舱面货，《汉堡规则》规定，承运人依协议、惯例、法律的要求，有权在舱面装货，否则承运人应对将货物装在舱面上造成的损失负赔偿责任。关于活牲畜，《汉堡规则》规定，活牲畜的受损如果是因其固有的特殊风险造成的，承运人可以免责，但承运人须证明已按托运人的特别指示办理了与货物有关的事宜。

9.索赔通知和诉讼时效。《汉堡规则》规定，索赔通知应在收货后的第一个工作日内提交。在损害不明显时，在收货后15日内提交。延迟交付的索赔通知应在收到货后连续60日内提交。《汉堡规则》规定的诉讼时效为2年。

10.《汉堡规则》的适用范围。依《汉堡规则》第2条的规定，《汉堡规则》适用于两个不同国家之间的海上运输合同。并且：(1)提单或作为海上运输合同证明的其他单证在某一缔约国签发；(2)提单或作为海上运输合同证明的其他单证中载有适用《汉堡规则》或采纳该规则的任何国内法的首要条款；(3)装货港或卸货港或备选卸货港位于缔约国；(4)《汉堡规则》不适用于租船合同，但适用于租船合同项下的提单。

三、租船合同

租船合同包括航次租船合同、定期租船合同和光船租赁合同。租船合同都必须以书面形式订立。租船合同的订立在实践中需要经过询租、报价、还价、接受等几个步骤。合同的签订通常是通过电报、电传和传真来进行。

(一)航次租船合同

航次租船合同又称为航程租船合同，是指航次出租人向承租人提供船舶或者船舶的部分舱位，装运约定的货物，从一港运至另一港，由承租人支付约定的运费的合同。在航次租船合同下，出租人保留船舶的所有权和占有权，并由其雇用船长和船员，船舶由出租人负责经营管理，由出租人承担船员工资、港口使用费、船用燃料、港口代理费等费用。承租人除依合同规定负担装卸费等费用外，不直接参与船舶的经营。

为了简化租船合同的谈判过程，国际上的航运民间组织制定了一系列的租船合同标准格式。目前，国际上最常用的航次租船合同格式是《统一杂货租船合同》，租约代号GENCON，简称“金康合同”，该格式由波罗的海国际航运公会制定。航次租船合同的主要内容有船舶规范、预备航次条款、货物条款、装卸期间条款、运费条款、出租人责任条款、责任终止和留置权条款、装卸港口、装卸费用、绕航条款、罢工条款、战争条款和冰冻条款等内容。

（二）定期租船合同

定期租船合同是指船舶出租人向承租人提供约定的由出租人配备船员的船舶，由承租人在约定的期限内按约定用途使用，并支付租金的合同。目前，国际上最常用的定期租船合同格式主要是《定期租船合同》，租约代号“Produce Form”（土产格式），又被称为“NYPE”（纽约土产格式）。定期租船合同的条款主要有船舶规范、租期条款、租金支付条款、停租条款、运送合法货物条款、航区条款、交船与还船条款、租船人指示条款、留置权条款、转租条款、法律适用条款、仲裁条款、共同海损条款、新杰森条款、留置权条款、双方互碰责任条款、佣金条款、战争条款等。

（三）光船租赁合同

光船租赁合同指由船舶所有人提供不配备船员的光船，由租船人雇用船员，在约定期限内占有、使用船舶，并支付约定租金的租船合同。光船租赁合同具有财产租赁合同的性质，从上述定义可以看出，在光船租赁合同下，出租人只提供船舶，并不配备船员。船舶出租人只保留船舶的所有权，船舶的占有权、使用权和营运权均转移给了承租人。由承租人雇用船员，并在合同规定的范围内进行船舶的经营，经营中发生的风险和责任也由承租人承担。承租人从出租人那里获得的是对船舶的“占有”和“使用”权，而不是出租人提供的劳务服务。因此，光船租赁合同具有财产租赁合同的性质。光船租赁合同的主要内容应包括：出租人和承租人的名称、船名、船籍、船级、吨位、容积、航区、用途、租船期间、交船和还船的时间和地点以及条件、船舶检验、船舶的保养维修、租金及其支付、船舶保险、合同解除的时间和条件，以及其他有关事项。

四、其他方式的国际货物运输

（一）国际航空货物运输

航空货物运输作为国际贸易运输的一种方式是在第二次世界大战后出现的。由于国际航空运输具有速度快、安全性高、破损率低、不受地面条件限制等特点，国际航空运输的方式主要有班机运输、包机运输和集中托运。班机运输指飞机按固定的时间、固定的航线、固定的始发站、目的站进行定期航行的货物运输。包机运输又分为整包机和部分包机。集中托运指航空货运代理公司将若干单独发运的货物组成一整批货物，用一份总运单将货物整批发运到目的地的航空运输。

1.国际航空货物运输合同的概念。国际航空货物运输合同是由航空运输公司或其代理人与托运人签订的关于由航空公司将托运人的货物由一国的航空站运至另一国的航空站而由托运人支付约定运费的运输合同。

2.国际航空货物运输合同的当事人。国际航空货物运输合同的当事人为承运人和托运人。承运人即从事航空运输业务的航空公司，托运人即为货主。由于航空运输是一项专业性较强的运输业务，因此一般货主会委托国际航空货运代理来办理有关航空货物运输的事宜。

3.航空运单。航空运单是由承运人出具的证明承运人与托运人已订立了国际航空货物运输合同的运输单证。航空运单须由托运人或其代理和承运人或其代理签署后方能生效。航空运单与海运提单不同，它不是货物的物权凭证，因为航空运输速度快，没有必要通过转让单证来转移货物的所有权。在实际业务中，航空运单一般都印有“不可转让”的字样。航空运单的作用有：第一，航空运单是运输合同的证明。第二，航空运单是承运人接收货物的证明。第三，航空运单是记载收货人应负担费用和代理费用的记载凭证。第四，航空运单是办理报关手续时的基本单证。第五，当承运人承办保险或托运人要求承运人代办保险时，航空运单即可用来作为保险证书。载有保险条款的航空运单又被称为红色航空运单。

4.有关国际航空货物运输的国际公约。涉

及国际航空运输的国际公约被划分为芝加哥公约体系、华沙公约体系和航空刑法体系。其中涉及国际货物运输的是华沙公约体系。华沙公约体系以1929年《关于统一国际航空运输某些规则的公约》(以下简称《华沙公约》)为核心，还包括修改《华沙公约》的1955年《海牙议定书》，1961年《统一非缔约承运人所办国际航空运输某些规则以补充华沙公约的公约》(以下简称《瓜达拉哈拉公约》)，以及其后的修订或补充性文件，如1971年《危地马拉议定书》、1975年《蒙特利尔第一号附加议定书》《蒙特利尔第二号附加议定书》《蒙特利尔第三号附加议定书》《蒙特利尔第四号附加议定书》以及1999年《蒙特利尔公约》。其中,《华沙公约》是这一体系的核心。华沙体系主要规范私法行为。我国是《华沙公约》《海牙议定书》及1999年《蒙特利尔公约》的参加国。现以《华沙公约》为主线，介绍三个公约的基本内容。

(1)航空货运单。依《华沙公约》的规定，航空货运单是订立合同、接受货物和运输条件的初步证据。航空货运单的缺少、不合规定或灭失，不影响运输合同的存在和有效。货物承运人有权要求托运人填写航空货运单，托运人有权要求承运人接受这项凭证。《海牙议定书》对《华沙公约》在航空货运单上的修改主要有两点：其一，将航空货运单(Air Consignment Note)改为空运单(Air Waybill)；其二，对《华沙公约》规定的航空运单应记载的事项进行了删减。

(2)承运人的责任。依《华沙公约》的规定，承运人应对货物在航空运输期间发生的因毁灭、遗失或损坏而产生的损失负责。航空运输期间包括货物在承运人保管下的整个期间，不论在航空站内、在航空器上或在航空站外降停的任何地点。航空运输期间不包括在航空站以外的任何陆运、海运或河运，但如果该项运输是为了履行航空运输合同而进行的装载、交货或转运空运货物的运输，如发生损失，也应视为是在航空运输期间发生的，除非有相反的证据，承运人也应对该损失负责。承运人还应对在航空运输中因延误而造成的货物的损失负责。

(3)承运人责任的免除与减轻。依《华沙公约》的规定，承运人在下列情况下可以免除或减轻其责任：第一，如承运人能证明他和他的代理人或雇用人为了避免损失，已经采取了一切必要的措施，或不可能采取这种措施时，承运人对货物的损失可不负责任。第二，如承运人证明损失的发生是由于驾驶中、航空器的操作中或航行中的过失引起的，并证明他和他的代理人已经在其他一切方面采取了必要的措施以避免损失时，承运人对货物的损失可不负责任。第三，如承运人证明受害人自己的过失是造成损失的原因或原因之一，则法院可依法免除或减轻承运人的责任。

(4)承运人的责任限额。《华沙公约》规定的承运人对货物灭失、损害或延迟交货的责任，以每公斤250金法郎为限，但托运人特别声明货物价值并已缴付必要的附加费的不在此限。同时又规定如货物损失的发生是由于承运人或其代理人的故意的不当行为或过失引起的，则承运人无权免除或限制其责任。《海牙议定书》将“故意的不当行为”改为“故意造成或明知可能造成而漠不关心的行为或不行为”。

(5)索赔期限和诉讼时效。依《华沙公约》的规定，在货物损坏、灭失的情况下，收货人应在收到货物后7日内提出异议，在延迟交付的情况下，应在货物由收货人支配起14日内提出异议。《海牙议定书》延长了索赔期限，将前者延长为14日，后者延长为21日。《华沙公约》规定的诉讼时效是自航空器到达目的地或应该到达之日起两年。

(二)国际铁路货物运输

国际铁路货物运输，是指使用统一的国际铁路联运单据，由铁路部门经过两个或两个以上国家的铁路进行的运输。铁路运输比海上运输的风险小，时间短，但比航空运输时间长。我国同周边国家的进出口货物多数采用铁路货物运输方式。关于国际铁路货物运输的公约主要有两个，即1961年《关于铁路货物运输的国际公约》(以下简称《国际货约》)和1951年《国际铁路货物联运协定》(以下简称《国际货协》)，中国是《国际货协》的参加国。《国际货协》的主要内容如下：

1.运输合同的订立。在进行国际铁路货物运输时，发货人应对每批货物按规定的格式填写运单，由发货人签字后向始发站提出，从始发站承运货物时起，运输合同即成立。在发货人提交全部货物和付清费用后，发站在运单上加盖发站日期戳记，加盖了戳记的运单就成了运输合同的证明。运单随货物从始发站附送至终点站，最后交给收货人。运单是铁路承运货物的凭证，也是铁路在终点向收货人核收有关费用和交付货物的依据。运单不具有物权凭证的作用，不能流通。

2.承运人的责任及责任期间。承运人应依货物运输合同的规定将货物安全地运至目的地。依《国际货协》的规定，按运单承运货物的铁路部门应对货物负连带责任。承运人的责任期间为从签发运单时起至终点交付货物时止。在此期间，承运人对货物因全部或部分灭失、毁损或逾期造成的损失负赔偿责任。

3.承运人的留置权。依《国际货协》的规定，为了保证核收运输合同项下的一切费用，铁路当局对货物可行使留置权。留置权的效力以货物交付地国家的法律为依据。

4.承运人的免责。《国际货协》第22条规定了承运人可以免责的情况，主要包括铁路不能预防和不能消除的情况；货物的自然性质引起的货损；货方的过失；铁路规章许可的敞车运送；承运时无法发现的包装缺点；发货人不正确地托运违禁品；规定标准内的途耗等。

5.承运人的赔偿责任。《国际货协》在货损的赔偿上基本采用了足额赔偿的方法，依《国际货协》的规定，铁路对货物损失的赔偿金额在任何情况下，不得超过货物全部灭失时的金额。在货物受损时，铁路的赔偿应与货价减损金额相当。在逾期交付的情况下，铁路应按逾期长短，以运费为基础向收货人支付规定的逾期罚金。

6.发货人和收货人的权利和义务。

（1）支付运费的义务，发送国的运费由发货人支付，过境的运费可由发货人支付，也可由收货人支付。到达国的运费由收货人支付。

（2）收货人有收受货物的义务。

（3）变更合同的权利，依《国际货协》的规定，发货人可对运输合同作下列变更：在发站将货物领回；变更到站，此时，在必要的情况下应注明货物应通过的国境站；变更收货人；将货物返还发站。收货人可对运输合同作下列变更：在到达国范围内变更货物的到站；变更收货人。

7.诉讼时效。依《国际货协》的规定，当事人依运输合同向铁路提出的赔偿请求和诉讼，以及铁路对发货人和收货人有关支付运费、罚款和赔偿损失的要求和诉讼应在9个月内提出；有关货物逾期的赔偿请求和诉讼应在2个月内提出。

（三）国际货物多式联运

国际货物多式联运，是指联运经营人以一张联运单据，通过两种以上的运输方式将货物从一个国家运至另一个国家的运输。这种运输是在集装箱运输的基础上产生发展起来的新型运输方式，它以集装箱为媒介，将海上运输、铁路运输、公路运输、航空运输和内河运输等传统的运输方式结合在一起，形成了一体化的“门到门”运输。这种运输方式的速度快、运费低、货物不易受损。由“海陆海”组成运输的形式又被称为大陆桥运输。

传统的各种运输方式有各自不同的运输责任制度，例如，陆上运输适用有关公路运输和铁路运输的法律，海上运输则适用《海牙规则》的规定。那么，多式联运的承运人应采用什么责任制度呢？有人主张可先由经营人承包下来，再由其与各承运人按各自的责任制度分别处理。也有人提出采用区段责任制度，即由各段承运人分别对其承运区段的货损负赔偿责任。问题是无法判明责任所在的区段。为了解决这一问题，国际商会于1963年制定了《联运单证统一规则》，该规则采用了区段责任制和统一责任制相结合的制度。即在确知货物损失或灭失的运输区段时，适用区段责任制，由参加联运的各区段实行分段负责。在未能确知货物损失或灭失发生的运输区段时，采用统一责任制，由联运经营人对联运期间任何地方发生的货损对托运人负赔偿责任。

国际商会制定的《联运单证统一规则》并没有根本解决在多式联运中存在的问题。因为该规则不是强制性的法规，且该规则的规定也很不完善。为了促进国际多式联运的发展，在联合国贸发会的主持下，于1980年通过了《联合国国际货物多式联运公约》(本部分以下简称《公约》),《公约》目前尚未生效。《公约》的主要内容有：

1.《公约》的适用范围。《公约》适用于两国境内各地之间的所有多式联运合同，条件是：(1)多式联运合同规定的多式联运经营人接管货物的地点是在一个缔约国境内；(2)多式联运合同规定的多式联运经营人交付货物的地点是在一个缔约国境内。

依《公约》的定义，“国际多式联运”指由多式联运经营人以至少两种以上的运输方式，将货物从一国境内接管货物的地点运至另一国指定交付货物的地点的运输。“多式联运经营人”指其本人或通过其代表订立多式联运合同的人，他是合同的当事人，而不是发货人的代理人或代表或参加多式联运的承运人的代理人或代表，并负有履行合同义务的责任。“多式联运合同”指多式联运经营人凭以收取运费、负责完成或组织完成国际多式联运的合同。

2.多式联运单据。多式联运单据是多式联运合同的证明，是多式联运经营人收到货物的收据及凭其交货的凭证。多式联运单据应记载多式联运经营人的名称和地址，发货人及收货人的名称，多式联运经营人接管货物的地点和日期，交付货物的时间和地点，单据签发的时间和地点，货物的表面状况等事项。发货人应保证其在多式联运单据中提供的有关货物资料的准确性。

多式联运单据应是该单据所载货物由多式联运经营人接管的初步证据。但当多式联运单据以可转让方式签发，而且转给正当地信赖该单据所载明的货物状况的包括收货人在内的第三方时，该单据就成了最终证据。

3.多式联运经营人的责任期间。《公约》规定的多式联运经营人的责任期间为从其接管货物之时起至交付货物时止的期间。具体来说，是自多式联运经营人从下列各方接管货物之时起：(1)发货人或其代表；或(2)根据接管货物地点适用的法律或规章，货物必须交其运输的当局或其他第三方。直到多式联运经营人以下列方式交付货物时为止：(1)将货物交给收货人；或(2)如果收货人不提取货物，则按多式联运合同或交货地适用的法律或特定行业惯例，将货物置于收货人支配之下；或(3)将货物交给根据交货地点适用的法律或规章必须向其交付的当局或其他第三方。货物在上述期间被视为是在多式联运经营人的掌管之下。

4.多式联运经营人的赔偿责任原则。《公约》在赔偿责任上采用了完全推定责任原则，即除非经营人证明其一方为避免事故的发生已采取了一切合理的措施；否则，即推定损坏是由经营人一方的过错所致，并由其承担赔偿责任。

5.多式联运经营人的赔偿责任限额。《公约》规定的两种赔偿限额分别适用于下列两种情况：第一，如在国际多式联运中包括海运或内河运输，多式联运经营人的赔偿责任限额为每件920特别提款权，或货物毛重每公斤2.75特别提款权，以较高者为准。第二，如在国际多式联运中未包括海运或内河运输，多式联运经营人的赔偿责任限额为毛重每公斤8.33特别提款权。此外，因延迟交付造成损失的赔偿限额为延迟交付货物的应付运费的2.5倍，但不得超过多式联运合同规定的应付运费的总额。在确知发生货损的区段时，如该区段适用的公约或国家法律规定的赔偿责任限额高于《公约》的规定，则适用该公约或国家法律的规定。

6.索赔与诉讼时效。对于货物一般性的灭失或损坏通知，收货人应在货物交给他的次一工作日提出，否则此种货物的交付即为多式联运经营人交付多式联运单据所载货物的初步证据。当货物的损坏不明显时，收货人应在货物交付后连续6日内提出索赔通知。对于延迟交付的货物，收货人应在货物交付后连续60日内提出索赔通知。《公约》规定的诉讼时效为2年，但如果在货物交付之日或应交付之日起6个月内，没有提出书面索赔通知，则在此期限届满后即失去诉讼时效。

7.管辖。《公约》规定，原告可选择在下列之一法院进行诉讼：(1)被告主要营业所，如无主要营业所，则为被告的经常居所；（2）订立多式联运合同的地点，且合同是通过被告在该地的营业所、分支或代理机构订立；（3）接管国际多式联运货物的地点或交付货物的地点；（4）多式联运合同中为此目的所指定并在多式联运单据中载明的任何其他地点。

第二节　国际货物运输保险

国际货物运输保险是国际贸易的重要组成部分，国际货物运输保险不但可以给运输中的货物提供保障，而且还能为国家提供无形贸易的外汇收入。国际货物运输保险主要包括海上货物运输保险、铁路货物运输保险、公路货物运输保险、航空货物运输保险和邮包运输保险等。其中历史最悠久、业务量最大、法律规定最全的是海上货物运输保险。

一、国际货物运输保险概述

（一）国际货物运输保险的基本原则

1.保险利益原则。保险利益指被保险人对保险标的所具有的合法的利害关系。依我国《保险法》第12条的规定，投保人对保险标的应当具有保险利益，投保人对保险标的不具有保险利益的，保险合同无效。此原则可以使被保险人无法通过不具有保险利益的保险合同获得额外利益，以避免将保险合同变为赌博合同。保险利益可以表现为现有利益、期待利益或责任利益。

2.最大诚实信用原则。指国际货物运输保险合同的当事人应以诚实信用为基础订立和履行保险合同，主要体现在订立合同时的告知义务和在履行合同时的保证义务上。诚实信用原则在我国民事法律中也有规定。我国有关诚实信用原则的规定具体体现在告知义务上。在被保险人的告知义务上，我国《海商法》采用了无限告知主义与有限告知主义的结合。《海商法》第222条第1款涉及的是无限告知，要求合同订立前，被保险人应当将其知道的或者在通常业务中应当知道的有关影响保险人据以确定保险费率或确定是否同意承保的重要情况，如实告知保险人。第2款涉及的是有限告知的情况，规定保险人知道或者在通常业务中应当知道的情况，保险人没有询问的，被保险人无须告知。依《海商法》第223条的规定，被保险人故意未将重要情况如实告知保险人的，保险人有权解除合同，并不退还保险费。合同解除前发生保险事故造成损失的，保险人不负赔偿责任。

3.损失补偿原则。是指在保险事故发生而使被保险人遭受损失时，保险人必须在责任范围内对被保险人所受的实际损失进行补偿。国际货物运输保险合同属于补偿性的财产保险合同，因此，在发生超额保险和重复保险的情况下，保险人只赔偿实际损失，因为保险的目的是补偿，而不能通过保险得利。

4.近因原则。虽然我国《保险法》及《海商法》均没有对近因原则进行明文规定，但在国际货物运输保险实践中，近因原则是常用的确定保险人对保险标的的损失是否负保险责任以及负何种保险责任的一条重要原则。

（二）国际货物运输保险合同的订立

国际货物运输保险合同的订立是由被保险人以填制投保单的形式向保险人提出保险要求（要约），经保险人同意承保，并就货物运输保险合同的条款达成协议后（承诺后），保险合同即成立。投保单中须列明货物名称、保险金额、运输路线、运输工具及投保险别等事项。保险人应当及时向被保险人签发保险单或者其他保险单证，并在保险单或其他保险单证中载明当事人双方约定的合同内容。

（三）国际货物运输保险合同的内容

国际货物运输保险合同的内容主要包括下列几项：保险人名称；被保险人名称；保险标的；保险价值；保险金额；保险责任和除外责任；保险期间；保险费。

1.国际货物运输保险合同的当事人。国际

货物运输保险合同的当事人为保险人和被保险人。保险人是保险合同中收取保险费，并在合同约定的保险事故发生时，对被保险人因此而遭受的约定范围内的损失进行补偿的一方当事人。被保险人指在保险范围内的保险事故发生时受到损失的一方当事人。国际货物运输保险合同中的投保人一般也是被保险人。

2.国际货物运输保险合同的保险标的。国际货物运输保险合同的保险标的主要是货物，包括贸易货物和非贸易货物。

3.保险价值。保险价值是被保险人投保的财产的实际价值。投保人在投保时需说明所要投保的标的的价值，而准确地确定标的的实际价值是很困难的，因此，保险价值通常是由被保险人与保险人协商确定的。这个价值是估算形成的，因此它可以是标的的实际价值，也可能与实际价值有一定的距离。

4.保险金额。保险金额指保险合同约定的保险人的最高赔偿数额。当保险金额等于保险价值时为足额保险；当保险金额小于保险价值时为不足额保险；当保险金额大于保险价值时为超额保险。

5.保险责任和除外责任。保险责任是保险人对约定的危险事故造成的损失所承担的赔偿责任。“约定的危险事故”就是保险人承保的风险。保险人承保的风险可以分为保险单上所列举的风险和附加条款加保的风险两大类，前者为主要险别承保的风险，后者为附加险别承保的风险。

6.保险期间。保险期间也就是保险责任的期间。保险责任的期间有三种确定方法：(1)以时间来确定，例如规定保险期间为1年，自某年、某月、某日起至某年、某月、某日止。(2)以空间的方法来确定，如规定保险责任自保险单载明的货物离开起运地仓库起至抵达目的地仓库止。中国人民保险公司海洋货物保险条款在保险期间上就是以“仓至仓”来确定的。(3)以空间和时间两方面来对保险期间进行限定的方法，例如规定自货物离开起运地仓库起至货物抵达目的地仓库止，但如在全部货物卸离海轮后60日内未抵达上述地点，则以60日期满为止。

7.保险费和保险费率。保险费率是计算保险费的百分率。保险费率有逐个计算法和同类计算法之分。船舶保险的保险费率通常采用逐个计算法来确定，每条船舶的保险费率由保险公司依该船舶的危险性大小，损失率高低及经营费用的多少来确定。同类计算法指对于某类标的，保险人均采用统一的保险费率的方法。保险费是投保人向保险人支付的费用。保险费等于保险金额乘保险费率。

（四）国际货物运输保险合同的变更

国际货物运输保险合同的变更，是指在运输货物保险合同主体不变的情况下，对合同中原约定的某些内容进行的改变。国际货物运输保险合同的内容需要修改时，被保险人可以向保险人提出申请，由保险人出具保险批单，保险批单的效力大于保险单正文的效力。

（五）国际货物运输保险合同的终止

保险合同的终止可以由于各种原因。引起国际货物运输保险合同终止的情况主要有以下几种：(1)自然终止，指保险单的有效期限已届满。(2)义务已履行而终止，依保险单的规定，保险人已履行了赔偿责任，保险单的责任即告终止。(3)违约终止，指保险人因被保险人的违约行为而终止保险合同。(4)因危险发生变动而终止。(5)保险标的因保险事故之外的原因而灭失，从而使保险合同终止。

（六）委付与代位求偿

1.委付。委付发生在保险标的出现推定全损的情况下。当保险标的出现推定全损时，被保险人可以选择按部分损失向保险人求偿或按全部损失求偿。当被保险人选择后者时，则由被保险人将保险标的权利转让给保险人，而由保险人赔付全部的保险金额。这种转让保险标的权利的做法被称为委付。对于保险人来说，可以接受委付，也可以不接受委付。

2.代位求偿权。如果保险标的的损失是由于第三者的疏忽或过失造成的，保险人依保险合同向被保险人支付了约定的赔偿后，即取得了由被保险人转让的对第三者的损害赔偿请求权，也就是代位求偿权。我国《保险法》和《海商法》均规定了被保险人在保险人行使代位求偿权时应履行的义务，如提供必要的文件，协助保险人向第三者追偿，不得因放弃或过失而侵害保险人行使代位求偿权等。在代位求偿的名义上，依《海事诉讼特别程序法》第94条的规定，保险人应以自己的名义向第三人提起诉讼。

二、国际海洋货物运输保险条款

（一）中国海洋货物运输保险的主要险别

主要险别指可以独立承保，不必附加在其他险别项下的险别。中国人民保险公司海洋货物运输保险的主要险别有三种，即平安险、水渍险和一切险。

1.平安险。平安险的英文意思为“单独海损不赔”。其责任范围主要包括：（1）被保险货物在运输途中由于恶劣气候、雷电、海啸、地震、洪水等自然灾害造成的整批货物的全部损失或推定全损。（2）由于运输工具遭受搁浅、触礁、沉没、互撞、与流冰或其他物体碰撞以及失火、爆炸等意外事故造成货物的全部或部分损失。（3）在运输工具已经发生搁浅、触礁、沉没、焚毁等意外事故的情况下，货物在此前后又在海上遭受恶劣气候、雷电、海啸等自然灾害所造成的部分损失。（4）在装卸或转运时由于一件或数件整件货物落海造成的全部或部分损失。（5）被保险人对遭受承保责任内危险的货物采取抢救、防止或减少货损的措施而支付的合理费用，但以不超过该批被救货物的保险金额为限。（6）运输工具遭遇海难后，在避难港由于卸货所引起的损失以及在中途港、避难港由于卸货、存仓以及运送货物所产生的特别费用。（7）共同海损的牺牲、分摊和救助费用。（8）运输合同中订有“船舶互撞责任”条款，根据该条款规定应由货方偿还船方的损失。

“实际全损”指保险标的发生保险事故后灭失，或者受到严重损坏完全失去原有形体、效用，或者不能再归被保险人所拥有的损失状态。“推定全损”指货物发生保险事故后，认为实际全损已经不可避免，或者为避免发生实际全损所需要支付的费用与继续将货物运抵目的地的费用之和超过保险价值的损失状态。“共同海损”是指在同一海上航程中，船舶、货物和其他财产遭遇共同危险，为了共同安全，有意地和合理地采取措施所直接造成的特殊牺牲，支付的特殊费用。“单独海损”指货物由于意外造成的部分损失。

共同海损和单独海损的区别在于：首先，共同海损所涉及的海上危险应该是共同的，必须涉及船舶及货物共同的安全；而单独海损中的危险只涉及船舶或货物中一方的利益。其次，共同海损有人为的因素，是明知采取措施会导致标的的损失，但为共同的安全仍有意采取该措施而引起的损失；而单独海损则纯粹是意外事故造成的标的的损失，无人为的因素。最后，共同海损的损失由于是为大家的利益而牺牲的，因此应由受益的各方来分摊，而单独海损的损失则由单方来承担。

2.水渍险。该险的责任范围除平安险的各项责任外，还负责被保险货物由于恶劣气候、雷电、海啸、地震、洪水等自然灾害所造成的部分损失。

3.一切险。该险除包括水渍险的责任范围外，还负责赔偿被保险货物在运输途中由于外来原因所致的全部或部分损失。一般外来原因指偷窃、提货不着、淡水雨淋、短量、混杂、玷污、渗漏、串味异味、受潮受热、包装破裂、钩损、碰损破碎、锈损等原因。

（二）中国海洋货物运输保险的保险期限

保险期限是保险人承担对海洋货物运输赔偿责任的期间。中国人民保险公司海洋货物保险条款主要为“仓至仓”条款，该条款规定保险人的责任自被保险货物运离保险单所载明的起运地仓库开始，到货物运达保险单载明的目的地收货人的最后仓库时为止。那么，起至的仓库是指什么仓库？依1995年《保险条款费率辞释大全》对人保海洋运输货物保险条款中“仓至仓”责任的解释如下：（1）货物在保险单载明起运地发货人仓库尚未开始运输时所受的损失，保险公司不负责任。（2）货物一经运离上述发货仓库，保险责任即告开始，保险公司按照货物所保险别规定的责任范围予以负责。（3）货物运离发货人仓库，不是直接装船，而是先放在承运人机构，例如，外贸运输公司的仓库里等候装船，其间，货物遭受到保险责任范围内的损失，保险公司予以负责。（4）货物在装船前存放在港区码头仓库待运期间，如果发生损失，已出保险单或已办投保手续的，保险公司按保险险别负责。(5)有些外贸公司在港区码头设有专用仓库，货物从该外贸公司市内仓库运入该专用仓库等候装船，虽然同为发货人仓库，但后者并非“仓至仓”条款所指的起运仓库，应视为承运机构仓库性质，如发生保险责任的损失，也应负责。(6)若发货人自己没有固定的仓库，而是临时租用承运机构仓库或是港区码头仓库，直接将货物集中储于上述仓库等候装船，则上述仓库应视为发货人仓库，货物储存期间发生损失，不属于保险责任。

此外，还有“扩展责任条款”“航程终止条款”“驳运条款”来确定保险人的责任起讫。仓至仓条款规定的有效期间只包括正常运输过程中的海上、陆上、内河运输，并不包括绕道、转运、变更航程等情况。为了保障被保险人在无法控制的原因下产生绕道等情况时的货物利益，保险人采用了扩展责任条款。该条款规定由于被保险人无法控制的原因而使船舶延迟、绕道、被迫卸下、重新装载、转运，或承运人依运输合同所赋予的权限而改变航程，保险依然有效。“航程终止条款”规定，在被保险人无法控制的情况下，保险货物被运往非保险单所载明的目的地，使运输条款先于保险责任的终止而失效，保险继续有效，保险责任至货物被出售交付时止。但如货物在卸离海轮后60日内仍未交付，保险责任亦终止。驳运条款规定，保险人对被保险货物在驳运过程中的损失负责。海轮在卸货时，有时需要依靠驳船，驳船并非保险单上所载明的海轮，所以在驳船上发生的货损，保险公司不予赔偿。加入该条款，就可以使驳运中的货物也有了保险的保障。

(三)中国海洋货物运输保险的除外责任

除外责任是保险单中规定的保险人不负责赔偿的海洋货物运输损失。中国人民保险公司海洋货物运输保险的除外责任包括：(1)被保险人的故意行为或过失所造成的损失；(2)属于发货人责任引起的损失；(3)在保险责任开始前，被保险货物已存在的品质不良或数量短差所造成的损失；(4)被保险货物的自然损耗、本质缺陷、特性以及市价跌落、运输延迟引起的损失和费用；(5)海洋货物运输战争险条款和货物运输罢工险条款规定的责任范围和除外责任。

(四)索赔时效

海洋货物运输保险的索赔时效为2年，从被保险货物在最后卸货港全部卸离运输工具后起算。

(五)中国海洋货物运输保险的附加险别

海洋货物运输保险的附加险别是投保人在投保主要险别时，为补偿因主要险别范围以外可能发生的某些危险造成的损失所附加的保险。附加险又可分为一般附加险、特别附加险和特殊附加险三类。

1.一般附加险。一般附加险承保各种外来原因造成的货物全损或部分损失。一般附加险在一切险的范围内，即已投保的一切险，就不必再加保一般附加险了。一般外来原因指不必与海水的因素或运输工具联系起来的原因。附加险别不能单独承保，它必须附于主险项下。一般附加险包括：(1)偷窃、提货不着险。(2)淡水雨淋险。(3)短量险。(4)混杂、玷污险。(5)渗漏险。(6)碰损、破碎险。(7)串味异味险。(8)受潮受热险。(9)钩损险。(10)包装破裂险。(11)锈损险。

2.特别附加险。特别附加险指必须附属于主要险别项下，对因特殊风险造成的保险标的的损失负赔偿责任的附加险。特别附加险与一般附加险的区别在于，一般附加险属于一切险的范围，保了一切险，就不必再附加任何一般附加险；而特别附加险所承保的责任已超出了一切险的范围。特别附加险包括：(1)交货不到险。(2)进口关税险。(3)舱面险。(4)拒收险。(5)黄曲霉素险。(6)出口货物到香港或澳门存仓火险。

3.特殊附加险。特殊附加险包括海洋运输货物战争险和货物运输罢工险。特殊附加险已超出了水险的范围，即也可以往陆上运输险或航空运输险上附加。

【本章主要法律规定】

最高人民法院《关于审理无正本提单交付货物案件适用法律若干问题的规定》

第四章
国际贸易支付

本章主要内容提示

注意本章托收与信用证的区别，前者为商业信用，后者为银行信用。信用证部分注意UCP600号及最高人民法院《关于审理信用证纠纷案件若干问题的规定》。把握信用证有关“单单相符、单证相符”的规则、信用证独立于基础合同的规则、信用证欺诈的例外以及欺诈“例外的例外”，把握发生哪些情况则不能再遵循“信用证欺诈例外”的原则，不能再通过司法手段干预信用证项下的付款行为。

第一节　汇付与托收

国际贸易的支付方式主要有汇付、银行托收和银行信用证三种方式，其中使用最多的是银行信用证方式。

一、汇付

（一）汇付的概念

汇付是由国际货物买卖合同的买方委托银行主动将货款支付给卖方的结算方式。在此种支付方式下，信用工具的传递与资金的转移方向是相同的，因此也称为顺汇法。汇付是建立在商业信用的基础上的，即完全建立在双方相互信赖的基础上，是否付款取决于进口商，付款没有保证。从付款时间上可以分为预付货款和货到付款。但无论哪一种，对买卖合同的当事人来讲都有风险。买方不愿先付款，卖方不愿先交货。因此，对双方均具有一定的商业风险。仅凭商业信用进行国际贸易的风险很大，在国际贸易中付款有预付和到付两种，如约定预付，则买方要承担卖方不交货、迟交货等风险，如约定到付，则卖方要承担买方拒付货款的风险。因此，汇付在国际贸易中主要是用于样品、杂费等小额费用的结算，或者买卖双方有某种关系，如跨国公司的关联公司等，此外，一般很少使用。

（二）汇付的种类

汇付依使用的信用工具不同可分为电汇、信汇和票汇三种方式。

1.电汇（Telegraphic Transfer，T/T），指汇出行受汇款人的委托，以电报或电传通知汇入行向收款人解付汇款的汇付方式。为了防止意外，汇出行拍发的电报或电传都带有密押，汇入行收到电报或电传后须核对密押相符后，再用电汇通知书通知收款人取款。收款人取款时应填写收款收据并签章交汇入行。

2.信汇（Mail Transfer，M/T），指汇出行受汇款人的委托，用邮寄信汇委托书授权汇入行向收款人解付汇款的汇付方式。在信汇的情况下，汇款人需填写汇款申请书，取得信汇回执，汇出行依汇款人的委托向汇入行邮寄信汇委托书，汇入行收到信汇委托书后，通知收款人取款。

3.票汇（Demand Draft，D/D），票汇是汇出行受汇款人的委托，开立以汇入行为付款人的银行即期汇票，由汇款人自行寄交收款人凭以向汇入行提取汇款的汇付方式。票汇的程序是由汇款人填写票汇申请书并向汇出行交款付费取得银行即期汇票后，由汇款人将汇票寄收款人，汇出行同时向汇入行发出汇票通知书，收款人收到汇票后向汇入行提示汇票请求付款。

（三）汇付的当事人及各方关系

汇付中的当事人有汇款人、收款人、汇出行和汇入行，汇款人是债务人或付款人，即国际贸易中的买方；收款人是债权人或受益人，即国际贸易中的卖方；汇出行是委托汇出款项的银行，一般是进口地银行；汇入行是受汇出行委托解付汇款的银行，因此又称为解付行，一般为出口地银行。汇款人在办理汇付时要出具汇款申请书，汇款申请书被视为汇款人与汇出行之间的契约，汇出行有义务依汇款人的指示办理汇款业务，并通过代理行解付汇款。在汇出行与汇入行之间是委托代理关系，汇入行依该代理关系对汇出行承担解付汇款的义务。

在信汇和电汇两种情况下，汇付使用的凭证是支付授权书或支付指示（Payment Order）。汇款人与汇出行是委托代理关系，汇出行和汇入行是委托代理关系。汇出行或汇入行与收款人没有直接的法律关系，收款人是上述代理关系的第三人。在票汇的情况下，汇付使用的是汇票。汇款人与汇出行是委托代理关系，汇出行、汇入行与收款人是票据关系，分别是出票人、付款人和收款人。

二、托收

（一）托收的概念

托收是由银行依委托人的指示处理单据，向付款人收取货款或承兑、交付单据或按其他条件交付单据的结算方式。在托收方式下，信用工具的传递与资金的转移方向相反，因此托收是一种逆汇法。在托收付款下，付款人是否付款是依其商业信用，银行并不承担责任。银行所起的作用仅是一种代理收款作用。银行对付款人是否付款不承担责任。因而托收对卖方来说意味着一种风险。

在调整托收的法律上，国际商会在总结国际惯例的基础上于1958年制定和公布了《商业单据托收统一规则》，该规则于1967年进行了修订，1978年国际商会将其改名为《托收统一规则》。1995年国际商会公布了新修订的《托收统一规则》，又称522号出版物。该规则仅适用于银行托收，仅适用于托收指示中注明该规则的托收。该规则属于惯例性质。当事人在发出委托指示时应注明“受URC522约束”的字样。当事人可以做出不同的约定，该种约定优先于上述规则。在《托收统一规则》与一国的强制性法律规定抵触时，法律规定优先。即当事人的选择不得违背有关国家国内法中的强制性规定，如外汇管制的规定等。《托收统一规则》并不涉及当事人的能力和有关效力问题。

（二）托收的程序

托收的基本程序是：（1）委托人（卖方）向其所在地银行提出托收申请，填写托收指示书。卖方通常会开出买方为付款人的汇票。依《托收统一规则》的规定，送交托收的汇票和装运单据等单据，必须附有一份完整和明确的托收指示书。（2）托收行（卖方所在地银行）接受申请后，委托其在买方的往来银行（代收行）代为办理收款事宜。（3）代收行向买方作付款提示或承兑提示，在付款人付款后通知托收行，托收行即向卖方付款。如付款人拒付，则由代收行通知托收行，再由托收行通知卖方。

（三）托收的当事人

托收方式通常有四方当事人，即委托人、付款人、托收行和代收行：（1）委托人又称出票人，是开立汇票委托银行收款的债权人，也是贸易合同中的卖方；（2）付款人是贸易合同中的买方；（3）托收行为接受出票人的委托向国外收取货款的银行，通常为卖方所在地银行；(4)代收行为受托收行的委托，代理托收行直接向付款人收款的银行，通常为买方所在地银行。除上述之外，有时会出现提示行。有时卖方会在买方所在地委托一代理人，在买方拒收货物时代理处理货物。《托收统一规则》定义的“有关当事人”包括委托人、托收行、代收行和提示行。付款人没有包括在此范围内，因为从银行在托收下的权利义务的角度考虑，付款人是否付款，对银行的托收没有影响。

(四)托收当事人之间的关系

1.委托人与托收行之间是委托关系，委托人是委托银行办理托收的人，通常是国际货物买卖合同中的卖方。接受委托人委托处理托收的银行叫托收行，通常在卖方所在地。委托人在委托银行代为托收时，须填写一份托收委托书，规定托收的指示及双方的责任，该委托书即成了双方的代理合同。在此代理关系中，托收行按委托人的托收指示托收，托收指示规范委托行与托收行之间的法律关系。

2.托收行与代收行之间是业务代理关系，或属于同一银行的分支机构。代收行通常在买方所在地。其之间的代理合同由托收指示书、委托书以及由双方签订的业务互助协议等组成。依《托收统一规则》的规定：银行必须依托收指示书中的规定和依本规则行事，如由于某种原因，某一银行不能执行其所收到的托收指示书的规定时，必须立即通知发出托收指示书的一方。如代理人违反了该项原则，应赔偿由此给委托人造成的损失。

3.委托人与付款人之间是货物买卖合同关系，也是债权人与债务人关系。委托人为卖方，付款人一般为买方。如果托收中使用汇票，通常委托人是出票人，付款人是受票人。

4.委托人与代收行之间不存在直接的合同关系，尽管托收行是委托人的代理人，代收行又是托收行的代理人，但依代理法的一般原则，在委托人与代收行之间并没有合同关系。因此，如果代收行违反托收指示行事导致委托人遭受损失时，委托人并不能直接对代收行起诉。委托人只能通过托收行追究代收行的责任。

5.代收行与付款人之间没有法律上的直接关系，付款人是否付款是依其对托收票据的付款责任。付款人是依托收指示向其提示的人，通常为买卖合同中的买方。

(五)托收的种类

在托收方式下，依汇票是否附有单据可分为光票托收和跟单托收。

1.光票托收(Clean Bill for Collection)，指委托人开立不附货运单据的汇票，仅凭汇票委托银行向付款人收款的托收方式。光票托收的汇票依付款时间的不同，又可分为即期和远期两种，对于即期汇票，代收行应立即向付款人提示并要求付款。对于远期汇票，代收行则先要向付款人提示汇票要求承兑。光票托收的风险较大，因此，一般只用于样品费、佣金、货款尾数等的结算。

2.跟单托收(Documentary Bill for Collection)，指委托人开立附商业单据的汇票，凭跟单汇票委托银行向付款人收款的托收方式，或不使用汇票的商业单据托收方式。跟单托收又可分为付款交单和承兑交单。付款交单(Documents against Payment, D/P)指代收行在买方付清货款后才将货运单据交给买方的付款方式。承兑交单(Documents against Acceptance, D/A)指在开立远期汇票的情况下，代收行在接到跟单汇票后，要求买方对汇票承兑，在买方承兑后即将货运单据交付买方的托收方式。承兑交单的风险大于付款交单。

(六)银行的义务及免责

依《托收统一规则》的规定，托收行对委托人、代收行对托收行负有下列具体代理行为的义务：

1.银行应严格按托收指示履行责任。一切托收单据必须附有托收指示书。该托收指示必须完整明确。在接受托收后，银行严格按托收指示办理托收。除非在托收指示中另有授权，银行概不理会来自托收委托的当事人／银行以外的任何一方／银行的指示。托收指示应包括有关当事人的详情、托收的金额和货币、所附的单据清单和数量、支付及／或承兑的条款和条件、托收费用、托收利息、付款方法和付款通知形式、不付款、不承兑或不符指示时的指示，还应包括付款人的完整地址以便进行提示。作出托收指示的一方须确保交单的条件清楚、明确，否则银行对由此造成的后果不承担责任。代收行对地址不完整或不准确而产生的迟延不负责任。

2.银行的义务不涉及货物、服务或行为。银行履行义务的对象是有关单据。一般情况下，银行与买卖合同的执行没有关系。除非银行事先同意，货物不应直接发至银行，或以银行或银行的指定人为收货人。即使银行为收货人，银行也没有提货的义务，货物的风险及责任由发货人承担。银行没有义务对货物采取措施，包括存储和保险，即使在托收指示中有此专门指示；如果银行采取措施保护货物，对货物的下落、状况、受托保护货物的第三人的行为或不行为，不负责任，但必须毫不迟延地通知发出托收指示的银行。与保护货物的措施有关的费用由银行从其收到指示的一方承担。

3.及时提示的义务，指对即期汇票应毫无延误地进行付款提示；对远期汇票则必须不迟于规定的到期日作付款提示。当远期汇票必须承兑时应毫无延误地作承兑提示。

4.保证汇票和装运单据与托收指示书的表面一致，如发现任何单据有遗漏，应立即通知发出指示书的一方。

5.无延误地通知托收结果，包括付款、承兑、拒绝承兑或拒绝付款等。在托收成功的情况下，收到的款项和扣除必要的手续费和其他费用后必须按照指示书的规定无迟延地解交本人。

6.银行的业务标准及免责事项。银行办理业务时遵循诚信及合理谨慎原则。由于托收属于商业信用，而不是银行信用，银行对货款能否支付不承担任何责任，银行在托收中的地位严格地限于代理人，为此，《托收统一规则》规定了银行不承担责任的情况，主要包括：

（1）对收到单据的免责。银行只负责确定收到的单据和托收指示所列是否一致。如果发现单据丢失，应毫不迟延地通知托收指示方。除此之外没有进一步的义务。如果单据没有列入清单，托收行不涉及代收行收到的单据的种类和数量的争议。

（2）对单据的有效性免责。银行只需核实单据在表面上与托收指示书一致，此外没有进一步检验单据的义务；代收行对承兑人签名的真实性或签名人是否有签署承兑的权限概不负责。对单据的形式、充分性、准确性、真伪性及法律效力，不负责任；对单据中规定的或附加的一般或特殊的条件不负责任；对单据所代表的货物的描述、数量、重量、质量、条件、包装、交付、价值或存在，不负责任；对托运人、承运人、货运代理人、收货人、保险人或任何其他的诚信、行为或不行为、清偿能力、履行或资信，不负责任。

（3）对寄送途中的延误、丢失及翻译的错误，不承担责任。与托收有关的银行对由于任何通知、信件或单据在寄送途中发生延误或失落所造成的一切后果，或对电报、电传、电子传送系统在传送中发生延误、残缺和其他错误，或对专门性术语在翻译上和解释上的错误，概不负责。

（4）对受指示方的行为免责。为执行委托人的指示利用其他银行的服务，一切风险和费用由委托人承担。银行对于所转递的指示未被执行不承担责任。但指示另一方提供服务的一方，应受外国法律和惯例对受指示方施加的任何义务和责任的约束，并应对被指示方进行偿付。

（5）对不可抗力免责。与托收有关的银行对由于自然灾害、暴动、骚乱、叛乱、战争或银行本身无法控制的任何其他原因，或对由于罢工或停工致使银行营业间断所造成的一切后果，概不负责。

（6）在汇票被拒绝承兑或拒绝付款时，若托收指示书上无特别指示，银行没有作出拒绝证书的义务。

（七）托收下的银行融资

银行在办理托收时，可以利用托收票据向出口商或进口商提供资金融通。

出口托收押汇（Collection Bill Purchased）。托收行买入出口商（委托人）开立的以进口商为付款人的跟单汇票及随附商业单据，扣除利息和费用后将剩余货款付给出口商，托收行通过其联行或代理行向付款人收款。由于托收下债务人有可能不付款，所以出口托收押汇将卖方承担的风险转移到了托收行。除非出口商、进口商的资信良好，托收行一般不做这种业务。常见的是出口商向托收行保证，在进口商拒付时，托收行享有对出口商的追索权。该业务也称为（托收）议付。

信托收据（Trust Receipt，T/R）。代收行也可以利用托收票据向进口商提供资金融通。代收行在付款人付款之前，凭付款人向其出具的信托收据，借出有关单据，供其报关、提货、出售，付款人用所得货款付款，赎回信托收据。有关单据下的货物及收益仍属银行，进口商只是处于信托人的地位。该做法适用于远期付款交单，是代收行向进口商提供信用。除非原来的托收指示要求这样做，代收行承担了进口商不付款、代收行向委托人付款的风险。可见，托收本来就有很大风险，代收行再凭信托向进口商出借单据，风险会更大一些。在我国，信托收据被理解为一种代收行与付款人之间的合同约定，如付款人不付款赎回信托收据，代收行可基于信托收据中的约定要求付款人付款。

第二节 信用证

一、信用证的定义及适用于信用证的国际惯例

（一）适用于信用证的国际惯例和法律规则

信用证是银行依开证申请人的请求，开给受益人的一种保证银行在满足信用证要求的条件下承担付款责任的书面凭证。在信用证付款方式下，开证银行以自身的信誉为卖方提供付款的保证，因此，信用证付款方式是一种银行信用。适用于信用证的国际惯例是国际商会在1930年制定的《跟单信用证统一惯例》（Uniform Customs and Practice for Documentary Credits，UCP），该惯例曾进行过多次的修改，UCP500号实施了十多年，由于银行、进口商等当事人对UCP500号的错误理解及应用，约有70%信用证项下的单据在首次交单时因不符而被拒付，因而影响了信用证在付款工具上的地位。在2006年召开的国际商会巴黎年会上，通过了UCP600号，于2007年7月1日实施。

UCP600号性质上属于国际商业惯例，其调整范围和效力不能取代国内法的强制性规定。UCP600号没有包括与信用证有关的一切事项，例如信用证效力、信用证欺诈等。我国最高人民法院《关于审理信用证纠纷案件若干问题的规定》，就与信用证纠纷相关的问题作出了规定。

（二）信用证的定义

根据国际商会《跟单信用证统一惯例》（UCP600号）的定义，信用证是指一项不可撤销的安排，该项安排构成开证行对相符交单予以承付的确定承诺。无论该项安排的名称或描述如何。作为一种国际支付方式，信用证是一种银行信用，银行承担第一位的付款责任。这是信用证区别于汇付、托收的根本性特征。作为一种文件，信用证是开证行开出的凭信用证规定条件付款的一份书面承诺。

（三）UCP600号的主要修改

UCP600号与UCP500号相比，主要有以下几点修改：

第一，更加明确了开证行的独立付款义务。当开证行指定其他银行付款、承兑并付款、议付，而其他银行没有按指定付款、承兑或付款、议付时，开证行要承担最终的付款责任。UCP600号将信用证规定为不可撤销信用证，也体现了这一点。

第二，结构上的变化。UCP600号在结构上的重要变化表现为集中归纳了概念和一些词语在本惯例下的特定解释，使原本散落在各个条款中的解释定义归集在一起使全文变得清晰。UCP600号结构上的另一个变化是按照业务环

节对条款进行了归结，依环节将通知、修改、审单、偿付、拒付等涉及的条款在原来的基础上集中，使规定更加明确和系统化。

第三，删除了某些条款。UCP600号删除了UCP500号中某些过时或超出UCP范围的条款。例如，删除第6条关于可撤销信用证的内容，由于可撤销信用证对受益人缺乏保障，被使用的机会也很小，因此，UCP600号将该条删除，而在第2条关于信用证的定义中，规定信用证是不可撤销的。改变了UCP500号“如果信用证没有注明其是否可撤销则被视为不可撤销”的规定。

第四，新增了某些条款。例如，新增了一些定义，包括银行日、保兑、兑付、交单等。鉴于以前在信用证的交单地点上有矛盾的规定，如规定自由议付的信用证交单地点却在开证行所在地。新增条款明确交单地点应在指定银行及开证行所在地。新增“兑付”（honour）一词概括了开证行、保兑行、指定行在信用证下除议付以外的一切与支付相关的行为。该定义的引入在于努力表明无论哪一种信用证，银行在信用证下的义务是同一性质的。从信用证使用角度，特别是从受益人角度来看是有益的。规定了“相符的交单”的含义，强调要与信用证条款、适用的惯例条款以及国际银行标准实务相符合。明确对“相符交单”的界定，有利于减少实践中有关单据不符点的争议。

第五，进行了某些内容的修改。UCP600号对UCP500号的某些条款有实质变动。主要有下列几点：其一，关于议付，新的定义明确了议付是对票据及单据的一种买入行为，并明确是对受益人的融资，即预付或承诺预付。定义上的改变承认了有一定争议的远期议付信用证的存在，同时使将议付行对受益人的融资纳入了惯例保护的范围。明确了在议付中开证行的授权，明确了开证行对于指定行进行承兑、做出延期付款承诺的授权，同时包含允许指定行进行提前买入的授权。这项规定旨在保护指定行在信用证下对受益人进行融资的行为。其二，关于单据处理的天数，UCP500号规定开证行、保兑行、指定行在收到单据后的处理时间为“合理时间，不超过收单翌日起第7个工作日”，UCP600号中改为“最多为收单翌日起第5个工作日”。这样可以消灭业务中经常出现的处理时间是否“合理”的争议，UCP600号把单据处理时间的双重判断标准简化为单纯的天数标准，使判断依据简单化。其三，拒付后对单据的处理。UCP600号细化了拒付中对单据处理的几种选择，包括一直以来极具争议的条款，即“拒付后，如果开证行收到申请人放弃不符点的通知，则可以释放单据”。UCP600号把这种条款纳入合理的范围内，符合了现实业务的发展，减少了因此产生纠纷的可能，并可缩短不符点单据处理的周期。其四，关于转让信用证。UCP600号明确了第二受益人的交单必须经过转让行。其目的是避免第二受益人绕过第一受益人直接交单给开证行，损害第一受益人的利益；同时，这条规定也与其他关于转让行操作的规定相符。

UCP600号共有39个条款，比UCP500号减少了10个条款，但内容却更准确、更易操作、更易理解。

二、信用证的内容

信用证的基本内容有：(1)信用证的种类、号码、开证日期和有效期限。(2)信用证的当事人，包括开证申请人、受益人、开证银行、通知行、指定行等。(3)信用证的金额，包括信用证应支付的最高金额，信用证支付货物的币种等内容。(4)单据条款，主要规定单据的种类及份数，主要包括提单、保险单和商业发票，但有时也要求卖方提交其他单据，如商品检验证明书、原产地证书等。(5)汇票条款，该条款适用于使用汇票的信用证，主要规定汇票的金额、种类、份数及付款人的名称。(6)装运条款，主要规定启运地、目的地、装运期限及是否允许分批装运等内容。关于装运期限，如装运单据表明受益人的实际装运日期迟于信用证允许的最后装运期限，则银行将拒绝接受单据。(7)信用证的有效期限，即银行承诺付款的期限。此外，还可以依每笔交易的不同需要在信用证中进行特殊的规定。

三、信用证的种类

信用证依其性质、形式、付款期限及用途的不同可进行不同的分类。

1.可撤销的信用证和不可撤销的信用证。可撤销的信用证指信用证在有效期内，开证行不必事先通知受益人，即可随时修改或取消的信用证。但如果在收到开证行撤销通知之前，该信用证已经按照信用证条款付款、承兑、议付或作出了延期付款的承诺，开证行应对该银行偿付。可撤销信用证对受益人缺乏保障。不可撤销的信用证指信用证在有效期内，不经开证行、保兑行和受益人同意就不得修改或撤销的信用证。不可撤销的信用证对受益人收款比较有保障，在国际贸易中使用广泛。UCP600号在第2条关于信用证的定义中，直接规定信用证是不可撤销的，改变了UCP500号“如果信用证没有注明其是否可撤销则被视为不可撤销”的规定。

2.保兑信用证和不保兑信用证。保兑信用证指开证行开出的信用证又经另一家银行保证兑付的信用证。保兑行对信用证进行保兑后，其承担的责任就相当于本身开证，不论开证行发生什么变化、是否承担兑付责任，保兑行都不得片面撤销其保兑。不保兑的信用证指未经另一银行加以保证兑付的信用证。

3.即期信用证和承兑信用证。即期信用证指受益人提示有关单据时开证行或指定行审核合格后即付款的信用证，可使用即期汇票，也可不用汇票。承兑信用证指受益人仅可开立远期汇票，开证行或指定行审核单据合格后对汇票予以承兑，在付款到期日支付货款的信用证。

4.可转让的信用证和不可转让的信用证。可转让的信用证指受益人可将信用证的部分或全部权利转让给第三人的信用证。在通过中间商进行贸易时，常提出开立可转让信用证的要求，以便将信用证的权利转让给实际供货人。可转让的信用证必须在信用证上注明“可转让”(transferable)的字样。不可转让的信用证指受益人不能将信用证的权利转让给他人的信用证。在国际贸易中，卖方为了保障收取货款的安全，以及在对第三方的资信不了解的情况下，一般不接受可转让信用证。

5.跟单信用证和光票信用证。跟单信用证指凭跟单汇票或只凭单据付款的信用证。单据指代表货物所有权或证明货物已经发运的单据。信用证有时规定卖方可不必开立汇票，银行可只凭单据付款。光票信用证指凭不附单据的汇票付款的信用证。此类信用证主要用于贸易从属费或非贸易结算。

此外，还包括背对背信用证、对开信用证、循环信用证、备用信用证等种类的信用证。

四、信用证的流转程序

以信用证方式付款时，一般须经过下列基本步骤：(1)国际货物买卖合同的双方在买卖合同中明确规定采用信用证方式付款；(2)申请开证，买方向其所在地的银行提出开证申请，并缴纳一定的开证押金或提供其他保证，要求银行向卖方开出信用证；(3)通知受益人，开证行依申请书的内容开立信用证并寄交卖方所在地银行；(4)交单结汇，卖方对信用证审核无误后，即发运货物并取得信用证所要求的装运单据，再依信用证的规定凭单据向其所在地的指定银行结汇；(5)索偿，指定行付款后将汇票和货运单据寄开证行要求索偿，开证行核对单据无误后偿付向受益人付款的指定行；(6)付款赎单，开证行通知买方付款赎单。

五、信用证的当事人

信用证的当事人会因具体交易情况的不同而有所增减，但一般来说信用证的流转会涉及下列主要当事人：(1)开证行，是指接受开证申请人的委托，为其开立信用证的银行，通常是买方所在地的银行。(2)通知行，是指接受开证行的委托，负责将信用证通知受益人的银行，通常为受益人所在地的银行，通知行一般与开证行有业务往来的关系。(3)受益人，是指信用证上指定的有权享有信用证权益的人，即国际货物买卖合同中的卖方。(4)指定行，是指信用证中指定的、信用证可在其处兑用的银行。如信用证可在任何一家银行兑用，则任何银行均为指定银行。规定在指定银行兑用的信用证，同时也可以在开证行兑用。指定行一般为卖方所在地的银行。指定行可以是通知行，也可以是通知行外的另一家银行。(5)议付行，指对相符交单通过向受益人预付或同意预付而购买汇票或单据的指定行。议付行通过购买汇票或单据，使自己成为信用证的受益人，可以享用信用证利益。(6)保兑行，指根据开证行的授权或要求对信用证加具保兑的银行。保兑指保兑行在开证行承诺之外作出的承付或议付相符交单的确定承诺。保兑行自对信用证加具保兑时起，即不可撤销地承担承付或议付的责任。相对于受益人，保兑行相当于开证行；相对于开证行，保兑行是保证人，开证行是被保证人。与开证行、通知行和指定行不同，议付行或保兑行只有在信用证规定使用议付信用证或保兑信用证时才存在。

开证申请人，是指向银行申请开立信用证的人。在国际贸易中，开证申请人通常是国际货物买卖合同中的买方。在实际业务中，也有买方之外的第三人替买方申请开立信用证的情形。这时申请人是该第三人，而非买方。申请人申请开证时，一般需向开证行提供押金或其他担保。开证行与申请人之间的关系，受开证申请书的调整。

六、信用证当事人之间的关系

信用证关系有广义和狭义之分。狭义信用证关系，指基于开证行开出的信用证而产生的关系，包括开证行与受益人之间的关系、开证行与通知行之间的关系、开证行与指定行之间的关系、指定行与受益人之间的关系、保兑行与开证行的关系、保兑行与受益人的关系等。广义信用证关系，除上述关系外，还包括开证行与申请人之间的关系。不同当事人之间具有不同的法律关系，其权利义务受不同的协议调整。在中国，中国开证行与受益人、指定行之间的关系按涉外关系处理，中国开证行与申请人之间按国内信贷关系处理。

就其运作原理而言，信用证支付方式下，位于申请人所在国的开证行借助位于受益人所在国的其他银行向受益人付款。受益人或者直接向其所在地的指定行交单并接受付款，或者通过其所在地的银行向开证行交单并接受付款。无论哪种情况，开证行都是最终付款责任人。如果其他银行依据信用证向受益人付款，则开证行需要向这些银行偿付已付款项。由于其他银行所起的作用不同，由此引起的相关当事人的法律关系也不同。

(一)开证申请人与受益人之间

开证申请人与受益人之间是买卖合同关系。开证申请人即为国际贸易合同的买方，受益人即为卖方，双方订立的合同中约定以信用证方式支付货款，则买方应依合同的规定开立信用证，卖方则应依合同发货并提供约定的单据。开证行是对受益人承担付款义务的银行。开证行自开立信用证之时起即不可撤销地承担承付责任。开证行偿付指定行的责任，独立于开证行对受益人的责任。开证行一般是申请人所在地的银行或其开户行。开证行与申请人之间的关系受开证申请书的调整，开证行与受益人的关系受信用证调整。

(二)开证行与开证申请人之间

开证行与开证申请人之间是以开证申请书及其他文件确定的委托合同关系。在此合同关系中，开证行的主要义务是依开证申请书开立信用证并谨慎地审核一切单据，确定单据在表面上符合信用证。开证申请人则应缴纳开证押金或提供其他保证，缴纳开证费用并付款赎单。

(三)开证行与受益人之间

开证行与受益人之间的关系受信用证的调整，在开立不可撤销的信用证的情况下，则当信用证送达受益人时，在开证行与受益人之间即形成了对双方有约束力的独立合同。受益人是信用证中指定的接受信用证并有权享用信用证利益的人。一般是买卖合同中的卖方。在可转让信用证的情况下，除直接卖方外，还包括货物的实际供应商(第二受益人)。

(四)通知行与开证行之间

通知行与开证行之间是委托代理关系，通知行接受开证行的委托，代理开证行将信用证通知受益人，并由开证行支付佣金给通知行。

（五）通知行与受益人之间

通知行与受益人之间不存在合同关系。通知行通知受益人是因其对开证行负有义务，不是因为通知行与受益人之间有合同关系而对受益人负有此项义务。

七、处理信用证关系的一般原则

（一）信用证独立原则

信用证交易的当事人之间主要存在这样几类关系：银行与银行之间的关系，开证行与申请人之间的关系，开证行与受益人之间的关系，申请人与受益人之间的关系。信用证开证行与受益人之间的权利义务关系，独立于其他法律关系。

依UCP600号第4条第1款的规定，信用证在性质上与可能作为其依据的销售合同或其他合同是相互独立的交易，即使信用证中含有对此类合同的任何援引，银行也与该合同完全无关，并不受其约束。因此，银行关于承付、议付或履行信用证项下其他义务的承诺，不受申请人基于其与开证行或与受益人之间的关系而产生的索偿或抗辩的影响。受益人在任何情况下，不得利用银行之间或申请人与开证行之间的合同关系。该条第2款进一步规定，开证行应劝阻申请人试图将基础合同、形式发票等文件作为信用证组成部分的做法。

银行独立于买方进行付款，以银行信用代替买方的商业信用，是信用证产生的目的，是跟单信用证的根本原则和特征。信用证独立原则，保障信用证交易（支付）的独立性，不允许银行以卖方与买方之间对有关基础合同履行的争议，作为不付款、减少付款或延期付款的理由，也不允许买方以其与卖方之间的合同履行方面的争议为理由，限制银行向受益人付款。英国判例法曾指出，信用证如同汇票和现金，不允许以其他原因减损其效力。

在信用证条款与买卖合同条款的关系上，一般来说，信用证应按照合同中的规定开立，如果信用证条款与合同条款不符，在卖方没有提出异议的情况下，卖方应按信用证条款履行合同；或者要求买方、开证行修改信用证，直至符合买卖合同的规定为止。

在受益人交单不合格被拒付或者受益人没有在有效期内按时交单时，开证行根据信用证的付款责任解除，信用证关系消灭。但买方按照合同对卖方承担的付款责任并没有消失。这也是信用证独立于基础交易关系的另一体现。

（二）单证严格一致原则

这一原则包括两个方面：第一，信用证交易处理的是单据；第二，处理单据时应遵循单证相符原则，即对相符交单予以承付。

UCP600号第5条规定，在信用证业务中，银行处理的是单据，而不是单据可能涉及的货物、服务或履约行为。因此，如果信用证中含有一项条件，但未规定用以表明该条件得到满足的单据，银行将视为未规定这一条件而不予理会；同样，如果交单人提交的单据是非信用证要求的单据，银行亦不予理会，并可退还给交单人。此外，国际商会银行委员会坚决反对开证行开立含有非单据性条件的信用证。

根据信用证的定义，信用证作为一项安排，构成了开证行对相符交单予以承付的确定承诺。在保兑的情况下，保兑行对相符交单独立承担类似开证行的义务。所谓相符交单，指与信用证条款、UCP600号的相关适用条款以及国际标准银行实务一致的交单。按指定行事的指定银行、保兑行及开证行须审核交单，并仅基于单据本身确定其是否表面上构成相符交单。在受益人交付的单据与信用证规定一致（单证一致）、单据与单据之间一致（单单一致）时，银行须根据信用证兑用的类型履行相应的义务。当按照指定行事的指定银行、保兑行或开证行确定交单不符时，可以拒绝承付或议付。

严格一致是形式要求而非实质或法律效果要求。开证行遵循单证严格一致原则向受益人付款，也是申请人对开证行的要求，是开证行对申请人承担的义务要求。根据UCP600号的规定，当开证行确定交单不符时，可以自行决定联系申请人放弃不符点。这意味着，申请人可以在某种程度上放弃这种要求，在单证不符时，授权开证行对外付款。一旦申请人放弃单证相符的要求，或授权付款，申请人即丧失了以单据不符为由拒绝向开证行偿付的权利。但是，根据法律关系独立原则，在单证不符时，即使申请人放弃对单证一致的要求，从严格意义上来说，开证行仍然有权对受益人拒付。

相符交单的标准是表面相符。UCP600号第14条规定了单据审核标准，国际标准银行实务做法（ISBP）进一步细化了这一要求。

根据最高人民法院《关于审理信用证纠纷案件若干问题的规定》，开证行在作出付款、承兑或者履行信用证项下其他义务的承诺后，只要单据与信用证条款、单据与单据之间在表面上相符，开证行应当履行在信用证规定的期限内付款的义务。人民法院在审理信用证纠纷案件中涉及单证审查的，应当根据当事人约定适用的相关国际惯例或者其他规定进行；当事人没有约定的，应当按照国际商会《跟单信用证统一惯例》以及国际商会确定的相关标准，认定单据与信用证条款、单据与单据之间是否在表面上相符。信用证项下单据与信用证条款之间、单据与交易所之间表面上不完全一致，但并不导致相互之间产生歧义的，不应认定为不符点。

根据最高人民法院的上述规定，开证行有独立审查单据的权利和义务，有权自行作出单据与信用证条款、单据与单据之间是否在表面上相符的决定，并自行决定接受或者拒绝接受单据与信用证条款、单据与单据之间的不符点。开证行发现信用证项下存在不符点，可以自行决定是否联系开证申请人接受不符点。开证申请人决定是否接受不符点，并不影响开证行最终决定是否接受不符点。开证行和开证申请人另有约定的除外。

八、银行的免责

UCP600号许多条款规定了银行的免责事项，包括对单据有效性的免责，对讯息传递和翻译的免责，不可抗力的免责，以及对被指示方行为的免责等。

（一）关于单据有效性的免责

根据UCP600号第34条，银行对于任何单据的形式、完整性、准确性、真伪性或法律效力，或对于单据上规定或附加的一般性、特殊性条件，概不负责；对于单据中表明的货物描述、数量、重量、品质、状况、包装、交货、价值或其存在与否，对于货物的发货人、承运人、运输代理人、收货人、保险人或其他任何人的诚信与否、作为、不作为、清偿能力、履约或资信，概不负责。

（二）关于信息传递和翻译的免责

根据UCP600号第35条，对于任何文电、信函或单据按照信用证要求传递或发送时，或当信用证未作指示、银行自行选择传送服务时，银行对传输、传递过程中发生的延误、中途遗失、残缺或其他错误产生的后果，概不负责；对专门术语翻译、解释上的差错，概不负责。但是，如果指定行确定交单相符并将单据发往开证行或保兑行，无论指定行是否已经承付或议付，开证行或保兑行必须承付或议付，或偿付指定行，即使单据在指定行送往开证行或保兑行的途中，或保兑行在送往开证行的途中丢失。后一句中开证行或保兑行对途中丢失单据承担责任的规定，是UCP600号的新规定。

（三）不可抗力的免责

根据UCP600号第36条，银行对由于天灾、暴动、骚乱、叛乱、战争、恐怖主义行为，或任何罢工或停工或其无法控制的其他任何原因导致的中断营业的后果，概不负责。银行恢复营业时，对于在营业中断期间已逾期的信用证，不再进行承付或议付。

（四）关于被指示方行为的免责

根据UCP600号第37条，为了执行申请人的指示，银行利用其他银行的服务，其费用和风险由申请人承担。即使银行自行选择了其他银行，如果发出指示未被执行，开证行或通知行对此亦不负责。指示另一银行提供服务的银行有责任负担被指示方因执行指示而发生的任何佣金、手续费、成本或开支（“费用”）。如果信用证规定费用由受益人负担，而该费用未能收取或从信用证款项中扣除，开证行依然承担支付此费用的责任。信用证或其修改不应规定向受益人的通知以通知行或第二通知行收到其费用为条件。外国法律和惯例加之于银行的一切义务和责任，申请人应受其约束，并就此对银行负补偿之责。

有人称银行的免责为银行责任的局限性，银行只审查单据表面相符，不负责采取进一步的行动调查单据的真实性，其原因主要是：（1）银行并不是买卖合同的商家，对一些贸易术语或商家的特殊要求也并不了解；（2）银行不是调查机构，国际结算要求银行提供快捷的服务，不可能让银行长期滞留单据进行调查；（3）银行提供的是一种信用而并非保险，谨慎寻找贸易伙伴的责任在商家；（4）银行开立信用证收取的只是少量的开证费，因此要求其承担所有的风险有欠公平。

九、信用证欺诈及例外原则

由于信用证的上述局限性，客观上为欺诈者行骗提供了可能性。国际贸易中此类案件常有发生，使银行或相关交易当事人的利益受到损害。

（一）信用证欺诈的种类

信用证使用中欺诈的表现形式各异，买卖双方都可能有欺诈行为，主要有：

1.开立假信用证。有些进口商使用非法手段制造假信用证，或窃取其他银行已印好的空白格式信用证，或无密押电开信用证，或使用假印鉴开出信用证，签字和印鉴无从核对，或开证银行名称、地址不详等。如出口商没有发现信用证系假造而交货，将导致钱货两空。

2.“软条款”信用证。信用证中的“软条款”指信用证中规定一些限制性条款，或信用证的条款不清，责任不明，使信用证的不可撤销性大大降低，因而对受益人非常不利。这种“软条款”信用证可使开证申请人控制整笔交易，而受益人处于受制他人的被动地位。“软条款”与善意的因进出口细节尚待最后确定的未生效条款不同，是买方故意设下的圈套，这种条款使信用证受益人处于受制于人的地位，信用证项下开证银行的付款承诺是毫不确定，很不可靠的。因买方在信用证中加列一些使信用证实际无法生效，卖方无法执行的“软条款”，目的是买方骗得履约金、佣金或质保金之后，不通知装船、不签发检验证书，使卖方公司拿不到装船通知和检验证书，不能发货及向开证行交单索汇。信用证中常见的“软条款”有：（1）信用证中载有暂不生效条款。如信用证中注明“本证暂不生效，待进口许可证签发通知后生效”，或注明“等货物经开证人确认后再通知信用证方能生效”。（2）限制性付款条款。如信用证规定，“信用证项下的付款要在货物清关后才支付”，“开证行须在货物经检验合格后方可支付”，“在货物到达时没有接到海关禁止进口通知，开证行才付款”等。（3）加列各种限制。信用证中对受益人的交货和提交的各种单据加列各种限制，如“出口货物须经开证申请人派员检验，合格后出具检验认可的证书”，“货物样品先寄开证申请人认可”等。（4）对装运的限制。信用证中对受益人的交货装运加以各种限制，如“货物装运日期、装运港、目的港须待开证人同意，由开证行以修改书的形式另行通知”，信用证规定禁止转船，但实际上装运港至目的港无直达船只等。对于买方开来的信用证，如卖方通过审证发现有“软条款”，应立即以最快的通讯方式与买方协商，要求改证，对信用证的“软条款”不予接受。

3.伪造单据。伪造单据是指单据（如海运提单）不是由合法的签发人签发，而由诈骗人或委托他人伪造；或在合法签发人签发单据后进行篡改，改变单据中的有关内容，使之单证相符，骗取货款。

4.以保函换取与信用证相符的提单。以保函换取与信用证相符的提单主要有倒签提单、预借提单及以保函换取清洁提单的情况。倒签提单是货物装船的日期晚于信用证规定的装船日期，但仍按信用证规定的日期签署装船日期的提单。预借提单和倒签提单的不同之处则在于，被预借的提单是在货物实际装船完毕前签发的，并将当天的日期记载于提单签发日期栏内。倒签提单、预借提单均属于欺诈行为。

凭保函签发清洁提单时，隐瞒了船载货物本不清洁的事实真相，将不清洁的货物伪称清洁货物记载在提单上，将本应签发的不清洁提单伪称清洁提单签发，以骗取银行对结汇单据的信任，并骗取善意的收货人对单据和货物的信任，非法剥夺了收货人本应享有的拒收货物、拒绝承兑赎单的合法权利，目的在于使本因违约而不能结汇的托运人得以通过非法手段顺利结汇，以逃避本应承担的违约责任。

当然在某些特殊情况下，在没有欺诈意图的情况下，有时由于客观条件所限，承托双方就货物的数量、重量或包装等问题存在认识上的分歧，又无法对所装运的货物的实际数量进行再核实，此时凭保函签发清洁提单是商业习惯允许的变通做法，这不仅是出于使托运人得以顺利结汇的需要，而且也是为了使货运程序得以顺利进行，司法实践中已有案例承认了此种善意保函的效力。此时，承运人仍应对货损货差向收货人承担责任，但有权依有效的保函向托运人追偿。《汉堡规则》即在一定范围内承认了善意保函的效力。

（二）信用证欺诈例外原则

信用证欺诈例外原则主要针对的是信用证受益人（卖方）方面的欺诈行为。即卖方为了取得货款，通过假造与信用证相符的单据，取得指定行或议付行垫付的货款。

1.有关信用证欺诈例外原则的背景及他国的实践。

信用证是银行有条件的付款承诺，在单证一致时银行应履行付款义务，银行只处理单据，不处理货物。信用证独立于所依据的基础合同。这些原则可能为受益人欺诈申请人或银行提供了便利条件。在信用证支付方式中，严格执行信用证独立于买卖合同的原则有着重要的意义，但在国际贸易中卖方以单据欺诈手段骗取货款的案件不断发生，如果固守这一原则，势必纵容这些诈骗分子，因为货款一旦被骗取，买方就处于极为不利的地位，追回货款的希望很小。鉴于此，为了打击国际贸易中出现的欺诈行为，不少国家的法律、判例对欺诈行为提出了相应的处理原则，即在承认信用证独立于买卖合同原则的同时，也应当承认有例外情况。如果在银行对卖方提交的单据付款或承兑以前，发现或获得确凿证据，证明卖方确有欺诈行为，买方可请求法院向银行颁发禁止令，禁止银行付款。信用证欺诈例外原则首先是在美国法院的判例中提出来的。《美国统一商法典》也有对信用证欺诈及补救办法的成文法规定。此外，英国、加拿大、新加坡、法国等国的法院判例也表明承认信用证欺诈例外原则。

从法律渊源上来说，欺诈例外规则是国内强制法对国际惯例的一种限制或替代。UCP600号作为一种商业惯例，主要规范银行的权利和义务。银行基于这些规则行使权利、履行义务。但信用证的独立原则和单证相符原则，不应该使实施欺诈的人获益。这一矛盾的处理，是各国国内法适用的问题。总的原则是保证信用证交易的独立性，同时对受益人的欺诈进行惩处，其实质是确立了信用证与基础交易的关联性。但作为一般原则的例外，其在实践中的解释和适用被控制得非常严格。

信用证欺诈例外的核心问题是银行拒付的条件和程序是什么。一般认为只有受益人（卖方）亲自参与的欺诈才可使银行免除付款义务，受益人（卖方）不知的第三人欺诈，如承运人伪造提单，不能使受益人失去受偿的权利；同时银行在拒绝付款前必须有证据证明受益人欺诈，单纯地怀疑或没有得到证明的申请人的单方主张，是不够的。英国有判例将信用证独立视为商业交易的生命线。1995年修订的《美国统一商法典》第5篇信用证第5-109条，规定了处理信用证欺诈的规则。另外，银行拒绝履行信用证项下的义务应遵循什么样的程序要件，是否银行自己可以决定拒付。

2.我国有关信用证欺诈例外原则的司法解释。我国最高人民法院《关于审理信用证纠纷案件若干问题的规定》（本部分以下简称《规定》）中确认了信用证欺诈例外这一原则。开证申请人、开证行或者其他利害关系人发现有信用证欺诈情形，并认为将会给其造成难以弥补的损害时，可以向有管辖权的人民法院申请中止支付信用证项下的款项。该司法解释的具体内容分述如下：

（1）法律适用。《规定》第1～4条涉及法律适用问题。依第2条的规定，法院审理信用证纠纷案件时，在法律适用上，当事人有约定的，从约定，没有约定的，适用国际商会《跟单信用证统一惯例》或其他相关国际惯例。第1条规定了何为信用证纠纷，“信用证纠纷”案件，指在信用证开立、通知、修改、撤销、保兑、议付、偿付等环节产生的纠纷。也有人称其为“信用证关系”纠纷，此类纠纷主要涉及信用证流转中的问题。

第3条针对涉及信用证而产生的一些债的纠纷的法律适用进行了规定，依第3条的规定，开证申请人与开证行之间因申请开立信用证而产生的欠款纠纷、委托人和受托人之间因委托开立信用证产生的纠纷、担保人为申请开立信用证或者委托开立信用证提供担保而产生的纠纷以及信用证项下融资产生的纠纷，适用本《规定》。依本条，该规定主要适用于欠款、委托、担保、融资等各种涉及信用证的债的关系的纠纷。

第4条针对涉及信用证的债的关系一般情况下是适用中国法，还是适用外国法的问题，规定有关开立信用证的欠款纠纷、委托开立信用证的纠纷、担保纠纷、融资纠纷应适用中国法，涉外合同当事人另有规定的除外。本条适用的内容似乎与第3条的内容基本相同，这里有一个一般法与特别法的关系，中国法为一般法，而本《规定》是特别法，因此，有关事项凡本《规定》有涉及的，应当优先适用，没有规定的，适用中国法。

(2)信用证的独立性和单证审查标准。《规定》第5条是对信用证的独立性原则的规定，同时，“信用证欺诈例外原则”在此条中一并得到体现;《规定》第6条第1款明确了信用证项下单证审查的“严格相符”标准，而非“实质相符”标准，但在措辞上并未采用“严格相符”的表述，而是援用了《跟单信用证统一惯例》中“表面上相符”的表述;“表面上相符”标准并非“镜像”标准，而是允许单单之间、单证之间细微的、不会引起理解上歧义的“不完全一致”。这一标准是在充分考虑我国的实践，并参考国际标准和借鉴其他国家司法实践经验的基础上确立起来的。《规定》第7条是对“不符点的接受”的规定，体现了接受不符点是开证行的权利的精神，符合国际惯例的规定。

(3)信用证欺诈的构成。《规定》第8条列举了应当认定存在信用证欺诈的情形：第一，受益人伪造单据或者提交记载内容虚假的单据；第二，受益人恶意不交付货物或者交付的货物无价值；第三，受益人和开证申请人或者其他第三方串通提交假单据，而没有真实的基础交易；第四，其他进行信用证欺诈的情形。其中第四项是一个概括性、兜底式的规定，主要考虑到信用证欺诈在实践中的复杂性、多样性，前三项可能难以列举穷尽。

(4)止付信用证项下款项的条件和程序。《规定》第9条是关于止付信用证项下款项的条件，即开证申请人、开证行或其他利害关系人发现有上述第8条的情形，并认为将会给其造成难以弥补的损害时，可向有管辖权的法院申请中止支付信用证项下的款项。

第10条则规定了排除“信用证欺诈例外的例外”情形，规定即使存在信用证欺诈，但由于开证行或者其指定人、授权人已经对外付款或者基于票据上的法律关系将来必须对外付款，这种情形下，就不能再遵循“信用证欺诈例外”的原则，不能再通过司法手段干预信用证项下的付款行为。这些例外情形包括：①开证行的指定人、授权人已按照开证行的指令善意地进行了付款；②开证行或者其指定人、授权人已对信用证项下票据善意地作出了承兑；③保兑行善意地履行了付款义务；④议付行善意地进行了议付。

第11条规定的条件则是为了提高适用“信用证欺诈例外”的门槛，以防止司法的不当干预阻碍信用证制度在我国的发展，这些条件是：①受理申请的人民法院对该信用证纠纷案件享有管辖权；②申请人提供的证据材料证明存在本规定第8条的情形；③如不采取中止支付信用证项下款项的措施，将会使申请人的合法权益受到难以弥补的损害；④申请人提供了可靠、充分的担保；⑤不存在本规定第10条的情形。

《规定》第12条和第13条则是对人民法院裁定中止支付信用证项下款项具体程序上的规定。《规定》第14条是对人民法院实体审理存在信用证欺诈的信用证纠纷案件时有关程序上的规定，包括基础交易纠纷与信用证纠纷一并审理、第三人等。《规定》第15条要求只有经过实体审理，才可以在符合条件的情况下"判决终止支付信用证项下的款项"。

（5）关于信用证项下保证责任的承担。《规定》只涉及了信用证项下担保的两个方面问题：①《规定》第16条规定的开证行或者开证申请人接受不符点未征得保证人同意，保证人不能以此免除保证责任，这样规定主要是基于根据《跟单信用证统一惯例》的规定，是否接受不符点是开证行的权利，其他任何人都不享有此项权利的考虑；②《规定》第17条明确开证申请人与开证行对信用证进行修改的情况下未征得原保证人的同意，保证人只在原保证合同约定的或者法律规定的期间和范围内承担保证责任。

【本章主要法律规定】

1.《国际商会托收统一规则》第9～15条
2.《跟单信用证统一惯例》（UCP600号）第1、2、4、6～10、14～16、30、34～37条
3.最高人民法院《关于审理信用证纠纷案件若干问题的规定》

第五章 对外贸易管理制度

本章主要内容提示

在我国对外贸易管理制度方面，注意掌握2020年《出口管制法》的内容。注意辨析贸易救济措施的定义。倾销只有在造成国内产业损害，且损害和倾销之间有因果关系才可以使用反倾销措施。补贴也是只有造成损害，且补贴与损害之间有因果关系才可以使用反补贴措施。保障措施针对的是进口产品的数量增加，造成国内产业的损害，且数量增加与损害之间有因果关系时采取的救济措施。反倾销和反补贴措施可以连续使用，而保障措施不能连续采取，再采取时应当有时间的间隔。在救济措施方面，反倾销和反补贴均有临时措施、价格承诺或承诺以及最终措施，初裁后采取的是临时措施，终裁后采取的是最终措施，价格承诺或承诺应在初裁后采取，调查机构只能建议不能强迫出口商接受。反倾销和反补贴的纳税义务人是进口经营者。

第一节　中国的对外贸易法

一、我国对外贸易管理制度框架

我国对外贸易管理制度是指我国通过制定法律、法规，对货物进出口、技术进出口和国际服务贸易进行管理和控制的制度。我国对外贸易管理制度，主要是根据《对外贸易法》《海关法》《出口管制法》《外汇管理条例》和进出境检疫、检验相关法律确立的。

以《对外贸易法》为基本框架，以其他相关法规为补充的相对健全的法律、法规体系，构成了我国货物、技术和服务进出口管理的法律制度。《对外贸易法》除对立法目的、适用范围、主管部门以及基本原则等进行总则性的规定外，主要就对外贸易经营者、货物进出口与技术进出口、国际服务贸易、对外贸易中的知识产权、对外贸易秩序、对外贸易调查、贸易救济、对外贸易促进、法律责任作了规定。《货物进出口管理条例》《技术进出口管理条例》进一步细化、完善了我国对货物、技术进出口的管理。《反倾销条例》《反补贴条例》《保障措施条例》则从根本上建立了我国的贸易救济制度。此外，还有规范特定货物、技术、服务等物项出口管制的《出口管制法》。就目前而言，我国对服务贸易的管理还相对比较薄弱。

（一）出口管制法

2020年10月17日全国人大常委会通过了《出口管制法》，该部法律于2020年12月1日起施行。该法是我国根据形势变化，在总结出口管制经验的基础上，借鉴国际通行做法，制定的一部统领出口管制工作的法律。该法以“维护国家安全和利益，履行防扩散等国际义务，加强和规范出口管制”为立法目的，主要内容概括如下。

1. 出口管制的对象。

国家对两用物项、军品、核以及其他与维护国家安全和利益、履行防扩散等国际义务相关的货物、技术、服务等物项（以下统称管制物项）的出口管制，适用《出口管制法》其中的管制物项包括物项相关的技术资料等数据。

2.出口管制的主体。

国家对从中华人民共和国境内向境外转移管制物项，以及中华人民共和国公民、法人和非法人组织向外国组织和个人提供管制物项，采取禁止或者限制性措施。

3.出口管制体制。

国家实施统一的出口管制制度，通过制定管制清单、名录或者目录（以下统称管制清单）、实施出口许可等方式进行管理。国务院、中央军事委员会承担出口管制职能的部门（以下统称国家出口管制管理部门）按照职责分工负责出口管制工作。国务院、中央军事委员会其他有关部门按照职责分工负责出口管制有关工作。

4.出口管制措施。

国家采取出口管制清单、出口临时管制、禁止出口等管制措施。出口管制清单由国家出口管制管理部门依据本法和有关法律、行政法规的规定，根据出口管制政策，按照规定程序会同有关部门制定、调整管制物项出口管制清单，并及时公布。根据维护国家安全和利益、履行防扩散等国际义务的需要，经国务院批准，或者经国务院、中央军事委员会批准，国家出口管制管理部门可以对出口管制清单以外的货物、技术和服务实施临时管制，并予以公告。根据维护国家安全和利益、履行防扩散等国际义务的需要，经国务院批准，或者经国务院、中央军事委员会批准，国家出口管制管理部门会同有关部门可以禁止相关管制物项的出口，或者禁止相关管制物项向特定目的国家和地区、特定组织和个人出口。

5.关于两用物项、军品出口的特别管理。

出口经营者向国家两用物项出口管制管理部门申请出口两用物项时，应当依照法律、行政法规的规定如实提交相关材料。

国家实行军品出口专营制度。从事军品出口的经营者，应当获得军品出口专营资格并在核定的经营范围内从事军品出口经营活动。军品出口专营资格由国家军品出口管制管理部门审查批准。

（二）进出境货物的关税制度

海关法是我国关税制度的重要法律依据。中国海关是国内的进出关境的监督管理机关。《进出口关税条例》对关税税率、完税价格的审定、税额的缴纳、退补、关税的减免及审批程序以及申诉程序等进行了规定。《海关进出口税则》是《进出口关税条例》的组成部分，具体规定商品的归类原则、商品的税目、税号、商品描述和适用的相关税率。国务院关税税则委员会负责制定或修订《进出口关税条例》《海关进出口税则》的方针、政策、原则，审议税则修订草案，制定暂定税率，审定局部调整税率。

中国海关关税主要包括进口关税和出口关税。进口关税设置最惠国税率、协定税率、特惠税率、普通税率、关税配额税率等税率。适用最惠国税率的包括原产于共同适用最惠国待遇条款的世界贸易组织成员的进口货物，原产于与中国签订含有相互给予最惠国待遇条款的双边贸易协定的国家或者地区的进口货物，以及原产于中国境内的进口货物。协定税率适用于原产于与中国签订含有关税优惠条款的区域性贸易协定的国家或者地区的进口货物。特惠税率适用于原产于与中国签订含有特殊关税优惠条款的贸易协定的国家或者地区的进口货物。普通税率适用于上述三种情况之外，以及原产地不明的进口货物。

完税价格分进口完税价格和出口完税价格。进口完税价格，海关主要以进口货物的成交价格以及货物运抵中国境内输入地点装卸前的运输及相关费用、保险费为基础审查确定。出口货物的完税价格由海关以该货物的成交价格及该货物运至中国境内输出地点装卸前的运输及相关费用、保险费为基础审查确定。出口关税不计入完税价格。

进口货物的收货人、出口货物的发货人、进境物品的所有人，是关税的纳税义务人。

纳税义务人应当自海关填发税款缴款书之日起15日内向指定银行缴纳税款。纳税义务人未按期缴纳税款的，从滞纳税款之日起，按日加收滞纳税款万分之五的滞纳金。已征关税的进口或出口货物因品质或者规格原因，原状退货复运出境或进境的，出口货物因故未装运出口的，纳税义务人自缴纳税款之日起 1 年内，可以申请退还关税。进出口货物放行后，海关发现少征或者漏征税款的，应当自缴纳税款或者货物放行之日起 1 年内，向纳税义务人补征税款。但因纳税义务人违反规定造成少征或者漏征税款的，海关可以自缴纳税款或者货物放行之日起 3 年内追征税款，并从缴纳税款或者货物放行之日起按日加收少征或者漏征税款万分之五的滞纳金。海关发现海关监管货物因纳税义务人违反规定造成少征或者漏征税款的，应当自纳税义务人应缴纳税款之日起 3 年内追征税款，并从应缴纳税款之日起按日加收少征或者漏征税款万分之五的滞纳金。此外，符合进出口关税条例规定条件的货物，可以免税或减税。

（三）外汇管理制度

1.经常项目。经常项目外汇收入，可以按照国家有关规定保留或者卖给经营结汇、售汇业务的金融机构。

2.资本项目。资本项目外汇收入保留或者卖给经营结汇、售汇业务的金融机构，应当经外汇管理机关批准，但国家规定无须批准的除外。同时，资本项目外汇支出，应当按照国务院外汇管理部门关于付汇与购汇的管理规定，凭有效单证以自有外汇支付或者向经营结汇、售汇业务的金融机构购汇支付。国家规定应当经外汇管理机关批准的，应当在外汇支付前办理批准手续。对于依法终止的外商投资企业，应依国家有关规定进行清算、纳税后，属于外方投资者所有的人民币，可以向经营结汇、售汇业务的金融机构购汇汇出。

3.外汇收入。对于境内机构或个人的外汇收入，可以调回境内或者存放境外；调回境内或者存放境外的条件、期限等，由国务院外汇管理部门根据国际收支状况和外汇管理的需要作出规定。这里的“境内机构”指中华人民共和国境内的国家机关、企业、事业单位、社会团体、部队等，外国驻华外交领事机构和国际组织驻华代表机构除外。“境内个人”指中国公民和在中华人民共和国境内连续居住满1年的外国人，外国驻华外交人员和国际组织驻华代表除外。

（四）进出境检验检疫制度

海关总署负责对进出口商品进行检验，对进出境动植物以及进出境卫生进行检疫工作。主要法律、法规包括《国境卫生检疫法》、《进出境动植物检疫法》和《进出口商品检验法》及相应的实施细则。

在进出口商品的检验方面，我国法律规定，对国家指定范围内的商品实施强制性检验检疫（法定检验），对法定检验之外的进出口商品，可以抽样检验。对于法定检验的进口商品，未经检验，不得销售、使用；对于法定检验的出口商品，未经检验合格的，不准出口。经当事人申请、国家质检部门批准，可以免予检验。

在进出境动植物检疫方面，根据《进出境动植物检疫法》及其实施细则，对下列各项实施检疫：进境、出境、过境的动植物、动植物产品和其他检疫物；装载动植物、动植物产品和其他检疫物的装载容器、包装物、铺垫材料；来自动植物疫区的运输工具；进境拆解的废旧船舶；有关法律、行政法规、国际条约或者贸易合同约定应当实施进出境动植物检疫的其他货物、物品。

二、我国的对外贸易法

我国的货物、技术和服务的进出口管理以《对外贸易法》为基本框架，以其他相关法规为补充的相对健全的法律、法规体系，构成了我国进出口管理的法律制度。对外贸易法包括总则、对外贸易经营者、货物进出口和技术进出口、国际服务贸易、与对外贸易有关的知识产权保护、对外贸易秩序、对外贸易调查、对外贸易救济、对外贸易促进、法律责任和附则几部分。

（一）对外贸易经营的资格

依《对外贸易法》第8条的规定，对外贸易经营者是指依法办理工商登记或者其他执业手续，依照本法和其他有关法律、行政法规的规定从事对外贸易经营活动的法人、其他组织或者个人。在2004年修订《对外贸易法》时，其第9条确立了外贸经营者备案登记制度，该项规定在2022年最新修订时被删除，在进行该项修订前，取消备案登记制度已在自由贸易区试行了三年。2019年第十三届全国人大常委会第十四次会议通过的《关于授权国务院在自由贸易试验区暂时调整适用有关法律规定的决定》授权国务院在自由贸易试验区取消对外贸易经营者备案登记，试行期三年。随着RCEP的生效，中国对外开放步伐加大，市场需要更加便利化、自由化的贸易规则，在这个背景下，2022年修订的《对外贸易法》删除了第9条，这标志着在立法层面全面取消对外贸易经营者的备案制，这是我国持续推动外贸领域"放管服"的重大改革举措，有利于进一步优化营商环境，推进高水平对外开放。

（二）货物与技术的进出口

《对外贸易法》第三章是关于货物进出口与技术进出口的规定，依规定国家准许货物与技术的自由进出口。但是，法律、行政法规另有规定的除外。对货物和技术的进出口实行目录管理，分为禁止进出口、限制进出口和自由进出口。对实行自由进出口许可管理的货物，也实行目录管理，对外贸易主管部门基于监测进出口情况的需要，可以对部分自由进出口的货物实行进出口自动许可并公布其目录。属于自由进出口的技术，应当向国务院对外贸易主管部门或者其委托的机构办理合同备案登记。

在限制和禁止进出口方面，对外贸易法参照GATT第20条一般例外及第21条安全例外的规定，增加了限制和禁止进出口的范围，将有关的世贸组织规则转化为了国内法，也有利于充分保护我国的经济安全及国家利益。依《对外贸易法》第15条的规定，国家基于下列原因，可以限制或者禁止有关货物、技术的进口或者出口：（1）为维护国家安全、社会公共利益或者公共道德，需要限制或者禁止进口或者出口的；（2）为保护人的健康或者安全，保护动物、植物的生命或者健康，保护环境，需要限制或者禁止进口或者出口的；（3）为实施与黄金或者白银进出口有关的措施，需要限制或者禁止进口或者出口的；（4）国内供应短缺或者为有效保护可能用竭的自然资源，需要限制或者禁止出口的；（5）输往国家或者地区的市场容量有限，需要限制出口的；（6）出口经营秩序出现严重混乱，需要限制出口的；（7）为建立或者加快建立国内特定产业，需要限制进口的；（8）对任何形式的农业、牧业、渔业产品有必要限制进口的；（9）为保障国家国际金融地位和国际收支平衡，需要限制进口的；（10）依照法律、行政法规的规定，其他需要限制或者禁止进口或者出口的；（11）根据我国缔结或者参加的国际条约、协定的规定，其他需要限制或者禁止进口或者出口的。此外，国家对与裂变、聚变物质或者衍生此类物质的物质有关的货物、技术进出口，以及与武器、弹药或者其他军用物资有关的进出口，可以采取任何必要的措施，维护国家安全。在战时或者为维护国际和平与安全，国家在货物、技术进出口方面可以采取任何必要的措施。

在限制和禁止进出口货物与技术的管理上，国务院对外贸易主管部门会同国务院其他有关部门，依对外贸易法的规定，制定、调整并公布限制或者禁止进出口的货物、技术目录。并可临时决定限制或者禁止前款规定目录以外的特定货物、技术的进口或者出口。国家对限制进出口的货物，实行配额、许可证等方式管理。对限制进出口的技术，实行许可证管理。国家对部分进口货物还可以实行关税配额管理。有关进出口货物的配额、关税配额，由主管部门在各自的职责范围内，按照公开、公平、公正和效益的原则进行分配。

（三）国际服务贸易

《对外贸易法》第四章是关于国际服务贸易的规定。该章依世界贸易组织《服务贸易总协定》第14条的规定，就服务贸易一般例外和安全例外作了一般性规定。中国以中国加入或缔结的国际协定为基础，对国际服务贸易进行管理。中国在国际服务贸易方面根据所缔结或者参加的国际条约、协定中所作的承诺，给予其他缔约方、参加方市场准入和国民待遇。可以说，在中国，国际服务贸易遵循的原则是一种管制式贸易规则，而非自由贸易原则。只有在中国根据国际协定承诺的领域，才允许外国服务贸易经营者进入，外国服务贸易经营者和外国服务才有可能获得国民待遇。

国家制定、调整并公布国际服务贸易市场准入目录。依《对外贸易法》第25条的规定，国家基于下列原因，可以限制或者禁止有关的国际服务贸易：(1)为维护国家安全、社会公共利益或者公共道德，需要限制或者禁止的；(2)为保护人的健康或者安全，保护动物、植物的生命或者健康，保护环境，需要限制或者禁止的；(3)为建立或者加快建立国内特定服务产业，需要限制的；(4)为保障国家外汇收支平衡，需要限制的；(5)依照法律、行政法规的规定，其他需要限制或者禁止的；(6)根据我国缔结或者参加的国际条约、协定的规定，其他需要限制或者禁止的。此外，国家对与军事有关的国际服务贸易，以及与裂变、聚变物质或者衍生此类物质的物质有关的国际服务贸易，可以采取任何必要的措施，维护国家安全。在战时或者为维护国际和平与安全，国家在国际服务贸易方面可以采取任何必要的措施。

(四)对外贸易中的知识产权保护

传统意义上的知识产权，其适用范围仅限于国内，对于在境外发生的侵犯本国知识产权的情况缺乏有效的救济。在借鉴他国有关规定的基础上，中国《对外贸易法》第五章规定了“与对外贸易有关的知识产权保护”。

《对外贸易法》第28条所针对的是对进口货物侵犯我国知识产权的处理。该条规定进口货物侵犯知识产权，并危害对外贸易秩序的，国务院对外贸易主管部门可以采取在一定期限内禁止侵权人生产、销售的有关货物进口等措施。

第29条针对的是知识产权权利人在对外贸易中滥用其专有权或优势地位的情况，规定当知识产权权利人有阻止被许可人对许可合同中的知识产权的有效性提出质疑、进行强制性“一揽子”许可、在许可合同中规定排他性返授条件等行为之一，并危害对外贸易公平竞争秩序的，国务院对外贸易主管部门可以采取必要的措施消除危害。

第30条规定针对的是外国政府的行为，为我国政府保护我国的知识产权、我国经营者在国外的利益提供了法律依据和手段，规定其他国家或者地区在知识产权保护方面未给予中国的法人、其他组织或者个人国民待遇，或者不能对来自中国的货物、技术或者服务提供充分有效的知识产权保护的，国务院对外贸易主管部门可依本法和其他有关法律、行政法规的规定，并依中国缔结或参加的国际条约，对与该国家或者该地区的贸易采取必要的措施。

(五)规范对外贸易中的垄断或其他不正当行为

对外贸易法针对垄断行为、不正当行为等进行了规定，有关规定与我国《反不正当竞争法》并不矛盾，因为对外贸易法只调整进出口环节，新规定填补了我国对外贸易法中缺乏竞争规则的空白。

关于垄断行为，第31条规定在对外贸易经营活动中，不得违反有关反垄断的法律、行政法规的规定实施垄断行为。在对外贸易经营活动中实施垄断行为，危害市场公平竞争的，依照有关反垄断的法律、行政法规的规定处理。行为违法，并危害对外贸易秩序的，国务院对外贸易主管部门可以采取必要的措施消除危害。

关于进出口环节的不正当竞争行为，第32条规定，在对外贸易经营活动中，不得实施以不正当的低价销售商品、串通投标、发布虚假广告、进行商业贿赂等不正当竞争行为。在对外贸易经营活动中实施不正当竞争行为的，依照有关反不正当竞争的法律、行政法规的规定处理。行为违法，并危害对外贸易秩序的，国务院对外贸易主管部门可以采取禁止该经营者有关货物、技术进出口等措施消除危害。

第33条还规定了在对外贸易活动中，不得有下列行为：(1)伪造、变造进出口货物原产地标记，伪造、变造或者买卖进出口货物原产地证书、进出口许可证、进出口配额证明或者其他进出口证明文件；(2)骗取出口退税；(3)走私；(4)逃避法律、行政法规规定的认证、检验、检疫；(5)违反法律、行政法规规定的其他行为。

(六)对外贸易调查

"对外贸易调查"一章为对外贸易主管机关严格执法提供了法律依据和执法手段，为相关利害关系方的利益提供了充分的保护。

为了维护对外贸易秩序，国务院对外贸易主管部门可以自行或者会同国务院其他有关部门，依照法律、行政法规的规定对下列事项进行调查：(1)货物进出口、技术进出口、国际服务贸易对国内产业及其竞争力的影响；(2)有关国家或者地区的贸易壁垒；(3)为确定是否应当依法采取反倾销、反补贴或者保障措施等对外贸易救济措施，需要调查的事项；(4)规避对外贸易救济措施的行为；(5)对外贸易中有关国家安全利益的事项；(6)其他国家针对中国的歧视性措施，侵犯知识产权、滥用知识产权，或者未能对中国知识产权提供充分有效的保护的事项；(7)其他影响对外贸易秩序，需要调查的事项。国务院对外贸易主管部门根据调查结果，提出调查报告或者作出处理裁定，并发布公告。

第二节　贸易救济措施

中国的贸易救济措施主要包括反倾销、反补贴、保障措施，此外，中国对外贸易法还规定了其他救济措施，如适用服务贸易的保障措施，针对进口转移的救济措施，其他国家未履行义务时的救济措施，反规避措施，预警应急机制等。

一、反倾销措施

《反倾销条例》将对外贸易法中有关反倾销的规定具体化、明确化，确立了反倾销调查和反倾销措施的要求和程序。根据该条例，进口产品以倾销方式进入中国市场，并对已经建立的国内产业造成实质损害或者产生实质损害威胁，或者对建立国内产业造成实质阻碍的，我国应依照反倾销条例进行调查，采取反倾销措施。进口产品存在倾销、对国内产业造成损害、二者之间有因果关系，是采取反倾销措施的必要条件。

(一)倾销与损害的确定

1.倾销。倾销，是指在正常贸易过程中进口产品以低于其正常价值的出口价格进入中国市场。对倾销的调查和确定，由商务部负责。确定倾销的关键是比较正常价值和出口价格。出口价格低于其正常价值的幅度，为倾销幅度。

正常价值按下列方法确定：进口产品的同类产品在出口国(地区)国内市场的正常贸易过程中有可比价格的，以该可比价格为正常价值；进口产品的同类产品，在出口国(地区)国内市场的正常贸易过程中没有销售的，或者该同类产品的价格、数量不能据以进行公平比较的，以该同类产品出口到一个适当第三国(地区)的可比价格，或者以该同类产品在原产国(地区)的生产成本加合理费用、利润，为正常价值。进口产品不直接来自原产国(地区)的，按照出口国(地区)的可比价格确定正常价值；在产品仅通过出口国(地区)转运、产品在出口国(地区)无生产或者在出口国(地区)中不存在可比价格等情形下，可以该同类产品在原产国(地区)的价格为正常价值。

出口价格按照下列方法确定：进口产品以实际支付或应当支付的价格为出口价格；没有出口价格或其价格不可靠，以根据首次转售给独立购买人的价格推定出的价格为出口价格；未转售给独立购买人或者未按进口时的状态转售的，可以商务部根据合理基础推定的价格为出口价格。

上述得出的正常价值和出口价格并不能直接比较，而应当考虑、调整影响价格的各种可比性因素，进行公平、合理的比较。倾销幅度的确定，应以加权平均正常价值与全部可比出口交易的加权平均出口价格比较，或将正常价值和出口价格在逐笔交易基础上比较。出口价格在不同的购买人、地区、时期之间存在很大差异，不能按前两种方法比较时，使用加权平均正常价值与单一出口交易的出口价格进行比较。

2.损害。损害是指倾销对已经建立的国内产业造成实质损害或者产生实质损害威胁，或者对建立国内产业造成实质阻碍。商务部负责对损害的调查和确定。涉及农产品的反倾销调查，由商务部会同农业农村部进行。

在确定倾销对国内产业造成的损害时，应审查下列事项：倾销进口产品的数量；倾销进口产品的价格；倾销进口产品对国内产业的相关经济因素和指标的影响；倾销进口产品的出口国（地区）、原产国（地区）的生产能力、出口能力，被调查产品的库存情况；造成国内产业损害的其他因素。

国内产业指中国国内同类产品的全部生产者，或者其生产产品的总产量占国内同类产品全部总产量的主要部分的生产者。但是，国内生产者与出口经营者或者进口经营者有关联的，或者其本身为倾销进口产品的进口经营者的，可以排除在国内产业之外。特殊情况下，国内一个区域市场中的生产者，在该市场中销售其全部或者几乎全部的同类产品，并且该市场中同类产品的需求主要不是由国内其他地方的生产者供给的，可以视为一个单独产业（区域产业）。

同类产品指与倾销进口产品相同的产品；没有相同产品的，以与倾销进口产品的特性最相似的产品为同类产品。

在确定倾销对国内产业造成的实质损害时，应当依据肯定性证据。在确定倾销对国内产业造成的实质损害威胁时，应当依据事实，不得仅依据指控、推测或者极小的可能性。

3.因果关系。倾销进口与国内产业损害间必须存在因果关系。倾销进口必须是造成国内产业损害的原因。在确定倾销对国内产业的损害时，应当依据肯定性证据，不得将非倾销因素对国内产业造成的损害归因于倾销。

4.累积评估。倾销进口产品来自两个以上国家（地区），并且同时满足下列条件的，可以就倾销进口产品对国内产业造成的影响进行累积评估：第一，来自每一国家（地区）的倾销进口产品的倾销幅度不小于2%，并且其进口量不属于可忽略不计的；第二，根据倾销进口产品之间以及倾销进口产品与国内同类产品之间的竞争条件，进行累积评估是适当的。

（二）反倾销调查

发起反倾销调查有两种发起方式：主要是基于国内产业或者代表国内产业的自然人、法人或者有关组织向商务部提出反倾销调查的书面申请；特殊情况下，商务部可以自主决定立案调查。

反倾销调查的申请应特别包括下述两个方面：第一，申请调查的进口产品倾销、对国内产业造成损害、二者之间存在因果关系的证据；第二，有足够的国内生产者的支持，在支持申请和反对申请的生产者中，支持者的产量占二者总产量的50%以上，同时不得低于国内同类产品总产量的25%。

商务部调查时，利害关系方（申请人、已知的出口经营者和进口经营者、出口国家或地区政府以及其他有利害关系的组织、个人）应当如实反映情况，提供有关资料。利害关系方不如实反映情况、提供有关资料的，或者没有在合理时间内提供必要信息的，或者以其他方式严重妨碍调查的，商务部可以根据已经获得的事实和可获得的最佳信息作出裁定，即基于现有事实作出裁定。

反倾销调查分为初步裁定和终局裁定两个阶段。初步裁定倾销、损害和二者之间的因果关系成立的，继续调查，作出终局裁定。下列情形下，终止反倾销调查：申请人撤销申请；没有足够证据证明存在倾销、损害或者二者之间有因果关系；倾销幅度低于2%；倾销进口产品实际或者潜在的进口量或者损害可忽略不计；商务部认为不适宜继续进行反倾销调查。

（三）反倾销措施

反倾销措施包括临时反倾销措施、价格承诺和反倾销税。

初步裁定确定倾销成立并由此对国内产业造成损害的，可以采取临时反倾销措施。临时反倾销措施包括征收临时反倾销税；要求提供保证金、保函或其他形式的担保，其数额不得超过初步裁定确定的倾销幅度。临时反倾销措施实施的期限，自临时反倾销措施决定公告实施之日起不得超出4个月，特殊情形下可延长至9个月。在反倾销立案调查决定公告之日起的60天内，不得采取临时反倾销措施。

倾销进口产品的出口经营者在反倾销调查期间，可以向商务部作出改变价格或者停止以倾销价格出口的价格承诺。商务部可以建议但不得强迫出口经营者作出价格承诺。出口经营者不作出价格承诺或不接受价格承诺建议，不妨碍反倾销案件的调查和确定。是否接受价格承诺，由商务部决定。商务部认为价格承诺能够接受并符合公共利益的，可以决定中止或终止反倾销调查，不采取临时反倾销措施或征收反倾销税。商务部作出初步裁定前不得寻求或者接受价格承诺。应出口商请求，或商务部认为有必要，商务部接受价格承诺后继续进行调查并作出否定的倾销或损害的终局裁定，价格承诺自动失效；作出肯定的倾销和损害裁定的，价格承诺一直有效。出口经营者违反价格承诺，商务部可立即恢复反倾销调查；根据可获得的最佳信息，可决定采取临时反倾销措施，并可以对实施临时反倾销措施前90天内进口的产品追溯征收反倾销税，但违反价格承诺前进口的产品除外。

终局裁定确定倾销成立并由此对国内产业造成损害的，可以征收反倾销税。征收反倾销税应符合公共利益。反倾销税的纳税人为倾销进口产品的进口经营者。反倾销税税额不得超过终局裁定确定的倾销幅度。

反倾销税对终局裁定公告之日后进口的产品适用，但在特殊情况下也可以追溯征收。追溯条件和追溯时间是应特别注意的问题。除上述违反价格承诺的情形外，还包括另外两种情形。终裁决定确定存在实质损害或实质损害威胁，并且在此前已经采取临时反倾销措施的，反倾销税可以对已经实施临时反倾销措施的期间追溯征收。对实施临时反倾销税的期间追溯征收的，采取多退少不补的原则。即终裁决定确定的反倾销税额高于已付或应付临时反倾销税或担保金额的，差额部分不予征收；低于已付或应付临时反倾销税或担保金额的，差额部分应予退还或重新计算。

满足下列两项条件时，可以对立案调查后、实施临时反倾销税之日前90天内进口的产品追溯征收反倾销税：倾销进口产品有对国内产业造成损害的倾销历史，或者该产品的进口经营者知道或者应当知道出口经营者实施倾销并且倾销对国内产业将造成损害；倾销进口产品在短期内大量进口，并且可能会严重破坏即将实施的反倾销税的补救效果。

终局裁定确定不征收反倾销税的，或者终局裁定未确定追溯征收反倾销税的，应当退还已征收的临时反倾销税、已收取的保证金，解除保函或者其他形式的担保。

（四）反倾销措施的期限和复审

反倾销税的征收期限和价格承诺的履行期限不超过5年；但是经复审确定终止征收反倾销税有可能导致倾销和损害的继续或者再度发生的，可以适当延长反倾销税的征收期限。

对于反倾销税和价格承诺，商务部可以决定对其必要性进行复审；经利害关系方申请，商务部也可以对反倾销税和价格承诺的必要性进行复审。根据复审结果，商务部作出保留、修改或者取消反倾销税或价格承诺的决定。复审期间，复审程序不妨碍反倾销措施的实施。

二、反补贴措施

《反补贴条例》规定：进口产品存在补贴，并对已经建立的国内产业造成实质损害或者产生实质损害威胁，或者对建立国内产业造成实质阻碍的，依照该条例的规定进行调查，采取反补贴措施。

（一）补贴及专向性补贴

补贴，是指出口国（地区）政府或者其任何公共机构（以下统称出口国政府）提供的并为接受者带来利益的财政资助以及任何形式的收入或者价格支持。除收入或价格支持外，构成补贴须具备两个要素：政府提供的财政资助和接受者获得的利益。

财政资助包括下述情形：出口国政府以拨款、贷款、资本注入等形式直接提供资金，或者以贷款担保等形式潜在地直接转让资金或者债务；出口国政府放弃或者不收缴应收收入；出口国政府提供除一般基础设施以外的货物、服务，或者由出口国政府购买货物；出口国政府通过向筹资机构付款，或者委托、指令私营机构履行上述职能。

根据《反补贴条例》进行调查、采取反补贴措施的补贴，必须具有专向性。补贴的专向性，指"进口的产品直接或间接接受出口国家或地区给予的任何形式的专向性补贴"。下列补贴为专向性补贴：由出口国政府明确确定的某些企业、产业获得的补贴；由出口国法律、法规明确规定的某些企业、产业获得的补贴；指定特定区域内的企业、产业获得的补贴；以出口实绩为条件获得的补贴，包括该条例所附出口补贴清单列举的各项补贴；以使用本国（地区）产品替代进口为条件获得的补贴。在确定补贴专向性时，还应考虑受补贴企业的数量和企业受补贴的数额、比例、时间以及综合开发补贴的方式等因素。

补贴的调查和确定，由商务部负责。

（二）损害

损害，是指补贴对已经建立的国内产业造成实质损害或者产生实质损害威胁，或者对建立国内产业造成实质阻碍。对损害的调查和确定，由商务部负责；涉及农产品的，由商务部会同农业农村部进行。

在确定补贴对国内产业的损害时，应审查下列事项：补贴可能对贸易造成的影响；补贴进口产品的数量，包括补贴进口产品的绝对数量或者相对于国内同类产品生产或消费的数量是否大量增加，或者补贴进口产品数量大幅增加的可能性；补贴进口产品的价格影响，包括补贴进口产品的价格削减或者对国内同类产品的价格产生大幅度抑制、压低等影响；补贴进口产品对国内产业的相关经济因素和指标的影响；补贴进口产品出口国、原产国的生产能力、出口能力，被调查产品的库存情况；造成国内产业损害的其他因素。

对实质损害威胁的确定，应当依据事实，不得仅依据指控、推测或者极小的可能性。

在一定条件下，对来自两个以上国家的补贴进口产品，可以进行累积评估。其条件主要包括：不属于微量补贴，进口量不可忽略不计；根据补贴进口产品间的竞争条件及补贴进口产品与国内同类产品间的竞争条件，累积评估适当。

反补贴条例中国内产业、区域产业、关联企业以及同类产品的概念，与反倾销条例中的相应概念类似。反补贴调查程序中，利害关系方包括申请人、已知的出口经营者、进口经营者以及其他有利害关系的组织、个人。出口国政府为利害关系国。

（三）补贴进口产品与国内产业损害间的因果关系

补贴进口产品必须是国内产业损害的原因。在确定补贴对国内产业的损害时，应当依据肯定性证据，不得将对国内产业造成损害的非补贴因素，归因于补贴进口产品。

（四）反补贴调查及反补贴措施

反补贴调查的程序与反倾销调查的程序基本相同。反补贴措施与反倾销措施类似，包括临时反补贴措施、承诺及反补贴税。实施条件基本相同。不同的是，出口国政府或出口经营者，都可以作出承诺，分别承诺取消、限制补贴或其他有关措施，承诺修改价格。反补贴税额不得超过终裁决定确定的补贴金额。反补贴税的纳税人为补贴进口产品的进口经营者。

反补贴税只能对终裁决定公告之日后进口的产品适用，但下述情形除外：违反承诺的，可采取临时反补贴措施，并可对实施临时反补贴措施前90天内进口的产品追溯征收反补贴税，但违反承诺前进口的产品除外。终裁决定确定存在实质损害或实质损害威胁，此前已经采取临时反补贴措施，反补贴税可对临时反补贴措施的期间追溯征收。下列三种情形并存的，必要时，可以对实施临时反补贴措施之日前90天内进口的产品追溯征收反补贴税：补贴进口产品在较短的时间内大量增加；此种增加对国内产业造成难以补救的损害；此种产品得益于补贴。

三、保障措施

《保障措施条例》进一步明确了对外贸易法中的有关保障措施的要求。

（一）采取保障措施的基本条件

如果根据保障措施条例进行的保障措施调查，确定进口产品数量增加，并对生产同类产品或者直接竞争产品的国内产业造成严重损害或者产生严重损害威胁，可以采取保障措施。进口产品数量增加、国内产业受到损害、二者之间存在因果关系，是采取保障措施的三个基本条件。进口产品数量增加指进口数量的绝对增加或者与国内生产相比的相对增加。适用保障措施要求的产业损害程度重于反倾销或反补贴要求的损害程度，即严重损害而不是实质损害。

（二）调查的发起

与国内产业有关的自然人、法人或者其他组织，可以依照保障措施条例，向商务部提出保障措施的申请；必要时，商务部在没有收到此类申请时，也可以立案调查。保障措施条例对申请人，不存在反倾销条例或反补贴条例中的产业支持量的要求。一般保障措施调查，由商务部负责；涉及农产品的，由商务部会同农业农村部进行。商务部根据调查结果，可以作出初裁决定，也可以直接作出终裁决定。

（三）进口产品数量增加

进口产品数量增加，是指进口产品数量绝对增加或者与国内生产相比相对增加。进口产品数量增加这一条件的关键是增加的确定。国内主管机关应对进口产品增加提供合理的充分说明。由于存在相对增加这一情况，增加并不仅仅是一个量的概念。不仅要求证明数量的任何增加，而且还要证明以造成严重损害或威胁的数量和条件进口，这要求必须评估以绝对和相对条件进口增加的比率和数量。用于比较的时间点、调查期间内的增长趋势，都是考虑因素。调查期限内进口数量的暂时下降，对进口产品增加的确定不起决定性作用。

（四）损害的调查与确定

在确定进口产品数量增加对国内产业造成的损害时，应当审查下列相关因素：进口产品的绝对和相对增长率及增长量；增加的进口产品在国内市场中所占的份额；进口产品对国内产业的影响，包括对国内产业在产量、销售水平、市场份额、生产率、设备利用率、利润与亏损、就业等方面的影响；造成国内产业损害的其他因素。对严重损害威胁的确定，应当依据事实，不能仅依据指控、推测或者极小的可能性。国内产业，指中国国内同类产品或者直接竞争产品的全部生产者，或者其总产量占国内同类产品或直接竞争产品全部总产量的主要部分的生产者。

（五）进口产品数量增加与国内产业损害间的因果关系

商务部根据客观事实和证据，确定进口产品数量增加与国内产业损害是否存在因果关系。进口增加以外的因素对国内产业造成的损害不得归因于进口增加。

（六）保障措施的实施

有明确证据表明进口产品数量增加，在不采取临时保障措施将对国内产业造成难以补救的损害的紧急情况下，商务部可以作出初步裁定，并采取临时保障措施。临时保障措施采取提高关税的形式。

终局裁定确定进口产品数量增加，并由此对国内产业造成损害的，可以采取保障措施。保障措施可以采取提高关税、数量限制等形式。保障措施应针对正在进口的产品实施，不区分产品来源国（地区）。采取保障措施应限制在防止、补救严重损害并便利调整国内产业所必要的范围内。终裁决定确定不采取保障措施的，已征收的临时关税应当予以退还。

保障措施的实施期限不超过4年。符合法律规定的条件的，保障措施的实施期限可以适当延长，但一项保障措施的实施期限及延长期限，最长不超过10年。保障措施实施期限超过1年的，应当在实施期间内按固定时间间隔逐步放宽。这些都不同于反倾销措施或反补贴措施。

对同一进口产品再度采取保障措施的，与前次采取保障措施的时间间隔应当不短于前次采取保障措施的实施期限，并且至少为2年。符合下列条件的，对一产品实施的期限为180天或更短的保障措施，可以不受前述时间间隔的限制：自对该进口产品实施保障措施之日起，已经超过1年；自实施该保障措施之日起5年内，未对同一产品实施2次以上保障措施。

另外，根据《对外贸易法》，在进口产品增加损害国内产业时，除采取消除或减轻损害的保障措施外，还可以为该产业提供必要的支持。

四、贸易救济措施的国内司法审查

根据世界贸易组织反倾销协议和反补贴协议，各成员应建立对反倾销措施和反补贴措施的司法审查制度。2002年11月21日，最高人民法院发布了《关于审理反倾销行政案件应用法律若干问题的规定》《关于审理反补贴行政案件应用法律问题的规定》，从行政诉讼的角度正式确定了我国对反倾销、反补贴措施的司法审查制度。

（一）反倾销行政行为的司法审查

反倾销条例规定，对商务部的终局裁定、是否征收反倾销税的决定以及追溯征收、退税、对新出口经营者征税的决定、对商务部的复审决定，利害关系人不服的可以依法申请行政复议，或依法向人民法院提起诉讼。

根据最高人民法院《关于审理反倾销行政案件应用法律若干问题的规定》，人民法院依法受理对下列反倾销行政行为的行政诉讼：（1）有关倾销及倾销幅度、损害及损害程度的终裁决定；（2）有关是否征收反倾销税的决定，以及追溯征收、退税、对新出口经营者征税的决定；（3）有关保留、修改或者取消反倾销税以及价格承诺的复审决定；（4）有关依照法律、行政法规规定可以起诉的其他反倾销行政行为。该规定没有明确对商务部拒绝受理反倾销调查申请的决定，是否可以提起行政诉讼。

与反倾销行政行为具有法律上的利害关系的个人或者组织为利害关系人，可以依照行政诉讼法及其他法律、行政法规的规定，向人民法院提起行政诉讼。利害关系人，是指向国务院主管部门提出反倾销调查书面申请的申请人，有关出口经营者和进口经营者，及其他具有法律上利害关系的自然人、法人或者其他组织。反倾销行政案件的被告，应当是作出相应被诉反倾销行政行为的国务院主管部门。一审反倾销案件由下列人民法院管辖：被告所在地高级人民法院指定的中级人民法院；被告所在地高级人民法院。

人民法院依照行政诉讼法及其他有关反倾销的法律、行政法规，参照国务院部门规章，对被诉反倾销行政行为的事实问题和法律问题，进行合法性审查。原告对其主张的事实有责任提供证据。被告对其作出的被诉反倾销行政行为负举证责任，应当提供作出反倾销行政行为的证据和所依据的规范性文件。人民法院依据被告的案卷记录审查被诉反倾销行政行为的合法性。被告在作出被诉反倾销行政行为时没有记入案卷的事实材料，不能作为认定该行为合法的根据。

人民法院审理反倾销行政案件，根据不同情况，分别作出以下判决：（1）被诉反倾销行政行为证据确凿，适用法律、行政法规正确，符合法定程序的，判决驳回原告的诉讼请求。（2）被诉反倾销行政行为有下列情形之一的，判决撤销或者部分撤销，并可以判决被告重新作出反倾销行政行为：①主要证据不足的；②适用法律、行政法规错误的；③违反法定程序的；④超越职权的；⑤滥用职权的。（3）依照法律或者司法解释的规定作出的其他判决。

（二）反补贴行政行为的司法审查

反补贴条例规定，对商务部作出的终裁决定不服的，对依照该条例作出的是否征收反补贴税的决定以及追溯征收的决定不服的，或者对依照该条例作出的复审决定不服的，可以依法申请行政复议，也可以依法向人民法院提起诉讼。

人民法院依法受理对下列反补贴行政行为提起的行政诉讼：有关补贴及补贴金额、损害及损害程度的终裁决定；有关是否征收反补贴税以及追溯征收的决定；有关保留、修改或者取消反补贴税以及承诺的复审决定；依照法律、行政法规规定可以起诉的其他反补贴行政行为。

与反补贴行政行为具有法律上利害关系的个人或组织为利害关系人，可以依照行政诉讼法及其他有关法律、行政法规的规定，向人民法院提起行政诉讼。利害关系人，是指向国务院主管机关提出反补贴调查书面申请的申请人，有关出口经营者和进口经营者及其他具有法律上利害关系的自然人、法人或者其他组织。反补贴行政案件的被告，应当是相应被诉反补贴行政行为的国务院主管部门。一审反补贴案件由下列人民法院管辖：被告所在地高级人民法院指定的中级人民法院；被告所在地高级人民法院。

人民法院依照行政诉讼法及其他有关反补贴的法律、行政法规，参照国务院部门规章，对被诉反补贴行政行为的事实问题和法律问题，进行合法性审查。原告对其主张的事实有责任提供证据。被告对其作出的被诉反补贴行政行为负举证责任，应当提供作出反补贴行政行为的证据和所依据的规范性文件。人民法院依据被告的案卷记录审查被诉反补贴行政行为的合法性。被告在作出被诉反补贴行政行为时没有记入案卷的事实材料，不能作为认定该行为合法的根据。

人民法院审理反补贴行政案件，根据不同情况，分别作出以下判决：(1)被诉反补贴行政行为证据确凿，适用法律、行政法规正确，符合法定程序的，判决驳回原告的诉讼请求。(2)被诉反补贴行政行为有下列情形之一的，判决撤销或者部分撤销，并可以判决被告重新作出反补贴行政行为：①主要证据不足的；②适用法律、行政法规错误的；③违反法定程序的；④超越职权的；⑤滥用职权的。(3)依照法律或者司法解释的规定作出的其他判决。

五、贸易救济措施争议的多边审查

对于反倾销措施、反补贴措施或保障措施，除利害关系方通过进口国的程序申请行政复议或向法院提出诉讼外，产品的出口商或生产商还可以通过其政府，对这些贸易措施通过世界贸易组织的多边争端解决程序进行审查。这两种救济可以分别称为国内程序救济和多边程序救济。

国内程序救济和多边程序救济在性质上是两种根本不同的救济。其区别主要在于下述方面：(1)当事人不同。在国内程序中，当事人是原调查的利害关系方，而在多边程序中当事人是出口国政府和进口国政府。(2)申诉对象不同。在国内程序中，申诉对象是主管机关作出的决定或采取的措施，在多边程序中申诉对象既可以是主管机关作出的决定或采取的措施，也可以是复审法院作出的裁决，甚至还可以包括立法本身(统称进口成员国措施)。(3)实体规则或审查标准不同。国内程序中据以判断主管机关的决定是否合法的依据是进口国国内法，而在多边程序中审查成员国措施的依据是世界贸易组织的相关规则。成员的国内法与世界贸易组织规则在一些具体问题的规定、解释和适用方法上会存在一定的区别，成员国法律违反世界贸易组织规则的情况更是如此。(4)处理争议的程序不同。在国内程序中遵循的是进口国的行政复议法或诉讼程序法，而在多边程序中遵循的是世界贸易组织的争端解决规则和程序以及相关协议规定的特殊或额外的规则与程序。(5)复议、审判机构不同。在国内程序中，进行复议、审判的机构，或者是原调查机构，或者是具有管辖权的法院，而在多边程序中审判机构是争端解决机构，具体说是专家组和上诉机构。(6)救济结果不同。在国内程序中如果主管机关的裁定被裁决违反了国内法的相关规定，可以直接撤销或修改相关措施，而在多边程序中，争端解决机构只能建议进口成员政府使其措施与世界贸易组织规则相一致，而不能直接撤销或修改相关措施。

六、WTO的“两反一保”制度

世界贸易组织的贸易救济制度主要规定在《关税与贸易总协定》《反倾销协定》《反补贴协定》《保障措施协定》中。《反倾销协定》《反补贴协定》《保障措施协定》分别就《关税》与《贸易总协定》中的贸易救济规则作了进一步的细化与阐述,《关税与贸易总协定》和这些协定共同构成了世界贸易组织的贸易救济规则,不可以脱离《关税与贸易总协定》适用《反倾销协定》、《反补贴协定》或《保障措施协定》;反之亦然。除上述规定外,《农业协定》规定了农产品的特殊保障措施。广义上讲,中国入世议定书中规定的针对特定产品的过渡性保障措施,属于世界贸易组织的贸易救济制度,但已经超出了传统意义上的"两反一保"范围。

中国的《反倾销条例》《反补贴条例》《保障措施条例》,是按照世界贸易组织的《反倾销协定》《反补贴协定》《保障措施协定》制定的。世界贸易组织的"两反一保"制度,与中国的"两反一保"制度基本类似,在此不再赘述。

【本章主要法律规定】

1.《对外贸易法》
2.《反倾销条例》
3.《反补贴条例》
4.《保障措施条例》
5.《出口管制法》

第六章
世界贸易组织

本章主要内容提示

在WTO法律制度中，货物贸易领域最主要的内容是最惠国待遇、国民待遇、约束关税、取消数量限制和透明度原则。服务贸易领域是一般义务和具体承诺的结合。中国在WTO中的权利义务由两部分组成：一部分是各成员都承担的规范性义务；另一部分是中国承担的独特义务。WTO的争端解决程序包括磋商、专家组和上诉机构，仲裁不是必经程序。注意此种程序与司法程序的区别，WTO争端解决机构的裁决由成员方在合理时间内履行裁决，程序中没有强制执行，如果不履行，另一方可以向争端解决机构申请授权报复，对被诉方中止减让或中止其他义务。

第一节 世界贸易组织概述

一、世界贸易组织法律制度与前关税与贸易总协定法律制度的区别与联系

依乌拉圭回合谈判达成的《建立世界贸易组织的马拉喀什协定》(以下简称《世界贸易组织协定》或《WTO协定》)，世界贸易组织于1995年1月1日正式成立并开始运作。世界贸易组织的前身是关税与贸易总协定（GATT）。关税与贸易总协定有两个含义：一是指一个国际协议——1947年签署、1948年1月1日临时适用的《关税与贸易总协定》；二是指管理该协议的事实上的国际机构。关税与贸易总协定主持了八轮贸易谈判，在第八轮乌拉圭回合谈判中，谈判者决定建立一个正式的多边贸易组织，即世界贸易组织。

关税与贸易总协定从严格意义上讲不具有国际法上的国际组织的法律地位。世界贸易组织替代了关税与贸易总协定，从此作为"组织"意义上的关税与贸易总协定已不再存在。但作为规则的《关税与贸易总协定》，经过修订、补充，与其他相关协议一起，以GATT 1994的形式，成为世界贸易组织协议的一部分。《关税与贸易总协定》的缔约方成为世界贸易组织的创始成员。

世界贸易组织是依各成员立法机关批准的世界贸易组织协定设立的永久性组织，是国际法上的国际组织，具有法律人格，可以自己的名义享有权利、履行义务、处分财产，其官员可以享有各国给予的外交豁免。

世界贸易组织是对关税与贸易总协定的继承和发展。世界贸易组织对关税与贸易总协定的继承主要表现在下列两个方面：

其一，世界贸易组织协定吸收了关税与贸

易总协定规则。1947年《关税与贸易总协定》经过修改，成为1994年《关税与贸易总协定》的一部分，也成为世界贸易组织规则的一部分。在《关税与贸易总协定》框架下行之有效的原则，如最惠国待遇原则，扩大适用到了新制定的协定中，如《服务贸易总协定》和《与贸易有关的知识产权协定》。

其二，世界贸易组织遵循了关税与贸易总协定的决策方法和惯例指导。世界贸易组织遵循了关税与贸易总协定框架下形成的协商一致的决策方法，关税与贸易总协定框架下作出的决定、程序和惯例，对世界贸易组织也有指导性作用。在争端解决制度方面，世界贸易组织信守关税与贸易总协定解决争端适用的原则。可以说，世界贸易组织吸收了关税与贸易总协定的经验和精华。

从法律制度的角度来看，二者主要存在下述区别：

1.确立、适用的法律依据不同。世界贸易组织多边法律制度的基础是《世界贸易组织协定》，这是一个永久性的协定；而适用前《关税与贸易总协定》的依据则是1947年签署的《关税与贸易总协定临时适用议定书》（PPA），该议定书已被1994年《关税与贸易总协定》废除。

2.约束力度不同。世界贸易组织在实质意义上不允许成员对世界贸易组织规则作出保留或偏离世界贸易组织规则，各成员的国内立法应与世界贸易组织规则保持一致，国内法的规定不应成为不履行世界贸易组织义务的理由；而在《关税与贸易总协定》制度下，《关税与贸易总协定临时适用议定书》则明确允许在不违反现有国内立法的范围内最大限度地适用《关税与贸易总协定》的第二部分（被称为祖父条款或祖父权利），国内法的规定可以成为不履行有关义务的借口。

3.法律框架的结构不同。世界贸易组织多边法律制度是一个完整的统一制度，对所有的成员都有约束力，成员不得有选择地参加协议（极少数成员参加的附件4中的诸边协议除外）；在《关税与贸易总协定》框架下，各协议间是相互独立的、分散的，不同缔约方受不同协议的约束，不同的协议有不同的参加方，不同参加方间的权利义务有可能是不同的。

4.调整范围不同。世界贸易组织既调整货物贸易，又调整服务贸易，还调整与贸易有关的知识产权，它所调整的货物贸易还包括纺织品贸易和农产品贸易。而以前的关税与贸易总协定只调整货物贸易，但又不包括纺织品贸易，对农产品贸易的调整也缺乏强有力的约束。

5.争端解决制度不同。世界贸易组织争端解决制度是统一的，各成员根据不同协议产生的争端都适用同一争端解决制度；而在关税与贸易总协定框架下，不同的协议有不同的争端解决制度，表现出分散性。两个制度下，申请设立专家组、通过和实施争端解决报告的程序，都不相同。

二、世界贸易组织的成员

世界贸易组织是根据世界贸易组织协定建立的多边性贸易组织。其成员是加入世界贸易组织的各国政府和单独关税区政府，任何个人、企业或其他非政府机构都不能成为世界贸易组织的成员，也不能向它主张权利。单独关税区，是指不具有独立的完整的国家主权但却在处理对外贸易关系及世界贸易组织协定规定的其他事项方面拥有完全自主权的地区。中国香港特别行政区、澳门特别行政区和台湾地区都是这样的单独关税区。欧洲联盟（欧盟）及其成员国都是世界贸易组织的成员。2001年12月11日，中国正式成为世界贸易组织的第143个成员。世界贸易组织成员分为创始成员和加入成员，中国属于加入成员。

世界贸易组织，是以规则为依据、由全体成员管理的组织。各成员在该组织中的地位是平等的。各成员无论加入先后、势力强弱，在规则面前一律平等。

三、世界贸易组织的法律框架

（一）世界贸易组织协定

世界贸易组织的法律制度是一个以世界贸易组织协定为核心的统一的多边贸易法律制度，由一系列规则组成。该制度是在继承关税与贸易总协定框架下的规则的基础上发展起来的。各协议、规则各自规定了不同的独立义务，共同约束世界贸易组织的成员。

世界贸易组织协定正式确立了世界贸易组织的多边贸易制度。该协定本身主要是机构性的规定以及与组织机构有关的问题。它确立了多边贸易制度的框架，其结构是开放性的（伞形）协定，附有一系列的协议、规则、减让表等。有关世界贸易组织权利义务的大量规范是由作为世界贸易组织协定附件的其他协议规定的。这种开放式的结构为世界贸易组织协定包括将来达成的协议提供了可能。

世界贸易组织协定是商业性的国际条约，是世界上大多数贸易国通过谈判签署的，约束各成员政府将其贸易政策限制在议定的范围内。其目的是为国际商业活动提供基本的法律规则，帮助产品制造者、服务提供者和进出口商实施商业活动。

（二）世界贸易组织贸易制度的法律体系

世界贸易组织的法律规则可以分为两部分。第一部分是多边贸易协议；第二部分是诸边贸易协议。

第一部分多边贸易协议包括《世界贸易组织协定》及其附件1、附件2和附件3（这三个附件合称为多边贸易协议），构成了世界贸易组织的整个法律制度，也构成了世界贸易组织成员"一揽子"的权利义务，对所有的成员都有约束力。

1.附件1。

附件1A：货物贸易多边协议。包括：关于附件1A的总体解释说明，1994年关税与贸易总协定（由下列组成：1947年关税与贸易总协定，与关税减让相关的议定书和核准书、加入议定书、豁免及其他决定，1994年关税与贸易总协定谅解，1994年关税与贸易总协定马拉喀什议定书。1947年临时适用议定书除外），农业协议，实施卫生与植物卫生措施协议，技术性贸易壁垒协议，与贸易有关的投资措施协议，反倾销协议，海关估价协议，装运前检验协议，原产地规则协议，进口许可程序协议，补贴与反补贴措施协议，保障措施协议。

附件1B：服务贸易总协定（GATS）。

附件1C：与贸易有关的知识产权协议（TRIPS）。

2.附件2：关于争端解决规则和程序的谅解（DSU）。

3.附件3：贸易政策审查机制（TPRM）。

第二部分诸边贸易协议，主要由附件4组成，包括民用航空器贸易协议、政府采购协议、奶制品协议和牛肉协议（这两个协议已于1997年失效）。世界贸易组织成立后签订的《信息技术产品协议》也属于诸边贸易协议的范畴。诸边贸易协议只有极少数成员参加，也只对参加了诸边协议的成员有约束力。

（三）世界贸易组织规则间的相互关系

1.原则性规定。《世界贸易组织协定》本身规定，在该协定与任何多边贸易协议（包括诸边贸易协议）条款冲突时，以《世界贸易组织协定》为准。货物贸易规则、服务贸易规则、与贸易有关的知识产权规则，是相互独立、并行的，某一事项可能同时受三类规则的调整。某一项贸易措施受其中一个协议的调整，并不表明因此不受其他协议的支配。就货物贸易规则而言，现有11个货物贸易协议优先于1994年《关税与贸易总协定》。

2.具体适用时的关系。在争端解决的实践中，在涉及不同协议、不同规定的相互关系时，争端解决机构总是遵循协调一致的解释方法，认为每一协议／每一规定都是世界贸易组织协定这一条约的不可分割的组成部分，应共同适用、累积适用。世界贸易组织协定及其附件是由相同的谈判方在同一谈判中达成的"一揽子"协议，应推定相互之间不存在冲突。

四、世界贸易组织的机构设置

1.最高决策机构——部长会议。世界贸易组织所有成员的代表组成部长会议。部长会议是最高级会议。部长会议履行世界贸易组织的职能，并为此采取必需的措施。部长会议有权对所有多边贸易协议中的任何事项作出决定。

2.常设权力机构——总理事会。在部长会议休会期间，部长会议的职能由总理事会行使。总理事会由各成员代表组成，根据情形召开会议。总理事会同时履行争端解决机构和贸易政策审议机构的职责。但是，争端解决机构和贸易政策审议机构有自己的主席，负责机构的运作。

3.（部门贸易）理事会。根据世界贸易组织协定附件的不同调整范围，设立了货物贸易理事会、服务贸易理事会以及与贸易有关的知识产权理事会。理事会依总理事会的总体指导运作，分别履行货物贸易多边协议、服务贸易总协定和与贸易有关的知识产权协定以及总理事会指定的职能。各理事会的成员资格对全体成员开放，但并非所有成员代表都参加理事会。各理事会设有下属机构。

4.（综合）委员会。环境与贸易委员会、收支平衡委员会、贸易与发展委员会、最不发达国家小组委员会、国际收支限制委员会、预算、财务和行政委员会，是在总理事会之下设的六个委员会，负责处理诸如贸易与发展、环境、区域贸易协定以及行政事务。各委员会行使有关协议赋予的职责及总理事会赋予的其他职责，并向总理事会报告工作。

5.下属机构。几乎每一个理事会／委员会都有下属机构，例如，货物贸易理事会有多个专门委员会处理各专门问题（如农产品、市场准入、补贴、反倾销措施）。

6.世界贸易组织秘书处和总干事。世界贸易组织的工作机构，是总干事领导的秘书处。世界贸易组织秘书处设在日内瓦。总干事由部长级会议任命。总干事任命秘书处职员，并依照部长会议通过的条例，确定他们的职责和服务条件。秘书处的职责主要包括：为世界贸易组织的代表机构（如理事会、委员会、工作组等）进行谈判和执行协议，提供行政和技术支持；为发展中国家，特别是最不发达国家，提供技术援助；在贸易争端解决过程中，由法律雇员提供有关规则和先例解释方面的法律帮助；处理新成员的加入谈判，为准备加入的国家提供咨询。总干事和秘书处的职员纯属国际性质，在履行职责方面，不应寻求和接受任何政府或当局的指示；各成员不应对他们履行职责施加影响。

五、世界贸易组织的决策程序

世界贸易组织是由其成员共同管理的国际组织。它继承了GATT 1947所遵循的协商一致作出决定的做法。世界贸易组织在就有关事项作出决议时，如在场的成员未正式提出异议，则视为一致作出决议。

尽管世界贸易组织协定中有投票表决的规定，但协商一致决策是世界贸易组织的惯例。世界贸易组织成立运作以来，还没有发生过投票表决决定重大事项的情况。

六、中国入世承担的特殊义务

（一）中国根据世界贸易组织协定享有权利、承担义务的法律框架

中国在世界贸易组织中的权利义务，与其他成员一样，由两部分组成：一部分是各成员都承担的规范性义务，如各协议条款规定的义务；另一部分是中国加入世界贸易组织议定书中中国作出的承诺，这是中国承担的独特义务。

中国以加入世界贸易组织的方式成为世界贸易组织的成员。中国加入世界贸易组织的条件规定在《中国加入世界贸易组织议定书》（以下简称《中国加入议定书》）及作为其附件的《中国入世议定书工作组报告》中。该议定书及附件构成了世界贸易组织协定的一部分。它除了确认遵循世界贸易组织的一般性规范外，还针对中国的具体情况作了规定。另外，中国与其他成员进行的加入谈判的结果和中国作出的具体承诺，也是该议定书的组成部分。在某些方面，由于中国是一个贸易大国，中国加入世界贸易组织承担的义务重于其他发展中国家。

（二）贸易经营权

1.经营权的放开。《中国加入议定书》专门对贸易权作了规定。中国承诺逐步放开贸易经营权，在中国正式加入世界贸易组织后的3年内，除国家专营商品外，所有中国企业都有权进行所有货物的进出口。同时，除议定书另有规定外，外国个人和企业，包括没有在中国进行投资或注册的外国个人或企业，在贸易经营权方面也享有不低于在中国的企业的待遇。

2.国家专营企业。《关税与贸易总协定》第

17条允许国家专营企业经营进出口。国家专营企业可以是国家设立或维持的企业，也可以是政府授予特权的私营企业，其特征是对某些商品实行专营。《中国加入议定书》要求中国的专营企业的进口程序充分透明，在商品的质量、价值或产地方面，政府不应采取措施影响或直接指示专营企业。专营企业的出口商品的定价机制，应向世界贸易组织提供全面的信息。

（三）倾销与补贴中的非市场经济的规定

1.倾销的确定。对中国产品的出口，进口成员在据反倾销规范比较价格时，可以采取两种方法中的任何一种：使用中国受调查产业的价格或成本；使用不严格依据与中国的国内价格或成本的比较方法，实质上就是使用所谓的替代国价格或成本。

上述方法的选择，应遵循下述原则：如果受调查的生产商能够明确证明，生产同类产品的产业在该产品的制造、生产和销售方面具备市场经济条件，则进口成员应使用中国受调查产业的价格或成本，以此来确定价格可比性；如果受调查的生产商不能证明，生产同类产品的产业在该产品的制造、生产和销售方面具备市场经济条件，则进口成员可以使用不严格依据中国的国内价格或成本的方法（替代国方法）。

在《中国加入议定书》生效时，如果进口成员的国内法含有市场经济标准，一旦中国根据进口成员的国内法，确立中国在某一产业或部门方面是市场经济，上述倾销确定中有关方法的选择的规定应终止。无论中国能否证明市场经济这一点，上述“替代国”做法的规定在《中国加入议定书》生效15年后终止，即“替代国”做法应在2016年12月11日终止。如果中国确立某一具体产业或部门通行市场经济条件，上述非市场经济的规定对该产业或部门不再适用。

2.国有企业补贴。根据世界贸易组织反补贴规则，非专向性补贴不受世界贸易组织多边贸易体制的约束。但如果中国政府提供的补贴的主要接受者是国有企业，或者接受了补贴中不成比例的大量数额，该补贴视为专向性补贴。

（四）与贸易有关的投资措施及非关税措施

在《与贸易有关的投资措施协议》中，规定了消除与贸易有关的投资措施的期限。中国承诺，在加入时，完全遵守该协议的要求，而不诉诸过渡期的规定。

中国承诺，取消并停止实施贸易和外汇平衡要求、当地含量和出口实绩要求。这不仅包括通过法律、规章和其他措施实施的要求，也包括对含有此类要求的合同条款不予强制执行。

中央政府或地方政府，发放进口许可、配额、关税配额或其他任何对进口、进口权、投资权的批准方法，不能以下述情况为条件：是否存在国内供应商；任何种类的出口实绩要求，比如，当地含量、补偿、技术转让、出口实绩或在中国进行研究开发。

第二节 世界贸易组织的主要法律制度

一、关税与贸易总协定

（一）最惠国待遇制度

1.最惠国待遇原则的特点。最惠国待遇是世界贸易组织多边贸易制度中最重要的基本原则和义务，是多边贸易制度的基石。世界贸易组织法律制度之所以成为多边贸易制度，最重要的依据就是其最惠国待遇。根据世界贸易组织的规定，对最惠国待遇原则的修改，必须经全体成员同意才有效。世界贸易组织三大贸易协定《关税与贸易总协定》第1条、《服务贸易总协定》第2条第1款和《与贸易有关的知识产权协议》第4条中，都有关于最惠国待遇的基本规定。在不同的协议中，最惠国待遇义务的含义并不完全相同，各有其严格的适用条件和范围。

最惠国待遇原则表现出普遍性、相互性、自动性和同一性的特点。世界贸易组织的任何成员，都可以享有其他成员给予任何国家的待遇。每一成员既是施惠者，也是受惠者。由于最惠国待遇义务的立即性和无条件性，每一成员自动享有其他成员给予其他任何国家的最惠国待遇。该制度实施的结果是双边谈判、多边受益，因而可能存在“搭便车”的情况。但享有最惠国待遇，仅限于相同情形、相同事项。

2.关税与贸易总协定中的最惠国待遇。最惠国待遇适用于五个方面：（1）与进出口有关（包括进出口产品的国际支付转移）的任何关税和费用；（2）进出口关税和费用的征收方法；（3）与进出口有关的规则、手续；（4）国内税或其他国内费用；（5）影响产品的国内销售、许诺销售、购买、运输、经销和使用的法律规章和要求方面的待遇。只有原产于其他成员的同类产品，才能享有最惠国待遇。同类产品并没有确切的定义和标准，应在具体情况下作具体分析。最惠国待遇义务适用于进口产品和出口产品。

3.关税与贸易总协定中最惠国待遇义务的例外。这些例外情形主要包括：边境贸易；普遍优惠制度（对发展中国家的优惠待遇）；关税同盟和自由贸易区（区域经济安排）。其他还包括：允许以收支平衡理由偏离最惠国待遇义务；允许对造成国内产业损害的倾销进口或补贴进口征收反倾销税或反补贴税；允许因一般例外或国家安全例外偏离最惠国待遇义务；可对某一成员或某些成员豁免最惠国待遇义务。

《关税与贸易总协定》第20条是一般例外规定。违反《关税与贸易总协定》第20条以外的其他义务的措施，可以根据一般例外条款获得正当性，但必须依次满足下面两个条件：首先，有关措施必须属于该一般例外条款所列举的政策性措施的范围。其次，这些措施的适用方式，必须符合该一般例外条款前言的要求，不得构成任意或不正当的歧视，或者造成对国际贸易的变相限制。《关税与贸易总协定》第20条列举了10项政策性措施，其中成员经常引用并经常产生争议的有下述几项：保护公共道德所必需的措施；保护人类、动植物的生命或健康所必需的措施；与保护可用尽的自然资源有关的、与限制国内生产或消费一同实施的措施；为保证不违反该总协定的国内法律的实施所必需的措施。

（二）国民待遇制度

1.国民待遇原则综述。世界贸易组织的三个主要协定《关税与贸易总协定》《服务贸易总协定》《与贸易有关的知识产权协议》，都有关于国民待遇的规定。国民待遇原则是世界贸易组织的基本原则。但每一协定中国民待遇义务的具体适用条件并不相同，特别是《服务贸易总协定》中的国民待遇在性质上不同于另外两个协定中的国民待遇义务。

2.关税与贸易总协定中的国民待遇义务。关税与贸易总协定中的国民待遇，指外国进口产品所享受的待遇不低于本国同类产品、直接竞争或替代产品所享受的待遇。国民待遇义务适用于每一特定产品。各进口成员不能在不同产品、不同批次产品中进行国民待遇的平衡，不得以为某些产品提供优惠待遇为借口对其他产品拒绝国民待遇。该义务基本可以分成两类：一类涉及国内税费；另一类涉及影响产品销售等的国内法律、规章。

（1）国内税费方面的国民待遇。国内税费方面的国民待遇，因进口产品与国内产品间的关系不同而分为同类产品和直接竞争或替代产品两种情况，适用不同的要求。在同类产品的情况下，对进口产品直接或间接征收的国内税费，不应超出对本国同类产品直接或间接所征收的国内税费。是否违反这一义务，需要确定两个条件：进口产品与国内产品是否是同类产品；进口产品承担的国内税费是否超出国内同类产品承担的国内税费。只要对外国产品所征的税费高于本国同类产品，即违反了国民待遇原则。这种违反是否造成了不利影响不是认定违反国民待遇义务的考虑因素。如果进口产品与本国产品不属于同类产品而属于直接竞争或替代产品，则适用不同的要求。它要求进口产品与国内产品没有同等征收税费时，不得对国内生产提供保护。具体地说，在这种情况下确定进口国违反了国民待遇义务，需具备下述三个条件：进口产品是国内产品的直接竞争产品或可替代产品；进口产品与国内产品没有同等征收税费；没有同等征收税费的目的是保护国内生产。没有同等征税本身并不得出违反国民待遇义务的结论。进口产品和国内产品是否构成同类产品，通常根据下述几个方面来确定：产品的物理特征，产品在特定市场上的最终用途，消费者的习惯与偏好，产品的特征、性质、质量，产品的关税分类。对直接竞争或替代产品，除上述因素外，还可以考虑市场、替代弹性、经销渠道、广告方式。直接竞争或替代产品的范围大于同类产品。

（2）国内法规方面的国民待遇。在有关销售、许诺销售、购买、运输、分销或使用的法律、法规和要求方面，进口产品所享受的待遇不得低于本国同类产品的待遇。此处同类产品的范围大于国内税费方面的同类产品，小于直接竞争或替代产品的范围。此处的法律、法规及要求的范围非常广泛，不仅包括那些对调整产品的销售等发生直接影响的规定，也包括那些对产品的销售等产生间接影响的规定；不仅包括强制性规定，也包括非强制性的但企业遵循会得到好处的规定；不仅包括实体性规定，也包括程序性规定；不仅包括中央一级的规定，也包括地方的规定。

（3）国民待遇义务的例外。《关税与贸易总协定》第3条中规定了货物国民待遇义务的两项例外。第一项是政府采购例外。政府机构购买货物供政府自己使用，对这方面的产品采购进行调整的法律、规章或规定，不受国民待遇义务的约束。第二项是仅对某种产品的国内生产商提供的补贴例外。但该例外不表示对国内生产商的补贴不受任何约束，而只是表明这样的补贴不根据国民待遇义务进行调整。《关税与贸易总协定》第20条规定的一般例外，也适用于国民待遇义务。

（4）与贸易有关的投资措施。《与贸易有关的投资措施协议》规定，在不损害1994年关税与贸易总协定的权利和义务的情况下，各成员不得实施任何与1994年《关税与贸易总协定》第3条或第11条规定不一致的与贸易有关的投资措施。

与第3条第4款国民待遇义务不符的与贸易有关的投资措施包括：要求企业购买或使用本国产品或自任何国内来源的产品；要求企业购买或使用的进口产品限制在与其出口的当地产品的数量或价值相关的水平。违反数量限制规则的与贸易有关的投资措施包括：普遍限制企业用于当地生产或与当地生产相关的产品进口；限制企业使用外汇，从而限制进口产品；限制企业产品出口或供出口产品的销售。

（三）约束关税措施

世贸组织对关税的原则是约束关税，并不断削减。各成员在降低关税谈判中作出的关税减少，通常称为关税减让。各成员对其进口产品作出的关税减让，构成了该成员的关税减让表。各成员在关税减让表中公布的税率是受到约束的，是可以适用的税率的最高限额。除非经其他有关规则允许（如反倾销税），或重新与其他成员谈判，否则不得提高关税税率。但成员可以实际适用比约束关税低的关税。

每一成员给予其他成员产品的关税待遇，不得低于关税减让表中规定的待遇。在外国产品进口时，不得征收超过减让表中规定的普通关税的部分，也不得征收超过自协议生效日所实施的所有其他税费的部分。各国的关税税率，都按照税号、商品名称、货物名称、实施税率和约束税率，规定在关税减让表中。各次关税减让谈判达成的减让表均构成世界贸易组织规则的有效组成部分。

关税与贸易总协定有关关税的义务，不得阻止任何成员对任何产品进口随时征收下述关税或费用：对于同类产品或用于制造或生产进口产品的全部或部分所征收的、与国内税费的国民待遇义务规定相一致且等于国内税的费用；符合反倾销或反补贴规则的反倾销税或反补贴税；与提供服务的成本相当的规费或其他费用。

（四）数量限制的禁止与例外

依关税与贸易总协定的规定，对进出口产品原则上取消一切数量限制。对进出口产品采取数量限制，是指对进出口产品采取除关税、国内税和其他费用之外的禁止或限制措施。数量限制与税费措施相比，缺乏透明性、公正性，它对贸易的影响也不易在产品价格上直接反映出来。

下列情况存在普遍取消数量限制义务的例外：为防止或缓解出口成员的粮食或其他必需品的严重短缺而临时实施的出口禁止或限制；为实施国际贸易中的商品归类、分级和销售标准或法规而必须实施的进出口禁止或限制；为了限制国内产品数量或消除国内产品的过剩而对农产品或渔产品进口而实施的限制；为了保障其对外金融地位和国际收支平衡而对进口产品进行的限制。

实施数量限制应遵循非歧视原则。获允实施的数量限制的实施方式，应满足最惠国待遇原则的要求。在分配数量份额时，应尽可能接近没有这种限制时各成员所预期的份额。在采取数量限制的具体方法上，首先选用配额，在配额不可行时，采取进口许可证的方式。因国际收支平衡原因实施数量限制时，可以背离非歧视原则。

二、服务贸易总协定

（一）服务贸易的特点

《服务贸易总协定》(GATS)是第一个调整国际服务贸易的多边性、具有法律强制力的规则。它规定了服务贸易的一般原则和义务及各成员的具体承诺。服务贸易总协定明显地表现出框架性协定的特点，目前还缺乏有关的具体义务和规则，这些具体义务和规则在以后签订的相关协议中将有所规定。协定适用于各成员影响服务贸易的措施，包括成员的中央、地区或地方政府的措施，以及它们授权行使权力的非政府机构采取的措施。但服务贸易总协定不适用于为履行政府职能而提供的服务，即不是在商业基础上提供的，又不与任何一个或多个服务提供者相竞争的服务。

《服务贸易总协定》通过四种服务贸易方式来调整服务贸易。

1.跨境供应，从一国境内直接向其他国境内提供服务——服务产品的流动（不需要提供者和消费者的实际流动)。

2.境外消费，在一国境内向其他国的服务消费者提供服务——消费者的流动。

3.商业存在，外国实体在另一国境内设立附属公司或分支机构，提供服务，即外国服务提供者通过在其他国境内设立的机构提供商业服务——设立当地机构，如银行、保险。

4.自然人存在，一国的服务提供商通过自然人到其他国境内提供服务——自然人流动，如工程承包。

服务贸易种类繁多，相同种类之间的差别也非常大。世界贸易组织《服务贸易总协定》减让表遵循的服务部门分类基本上以《联合国中心产品分类系统》为基础。共分为12个部门种类，155个分类。这12个部门种类为：职业（包括专业与计算机）服务、通讯服务、建筑与工程服务、分销服务、教育服务、环境服务、金融（保险与银行）服务、医疗服务、旅游服务、娱乐文化和体育服务、运输服务，以及其他服务、健康及社会服务。

（二）最惠国待遇义务

WTO各成员应立即和无条件地给予任何其他成员的服务和服务提供者不低于其给予任何其他国家相同的服务和服务提供者的待遇。该原则与《关税与贸易总协定》的规则基本一致，但服务贸易中的最惠国待遇适用于服务产品和服务提供者而不适用于货物产品。

最惠国待遇的义务在一定条件下可以得到豁免。发展中国家在履行最惠国待遇义务方面，享有一次性的一定期限的过渡期，在此过渡期内，其最惠国待遇义务得到豁免，该期限最长为10年。在其他情况下，应按照一般的义务豁免规则豁免最惠国待遇义务。

最惠国待遇义务的规定不妨碍毗邻国家优惠。《服务贸易总协定》不阻止服务贸易自由化的协议，不阻止劳动力市场一体化的协议。此外，该协定中规定的义务的一般例外、安全例外，对最惠国待遇都适用。最惠国待遇义务不延及政府的服务采购。

（三）具体承诺

世界贸易组织成员在服务贸易市场开放方面的义务没有统一的规定。是否给予市场准入、是否给予国民待遇，依每一成员具体列出的承诺表来确定。服务贸易方面的具体承诺的作用，与约束性关税的作用相类似。每个成员应具体列出市场准入的规定、限制和条件；国民待遇的条件和资格；有关附加承诺的义务；适当情况下，实施这类承诺的时间表；这类承诺的生效日期。

1.市场准入。在服务提供方式的市场准入方面，每个成员给予其他任何成员的服务和服务提供者的待遇，不得低于其承诺表中同意和明确的规定、限制和条件。除非在承诺表中明确规定，原则上禁止六种对市场准入的限制，即限制服务提供者的数量，限制服务资产或交易的价值，限制服务经营总量或服务产出总量，限制雇佣人数，限制或要求通过特定类型的法律实体或合营企业提供服务，通过限制外国持股比例或外国投资总额来限制外国资本的参与。

发展中国家在允许建立商业存在方面可以存在例外。发展中国家可以在承诺中明确注明批准商业存在应以加强国内服务能力的经济需求为标准。其条件通常包括：在合资企业的基础上批准商业存在的建立；不允许外国提供者在此类合资企业中占有大部分的股份；董事会成员中应有一定数量的本国人；外国服务提供者应使用适用的先进技术和管理经验；该企业应培训当地雇员并向他们传授技术；可能时应雇用当地的国内分包人员。

2.国民待遇。允许外国服务或服务提供者进入本国的贸易市场，并不等于赋予它们与本国同类服务和服务提供者一样的待遇。因此，《服务贸易总协定》中的国民待遇义务，仅限于列入承诺表的部门，并且要遵循其中所列的条件和资格。没有作出承诺的部门，不适用国民待遇义务。即使在作出的承诺中，也允许按所列的条件对国民待遇进行限制。这与货物贸易中的国民待遇形成鲜明对比。依国民待遇的要求，一成员在所有影响服务提供的措施方面，给予任何其他成员的服务和服务提供者的待遇不得低于其给予本国相同服务和服务提供者的待遇。服务贸易中的国民待遇不要求形式上相同的待遇。国民待遇和最惠国待遇都要求适用于同类服务或服务提供者。

3.减让表。每一成员在其减让表中列出了自己作出的具体承诺。具体承诺减让表规定了对外国服务和外国服务提供者的限制。是否给予市场准入、是否给予国民待遇以及成员在哪些具体服务部门和事项方面承担具体义务，均依该具体承诺减让表来确定。具体承诺减让表直接决定着成员根据服务贸易总协定承担的具体义务。与最惠国待遇义务的例外清单采取“否定式”相反，具体承诺采取了“肯定式清单”方法，成员只对具体承诺的事项和范围承担义务。在具体承诺减让表中，每个成员应具体列明下述内容：市场准入的规定、限制和条件；国民待遇的条件和资格；有关附加承诺的承诺；适当情况下，实施这类承诺的时间表；这类承诺的生效日期。这些内容与服务贸易方式、服务部门分类紧密联系在一起，构成了一个复杂的体系。

具体承诺减让表以四种服务贸易方式为基本要素，由水平承诺和部门承诺两大部分组成，每一部分都包括“部门或分部门”“市场准入限制”“国民待遇限制”“附加承诺”四个方面。水平承诺适用于减让表中的所有部门，部门承诺仅适用于所列出的服务部门或分部门。而部门承诺最具体地确定承诺的范围。从“市场准入限制”“国民待遇限制”这样的名称中可以看出，具体承诺是从限制的角度来体现的，可有三种具体表达方式：不作承诺、具体列明限制、没有限制。“不作承诺”意味着该成员在该方面不承担任何义务；“没有限制”则正相反，表明该成员在该方面承担了不实施任何限制的全部义务；“具体列明限制”这一方式则表示了承担义务时所附带的要求，详细列出了采取限制的内容和性质。对于每一种服务活动，有关市场准入和国民待遇的限制，又与四种服务贸易方式联系起来。

三、世界贸易组织争端解决制度

（一）争端解决制度的特点

作为世界贸易组织多边贸易制度的一部分，《关于争端解决规则与程序的谅解》（DSU），在世界贸易组织框架下，建立了统一的多边贸易争端解决制度。依规则解决争端，遵循正当法律程序，迅速、有效、满意地解决争端，是世界贸易组织的争端解决制度的基本原则。

根据下列协议提起的争端，都适用《关于争端解决规则和程序的谅解》、《世界贸易组织协定》、附件1A《货物贸易多边协议》、附件1B《服务贸易总协定》、附件1C《与贸易有关的知识产权协议》和附件2《关于争端解决规则和程序的谅解》。另外，根据附件4诸边贸易协议提出的争端，也适用这一争端解决制度。

根据《关于争端解决规则和程序的谅解》的规定，该谅解附录2中明确列出的相关协议中的特殊或额外规定，如果与DSU本身的规定不同，则优先适用这些特殊或额外规定。实践中，专家组和上诉机构总是协调性地适用这两部分的规定。

上述规定还意味着，在处理世界贸易组织成员之间的贸易争端时，上述协定是争端解决机构据以裁决争端的法律依据。这些协定被称为适用协定或相关协定。除此之外的其他国际协定，不能作为裁判某一成员是否违反世界贸易组织义务的直接依据。

（二）争端解决程序

1.磋商。磋商是申请设立专家组的前提条件。但磋商事项以及磋商的充分性，与设立专家组的申请及专家组将作出的裁定没有关系。磋商仅仅是一种程序性要求。但很多争端通过磋商程序得以解决，磋商是争端解决程序的重要组成部分。

2.设立专家组的申请——起诉。提出磋商请求日起60天内磋商没有解决争端时，申诉方才可以申请成立专家组。设立专家组的申请，是启动专家组（以及上诉机构）案件审理程序的要件。设立专家组的申请，应说明争议各方是否进行过磋商，指明具体的争议措施，并提供申诉的法律依据概要，该概要足以明确提出问题。设立专家组的申请决定专家组的权限范围，同时它具有满足正当程序目标的价值，使被诉方和有利害关系的第三方有机会了解申诉方提出的问题并为自己辩护。提起申诉，并不以申诉方法律利益或经济利益受到损害为前提。

3.专家组的审查、裁决或建议。专家组基于申诉方在设立专家组的申请中确立的权限范围审理案件。无论是申诉方还是被诉方，对其所提出的诉求或主张，都承担证明责任，即谁主张谁举证。在一方初步证明其诉求或主张的真实性后，由另一方进行反驳。此为初步证据责任。一方是否初步证明其诉求或主张，专家组无须特意作出具体裁定，而是在争端双方提交的整个证据的基础上，作出决定。对证据的采纳与评估，赋予证据的效力，是专家组认定事实程序的一部分，属于专家组的裁决范围。对争端方没有提出的主张，专家组不能作出裁决，即使相关专家提出了这样的主张。专家组可以向其视为适当的任何个人或机构寻求信息和技术建议。对未经专家组要求而由争端方和第三方之外的人或组织主动提供的信息（法庭之友材料），专家组有权决定是否接受或采纳。专家组作出的争端解决报告应列明对事实的调查结果，有关世界贸易组织规则的适用性，以及裁决和建议的基本理由。对申诉方根据不同规则提起的数个申诉请求，专家组可根据有效解决争端的必要性，在认为已经有效解决了争端的情况下，对其中的某些诉求不进行审查。这称为司法经济原则。

4.上诉机构的审查、裁决。在专家组报告发布后的60天内，任何争端方都可以向上诉机构提起上诉。上诉机构则只审查专家组报告涉及的法律问题和专家组作出的法律解释。上诉机构可以推翻、修改或撤销专家组的调查结果和结论。上诉机构没有将案件发回专家组重新审理的权力。在推翻有关裁决和结论时，为了使争端得到有效解决，如果专家组裁决的事实和专家组程序记录中的争端方无争议的事实比较充分，上诉机构可以继续对双方间的争议进行审查，对争议问题作出裁决和结论。

（三）通过争端解决报告的方式

争端解决机构通过专家组、上诉机构的解决争端报告，构成世界贸易组织争端解决机构的裁决和建议。除非争端解决机构一致不同意通过相关争端解决报告，该报告即得以通过。该通过方式实际上是一种一票通过制，是一种准自动通过方式。通过的报告即构成了争端解决机构的裁决或建议。

被裁定违反了有关协议的一方，应在合理时间内履行争端解决机构的裁决和建议。如采取这样的措施不可行，经申诉方要求，被诉方可以自愿地向申诉方提供补偿。但实践中这种情形发生的概率极小。

有关履行裁决和建议的合理期限争议，可以根据DSU第23条诉诸仲裁解决。如果就被诉方是否采取了实施措施，或者被诉方采取的实施措施是否与相关协议相一致，争端各方之间存在分歧，该类争端可以根据DSU第21条第5款诉诸争端解决程序解决，可能时求助于原专家组。此即DSU 21.5专家组程序，即执行异议程序，该程序专家组作出的报告可以上诉。

如果被诉方在合理期限内没有使被裁决违反相关协议的措施符合相关协议的要求，或未能实施裁决和建议，经申诉方请求，争端双方应就双方均可接受的补偿进行谈判。如未能达成令人满意的补偿，原申诉方可以向争端解决机构申请授权报复，对被诉方中止减让或中止其他义务。补偿以及中止减让或其他义务，属于在裁决和建议未在合理期限内执行时可以获得的临时措施，该临时措施不能优先于使相关措施符合相关协议要求的裁决和建议的完全实施。

中止减让或其他义务，首先应在被认定为违反义务或造成利益丧失或受损的部门的相同部门实施；对相同部门中止减让或其他义务不可行或无效时，可以对同一协议项下的其他部门实施；如对同一协议项下的其他部门中止减让或其他义务不可行或无效时，可寻求中止另一协议项下的减让或其他义务。

申诉方拟中止减让或其他义务的程度和范围，应与其所受到的损害相等。如果被诉方认为申诉方拟采取的报复措施与其受损的程度不一致，可以根据DSU第22条第6款诉诸仲裁。可能时应由原专家组作为仲裁人进行仲裁。

（四）专家组和上诉机构的职能

争端解决机构本身并不负责审理、裁决案件。其作出裁决或建议的职责是通过专家组和上诉机构的报告实现的。争端解决机构主要负责设立专家组处理案件；通过或否决专家组和上诉机构的争端解决报告；负责监督裁决和建议的执行，包括确定合理的实施期限；当有关成员不遵守裁决时，经申请授权进行报复，包括确定报复的范围和水平。专家组和上诉机构在争端解决机制和程序中起着核心的作用。

专家组是争端解决机构的非常设性机构。专家组的成员一般由争端成员双方磋商后从世界贸易组织秘书处存有的专家名单中选定。只有在双方不能达成一致时，才由世界贸易组织总干事任命。专家组协助争端解决机构履行有关职责，作出裁决或提出建议。专家组的权限范围仅限于申请设立专家组的申请中所指明的具体争议措施和申诉的法律依据概要。未在申请书中指明的诉求，不属于专家组的权限范围。在争端解决程序中，专家组既审查案件事实，又审查适用法律。对专家组作出的争端解决报告，除非争端方提起上诉，争端解决机构应在报告散发给各成员后60天内通过这一报告。

上诉机构是争端解决机构中的常设机构，它负责对被提起上诉的专家组报告中的法律问题和专家组进行的法律解释进行审查，可以维持、变更或撤销专家组的法律裁决和结论。上诉案件由上诉机构7名成员中的3人组成上诉庭审理。但上诉机构定期举行例会，讨论争端解决的政策、做法和程序事项，以保证决策的一致性和连贯性，吸收个人和集体的专长。上诉审查制度是世界贸易组织争端解决制度的一大特色。它保证了法律规则适用的准确性、统一性、一致性。

除上述机构外，还有负责仲裁事项的仲裁员，提供法律援助服务的秘书处，指定专家组组成人员的总干事等。

（五）争端解决机构解决的争端类型

《关税与贸易总协定》第23条规定了三种争端类型。《关于争端解决规则与程序的谅解》对这三种类型作了进一步的阐释。

1.违反性申诉。这是争端的主要类型。申诉方须证明被诉方违反了有关协议的条款。在确立了存在违反有关协议条款的措施后，推定申诉方据相关条款的利益受损或丧失。对这种争端的裁定，被诉方往往需要废除或修改有关措施。

2.非违反性申诉。对这种申诉的审查，不追究被诉方是否违反了有关协议条款，而只处理被诉方的措施是否使申诉方根据有关协议享有的预期利益受损或丧失。申诉方需要证明其根据有关协议享有合理的预期利益，该合理预期利益因为被诉方的措施受损或丧失。被诉方没有取消有关措施的义务，只需作出补偿。

3.其他情形。关于上述两种类型以外的其他争端类型及其所适用的程序和规则，并没有明确的规定。迄今为止，也还没有出现过上述两种类型以外的案件。

第七章 国际经济法领域的其他法律制度

本章主要内容提示

知识产权国际保护中国民待遇原则、优先权原则和独立性原则是值得关注的内容。在中国有关外商投资的立法方面，注意《中华人民共和国外商投资法》、《中华人民共和国外商投资法实施条例》、最高人民法院《关于适用〈中华人民共和国外商投资法〉若干问题的解释》，以及《外商投资安全审查办法》的相关规定。国际投资法中应区别海外投资保险与一般商业保险的不同，前者承保的是政治风险。在国际投资争端解决中，应区分国际投资争端解决机制与其他解决机制的不同。国际融资法应注意几类贷款协议的区别，还应区分几类国际融资的担保方式。国际税法应区别居民税收管辖权和来源税收管辖权、重复征税与重叠征税、国际逃税和国际避税等概念。

第一节 知识产权的国际保护

一、知识产权的国际保护

知识产权的国际保护主要是通过互惠、双边条约和多边公约的途径进行。多边公约的保护是目前国际上保护知识产权的最有效、影响最大，也是最主要的途径。《保护工业产权巴黎公约》（以下简称《巴黎公约》）、《保护文学和艺术作品伯尔尼公约》（以下简称《伯尔尼公约》）和《与贸易有关的知识产权协议》（TRIPS）是目前影响最大的几个国际知识产权保护公约。

（一）《保护工业产权巴黎公约》

《巴黎公约》于1883年签订，1884年7月7日生效。生效后曾进行了六次修改。中国于1985年3月15日正式成为《巴黎公约》的成员国。《巴黎公约》是知识产权领域第一个世界性多边公约，也是在知识产权领域影响最大的公约之一。《巴黎公约》共30条。其主要内容如下：

1.《巴黎公约》的基本原则。

（1）国民待遇原则及《巴黎公约》特别规定权利原则。《巴黎公约》要求缔约国在知识产权的保护方面给予缔约国的国民和在一个缔约国领域内设有住所或真实有效的工商营业所的非缔约国国民以国民待遇。一切不得损害《巴黎公约》特别规定的权利。国民待遇的例外是各成员国在关于司法和行政程序、管辖以及选定送达地址或指定代理人的法律规定等方面，凡工业产权法有所要求的，可以保留。如有的国家的工业产权法要求外国专利申请人必须委派当地国家的代理人代理申请，并指定送达文件的地址，以利于程序的进行。

（2）优先权原则。依《巴黎公约》第4条的规定，优先权原则只适用于发明专利、实用新型、外观设计和商品商标。发明专利和实用新型专利为12个月，外观设计和商标为6个月，在优先权期限内缔约国内每一个在后申请的申请日均为第一次申请的申请日。在优先权期限届满之前，后来在其他缔约国提出的申请，均不因在此期间内他人所做的任何行为而失效。在先申请的撤回、放弃或驳回不影响该申请的优先权地位。优先权的获得并不是自动的，需要申请人于在后申请中提出优先权申请并提供有关证明文件。

（3）临时性保护原则。依《巴黎公约》第11条的规定，临时性保护原则要求缔约国应对在任何成员国内举办的或经官方承认的国际展览会上展出的商品中可取得专利的发明、实用新型、外观设计和可注册的商标给予临时保护。如展品所有人在临时保护期内申请了专利或商标注册，则申请案的优先权日是从展品公开展出之日起算，而非从第一次提交申请案时起算。

（4）独立性原则。依《巴黎公约》第4条及第6条的规定，关于外国人的专利申请或商标注册，应由各成员国依本国法决定，而不应受原属国或其他任何国家就该申请作出的决定的影响。专利的申请和商标注册在成员国之间是相互独立的。在优先权期限内申请的专利，在后申请是否提供保护、申请的结果如何，与在先申请没有关系。

2.《巴黎公约》对成员国工业产权保护的规定。

（1）不得因禁止或限制产品的销售而拒绝提供专利的保护。依《巴黎公约》第4条的规定，成员国不得以专利产品或依专利方法制造的产品的销售受到本国法律禁止或限制为理由，拒绝授予专利或使专利无效。（2）进口物品与专利维持。依《巴黎公约》第5条的规定，专利权人将在任何成员国内制造的物品输入到对该物品授予专利权的国家，不应导致该专利的撤销。该规定主要针对一些发展中国家对外国专利权人只进口专利产品而不在本国制造作出的不利于外国专利权人的规定。（3）方法专利权人的权利。依《巴黎公约》第5条之四的规定，当一种产品输入到对该产品的制造方法给予专利保护的成员国时，专利权人对该进口产品应享有进口国法律对该制造产品所给予的方法专利的一切权利。在方法专利的效力上，各国主要采取两种规定：一种是方法专利的效力只包括方法本身；另一种不仅包括方法，还包括依方法直接获得的产品的使用、销售和进口。依《巴黎公约》的规定，如进口国采取只包括方法的规定，则方法专利权人对进口的该产品不享有权利。但如进口国的保护包括方法和产品，则方法专利权人对依其专利方法直接获得的产品的使用、销售和进口享有专有权，未经其许可对该产品的使用、销售和进口均构成侵权。（4）成员国有权在专利权人滥用权利时颁发强制许可证等。

有关商标权保护的规定：（1）商标独立性原则的例外。依《巴黎公约》第6条之五的规定，在本国正式注册的商标，除有下列情况之一，否则其他成员国应依在其本国的原样接受申请并给予保护：第一，商标具有侵犯第三人在申请受理国的既得权利的性质；第二，商标缺乏显著特征，或完全是商品的说明或商品的通用名称的；第三，商标违反道德或公共秩序的；第四，商标构成不正当竞争行为的；第五，申请注册的商标与其在本国注册的商标式样有实质性差别的。（2）驰名商标的特殊保护。驰名商标的认定不以注册为前提，使用亦可成为认定的依据。对易与已在该国驰名的商标产生混淆的商标，成员国有义务拒绝或取消其注册并禁止使用。自注册之日起至少5年内，应允许提出取消这种商标的要求，允许提出禁止使用的期限可由各成员国规定。对用不诚实手段取得商标提出取消注册或禁止使用要求的，则不应规定时间限制。商标在成员国是否驰名由其行政主管机关或司法机关决定。未在一成员国使用，但如在该国已为人所知的商标，仍然可能在该国是驰名的。（3）成员国有义务拒绝将成员国或政府间组织的徽章、旗帜、各国用以表明监督和保证的官方符号和检验印章，用作商标或商标的组成部分予以注册，并采取适当措施禁止使用。（4）如成员国一个商标所有人的代理人或代表人，未经授权以自己的名义向一个或几个成员国申请注册该商标，商标所有人有权反对所申请的注册或要求取消注册。(5)成员国有义务保护集体商标及服务标记等。

此外，《巴黎公约》还对注册商标的使用和转让、成员国对工业品外观设计、原产地名称、厂商名称等其他工业产权的最低立法保护水平作出了规定。

(二)《保护文学和艺术作品伯尔尼公约》

《伯尔尼公约》缔结于1886年，1887年生效，是版权领域第一个世界性多边公约。我国于1992年加入该公约。依中国政府的声明，自1997年7月1日起，该文本也适用于中华人民共和国香港特别行政区。依世贸组织的TRIPS第9条第1款的规定，世贸成员即使不是《伯尔尼公约》的缔约国，也应遵守《伯尔尼公约》1971年巴黎文本的实质性条款，但非《伯尔尼公约》缔约国的世贸成员，不受《伯尔尼公约》精神权利条款的约束。

1.《伯尔尼公约》的基本原则。

(1)国民待遇原则。《伯尔尼公约》第3、4条及第5条(第1、3、4款)涉及国民待遇原则。依该原则，有权享有国民待遇的国民包括“作者国籍”和“作品国籍”两类情况。“作者国籍”指公约成员国国民和在成员国有惯常居所的非成员国国民，其作品无论是否出版，均应在一切成员国中享有国民待遇；“作品国籍”针对非公约成员国国民，其作品只要是在任何一个成员国出版，或者在一个成员国和非成员国同时出版(30天之内)，也应在一切成员国中享有国民待遇。该标准又称“地理标准”，“地理标准”同样适用于电影作品和建筑物作品，对于电影作品来说，只要有关电影的制片人的总部或惯常居所在公约成员国中，该电影作品的作者也可享有国民待遇。对于建筑作品及与建筑物不可分的艺术作品来说，只要有关建筑物位于公约成员国地域内，其作者也可享有国民待遇。

(2)自动保护原则。依《伯尔尼公约》第5条第2款的规定，该原则要求享有及行使依国民待遇所提供的有关权利时，不需要履行任何手续，也无论作品在起源国是否受到保护，即应自动予以保护。依该原则，成员国国民及在成员国有惯常居所的其他人，在作品创作完成时即自动享有著作权；非成员国国民，在成员国又无惯常居所者，其作品首先或同时在成员国出版也享有著作权。作为该原则的补充，《伯尔尼公约》第2条第2款允许成员国在国内法中保留“固定要求”，即版权的享有和行使虽不需要履行任何手续，但成员国仍然可将作品以某种物质形式固定下来作为获得保护的前提。

(3)版权独立性原则。依《伯尔尼公约》第5条第2款的规定，享有国民待遇的人在公约任何成员国所得到的著作权保护，不依赖于其作品在来源国受到的保护。例如，在保护水平上，不能因为作品来源国的保护水平低，其他成员国就降低对有关作品的保护水平。在手续上，如一成员国的版权法要求其国民的作品要履行一定的手续才能获得保护，有关作者在其他成员国要求版权保护时，其他国家不能因其本国要求履行手续而专门要求其也履行手续。在是否构成侵权上，来源国以某种方式利用作品不构成侵权，但在另一成员国以相同的方式利用却构成侵权，则后一国不能因在来源国不视为侵权而拒绝受理有关的侵权诉讼。

(4)特别授予权利原则。依《伯尔尼公约》第5条第1款的规定，对于受公约保护的作品，作者在除作品起源国外的其他各成员国，除按国民待遇享有权利外，还享有公约特别授予的权利。这一原则实质是对国民待遇原则的一种限制，即使被请求保护国对其本国国民不提供公约规定的权利，对其他成员国国民，则应提供公约特别授予的权利。

2.版权保护的规定。

(1)客体范围方面，依《伯尔尼公约》第2条的规定，成员国必须保护的作品包括文学艺术作品、演绎作品以及实用艺术作品和工业品外观设计。文学艺术作品指文学、科学和文学艺术领域的一切作品，无论其表现形式如何。《伯尔尼公约》列举了一个非穷尽列举式的受保护作品清单。演绎作品指对已存在的文学艺术作品进行翻译、改编、乐曲改编以及其他变动而形成的新作品。在实用艺术作品和工业品外观设计上,《伯尔尼公约》第2条第7款规定：各成员国得通过国内立法规定其法律在何种程度上适用于实用艺术用品以及工业品平面设计和立体设计,及此种作品和平面与立体设计受到保护的条件。公约规定的可选择是否给予保护的作品包括官方文件、讲演、演说或其他同类性质的作品以及民间文学艺术作品。日常新闻或纯属报刊消息性质的社会新闻不在版权保护客体范围之内。

（2）权利内容方面及保护期限,《伯尔尼公约》要求保护的精神权利有署名权和保护作品完整权两项;经济权利有复制权、翻译权、公演权、广播权、公开朗诵权、改编权、电影权和录制权八项。经济权利的保护期限,一般文学艺术作品最低保护期为作者有生之年加死后50年。电影作品的最低保护期为电影公映后或摄制完成后50年。不具名作品或匿名作品,最低保护期为作品合法向公众发表后50年;能够确定作者身份,或者作者在保护期内公布身份的,适用作者死后50年的规定。摄影作品和实用美术作品的最低保护期为作品完成后25年。作者的精神权利不受经济权利的影响,在上述经济权利转让之后,作者仍保有主张作品表明其作者身份的权利,并有权反对对其作品的有损声誉的歪曲、割裂或其他更改或损害行为。作者的精神权利,至少应与其经济权利的保护期相等。保护精神权利的方法由被要求给予保护的国家的法律规定。

（3）权利限制方面,《伯尔尼公约》允许的权利限制包括合理使用和法定许可。合理使用包括合理地引用作品,为教育目的利用作品,报刊、广播转载或转播其他报刊、广播上讨论经济、政治或宗教的时事性文章,以及报道时事时使用作品等。法定许可只适用于对广播权和录制权的限制。

3.公约的追溯力。依《伯尔尼公约》第18条规定：公约适用于所有在本公约开始生效时尚未因保护期满而在其来源国进入公有领域的作品。即一个国家对其加入公约之前已进入该国公有领域的作品,只要在加入时该作品在来源国仍受保护,该国就有保护这些作品的义务。

（三）《与贸易有关的知识产权协议》

《与贸易有关的知识产权协议》(TRIPS)是在世贸组织范围内缔结的知识产权公约。该协议订立于1994年,1995年生效,我国2001年加入世界贸易组织以后受协议约束。与以前的知识产权国际公约相比,TRIPS是一个更高标准的公约。公约要求成员对知识产权提供更高水平的立法保护;要求成员采取更为严格的知识产权执法措施;并将成员之间知识产权争端纳入WTO争端解决机制。

1.国民待遇和最惠国待遇原则及其例外。

国民待遇原则和最惠国待遇原则是TRIPS的基本原则。国民待遇原则规定在TRIPS第3条,依该条规定,在知识产权保护方面,在遵守《巴黎公约》、《伯尔尼公约》、《罗马公约》或《关于集成电路的知识产权条约》中各自规定的例外的前提下,每一成员给予其他成员国民的待遇不得低于本国国民的待遇。即除例外情况,要求各成员在知识产权保护上,对其他成员国国民提供的待遇,不得低于其本国国民。但《伯尔尼公约》第6条和《保护表演者、唱片制作者和广播组织罗马公约》(以下简称《罗马公约》)第16条第1款（B）项所允许的成员国在特殊场合以互惠原则取代国民待遇原则的规定依然有效。《巴黎公约》第6条允许在非成员国版权保护水平太低的情况下,以近似互惠的保护代替因“作品国籍”原应享有的国民待遇。即成员国对因“作品国籍”而应保护的作品,无须给予比首次出版国所给予的更高的保护。《罗马公约》第16条第1款（B）项的内容与《伯尔尼公约》第6条相同,只是受限制保护的主体是广播组织。

最惠国待遇原则要求在知识产权的保护上,某一成员提供给其他成员国民的任何利益、优惠、特权或豁免,均应无条件地对全体成员国民适用。最惠国待遇原则的例外包括:（1）由一般性司法协助及法律实施的国际协议引申出的且并非专为保护知识产权的特权或优惠;（2）《伯尔尼公约》和《罗马公约》允许的按互惠原则提供的优惠;（3）TRIPS未加规定的表演者权、录音制作者权和广播组织权;（4）建立WTO

协定生效之前业已生效的保护知识产权国际协定中产生的权利或优惠等。

2.TRIPS规定的知识产权保护标准。

TRIPS首先将《巴黎公约》、《伯尔尼公约》（第6条之二关于精神权利的规定除外）、《罗马公约》以及《关于集成电路的知识产权条约》的实体性规定全部纳入TRIPS中，成为世贸成员必须给予知识产权保护的最低标准。在此基础上，TRIPS又在下列方面进一步明确了成员保护知识产权的最低水平。

（1）版权和相关权利。在版权保护方面，TRIPS对《伯尔尼公约》的补充表现在两个方面：在保护客体方面，将计算机程序和有独创性的数据汇编列为版权保护的对象；在权利内容方面，增加了计算机程序和电影作品的出租权。在版权相关权利方面，TRIPS在《罗马公约》的基础上延长了权利保护期限。规定了对表演者和录制者的保护期限为50年，广播组织的保护期限为20年。并将《伯尔尼公约》有关追溯力的规定比照适用于表演者权及录音制品制作者权。

（2）商标。TRIPS规定了商标的定义，商标是指任何能够将一企业的商品和服务与其他企业的商品或服务区分开的标记或标记的组合，包括文字、字母、数字、图形要素、色彩的组合以及上述内容的组合。与《巴黎公约》相比，TRIPS扩大了对驰名商标的特殊保护，一方面将相对保护扩大为绝对保护，即对驰名商标的特殊保护扩大至不相类似的商品或服务。另一方面将驰名商标的保护原则扩大适用于服务标记。在商标的保护期限上，规定商标首次注册以及每次续展，其期限均不得少于7年。商标的注册应可无限地续展。在商标的转让上，TRIPS比《巴黎公约》的规定更灵活，允许商标权人自行决定是否连同商标所属的经营一道转让其商标。

（3）地理标志。依TRIPS第22条第1款，地理标志指表示一种商品的产地在某一成员领土内，或者在该领土内的某一地区或地方的标志，而某种商品的特定品质、名声或者其特色主要是与其地理来源有关。TRIPS要求各成员有义务对地理标志提供法律保护。在权利内容方面，依TRIPS第22条第2款，禁止将地理标志作任何足以使公众对该商品来源误认的使用，即禁止利用地理标志的任何不正当竞争行为。即禁止误导和不公平竞争行为。依TRIPS第22条第3款，禁止利用商标作虚假的地理标志暗示的行为，即应拒绝商标注册或使注册无效。依TRIPS第22条第4款，如果地理标志虽然逐字真实指明商品之来源地域、地区或地方，但仍误导公众以为该商品来自另一地域，则成员亦可禁止其使用。即对字面真实但有误导的地理标志也应禁止。例如在美国得克萨斯州也有一个城市叫“巴黎”，如在该巴黎市有人生产香水，并在商品包装上注明“巴黎”字样出口，会使普通消费者联想到的是享有盛名的法国巴黎的香水，这就属于真实指明商品来源的地理标志却产生误导公众的后果。依TRIPS的规定，对该商品的真正起源地具有误导公众的性质，则该成员应拒绝该商标的注册或使注册无效。鉴于地理标志对酒类商品具有特别的重要性，TRIPS特别要求各成员采用法律手段，防止使用某一地理标志表示并非来自该标志所指地方的葡萄酒或烈酒。

（4）工业品外观设计。TRIPS要求各成员对独立创作的、具有新颖性或原创性的工业品外观设计提供保护。成员可自行确定用工业产权法或通过版权法来保护工业品外观设计，但其保护期至少为10年。各成员可以规定，外观设计的保护不应延及主要由技术或功能考虑所做成的外观设计。成员对纺织品设计的保护要求，特别是费用、审查或公布的要求，不应不合理地阻碍寻求这种保护的机会。受保护设计的所有人应有权阻止第三人未经其许可，为商业目的而制造、复制或进口载有或体现有受保护的外观设计的复制品或实质上是复制品的货物。

（5）专利。在专利保护客体上，依TRIPS第27条规定，一切技术领域内具有新颖性和创造性，并能付诸工业应用的任何发明，无论是产品还是方法，均应提供专利保护。但各成员可拒绝对疾病的诊断方法、治疗方法和外科手术方法提供专利的保护。关于植物新品种的保护问题，第27条规定：成员国应以专利制度或有效的专门制度，或以任何组合制度，给植物新品种以保护。即植物新品种可以不用专利，可以用一种植物专门法或其他的方法来保护。TRIPS与《巴黎公约》相比，在专利权内容方面增加了专利进口权、许诺销售权，并要求成员将对方法专利的保护延及依该方法而直接获得的产品。专利进口权指的是进口国的专利权人有权阻止他人未经许可进口与其专利产品相同的产品，无论进口的产品在国外是否享有合法的专利权。"许诺销售权"指在销售行为实际进行前，进行发布广告、展览、公开演示、寄送价目表、拍卖公告、招标公告以及达成销售协议等表明销售专利产品意向的权利。在保护期方面，TRIPS规定应不少于自提交专利申请之日起20年。

（6）集成电路布图设计。TRIPS首先将1989年《关于集成电路的知识产权条约》的全部实体性规定纳入，并提高了保护水平：扩大了权利保护范围，将保护对象由只保护布图设计和含有受保护布图设计的集成电路，扩大到了含有受保护集成电路的物品；将保护期由8年延长为10年，并允许成员将布图设计的保护期限规定为自创作完成之日起15年；规定善意侵权人在收到该布图设计系非法复制的通知后，仍可就其现有存货或订单继续实施其行为，但应向权利持有人支付报酬。

（7）对未披露信息的保护。TRIPS第39条第1款规定了未披露的信息要得到保护必须符合三个条件：其一，信息是秘密的，即信息整体或者其组成部分的确切组合不是通常从事该信息行业界的人所普遍知悉或容易获得的；其二，该信息因为秘密而具有商业上的价值；其三，合法控制信息的人为了保守该信息的秘密性，已经根据情况采取了适当的措施。依TRIPS第39条第2款规定，合法控制符合上述条件信息的自然人和法人应当有可能制止下列行为：第一，制止他人未经其许可，以违反诚实的商业惯例的方式，将该信息向任何人公开；第二，制止他人未经其许可，以违反诚实的商业惯例的方式获得该信息；第三，制止他人未经其许可，以违反诚实的商业惯例的方式使用该信息。

3.知识产权的执法措施。

以往国际保护知识产权的公约涉及知识产权执法措施的规定很少，由于各成员的程序和执行制度不同，会影响公约实体规定发挥作用。为此，TRIPS的第三部分专门涉及了知识产权的执法，条文共有21条之多，这在知识产权的国际条约中是一个创举。TRIPS规定的知识产权执法措施主要包括：

（1）一般义务。依TRIPS第41条的规定，各成员应保证其国内法能提供协议第三部分所规定的执法程序，以便能采取有效行动，制止任何侵犯协议所规定的知识产权的行为。这种执法程序必须包括：迅速防止侵权的救济，遏制进一步侵权的救济等。此外，知识产权的执法程序应当公平合理，不应当不必要的复杂或花费过高，或者规定不合理的期限或不应当的拖延。

（2）民事和行政程序及救济。依TRIPS第43条至第49条的规定，各成员应向权利持有人提供关于执行知识产权的民事司法程序，包括及时得到足够详细的书面通知，委托代理人，举证的权利，陈述的机会等。一旦发生侵权，成员的司法机关应有权责令停止侵权，向权利持有人支付损害赔偿，对侵权的商品进行处理，禁止其进入商业渠道或命令将侵权商品予以销毁。

（3）临时措施。TRIPS第50条对临时措施进行了规定。临时措施主要指各成员的司法机关应有权在侵权行为发生之初采取临时措施，制止侵权行为继续进行或防止销毁有关证据。在知识产权的保护上，临时措施具有重要的作用。因为如果等到漫长的侵权诉讼程序终结时，侵权人可能已丧失支付能力，使整个诉讼程序也丧失了意义。因此，规定各成员的司法机关有权在侵权行为发生之初采取临时措施，以制止侵权行为继续进行或防止有关证据被销毁是必要的。

（4）边境措施。由于侵权商品一旦进入国内的商业渠道，要扣留它们就困难得多了。因此，利用海关程序对商品进行排查，将侵权商品扣留下来，对于打击侵权商品是比较迅速而有效的。TRIPS第52条至第60条对边境措施进行了规定，使权利持有人如有适当证据怀疑假冒商标的商品或盗版商品可能进口，可在提供相应担保的条件下，书面向进口国主管行政或司法当局提出，由海关中止放行被怀疑侵权的商品。对于假冒商标商品，主管机关不应允许该侵权商品原样不改地重新出口。

（5）刑事程序。依TRIPS第61条的规定，各成员必须规定刑事程序和刑罚，适用于商业规模的故意假冒商标或版权盗版。适用的救济应包括监禁、罚金，其期间和数额应足以起威慑作用，并应与适用于严重程度相当的犯罪的刑罚水平相一致。在适当情形下，适用的救济还可以包括扣押、没收和销毁侵权商品以及主要用于犯罪的任何材料和工具。

二、中国对知识产权保护的边境措施

为了实施中国海关对知识产权保护的边境措施，我国通过了《知识产权海关保护条例》，该条例于2004年3月1日施行，并于2010年、2018年进行了修改。依该条例，海关对与进出口货物有关并受中国法律、行政法规保护的商标专用权、著作权和与著作权有关的权利、专利权（知识产权）实施保护。条例规定国家禁止侵犯知识产权的货物进出口。进口或者出口侵犯知识产权货物，构成犯罪的，依法追究刑事责任。条例的主要内容如下：

1.海关方面的措施。（1）申报：要求进口货物的收货人或其代理人、出口货物的发货人或其代理人按照国家规定，向海关如实申报与进出口货物有关的知识产权状况。（2）备案：海关总署应自收到权利人备案申请文件之日起30个工作日内确定是否准予备案，并书面通知申请人；不予备案的，应当说明理由。有下列情形之一的不予备案：申请文件不齐全或者无效的；申请人不是知识产权权利人的；知识产权不再受法律、行政法规保护的。海关发现进出口货物有侵犯备案知识产权嫌疑的，应当立即书面通知权利人；权利人申请知识产权备案未如实提供有关情况或者文件的，海关总署可以撤销其备案。（3）扣留：权利人提交申请书及相关证明文件，和足以证明侵权事实明显存在的证据，并依条例第14条提供担保的，海关应扣留侵权嫌疑货物。海关调查后认定被扣留的侵权嫌疑货物侵犯知识产权的，由海关予以没收。

2.权利人采取的措施。（1）申请人：知识产权权利人请求海关采取知识产权保护措施或者向海关总署办理知识产权海关保护备案的，境内知识产权权利人可以直接或者委托境内代理人提出申请，境外知识产权权利人可以委托其在境内设立的办事机构或者境内代理人提出申请。委托境内代理人提出申请的，应当出具规定格式的授权委托书。（2）备案期限：知识产权海关保护备案自海关总署准予备案之日起生效，有效期为10年，在上述有效期届满前6个月内，权利人向海关总署申请续展备案，每次续展备案的有效期为10年。（3）申请法院措施：权利人在向海关提出采取保护措施的申请后，可依我国商标法、著作权法、专利法或者其他有关法律的规定，就被扣留的侵权嫌疑货物向人民法院申请采取责令停止侵权行为或者财产保全的措施。（4）申请海关措施：权利人发现侵权嫌疑货物即将进出口的，可以向货物进出境地海关提出扣留侵权嫌疑货物的申请。海关应将扣留侵权嫌疑货物情况书面通知权利人，并将海关扣留凭单送达收货人或发货人。

3.对收货人或发货人的救济。（1）提供说明和证据：收货人或发货人认为其货物未侵犯知识产权权利人的知识产权的，应向海关提出书面说明并附送相关证据。（2）申请放行：涉嫌侵犯专利权货物的收货人或发货人认为其进出口货物未侵犯专利权的，可以请求海关放行其货物。有下列情形之一的，海关应当放行被扣留的侵权嫌疑货物：第一，海关依《知识产权海关保护条例》第15条扣留侵权嫌疑货物，自扣留之日起20个工作日内未收到人民法院协助执行通知的；第二，海关依照《知识产权海关保护条例》第16条扣留侵权嫌疑货物，自扣留之日起50个工作日内未收到人民法院协助执行通知，并且经调查不能认定被扣留的侵权嫌疑货物侵犯知识产权的；第三，涉嫌侵犯专利权货物的收货人或者发货人在向海关提供与货物等值的担保金后，请求海关放行其货物的；第四，海关认为收货人或发货人有充分证据证明其货物未侵犯知识产权权利人的知识产权的；第五，在海关认定被扣留的侵权嫌疑货物为侵权货物之前，知识产权权利人撤回扣留侵权嫌疑货物的申请的。

三、国际技术贸易与国际知识产权许可协议

（一）国际技术贸易

国际技术贸易，是指跨越国境的有偿技术转让，“跨越国境”是技术贸易“国际性”的标准。国际技术贸易法是调整跨国技术转让关系的法律规范的总和。在国际公约方面，联合国贸发会于1978年拟定了联合国《国际技术转让行动守则（草案）》。但由于发展中国家与发达国家在一些重要问题上分歧严重，草案至今未获正式通过。目前，尚未形成关于国际技术贸易的国际法律制度，有关国际技术贸易行为主要是通过国内法律制度及国际商业惯例来调整。

在国内法方面，我国调整技术进出口的法律主要包括：《技术进出口管理条例》，《对外贸易法》有关技术进出口的管理规定，以及我国的专利法、商标法、著作权法、反不正当竞争法、反垄断法等法律中的相关规定。

在国际商业惯例方面，主要涉及有关知识产权贸易中普遍存在的限制性商业条款的惯例，有关的惯例一部分被成文化了，包括联合国《国际技术转让行动守则（草案）》，1980年联合国限制商业惯例问题会议通过的《一套多边协议的控制限制性商业惯例的公平原则和规则》等。

（二）国际知识产权许可协议及其种类

国际技术贸易主要通过国际知识产权许可协议进行，国际知识产权许可协议又称国际许可证协议，指知识产权出让方将其知识产权的使用权在一定条件下跨越国境让渡给知识产权受让方，由受让方支付使用费的合同。协议中提供知识产权的一方称为“许可方”（Licensor），接受知识产权的一方称为“被许可方”（Licensee）。

国际许可证协议依许可权利的大小不同可以分为独占许可、排他许可（又称独家许可）和普通许可。独占许可证协议指在协议约定的时间及地域内，许可方授予被许可方技术的独占使用权，许可方不能在该时间及地域范围内再使用该项出让的技术，也不能将该技术使用权另行转让给第三方。独占许可证协议下，被许可方所获得的权利最大，其支付的使用费也最高。排他许可证协议指在协议约定的时间及地域内，被许可方拥有受让技术的使用权，许可方仍保留在该时间和地域内对该项技术的使用权，但不能将该项技术使用权另行转让给第三方。普通许可证协议指在协议约定的时间和地域范围内，被许可方拥有受让技术的使用权，许可方仍保留在该时间和地域内对该项技术的使用权，且能将该项技术使用权另行转让给第三方，即被许可方、许可方和第三方都可使用该项技术。此种协议下被许可方获得的权利最小，所支付的使用费最低。国际许可协议根据转让标的的不同还可以分为专利许可证协议、商标许可证协议、著作权许可证协议、专有技术许可证协议以及混合许可证协议，等等。不同标的许可证协议的特有条款也不同。

（三）国际许可证协议的条款

国际技术许可证协议因转让标的不同而有不同，但有些条款是各类许可证协议都具备的，概括起来，主要包括下列条款：

1.鉴于与定义条款。鉴于条款即对技术许可的目的和背景等进行说明，对解释协议条款提供指导原则。定义条款会对协议中涉及的重要词汇给出明确的定义。国际技术许可证协议会涉及专利、商标、专有技术、版权等许可技术性的关键性专有名词，因各国的解释不同，可能会对当事人的权利产生影响，因此，在许可证协议中均会有定义条款。

2.合同的范围条款。明确合同的标的、权利许可使用的范围、权利利用的充分性、授权的性质、技术使用的时间和地域等内容和条款。合同的标的涉及对技术或技术产品确切的描述，包括技术名称、范围、性能指标及验收标准、技术资料的交付等。在权利许可使用的范围方面，协议应确定许可的某一个或某几个方

面的权利。如专利权有四项权能，受让方是否取得了全部权利。技术使用或活动范围不同，支付价格不同。在权利利用的充分性方面，许可方应与受让方就充分利用许可技术达成协议，包括商标使用、产品质量、生产数量、受让方对第三人的许可等内容。对地域范围的规定主要是与许可方国家的出口控制制度一致，保护许可方免于受让方的进口竞争，保护其他受让方。

3.价格及支付条款。规定使用费的计算方式，主要包括：(1)统包价格，即在合同中一次算清一笔明确的使用费数额；(2)提成价格，即依合同产品产量、利润等提取一定百分比的费用作为技术使用费；(3)入门费加提成的价格，即合同生效后支付一定的入门费，投产后再支付提成费。支付条款一般规定支付货币、结算银行、汇款方式、付款单据、支付的时间和地点等内容。在计价货币和支付货币不同时，应规定兑换率。汇款方式有电汇、信汇和票汇等。采用统包价格时，可在技术资料交付后一次付清，或分期付清。采用提成价格时，可在正式销售后支付。采用入门费加提成的价格时，入门费可一次或分期付清，提成费在性能保证期结束后按年支付。

4.技术资料的交付与技术服务。(1)技术资料的交付条款。在国际许可证贸易中出让技术，要靠技术资料来表达说明，以及对技术资料的消化和实践。实践中，技术资料交付条款通常包括技术资料的清单及份数，技术资料交付的时间和方式，技术资料的包装，技术资料使用的文字，技术资料的验收等内容。(2)技术服务条款。技术服务通常包括设计和工程服务、管理服务以及技术人员培训服务等。技术服务条款主要包括许可方所派技术人员的性质及人数、任务及工作量、服务时间、工作及生活条件、费用的划分和支付等。需要培训人员的，应明确培训人数、内容、方式、时间和地点等。

5.技术的验收条款。验收条款指被许可方对依许可方提供的技术资料制造的产品是否符合许可证协议规定的技术性能指标，进行的考核和验收。条款内容主要涉及考核验收产品的型号、规格、数量，考核验收的内容、标准和方法，考核验收的时间、地点、人员，考核验收结果的评定和处理及费用的分担等。

6.技术改进。在许可证协议的有效期内，双方都有可能对转让技术进行改进或发展。对于改进技术的权利归属，实践中许可方多认为，被许可方对转让技术的改进是基于自己原有的技术，因此要求在合同中明确规定不允许被许可方改进发展技术，或一切的改进发展技术都归许可方所有。但许多国家的法律规定这种类型的条款属于限制性条款。该条款一般涉及许可方或被许可方技术改进的取得或使用，向第三人许可利益的共享、方式和数额，技术的专利申请权，费用是否互免等。

7.保证和索赔条款。许可证协议中的保证指许可方对其转让技术的合法性、可靠性和有效性所提供的保证，其目的旨在维护被许可方的合法权益。概括起来包括权利担保和技术担保两个方面。在权利担保方面，许可方应保证对技术拥有所有权或许可权，该技术应不侵犯第三人的权利。如在合同履行过程中出现第三方指控侵权，应由许可方负责与第三方交涉，并承担由此引起的一切法律和经济责任。许可方还应保证协议所涉及的知识产权在协议有效期内是有效和合法的。在技术担保方面，应保证被许可方正确使用技术资料后能够生产出符合协议规定技术标准和性能的产品，保证技术使用、操作及其结果应符合约定标准，技术符合受让方法律的要求。保证提供良好的技术服务等。当许可方未履行上述保证时，应当承担违约责任。被许可方对违约行为有权提出索赔。索赔在实践中多以罚款的方式，罚款的百分比由双方协商而定。

8.违约救济与争议的解决。违约救济条款主要涉及违约行为的构成及违约救济方法，通过的救济方法包括替换、修补、赔偿损失、解除合同、支付罚金等。国际许可证贸易的争议解决的方式主要有协商、调解、仲裁和司法诉讼。当事人可以通过协商选择争议解决的方式。

不同标的许可证协议的特有条款，在专利

许可证协议中通常还包括维持专利有效性、不得反控、使用专利标记等条款。商标许可证协议包括使用商标的形式、质量监督、商标标识管理等条款。版权许可协议有被许可方使用作品方式的约定条款。专有技术有关于技术保证条款和保密条款等内容。

（四）我国对技术进出口的管理

1.《对外贸易法》的规定。依《对外贸易法》，国家准许技术自由进出口，国家法律、行政法规另有规定的除外。在一定情况下，国家可以限制或禁止技术进出口。对限制进出口的技术，实行许可证管理。国家制定、调整并公布限制或禁止进出口技术的目录，必要时也可以临时决定限制或禁止技术目录以外的技术进出口。为维护国家安全、社会公共利益或公共道德，保护人类及动植物的生命与健康，保护环境，保护自然资源，维护市场秩序，加快产业发展，履行国际义务等原因，国家可以禁止或限制技术进出口。

2.《技术进出口管理条例》。为了适应中国加入世贸组织后技术进出口的需要，我国于2001年颁布了《技术进出口管理条例》，并于2011年、2019年、2020年对其进行了修改。依《技术进出口管理条例》第2条的规定，技术进出口指从中华人民共和国境外向中华人民共和国境内，或者从中华人民共和国境内向中华人民共和国境外，通过贸易、投资或者经济技术合作的方式转移技术的行为。该行为包括专利权转让、专利申请权转让、专利实施许可、技术秘密转让、技术服务和其他方式的技术转移。

《技术进出口管理条例》第二章是关于技术进口管理的，国家鼓励先进、适用的技术进口。有《对外贸易法》第15条规定情形之一的技术，禁止或者限制进口。国务院主管部门会同国务院有关部门，制定、调整并公布禁止或者限制进口的技术目录。属于禁止进口的技术，不得进口。属于限制进口的技术，实行许可证管理；未经许可，不得进口。进口属于限制进口的技术，应当向国务院外经贸主管部门提出技术进口申请。技术进口项目需经有关部门批准的，还应当提交有关部门的批准文件。国务院外经贸主管部门收到技术进口申请后，应当会同国务院有关部门对申请进行审查，并自收到申请之日起30个工作日内作出批准或者不批准的决定。对属于自由进口的技术，实行合同登记管理。进口属于自由进口的技术，合同自依法成立时生效，不以登记为合同生效的条件。

第二节　国际投资法

一、国际投资法概述

（一）国际投资法的概念及形式

国际投资法是调整国际私人直接投资关系的国内法律规范和国际法律规范的总称。国际投资是指资本的跨国流动。它可以分为国际直接投资（包括股权投资和非股权直接投资）和国际间接投资（证券投资）。前者是指一国私人在外国投资经营企业，直接或间接地控制该企业的经营活动。如外商投资企业。后者是指将借贷资本输出到国外，投资者不直接参与企业的经营活动，如购买外国股票、其他有价证券和贷款等。国际投资法主要调整国际直接投资。

（二）国际投资法的调整对象和特点

国际投资法调整的关系既有横向的，也有纵向的。具体包括：外国投资者和东道国自然人、法人及其他经济组织之间产生的投资商事关系；东道国与外国投资者之间的投资管理和保护关系；跨国投资者与母国有关机构之间的投资促进和投资保证的关系；政府之间及政府与国际组织之间为促进和保护投资或协调投资关系而缔结双边或多边条约所产生的关系。国际投资法的特点可以概括为：其一，仅调整国际私人投资关系，即自然人、法人和民间组织、企业团体的海外投资。其二，仅调整国际私人直接投资关系，即不包括国际间接投资关系，债券或股票等间接投资由国际金融法来调整。其三，所调整的国际私人直接投资关系既包括私人外国投资者与东道国及其法人、个人间以及同本国政府间的关系，又包括东道国与投资者母国政府间的关系。

（三）国际投资法的渊源和内容

国际投资法的渊源包括国内立法、国际条约和国际惯例。国际投资法主要涉及下列内容：国际投资的市场准入问题；国际投资的待遇标准问题；对外国投资的管制问题；对国际投资的保护问题；国际投资争端的解决问题。

1.国内立法。国际投资法的国内法律规范主要是指一个国家关于私人直接投资方面的法律规范。调整国际投资的国内立法通常包括两个方面，即对资本输入的法律调整和对资本输出的法律调整。

2.国际立法与国际惯例。国际条约包括国际投资双边条约、区域性条约和多边投资公约，双边投资条约是资本输出国与输入国间签订的，旨在鼓励、保护及促进两国间私人直接投资活动的双边协定与条约的总称。双边投资条约包括友好通商航海条约、投资保证协定、促进与保护投资协定等几种形式。双边投资条约主要包括受保护的投资者和投资、外国投资的待遇、政治风险的保证、代位权、投资争议的解决等内容。在多边条约方面，目前尚无全面规范国际投资各方面的多边条约，已生效的多边条约主要为《多边投资担保机构公约》《关于解决国家和他国国民之间投资争端公约》，以及世贸组织的《与贸易有关的投资措施协议》（TRIMs）等。有关国际投资的国际惯例，如用尽当地救济原则、求偿国籍原则等。

二、中国有关外商投资的立法

（一）《中华人民共和国外商投资法》

2019年3月15日，十三届全国人大二次会议通过了《中华人民共和国外商投资法》。《外商投资法》在外资管理模式上发生了根本性的改变，明确了对外商投资实行准入前国民待遇加负面清单的管理制度，取消了逐案审批制管理模式分为6章，包括总则、投资促进、投资保护、投资管理、法律责任、附则，对新时代外商投资法律制度作出了基本的、明确的规定。

关于外商投资的界定，该法第2条对外商投资进行了界定，即外国的自然人、企业或者其他组织（以下简称外国投资者）直接或者间接在中国境内进行的投资活动，包括以下四类具体情形：一是外国投资者单独或者与其他投资者共同在中国境内设立外商投资企业；二是外国投资者取得中国境内企业的股份、股权、财产份额或者其他类似权益；三是外国投资者单独或者与其他投资者共同在中国境内投资新建项目；四是法律、行政法规或者国务院规定的其他方式的投资。同时，考虑到金融行业同其他行业和领域相比具有特殊性，《外商投资法》第41条规定，对外国投资者在中国境内投资银行、证券、保险等金融行业，或者在证券市场、外汇市场等金融市场进行投资的管理，国家另有规定的，依照其规定。

为积极促进外商投资，《外商投资法》在第二章主要从四个方面进行规定：一是提高外商投资政策的透明度，制定与外商投资有关的法律法规规章时应当采取适当方式征求外商投资企业的意见和建议；与外商投资有关的规范性文件、裁判文书等，应当依法及时公布。二是保障外商投资企业平等参与市场竞争，明确国家支持企业发展的各项政策平等适用于外商投资企业。三是加强外商投资服务，国家建立健全外商投资服务体系，各级人民政府及其有关部门应当按照便利、高效、透明的原则，提高外商投资服务水平。四是依法依规鼓励和引导外商投资，国家可以依照法律、行政法规或者国务院的规定给予外商投资者优惠，各级地方人民政府在法定权限内制定外商投资促进和便利化政策措施。

为加强对外商投资合法权益的保护，《外商投资法》第三章从四个方面作了规定：一是加强对外商投资企业的产权保护。除特殊情况外，对外国投资者的投资不实行征收。外国投资者所获利润、资本收益、知识产权使用费等，可以依法以人民币或者外汇自由汇入汇出。鼓励基于自愿原则和商业规则开展技术合作，不得利用行政手段强制转让技术。二是强化对涉及外商投资规范性文件制定的约束。三是促使地方政府守约践诺。地方各级人民政府及其有关部门应当履行政策承诺以及各类合法合同。四是完善外商投资企业投诉维权机制。国家建立外商投资企业投诉工作机制，及时处理外商投资企业或者其投资者反映的问题，协调完善相关政策措施；外商投资企业可以依法成立和自愿参加商会、协会，维护自身合法权益。

关于外商投资管理，《外商投资法》第四章作了四个方面的规定：一是明确对外商投资者实行准入前国民待遇加负面清单管理制度。"负面清单管理模式"是指政府规定哪些经济领域不开放，除了清单上的禁区，其他行业、领域和经济活动都许可。凡是与外资的国民待遇、最惠国待遇不符的管理措施，或业绩要求、高管要求等方面的管理措施均以清单方式列明。准入前国民待遇要求在外资进入阶段给予国民待遇，即引资国应给予外资不低于内资的待遇。二是明确按照内外资一致的原则对外商投资实施监督管理，与有关法律法规相衔接，规定外商投资项目的核准、备案按照国家有关规定如《公司法》之规定执行。三是规定国家建立外商投资信息报告制度，外国投资者或者外商投资企业应当通过企业登记系统和企业信用信息公示系统向商务主管部门报送投资信息。四是对外商投资安全审查制度作了原则规定，并明确安全审查决定为最终决定。

《外商投资法》坚持外商投资基础性法律的定位，是新形势下国家关于外商投资活动全面的、基本的法律规范，是外商投资领域起龙头作用、具有统领性质的法律。因此，这部法律重点是确立外商投资准入、促进、保护、管理等方面的基本制度框架和规则，建立起新时代我国外商投资法律制度的"四梁八柱"。而投资项目的核准、备案、行业许可、企业登记等均采取内外资一致的原则，由其他法律、行政法规予以规定。例如，设立外商投资企业在组织形式等方面主要适用《公司法》的规定。

总体而言，《外商投资法》突出了积极扩大对外开放、促进外商投资的主基调，坚持内外资一致，在行政审批改革、加强产权平等保护等方面完善相关法律制度，通过内外资公平竞争投资环境吸引更多外商投资。

（二）《中华人民共和国外商投资法实施条例》

制定和完善配套法规，细化《外商投资法》确定的主要法律制度，对于保障《外商投资法》的有效实施具有重要意义。为此，2019年12月12日国务院第74次常务会议通过了《中华人民共和国外商投资法实施条例》（以下简称《外商投资法实施条例》）自2020年1月1日起和《外商投资法》同步施行。《外商投资法实施条例》对《外商投资法》中关于投资保护、投资促进、投资管理等的原则性规定进行了具体细化。主要包括下列内容：

1.对《外商投资法》"投资促进"一章的内容进行了细化。

《外商投资法实施条例》从下列几个方面对"投资促进"进行了规定：（1）外商投资企业依法平等适用国家支持企业发展的各项政策。政府及其有关部门在政府资金安排、土地供应、税费减免、资质许可、标准制定、项目申报、人力资源政策等方面，应当依法平等对待外商投资企业和内资企业。（2）提高外商投资政策的透明度。制定、起草与外商投资有关的法律、法规、规章、规范性文件，应根据实际情况，采用多种形式，听取外商投资企业和有关商会、协会等方面的意见和建议。与外商投资有关的规范性文件应当依法及时公布，未经公布的不得作为行政管理依据。（3）鼓励和引导外商投资。国家根据国民经济和社会发展需要，制定鼓励外商投资产业目录，列明鼓励和引导外国投资者投资的特定行业、领域、地区。外国投资者、外商投资企业可以依照法律、行政法规或者国务院的规定，享受财政、税收、金融、用地等方面的优惠待遇。（4）保障外商投资企业依法平等参与标准化工作。外商投资企业依法和内资企业平等参与国家标准、行业标准、地方标准和团体标准的制定、修订等待工作。国家制定的强制性标准对外商投资企业和内资企业平等适用，不得专门针对外商投资企业适用高于强制性标准的技术要求。（5）保障外商投资企业依法公平参与政府采购活动。政府及其有关部门不得阻挠和限制外商投资企业自由进入本地区和本行业的政府采购市场。政府采购的采购人、采购代理机构不得在政府采购信息发布、供应商条件确定和资格审查、评标标准等方面，对外商投资企业实行差别待遇或者歧视待遇。

2.对《外商投资法》“投资保护”一章的内容进行了细化。

《外商投资法实施条例》对投资保护的规定主要包括下列的内容：一是明确在特殊情况下国家为了公共利益的需要对外国投资者的投资实行征收的，应依法定程序、以非歧视性的方式进行，并按被征收投资的市场价值及时给予补偿。外国投资者对征收决定不服的，可申请行政复议或提起行政诉讼。二是明确行政机关及其工作人员不得利用实施行政许可、行政检查、行政处罚、行政强制以及其他行政手段，强制或变相强制外国投资者、外商投资企业转让技术。行政机关依法履行职责，确需外国投资者、外商投资企业提供涉及商业秘密的信息的，应限定在履行职责所必需的范围内，严格控制知悉范围，并应当建立健全行政机关内部管理制度，采取有效措施保护履行职责过程中知悉的外国投资者、外商投资企业的商业秘密。三是明确政府及其有关部门制定涉及外商投资的规范性文件，应按国务院的规定进行合法性审核。四是明确了政策承诺的内涵、作出政策承诺的要求，并明确规定地方政府及其有关部门不得以行政区划调整、政府换届、机构或者职能调整以及相关责任人更替等为由违约毁约。五是对外商投资企业投诉工作机制的建立、运行等作了进一步细化。

3.规定了现有外商投资企业组织形式等的过渡期。

对外商投资企业设立等实行审批、备案，是“外资三法”及其配套行政法规确定的外商投资管理制度之一。2020年1月1日《外商投资法》及其实施条例施行，“外资三法”及其实施细则、中外合资经营企业合营期限暂行规定将同时废止。为了平稳过渡，《外商投资法》设置了五年过渡期。《外商投资法实施条例》第44条规定，自2015年1月1日起，外资企业逾期仍未完成变更的，企业登记机关不予办理其他登记事项，并将相关情形予以公示。为便于现有外商投资企业办理变更登记，《外商投资法实施条例》明确由国务院市场监督管理部门规定并公布办理变更登记的具体事宜，国务院市场监督管理部门应当加强对变更登记工作的指导，负责办理变更登记的市场监督管理部门应当通过多种方式优化服务，为企业办理变更登记提供便利。

4.细化外商投资准入负面清单的规定。

为保障负面清单规定的落实，《外商投资法实施条例》明确规定：有关主管部门在依法履行职责过程中，对外国投资者拟投资负面清单内领域，但不符合负面清单规定的，不予办理许可、企业登记注册等相关事项；涉及固定资产投资项目核准的，不予办理相关核准事项。有关主管部门应当对负面清单规定执行情况加强监督检查，发现外国投资者投资负面清单规定禁止投资的领域，或者外国投资者的投资活动违反负面清单规定的限制性准入特别管理措施的，依照《外商投资法》第36条的规定予以处理。

5.安全审查制度。

《外商投资法实施条例》仅在第40条简单提及国家将建立外商投资安全审查制度。目前，国务院办公厅《关于建立外国投资者并购境内企业安全审查制度的通知》和商务部《实施外国投资者并购境内企业安全审查制度的规定》只适用于外资并购情形，且内容相对简单。

6.明确了港澳台投资的法律适用。

《外商投资法实施条例》明确了港澳台投资的法律适用，具体是：香港特别行政区、澳门特别行政区投资者在内地投资，参照《外商投资法》和本条例执行；法律、行政法规或者国务院另有规定的，从其规定。台湾地区投资者在大陆投资，适用《台湾同胞投资保护法》及其实施细则的规定；《台湾同胞投资保护法》及其实施细则未规定的事项，参照《外商投资法》和本条例执行。

7.其他法律与《外商投资法》和《外商投资法实施条例》的适用关系。

为保障《外商投资法》有效实施，依“上位法优于下位法、新法优于旧法”的原则，《外商投资法实施条例》明确规定：2020年1月1日前制定的有关外商投资的规定与《外商投资法》和本条例不一致的，以《外商投资法》和本条例的规定为准。

（三）最高人民法院《关于适用〈中华人民共和国外商投资法〉若干问题的解释》

为了确保《外商投资法》在审判领域得到公正高效执行，贯彻落实党中央关于更加开放、依法平等保护中外投资者合法权益，营造稳定、公平、透明的法治化营商环境的重大决策部署，最高人民法院审判委员会于2019年12月16日通过了最高人民法院《关于适用〈中华人民共和国外商投资法〉若干问题的解释》（以下简称《外商投资法解释》），自2020年1月1日起施行。《外商投资法解释》的主要内容可概括为：

1.《外商投资法解释》对投资合同的解释。

在《外商投资法解释》中，投资合同泛指外国投资者即外国的自然人、企业或者其他组织因直接或者间接在中国境内进行投资而形成的相关协议。对投资合同的范围，《外商投资法解释》采取的是扩展性的解释，包括实践中可能为投资者所采用的任何一种合同。投资合同的形式包括但不限于设立外商投资企业合同、股份转让合同、股权转让合同、财产份额或者其他类似权益转让合同、新建项目合同等协议。《外商投资法解释》还规定，外国投资者因赠与、财产分割、企业合并、企业分立等方式取得相应权益所产生的合同纠纷，也适用《外商投资法解释》。

2.《外商投资法解释》对投资合同效力的认定。

关于合同的效力，《外商投资法解释》规定：（1）对负面清单之外的领域形成的投资合同，当事人以合同未经有关行政主管部门批准、登记为由主张合同无效或者未生效的，人民法院不予支持；（2）即便是外国投资者投资负面清单规定限制投资的领域，只要在人民法院作出生效裁判前，当事人采取了必要的补正措施，投资合同仍然可以认定有效；（3）即便在投资合同签订时未符合负面清单的要求，但在生效裁判作出前，负面清单调整放宽了限制性要求的，投资合同也可以认定有效。

3.《外商投资法解释》对于来自港澳台居民和在国外定居的中国公民在境内的投资，可参照适用。

鉴于境内的外商投资有相当部分来自港澳台居民和在国外定居的中国公民，《外商投资法解释》的规定使这部分投资的合同关系有法可依，有助于稳定和促进外商投资。《外商投资法解释》通过这些制度设计，在依法维护和保障外资管理秩序的前提下，尽可能促进投资合同有效，最大限度地保障投资者的合法权益。

（四）《外商投资安全审查办法》

2020年《外商投资安全审查办法》由国家发展和改革委员会第13次委务会议审议通过，并经国务院批准，自2021年1月18日起施行。《外商投资法》在法律层面正式确立了准入前国民待遇加负面清单管理制度，建立了外商投资信息报告制度，大幅提升了外商投资便利化程度。同时，为统筹积极促进外商投资和有效维护国家安全，《外商投资法》规定了国家建立外商投资安全审查制度，对影响或者可能影响国家安全的外商投资进行安全审查。《外商投资安全审查办法》以《外商投资法》《国家安全法》为主要法律依据，践行总体国家安全观和新发展理念，坚持统筹发展和安全，坚持开放和安全并重，对外商投资安全审查制度作出较为全面系统的规定，以在积极促进和保护外商投资的同时，有效预防和化解国家安全风险。其主要内容为：

1.审查的外商投资类型。依《外商投资安全审查办法》第2条，对影响或可能影响国家安全的外商投资进行安全审查。这里的外商投资既包括直接投资，也包括间接投资。包括下列情形：（1）外国投资者单独或者与其他投资者共同在境内投资新建项目或者设立企业；（2）外国投资者通过并购方式取得境内企业的股权或者资产；（3）外国投资者通过其他方式在境内投资。

2.外商投资安全审查机构。依《外商投资安全审查办法》第3条，国家建立外商投资安全审查工作机制，负责组织、协调、指导外商投资安全审查工作。工作机制办公室设在国家发展改革委，由国家发展改革委、商务部牵头，承担外商投资安全审查的日常工作。

3.外商投资安全审查范围。依《外商投资安全审查办法》第4条，下列范围内的外商投资，外国投资者或者境内相关当事人（以下统称当事人）应当在实施投资前主动向工作机制办公室申报：（1）投资军工、军工配套等关系国防安全的领域，以及在军事设施和军工设施周边地域投资；（2）投资关系国家安全的重要农产品、重要能源和资源、重大装备制造、重要基础设施、重要运输服务、重要文化产品与服务、重要信息技术和互联网产品与服务、重要金融服务、关键技术以及其他重要领域，并取得所投资企业的实际控制权。第（2）项所称取得所投资企业的实际控制权，包括下列情形：①外国投资者持有企业50%以上股权；②外国投资者持有企业股权不足50%，但其所享有的表决权能够对董事会、股东会或者股东大会的决议产生重大影响；③其他导致外国投资者能够对企业的经营决策、人事、财务、技术等产生重大影响的情形。对上述第（1）、（2）项规定范围内的外商投资，工作机制办公室有权要求当事人申报。

当事人向工作机制办公室申报外商投资前，可以就有关问题向工作机制办公室进行咨询。

4.外商投资安全审查程序。

（1）安全审查阶段。在收到符合申报要求的材料之日起15个工作日内进行初步审查，决定是否启动安全审查。外商投资安全审查分为一般审查和特别审查。工作机制办公室决定对申报的外商投资进行安全审查的，应当自决定之日起30个工作日内完成一般审查。审查期间，当事人不得实施投资。经一般审查，认为申报的外商投资不影响国家安全的，工作机制办公室应当作出通过安全审查的决定；认为影响或者可能影响国家安全的，工作机制办公室应当作出启动特别审查的决定。工作机制办公室作出的决定应当书面通知当事人。特别审查应当自启动之日起60个工作日内完成；特殊情况下，可以延长审查期限。延长审查期限应当书面通知当事人。审查期间，当事人不得实施投资。

（2）关于补充材料：工作机制办公室可以要求当事人补充资料，并向当事人询问有关情况。当事人应予以配合。该时间不计入审查期限。

（3）当事人修改方案或撤销投资修改方案的，审查期限自修改方案提交后重新计算；撤销投资的，终止审查。

（4）外商投资安全审查决定执行通过安全审查的，可实施投资；禁止投资的，不得实施投资；附条件通过审查的，应当按照附加条件实施投资。

5.审查决定监督执行。依《外商投资安全审查办法》第13条，工作机制办公室会同有关部门、地方人民政府对外商投资安全审查决定监督实施；对附条件通过安全审查的外商投资，可以采取要求提供有关证明材料、现场检查等方式，对附加条件的实施情况进行核实。

6.违规惩戒。（1）当事人未依规定申报即实施投资的，由工作机制办公室责令限期申报；拒不申报的，责令限期处分股权或资产及采取其他必要措施，恢复到投资实施前的状态，消除对国家安全的影响。（2）当事人提供虚假材料或隐瞒有关信息的，责令改正；骗取通过安全审查的，撤销相关决定；已经实施投资的，恢复到投资实施前的状态，消除对国家安全的影响。（3）附条件通过安全审查的外商投资，当事人未按照附加条件实施投资的，责令改正；拒不改正的，责令限期采取其他必要措施，恢复到投资实施前的状态，消除对国家安全的影响。上述违规情形应作为不良信用记录纳入国家有关信用信息系统，实施联合惩戒。

7.刑事责任。国家机关工作人员在外商投资安全审查工作中，滥用职权、玩忽职守、徇私舞弊、泄露国家秘密或者其所知悉的商业秘密的，依法给予处分；构成犯罪的，依法追究刑事责任。

8.参照适用。香港特别行政区、澳门特别行政区、台湾地区投资者进行投资，影响或者可能影响国家安全的，参照本办法的规定执行。

9.会同制定。外国投资者通过证券交易所或者国务院批准的其他证券交易场所购买境内企业股票，影响或者可能影响国家安全的，其适用本办法的具体办法由国务院证券监督管理机构会同工作机制办公室制定。

三、《多边投资担保机构公约》

为了缓解或消除外国投资者对政治风险的担心，世界银行于1984年制定了《多边投资担保机构公约》的草案，几经修订后于1985年在韩国汉城（现称首尔）通过，因此又简称《汉城公约》，依公约于1988年4月建立了多边投资担保机构（Multilateral Investment Guarantee Agency，MIGA），该机构是世界银行集团的第五个新成员，直接承保成员国私人投资者在向发展中国家成员投资时可能遭遇的政治风险。中国于1988年4月30日批准该公约，是其创始会员国。

（一）多边投资担保机构的宗旨

依《汉城公约》的规定，多边投资担保机构的目的是通过自身业务活动来推动成员国之间的投资，特别是向发展中国家会员国投资，以补充国际复兴开发银行、国际金融公司和其他国际性开发机构的活动，并对投资的非商业性的风险予以担保，以促进向发展中成员国的投资流动。

（二）多边投资担保机构的法律地位

在法律地位上，多边投资担保机构是具有完全法律人格的国际组织，有权缔结契约，取得并处理不动产和动产，进行法律诉讼。多边投资担保机构内设理事会、董事会、总裁和职员。理事会为最高权力机构，由每一会员国指派理事和副理事一人组成。董事会至少由12人组成，负责一般业务，是该机构的执行机构。董事会主席由世界银行行长兼任，除在双方票数相等时投一决定票外，无投票权。多边投资担保机构总裁由董事会主席提名任命，负责处理本机构的日常事务及职员的任免和管理。

（三）多边投资担保机构的业务

多边投资担保机构具有担保和政策协调的双重作用。其业务主要有两大类：投资担保业务和投资促进业务。投资担保业务主要是指为国际投资中的政治风险提供担保。投资促进业务主要是服务于担保业务的政策磋商、技术咨询、资料收集和协助研究等。机构的一些业务细节在《机构业务规则草案》（以下简称《业务规则》）中进行了明确。

（四）多边投资担保机构担保的主要内容

1.承保风险。机构主要承保四项非商业风险：

（1）货币汇兑险，承保由于东道国的责任而采取的任何措施，使投资人无法自由将其投资所得、相关投资企业破产的清算收入及其他收益兑换成可自由使用的货币，或依东道国的法律，无法将相关收益汇出东道国的风险。导致货币汇兑风险的行为可以是东道国采取的积极行为，如明确以法律等手段禁止货币的兑换和转移，也可以是消极地限制货币兑换或汇出，如负责业务的政府机构长期拖延协助投资人兑换或汇出货币。依《业务规则》第124条的规定，如东道国相关机构在收到投资人兑换货币或汇出货币的申请后90日内不作出决定或采取行动，便构成投资东道国政府的消极限制货币汇兑行为。美国海外投资保险采用的该期限为60日，例如，在菲律宾地热公司汇出收入案中，该公司在菲律宾开发地热资源，需将其收入向菲律宾中央银行申请汇出。1983年11月17日，由于当时外汇大量外流，菲律宾政府采取了一系列的措施，使菲律宾地热公司虽然已取得菲律宾中央银行的收入汇出批准书，但仍无法从该外汇储备资金中申请取得外汇。于是，便向美国海外私人投资公司索赔。当时距菲律宾地热公司向菲律宾政府递交汇出申请之日还不满60日。美国海外私人投资公司认为，一旦投保人提出汇兑申请，遭东道国政府拒绝之后，则应认为已发生了禁兑险，况且菲律宾政府的这种外汇管制将在相当长的时间内继续有效，因此推定禁兑险自始发生，不再强求等待期限届满而立即向投保人做了赔付。

（2）征收和类似措施险，承保由于东道国政府的责任而采取的任何立法或措施，使担保人对其投资的所有权或控制权被剥夺，或剥夺了其投资中产生的大量效益的风险。这里的征收既包括东道国进行的正式的征收或类似征收措施，也包括隐蔽性征收。隐蔽性征收是指尽管东道国作出的一系列行为并不构成对投资人的征收行为，但该一系列行为的结果却具有与征收无异的效果，则每一个单项行为也应视为征收。例如，所得税的增加、关税的增加等。在确定隐蔽性征收前，投资人必须证明东道国政府所采取的一系列行为事实上使相关企业的收入出现严重亏损或经营为不可能。但东道国为了管辖境内的经济活动而采取的普遍适用的措施，不应被视为征收措施。

（3）战争内乱险，承保影响投资项目的战争或内乱而导致的风险。依《业务规则》第1.50条的规定，“军事行动或内乱如果毁灭、损害或破坏位于东道国境内的投资项目的有形资产或干扰了投资项目的营运，即使其主要发生在东道国境外，仍可视其在东道国境内发生而具有被担保的资格”。可见，战争和内乱险的发生并不以东道国是否为一方或是否发生在东道国领土内为前提。即如战争发生在投资东道国的邻国，但影响投资项目的正常营运或造成了某些破坏，则投资人仍可从多边投资担保机构取得赔偿。如内陆国的投资依赖过境国的交通线，而过境国的内乱使投资项目无法进行，投资人也可以要求机构对其进行赔偿。内乱通常指直接针对政府的、为推翻该政府或将该政府驱逐出特定地区的有组织的暴力活动，有关内乱必须主要是由追求广泛的政治或思想目标的集团所引起或实施的，包括革命、暴乱、政变、民变等，但为促进工人、学生或其他特别群体的利益所采取的行为以及具体针对投保人的恐怖主义行为、绑架或类似行为，不能视为内乱。

（4）政府违约险，即东道国对担保权人的违约，且担保权人无法求助于司法或仲裁部门对违约的索赔作出裁决，或司法或仲裁部门未能在合理期限内作出裁决，或有这样的裁决而不能实施。东道国的违约行为包括东道国作为主权者的违约行为和作为一般商业伙伴的违约行为。相关的合同主要涉及东道国政府或政府机构与外国投资者订立的有关自然资源开发合同、基础设施建设等方面的合同。根据《汉城公约》规定，资本输入国政府在发生违约行为后，投保人如果无法或不能在合理期限内求助于司法或仲裁部门对政府毁约或违约行为的索赔作出裁决，或该有关司法或仲裁部门不能在合理期限内作出裁决，或有裁决而得不到执行等，可认定发生了违约风险。对于资本输入国政府的一些违约行为在构成货币汇兑险和征收或类似措施险的情况下，将依货币汇兑险或征收险处理。

此外，依《汉城公约》的规定，应投资者和东道国联合申请和经机构董事会特别多数票通过，承保范围还可扩大到上述险别以外的其他非商业风险。另外，虽然机构承保上述四种风险，但在下列情况下，机构可以免除其保险责任：投保人认可或负有责任的资本输入国政府的任何行为或懈怠导致的损失；在MIGA签订保险合同前，资本输入国政府的任何行为或懈怠或其他任何事件已经发生并导致了损失；任何情况下发生的货币贬值或定值的降低。

2.合格投资者。关于合格的投资者，依《汉城公约》第13条的规定，符合下列条件的自然人和法人均有资格取得机构的担保：其一，该自然人不是东道国的国民；其二，该法人不具有东道国的法人资格或在该东道国设有主要营业地点；其三，相关法人的经营以商业营利为目的。但如投资者和东道国的联合申请，且用于投资的资本来自东道国境外，经机构董事会特别多数票通过，可将合格投资者扩大到东道国的自然人、在东道国注册的法人以及其多数资本为东道国国民所有的法人。为了解决合伙组织在有些国家可以取得法人资格，而在另一些国家不能取得的问题，《业务规则》规定，不具有法人资格的合伙应被视为具有未经注册的企业及公司的分部的地位，此类经济实体的所有权人可单独向机构申请投资担保，具有法人资格的合伙组织则可直接向机构申请担保。

3.合格的投资。（1）投资形式。《汉城公约》

第12条规定了投资的形式，包括股权投资、非股权投资，经机构董事会特别多数同意，可将担保投资的范围扩大到其他任何形式的中长期投资。但出口信贷不在MIGA的担保范围之内。股权投资包括购买具有法人资格的公司或其他经济实体的股权。非股权直接性投资主要指投资人不是通过投入现金或实物而取得相关企业股权的投资。非股权投资的特点是投资收益依赖于相关企业或项目的成功，如项目失败，投资人的投资便无法收回。依《业务规则》第1.05条的规定，非股权直接性投资包括：合作生产合同；分享收益合同；管理合同；商标、专利技术、特许协议和技术协助合同；专利特许协议；交钥匙合同；3年以上期限的租赁合同；次位债券；其他形式的非股权直接投资。(2)风险的避免。为了尽可能避免承保的投资遭遇政治风险，合格投资必须是经济上合理的投资；能对东道国经济发展作出贡献的投资；符合东道国和投资者本国法律的合法投资；与东道国经济发展目标和重点相一致。至于有关具体投资项目是否能够达到上述要求，通常由董事会投票决定。而且，该机构缔结任何投资担保合同，均须经东道国政府认可。(3)投资开始的时间。在时间上，为了最大限度地降低资本输入国对MIGA所承保的投资采取征收或国有化措施，MIGA要求有权取得担保的投资项目限于投保人提出申请注册之后才开始执行的投资项目。

4.合格东道国。担保机构成立的目的是要促进生产性资金流向发展中国家，因此，《汉城公约》第12条和第14条明确规定，机构只对向发展中国家成员领土内的投资予以担保。且要求外资必须能够在这些发展中国家得到公正平等的待遇和法律保护。至于东道国是否对外资提供“公正平等”待遇，并不是一项普遍的义务要求，而只要求资本输入国对投保的具体外国投资项目提供此种待遇。对资本输入国附加此种限制的主要原因在于，国际投资保险的实践证明，法律制度越健全的国家，投资条件越好，其发生政治风险的概率也越低，投资保险所承担的风险也越低。

5.代位权。《汉城公约》规定，担保合同要求担保权人在向机构要求支付前，寻求在当时条件下合适的、按东道国法律可随时利用的行政补救方法。多边投资担保机构一经向投保人支付或同意支付赔偿，即代位取得投保人对东道国或其他债务人所拥有的有关承保投资的各种权利或索赔权。各成员国都应承认多边投资担保机构的此项权利。东道国对机构代位权的承认意味着对东道国主权豁免的一种限制。

多边投资担保机制是一种源自各国海外投资保险机制的多边投资担保机构，其在机制和内容上的创新和发展，使该机制得以迅速被各国接受并迅速发展起来。多边投资担保机制的建立有利于消除外国投资者对其投资在资本输入国遭遇非商业性风险的担心，促进了国际资本向发展中国家的流动以及在发展中国家之间的流动。

四、《与贸易有关的投资措施协议》

为了绕开进口国的高关税及非关税壁垒，许多出口国的生产商往往会转而在进口国投资，通过进口零部件在进口国生产并销售产品的方式占领进口国市场。为了保障国内同类产业以及相关的上游产业，进口国又往往会对外国投资者设定各种限制。限制涉及投资领域、投资规模、原材料或配件的进口、最终产品的销售以及外汇措施等领域。措施具体表现为当地含量要求、进口替代要求、出口要求等。但这些措施也严重阻碍了国际贸易的发展。

由于GATT仅对贸易作出了规定，没有针对投资的规定，投资限制逐渐成为阻碍国际贸易主要壁垒措施之一。1993年12月乌拉圭回合所达成的《与贸易有关的投资措施协议》(本部分以下简称《协议》)是GATT第一次就涉及国际投资的问题达成的贸易协议。

《协议》的目的不是要禁止所有的投资措施，而是审查那些对贸易有限制和扭曲作用的投资措施，如歧视进口、替代进口、国内购买、进出口平衡、限制出口、外汇管制、出口要求、限制出口的权利等，并制定消除这些投资措施的方法。

1.适用范围。依《协议》第1条的规定，《协议》适用于与货物贸易有关的投资措施，而将与服务贸易和知识产权有关的投资措施排除在外。虽然美国曾列出了一个投资措施清单，但由于其他国家，特别是发展中国家的反对，适用范围被限定为与货物贸易相关的投资措施，与服务贸易和知识产权相关的未被列入。应当注意的是，并非全部与货物有关的投资措施都受TRIMs的约束，只有与GATT国民待遇和数量限制相违背的投资措施才受TRIMs的调整。此外，如措施属于GATT例外情形，则即使与国民待遇和数量限制条款相违背，有关成员仍可维持该措施。此外，依《协议》第4条有关"发展中成员"的规定，也可维持该措施。

2.禁止使用的措施。依《协议》第2条，成员不得实施与GATT第3条国民待遇或第11条数量限制的一般取消不一致的投资措施。为此，各成员专门就禁止的投资措施制定了一份"解释性清单"，表明了被禁止的投资措施的多种表现形式，这些措施可表现为法律和法规形式，也可表现为政府的行政指令或裁决，还可表现为某种优惠政策。

（1）违反国民待遇规定的投资措施：第一，"当地成分要求"或"国产化要求"，即要求企业，无论是本国投资企业，还是外商投资企业，在生产过程中必须购买或使用一定数量金额或最低比例的当地产品。这种投资措施对贸易的扭曲作用主要是阻止或限制进口产品的使用。如规定购买与使用当地产品的数量或价值的比重等。第二，贸易平衡要求，即要求外国投资企业购买或使用进口产品的数量或价值应与该企业出口当地产品的数量或价值相当。例如，要求企业购买或使用进口产品的数量或金额不能大于其出口当地产品的数量或金额，通常体现为比例关系。

（2）违反一般禁止数量限制原则的投资措施。主要包括：第一，贸易平衡要求，即进口数量以出口数量为限。总体上限制企业用于当地生产或与当地生产相关的产品的进口，或者将其进口限制在与其出口当地产品的数量或价值挂钩。第二，外汇平衡要求，即将企业可使用的外汇限制在与该企业外汇流入相关的水平，从而限制该企业对用于当地生产或与当地生产相关的产品的进口。第三，"出口限制"或"国内销售要求"，即限制企业产品出口的数量，有的国家要求外资企业以低于国际市场价格将本应出口的产品在当地销售，这也是扭曲贸易的。

3.透明度。依《协议》第5条和第6条的规定，各成员有义务公布和通知其采取的与贸易有关的投资措施，并应向WTO秘书处通报其用以刊载有关投资措施的出版物。如其他成员提出请求，被请求的成员应提供有关资料，并给予同情的考虑和充分磋商的机会。但如资料的披露会妨碍其法律的实施或违背公共利益或损害公私企业的合法利益，则成员可以拒绝披露或提供有关资料。

4.发展中成员的优惠和过渡期安排。依《协议》第4条的规定，发展中成员有权依GATT第18条及关于《国际收支规定的谅解》暂时背离有关国民待遇和一般禁止数量限制的规定。关于过渡期安排，缔约方对于不符合协议规定的投资措施应在协议生效的90天内通知货物贸易理事会。发达国家应在2年内、发展中国家应在5年内、最不发达国家应在7年内取消上述与贸易有关的投资措施。

5.对与贸易有关的投资措施的管理。依《协议》第7条的规定，设立了一个"与贸易有关的投资措施委员会"，专门处理有关事项，为缔约方提供协商机会，委员会对所有成员开放。委员会每年至少召开一次会议，也可根据任何缔约方的请求开会。

五、国际投资争端的解决

（一）国际投资争端解决的途径

依涉及国际投资争端的主体不同，国际投资争端可以划分为三个层面：其一，外国投资者与资本输入国合作投资者之间的投资争议，此类争议属于民商事主体之间的争议，主要是合同纠纷或侵权纠纷，通常适用资本输入国的民事诉讼程序解决纠纷。其二，外国投资者与资本输入国政府的争议。其三，资本输出国政府与资本输入国政府之间的投资争议。后两类争议有些是行政争议，适用资本输入国的行政诉讼程序解决。有些则属于国际争端，通常由当事国政府磋商或者通过国际仲裁或法律程序解决。第三类投资争议往往是因资本输入国政府不能公正处理前两种争议转化而来。从争端的内容上看主要涉及两类：一类为基于合同而产生的争议，如特许协议；另一类为非直接基于合同而引起的争议，即由于国家行为或政府管理行为引起的争议，如东道国立法将外国投资者的财产收归国有。

解决国际投资争端的方式主要包括非法律手段和法律手段两类，非法律手段又称为“外交手段”，主要包括协商、调解、斡旋、调停和外交保护等。外交保护的前提是用尽当地救济。解决国际投资争端的法律手段主要包括诉讼和仲裁。诉讼包括资本输入国国内诉讼和国际诉讼；仲裁包括资本输入国国内仲裁和国际仲裁。依《关于解决国家和他国国民之间投资争端公约》（以下简称《华盛顿公约》）设立的解决国际投资争端中心（ICSID，本部分以下简称中心），就是为以仲裁解决国家与外国投资者之间的争议提供便利。

（二）《解决国家和他国国民之间投资争端公约》

《华盛顿公约》1965年3月在华盛顿通过，1966年10月生效。中国于1993年加入《华盛顿公约》。依该公约设立的“解决国际投资争端中心”，作为世界银行下属的一个独立机构，为解决缔约国和其他缔约国国民之间的投资争端提供调解或仲裁的便利。

1.中心的地位和机构设置。根据《华盛顿公约》的规定，中心具有完全的国际法律人格，中心有缔约能力、取得和处理动产和不动产的能力及诉讼能力。中心及其工作人员享有一定的特权和豁免，这些特权包括财产和资产免受搜查、征用、没收或其他形式的扣押，档案不受侵犯等特权。有关豁免权主要是指中心及其财产和资产享有豁免一切法律诉讼的权利，除非中心放弃此种豁免。

根据《华盛顿公约》的规定，中心设有一个行政理事会、一个秘书处、一个调解员小组和一个仲裁员小组。其中，行政理事会由各成员国派遣一名代表组成，世界银行行长是行政理事会的当然主席，但无表决权。秘书长和所有副秘书长都由行政理事会主席提名，并经行政理事会2/3多数票选举产生，任期不少于6年，可以连选连任。秘书长是中心的法定代表人。调解员小组和仲裁员小组成员的服务期限为6年，可以连任。中心备有“调解员名册”和“仲裁员名册”，供投资争端当事人选择。

2.中心的管辖权。中心的管辖权具有排他的效力，即一旦当事人同意在中心仲裁，有关争端不再属于作为争端一方的缔约国国内法管辖的范围，而属于中心的专属管辖。这表明，双方实际上可以不用尽当地救济即在书面同意的基础上将争端提交仲裁。例外情况是，依《华盛顿公约》第26条的规定，缔约国可以要求用尽当地各种行政或司法救济，作为其同意依公约交付仲裁的一个条件。同时，中心的管辖排斥投资者本国的外交保护。依《华盛顿公约》第27条第1款的规定，缔约国对于它本国的一个国民和另一缔约国根据本公约同意交付或已交付仲裁的争端，不得给予外交保护或提出国际要求，除非该另一缔约国未能遵守和履行对此项争端所作出的裁决。

提交中心仲裁的投资争端必须符合《华盛顿公约》规定的下列条件：

（1）对争端主体的要求：争议当事人一方必须是缔约国政府（东道国）或者其公共机构或实体；另一方是缔约国国民（外国投资者），包括自然人、法人及其他经济实体。根据《华盛顿公约》的规定，如果该国民是自然人，那么，其必须在双方同意将争端交付中心之日以及将其请求在ICSID登记之日，具有该另一缔约国的国籍，但是，如果该自然人同时还具有作为争端当事方的缔约国的国籍，则有关争端不能受到中心的管辖。即中心排除了对涉及自然人的双重国籍案件的管辖，自然人要想其投资争端受到中心的管辖，就必须放弃或者不能持有争端当事国的国籍。如果双方同意，也受理具有缔约国国籍，但直接受另一缔约国利益控制的法律实体与东道国之间的争端。

（2）争端性质：依《华盛顿公约》第25条第

1款的规定，中心的管辖权适用于一缔约国和另一缔约国国民之间“直接因投资而产生的任何法律争端”。关于何为“投资”和“法律争端”，公约本身并没有规定。依世界银行董事会《关于解决国家和他国国民之间投资争端公约》的报告的解释，何为“投资”可以由争端当事方自主决定，公约没有必要进行解释或界定。关于“法律争端”，董事会报告则认为，“争端必须是关于法律权利或义务的存在或其范围，或是关于因违反法律义务而实行赔偿的性质或限度的”。

（3）主观要求：依《华盛顿公约》的规定，中心仅对争端双方书面同意提交给ICSID裁决的争端有管辖权。因此，双方书面同意就成为ICSID受理争端的主观要求。对于同意的形式，《华盛顿公约》没有规定，但实践中书面形式的种类主要有：东道国与外国投资者之间协议中的ICSID仲裁条款；争端当事方在争端发生之后达成专门的仲裁协议；东道国的投资立法中规定同意将其与外国投资者之间的争端提交ICSID管辖，争端发生后，外国投资者以书面形式表示接受；投资保护协定中的“ICSID仲裁条款”；区域性投资协定中的ICSID机制。批准或加入公约本身并不等于缔约国承担了将某一特定投资争端提交中心调解或仲裁的义务。根据《华盛顿公约》的规定，争端当事双方表示同意后，不得单方面撤销其同意。

3.解决投资争端适用的法律。依《华盛顿公约》第42条的规定，中心仲裁庭应依争端双方同意的法律规则对争端作出裁决。如果争端双方没有对应适用的法律规则达成协议，则仲裁庭应适用作为争端一方的缔约国的国内法（包括其冲突法规则）以及可适用的国际法规则。仲裁庭不得借口没有明确的法律规定或者法律规定含义不清而暂不作出裁决。但该条第3款又规定，尽管有前面这些规定，仲裁庭在争端双方同意时仍可根据公平和善意原则对争端作出裁决。

4.裁决的承认与执行。依《华盛顿公约》第53条的规定，中心的裁决对争端各方均具有约束力，不得进行任何上诉或采取任何其他除本公约规定外的补救办法。除依公约规定予以停止执行的情形外，争端任何一方都应遵守和执行ICSID的裁决。并且，根据《华盛顿公约》第54条的规定，每一缔约国都应承认依照该公约作出的裁决对其具有约束力，并在其领土内履行该裁决所裁定的财政义务，并赋予该裁决等同于其国内法院终审判决的效力。排除了缔约国对ICSID裁决进行程序性和实质性审查的权力。如作为争端当事方的缔约国政府不执行中心的裁决，则投资者母国政府可以恢复其行使外交保护或提起国际要求的权利。但依《华盛顿公约》第64条的规定，如果作为争端当事方的缔约国和投资者母国直接就公约的解释或适用产生争议，任何一国均可以申请将该争议提交国际法院解决。

第三节　国际融资法

一、国际融资法概述

（一）国际融资法的界定

国际融资法是调整不同国家主体之间国际资金融通关系的法律规范的总称。国际融资法的调整具有复合性，既包括平等主体间基于协议而发生的国际资金融通关系，也包括有关国家政府与资金融通主体间发生的国际融资管理法律关系。国际融资在内容上涉及国际贷款融资、国际证券融资、国际融资租赁、国际融资担保等法律关系。调整国际资金融通关系的法律规范主要包括各国的金融法、国际资金融通的公约和惯例。

（二）国际资金融通的方式

国际资金融通主要通过国际贷款、国际证券融资和国际融资租赁等几种方式实现。国际贷款指不同国家当事人之间基于信用而进行的货币资金的有偿让渡，是资金使用权的跨国交易活动。国际贷款协议指位于不同国家的当事人之间为一定数额货币的借贷而订立的、明确相互关系中的权利与义务的书面协议。国际证券是在国际证券市场上发行并销售流通的、以某种可兑换货币为面值的、证明或设立财产所有权的书面凭证。国际债券融资是一国政府机构、金融机构或工商企业为筹集资金向外国投资者发行的可自由流转的债权证券的债权融资方式。国际融资租赁是一国的出租人按照另一国承租人的要求购买租赁物并出租给承租人使用，而租赁物的维修和保养由承租人负责的一种租赁方式。典型的融资租赁由三方当事人和两个合同构成，即出租人与供货人签订的购货合同和出租人与承租人签订的租赁合同。国际融资租赁具有租赁期限长、租金较高的特点，租赁期满，承租人可以选择将租赁物退回出租人或者按残值购买。

二、国际贷款协议

（一）国际贷款协议的种类

依据不同的分类标准，国际贷款协议可以分为不同的类型，依贷款人的不同，可分为国际金融机构贷款协议、政府贷款协议和国际商业贷款协议；依借款人的数量不同，可分为独家贷款协议和银团贷款协议；依贷款期限的长短不同，可分为长期、中期和短期贷款协议；依贷款有无担保，可分为有担保的贷款协议和无担保的贷款协议；依贷款利息的种类不同，可分为固定利率贷款协议和浮动利率贷款协议；依对贷款使用的规定不同，可分为自由外汇贷款协议和项目贷款协议；依贷款资金的来源，可分为外国贷款协议和欧洲货币贷款协议。这里的“欧洲”并非地理概念，而是指贷款人将“非本国货币”给境外借款人的贷款协议。而外国贷款协议是将“本国货币”给境外借款人的贷款协议。

1.政府贷款，是指一国政府利用财政资金向另一国政府、机构和公司提供的优惠性贷款。此种贷款因具有援助性质，是援助国向受援国提供经济发展援助的重要形式。所以贷款期限长，利率低，贷款条件优惠；一般对贷款的使用目的有明确规定；贷款程序较复杂；争议的解决以协商和仲裁为主，很少采用司法诉讼方式。

2.国际金融机构贷款，是指国际金融机构对成员国政府、政府机构或公私企业的贷款。国际金融机构的贷款具有如下的主要特点：贷款的提供依各国际金融机构的组织章程和有关贷款方面的专门规定；只向其国际金融机构的成员国政府或成员国的公私机构发放贷款，且目的大多为解决成员国，特别是发展中成员国的国际收支失衡和建设资金不足问题；贷款审批程序较为严格，但条件比较优惠。

国际货币基金组织是目前世界上最大的政府间国际金融组织，其宗旨之一是通过发放贷款调整成员国国际收支的暂时失衡。其发放贷款的对象仅限于成员国政府机构，不对私人企业组织贷款。特别提款权（Special Drawing Right，SDR）是国际货币基金组织于1968年在原有的普通贷款权之外，按各国认缴份额的比例分配给会员国的一种使用资金的特别权利。各会员国可以凭特别提款权向基金组织提用资金，因此特别提款权可与黄金、外汇一起作为国际储备。成员国在基金开设特别提款权账户，作为一种账面资产或记账货币，可用于办理政府间结算，可偿付政府间结算逆差。还可以用以偿还基金组织的贷款，或作为偿还债务的担保等。特别提款权在创设时是一种以黄金定值的记账单位。目前是采用5种主要货币的加权平均数来定值。

3.国际商业贷款，是指一国借款人在国际金融市场上向外国商业银行借款的跨国融资行为。提供贷款的银行为以营利为目的的商业银行；借款人可以较自由地支配所借资金，不受贷款人的限制；贷款利率比较高，还款期比较短，往往要求借款人提供担保。国际商业贷款是国际融资的传统方式之一，也是国际融资的一种主要方式。国际商业贷款的贷款人可以是商业银行、基金或银团，实践中主要是商业银行和银团，借款人可以是银行、基金或公司法人，也可以是政府机构或国际组织。在此基础上，国际银团贷款和国际项目融资贷款等也逐渐发展起来，成为独具特色的国际商业贷款形式。

4.国际银团贷款。国际银团贷款，是指由数家各国商业银行联合组成集团，依统一的贷款条件向同一借款人提供贷款的方式。国际银团贷款基本上可以分为直接式银团贷款和间接式银团贷款两种方式。直接式银团贷款，指在牵头银行的组织下，各参与贷款银行分别与借款人签订贷款协议，依协议规定的统一条件向借款人发放贷款。各个贷款银行仅就各自承诺的贷款份额向借款人负责，相互之间不负连带责任。间接式银团贷款，指由牵头银行单独与借款人签订贷款协议，向借款人提供贷款，然后由牵头银行将参与贷款权分别转让给其他愿意提供贷款的银行的贷款。

5.项目贷款，是指针对某一特定的工程项目发放，并以项目建成后的经济收益还本付息的贷款。在项目贷款下，贷款人把资金贷给专门为该项目成立的一家新项目公司，而非直接贷给该项目的主办人。贷款人看重的是借款人的信用，而非用贷款所兴建的项目的成败。项目贷款通常以主办项目的资产和收益为贷款人设定担保。项目贷款分为无追索权项目贷款和有限追索权项目贷款。前者贷款人对项目主办人没有任何追索权，而后者有。有限追索权项目贷款除要求以贷款项目的收益作为偿还债务来源，除在该项目资产上设定担保物权以外，还要求与项目有利害关系的第三人提供各种担保，项目本身的资产或收益不足以清偿债务时，贷款人可向项目主办人及担保人追索。项目主办人和担保人对项目债务所负的责任，以贷款合同和担保合同所规定的金额为限。

（二）国际贷款协议的共同性条款

虽然国际贷款协议依种类不同内容也有所差异，但经过长期实践，国际贷款业务已经形成了比较确定的协议格式和内容，各类贷款协议一般也具备一些共同性条款，这些共同性条款包括：协议术语解释、陈述与担保、贷款目的、贷款的提取、先决条件、还款、违约事项、税费、纠纷管辖及法律适用等。

1.陈述和保证（representations and warranties）。借款人在该条款中须对贷款人据以决定贷款和签约涉及的借款人的重要法律事实、财务事实及经营事实进行说明和承诺，并保证其真实、准确和完整。如借款人的陈述与保证有误，应承担相应的法律责任。借款人说明的重要情况大致可分为两个方面：其一，法律事项的说明，为的是使贷款人确信借贷交易的效力在法律上不会遇到来自借款人方面的阻碍；其二，借款人财务和商务状况所作的说明，为的是使贷款人确信借款人有良好的资信和还款能力。

2.先决条件（conditions precedent）。只有在先决条件已经得到满足时，贷款人才承担或履行提供贷款的义务。先决条件分两类：一类为总括先决条件，主要是借款人应向贷款人提供符合协议规定的一系列文件，包括各类担保文件、必需的授权书和政府批准文件的副本、借款人组织机构的成立文件，如章程、执照等。对借款人在协议中作出说明的各种法律事项给予证明和说明的法律意见书。另一类为每笔贷款发放的先决条件，包括借款人所作的各项说明，在其借款时仍然真实、正确、没有发生任何实质性的不利变化；未曾发生或现不存在违约事件，也没有可能引起违约的情况；不存在使借款人履行借贷协议项下的义务受到限制的情况。除上述各项总括与具体贷款部分的先决条件外，借贷双方可根据情况需要，商定增加其他先决条件。

3.约定事项（covenants）。国际贷款协议的约定事项条款指借款人在协议中作出的若干保证或自我限制。其目的在于保障贷款的收回。约定事项主要包括：(1)消极担保条款，指借款人在偿还全部贷款之前，不得在自己的资产及收益上，为其他债权人维持或设定任何担保物权。(2)平等位次条款，该条款要求借款人保证无担保的贷款债权人至少应与借款人的其他无担保债权人处于按比例平等的受偿地位。(3)财务约定事项，该条款规定借款人应定期向贷款人报告自身的财务状况和经营状况，并遵守各项财务指标。如保证其负债率不超过一定比率。(4)贷款的用途，国际商业贷款一般不限制用途，但从法律角度应注意贷款不能用于非法目的。如用于非法目的，必须导致贷款协议无效，使其无法强制执行。(5)保持资产条款，该条款的目的是使借款人能保持较强的清偿能力。一般借款人须承诺下列义务：非经贷款人同意，不得出售、转让、出租或以其他方式处置其资产的全部或大部；有义务对其企业资产向保险公司投保；未经贷款人书面同意，借款人不得改变其经营性质和范围；禁止借款人与其他公司、企业合并；禁止借款人过度举债等。

4.违约事件及救济方法。借款人的违约可分为实际违约和预期违约两类。

一类是实际违约，主要包括：(1)借款人到期不支付或不如数支付贷款的本金、利息或有关费用。其救济方式为解除借款协议，宣告贷款加速到期。(2)借款人违反在协议中所作的说明与保证。如其说明与保证与事实不符等。其救济为暂时中止发放贷款，直到说明与事实相符。也可解除借贷协议、加速到期、损害赔偿等。(3)借款人违反约定事项。在这种情况下，贷款人可采取中止或撤销贷款的提供，宣告贷款加速到期，要求损害赔偿，请求法院判决实际履行等救济方法。(4)借款人没有履行借款协议为其规定的其他任何义务。

另一类是预期违约，主要包括借款人的交叉违约。也称串连违约，即对其他债务有违约行为；借款人丧失清偿能力，如破产、财产被法院扣押或可强制执行等；借款人公司被征用或被国有化；借款人的状况发生重大不利变化，这是一处概括性的规定，贷款人有合理根据认为有重大不利从而将导致其实际违约时，就可以按违约对待。

三、国际融资担保

国际融资担保主要分为信用担保和物权担保两大类。信用担保指借款人或第三人以自己的资信向贷款人作出的还款保证，主要包括见索即付的保证、备用信用证和意愿书三种方式。物权担保指借款人或第三人以自己的资产向贷款人作出的偿还贷款的保证。包括一般抵押权和质权、浮动抵押等。

（一）国际融资的信用担保

1.见索即付担保。见索即付担保又称见索即付保函，或独立保函，指一旦主债务人违约，贷款人无须先向主债务人追索，即可无条件要求担保人承担第一偿付责任的保证。这里的担保人通常是银行，见索即付担保是担保人与收益人之间以保函为根据而形成的独立的债权债务关系。其特点是无条件性、单一性和独立性。

近年来，随着“一带一路”建设及中国企业“走出去”等国家倡议的推进，独立保函已经成为中国企业参与境外交易和签署合同的必要条件之一。目前，独立保函业务的规模和体量已远远超过商业跟单信用证。独立保函业务已成为与国家战略配套的金融工具。独立保函替代了过往难以谈判成功的保证金，降低了商业交易成本，促进商业效率提高，同时，近年来诉至法院的独立保函纠纷案件逐年增多。鉴于此，最高人民法院于2016年11月18日发布了《关于审理独立保函纠纷案件若干问题的规定》(本部分以下简称《规定》)，《规定》于2016年12月1日实施，并于2020年进行了修正。《规定》在起草时始终坚持以下原则，即积极服务党和国家工作大局、尊重市场主体意思自治、与国际规则接轨、民主科学制定解释的原则。《规定》共26条，主要包括下列内容：

(1)明确了独立保函的定义：独立保函是开立人出具的附单据条件的付款承诺，在受益人提交符合独立保函要求的单据时，开立人即需独立承担付款义务，受益人无须证明债务人在基础交易中的违约事实，开立人不享有传统保证所具有的主债务人抗辩权以及先诉抗辩权。《规定》进一步明确，独立保函虽然具有担保债权实现的功能，但不属于我国的法定担保方式，故不适用我国民事法律关于保证的规定。

(2)统一国际国内独立保函交易的效力规则。第23条规定，当事人约定在国内交易中适用独立保函的，人民法院不能以独立保函不具有涉外因素为由，否定保函独立性约定的效力。第5条明确国际民间性商事组织制定的《见索即付保函统一规则》等交易规则的性质为合同示范条款，国际或国内独立保函的当事人均可依自身情况，通过在独立保函文本中记载或诉讼程序中一致同意的方式加以适用，自主决定其民事权利和义务。

（3）明确独立保函的独立性和单据性特征，保证付款的快捷性和确定性。第6条规定独立保函独立于基础交易关系和开立申请关系，只要受益人提交的单据与独立保函条款、单据与单据之间在表面上相符，开立人就必须独立承担付款义务，开立人不得利用基础交易或开立申请关系对受益人行使抗辩。只有出现受益人欺诈情形时，才可以作为法定的唯一例外情形对待。第7、8条规定了单证审查的严格相符标准，规定了表面相符的认定标准和开证人审单的权利和义务。

（4）严格界定欺诈情形及证明标准，审慎确定独立性原则的例外。第12条规定了欺诈例外，将欺诈类型化为无真实交易、单据欺诈和明显滥用付款请求权三类情形。第12条第3项和第4项分别规定必须依据基础交易的司法判决或仲裁裁决、受益人自身确认的证据作出认定，防止在独立保函欺诈纠纷中实体审理违约争议。第5项对受益人明显滥用付款请求权的其他情形规定了概括性的兜底条款。第20条规定了判决认定存在欺诈情形必须达到排除合理怀疑的证明标准。

（5）严格规范止付程序，维护程序公正和实体公正。由于以往司法实践中随意止付独立保函的情况较为严重，已给我国金融机构开立的独立保函在各国之间的流通造成了不良影响。《规定》对止付程序增加了一些条件要求。增加的条件不仅包括止付申请人必须提交证据证明欺诈情形具有高度可能性；不予止付将给止付申请人合法权益造成难以弥补的损害，还包括保护善意第三人利益的“欺诈例外之例外”规定，即转开独立保函的情形下如开立人对独立保函已经善意付款的，即使受益人欺诈，人民法院仍不得裁定止付用于保障开立人追偿权的独立保函即反担保函。此外，《规定》还规定了止付裁定的期限和内容、复议机关、错误申请的赔偿责任等，对止付程序加以严格规范，防止止付程序被滥用。

（6）依法确认开立保证金的金钱质权性质，规范针对开立保证金的强制措施。《规定》第24条规定，开立保证金符合金钱特定化和移交占有两项条件的，具有金钱质权的性质。该条规定解决了长期以来独立保函开立保证金性质不明的难题。

此外，《规定》还对独立保函开立与生效、转让、终止以及涉外独立保函的管辖权和准据法等问题作出了规定。

2.备用信用证。备用信用证是指担保人（开证银行）应借款人的要求，向贷款人开具备用信用证，当贷款人向担保人出示备用信用证及借款人违约证明时，担保人须按该信用证的规定支付款项的保证。备用信用证的保证人是银行；保证人在向贷款人付款时，只需贷款人出具信用证要求的违约证明，而无须对违约的事实进行审查；开证行作为保证人承担第一位付款责任，而非次位债务人；在借贷协议无效时，开证行仍须承担保证责任，即备用信用证独立于国际贷款协议。

备用信用证具有如下特点：备用信用证的保证人是银行；贷款人出具信用证要求的违约证明时，保证人即向贷款人付款，不需要对违约的事实进行审查；开证行作为保证人承担第一位付款责任；在贷款协议无效时，开证行仍须承担保证责任，即备用信用证独立于国际贷款协议。备用信用证与见索即付担保的不同在于，两者的生效条件不同，后者依英美有关合同关系的规定有对价的要求，前者没有此要求。两者适用的规则不同，后者适用相关国家的担保法或《见索即付保函统一规则》，备用信用证适用《国际备用信用证惯例》等国际惯例。备用信用证与商业跟单信用证虽均具有信用证的共同点，但也有不同之处，前者用于国际经济交易担保，后者只用于国际贸易支付领域。两者对单据的要求及付款责任也不同。两者适用的规则也不同，商业跟单信用证适用国际商会制定的《跟单信用证统一惯例》。

3.意愿书。意愿书是指一国政府为其下属机构或母公司为其子公司向贷款人出具的表示愿意帮助借款人偿还贷款的书面文件。意愿书又称安慰信。意愿书只具有道义上的约束力，而不具有法律上的执行力。尽管违反意愿书无须承担法律责任，但由于意愿书通常出自信誉良好的大型公司或政府组织，因此，意愿书出具人一般并不愿意违背其在意愿书中的承诺。

（二）国际融资的物权担保

国际融资的物权担保，是指借款人或第三人在其特定的财产或权利上设定优先受偿权，向贷款人提供还贷的保证的担保形式。其特征是以财产或代表一定财产的权利为标的而设定的担保。物权担保主要包括动产担保、不动产担保和浮动抵押等几类形式。

1.动产担保，是指在可移动的有体物或无体物权利上设置的物权担保。动产担保主要包括转移占有的动产质押和不转移占有的动产抵押等形式。在国际融资担保实践中，作为动产抵押的标的物通常是设施、机器设备、运输工具、原油等。

2.不动产担保，是指在不能移动的财产上设置的物权担保。不动产担保主要以不动产抵押的方式进行。抵押的标的主要包括房屋及其他建筑物、地产及地上定着物、林木等。

3.浮动担保，浮动担保又称浮动抵押，是一种很特殊的物权担保方式，是借款人以现有的和将来取得的全部资产，为贷款人设定的一种担保物权。其法律特征是：(1)担保物的价值和形式处于不确定状态。担保物是借款人的现在和将来的财产，可能增加或减少。形态可能会从货币形态转化为实物形态。(2)担保物不转移占有。浮动担保无须转移担保物的占有，使设定担保的借款人享有极大自主权，在正常经营过程中其仍然可自由处分财产。(3)担保物的范围是债务人的全部财产。其标的物是企业全部或一类财产的集合物，几乎包括企业经营过程中所有机器设备、原材料、库存物资、应收账、合同权利、无形资产（如商誉、商业秘密等）。(4)浮动担保于约定事件发生时转化为固定担保。尽管浮动担保的担保物在担保期间处于不确定的浮动状态，但担保权的行使应有明确、固定的标的物。因此，一旦债务人无法还债，出现破产、清算等约定事件，浮动担保则转化为固定担保。此时，贷款人可对借款人的全部现有财产，包括应收债权，行使担保特权。

第四节　国际税法

一、国际税法的概念

国际税法是调整国家间税收分配关系，以及国家与跨国纳税人之间的税收关系的各种法律规范的总称。国际税法具有下列特点：首先，主体多重性，国际税法的主体有国家和跨国纳税人。国家作为国际税法的主体具有双重性，作为征税主体，国家对跨国纳税人行使征税权，只享受权利，不承担义务，国家作为一般主权性主体，在国际税法上既享有权利，又承担义务。国际税法中的跨国纳税人同时对两个或两个以上国家承担纳税义务，包括自然人、法人、其他取得收入的组织，其特点是具有双重或多重纳税身份的纳税义务人。其次，客体的跨国性，国际税法的客体为跨国所得，即本国居民来自外国的所得，非本国居民来源于本国境内的所得。最后，规范的多样性，国际税法的规范既包括国际税法规范，又包括国内税法规范；既包括实体规范，又包括冲突规范等。此外，在协调税收管辖权和避免双重征税等方面，《关于对所得和财产重复征税协定范本》（以下简称《经合范本》）和《关于发达国家与发展中国家间双重征税的协定范本》（以下简称《联合国范本》）常常成为双边协定的基础，《经合范本》更多地反映了发达国家在处理国际税收分配问题上的观点；《联合国范本》则较多地考虑发展中国家的要求，因而为发展中国家所接受。

二、税收管辖权

税收管辖权，是指一国政府对一定的人或对象征税的权力。即一国政府行使的征税权力。税收管辖权中最重要的基本理论是居住国原则和来源国原则。由此引出居民税收管辖权和来源地税收管辖权。

(一)居民税收管辖权和居民身份的确认标准

居民税收管辖权是指一国政府对于本国税法上的居民纳税人来自境内及境外的全部财产和收入实行征税的权力。居民税收管辖权的行使,是以纳税人与征税国之间存在税收居所的法律事实为前提的,由于按照居民税收管辖权,居民所承担的纳税义务不受国境限制,因此,纳税人承担的是无限纳税义务。“居民”的认定包括自然人和法人居民的认定,对此各国有不同的规定。

1.自然人居民身份的认定。对于自然人居民身份的认定主要有:(1)住所标准,即一自然人在一国拥有住所,即认为其为该国的居民纳税人。我国的个人所得税法也采用这一标准,即在中国境内有住所的个人为居民纳税人。依我国《个人所得税法实施条例》第2条的规定,在中国境内有住所的人指因户籍、家庭、经济利益关系而在中国境内习惯性居住的个人。各国在判断何为住所时会有一些不同的规定,如法国规定,住所指在法国国内有利害关系的中心地点和5年以上的经常居所,即为在法国国内有住所的个人,也是法国税法规定的居民。(2)居所标准,居所通常指非永久的居住场所。依该标准,一个人在一国拥有居所便是该国的居民纳税人。英国即采用这一标准。依英国法,一个住所的确立需要有主观要件和客观要件,主观要件即久居的意思,通常自己购买的房产可以表明久居的意思,客观要件就是居住的事实。而居所则只需要客观的要件即可,即只要住了即可构成居所,其住的可能并不是他的房子,不需要其有久居的意思。可见构成居所更容易。(3)居留时间标准,即以自然人在征税国境内停留或居留的时间来划分是否为纳税居民,采取此标准的国家在居留的时间长短上规定不一,有的是一年,有的是半年。中国采用了一个纳税年度内在中国境内居住累计满183天的标准。(4)国籍标准,即以自然人的国籍来确定纳税居民的身份。只要具有该国国籍,无论是否在该国居住,均为该国的纳税居民,美国、墨西哥等少数国家采取此标准。实际上,许多国家是同时采用几个标准,例如,中国就是同时采用住所和居留时间的标准。

2.法人居民身份的认定。对于法人居民的认定各国也有不同的标准:(1)法人登记注册地标准,即依法人在何国注册成立来判断法人纳税居民的身份。(2)实际控制与管理中心所在地标准,即法人的实际控制与管理中心所在地设在哪个国家,该法人即为哪个国家的纳税居民,董事会或股东大会所在地往往是判断实际管辖中心所在地的标志。(3)总机构所在地标准,即法人的总机构设在哪个国家,该法人即为哪个国家的纳税居民,总机构通常指负责管理和控制企业日常营业活动的中心机构。一些国家在确定居民时采取两个以上的标准。依我国《企业所得税法》第2条的规定,我国实际采用了登记注册地和实际管理控制两个标准。

3.居民税收管辖权冲突的协调。由于各国在确定居民身份上采取了不同的标准,因此,当纳税人进行跨越国境的经济活动时,就可能出现两个以上的国家同时认定其为本国纳税居民的情况。该问题的协调主要是通过双边协定。目前,各国双边税收协定协调居民税收管辖权冲突的内容主要是以《经合范本》和《联合国范本》为基础,两个范本所代表的利益不同,许多条款不同,但都确定了相同的解决居民税收管辖权冲突的规则,在自然人居民身份方面的协调方法有:(1)当一自然人在某一国有永久性住所,应认为是该国居民;如在两国同时有永久性住所,或在两国均无永久性住所,应认为是与其人身关系和经济联系更密切国家的居民。(2)如其重要利益中心所在国无法确定,应认为其为有习惯居处所在国的居民。(3)如在两国都有居处,或都无居处,则应认为是其国民所在国的居民。(4)如其同时是两国国民,或均不是两国国民,则应由缔约国双方主管当局协商解决。在法人居民身份方面的协调方法有:(1)由缔约国协商确定某一具体法人的居民身份;(2)在税收协定中预先确定一种解决冲突时应依据的标准。两个范本均以实际管理机构所在国为法人的居住国。中国与一些国家签订的税收协定则以总机构所在国作为解决法人居民身份冲突的标准。

（二）所得来源地税收管辖权和所得来源地的认定

来源国税收管辖权，是指一国政府针对非居民纳税人就其来自该国境内的所得征税的权力。依来源国税收管辖权，纳税人承担的是有限的纳税义务。征税国对纳税人主张来源地税收管辖权的基础是认定纳税人有来自该征税国境内的所得，各项所得或收益一般可划分为四类：营业所得、劳务所得、投资所得和财产所得。

1.营业所得。营业所得又称营业利润或经营所得，即纳税人在某个固定场所从事经营活动取得的纯收益。目前各国对非居民营业所得的征税普遍使用常设机构原则。常设机构原则指仅对非居民纳税人通过在境内常设机构而获取的工商营业利润实行征税的原则。常设机构包括：管理场所、分支机构、办事处、工厂、车间、作业场所、矿场、油井、采石场等。而陈列、展销、商品库存、为采购货物等而保有的场所，其他具有准备性、辅助性的固定场所则不构成常设机构。在常设机构的利润范围上，一般采用实际联系原则和引力原则。前者指通过常设机构取得的营业利润，及与常设机构有关联的其他所得（如股息、利息、特许权使用费等），可归入该常设机构的利润范围。后者指未通过常设机构的所得，只要产生这些所得的营业活动本身属于常设机构的营业范围，即可将其纳入常设机构的利润项下。例外的情况是，对于国际海运和航空运输业，一般由企业的实际管理机构所在国征税。

2.劳务所得。个人非居民劳务所得包括个人独立劳务所得和非个人独立劳务所得。（1）个人独立劳务所得指个人独立从事独立性的专业活动所取得的收入。如医生、律师、会计师、工程师等从事独立活动取得的所得。确定独立劳务所得来源地的方式一般采用“固定基地原则”和“183天规则”。固定基地指个人从事专业性活动的场所，如诊所、事务所等。后者指在境内停留的时间，即应以提供劳务的非居民某一会计年度在境内连续或累计停留达183天或在境内设有经营从事独立活动的固定基地为征税的前提条件。对独立的个人劳务所得，应仅由居住国行使征税权。但如取得独立劳务所得的个人在来源国设有固定基地或者连续或累计停留超过183天者，则应由来源国征税。（2）非个人独立劳务所得，即非居民受雇于他人的所得，一般由收入来源国一方从源征税。

3.投资所得。投资所得包括股息、利息、特许权使用费等。对于此类投资所得，各国一般采用从源预提的方式征税，即征收预提税。我国《企业所得税法》规定的预提税为20%。为了避免重复征税，各国一般会通过双边协定的方式解决有关投资所得的征税权划分，我国与他国的双边协定依双方税收权益分享的原则，实施限制税率制，一般规定的预提税不超过10%。

4.财产所得。非居民的财产所得指非居民转让财产的所得。对于不动产的转让所得，一般由财产所在国征税。对于转让从事国际运输的船舶和飞机的所得，一般由转让者的居住国单独征税。对于动产的转让所得，各国主张的标准不同，如对转让公司股份财产所得，有些国家以转让人居住地为其所得来源地，有些国家则以被转让股份财产的公司所在地为来源地，有些国家主张转让行为发生地为其所得来源地。因此，动产转让所得收入是由双边税收协定具体划分。

三、国际双重征税

（一）国际双重征税的概念和类型

国际双重征税现象的产生是各国税收管辖权发生冲突的结果。国际双重征税可分为国际重复征税和国际重叠征税，学界关于国际重复征税和国际重叠征税的名称及含义是有分歧的。本书将不涉及有关争议问题，采用下列说法：

1.国际重复征税。国际重复征税指两个或两个以上国家各依自己的税收管辖权按同一税种对同一纳税人的同一征税对象在同一征税期限内同时征税。税收管辖权的冲突是产生国际重复征税的根本原因。这种冲突包括居民税收管辖权之间的冲突，来源地税收管辖权之间的冲突，以及居民税收管辖权和来源地税收管辖权之间的冲突。例如，一个美国人在中国的个人劳务所得，中国对其有来源地税收管辖权，同时他又有美国籍，美国是依自然人的国籍来确定纳税居民的身份。只要具有美国国籍，无论是否在美国居住，均为该国的纳税居民，美国也对其全球收入可以征税，因此，就产生了居民税收管辖权与来源地税收管辖权的冲突。

2.国际重叠征税。国际重叠征税指两个或两个以上国家对同一笔所得在具有某种经济联系的不同纳税人手中各征一次税的现象。如在公司与股东之间就同一笔所得各征一次公司所得税和个人所得税即属于国际重叠征税，因为公司和股东在法律上都具有独立的人格，公司获得的利润应依法缴纳所得税，税后利润以股息的形式分配给股东后，股东又应当缴纳个人所得税。这使同一所得在公司和股东手中各征一次税。

3.重复征税与重叠征税的区别。重复征税与重叠征税主要的区别有：重复征税针对的是同一纳税人，不存在国内重复征税，重复征税涉及同一税种。重叠征税涉及的不是同一纳税人，存在国内重叠征税现象，重叠征税涉及不同税种，如公司所得税和个人所得税。无论是重复征税还是重叠征税都会使纳税人的税负过重，对国际资本的流转，国际投资均有消极的影响。各国也在寻求通过双边协定解决国际双重征税的问题。

（二）国际重复征税的解决

1.通过双边协议划分征税权。国际重复征税源于税收管辖权的冲突，因此，各国在实践中一般采用双边税收协定解决税收管辖权冲突。通过税收协议划分征税权，将某一征税对象的征税权完全划归一方或分配给双方，从而在一定程度上避免国际重复征税。例如，我国与他国签订的双边税收协定一般在非居民劳务所得上规定，对独立的个人劳务所得，应仅由居住国行使征税权。但如取得独立劳务所得的个人在来源国设有固定基地或者连续或累计停留超过183天者，则应由来源国征税。国内税法会与税收协定相配合，如双边协定规定由来源国征收的部分，国内税法会规定免税。

2.免税法。免税法指居住国政府对本国居民来源于国外的所得和位于国外的财产免予征税。免税法使跨国纳税人在收入来源国已纳税的部分，就不必再向居住国政府纳税，从而避免重复征税。免税法又分为全部免税法和累进免税法。全部免税法在居住国确定纳税人的应税所得的适用税率时，完全不考虑应免予征税的国外所得部分。累进免税法则在居住国确定纳税人的国内应纳所得的适用税率时，将应免予征税的国外所得部分考虑进去，只是对国外所得部分不予实际征收。

3.抵免法。抵免法指纳税人可将已在收入来源国实际缴纳的所得税税款在应当向居住国缴纳的所得税税额内扣除，也称外国税收抵免。这种避免重复征税的方式既承认了来源国税收管辖权的优先地位，又不放弃居民税收管辖权的行使。抵免法有全额抵免和限额抵免两种，前者指居住国允许纳税人已缴的来源国税额可全部用来冲抵其居住国应纳税额，无限额的限制。后者指纳税人可从居住国应纳税额中冲抵的已缴来源国税额，不得超过纳税人的境外来源所得依居住国税法规定税率计算出的应纳税额。在限额抵免法下，居住国作出的让步比采用全额抵免小，因此多数国家采用限额抵免。

4.扣除法。扣除法指居住国在对跨国纳税人征税时，允许本国居民将国外已纳税款视为一般费用支出从本国应纳税总所得中扣除。扣除法只能在一定程度上缓解国际重复征税，减轻纳税人的纳税负担，其消除国际重复征税的作用不及免税法和抵免法。

（三）国际重叠征税的解决

国际上目前尚无解决国际重叠征税的普遍适用规范。一般是通过股息收入国和股息付出国两个方面采取措施解决。

1.股息收入国采取的措施。股息收入国主要采用对来自国外的股息减免所得税、允许母子合同合并报税和间接抵免的方式解决国际重叠征税。采用对来自国外的股息减免所得税的方法时，各国又有不同的要求，有的国家不附带条件，可以完全减免，另一些国家则附有要求收息公司持有付息公司股份的比例达到一定数量，或持股达到一定期限等的条件。准许母子公司合并报税是通过对子公司付给母公司的股息免征所得税的方法，避免国际重叠征税。采用此方法的国家通常规定母公司对子公司的持股要达到相当的比例。间接抵免指母公司所在国对子公司向东道国缴纳的公司所得税给予抵免。在这种情况下，由于母公司的股息收益出自子公司的税后利润，如母公司所在国先对子公司向东道国缴纳的所得税实行抵免，再向母公司所收股息征所得税，因此，称为间接抵免，这样可以达到避免国际重叠征税的目的。

2.股息付出国采取的措施。股息付出国主要采用双税率制和折算制的措施来解决国际重叠征税。双税率制公司利润中的积累部分和分配部分实行不同的公司所得税税率，前者税率高，后者税率低，由于分配的部分实行较低的税率，股东取得的股息就较多，再依本国税法缴纳所得税后的净股息也会较多，因此，此种方法不是消除重叠征税，而只是缓和国际重叠征税。折算制是通过支付股息国退还部分支付股息公司所得税的方法缓和国际重叠征税。

四、国际逃税与避税

（一）国际逃税及主要方式

国际逃税指跨国纳税人采用非法手段或措施，逃避或减少就其跨国所得本应承担的纳税义务的行为。国际逃税是违反国际税法的行为。国际逃税的主要方式有：隐匿应税所得和财产，不向税务机关报送纳税资料；谎报所得额；虚构扣除；伪造账册和收支凭证等。

（二）国际避税及主要方式

国际避税指跨国纳税人利用各国税法的差异或国际税收协定的漏洞，以形式上不违法的方式，躲避或减少就其跨国所得本应承担的纳税义务的行为。国际逃税与国际避税的性质不同，前者是违反国际税法的行为，而国际避税则只是一种不道德的行为，因而两者的处理方法也不尽相同。逃税行为如查证属实，纳税人应承担相应的法律责任。而避税行为是钻了法律的空子，一般不追究纳税人的法律责任。正因为如此，国际避税也更多地被跨国纳税人利用。国际避税的方式是多种多样的，主要有下列几种方式：（1）纳税主体的跨国移动。即通过纳税主体的跨国移动达到避税的目的，如在自然人方面，对于以居留时间作为确定居民标准的情况，纳税主体则缩短居留时间，对于以住所作为居民标准的，纳税主体则长期住游艇上等。（2）转移定价，即跨国联属企业间通过人为的不合理的交易价格，把利润从高税率国家转移到低税率国家，达到避税的目的。（3）不合理分摊成本和费用，是指跨国联属企业的总机构与分支机构之间，通过不合理地分摊成本和费用，人为地增加某一机构的成本和费用，减少盈利，达到避税的目的。（4）利用避税港，是指跨国纳税人通过在避税港设立基地公司，将在避税港境外的所得和财产汇集在基地公司的账户下，从而达到避税的目的。避税港指对财产和所得不征税或依很低的税率征税的国家和地区。

（三）国际逃税和避税的防止

国际逃税与国际避税，虽然在性质上不相同，但其危害却是相同的，都严重损害国家的税收利益，干扰了正常的国际资金流通秩序，违背了税收公平原则，因此，各国都努力通过国内立法和加强国际合作等方式防止国际逃避税。

1.在国内立法方面。国内法防止国际逃税和避税方面主要有一般国内法律措施和特别国内法律措施。一般国内法律措施主要包括加强国际税务申报制度，强化对跨国交易活动的税务审查，实行评估所得或核定利润方式征税等。

特别国内法律措施是除一般国内法律措施外，针对惯常的几类国际逃税与国际避税采取的特别国内法律措施。主要包括：（1）规制自然人纳税主体的措施。为了防止自然人的避税性移居，运用自由流动原则的例外，规定禁止离境。例如，一些国家规定欠税者不得出境。（2）规制法人纳税主体的措施。为防止法人向避税地实体转移营业和资产，许多国家采取限制措施，限制转移营业和资产，要求此种转移必须经财政部批准，否则将受处罚等。（3）采取“正常交易原则”。针对跨国纳税人通过转移定价和不合理分摊成本和费用避税的行为，各国主要采取"正常交易原则"来处理。依该原则，关联企业各个经济实体之间的营业往来，均应依公平的市场交易价格来计算。如有人为抬价或压价等不符合该原则的现象发生，有关税务机关可依公平市场价格，重新调整其应得收入和应承担的费用。(4)防止利用避税港的措施。针对跨国纳税人利用国际避税港逃避税的行为，各国采取的法律管制措施有：通过法律禁止纳税人在避税港设立基地公司；禁止非正常的利润转移；取消境内股东在基地公司未分配股息所得的延期纳税待遇等。

2.国际合作。单纯依靠各国国内法措施，很难有效地管制日益严重的国际逃税和避税行为，只有通过国际合作，综合运用国内法和国际法措施，才能有效地制止这种现象。各国主要通过建立国际税收情报交换制度、在税款征收方面相互协助、在国际税收协定中增设反滥用协定条款等国际合作方法来防止国际逃避税。

2014年，经合组织（OECD）发布了《金融账户信息自动交换标准》，旨在打击跨境逃税，标准中即包含"共同申报准则"（Common Reporting Standard，CRS）。CRS"共同申报准则"的实施是在遏制跨境逃税上更有效的国际合作。CRS的本质是为了全球性地抵制偷税漏税而在不同国家之间进行自动报告财务信息。截至2016年7月，已有101个国家和地区确认了依"共同申报准则"实施自动交换信息的意向。依涉及中国的时间表，2017年12月31日前，中国境内的金融机构完成对存量个人高净值账户（截至2016年12月31日金融账户加总余额超过600万元）的尽职调查。2018年12月31日前，中国境内的金融机构完成对存量个人低净值账户和全部存量机构账户的尽职调查。2018年9月，中国进行首次对外交换非居民金融账户涉税信息。CRS与双边协定中的情报交换条款有所不同，双边协定中的情报交换是依申请进行的，并非自动完成，申请时需要提供涉税的证明材料，所以实践中作用非常有限。而CRS将是自动的、无须提供理由的信息交换。例如，中国和新加坡采纳CRS之后，某中国税收居民在新加坡金融机构拥有账户，则该居民的个人信息以及账户收入所得会被新加坡金融机构收集并上报新加坡相关政府部门，并与中国相关政府部门进行信息交换，这种交换每年进行一次。从理论上讲，中国税务部门将掌握中国税收居民海外资产的收入状况。CRS覆盖几乎所有的海外金融机构，银行、信托、券商、律所、会计师事务所、提供各种金融投资产品的投资实体、特定的保险机构的账户都在覆盖范围内。下列资产信息将被交换，包括存款账户、托管账户、投资机构的股权或者债权权益账户，基金、信托计划、专户/集合类资产管理计划、具有现金价值的保险合同或者年金合同等。被交换的个人信息包括但不限于个人账户、账户余额、姓名、国籍、出生日期、年龄、性别、居住地。CRS是根据账户持有人税收居住地而不仅仅依账户持有人的国籍来作为识别依据。CRS针对的是，你应该在哪个国家纳税，你的金融信息就会被发送到你应该纳税的国家。不受CRS影响或影响较小的几种情形有：境外税务居民所控制的公司拥有的金融账户在25万美元以下的；投资海外房产、珠宝、艺术品、贵金属等不属于金融资产的品类，不需要申报。在CRS体系下，只有产生现金流的资产、有现金价值的金融资产，才需要申报；不产生现金流的资产，如不动产、艺术品、贵金属等，均不需要申报。

五、中国对外签订税收协定

中国对外签订的税收协定主要采取收入来源国税收管辖权优先原则，平等互利、友好协商原则，要求资本输出国提供税收饶让抵免等原则。税收饶让抵免指居住国政府对本国纳税人国外所得因来源国给予税收减免而未缴纳的税款视同已纳税款而给予抵免的制度，其目的是使来源国的税收优惠政策收到实效。中国对外签订的双边税收协定，基本上采用的是《联合国范本》的条文结构。

1.对常设机构的限定，中国对外签订的税收协定一般都是按照《联合国范本》的规定，协定多以连续存在6个月以上者才视为常设机构。该规定比国内税法规定的类似工程无论期限长短均视为常设机构的待遇要优惠。

2.对股息、利息、特许权使用费等所得征收的预提税，中国对外签订的税收协定均依缔约双方税收权益分享的原则，实行限制税率，一般规定的预提税的限制税率均不超过10%。中国国内税法中的预提税是20%。

3.对个人劳务所得的征税，中国在对外签订的税收协定中，采用国际通行做法，分别针对独立个人劳务所得和非独立个人劳务所得实行不同的税收待遇：（1）对独立个人劳务所得，应仅由居住国行使征税权。但如取得独立劳务所得的个人在来源国设有固定基地或者连续或累计停留超过183天者，则应由来源国征税。（2）对非独立个人劳务所得，一般规定原则上应由来源国行使征税权。但如该人在一个纳税年度内在来源国连续或累计停留不足183天，且该劳务报酬既非来源国的居民所支付，又非雇主设在来源国的常设机构或固定基地所负担，则该非独立个人劳务所得应由其居住国行使征税权，来源国不得征税。

【本章主要法律规定】

1.《关于解决国家和他国国民之间投资争端公约》第18～21、25～27、39、42、48、52～54、62～64条

2.《外商投资法》

本学科重点、难点与疑点辨析

一、国际经济法重点

国际经济法并非大多数考生日常接触和熟知的部门法，正如法考大纲所强调的，国际经济法的教学重点在于国际经济法的基本原理、基础知识和主要制度。鉴于国际经济法制度体系复杂，知识点较为专业，考生对于应考内容的广度和深度应合理掌握。从考试标准化检测来看，本科目要求考生兼顾理论与实践，对于国际经济法的知识有系统整体的掌握，并能够对重点的实务知识点予以灵活运用。

考生应当首先从整体、规律性、原则性的层面把握国际经济法的相关知识。总体来讲，国际经济法的复习重点比较集中。一般来讲，国际贸易法所涵盖的国际货物买卖、国际货物运输与保险、国际贸易支付的考查分值占据国际经济法科目的一半以上。对外贸易管制也是历年考试的重点内容，考点集中在几种贸易救济措施。此外，世界贸易组织的争端解决机制、多边投资担保机构、ICSID也属于高频考点。因此，考生在进行国际贸易法等重要考查部分的复习时可以相对细致全面，而在复习国际经济法其他领域法律问题时掌握要点即可。

关于复习的重点，有以下具体考点内容：

（一）国际货物贸易涉及的法律问题部分

1.《国际贸易术语解释通则®2020》。除主要术语的掌握之外，还应注意其主要修改的内容。如，CIP术语中，卖方有义务取得保险的要求有所提高，应为一切险，但仍可约定较低的险别；在FCA、DAP、DPU、DDP术语下，卖方或买方可使用自己的运输工具安排运输；将DAT改为DPU，DPU目的地卸货后交货，这个目的地不再限于"运输的终端"，可以是任何地方。

2.《联合国国际货物销售合同公约》。（1）应掌握适用公约和不适用公约的情况。（2）该公约适用的任意性，关注该公约与贸易术语的关系，即选择了贸易术语，则会排除相关国际公约的内容的适用。（3）国际货物买卖合同双方的义务，其中卖方主要义务涉及交付货物、提前交货、质量担保、权利担保和知识产权担保的限制；买方主要义务有支付货款和接收货物。（4）国际货物买卖的风险转移：应注意风险转移的时间和承担。（5）违反合同的补救方法：应从卖方违约时买方的救济措施和买方违约时卖方的救济措施两个角度进行掌握。（6）适用于买卖双方的一般规定：包括预期违反合同、中止履行义务的适用条件、中止履行义务的结束、分批交付的货物无效及处理方法、保全货物，以及其他补救。

3.国际货物运输。（1）班轮运输：掌握提单的种类和特点，掌握最高人民法院《关于审理无正本提单交付货物案件适用法律若干问题的规定》。（2）调整班轮运输的国际公约：掌握《海牙规则》有关承运人责任、免责、责任期间、诉讼时效等方面的规定；《维斯比规则》《汉堡规则》《海牙规则》的比较。（3）近年来，由于中欧班列和国际航空货运的发展，也有涉及铁路运输和航空运输的题目。

4.国际货物运输保险。（1）掌握平安险、水渍险、一切险的承保范围、保险期限、除外责任等。（2）特别注意该部分内容与CIF等国际贸易术语、国际货物运输的结合点。（3）掌握共同海损与单独海损的区别，以及委付制度的有关内容。

5.国际贸易支付部分。（1）汇付和托收：注意汇付是顺汇法，托收和信用证是逆汇法，托收中银行的义务和免责。（2）信用证：重点把握信用证的流转程序，当事人之间的关系，单单相符、单证相符，信用证欺诈的例外等，以及最高人民法院《关于审理信用证纠纷案件若干问题的规定》等内容。

（二）贸易管理制度

1.关注的法规：《对外贸易管理法》《出口管制法》《反倾销条例》《反补贴条例》《保障措施条例》。

2.关注的内容：（1）《对外贸易管理法》：限制和禁止进出口，一般例外等。（2）《出口管制法》：

出口管制的对象、出口管制的主体、出口管制措施。(3)贸易救济措施：对比掌握反倾销、反补贴和保障措施三种贸易救济措施中的相关规定、特点、区别，以及实施条件、调查及措施的特点。

(三)世界贸易组织法律制度

1.关税与贸易总协定。重点掌握最惠国待遇制度、国民待遇制度、约束关税措施、数量限制的禁止与例外。

2.服务贸易总协定。掌握四种服务贸易的形式，即跨境服务、境外服务、商业存在以及自然人流动。

3.争端解决机制。专家组、上诉机构的基本程序特点。

(四)国际经济法领域的其他法律制度

1.知识产权的国际保护。(1)《保护工业产权巴黎公约》：掌握国民待遇原则、优先权原则、独立性原则、临时性保护原则，以及驰名商标的保护。(2)《保护文学艺术作品伯尔尼公约》：掌握国民待遇原则(“作者国籍”与“作品国籍”)、自动保护原则、版权独立性原则和特别授予权利原则。(3)《与贸易有关的知识产权协议》：把握其主要特点和保护的七种知识产权。(4)知识产权许可协议的种类和特点。

2.国际投资法。(1)《外商投资法》：负面清单、安全审查制度、投资合同。(2)《外商投资安全审查办法》：审查的外商投资类型、审查机构、安全审查范围、审查程序、违规惩戒。(3)《多边投资担保机构公约》：掌握承保的风险、合格投资者、合格投资、合格东道国和代位求偿的相关规定。(4)《解决国家和他国国民之间投资争端公约》(ICSID)和解决国际投资争端中心：掌握中心的管辖权、争端主体的要求、争端性质、裁决的承认与执行。(5)《与贸易有关的投资措施》中禁止使用的措施。

3. 国际融资法。(1)国际贷款协议：消极担保条款，预期违约。(2)国际融资担保：掌握备用信用证的相关规定。(3)最高人民法院《关于审理独立保函纠纷案件若干问题的规定》：掌握独立保函的特征、性质、开立时间和生效、规则适用、付款责任、表面相符的规定、不符点的规定、欺诈认定、管辖权，法律适用等。

4.国际税法。(1)居民税收管辖权和所得来源地税收管辖权。(2)国际重复征税和国际重叠征税的概念。(3)CRS“共同申报准则”：掌握被交换的信息范围和特点。

二、难点与疑点

本科目属于国家统一法律职业资格考试客观题试卷二考查的内容。根据客观题试卷二的考点安排，包括单项选择题、多项选择题两种题型。

针对国际经济法的考查，具有以下特点：

(一)一题涉及多个知识点

由于2018年司法考试改革为法律职业资格考试之后，题型分布的变化使得本科目的题量大大减少。因此，国际经济法：一道题往往会跨不同的知识点。例如，买卖合同与运输相结合、运输与保险相结合、运输与支付相结合、国际投资与国际税法相结合等。

在法律职业资格考试中，国际经济法的考查内容主要涉及三个方面：(1)横向贸易法中的“国际货物买卖”(包括国际货物买卖合同、贸易术语)、“国际货物运输”、“国际货物保险”和“国际贸易支付”；(2)纵向贸易法部分包括“我国的对外贸易管理制度”和“WTO法律制度”；(3)“国际经济法领域的其他法律制度”包括“国际知识产权法”、“国际投资法”、“国际融资法”和“国际税法”。

国际经济法部分的重点一直是国际贸易法，涉及横向贸易法部分及其纵向贸易管制法部分，以及WTO法律制度。国际经济法的题目基本都属于理解应用型，而且出题灵活，这提醒考生要注重理解条文规定背后的意义，而非死记硬背。

示例 一题涉及贸易术语、国际货物买卖合同、铁路运输多个知识点。

中国神州公司与波兰萨力公司签订了出口一批电器的合同，采用DPU术语（2020），通过铁路联运的方式运输。萨力公司在目的地接收货物后，经检验发现25件电器的质量低于合同规定的要求，另有38件电器在运输中有损坏。依相关国际货物销售、国际铁路运输公约和国际惯例，判断：

【**设问一**】神州公司应在目的地运输终端向萨力公司交货。

【**设问二**】萨力公司必须确定38件电器损失发生的铁路区段，并只能向该区段的承运人索赔。

【**设问三**】只要交付的25件电器与合同不符，萨力公司即可要求神州公司交付替代物。

【**设问四**】即使25件电器与合同不符，萨力公司也需先接收货物。

【**知识点**】本题即涉及多个知识点：设问一涉及国际贸易术语，设问二选项涉及国际铁路运输，设问三和设问四涉及《国际货物销售合同公约》，要求考生从多方面判断正误。

【**思路与辨析**】设问一涉及了2020年《国际贸易术语解释通则》将DAT改为DPU的新变化，该设问混淆该术语以前所强调的必须在"运输终端"交货，该设问描述错误。设问二转向《国际铁路货物联运协定》，按运单承运货物的铁路部门应对货物负连带责任。因此，萨力公司不需要确定损失发生在什么区段。设问三涉及《联合国国际货物销售合同公约》的规定，只有货物的不符达到根本违反的程度，买方才可要求卖方交付替代物，因此该设问描述不正确。设问四同样涉及《联合国国际货物销售合同公约》，由于买方有义务采取合理措施减轻对方违约造成的损失，因而应当接收货物，但接收不等于接受，买方可以拒绝接受货物。最后一个设问描述正确。

（二）核心法条融于实例中

国际经济法的核心法条会融于题目案例中，而非单独、直接考查法条的内容。例如，依《2020年贸易术语》的内容设计题目；在涉及运输的题目中融入最高人民法院有关无单放货的司法解释；在涉及投资的题目中融入相关国际投资公约及国内立法的规定等。

国际经济法的核心法条包括涉及国际货物买卖的2020年《国际贸易术语解释通则》和《联合国国际货物销售合同公约》；涉及国际贸易支付的《跟单信用证统一惯例》（UCP 600）、最高人民法院《关于审理信用证纠纷案件若干问题的规定》；涉及"国际货物运输"的《海牙规则》《维斯比规则》《汉堡规则》，以及最高人民法院《关于审理无正本提单交付货物案件适用法律若干问题的规》；涉及贸易管制的《对外贸易法》《反倾销条例》《反补贴条例》《保障措施条例》等；涉及WTO制度的《关税与货物贸易总协定》《服务贸易总协定》《与贸易有关的知识产权协定》及其争端解决的相关规则；涉及国际投资法的《解决国家和他国国民间投资争端公约》和《多边投资担保机构公约》；涉及国际知识产权法的《保护工业产权巴黎公约》和《保护文学艺术作品伯尔尼公约》；以及涉及自由贸易区的《区域全面经济伙伴关系协定》（RCEP）。

示例 将最高人民法院《关于审理信用证纠纷案件若干问题的规定》融于实例中。

中国大成公司与保加利亚克公司签订了进口玫瑰油的合同，付款方式为信用证，开证行为中国甲银行。亚克公司向信用证的指定行乙银行提交了符合信用证要求的单据，于是乙银行善意支付了信用证项下的款项。后大成公司以亚克公司提交的单据中存在伪造为由，向中国某法院申请禁止甲银行支付信用证项下的款项。依相关司法解释，判断：

【**设问一**】中国法院不应中止或终止甲银行对外付款。

【**设问二**】只要中国法院查明亚克公司的单据确有伪造，即可裁定中止支付。

【**设问三**】乙银行应查明亚克公司提供单据的真伪后，才能付款。

【**设问四**】尽管乙银行已善意付款，中国法院仍可以欺诈为由禁止甲银行对外支付。

【**知识点**】四个设问都涉及最高人民法院《关于审理信用证纠纷案件若干问题的规定》。

【**思路与辨析**】本题设问都具有一定的迷惑性，容易让考生犯错。例如，设问二称：只要中国法院查明亚克公司的单据确有伪造，即可裁定中止支付。一般人会认为该设问正确：只有亚克公司提供的提单等单据是真实并相符信用证要求的才应当付款，为什么单据有伪造，还不能中止支付呢？应注意，本案中，在卖方国家的银行乙银行已善意支付了信用证项下的款项，依最高人民法院《关于审理信用证纠纷案件若干问题的规定》第10条第1项的情况，在乙银行善意支付后，法院就不能裁定开证行中止支付了。

设问一描述正确。依最高人民法院《关于审理信用证纠纷案件若干问题的规定》第10条的规定，人民法院认定存在信用证欺诈的，应当裁定中止支付或判决终止支付信用证项下款项，但有下列情形之一的除外：(1)开证行的指定人、授权人已按照开证行的指令善意地进行了付款；(2)开证行或者其指定人、授权人已对信用证项下票据善意地作出了承兑；(3)保兑行善意地履行了付款义务；(4)议付行善意地进行了议付。其他三个设问描述均不正确，指定行乙银行是善意支付信用证项下的款项的，只要单单相符、单证相符，则不承担责任。乙银行没有义务查明亚克公司提供的单据是否有伪造，只要单单相符，单证相符，即可付款。

(三)关注新呈现的知识点对实务的影响

本科目题目呈现理论与实务相结合的特点，相当一部分试题结合近年来国际领域的热点问题或者焦点事件。为了避免考生在之后办理涉外业务中，涉外知识体系依赖旧有内容的惯性思维，因此，在出现新国际或国内立法、司法解释、国际惯例等的情况下，这些新热点也会一定程度反映在考试中，以促使考生能熟知相关新变化，并通过实例与新规则相结合的方式，让考生了解新规则对实务的影响。

示例 新出台司法解释的体现。

中国甲公司中标了南美的一项水电工程，并向中国乙银行申请开立了独立保函，保函载明适用《见索即付保函统一规则》，双方就单据的不符点产生争议，甲公司接受了不符点，而乙银行拒绝不符点，有关争议在中国某法院审理，依最高人民法院《关于审理独立保函纠纷案件若干问题的规定》，判断：

【设问一】在审单的标准上，要求单据与独立保函条款必须完全一致。

【设问二】受益人认为甲公司已接受了不符点，乙银行即应付款，法院对此应支持。

【设问三】乙银行开出的独立保函应适用《见索即付保函统一规则》。

【设问四】《见索即付保函统一规则》等交易示范规则的内容构成独立保函条款的组成部分。

【知识点】四个选项都涉及最高人民法院《关于审理独立保函纠纷案件若干问题的规定》。

【思路与辨析】本题考查国际金融法——独立保函，将相关规定融于实例中。

设问一描述错误。依最高人民法院《关于审理独立保函纠纷案件若干问题的规定》第7条第2款，单据与独立保函条款之间、单据与单据之间表面上不完全一致，但并不导致相互之间产生歧义的，人民法院应当认定构成表面相符。设问二描述错误，依该规定第8条第3款，开立人拒绝接受不符点，受益人以保函申请人已接受不符点为由请求开立人承担付款责任的，人民法院不予支持。设问三和设问四描述正确，本题当事人约定适用《见索即付保函统一规则》，又依该规定第5条第1款，独立保函载明适用《见索即付保函统一规则》等独立保函交易示范规则，或开立人和受益人在一审法庭辩论终结前一致援引的，人民法院应当认定交易示范规则的内容构成独立保函条款的组成部分。